LOS VEDAS

VYASA

Edición, traducción, prólogo y notas de
Juan Bautista Bergua

Colección La Crítica Literaria
www.LaCriticaLiteraria.com

Copyright del texto: ©2014 Ediciones Ibéricas
Ediciones Ibéricas - Clásicos Bergua - Librería Editorial Bergua
(España)

Copyright de esta edición: ©2014 LaCriticaLiteraria.com
Colección La Crítica Literaria
www.LaCriticaLiteraria.com
ISBN: 978-84-7083-968-9

Imagen de la portada: Brahma con los *Vedas*, Vishnu y Shiva (1770)

Ediciones Ibéricas - LaCriticaLiteraria.com
C/ La Punta Del Cuerno 191
39318 Cuchía, Cantabria
www.EdicionesIbericas.es
www.LaCriticaLiteraria.com

Impreso por LSI (Internacional)

ÍNDICE

PRÓLOGO

Una gran variedad de razas, una gran variedad de lenguas y una gran variedad de religiones forman esa aparente unidad tan plural que es la India[1].

---

[1] La enorme península Indostánica (4.080.400 kilómetros cuadrados; 400 millones de habitantes repartidos en dos Estados: El Indostán, habitado por hindúes, y el Paquistán, por mahometanos, muy desiguales tanto en extensión como en población), comprende tres grandes regiones naturales: La parte montañosa del Norte, o cadena del Himalaya, la más alta del Mundo, con gigantes como el Everest, que casi alcanza 9.000 metros de altura, cadena que desciende en vertiente rápida hasta la India formando una serie de contrafuertes también muy elevados, en los que se encuentran valles particularmente saludables, intermedios entre las eternas nieves del Norte y el continuo calor del Sur. De estos valles, unos sirven como lugares de reposo a causa de su clima delicioso (Simia, Garhval, Sikkim), otros son famosos a causa de su prodigiosa fertilidad, como el de Cachemira, antiguo lago colmado por residuos volcánicos. Más abajo están los Sivaliks, colinas formadas por detritus arrancados a las montañas por los torrentes nacidos en sus enormes glaciares, Sivaliks separados de las altas cadenas por una fosa húmeda: el Dun. Una gran cantidad de lluvias (es la región del Mundo más regada por el Cielo) origina una lujuriante vegetación. El Dun es ya la flora tropical, la chungla casi impenetrable, paraíso de tigres y elefantes.

La segunda región está constituida por la llanura indugangética, formada por aluviones recientes; región que se extiende entre el golfo de Ornar y el de Bengala. Esta llanura es recorrida y regada por dos grandes ríos y sus afluentes: el Indo (afluente principal el Sutleij) y el Ganges, en cuyo enorme delta de más de 500 kilómetros se vierte otro gigante, el Brahmaputra.

La tercera región está constituida por la parte peninsular propiamente dicha, que avanza en el Océano Índico, entre el mar de Omán y el golfo de Bengala (golfo a cuya formación contribuye por el Oeste; por el Norte, el Pakistán; por el Este, Birmania y Tailandia), hasta el cabo Comorín. En la parte central de esta tercera región está la árida llanura del Dekán.

Cuando los aryas llegaron a la India (procedían de las llanuras del Asia Central, y se separaron en dos ramas: la que penetró en la India y la que marchó al Irán), la encontraron habitada por una multitud de razas. En primer lugar los hombres de pequeña estatura de piel oscura (probablemente los aborígenes), de los que grupos diferentes se extendían de Norte a Sur por todas partes. Y con ellos otra variedad de hombres, pero éstos de elevada estatura y pelo rizoso. En la parte Central vivían, además, los *dravidianos* o mundas, y los *santals*. Los dravidianos componían cinco grupos: *telugus, kanaras, malayaans, tulus y tamals o tamils*. Además los *mongoles* tibetanos, que debieron entrar en la India hacia el año 2000. Más tarde llegaron los *griegos*, los *parsis*, y los *escitas*. En el siglo IV, pero ya después de nuestra era, los

En esa mezcla de lo físico y de lo espiritual, cuyas actividades constituyen la vida y su resultado la historia, tanto de los individuos como de los pueblos, determinadas manifestaciones de esta segunda forma, la espiritual, es lo que suele quedar y lo que va formando un depósito, un tesoro de letras, de artes, de ciencias, de filosofías y de religiones, la incesante gradación de lo cual constituye el progreso, y su resultado, lo que llamamos civilización.

Las generaciones de los hombres se suceden como se suceden las de las hojas de los árboles, bajo las leyes que fatalmente a unos y otras les impone la Naturaleza. Homero lo hizo observar ya («Oieper fillon genes, toiede kai ándron», la sucesión de los hombres es semejante a la de las hojas, *Ilíada*, VI, 146). Y bajo la férula de esta dueña absoluta de lo físico nace y trabaja lo espiritual, que si nada puede esencialmente contra aquélla, sí contra sus efectos creando, cierto que bajo su égida, reglas nuevas que son las que informan y dirigen la vida de los hombres, y a cuya sombra nace cuanto queda tanto de la vida de éstos como de los pueblos.

Los efectos de ambas generaciones, las de los hombres para la marcha de la Humanidad, la de los árboles para el suelo, vienen a ser los mismos. Éstos van formando capas de hojas a sus pies que año tras año, siglo tras siglo, con ayuda del agua, la humedad, el calor, más otros elementos naturales (detritus montañosos, residuos de origen volcánico, etc.), forman la tierra laborable o aumentan y enriquecen la ya formada. Del mismo modo los hombres empezaron a constituir, y siguen haciéndolo, con su trabajo y sus luces, todo cuanto ha contribuido al progreso (artes, letras, ciencias, filosofías, religiones), el mantillo tanto espiritual como material gracias al cual la vida ha avanzado, avanza y es cada vez más fácil, menos áspera y dolorosa. La historia de la Humanidad constituida está por lo más saliente de este incesante caer de hojas de los bosques que han sido las ininterrumpidas generaciones humanas. Y completando la obra de este lento acúmulo de hojas, tanto materiales como espirituales, ocurrieron ciertos grandes hechos que dieron lugar o

---

rajputs. Cinco siglos después, en el IX, hordas de *árabes, iranios, turcos* y nuevos *mongoles*, sucesivamente. Y, en fin, posteriormente pueblos europeos *'Holandeses, franceses* y tras ellos los *ingleses,* que, más poderosos a causa de su marina, acabaron por afianzar allí sus insolentes garras e instalarse como amos, donde como amos-ventosas permanecieron hasta el año 1947.

Y, como se comprende, cada grupo de hombres llegó, además de con sus armas y sus ansias de dominación y de rapiña, con su lengua, sus costumbres y su religión; lo que hace que de éstas haya allí una nube, y de idiomas y dialectos, más de un centenar.

facilitaron la vida y progresión de determinados grupos de hombres, y su establecimiento en regiones más favorables para que pudiesen desarrollar una civilización.

Uno de estos grandes hechos (o serie de ellos), que tanta influencia tendría en la historia de cierta de las grandes regiones de nuestro planeta, la India, región cuyos frutos espirituales marcarían una huella de las más profundas en la marcha ascendente de la civilización humana, estuvo constituido por la sucesiva invasión de tribus de raza blanca pertenecientes a la gran familia indoeuropea que bajando de las altas mesetas del Asia Central, se extendió luego de dividirse en dos ramas, una de éstas (la otra marchó hacia el Irán), tras introducirse por los pasos del Noroeste del Himalaya, en oleadas sucesivas, primero por la cuenca del Indo, posteriormente por el valle del Ganges. Y fue precisamente en la llanura indugangética que se extiende entre estos dos ríos, donde floreció la civilización de aquellos invasores aryas o arios, cuya religión, el «vedismo», fue llamada así a causa del nombre de sus libros sagrados, los *Vedas*.

Aquellos aryas de piel blanca, robustos y por fuerza batalladores, como todos los pueblos que tienen que luchar para vivir (lucha que seguramente empezó muchas veces contra una Naturaleza adversa, y a causa de ello el tener que emigrar en busca de tierras más favorables), acabaron por imperar sobre las tribus que iban encontrando a medida que avanzaban hacia el Sur. No, sin duda, con excesiva facilidad, pues nadie se deja arrebatar lo que tiene, sino por la fuerza, pero sí de un modo continuo, puesto que ellos llegaban precisamente dispuestos para la lucha y para la conquista.

Y una vez establecidos, e incluso durante el largo período que transcurriría hasta que la conquista fuese un hecho consumado, se produjo, era fatal, la hibridación. Resultado de ella fue ese color particular de gran parte de los hindúes actuales, que, sin ser blancos, distan de ser negros; bien que haya allí, en cuanto a colores como en cuanto a lenguas y religiones, una gran variedad. Pero vengamos a estas últimas, que es lo que ahora nos interesa.

* * *

Probablemente el culto de los aryas al llegar a la India consistía simplemente en sacrificios y oblaciones a sus dioses, ofrecidos unos y otras a favor de ritos sencillos en tos altares domésticos. Como era natural y como ocurría en todo los pueblos en el mismo estado de desarrollo religioso, cuando se tratase de celebrar acontecimientos solemnes, sobre todo relacionados con la vida pública, entonces los ritos serían solemnes también. Pero todo dentro de un círculo familiar, por decirlo así, y actuando como oficiante, en estas grandes ocasiones, el más anciano o el más prestigioso de los jefes, de clan, tribu u horda; esto durante la invasión.

Pero cuando ya estas hordas dejaron de serlo, es decir, cuando se fijaron en tierras que juzgaron convenientes para la ganadería y la agricultura, o sea, cuando la vida sedentaria sustituyó a la errante, sobre todo cuando con el tiempo se formaron grupos de población bien definidos e incluso nacieron poblados importantes y con ello leyes que protegiesen la propiedad individual, la riqueza y cuanto afectaba a la vida social, fatalmente la religión antigua sufriría una evolución en consonancia con lo demás, alcanzando ese estado de personificación y deificación de los elementos, fenómenos y fuerzas naturales que constituyen las creencias que reflejan los *Vedas*. Religión al frente de la cual (no hay función sin órgano), importante ya y bien establecida, había un cuerpo de sacerdotes que la propia tendencia a creer de la masa sostenía, los cuales empezaron por dividir la población en castas para mejor dominarla, reservándose, como era lógico, para ellos la primera. Aseguraban, como se sabe, que los brahmanes procedían de la cabeza del gran dios Brahma; los kachatryas—guerreros—, de los brazos; los vaisias —comerciantes, artesanos, labradores—, de las piernas, y los sudras—simples trabajadores manuales sin nada propio-, de los pies; con el tiempo aparecerían aún los sin casta, inferiores todavía. Hicieron también creer que precisamente a causa de su supremacía poseían poderes mágicos y fórmulas secretas capaces de producir acciones prodigiosas, y, en una palabra, que eran los representantes en la Tierra de los dioses a los cuales había que pedir o dar gracias por mediación suya. En el *Ramayana*, espejo de las creencias hindúes en la época en que fue escrito, se ve con claridad meridiana todo esto. Y para justificar esta misión fueron inventados los himnos que figuran en los Veda, para lo cual crearon incluso una lengua especial hermana de las indoeuropeas, prima del iranio, pero distinta de la que hablaban los aryas; lengua llena de artificios de estilo y de imágenes literarias, pues uno de los secretos de los primitivos himnos consistía en que no fuesen bien entendidos sino por aquellos que los recitaban o entonaban. Es decir, que este idioma, bien que próximo al sánscrito, no es en realidad como él, en que, por el contrario, están escritos otros textos religiosos posteriores, cierto que no poéticos, sino de exégesis (por ejemplo, los *Brahmana*). Idioma éste, me refiero ya al sánscrito, al que el gramático Panini dotó de reglas jijas, y que una vez determinado gramaticalmente consiguió ser la lengua oficial de los brahmanes llegando, con el tiempo, a salir incluso de la férula de esta casta, bien que conservando siempre el carácter de lengua sabia, literaria, particular, por decirlo así, de los hombres cultos.

Aparte de ella, que aún subsiste como lengua sagrada y de carácter doctrinal, se hablaron y se siguen hablando las lenguas llamadas «prakríticas», de origen también indoeuropeo, pero ya de tipo vulgar, sin contar una multitud de dialectos inferiores. En lo que al sánscrito afecta, este idioma se imprime y se escribe en dos clases de escritura: la llamada *devanagiri*, derivada de la escritura brahmí (de origen semítico), y la llamada *kharoshthí*, nacida de fuentes arameas. Como lengua poética, el sánscrito posee una morfología muy rica y una ilimitada facultad de composición. Desde el punto de vista métrico, es comparable al griego y al latín: el verso, la armonía poética, se consiguen mediante la medida, no mediante la rima; es decir, a favor de combinaciones de sílabas largas v breves. Pero, como acabo de decir, muchos de los himnos de los *Veda*, particularmente los más antiguos y desde luego los que contiene el *Rig-Veda*, están escritos en una lengua arcaica más remota que el sánscrito clásico, lengua más sencilla y ruda, muchas de cuyas palabras han caído en desuso, a causa de lo cual las construcciones que resultan de su empleo ofrécense difíciles, muchas veces incluso insólitas. A causa de ello, las dificultades que presentan estos textos para su lectura y comprensión son muy grandes, y para comprenderlos no hay más remedio que acudir, en primer lugar, a las explicaciones que suministra un glosario llamado Nerukta, compuesto por el gramático Yasca cuatro o cinco siglos antes de la era cristiana, y luego al amplio comentario redactado por un sabio llamado Sarayana, hermano de Madhava, primer ministro de Vira Bakka-Raya, soberano de Vijayanagara, que vivía en el siglo XIV, celoso protector de la literatura hindú. Estos dos hermanos se hicieron célebres a causa de su erudición. Se les atribuyen numerosas e importantes obras de gramática y de jurisprudencia, además de sus importantes trabajos sobre los *Vedas*. Los escolios de Sarayana sobre el *Rig-Veda*, tan útiles para la interpretación de los himnos de este texto, comprenden tres partes distintas. La primera interpreta el texto original, es decir, le traduce en sánscrito moderno, suple las elipsis y cuenta en detalle las leyendas a las que los himnos hacen alusiones; este texto ha servido de fuente para todos los posteriores, de los que se han hecho las actuales traducciones. La segunda parte del comentario es un análisis gramatical del texto. La tercera, una explicación de la acentuación de las palabras.

* * *

La diferencia que se observa entre los diferentes himnos del *Rig-Veda*, parte primera y principal de los *Veda*, parece demostrar, como se ha supuesto y como era lógico que se supusiese, que fueron compuestos en épocas muy diferentes. Se admite incluso que algunos existían ya antes de la instauración de los brahmanes como casta administradora de lo religioso. En todo caso, en los compuestos por los brahmanes aryas se advierten ciertos caracteres exclusivos de esta raza eminentemente dominadora; por ejemplo, una fuerza y un ardor vital propio de todos los pueblos triunfadores, particularidad que luego desaparece. Más: en pleno período constructivo de una religión que tendía a personificar los elementos y fuerzas naturales con objeto de poder entrar en relación directa con ellos (o al menos hacer creer que así ocurría; en el *Ramayana* es frecuente ver a ciertos dioses, por ejemplo Indra, bajar a conversar con los rishis), el arya védico, sea por misticismo, sea por simple deseo de imponerse impresionando y haciendo creer que, en efecto, era intermediario entre los hombres y las supuestas potencias extraterrestres, procede mediante encantamientos dirigidos a la Naturaleza a favor de los cuales pretende encadenar a los elementos. Que tal se consiguió por lo menos hacer creer, parece demostrarlo también el *Ramayana*, donde el poder de los Reyes junto al de los rishis es nada y donde éstos no sólo son. visitados por los dioses, como acabo de decir, sino que a fuerza de ascetismo pueden incluso llegar a rivalizar con ellos, puesto que Brahma, el dios principal, muy complacido, nada les niega de cuanto le piden. Además, sobrepujando incluso la esfera del misticismo, cual si los brahmanes poetas estuviesen seguros de ser hasta superiores a los dioses mismos (¿y cómo no, puesto que éstos eran obra de su imaginación?), eran ellos los que imponían, como se observa en algunos himnos, sus ideas y concepciones relativas a la divinidad en virtud de un soberano derroche de inspiración y de antropomorfismo. Llegando, empujados sin duda por la embriaguez que les producía el licor sacrificial (soma) a considerarse iguales a los dioses que adoraban o fingían adorar. Con lo que el sacrificio se manifiesta no como una comunión con las fuerzas primordiales, sino como un medio para apoderarse de ellas.

Mas cuando con el tiempo las conciencias menos esclavizadas empezaron a despertar, los primeros, como era natural, los de la segunda casta (reyes, príncipes, señores, dueños efectivos del poder temporal), que acabaron por encontrar duro, abusivo, injustificado el dominio de la primera (el Budismo no fue, en síntesis, como poco antes el Jainismo, sino una manifestación de esta tendencia: luego, entre los mismos brahmanes habría espíritus que preferirían la filosofía a la religión, e incluso brahmanes francamente, audazmente ateos, como el

Jabalí del *Ramayana*), hubo que cambiar de táctica, alterar el horizonte hasta entonces tan favorable y próspero del panorama religioso y ver de compensar lo perdido en el tira y afloja de las fuerzas ya en lucha. Así, por ejemplo, ver de compensar el poder, hasta entonces indiscutido, de la supuesta magia brahmánica, haciendo nacer la esperanza en un posible más allá.

Por otra parte, el arya ya no existía como raza y, por consiguiente, ya no había medio de hacer prevalecer ciertos privilegios, sostenidos a causa de ello hasta entonces. A fuerza de mezclas, había dado paso el hindú, para quien la mejor magia (hablo, claro está, de los que gustaban y podían cultivar su espíritu) era la del pensamiento, magia que convidaba a abstraerse con objeto de comprender. O sea que al gusto de los aryas primitivos por la acción, había sucedido, como consecuencia de observar la inutilidad de la casi totalidad de los actos (insignificancia de la criatura de no pertenecer a una de las castas privilegiadas, ante el poder omnímodo de éstas, y no menos omnímodo poder de la Naturaleza que la rodeaba), un pesimismo que llegaba incluso a rechazar la vida. Que fue lo que, al sustituir la especulación filosófica a la antigua fe, empezó a hacer retroceder el poder de los brahmanes. Lo que obligó a éstos a apoyarse en lo que más habían despreciado durante siglos: la masa; la masa ignorante. Los sistemas políticos no se sostienen sino mientras dura ora la fuerza, ora la ideología que los engendró; los religiosos, mientras vive la fe a cuyo favor nacen.

En la evolución misma de los textos religiosos hindúes se observa la transformación de esta fe. La creencia se cambia poco a poco en filosofía, en necesidad de comprender antes de sumarse a lo que se afirma. Cuando nacen las escuelas filosóficas, los brahmanes tienen ya la partida perdida en lo que a los espíritus pensantes afecta. Entre ellos mismos brota, como ya he dicho y como era lógico (¿cómo creer honradamente en dioses, puras personificaciones de las fuerzas naturales, cuando no hijos directos de la fantasía?), el ateísmo. Todo ello sin contar las herejías, como el jainismo y el budismo. Pero todo esto pertenece ya a la evolución que transformó el vedismo en hinduismo, y ahora lo que nos interesa es aquél y sus libros religiosos, de modo que volvamos a ellos.

* * *

Los hindúes llaman *Veda* (*Vedas* pluralizada esta palabra a la española) a una serie de composiciones poéticas que consideran reveladas por el propio Brahma, dios supremo de su panteón religioso actual. Aseguran también, que durante muchos siglos fueron conservadas gracias a la tradición (a tradiciones orales), hasta ser reunidas y ordenadas tal cual hoy están y puestas por escrito por un rishi, que a causa de ello fue denominado Vyasa o Veda-Vyasa, es decir, compilador de los *Veda*.

Compuestos los primeros himnos en época inmemorial, pertenecieron al tesoro religioso de las tribus indoeuropeas, que, como ha sido dicho, hacia el año 1500 antes de nuestra era, descendiendo de las llanuras del Asia Central y luego de cruzar las tierras que riega el Amu-Daria (el Oxus de los antiguos, el Djihún de los árabes), penetraron (una rama, la otra marchó hacia el Irán) por los desfiladeros de la parte oeste del Himalaya, en dirección al Indo, acabando por establecerse, luego de rechazar a las tribus que iban encontrando a su paso, entre este río y el Ganges.

Parece ser que al llegar a la India encontraron, tanto en las montañas como en los bosques de las llanuras, hombres menos civilizados que ellos. Y tal vez a causa de sus largas luchas con éstos (los aryas, como ha sido dicho, eran blancos, y sus enemigos, negros) naciesen, cuando estas luchas con el tiempo pertenecieron ya a lo legendario, los genios maléficos o demonios tan frecuentemente mencionados en los himnos de los *Vedas* pertenecientes a la época más reciente. En todo caso, tan sólo en la categoría de genios adversos llegaron hasta los *Vedas*, que, simple colección de himnos religiosos destinados a cantar, alabar y celebrar a los dioses principales, es decir, literatura semejante, en su clase, a la de otros pueblos[2], no ofrecen materiales que tan útiles

---

[2] Precisamente con el nombre hebreo *tehillím,* cantos de alabanza o «laudes», que los traductores griegos de la Biblia llamada de los Setenta dieron el nombre de *psalmoi,* designaron los sacerdotes judíos que redactaron el *Antiguo Testamento,* la colección de ciento cincuenta poemas, la mayor parte de ellos muy cortos, que constituyen los tan celebrados *Salmos.*

Estos Salmos, como seguramente los himnos védicos, estaban destinados no a ser leídos, sino más bien cantados a coro. Y, naturalmente, acompañados de abundante estrépito de instrumentos sonoros de los que entonces integraban las orquestas sagradas: tamboriles, címbalos, sistros, harpas, cítaras, flautas, trompetas y cuernos. Es decir, que la poesía de este género era seguramente en todas partes del orden de esa variedad de cantos litúrgicos del tipo del *Te Deum* y del *Diesirae* actuales.

Por otra parte, el origen de los salmos bíblicos y de los himnos védicos sería el mismo; irían apareciendo unos tras otros como fruto de inspiraciones individuales de tipo místico del mismo género. Con el tiempo, los brahmanes en un lado y en el otro los escribas y los sacerdotes del Templo, los ordenarían por clases (en Israel en poemas reales, himnos, cantos de acción de gracias, lamentaciones, etcétera; como los llamados reales eran los más numerosos, acabaron por atribuir todos a David; en la India, a Vyasa. que pudo ser el compilador, o el que se supuso, para el caso igual, que lo había sido); y en uno y otro lado, muy especialmente las composiciones más antiguas serían cien veces corregidas, remozadas y mejoradas a medida que el tiempo fuese pasando, de acuerdo con los nuevos gustos e incluso teniendo en cuenta las variaciones del propio culto.

En los *Veda* estos cantos son de pura alabanza a los dioses del panteón védico, es decir, del panteón antiguo. Digo antiguo porque, como todo evoluciona, hasta los dioses, las divinidades védicas al llegar el hinduismo quedaron relegadas, como olvidadas, mientras pasaban a primera fila otras, a la cabeza de las cuales estaba la famosa Trimurti o Trinidad hindú, formada por Brahma, Siva y Vishnú. Es decir, que estos himnos eran, exactamente como los bíblicos, cantos destinados a ensalzar a sus dioses principales, como los de Israel a Yahvé. Y en una y otra parte eran empleados como complemento obligado de todas las ceremonias religiosas.

Y del mismo modo que en la India y en Israel, en Babilonia y en Egipto (y más tarde en Grecia y en Roma), otros dioses fueron celebrados mediante himnos, salmos, incienso, sacrificios, música y cantos. En lo que a los himnos respecta, como de todo punto excelente en su género hay que recordar el famoso «Al Sol», de Akhenatón, himno que el lector que no le conozca y se interese por estas cuestiones puede leer en el tomo primero de mi *Historia de las religiones,* en el capítulo dedicado a la de Egipto. En este himno lamoso se inspiró el que compuso el llamado «A la Creación», de la *Biblia*. Notable es también en su género el himno babilónico denominado «Lamentación a Ishtar». Véase:

¡Antorcha brillante (se trata del planeta Venus, símbolo de la diosa) de los cielos y de la Tierra! ¡Fulgor de todas las mansiones!

¡Terrible en el combate (Ishtar era la diosa de la guerra), sin rival, fuerte en la pelea!

Llama que se enciende contra los enemigos, que causa la destrucción de los poderosos ¡Oh estimulante Ishtar, que reúnes las tropas, diosa de los hombres, diosa de las mujeres, cuya decisión nadie conoce!

¡Allí donde tú miras, el muerto vive, el enfermo se levanta;

El injusto tórnase justo al ver tu rostro!

¡Yo te invoco suspirando, gimiendo, sufriente; yo tu servidor!

¡Mírame, oh mi soberana, y acoge mi ruego!

¡Mírame, no me olvides, y no rechaces mi súplica!

¡Pronuncia mi liberación y que tu corazón se tranquilice!

¡Liberación de mi cuerpo afligido, que está lleno de turbación y de desorden!

¡Liberación de mi corazón sufríente que está lleno de lamentos y suspiros!

¡Liberación de mis tristes presagios, que me turban y confunden!

¡Liberación de todos los míos, que como yo se quejan!

¡Liberación de mi alma, saturada de lágrimas y suspiros!

hubieran podido ser para el conocimiento de lo más remoto de la

---

¡Oh Irnini (otro de los nombres de Isrtar) león terrible! ¡Que tu corazón se calme!

¡Búfalo irritado, que tu alma se incline a la clemencia!

¡Que tus ojos benévolos caigan sobre mí!

¡Que tu brillante rostro me mire con fidelidad!

¡Yo he visto, oh mi soberana, un juicio de desorden y de revuelta!

¡Muchos males me han abrumado, y la muerte, y la miseria!

¡Mi santuario (la persona toda del que pide) está empequeñecido, y empequeñecido mi templo!

¡Sobre mi casa, mi puerta y mis campos, el dolor se extiende!

¡De mi diosa el rostro se ha vuelto hacia otro lado!

¡Mi fuerza ha quedado destruida, mi fortaleza rota!

¡Pero atento estoy a mi soberana, hacia ella va mi entendimiento!

¡Y te invoco, a ti, para que desates el encantamiento que me aprisiona!

¡Para que me libres del pecado. de faltas, de malos hechos, de delitos!

¡Los ya cometidos, olvídalos, reina, y acoge mi súplica!

¡Libérame, protégeme, concédeme lo que solicito!...

Evidentemente, los autores de algunos de los salmos e himnos antiguos eran poetas de gran vuelo. De modo que en su tiempo y en su propia salsa, salsa integrada primero por la fe (la fe de los que escuchaban estos salmos e himnos, en honor de los dioses que celebraban), luego el encanto que prestaba a los versos en que estaban escritos, no sólo la métrica, sino la música con que eran acompañados y la voz mediante la cual (o voces) eran cantados o recitados; a favor de todo ello se comprende que tales poesías produjesen un gran efecto en quienes las escuchaban, e incluso que fuesen consideradas como ejemplo y modelo, es decir, como lo mejor que se había producido e incluso que se podía producir en su clase. Pero hoy y despojadas de todo ello, es decir, sin fe en aquellos dioses por parte de quienes leen estos salmos e himnos, y desprovisto del encanto de la métrica, pues llegan hasta nosotros (ya que muy pocos son capaces de leerlos en la lengua en que fueron escritos) a través de traducciones, no comprendo, la verdad, como salvo quizá una media docena de ellos, que incluso a través de una o más versiones conservan un resto de fuego poético, es decir, de valor puramente literario, los demás pueden ser tan celebrados y admirados. ¿Falta tal vez de sinceridad? ¿De juicio crítico y sobra, en cambio, de ese espíritu servil que lleva a tanto necio a celebrar, sin gustarlo ni comprenderlo, lo que oye estimado y alabado, por miedo, si no lo hace, a ser considerado como real y verdaderamente es?

Por mi parte, me limitaré a decir que todos los himnos védicos que van a continuación, salvo el interés que pueden ofrecer para la historia de las religiones, creo que pocos, poquísimos de ellos merecen, traducidos, ser leídos. Me alegraría mucho que una mayor sensibilidad de parte de aquellos en cuyas manos caigan, haga que encuentren en ellos lo que a mí, pese a todo mi empeño, me es imposible.

historia de la India. A propósito de esto escribía J. Möhol: «Los críticos europeos reprochan a los *Vedas* el no contener hechos. Verdad es que estos libros no hablan de batallas, ni de conquistas, ni de todo ese catálogo de calamidades que constituyen la base de las crónicas, pero se ve en ellos el fondo de la sociedad civilizada, observándose las primeras formas de las ideas que India y Grecia han elaborado más tarde. Estos hechos son más considerables que todos los hechos materiales: son hechos morales que han ejercido una influencia mayor y más duradera que todos los acontecimientos políticos». Muy cierto. Pero no menos cierto que un relato histórico-social de la extensión de los *Vedas*, y aun la mitad, sería hoy más interesante que esta serie de himnos vacíos de verdad y muertos, salvo para la historia de las religiones.

Los *Vedas* fueron desconocidos en Europa hasta bien entrado el siglo XVIII. Celosamente guardados por los brahmanes, que, como todos los cuerpos sacerdotales antiguos, aprendieron pronto que nada tan favorable para inclinar a admiración y consecuentemente a fe a los espíritus sencillos como hacer creer en el carácter revelado y divino de sus enseñanzas, así como que para que esta doctrina permaneciese inalterable, en lo posible, lo mejor era no divulgarla demasiado, no sólo trataron de que no fuesen sus textos profanados por manos extranjeras, sino que incluso durante mucho tiempo se opusieron a que los himnos de los *Veda* fuesen escuchados por la clase inferior. Aún pueden leerse en las *Leyes de Manu* los castigos terribilísimos que aguardaban a los sudras que se atreviesen a leer, o tan siquiera a escuchar, los divinos pada (versos) de los triplemente sagrados libros.

Mas, como lógicamente tenía que ocurrir, tanto más cuanto que hasta los prejuicios más sólidamente arraigados envejecen usados por el tiempo y las circunstancias, a medida que los ingleses se fueron haciendo dueños del Indostán, algunos espíritus estudiosos y amantes del saber (no todos iban a ser ventosas en forma de grandes compañías destinadas a trasladar a Inglaterra cuanto se podía extraer de la enorme península asiática), Polier. Wickins y William Jones, empezaron a tener conocimiento de los Vedas y a dar traducciones fragmentarias de ellos. Estos trabajos despertaron al punto una gran curiosidad en Occidente entre los orientalistas y los sabios interesados por estas cuestiones, y, finalmente, un indianista ilustre, Colebrooke, publicó en el octavo volumen de las *Investigaciones asiáticas*, de la Sociedad de Calcuta, un notable trabajo sobre estos himnos. Sí, como parece ser, no sólo leyó los Veda, sino que trabajó asimismo y conoció gran parte de los comentarios que se habían hecho sobre ellos (se dice incluso que todos), tan ardua labor debió de ocuparle muchos años.

En todo caso Colebrooke fue el primero no sólo en darlos a conocer por entero, sino en hacer saber que eran considerados allí como de origen divino; así como que había sido el propio Brahma quien había hecho don de ellos a los hombres por mediación, claro está, de los brahmanes, los mejores de éstos, puesto que habían nacido de su cabeza. También se supo por él que habían sido conservados tradicionalmente en un principio, hasta que al fin un brahmán particularmente sabio, Vyasa, sobre ponerlos por escrito, los había dividido en cuatro libros: el *Rig-Veda*, el *Yajur* o *Yadjur-Veda*, el *Sama-Veda* y el *Atharva-Veda*, partes de que constan hoy. Antes de decir unas palabras sobre cada uno de estos tratados, voy a exponer, para mayor claridad, en una especie de resumen, lo que conviene retener de todo lo dicho hasta aquí.

Lo primero, que la palabra *Veda* equivale en sánscrito a «conocimiento divino», y que en su sentido más general significa «ciencia», de la raíz vid, «saber». Pero aplicada a la religión hindú designa las cuatro grandes colecciones de himnos sagrados, primer monumento de la literatura brahmánica, de la cual el primero que encabeza esta colección, el *Rig-Veda*, seguramente es uno de los textos literarios más antiguos de la Humanidad. En la India, por lo menos, ningún documento es conocido antes que él, y, por lo mismo, nada más sorprendente que su conservación, primero a través de una larga tradición oral, puesto que bien que no se sepa cuándo fue introducida la escritura en la India (se supone que la llevaron hacia el siglo VIII antes de nuestra era comerciantes que, a su vez, la conocerían a causa de sus contactos con los semitas), muchos siglos antes estos himnos eran ya seguramente patrimonio de escuelas védicas que incluso tal vez viviesen independientes unas de otras, o de sectas religiosas distintas, o quizá de familias sacerdotales. Luego, una vez puestos por escrito en una lengua vecina del *Avesta* persa atribuido a Zoroastro, siguieron cruzando los siglos sin sufrir alteración. Sin alteración, por supuesto, en cuanto a su forma, no en cuanto a su fondo, pues el espíritu del *Veda*, renovado sin cesar a través de interpretaciones y comentarios, evolucionó, como todo, en el decurso de los siglos. En cuanto a la forma, ésta está constituida por estancias por lo general de tres o cuatro versos, a veces más, llamados, como ya he dicho, pada, cuyo número de sílabas varía entre ocho y doce, y cuyo ritmo es tan seguro como monótono.

«En estos himnos, dicen los señores Chaine y Grousset, las palabras están dispuestas por los poetas en un orden extremadamente libre, cortado por interjecciones, llamadas, invectivas, bien que arrastrado por la corriente del ritmo, para ser cogido de nuevo e incesantemente volver a saltar. Los dioses son calificados mediante epítetos consagrados que al punto les pertenecen como tales atributos divinos. Por otra parte, la Naturaleza y la vida cuotidiana han suministrado a los autores de los himnos védicos comparaciones sencillas, tomadas de lo vivo, que a veces se suceden en largas filas. Lo distintivo, la marca de esta poesía, es, sin duda alguna, la metáfora, nacida a veces, bien que excepcionalmente, de la fantasía de un poeta, pero sobre todo inspirada en la mitología y en la representación del Mundo. Con mucha frecuencia esta metáfora es oscura, exagerada, uniendo de golpe alusiones a elementos diversos. Para comprenderla y llegar hasta su belleza es preciso haber penetrado previamente en la complejidad de los símbolos, saber conocer a través de los juegos de palabras, los valores dobles o triples que coexisten en un mismo elemento. El poeta no se contenta con mezclar los símbolos, sino que juega con las palabras, acercando de manera imprevisible nociones más o menos lejanas. En cierto grado, la imagen llega a ser un verdadero enigma: palabra impenetrable, palabra mágica por excelencia, expresión sibilina de la ciencia secreta, tan sólo comprendida por los iniciados. La lengua y el estilo védicos, ante todo literarios y con frecuencia artificiales, tienen una grandeza, una solemnidad hierática, con frecuencia una truculencia toda realista y como desbordando en un exceso de vida; en fin, un aspecto oscuro que hace que la lengua y el estilo de los sacerdotes haga a éstos a la vez poetas y magos». Ni que decir tiene que temo que el lector quede desilusionado leyendo los himnos que van a continuación al no encontrar (afortunadamente para él, pues si no pasaría muy malos ratos) nada de cuanto constituye el punto menos que infranqueable laberinto de enigmas, esoterismos y, en una palabra, engaños para despistar a los incautos de entonces y hacerles creer que había algo misterioso y profundo donde en realidad no había sino esto: propósito de engañar y embaucar, de que hablan los señores Chaine y Grousset mediante sus sabias palabras anteriores. Por lo demás, ¿son estas palabras el resultado de haber leído ellos los *Veda* en textos primitivos, que hoy seguramente nadie entiende, o en derivados, pero con un entusiasmo, una atención y hasta un placer que es muy difícil encontrar en las simples traducciones? Porque, en todo caso, entre lo que por lo visto se advierte recorriéndolos, aunque no sea sino en el sánscrito actual, y la impresión que estos mismos himnos producen traducidos, hay la misma diferencia, por lo que se puede juzgar, que la que hay entre un globo perfectamente hinchado y terso y tiro desinflado, arrugado, sin apariencia, mínimo.

Por mi parte, no pudiendo alcanzar la penetración, en lo que a interpretar los textos del *Veda* afecta, de los citados señores, pues mi conocimiento de la lengua sánscrita, menos que modesto, no me permite intentar su lectura con la facilidad que sin duda ellos, y por consiguiente advertir cuanto ellos advierten, me limitaré a hacer constar, y en esto sí que estoy enteramente de acuerdo con ellos, que en estos himnos se advierten dos elementos que coexisten desde los primeros que figuran en el *Rig-Veda*, sin fundirse: uno, ritualista, estático, que tiene como centro el dios al que se alaba, resultado en cuanto a lo religioso popular de creencias animistas y de supersticiones evidentes, mientras que en la religión sacerdotal tiene como expresión el sacrificio y como centro el rito, y segundo, un elemento filosófico o dinámico (en tímida pero clara progresión), que se advierte en el trabajo del pensamiento en busca, sin cesar, de nuevas soluciones a los problemas de la vida y de la muerte, y en favor del descubrimiento de especulaciones cada vez más elevadas y más refinadas; tendencia ésta aún mucho más marcada en los *Brahmana*, y que se encuentra en total florecimiento en los *Upanishad*[3].

---

[3] El canon de la religión brahmánica está integrado por los siguientes textos, textos *revelados,* a creer a sus partidarios, que corresponden a dos grandes períodos, el *védico* y el *brahmánico.* De ellos, el primero en orden cronológico es el *Veda,* extensa colección de himnos dirigidos, como se verá, a los dioses y elementos de la Naturaleza, más fórmulas mágicas y rituales. La especulación filosófica, que tanta importancia tendría luego, se inicia ya, bien que tímidamente, en estos libros que, en conjunto, forman el ciclo védico. El segundo, el brahmánico, está representado esencialmente por los *Brahmana,* textos destinados a explicar las fórmulas y versículos de los *Veda.* Son, pues, comentarios a estos libros, verdaderos tratados de exégesis. Cada una de las cuatro colecciones de himnos del *Veda* (Rig, Yadjur, Sama y Atharva) poseen sus *Brahmanas* que los explican, comentan y completan. Mediante los *Brahmana* los sacerdotes hindúes (pues estos textos fueron obra sacerdotal), con el pretexto de explicar los *Veda,* codificaron la doctrina ortodoxa y organizaron el culto. Es un esfuerzo de los antiguos dirigentes de este culto destinado a conciliar tendencias divergentes ya, en conflicto, bien que todavía no de un modo abierto, en la propia época védica. Y al mismo tiempo y aprovechando el exponer metódicamente la teología ortodoxa, realizar un ensayo destinado a ver de ahogar las ideas y opiniones atrevidas que abrigaban ya el germen de toda una filosofía anticlerical. Aquellos avisados brahmanes no tardaron en darse cuenta del peligro que representaba para ellos la filosofía, o sea el que los hombres, al pensar por su cuenta, advirtiesen el engaño a que les sometía la creencia en una serie de dioses absurdos, y para atajar tal peligro trataron de tener cada vez más influencia sobre los que a causa de verse obligados a trabajar mucho para poder vivir, era difícil que tuviesen tiempo para reflexionar. Y para ello, además de magnificar cuanto les fue posible el culto, sin preocuparse de que al hacerlo

minificaban a los dioses, puesto que ponían en primer lugar al Sacrificio, explicaron a su gusto los textos fundamentales de los *Veda* mediante los *Brahmana,* con objeto de tener, haciéndolo, toda la ciencia (o aparentar que la tenían, para el caso igual), y subsiguientemente toda la autoridad.

En los *Veda* eran ya conocidos y practicados los sacrificios y su rito, sencillo en un principio, era transmitido por tradición desde el tiempo de los antepasados de la raza humana a los que los poetas denominaban los Padres, Padres a quienes los dioses mismos habían enseñado el arte de sacrificar. También era conocida v admitida la idea de que los ritos, muy particularmente los relativos a los sacrificios, ejercían una acción directa sobre los fenómenos atmosféricos, fenómenos de suma importancia a causa de su influencia sobre las cosechas, de cuya abundancia o escasez dependía la facilidad de la vida. Y a causa de ello la influencia de las palabras mágicas y su acción preponderante sobre los elementos; en todo lo cual habían hecho creer los brahmanes. Como creer es precisamente no dudar, magia hubo en la India (y sigue habiéndola; véase el libro de Paul Dare *Magia blanca* y *magia negra en las indias),* como en todas partes, y nadie dudó de su maravilloso poder. Por consiguiente, en lo que a la magia religiosa afectaba, de las ceremonias religiosas dependía este poder, ya que todo el intríngulis de la cuestión estaba en el modo como t a les palabras fuesen pronunciadas y los ritos cumplidos. Ni que decir tiene, como bien se adivina, que los únicos que conocían las palabras mágicas y el cómo había que pronunciarlas para que surtiesen el debido efecto eran los brahmanes, y, por consiguiente, ellos los únicos que podían sacrificar, función que en tiempos, cuando todavía no era un privilegio de casta, correspondía a los padres de familia. Si además tenemos en cuenta que el tercer factor del que dependía el éxito del sacrificio eran los dones *(dakshina)* que el que encargaba el sacrificio ofrecía a los dioses por mediación de los brahmanes, y con los que éstos se quedaban luego de haber ofrecido a la Divinidad lo que la correspondía, se comprenderá el interés de no perder tan saneada fuente de ingresos y, consecuentemente, que los brahmanes hiciesen del Sacrificio un nuevo ídolo, y que incluso, para salir al paso a los que ya empezaban a darse cuenta de que, en efecto, la parte de los dioses no era otra que el humo de los braserillos donde se quemaba una parte de la grasa de las víctimas y las oraciones salmodiadas al hacerlo, el que la teología de los *Brahmana* insistiese sobre el valor simbólico de tales sacrificios que, además de un medio de acción sobre los dioses (presionarles para que concediesen), era, y esto en primer lugar, la condición del orden universal. y aun de las causas creadoras del Mundo. Y esto por el hecho de obrar no tan sólo sobre los dioses de los Veda, sino muy particularmente sobre Prajapnti, «el Señor de las criaturas», el dios único, encarnación no de tal o cual fenómeno o elemento de la Naturaleza, sino de la vida toda extendida por ella. Es decir, que teniéndole a él se tenía a todos los demás dioses.

Los textos de los *Brahmana* están llenos de este Ser todopoderoso, personificación de la vida universal. Dios esencialmente importante puesto que había creado a la Humanidad de su propia sustancia. Hecho generosísimo, ya que por realizarlo había quedado vacío como una ubre de vaca bien ordeñada. Vacío de sustancia, exhausto, sin aliento tras esfuerzo tan agotador y a punto de desfallecer e incluso de que sus miembros se desprendiesen como los pétalos de una rosa ajada, o como los frutos ya maduros de un árbol. Y aquí el gran hallazgo de aquellos brahmanes: ¿Qué devolvía su vigor perdido al infinitamente generoso Prajapati? ¡El Sacrificio! Los sacrificios, sí. ¿Cómo, pues, rehusar sacrificios a dios tan bueno que de aquel modo se había entregado para dar vida a los hombres, puesto que gracias a ellos y tan sólo mediante ellos recobraba el vigor tan generosamente perdido?

He aquí un pasaje del *Satapatha Brahmana,* o «Brahmana de los cien senderos», en el que se describe el efecto reparador de los sacrificios ofrecidos en honor de Prajapati:

LUEGO DE LA CREACIÓN DE LOS SERES

Cuando Prajapati hubo creado a los seres vivos, sus articulaciones halláronse desunidas. Ahora bien: Prajapati es el año. Sus articulaciones son las junturas del día y de la noche *(es decir, los dos crepúsculos),* la Luna llena y la Luna nueva; el comienzo de las estaciones *(dicho de otro modo, la época en que los propios dioses sacrificaban. La idea de que los dioses, mediante sus ofrendas, habían curado a Prajapati, había sido difundida para que sirviese como ejemplo y estímulo a los hombres con objeto de que hiciesen otro tanto).* Incapaz era de levantarse, puesto que sus articulaciones estaban desunidas Los dioses le curaron entonces mediante ofrendas. A favor de la *añihotra (ofrenda que todo jefe de familia debía efectuar cada día antes de salir el Sol y luego de ocultarse)* curaron las articulaciones de los dos crepúsculos. Mediante la darsa-*purnamasaishti (ofrenda de las Lunas llena y nueva)* las articulaciones de la Luna llena y nueva. Por la caturmasya (ofrenda de las estaciones), las articulaciones de las estaciones. Reparadas así sus junturas, Prajapati ha venido a tomar el alimento hoy aquí, ofrecido para él. Todos cuantos sabiendo esto empiezan a ayunar en este momento *(al empezar la Luna llena)* curan las articulaciones de Prajapati, y Prajapati les favorece. *(Satapatha Brahmana,* I, 6, 3, 35, 37.)

Como lo que perpetuaba la vida era el rito, el Sacrificio era más poderoso que los dioses mismos, puesto que las ofrendas eran su alimento. Gracias al Sacrificio era mantenida la vida universal. A causa de ello su importancia. Pues el Sacrificio no era tan sólo el símbolo de la Creación, sino lo que daba la vida a todos los seres. Véase:

EL SACRIFICIO PERPETÚA LA VIDA

Lo que el sacrificante vierte en el fuego, lo vierte en los dioses, y a causa de ello los dioses subsisten. Lo que limpia *(de la cuchara con que era vertida en el fuego la leche—o la miel—lustral)* lo vierte en los manes y en las plantas, y mediante ello manes y plantas subsisten. Lo que come tras la oblación lo ofrece a los hombres, y gracias a ello los hombres subsisten. Las criaturas que no son admitidas a probar aquello que se sacrifica, reprobadas son en realidad. A las criaturas que no son reprobadas, ofrece una parte al principio del Sacrificio. De este modo también los animales toman parte en el Sacrificio, pues están después de los hombres. *(Satapatha Brahmana,* II, 3, 1, 19 y sig.)

Para asegurar firmemente la práctica de los sacrificios, tan útil evidentemente con sólo creer en lo anterior, a dioses y hombres, se hizo lo posible para que naciese una fe total en ellos mediante la avisadísima afirmación siguiente: Del mismo modo que el dios creador de todas las cosas, Prajapati, encontraba en los sacrificios el medio de restaurar su vigor perdido (perdido, como ha sido dicho, en la obra de la creación), asimismo el hombre que ofrecía sacrificios fabricaba, al hacerlo, su propio cuerpo para la vida futura en el más allá. Es decir, que mediante la «magia» del Sacrificio, el que los ofrecía construía su integridad futura para siempre, escapando, al hacerlo, a la muerte. De modo que bastaba ofrecer sacrificios, a favor, por supuesto, de ritos bien cumplidos (de lo que se encargaban los únicos que a causa de su mucho saber podían hacerlo), no tan sólo para salvarse escapando a la terrible rueda de las transmigraciones (metempsicosis), sino incluso para elevarse hasta la Divinidad y llegar a ser uno con ella.

En todo caso, he aquí la fuente (me refiero a lo de las promesas para la vida futura) de las ideas que más tarde en Occidente darían lugar a través del orfismo a las religiones a base de misterios (De-meter y Koré en Eleusis, por ejemplo), y a las llamadas de salvación (dioses que en favor de los hombres, Zagreus, Osiris, Atis, Adonis, Tammuz, etcétera, morían y resucitaban), en las que asimismo mediante prácticas y ofrendas, mínimas siempre en comparación a lo que mediante ellas se conseguía, se iba más tarde junto a la Divinidad e incluso se conseguía identificarse con ella. A causa de todo lo anterior se comprende que no haya necesidad de insistir sobre la importancia de los *Brahmana,* textos que, además de muchas otras ventajas, establecían y regulaban cosas tan importantes.

Pero no es todo, sino que aún en cada uno de los *Brahmana* hay un capítulo o *Aranyaka* (de aranya, bosque), explicación o comentario teológico destinado a ser meditado en el silencio, paz y soledad de los bosques. Y dentro de cada Aranyaka un *Upanishad,* trozo en prosa (como los Aranyaka y los Brahmana) o en verso, que encierra la verdadera enseñanza secreta. O sea que contiene la «doctrina confidencial», la «enseñanza esotérica»; en una palabra, la quintaesencia del pensamiento filosófico del brahmanismo.

Upanishad significa etimológicamente «sentarse a los pies de alguien», en señal de sumisión y respeto, para escuchar sus enseñanzas. Como consecuencia, esta palabra acabó por adquirir el sentido de «doctrina confidencial», como acabo de decir, de «enseñanza esotérica», oculta, misteriosa, profunda, no para todo el mundo, sino para los escogidos, los

Asimismo estos himnos pueden repartirse en tres géneros o grupos: *himnos de la Naturaleza y del mito,* es decir, aquellos que contienen amplias invocaciones a los dioses y a los elementos cósmicos; himnos rituales y mágicos, consistentes en simples fórmulas de encantamientos, e himnos de carácter especulativo, que contienen en potencia toda la filosofía que con el tiempo sería desarrollada en la India.

Total que la primera y más antigua expresión de la religión védica la constituyen los *Vedas,* serie de himnos, como sabemos, escritos en un sánscrito arcaico, los mas antiguos de los cuales, es decir, los que constituyen el actual *Rig-Veda,* debieron ser compuestos entre los siglos XII y X antes de nuestra era, sobre una tradición oral mucho más antigua resultante de la mezcla de tradiciones religiosas de los aryas que penetraron en la India, más ciertas creencias propias de los autóctonos añadidas a aquéllas. A este fondo de tradiciones primitivas se añadieron otras posteriores, las más modernas de los siglos VI y V, siempre antes de nuestra era.

La base, por decirlo así, de los *Veda,* la constituye las cuatro colecciones de himnos citadas, o samhitas, himnos que, como acabo de decir, fueron revelados por Brahma a los rishis o sabios, a causa de lo cual éstos dieron al conjunto de textos objeto de favor tan especial el nombre de *Sruti,* «revelación», nombre con que es designado el Veda todo entero, compuesto, además de por el *Rig-Veda,* o «Veda de las estrofas», por el *Yadjur-Veda* o «Veda de las fórmulas», integrado por dos variedades de samhitas: el Yadjur-Veda negro y el Yadjur-Veda blanco; el *Sama-Veda* o «Veda de las melodías», y el *Atharva-Veda* o «Veda de los atharvans», sacerdotes oficiantes en los sacrificios.

El *Rig-Veda* o «Veda de las estrofas» es no solamente, como ya he dicho, el primero y, por consiguiente, el más venerable, sino el más importante de los samhitas o colección de maniras (himnos rituales o encantatorios) de los Vedas. La raíz sánscrita ritch, de donde el nombre de Rich o *Rig-Veda,* significa «alabar». Una colección como ésta, formada por mil veintiocho himnos (diez mil cuatrocientos diecisiete riks versos) destinados en su casi totalidad a alabar a los

---

privilegiados. Así, pues, los Upanishad contienen la revelación de la santa creencia secreta.

En fin, aún otro grupo de textos reunidos con el nombre de *Vedanga,* o «miembros anejos del *Veda»,* contienen los *Kalpa-Sutra* o «aforismos sobre el ritual».

Todo ello constituye el *canon* de la religión brahmánica.

elementos naturales personificados, no podía llevar otro nombre. «En el *Rig-Veda*—habla el señor E. du Metil—, los himnos han quedado como los dejó la inspiración del poeta que los compuso; han guardado su independencia, su espíritu enteramente lírico, su desenvolvimiento natural y completo. Todos los testigos reconocen su preeminencia: es el único de los *Vedas* que fue, desde su origen, consagrado a los dioses; el único cuya composición se remonta hasta el Cielo, y al cual sé atribuía carácter tan santo que bastaba citar algunos pasajes para borrar ciertas faltas y alcanzar nueva inocencia. Algo semejante a las «siete cosas» mediante las cuales, según el Catecismo de la doctrina cristiana, se perdona el pecado venial. La santidad de este libro le ha preservado de las alteraciones de la fantasía, de las corrupciones de la memoria, de las interpolaciones del espíritu de secta. Ha podido atravesar mil años inmutable, sin sufrir variación alguna. Cuando todo cambiaba ante él, hasta la lengua que sirvió para fijarle y las creencias que expresaba.

»Se carece de términos de comparación respecto al nacimiento de las sociedades humanas de épocas tan remotas, lo que hace que la cronología del Veda sea imposible de determinar, pero mucho antes de los tiempos a propósito de los cuales los escritores budistas y los escritores griegos, luego de Alexandros, procuraron algunos informes, el espíritu que alienta en los himnos de los *Vedas* se había apagado. Es hacia mediados del siglo XIV antes de nuestra era, cuando la erudición moderna ha creído poder fijar la época de redacción de esta obra tan digna de atención».

Oigamos aún a otro gran admirador de los *Vedas*, el señor Barthelemy Saint-Hilaire. Cierto que este señor escribía lo que voy a traducir, en el Journal des Savants el año 1853, es decir, cuando se acababan de descubrir en Europa, por decirlo así, los *Vedas*, o sea cuando todo era admiración hacia ellos; y esto no tan sólo por lo que de interesante contentan sino a causa de un dicho también francés que afirma no sin razón: «Tout nouveau, tout beau».

«El mundo de los *Vedas* no es solamente un mundo enteramente nuevo para nosotros, es, para los mismos hindúes, un mundo oscuro, en que las tradiciones, por muy ricas que sean, no aportan suficiente luz. No es solamente una lengua extinguida y transformada después de varios miles de años, de la que es preciso traspasar las tinieblas; es toda una civilización que es necesario resucitar, toda una mitología, todo un orden de creencias y de ideas absolutamente extrañas a las nuestras y que responden a una edad de la Humanidad, muerta.

»Apenas hay necesidad de hacer notar el interés que se atribuye a los *Vedas*: es inmenso. Son los libros sagrados de una nación que ocupa gran lugar en el pasado del espíritu humano, que aun subsiste hoy después de cuatro o cinco mil años, con sus dogmas y sus supersticiones, y que, al cambiar de dominadores y entregarse a quien quiso conquistarla, no ha perdido uno solo de los rasgos esenciales que constituyen su individualidad en la familia humana.

»Estos monumentos tan antiguos y tan venerados, han llegado hasta nosotros completos y sin lagunas. La Sagrada Escritura de los hindúes no se compone solamente de los libros llamados *Vedas*; contiene, además, obras, mitad litúrgicas, mitad teológicas que se llaman Brahmanas, y que son más voluminosas que los mismos *Vedas*. Es preciso unir a ellas diversos tratados que, sin ser sagrados como los *Vedas* y los *Brahmanas*, no están separados, sin embargo, de la ortodoxia brahmánica, y que se llaman *Upanishads*. Los *Upanishads* apenas se distinguen de los *Brahmanas* ni por el objeto ni por la forma: explican, como éstos, mediante discusiones filosóficas y a favor de relatos, el dogma y la liturgia; quizá su única diferencia sea que están redactados en estilo menos conciso y más popular».

Me temo mucho leyendo esto de «estilo menos conciso y más popular», que el señor Barthelemy Saint-Hilaire conocía los Upanishads de oídas. En lo que sí tiene razón es hablando de la persistencia entre los hindúes de muchas ideas, creencias y prácticas que han atravesado inmutables los siglos. En todo caso hecho indudable es, que las creencias religiosas, mientras subsisten, son el lazo más fuerte para unir conciencias y consecuentemente para inmovilizarles en favor de una creencia. Y a causa de ello, para formar asimismo grupos tan homogéneos ideológicamente, que nada, ni las distancias ni las vicisitudes históricas parecen tener fuerza contra ellos. Al contrario, diríase que las persecuciones y adversidades parecen fortificar estos lazos. La persistencia de la raza judía dispersa, acosada, perseguida durante siglos por todas partes y aun viva y capaz, parece demostrarlo. Pero volvamos a los *Vedas*.

En estos himnos, cada uno de ellos lleva el nombre del «vidente» (rishi) al que, según la tradición, fue originalmente transmitido por Brahma. Y naturalmente, no siendo cada «ritch» sino una plegaria que un sacerdote dirige a un dios recitando alabanzas en su honor y adornándole con adjetivos magníficos, pura creación todo, dios e himno, de la fantasía, se comprende que pueda haber himnos semejantes en otras religiones, destinados a alabar a otros dioses, como, en efecto, ya hemos visto que los hubo.

La fecha de composición de los himnos del *Rig-Veda* es muy incierta. Como ya sabemos, antes de ser fijados por escrito corrieron, los más antiguos, de boca en boca de los sacerdotes, transmitidos a favor de tradiciones orales así, de generación en generación, exactamente como los poemas homéricos. Ya he dicho también que se supone que los primitivos, los que constituyen la porción más antigua de la poesía védica, eran ya conocidos por los aryas cuando quince siglos antes de nuestra era llegaron a la India.

Salvo contadas excepciones, todos los himnos del *Rig-Veda* son de carácter religioso. La mitad, o casi, van dirigidos a Indra y a Añi. Aquél, el dios de los dos Cielos: el astronómico, del «pues ese cielo azul que todos vemos» que, según el poeta español «ni es cielo ni es azul», y del otro: ese en que todas las religiones han colocado, un poco a ciegas, o un mucho, a sus dioses, pues aun no ha habido una capaz de decir donde se halla. Los griegos que empezaron por asegurar que estaba en la cima del Olimpos (del que se levantaba en los confines de Macedonia y de Tesalia, pues ya sabemos que hubo varios montes de este nombre, en Misia, en Chipre, etc.), luego, cuando sin duda algunos de esos beneméritos ciudadanos que gustan de escalar montañas subió y no encontró dioses ni cosas que lo valiese, lo trasladaron al éter. Tal vez el día menos pensado uno de los modernos astronautas de esos que unidos a la cápsula por una especie de cordón umbilical se pasea por él, se encuentre de manos a boca con Zeus hecho ya un carcamal o con una Afrodite que no hay ya quien la reconozca. En todo caso en el éter olímpico deben estar los ocho o diez cosmonautas rusos, si es que los han admitido, claro, que por lo visto, aunque nada se ha dicho oficialmente, parece que no han vuelto adonde salieron. En cuanto a Añi, el otro dios favorito de los himnos del *Rig-Veda*, este dios era la personificación divina del fuego. Los demás himnos fueron destinados a divinidades de menor importancia, bien que como veremos al ocuparnos de ellos, de categoría también.

Algunos himnos, éstos en número muy reducido, ofrecen ideas metafísicas. Otros son meras invocaciones personales: Fórmulas para llamar a un muerto a la vida (seguramente respondían muy pocos), o para recobrar la salud perdida. Esto ya es otra cosa y muy en la cuerda de ciertos dioses. En la India misma Vishnú-Rama hizo después y por lo visto aun sigue practicando curaciones maravillosas; como Asklepios en Grecia, y como modernamente, según se afirma, se han producido en Lourdes, Fátima y otros lugares menos conocidos.

Hay también himnos para facilitar el aborto de una mujer encinta (a falta de pastillas que hubieran sido tan útiles, sobre todo a las solteras, había que molestar al dios encargado de este menester). Los hay también a modo de epitalamios con motivo de la boda de una princesa o de una diosa. Como los hay para obtener la victoria y para consagrar a un rey. También los hay en elogio a la liberalidad y a la benevolencia tomadas estas cualidades en el sentido de deidades menores pero positivas. Hay también himnos-sortilegios destinados a satisfacer pasiones puramente personales: aplacar temores, consolar a afligidos, a asegurar bienes o alejar males. Hay, en fin, uno, dirigido al dios del Juego, en el que el jugador suplica, movido por sus desenfrenados deseos de ganar, que el encargado celestial de este asunto le sea favorable. Por cierto que no economizando, por si no le escucha, amenazas y maldiciones. Y pasemos a la segunda colección de himnos védicos.

Esta segunda colección, como ya ha sido dicho, es el *Yadjur-Veda* o «Veda de las fórmulas sacrificiales», llamado así a causa de estar formado por rezos (mantras, plegarias), destinados a ser recitados durante los sacrificios. Unos están en verso y otros en prosa. Estos constituyen fórmulas para ser salmodiadas en el curso de las ceremonias, o, como ocurre en el Yadjur negro, al lado de cada himno en verso hay un fragmento de prosa destinado a explicarle. El texto de esta parte del Veda está contenido, como ya he indicado, en dos samhitas (recopilaciones de versos): el Yadjur-Veda negro (u oscuro), y el Yadjur-Veda blanco (o claro). El nombre Yadjur viene de la raíz yadj, adorar.

Este Veda es una recopilación de las formas de adoración con todos sus detalles; es decir, del sacrificio (en sanscrito jadjuya). El samhita del Yadjur-Veda blanco o Yadjasenaya-Samhita, contiene instrucciones y plegarias de longitud desigual, repartidas en 40 lecturas de trece a ciento diecisiete slokas (dísticos) cada una. En total 1987 slokas. Las dos primeras lecturas contienen las plegarias para el novilunio y el plenilunio, más las que hay que dirigir a los manes de los antepasados. Pues en la India, como en todos los pueblos de la antigüedad, había junto a la religión propiamente dicha, otra forma de ella, bastarda si se quiere bien que seguramente anterior, y consistente también en prácticas de tipo religioso, que era el culto a los muertos. Los himnos de las otras lecturas se refieren a la consagración del fuego, al sacrificio de las víctimas, a la consagración de los reyes y a la ceremonia del Saroamedja o sacrificio destinado a obtener, en general, éxito en las empresas.

La segunda parte del Yadjur-Veda blanco (traducida por primera vez por Max Müller y publicada en edición pagada por la Compañía de Indias, ventosa suprema de su muy graciosa Majestad en aquella colonia), es un Brahmana llamado Catapatha Brahmana, de mayor extensión que la primera samhita. Comprende catorce libros, divididos en cien lecturas. Los preceptos o Brahmanas propiamente dichos son en número de 440. Sigue el mismo orden que la Yadjasenaya-Samhita sigue a su vez para las plegarias. El último y cuarto libro Catapatha-Brahmana constituye un Upanishad compuesto en gran parte de diálogos en los que figura como principal interlocutor Yadjuya Valkya, al que se atribuye la redacción del Yadjur-Veda blanco. Este Upanishad, que lleva el nombre de Vrihad-Aranyaka, goza de gran santidad entre los hindúes.

Los nombres dados a las dos divisiones del Yadjur-Veda se explican, o justifican, mediante una pintoresca leyenda que vale la pena conocer. Más que el texto. pues todo lo que entretiene preferible es a lo que aburre. Hela aquí: Se cuenta que en su forma primitiva el Yadjur-Veda era enseñado por un maestro llamado Veysampayana, a veintiséis alumnos. Ni uno más ni uno menos. Con él, veintisiete, número triplemente afortunado. Me permito aconsejar a los que jueguen a la lotería que busquen números acabados en esta cifra. A mí, siempre que he conseguido un décimo así he ganado; sobre todo si se considera que jugar a cosa tan eventual es ya perder todo el dinero que se arriesga en ello. He ganado por lo menos el reembolso si el gordo terminaba en siete. Pero a lo que iba: Uno de estos alumnos denominado Yadjuyavalkya, nombre precioso también, fue encargado por el maestro de dirigir los estudios de sus condiscípulos. Era sin duda no sólo joven serio, sino con madera de sabio, e incluso ya tal vez con puntas y ribetes de lo mismo. Mas habiendo incurrido en el enojo de su profesor a causa de haberse negado a compartir con él la expiación de un homicidio involuntario que Veysampayana no obstante llamarse Veysampayana había cometido (un traspiés le hizo caer de cabeza sobre un hombre que cruzado de piernas sobre el brocal de un pozo hacía, con la fresca que subía de abajo, sus oraciones matinales; el topetazo, sobre cortar en seco la plegaria, hizo que el caprichoso orante diese con su cuerpo en lo húmedo, y cuando le sacaron sólo un milagro hubiera podido hacer que reanudase la plegaria interrumpida; pero Veysampayana era sabio y hasta algo poeta, pero no taumaturgo, y el ahogado tuvo que acabar su oración, suerte no menguada, ante el dios, que seguramente escaparía por no escuchar el fin de su plegaria). Decía, que habiéndose negado Yadjuyavalkya a cargar con el cincuenta por ciento del topetazo, Veysampayana le obligó a que le devolviese la ciencia que hasta entonces le había embutido, ciencia que tuvo que expeler echándola por la boca en forma algo más material que le había entrado por los oídos. El rabioso profesor carnero administraba sin duda su ciencia en forma de comprimidos no fácilmente digestibles. Verificada la devolución no seguramente sin angustias (¡quién no sabe lo que cuesta devolver lo excesivamente ingerido!), Veysampayana ordenó a los otros discípulos que recogiesen la sabia papilla de Veda que Yadjuyavalkya acababa de vomitar, y para cumplir lo que se les mandaba, sin duda para que la tarea les fuese menos repugnante, se metamorfosearon en perdices. (En trapo o en papel secante parece que hubiera sido lo más práctico; pero, en fin, cada uno se metamorfosea en lo que quiere, cuando puede.) El caso fue, que bien porque el texto, a causa de la arcada védica, no saliese, como era natural, en perfectas condiciones de limpieza, sea porque los compañeros-perdices en su premura por recoger lo expelido lo manchasen ellos con algo que sin quererlo se les saliese, no precisamente por el pico, el hecho fue que el Veda del que se apoderaron no estaba inmaculado, y a causa de ello el ponerle el apodo opuesto a lo albo, o sea negro. Lo que no impidió que fuese asimismo denominado Titteriya, «emperdizado», de titteri, perdiz.

Por su parte Yadjuyavalkya, desesperado a causa de haber perdido su ciencia, recurrió al Sol, sin duda excelente abogado entonces, con objeto de ver de reparar la pérdida. Y, en efecto, tuvo o fue favorecido con una revelación nueva del Yadjur que recibió el nombre de blanco, puro o claro, en oposición al otro profanado por la suciedad. Se dice aún que el favor obtenido por su discípulo le produjo a Veysampayana tanta rabia que corrió al pozo de marras decidido a tirarse a él sin necesidad de topetazo auxiliar; pero una vez allí se arrepintió, limitándose a escupir al Sol, cuya imagen se reflejaba en aquel momento en el fondo. El índice del Yadjur negro explica a su vez este calificativo, pero de un modo más sencillo: Según él, había sido dado a esta compilación de himnos el título de Titteriya o Taitteriya a causa de que uno de los discípulos de Veysam-payana llamada Yuska, se lo enseñó a cierto sabio llamado Taitteri. Como a mí me gusta más la primera leyenda, la creo la buena.

El Yadjur-Veda o Taitteriya-Yadjur-Veda, ofrece mantras (plegarias) más largas que las del Yadjur-Veda blanco, sin llegar no obstante a las dimensiones del Rig-Veda. Este Samhita se divide en siete libros. Cada uno contiene de cinco a ocho lecturas. La primera sección del Yadjur-Veda negro corresponde a la del blanco, pero en seguida cesa el parecido. La segunda parte se compone, como la del blanco, de Brahmanas y de Upanishads.

En realidad, todo en este Yadjur-Veda, dioses, ritos, himnología, son los mismos que en el Rig-Veda (por ello el que en realidad no ofrezca interés el traducirlo, pues no enseña nada nuevo), con la diferencia en contra suya de que los himnos de éste, tan brillantes muchas veces, quedan reducidos en el Yadjur a letanías bastante monótonas, como todas las letanías. La poesía es sacrificada en él en provecho de la liturgia, llegando a veces, para mejor conseguir lo que se propusieron los que le compusieron, a alterar incluso el sentido de lo tomado del

Rig-Veda. Aquí, el interés sacerdotal primando sobre los demás, somete a su conveniencia todo cuanto toca. No le toquemos, pues, nosotros.

La tercera colección de himnos védicos la constituye el *Sama-Veda* o «Veda de las melodías». Contiene esta compilación de himnos mil quinientas cuarenta y nueve estrofas (es enteramente métrico) casi todas sacadas del Rig-Veda, lo que le hace poco original. Ahora bien, están dispuestas de un modo particular con objeto de que estos himnos puedan ser empleados para la salmodia o declamación cantada. A causa de ello su interés. Aquí, el himno que nació para ser recitado más o menos solemnemente, según la ocasión, se vuelve canto. El sacerdote quiere hacer de esta colección de himnos feudo enteramente suyo. Se nota que cada vez hay mayor insistencia en que todo lo religioso sea cosa exclusiva de los cuerpos sacerdotales, en vez de alejarse de ellos a fuerza de explicaciones y comentarios. La eterna lucha entre los que quieren, por creer lo conveniente, que todo sea fe, es decir, que lo que afirman sea creído por su palabra, y los espíritus que en cuanto pueden echarse a volar se resisten a admitir sin razonar. Para esta variedad de culto aparece (la función crea el órgano cuando es preciso), un nuevo funcionario, el chantre hindú, el udgatar. Los cantos más solemnes del Sama-Veda están destinados a acompañar el rito sacrificial del Soma. Pues a Soma, a Añi y a Indra son los dioses que principalmente celebra.

El *Sama-Veda* se divide en dos partes: Purvartchikán y Utartchikán. La primera se subdivide en seis parpathakas o libros. El Utartchikán ofrece una división diferente. Hay en él trescientos ochenta y ocho himnos, por lo general fragmentos de poesías más extensas. Tiene, como los otros Vedas, sus correspondientes Brahmanas.

El conjunto de estas tres colecciones (*Rig-Veda, Yadjur-Veda y Sama-Veda*) forman lo que en la India es llamado trayi vidya, es decir, la triple doctrina, representada por los himnos, las fórmulas litúrgicas y las estrofas cantadas. Obsérvese la curiosa progresión destinada a encerrar lo divino dentro de los límites de la liturgia. Este trayi vidya era, y sigue siendo, claro, el tesoro de la vida sacerdotal hindú, y su expresión más auténtica.

En fin, el cuarto volumen, que precisamente refleja un espíritu diferente, a saber, el tránsito del vedismo al brahmanismo, es el *Atharva-Veda*, o «Veda de los encantamientos». Contiene setecientos treinta y un himnos repartidos en veinte libros. El hecho de que esta compilación sea menos ortodoxa, por decirlo así, bien que el sacerdote (que aquí se llama ya brahmán) no esté ausente de ella, se debe, de una parte, a que lo que expresan sus himnos tiene un carácter menos hierático, dejando, en cambio, el paso a creencias y costumbres populares. El brahmán, obligado por la necesidad a acercarse al pueblo (entiéndase a la segunda y tercera casta, no a la cuarta, los sudras, siempre considera dos como impuros y despreciables), no tiene más remedio que tener en cuenta sus necesidades y sus supersticiones; supersticiones distintas a las suyas propias. Por otra parte, el rito, antes enteramente hecho a su conveniencia, puesto que eran ellos los que los habían inventado, y acomodado a la medida de su interés, es decir, elevado a la categoría de noble e incluso de divino, cual algo destinado a imponer, tiene que apearse de su solemnidad, tornándose simple práctica al alcance del soldado, del artesano, del comerciante, del agricultor, que son los que, en definitiva, en todas las religiones más tardan en separarse de lo admitido como artículo de fe. Sin contar que junto a exorcismos, encantamientos y demás prácticas, tan del gusto siempre del pueblo, que suele ver en ellas, midiéndolas con su ignorancia, lo típico (ceremonias), útil (prodigios y milagros) y más interesante (leyendas y vida y milagros de los dioses) de la religión, el *Atharva-Veda* ofrece, junto a grandes himnos descriptivos en los que muestra una poderosa visión del Mundo, un grupo importante de himnos filosóficos, cuyo atrevido pensamiento y ya muy sutil especulación, anuncian los textos brahmánicos posteriores. De modo que aunque el *Atharva-Veda* está constituido, en general, por preceptos destinados a los sacerdotes (atharván) que ofrecían los sacrificios (a causa de lo cual la gran cantidad de hechizos y encantamientos que contiene), estos atharván (que según la tradición descendían de un personaje de este mismo nombre que había instaurado el culto al Fuego en la India, cuando los iranios que entraron en este país se separaron del grupo primitivo) estaban más cerca del pueblo que los primitivos sacerdotes.

Tras todo lo anterior, decir que el *Atharva-Veda* es el más reciente de los cuatro *Vedas* sería superfluo. Manu y tos antiguos legisladores no hablan de él. En cambio, los Brahmana le mencionan con frecuencia en sus partes nuevas, y los Upanishad se apoyan en él considerándole como una autoridad sagrada. Por su parte, los Purana[4] parecen tenerle muy en cuenta.

---

[4] Los *Purana* (en sánscrito «antigüedades») son una serie de textos sagrados hinduistas consistentes, sobre todo, en relatos legendarios a propósito de la creación y de la destrucción, de la renovación del Universo, de la genealogía de los dioses, de los patriarcas, y de otros temas antiguos, conjuntamente con otras leyendas y narraciones que constituyen, en conjunto, una masa de enseñanzas enciclopédicas no desprovistas de interés. En la literatura hindú es lo que, fantasías aparte (fantasías, por supuesto, no ingratas de leer; mucho más entretenidas que los *Veda* y los *Brahmana*), más se

El Brahmana del *Atharva-Veda* se llama *Gopatha*, es decir, camino de las vacas. Sus Upanishad son en número de cincuenta y dos, algunos en verso. La extensión de estos Upanishad es muy variable. Muchos de ellos tienen importancia a causa de haber sido adoptados por la escuela vedanta y constituir el fundamento de su teología. El principal de ellos tiene por título Mundaka, palabra que significa «afeitar», la acción de afeitar el barbero. Lo que quiere decir que el Mundaka afeita los pecados del alma, a la que, al hacerlo, limpia y fortifica.

Como curiosidad y para que el lector tenga una idea de lo que son los himnos del *Atharva-Veda*, que, como los del *Yadjur-Veda*, no se suelen traducir en las ediciones no eruditas por no haber en ellos nada esencialmente distinto de lo que se encuentra en el *Rig-Veda* o en el *Sama-Veda*, conociendo los cuales se tiene una idea más que suficiente de la literatura védica, voy a dar uno. El titulado:

---

aproxima a la historia. Fueron redactados estos textos con posterioridad al Veda y forman un conjunto de dieciocho tratados expuestos en unos 400.000 dísticos. Las seis colecciones originales fueron enseñadas, según una tradición, por Vyasa, a seis sabios discípulos suyos. De ordinario se distinguen los tratados consagrados a Brahma, de los que exaltan a Vishnú y los que celebran a Siva. Pero a lo que más tienden es a la glorificación de Vishnú. El más antiguo se supone que es del siglo VI antes de nuestra era. Los más célebres son el *Bhagavata-Purana* y el *Vishnú-Purana*. Tienen la pretensión de pasar por el quinto de los Veda. Las formas gramaticales de su estilo, sus procedimientos narrativos, su marcha habitual, todo, en fin, en ellos, testimonia una fecha menos antigua que en la que fue compuesto el *Rig-Veda*, e incluso ciertas partes de los otros *Veda*. Es preciso, no obstante, reconocer que encierran fragmentos, cierto que en pequeño número, cuya antigüe-dad parece bastante remota. En cuanto a su contenido (760 himnos o su*ktas* divididos en 20 libros, *kandas),* un tercio por lo menos está tomado del *Rig-Veda* e incluso de los otros Vedas. Es decir, que la parte realmente original, bien que la más interesante y digna de ser publicada, es la menor. Junto a los versos se encuentran algunos fragmentos en prosa, como ocurre en el *Yadjur-Veda* blanco.

A VARUNA

El gran intendente de los mundos ve, como si estuviese junto a ello, todo cuanto ocurre. El que quiere obrar a escondidas, se equivoca: El dios lo sabe, porque todo lo ve.

Tanto el que está inmóvil como el que anda y el que corre; el que se oculta como el que escapa, o lo que dos hombres sentados juntos conciertan en secreto: Varuna lo sabe cual si fuese un tercero con ellos.

Porque esta Tierra es del rey Varuna, y lo mismo el Cielo que se levanta allá en lejanas fronteras. Los dos océanos son los costados de Varuna: Que asimismo se oculta en la gota de agua.

El que trepase más allá del Cielo hasta alcanzar el otro borde, ni aun así escaparía a Varuna, el rey. Porque del Cielo bajan sus espías que con sus mil ojos escrutan a través de la Tierra.

Todo ello Varuna rey lo abarca con sus miradas: Lo que está entre los dos mundos y lo que está más allá. Hasta los guiños de los ojos de los hombres son contados por él. Tal un jugador con los dados, así Varuna lanza suertes y cosas.

El papel que el poeta atribuye aquí a Varuna como «ojo» que ve cuanto ocurre en la Tierra, es atribuido en otras mitologías, la griega por ejemplo, al Sol. Los que ahora suelen decir que «nada escapa a la mirada de Dios», están muy lejos de pensar que cuanto hacen es repetir lo que se decía en la India hace ya cinco mil años.

Asegurando que los dos océanos (el celeste y el terrestre) son los costados de Varuna, puede el que lee darse cuenta de la inmensidad que se atribuía a su cuerpo. En todas partes, la primera idea que se formaron los hombres de los seres extraterrestres fue esta de su inmensidad. Los temían y los consideraban superiores precisamente por creerlos gigantescos. Luego, lo que fueron perdiendo en tamaño, pues al hacer que alternasen a veces con los humanos hubo que reducir su corpulencia para que éstos no muriesen de espanto, se lo atribuyeron en magia: en poderes para metamorfosearse, trasladarse y realizar todo cuanto les placía sin otro esfuerzo que desearlo.

Y asegurando inmediatamente que asimismo está en la gota de agua, quiere decir que como dios, es decir precisamente por ser infinito, está en todas partes, idea de ubicuidad atribuida luego a todos los dioses de las grandes religiones. Por lo demás, idea aquí enteramente panteísta, es decir, tan del gusto de la filosofía religiosa hindú.

Varuna era, además, el Cielo, padre de todos los elementos que recorrían e iluminaban el propio Cielo: astros, nubes, relámpagos, vientos, lluvias, no obstante ser todos ellos invocados, tras deificarlos, por los himnos védicos. Lo que no impedía que el arya confundiese a veces los atributos de unos con los de otros, pues siendo el mundo de los elementos por naturaleza moviente, múltiple, complejo, ocurría que el relámpago atravesase las nubes y que los vientos dispersasen las lluvias hijas de éstas.

En cuanto a Varuna, encarnación del Cielo, elemento macho por excelencia, por ello mismo era, al serlo éste, asimilado a un toro o a un caballo. Entonces la lluvia no era otra cosa que la esperma que venía a fecundar la Tierra, y el ruido del trueno, los mugidos del toro celeste. En el fondo, ¡qué inocente todo! Pero habiendo espíritus dispuestos a creer, ¿por qué se hubiese detenido la fantasía que tanto se complace en afirmar y crear? Otras veces, bien que con menos frecuencia, el Cielo es invocado por los poetas como una vaca dispensadora de leche, es decir, de la benéfica lluvia que cae sobre los campos necesitados de ella. Concebido el Cielo de este modo llegaba a ser un elemento hembra. De habérselo propuesto o de habérseles ocurrido, hubiesen encontrado un resquicio a través del cual considerarle como hermafrodita.

Pero esto nos lleva a lo más interesante, o si se quiere (pues ya se sabe que el color de las cosas depende del cristal a través del cual se las mira), a lo más disparatado: los dioses de los *Vedas*.

* * *

A modo de exordio se podría decir que en estos libros se observa, y es tal vez una de sus enseñanzas más interesantes, el paso de la adoración de las fuerzas de la Naturaleza, forma superior del animismo que como religión tenían los aryas primitivos, a la personificación de estas fuerzas, primera forma del politeísmo. Es más, que sobrepujando en cierto modo al politeísmo, se nota en estos libros una tendencia a la unidad, bien que haya grandes diferencias en la manera de concebir esta unidad. Así, por ejemplo, el *Rig-Veda* relaciona todo con los astros, en un principio, con los elementos, y luego, poco a poco, a un elemento, a un astro único, mientras que en la mayor parte de los Upanishad es expuesta la absorción de todas las cosas en el espíritu, en la inteligencia, en el ser que es la razón de todo, único que subsiste por sí solo, por sí mismo. Pero no nos salgamos del marco de los *Vedas*, que son los que ahora nos ocupan.

En cualquier época y en cualquier parte del Mundo que se examine la religión natural de los pueblos primitivos llegados ya al período que siguió al simple animismo, no es difícil comprobar que dicha religión revistió y sigue revistiendo una de estas dos formas (con frecuencia ambas, pues no son incompatibles): El culto de la Naturaleza y el culto a los muertos[5].

Por culto a la Naturaleza conviene entender el culto a los fenómenos naturales, considerando estos fenómenos como animados, conscientes y dotados a la vez de poder y de voluntad. De la voluntad de hacer a los hombres ora beneficios, ora perjuicios. Y ello a causa de atribuirles una existencia y una conciencia análoga a la de las criaturas humanas. Es decir de creer, por obra del antropomorfismo, que tienen sus mismas pasiones y que experimentan sus mismas emociones, bien que ambas cosas de acuerdo, como son imaginados y siempre lo fueron estos seres superterrestres: enormes, en grado muy superior, pues, al de los que los imaginaban o en ellos creían. He aquí en lo que consistió y sigue consistiendo donde aún existe esta forma de religión, la personificación (equiparación a las personas) de las fuerzas naturales, forma principal del culto a la Naturaleza, de nuestros antepasados, así como, cual digo, de los pueblos actuales inferiores que aún están en este ciclo religioso.

Ahora bien, como todo cuanto ofrece la Naturaleza, de todo cuanto nos muestra y podemos contemplar con nuestros ojos, nada más grande v universal, por decirlo así, que el Cielo que nos envuelve por todas partes, y del que nos llegan tantos bienes y tantos males, nada más lógico que este Cielo y cuanto en el se ve y de él proviene, llenase a los hombres, antes que toda otra cosa, de asombro y de temor, grandes palancas de lo religioso, y, por consiguiente, que en él viesen y a él dedicasen las primeras manifestaciones de esta clase, y que el culto a que miedo y asombro dieran lugar constituyese las primeras, vagas y rudimentarias formas de religión natural. Veamos, pues, que es lo que ahora nos interesa, el culto al Cielo entre los hindúes en la época védica, a través de los textos de los que nos venimos ocupando.

---

[5] El culto a los muertos era conocido y practicado en todos los pueblos de la antigüedad. En Persia los «fravashis» (espíritus de los antepasados) procuraban la lluvia. Entre los árabes los «uelis» (espíritus de ciertos santos difunos) son aún en muchas regiones más adorados que Alá. El culto a los «manes» (espíritus de los muertos) era conocido y practicado por los arios aún antes de los *Vedas,* textos en los cuales eran celebrados en invierno (se les ofrecía soma y bollos). En Roma este mismo culto a los manes tuvo, como es bien sabido, enorme importancia. En China, el culto a los muertos estuvo extendido más que en ningún otro país. Cuando el ataúd era dejado en la tumba, el hijo del difunto suplicaba al alma del padre que volviese. El alma volvía, se metía en una tablilla, y esta tablilla era llevada al altar familiar y adorada. En fin, hoy mismo es practicado más o menos en todos los pueblos.

«La mitología védica—dice Macdonell—ocupa un lugar muy importante en la historia de las religiones. Gracias a su muy remoto origen, nos ofrece un monumento más lejano de la evolución de las creencias que reposan sobre la personificación y el culto de los fenómenos naturales, que ningún otro documento literario del Mundo. Se puede remontar, gracias a esta mitología, hasta este antiguo período de la evolución sufrida por los gérmenes de donde salieron las creencias religiosas de la gran mayoría de los hindúes modernos, única rama de la raza indoeuropea en la que el culto primitivo de la Naturaleza no ha sido suplantado hace siglos por una fe monoteísta extranjera.

»La fase primera de la mitología védica no es tan primitiva como se creyó en un momento dado, pero lo es suficiente para permitirnos distinguir con bastante claridad el proceso de personificación en virtud del cual los fenómenos naturales llegaron a ser dioses, proceso no muy aparente en las otras literaturas. La mitología, como asimismo le ocurre a la lengua, es aún suficientemente transparente en muchos casos, como para revelar la relación que unió al dios y a su nombre con un elemento físico; mucho más, en ciertas ocasiones, que el antropomorfismo que apenas empezaba. Así, Ushas, la aurora, es al mismo tiempo una diosa a la que avenas cubre un ligero velo de personificación; y cuando *Añi*, el fuego, designa al dios, la personalidad de la divinidad está enteramente penetrada e impregnada por el elemento físico.

»El fundamento sobre el cual reposa la mitología védica es todavía la creencia, sobrevivencia de una muy remota antigüedad, según la cual todos los objetos y todos los fenómenos de la Naturaleza que rodean al hombre son animados y divinos. Todo cuanto imponía al hombre respeto, o era considerado por éste como capaz de ejercer una influencia buena o mala sobre su vida, o podía todavía en la época védica, llegar a ser un objeto inmediato no tan sólo de adoración, sino de rezo. Se podía dirigir súplicas al Cielo, a la Tierra, a las montañas, a los ríos, a las plantas, considerando todo como potencias divinas; se podía invocar al caballo, a la vaca, al pájaro agorero y a otros animales; se podía incluso adorar a los objetos fabricados por la mano del hombre: las armas, los carros de guerra, el tambor, el arado, lo mismo que los objetos rituales, tales que la piedra de las oraciones o el poste para el sacrificio.

»Esta forma inferior de culto no ocupaba, sin embargo, sino una parte ínfima en la religión védica. Los verdaderos dioses de los *Vedas* son seres humanos glorificados, que son movidos por móviles humanos, que sufren pasiones humanas, que nacen como los hombres, pero que son inmortales. No obstante, el grado de antropomorfismo que alcanzaron varía considerablemente. Cuando el nombre del dios permanece el mismo que el de su base natural, la personificación no ha sobrepujado el período rudimentario. Tal es el caso de Dyaus. el Cielo, y de Pritivi. la Tierra; de Surya, el Sol; de Ushas, la aurora, cuyos nombres representan a la vez fenómenos de la Naturaleza y a los seres que presiden estos fenómenos. Y de un modo análogo en los casos de las dos grandes divinidades rituales, Añi y Soma, la imaginación personificadora se encuentra frenada por el carácter visible y tangible del juego elemento y del brebaje ritual, llamados por los mismos nombres, y de los que son las encarnaciones divinas. Cuando el nombre de la divinidad difiere del de el objeto físico que representa, tiende a disociarse de él; entonces el antropomorfismo se halla más desarrollado. Así, los Maruts o dioses de la tempestad, están mucho más alejados de su origen que Vayu, el viento, bien que los poetas védicos tengan siempre conciencia del lazo que les une».

Por lo que podemos juzgar, bien que las dudas surjan con frecuencia, la mitología védica admite dos dioses distintos del Cielo: Dyaus y Varuna. Cierto que la naturaleza celeste del primero parece la más importante no tan sólo a causa de su nombre (Dyaus deriva de la raíz div, que quiere decir brillar, centellear, epítetos que parecen convenir mejor que otros cualesquiera a un dios del Cielo), sino por el hecho de ser nombrado en el *Rig-Veda* más de quinientas veces para designar el Cielo físico, sin la menor idea mítica.

Personificado, pues, como dios del Cielo, Dyaus es generalmente asociado a Pritivi, la Tierra, siendo consideradas ambas divinidades como los padres universales. En un himno del Rig-Veda el poeta invoca al Padre Cielo (dyaus pitar) al mismo tiempo que a la Madre Tierra (pritivi matar). Es más, no tan sólo eran considerados como padres de los hombres sino de los dioses, a causa de lo cual en diferentes himnos son designados con el epíteto de deva putre, que quiere decir «teniendo a los dioses por hijos». Así, la aurora (Ushas) es llamada con frecuencia hija de Dyaus, y lo mismo Añi, dios del Fuego, y Surya, dios del Sol, y los Maruts, divinidades de la tempestad, etc. Todos ellos, en efecto, son designados como hijos suyos: en el Cielo, es decir en él estaban, si se trataba de astros; en él se producían, si fenómenos, luego hijos suyos eran. El antropomorfismo que presidía su creación y la forma como eran concebidos, no podía deducir otra cosa.

El otro gran dios del Cielo, en el panteón védico, es Varuna, cuyo nombre parece idéntico, etimológicamente considerado, del griego ouranos (ουρανος). Varuna parece derivar de la raíz var, «cubrir», según la cual Varuna querría decir «aquel que cubre», alusión a la bóveda del Cielo que lo recubre todo. Sea como sea y bien que el antiguo fundamento físico de Varuna esté lejos de ser tan transparente como el de

Dyaus, su proceso de personificación avanzó mucho más, y mucho más también se desarrolló su carácter moral. En los *Vedas* se le describe como el rey (Señor, Amo, Dueño) de todas las cosas, de dioses y de hombres, del Mundo entero y de todo cuanto existe. Él estableció el Cielo y la Tierra y es su proveedor (el organizador de aquél y el proveedor de ésta); él instaló al Sol en la azulada bóveda; él midió la Tierra valiéndose del astro que la alumbra, como hubiera podido hacer un agrimensor con su cinta métrica; él ordenó a los vientos que entrasen en movimiento, y obedeciéndole lo hicieron y siguen haciéndolo; él se envuelve en las ondas y se agita en su seno haciendo que ellas realicen otro tanto; él hace que sus toneles se inclinen y vuelquen sus aguas sobre la Tierra a través de las nubes; él conoce todo: el vuelo de los pájaros en el aire, la ruta de los navíos en el mar, el curso de los vientos; él ve todo, sabe todo cuanto ocurre y ni un sólo parpadear de los ojos de los hombres escapa a su conocimiento. En una palabra, Varuna es, en unión de Indra, el más grande de los dioses del *Rig-Veda*.

En cuanto a éste, a Indra, a quien el Rig-Veda dedica más himnos que a ningún otro de los dioses, es el primero de los ocho Vasus o seres celestes; está inmediatamente debajo de Brahma (es decir, le sigue en poder y categoría celestial, divina), y es el dios del éter y del día, el señor de las nubes, de la lluvia y del rayo: arma ésta y elementos aquéllos que, en todas las mitologías antiguas estaban, a causa de su importancia, en manos de los dioses considerados como supremos.

Otro gran dios, éste elemento elevado a tan alta categoría y luego personificado, era Añi, el fuego. El hecho de personificar a los elementos naturales transformándoles con ello en dioses era lógico dentro de lo fenomenalmente absurdo que envolvía y daba vida a las religiones antiguas, pues de no personificarlos con objeto de poder «verlos», imaginarlos como tales dioses, ¿cómo, en efecto, representárseles, en los planos de la fantasía en que únicamente ver es comprender, es decir, la única manera posible de imaginar lo de otro modo inimaginable? Como lógico era también que los antiguos dieran a sus dioses proporciones gigantescas para imaginarles superiores a los hombres en épocas en que lo esencial era la fuerza física. Más tarde, al ir en aumento la idea de su superioridad, fue el dotarles de fuerzas «mágicas» en virtud de las cuales podían hacer lo que no hubieran podido realizar con todo su tremendo vigor físico. Un paso más y entrarían en liza, como complemento de todo lo anterior el atribuirles facultades intelectuales de todo punto excelentes y extraordinarias (omnisciencia, presciencia, etc.) gracias a las cuales fueron verdaderamente dioses, pues la fuerza física sólo producía gigantes y la magia magos o taumaturgos.

Pero volvamos a Añi, nombre que en los *Vedas* lleva la divinidad en la que habían personificado al fuego en tanto que elemento útil y bienhechor. Precisamente Indra y Añi ofrecen las dos maneras que había para crear dioses: Una consistía en imaginar un ser gigantesco, hacerle dueño sin explicar cómo, de ciertos elementos naturales (porque sí, para que se sirviera de ellos en beneficio de los hombres), algunos tan sólo para reforzar su potencia física (Indra manejaba el rayo, como luego Zeus en Grecia y más tarde Júpiter en Roma, con la facilidad que un guerrero en la Tierra, y aún más, manejaba una lanza como un boyero un látigo); y otra, elevar a la categoría de dios a un elemento o a una fuerza natural. En el caso que nos ocupa, a Añi, el fuego, cuyo descubrimiento fue el primero de los grandes pasos dados por el hombre en la marcha hacia el progreso.

En efecto, tan poderoso y tan bienhechor era Añi que, como vemos en los *Vedas*, no había medio, tanto se le debía, de ofrecerle los sacrificios a que era acreedor. Importantes, muy importantes, son también en la mitología Védica los Maruts, dioses que, como ya he dicho, mandaban o regían todo lo relativo a tormentas y tempestades (los vientos que las producían), y emparentados muy estrechamente con Vayu, rey o dios de los vientos, de los que ellos eran los gobernadores, así como del aire y sus corrientes, a todo lo cual los hindúes consideraban como la respiración y, en cierto modo, como el alma universal. Cien veces citan también los *Vedas* a los Asvins, los gemelos de la India, encarnación de Brahma Surya (Brahma en tanto que el Sol). Los Asvins habían recibido el ser de una yegua en la que el astro rey los había generado penetrando por las fosas nasales del animal. Dotados de juventud y de hermosura eterna, recorrían (y siguen recorriendo para los que aún creen en ellos; pues los hombres no sólo dan vida a los dioses haciéndoles nacer, sino alimentándolos luego con su fe: muerta esta fe, muerto el dios), recorrían, decía, a caballo, como era natural en ellos dado su origen, la superficie del Globo, curando a los enfermos tanto del cuerpo como del espíritu.

Muy célebre también era Ushas, la aurora, cuya hermosura es celebrada en todos los tonos. El Sol (Surya) ocupaba a su vez en el culto védico un puesto de gran importancia, cual correspondía a su soberana función i singular grandeza. También son muy nombrados los Aditias o soles subalternos, hijos de Aditi, madre de los dioses, identificada a veces con la Tierra, otras con el Universo. Mitra, otro dios solar, no es invocado separadamente, pero sí aparece entre los Vivadevas o dioses reunidos, ora asociado a Varuna, ya a Aryamán. Mitra, pasando a través de Persia, donde ganó además de importancia una hache (Mithra), a Occidente, llegaría a hacer realidad tangible lo que en los *Veda* no es sino una aurora o esperanza de glorioso porvenir. Hasta el destino de ciertos dioses depende de la Suerte, que para ellos, como para los hombres, se manifiesta, cuando se muestra benéfica, en forma de circunstancias favorables. De ciertas de éstas aun más favorables para el gran Dios que habría de aparecer en Galilea, dependió que el Mundo hoy no fuese mithraista. En cuanto a Aryamán, al que acabo de citar, también a éste un pasaje del *Rig-Veda* le identifica con el Sol, y los comentaristas dicen que presidía el crepúsculo.

Otro dios, Pushán, aparece diversas veces, y en el *Rig-Veda* incluso se le dedica un himno escrito precisamente en su honor con objeto de implorar su divina protección, que por lo visto era particularmente eficaz contra los ladrones, sobre todo durante los viajes. Del mismo modo que en otras mitologías donde los ladrones y malhechores tenían asimismo su dios particular, seguramente en la hindú existía también, lo que daría lugar a graves cuestiones de competencia y hasta de poder. Pero probablemente Indra o Brahma las arreglaban calladamente, por lo que nada se ha sabido sobre ellas. Pero mucho más importante que Pushán es Soma, deificación y personificación del licor sagrado que se empleaba como libación, e incluso para ser vertido ritualmente en los sacrificios. En el *Rig-Veda* le son dedicados numerosos himnos, y el *Sama-Veda* le está especialmente consagrado. Baco (Bakchos), el dios del otro gran licor, el vino (si la importancia de los dioses se pudiese juzgar tan sólo por el número de sus adeptos, no creo que hubiese otro que pudiera comparársele), hizo un viaje a la India (véase mi *Mitología Universal*) tal vez decidido a demostrar que el Soma al lado suyo era una modesta agua de fregar, pero por lo visto no lo consiguió, pues sabido es que el valor de las cosas no depende muchas veces de lo que son sino de lo que los hombres, piedra de toque de todo, estiman que son. En todo caso, las libaciones hechas con Soma deleitaban el paladar de los dioses de la India e incluso aumentaban su poderío. De modo que si hoy tal vez decaen un poco, prueba es de que se le adultera. La química debe de haber llegado hasta él.

También es nombrado varias veces Rudra, que más tarde sería identificado a Siva, y que en varias ocasiones, a causa de su relación con los Vientos, parece y se manifiesta como una simple forma de Añi (el viento que aviva el fuego), ora de Indra, dios supremo de los vientos en su calidad de soberano de la atmósfera y de cuanto se da y produce en ella.

Y ama, uno de los Vasus, presidía la noche, la muerte y reinaba en los Infiernos. Presidía y preside, pues, como acabo de decir, de todos estos dioses hay que hablar tanto en presente como en pasado porque, aunque extraño parezca (que nada en cuestiones de creencias nos sorprenda demasiado a no ser la capacidad de la fantasía humana para inventar dioses, y luego la mucha fe de los hombres para creer en ellos) aun hay millones de criaturas, muchos millones, doscientos, trescientos o más, que les rinden pleitesía. Paulastia presidía, a su vez, las profundidades centrales del Globo. Neruti era jefe de los genios maléficos. Los Rudras, en número de once, eran otras tantas formas mediante las cuales se manifestaba el primero de ellos, Manu, salido de la frente de Brahma. En cuanto a Manus, había catorce, de los cuales siete habían aparecido; los otros siete estaban por aparecer; es decir, en reserva para cuando hiciesen falta. A la cabeza de los ya nacidos estaba Manu, hijo, como acabo de indicar, de Brahma, y que era considerado como el primer legislador de la India.

Los Rakshasas eran genios maléficos. Se los concebía como gigantes ávidos de sangre. No se distinguían gran cosa de los Asuras o Daitías, demonios dotados de gran fuerza, que sostenían incesantes luchas con los dioses tratando de suplantarles. Como no hay mal que por bien no venga, estas disparatadas fantasías sirvieron para que naciese a través de la poderosa imaginación de Valmiki, el más grande de los poetas épicos que ha habido, esa obra incomparable que es el Ramayana. Precisamente, si se oponían a los dioses rakshasas y asuras, era para que los poetas pudiesen echar a volar su imaginación relatando sus luchas, contiendas, astucias y demás. El que luego la ignorancia y tendencia a la credulidad de las gentes tomase las mayores patrañas como cosas ocurridas, era ya harina de otro costal.

Los Rihbus, mortales elevados a la categoría de dioses (la deificación de hombres fue también hecho corriente en la antigüedad; la vemos, además de en la India, en Egipto, y posteriormente en Grecia y en Roma), eran tres: Ribhu, Vibhán y Vadja. Los Rishis eran seres sobrenaturales dotados de santidad perfecta. Son llamados también Monis o Pradjapatis. En fin, terminaré dignamente esta breve enumeración de los dioses védicos con unas interesantes palabras acerca de ellos, de Alfredo Maury, que tomo de su *Ensayo histórico sobre la religión de los aryas*[6].

---

[6] En los *Vedas* no hay la menor alusión al *Linga* (culto al falo, análogo al phallos de los griegos), bajo cuyo símbolo luego, durante siglos, Siva recibió y sigue recibiendo la adoración de los hindúes, especialmente de las mujeres jóvenes. Por otra parte, el sabeísmo de los *Vedas* era esencialmente diferente del de los caldeos. Los hindúes no rendían culto a los planetas directamente, y sí tan sólo a los principales, pero esto una vez que fueron personalizados. En los *Vedas,* las constelaciones jamás son nombradas como objetos dignos de recordación y como merecedores de culto, ni que hubiese que dedicarlas una

adoración especial. Tampoco se encuentra en estos libros alusión alguna a los templos, pero sí a los sacerdotes, que a veces intervienen en las prácticas del culto en número de siete, ora en el de dieciséis. Ellos son los que realizan los diversos ritos y los que recitan los mantras (plegarias).

Los sacrificios humanos tal vez no eran desconocidos entre los arios. Se puede admitir teniendo en cuenta que en todas partes donde, como sabemos, se practicaba esta bárbara costumbre, ocurría a causa de constituir una manifestación más del antropomorfismo. Al imaginar los antiguos a los dioses semejantes a ellos, bien que más poderosos, era lógico que imaginasen asimismo que sentían y pensaban como ellos, y que por lo mismo no les repugnaba lo que a ellos no les repugnaba. Esta práctica, pues, que empezaría cuando los hombres practicaban, a su vez, la antropofagia, continuaría luego como simple homenaje, no cesando sino más tarde, al dulcificarse las costumbres. Mucho contribuiría también a que cesase esta práctica tan cruel el interés, es decir, el darse cuenta los hombres de que los seres humanos representaban un valor y que, por consiguiente, hasta de los prisioneros de guerra era preferible hacer esclavos que víctimas para los holocaustos.

En lo que a los rezos y plegarias afecta, el tono de las que los hindúes de la época védica solían dirigir a sus dioses, parece probar que tenían una confianza absoluta en la obtención de lo que pedían. En cambio, apenas hay ejemplos en los *Vedas* de ruegos hechos para obtener ventajas morales. Por supuesto, ¿para qué podía querer una masa de hombres sin libertad corporal ni espiritual durante siglos, esta variedad de beneficios? Esclavos de los colegios sacerdotales, ¿qué podían esperar los arios de los dioses no atreviéndose a pedirles que les librase de ellos, sino que no les faltase lo indispensable para siquiera no morir de hambre? Un reducido número de pasajes expresa el odio hacia la mentira y el horror hacia el pecado. Ni que decir tiene que en lo que afecta a mentir, considerando la mentira bajo el punto de vista religioso, o sea, que era mentir decir lo contrario de lo que como verdad estimaban los brahmanes. O sea que hubiera sido mirado con horror, como tal embustero, a aquel que se hubiese atrevido a afirmar que el Mundo no cabía en la mano de Indra, o que el Ganges antes de caer en la Tierra y para que no la destrozase, no había pasado varios siglos perdiendo fuerzas entre las trenzas de la cabellera de Siva. Y asimismo como pecado había que considerar lo que se oponía a lo que enseñaban los brahmanes. La idea de pecado como ligada a la moral no apareció hasta que ésta estuvo perfectamente diferenciada de lo religioso.

En lo que a los dioses, en cuanto favorecedores, afectaba, con objeto de obtener de ellos se hacía exactamente como con los poderosos de la Tierra. Es decir, se empezaba por adularles alabando su poder, su fuerza, su generosidad, su bondad e incluso su hermosura física. Los infinitos dones del dios del que se quería obtener algo, eran enumerados y exaltados. Luego se le suplicaba que se dignase aceptar las ofrendas que se le presentaban y las libaciones que se

«Los himnos sagrados de este pueblo—dice—, ofrecen concepciones religiosas en su primitiva sencillez. Al punto se conoce que la naturalización, es decir la divinización de la Naturaleza física, constituye el fundamento del culto de los arios. Los fenómenos humanos, los agentes que les dan nacimiento, el Sol, el fuego, las estrellas, su brillo y todos los efectos que con ellas se relacionan, la aurora, la noche, el rayo, las nubes, han sido por excelencia los objetos del culto ario. Siguen a éstos todas las formas, todas las relaciones: Personifican todos los instintos, todas las particularidades. El mayor de los dioses védicos es Indra, el dios del Cielo, del aire azulado, del rayo, ora considerado como la personificación de la bóveda celeste, ya simplemente como el ser impenetrable y misterioso que habita en ella. Los arios le invocan como el dios eterno, primogénito, cuyo poder es invisible y sin límites. Lleno de fuerza y de equidad, es el autor de todo lo que existe.

»Añi ocupa en el panteón védico el primer puesto después de Indra. El pastor de Bactriana y de la India, viendo brillar en el firmamento el fuego misterioso del Sol y de las estrellas, y acercando a estos fuegos el que había obtenido en su hogar mediante el frotamiento de dos maderas, creyó que poseía en su morada una emanación de los seres celestes.

»El fuego del hogar llegó a ser, bajo el nombre de Añi, una divinidad, la divinidad terrestre por excelencia, porque era, según la creencia aria, el mismo fuego del Cielo que descendía para habitar entre los hombres. La conservación del fuego llegó a ser el fundamento del culto védico. La combustión del fuego sagrado se ofreció como medio principal de honrar a las divinidades celestes y de ponerlas en relación con la Tierra. Añi fue considerado como el mediador, como el ministro de los anhelos y de las plegarias de los fieles. Conservando el fuego divino, el chantre celebró a Añi como su protector, su padre, su amigo, su guía, su dios tutelar. Las diversas fases del sacrificio ofrecen y muestran los diferentes actos de la vida de Añi. La poesía sánscrita le compuso toda una historia mítica, teniendo por fundamento las metáforas, con ayuda de las cuales pintaba los diversos momentos de su sacrificio.

---

hacían en su honor; y ya bien preparado, es decir, suficientemente camelado, se hacía la demanda.

En fin, la esperanza en la inmortalidad y en la felicidad sin límites para después de la muerte, apenas alborea en los *Vedas*.

»Varuna ocupa, entre los dioses, el más elevado puesto después de Indra. Es, como este dios, otra personificación de la bóveda celeste, como indica la etimología de su nombre (Varuna significa «el que abraza, o el que comprende»). Esta personificación terminó por no representar sino la noche, las estrellas, la bóveda celeste en ausencia de luz. El vulgo no se podía explicar cómo desaparecía el Sol del firmamento, e imaginó que este astro, llegado a la extremidad de Occidente con su faz luminosa, retornaba por el mismo camino con la faz oscurecida. De esta suerte, Varuna llegó a ser el Sol de la noche.

»Mitra representa al Sol de día, dueño de la luz pura, dios salvador, sacerdote, heraldo, sacrificador, con la vista sin cesar fija en los hombres a los que sostiene mediante sus beneficios, siendo el adversario por excelencia de los malvados. De los malvados que se ocultan en las sombras de la noche. Mitra fue la gran personificación del Sol, y a causa de ser éste tan importante, la importancia que él adquirió.

»El ario se representaba a las nubes esparcidas que a menudo llevan en sus flancos la tempestad, como seres malvados, espíritus malévolos que se esfuerzan por extinguir la luz del día; como agentes de muerte y de destrucción que ponían en peligro la Naturaleza, y que Indra se ocupaba de combatir sin cesar. Las tinieblas han sido para todos los pueblos primitivos la imagen de la muerte. Así fue como tuvo nacimiento el mito de los Asuras, que son las fuerzas de la Naturaleza que parecen luchar contra los dioses. Cuando los vientos con su hálito bienhechor ahuyentan las tinieblas, el ario veía la imagen de un combate, de una victoria. Henchido de alegría ante el espectáculo del triunfo de Indra y de sus compañeros los Maruts, es decir, los vientos, cantaba en sus himnos toda la historia de un combate glorioso, y la derrota de Vritra (la oscuridad), que está a la cabeza de los espíritus malignos y perversos que habitan las nubes.

»Los Rakshasas, genios malvados, el miedo a los cuales puebla las noches, suerte de espectros, de diablillos caseros, de demonios con los cuales el atemorizado ario confunde todo lo que detesta y todo lo que teme, son el animal inmundo, la bestia nocturna, el enemigo oculto o emboscado, el impío que profana el culto.

»En la leyenda de las vacas robadas es preciso ver los fuegos del Sol poniente: El ario los llama vacas; como los ganados componen toda su riqueza, transporta su nombre a cuanto constituye su felicidad y le procura ventajas.

»El ario no tenía sobre la constitución y la forma del Mundo sino ideas muy infantiles, las más groseras, y se representaba a la Tierra apoyada sobre montañas».

* * *

La primera mención de los *Vedas* en Europa fue la que hizo Bernier en sus *Viajes*, en 1668. Decía haberlos visto en Benarés, y da, un poco desfigurados, los títulos de estas cuatro colecciones de himnos. Un siglo más tarde, dos ingleses, Howl y Dow, tuvieron en sus manos un ejemplar de tos *Vedas*; pero no sabían el sánscrito. El primer orientalista que se entregó seriamente al estudio de esta lengua, William Jones, consiguió al fin leer estos textos, e incluso en el prefacio que puso al frente de su traducción al inglés de las *Leyes de Manu*, citó un himno entero del *Atharva-Veda*. Colebrooke que, como ya he dicho, los leyó íntegros e incluso sus comentarios, publicó sobre ellos el trabajo asimismo mencionado, pero no los tradujo. El primero en publicar un *Rig-Veda*, texto incompleto, más bien un ensayo, fue Roson, en Londres, el año 1830. Le tradujo no al inglés, sino al latín. Seguramente hubiese continuado, pues era un apasionado de estas cuestiones, pero la muerte le arrebató en plena juventud.

Algo más de veinte años después, Max Müller, a expensas de la Compañía de Indias, publicó, en sánscrito, el Rig-Veda Samhita. Al poco tiempo, en 1855, M. Roth y W.-D. Whitney dieron, en Berlín, el primer volumen del texto del Atharva-Veda, y el segundo, un año después, en 1857. En Berlín también, y completo, traducido por Weber, apareció el Yadjur-Veda blanco. El Samhita del Yadjur-Veda negro había sido traducido ya y editado en Calcuta por Rooer, en 1854. Una traducción al inglés del Sama-Veda había aparecido aún con anterioridad, en Oxford, el año 1842; la había hecho Stevenson, que antes la había publicado en sánscrito, en Bombay. Seis años más tarde, en 1848, Teodoro Bonfey dio una traducción de estos mismos himnos, en alemán, en unión del texto en sánscrito. En francés, la primera traducción del Rig-Veda fue la de Langlois. El Yadjur-Veda volvió a ser traducido y editado en Berlín por Weber.

Todo esto fue cuanto se hizo hasta mediados del siglo XIX. Posteriormente, el interés por estos textos (así como el estudio de cuanto afecta a todas las religiones antiguas) ha sido cada vez mayor, y no sólo han aparecido ediciones de los *Vedas*, sino incluso estudios gramaticales a propósito de sus diferentes partes (los notables Pratycakhyas); aquéllas en inglés y en alemán muy particularmente y en ediciones eruditas con frecuencia acompañadas del texto en sánscrito. Además, textos reducidos con lo esencial de las dos principales colecciones de himnos, o sea el Rig-Veda y el Sama-Veda, textos no eruditos ni para eruditos y especialistas, sino de simple y suficiente divulgación, han aparecido en inglés, alemán, francés e italiano, principalmente.

Los textos, ora completos, ora parciales (de uno de los libros del Veda), pero con el texto sánscrito enfrente, son trabajos de vasta erudición, pero sólo necesarios como libros de estudio o de consulta. Los otros, como este que tienes, lector, entre las manos, bastan para dar una idea suficiente de la religión védica. Para ampliar conocimientos, si el tema interesa, siempre se puede acudir a los primeros.

Sobre el paso del vedismo al hinduismo y sobre la transformación de la religión de los antiguos hindúes en la actual (mejor sería escribir las actuales, pues aquel país sigue siendo un semillero de doctrinas religiosas diferentes), la parte que se ocupa de la religión de la India en mi *Historia de las religiones*, creo que puede servir de iniciación a los lectores que se interesen por estas cuestiones.

Muy útil será también, para aquellos que, como digo, gusten de esta clase de lecturas, ese libro de todo punto admirable que es el *Ramayana*, del que ya he dado una traducción comentada y anotada, en esta misma "*Colección La Crítica Literaria*". Este libro es doblemente interesante, es decir, no sólo desde el punto de vista religioso-social en lo que a la India antigua atañe sino desde el punto de vista literario, puesto que es el mejor de los poemas épicos escritos hasta ahora. Muy superior incluso a la *Ilíada* y a la *Odisea*, pese al valor verdaderamente extraordinario de estos dos libros. Pero el interés del Ramayana es tal, que incluso traducido en prosa resulta la más atractiva e interesante de las relaciones novelescas.

En cuanto al otro gran poema épico de la India, el *Mahabarata*, por muy notable que sea también, a menos de tratarse de una edición erudita no vale la pena de traducirle íntegro, pues su extensión es tal (más de veintidós mil versos, es la epopeya más larga que se ha escrito), que habría que hacer varios volúmenes; sin contar que su interés (refiere «la gran guerra de los Bháratas», es decir, entre los descendientes de un soberano mítico llamado Bhárata; algo así como los «herakleidas» griegos), es muy inferior al *Ramayana*, a causa de lo cual su lectura se hace pronto fatigosa. De esta gran epopeya, su parte mejor y más famosa, es el célebre poema teosófico-novelesco llamado el *Bhagavad-Gitá* tratado sumamente interesante no tan sólo desde el punto de vista filosófico, sino literario, a causa de referir la vida y hazañas de Krishna, octava encarnación de Vishnú. Este libro es tan importante, considerado desde el punto de vista filosófico, como para que, apoyándose en él, se fundase en el siglo III la secta de los Bhagavata, que adoptó una religión a base de Krishna y a él consagrada.

Esta obra y los *Upanishad* son la flor de la literatura religioso-filosófica de la India.

JUAN BAUTISTA BERGUA

RIG-VEDA

PRIMER ASHTAKA

PRIMER ADHYAYA
ANUVAKA I

SUKTA I

(El primer sutka o himno se dirige a Añi. El rishi o autor es
Madhachhandas, hijo de Visvamitra.)

1. Yo glorifico a Añi, el gran sacerdote del sacrificio, el adivino, el oficiante, el que presenta la ofrenda a los dioses y que es poseedor de una gran riqueza.

2. Quiera este Añi que deben celebrar los sabios, tanto antiguos como modernos, conducir aquí a los dioses.

3. Es por medio de Añi que el que adora obtiene esta abundancia que aumenta cada día, que es el manantial del renombre y que hace multiplicar la raza humana.

4. Añi, el sacrificio que se efectúa sin obstáculo y que tú proteges por todas partes[7], llega seguramente hasta los dioses.

5. Quiera Añi, que representa las ofrendas, venir aquí con los dioses; es él quien posee la ciencia. quien es fiel, renombrado y divino.

6. Concede, Añi, al que hace la ofrenda, todo el bien que pueda darle; él volverá hacia ti Angiras[8].

7. Nosotros nos acercamos a ti, Añi, rindiéndote en nuestros pensamientos mañana y noche un homenaje respetuoso.

8. Tú eres lo brillante, el protector de los sacrificios, el que alumbra constantemente la verdad; tú te creces en tu propia morada.

---

[7] Alusión a los fuegos que en todo sacrificio deben ser encendidos en los cuatro puntos cardinales.

[8] Es decir, que la riqueza concedida a la yajamana, la persona que cumple el sacrificio o en cuyo favor ha sido celebrado, le pondrá en condiciones de multiplicar sus ofrendas, con lo cual Añi obtendrá un acrecentamiento de satisfacción. En cuanto al nombre de Angiras, figura en los escritos de los brahmanes como uno de los hijos de Brahma, y los Vedas se sirven de él para designar un rishi, un sabio, fundador de una escuela. Los comentarios sánscritos han relacionado este nombre con el de angaras, carbón. El Mahabarata contiene algunas leyendas bastante oscuras según las cuales habiéndose Añi entregado a la penitencia y descuidado sus deberes, el Muni Angiras se encargó de cumplirlos, y cuando hubo decidido a Añi a que los reanudara se convirtió en su hijo. Sus descendientes, los Angirasas, son llamados también los descendientes de Añi y son ora Añi, ora fuegos.

9. Añi, acércate voluntariamente a nosotros como un padre a su hijo; está siempre presente con nosotros para nuestro bien.

SUKTA II

(Por el rishi Madhachhandas)

1. Vaya, cuya presencia es agradable, acércate a nosotros; estas libaciones están preparadas para ti; bébelas, escucha nuestra invocación.

2. Vaya, los que te alaban te dirigen santas alabanzas, habiendo esparcido el jugo de soma y conociendo la estación propicia.

3. Vaya, tus palabras de aprobación llegan al que hace (la libación) y a muchos (otros que te invitan) a beber el jugo del soma.

4. Indra y Vaya, estas libaciones se vierten (para vosotros); venid aquí, trayendo (para nosotros) el alimento; verdaderamente las gotas (del jugo del soma) os esperan a los dos; venid a tomar los platos que os ofrecemos[9].

5. Indra y Vaya, que residís en la ceremonia de los sacrificios, sabéis que estas libaciones están preparadas; venid los dos prontamente aquí.

6. Vaya e Indra, venid a la ceremonia que celebra el sacrificador; porque así será prontamente y felizmente terminada.

7. Yo invoco a Mitra, dotado de un puro vigor, y a Varuna[10], que devora a sus enemigos; ellos desempeñan en seguida el acto que concede el agua (a la tierra).

8. Mitra y Varuna, vosotros que aumentáis y que dispensáis el agua, haced que esta ceremonia perfecta reciba su justa recompensa.

9. Sabios Mitra y Varuna, haced prosperar nuestro sacrificio y aumentad nuestra fuerza; habéis nacido para hacer servicios a muchos hombres, sois el refugio de las multitudes.

---

[9] Los manjares ofrecidos en los sacrificios, y de los cuales se habla a menudo en estos himnos, estaban compuestos de manteca *(ghrita)* y de cuajado mezclado con harina; eran, pues, una especie de pasteles.

[10] Mitra y Varuna pueden ser considerados como dos formas del día astronómico o del Sol. El uno es el Sol del día, y el otro, el astro de la noche, porque los Arias suponían que durante la oscuridad el Sol acudía, apagado, a ocupar de nuevo su lugar en Oriente.

SUKTA III

(Compuesto, así como los dos precedentes, por el rishi Madhachhandas)

1. Asvins, que amáis los actos de piedad y cuyos brazos son largos, aceptad las viandas ofrecidas en sacrificio y que nuestras manos extendidas os presentan.

2. Asvins, que abundáis en actos poderosos, y que sois los guías (de la piedad), que estáis dotado de valor, escuchad nuestras alabanzas con espíritu atento.

3. Asvins, destructores de los enemigos, exentos de falsedad, y que marcháis a la cabeza de los héroes, venid a las libaciones esparcidas sobre la hierba sagrada.

4. Indra, cuyo esplendor es admirable, ven también aquí; estas libaciones, siempre puras, expresadas por los dedos (de los sacerdotes) te desean.

5. Indra, que la inteligencia concibe y que los sabios aprecian, acércate y acepta la plegaria del sacerdote cuando esparce la libación.

6. Rápido Indra de los corceles azulados, ven aquí a las plegarias (del sacerdote), y acepta en esta libación el alimento que te ofrecemos.

7. Dioses universales, protectores y sostenes de los hombres, vosotros que distribuís (las recompensas) venid a las libaciones de los que os adoran.

8. Quieran los dioses universales de movimiento rápido que esparcen la lluvia, venir a nuestras libaciones, como los rayos solares van rápidamente a los días.

9. Quieran los dioses universales, exentos de decadencia, sabiéndolo todo, sin malicia, y distribuidores de la riqueza, aceptar el sacrificio.

10. Pueda Saravasti *(la diosa de la Palabra)* que purifica (el corazón) que distribuye el alimento y que da la opulencia para recompensar el sacrificio que se le rinde, pueda, sí, ser llamada a nuestras ceremonias por las ofrendas que le son presentadas.

11. Sarasvati, que inspira a los que aman la verdad y que instruye a los hombres cuyo espíritu es recto, ha aceptado nuestro sacrificio;

12. Sarasvati manifiesta por sus actos ser una corriente poderosa, y alumbra todas las inteligencias.

ANUVAKA II

SUKTA I

(Compuesto por el mismo rishi y dirigido a Indra)

1. Nosotros invocamos cada día al que hace buenas obras para protegernos; nosotros le llamamos como el pastor llama para ordeñarla a una buena vaca lechera.

2. Tú que bebes el jugo del soma, ven a nuestras ceremonias y toma parte en la libación; tú distribuyes las riquezas, y tu satisfacción es verdaderamente lo que hace que se obtenga el ganado.

3. Nosotros te reconocemos en medio de los justos que son los más próximos a ti; ven hacia nosotros; no pases adelante para revelarte (a otros).

4. Adorador, ve hacia el sabio y poderoso Indra, que concede a sus amigos los mejores (beneficios); consúltale sobre (la capacidad) del sacerdote sabio (que recita sus alazanzas).

5. Que los ministros celebrando sus ritos con firmeza, exclamen: «Impíos, alejaos de aquí y de todo otro sitio» (en que él sea adorado).

6. Destructor de los enemigos, que nuestros adversarios digan que somos felices: que los hombres nos feliciten y podamos residir siempre en la felicidad (que se deriva del favor de Indra).

7. Ofreced a Indra el jugo que está preparado para la ceremonia, que es el honor del sacrificio y que regocija a los mortales; él es el favorito de este Indra que da la felicidad al que le hace ofrendas.

8. Habiendo bebido, ¡oh Satakrata! *(uno de los nombres de Indra)* este jugo del soma, tú combates a Vritra[11] y tú le matas, triunfando en esta batalla.

9. ¡Oh Satakrata, potente en los combates! nosotros te ofrecemos alimentos en sacrificio, a fin de que tú nos concedas riquezas, ¡oh Indra!

10. Cantad a este Indra que es el protector de la riqueza: es poderoso y realiza buenas acciones; es amigo del que le ofrece la libación.

---

[11] Vritra, enemigo de Indra, del que tan a menudo se habla en los *Vedas,* es la oscuridad de las nubes que disipa la potencia del dios del Cielo. En cuanto al vocablo *Satakrata,* significa el que cumple cien sacrificios o que es objeto de cien sacrificios, considerando «ciento» como número indeterminado.

SUKTA II

(Compuesto por el mismo rishi y dirigido al mismo dios)

1. Apresuraos, amigos, a venir aquí, ofreciendo alabanzas; sentaos y repetid las alabanzas de Indra.

2. Cuando la libación sea vertida, alabad todos a Indra, que triunfa de numerosos enemigos, que distribuye numerosos beneficios.

3. Quiera conceder lo que deseamos; quiera hacer obtener riquezas; quiera ayudar a adquirir la ciencia; quiera venir a nosotros con alimentos.

4. Cantad a Indra; sus enemigos no aguardan a los corceles enganchados a su carro.

5. Estos jugos puros del soma son vertidos para satisfacción del que bebe las libaciones.

6. Indra, tú que realizas buenas obras, has adquirido de repente un vigor más grande bebiendo la libación, y por ello eres el más antiguo (o el jefe de los dioses).

7. Indra, que eres el objeto de las alabanzas, que estos jugos penetrantes del soma entren en ti: puedan en verdad servir para hacerte obtener la inteligencia superior.

8. Nuestros cantos te han glorificado, Satakrata; nuestros himnos te han glorificado: que nuestras alabanzas te glorifiquen.

9. Le place a Indra, el protector sin rival, gozar de estas ofrendas donde residen todas las propiedades varoniles.

10. Indra, que eres el objeto de las alabanzas, no permitas que se dañe a nuestras personas; tú eres poderoso; presérvanos contra la violencia.

SUKTA III

(Compuesto por el mismo rishi, dirigido a Indra y a los Maruts o vientos)

1. Los (habitantes de los tres mundos) formados en círculo, se asocian con Indra: el potente Sol, el fuego indestructible, el viento rápido y las luces que brillan en el firmamento.

2. Ellos enganchan a su carro sus dos brillantes corceles ardientes, portadores de los hombres.

3. Mortales, debéis vuestro nacimiento de cada día a Indra, que con los rayos de la mañana da los sentidos a los que no los tienen, y que da forma al que está sin forma.

4. Los que llevan nombres invocados en los ritos sagrados (los Maruts), habiendo visto la lluvia presta a ser engendrada, la incitan a volver a tomar (en las nubes) su forma primitiva.

5. Asociado a los Maruts que atraviesan los lugares de acceso difícil, tú has descubierto, ¡oh Indra!, las vacas ocultas en la caverna[12].

6. Los que recitan alabanzas, alaban la pujante (reunión de los Maruts) que poseen el poder de distribuir la riqueza.

7. Mostraos, Maruts acompañados del intrépido Indra, teniendo un esplendor igual, y entregaos a la alegría.

8. Esta ceremonia se realiza para adorar al poderoso Indra, así como a la reunión amable e irreprochable de los Maruts, que se dirigen hacia el cielo.

9. Venir aquí ¡oh Maruts!, ya de la región del firmamento, ya de la esfera solar; porque, en esta ceremonia, el sacerdote recita vuestras alabanzas.

10. Nosotros invocamos a Indra, ya venga de esta región terrestre o del firmamento que está sobre ella, o de la inmensidad de los cielos; nosotros le suplicamos que nos dé la riqueza.

---

[12] Alusión a una leyenda mencionada a menudo en los *Vedas*. Algunos Asuras o demonios, llamados Panis, habían robado las vacas de los dioses (de uno, según otra versión de los Angirasas) y las habían escondido en una caverna, en donde Indra, ayudado por la perra Sarama, las descubrió. Algunos pasajes nos muestran a Indra llevándose por la fuerza las vacas, auxiliado por los Maruts. Este relato, que no deja de presentar cierta analogía con la fábula de Caco, parece alegórico; las vacas son los rayos del día encerrados en la oscuridad y el dios del Cielo (que empieza a clarear) las descubre.

SUKTA IV

(Compuesto por el mismo rishi y dirigido al mismo dios)

1. Los que cantan (el Sâma - Veda) celebran a Indra por sus cantos; los que recitan el Rig le celebran por sus plegarias; los que recitan (el Yadjur) le glorifican recitando sus textos.

2. Indra, el protector de todas las cosas, viene con sus corceles que son enganchados según su orden; Indra, el de ricos adornos, el que blande el rayo.

3. Indra, para hacer todas las cosas visibles, ha elevado el Sol en el cielo y ha cargado las nubes de un agua abundante.

4. Invencible Indra, protégenos en las batallas que abundan en despojos, concédenos una defensa insuperable.

5. Nosotros invocamos a Indra para obtener una gran abundancia, nosotros invocamos a Indra para que nos dé la riqueza: es nuestro aliado y lanza el rayo contra nuestros enemigos.

6. Tú que esparces la lluvia y que concedes todos los deseos, abre estas nubes. Tú no fallas jamás en ejecutar nuestras demandas.

7. Todas las alabanzas eminentes que se dan a las demás divinidades, son igualmente debidas a Indra que tiene la tempestad; yo no conozco alabanza igual a su grandeza.

8. El que esparce la lluvia, el señor poderoso siempre propicio a nuestros deseos, cubre a los hombres con fuerza, lo mismo que un toro defiende un rebaño.

9. Indra, tú y sólo tú reinas sobre los hombres, sobre las riquezas y sobre las cinco clases de habitantes de la Tierra.

10. Nosotros te invocamos ¡oh Indra! que estás por doquier entre los hombres: dígnate ser exclusivamente para nosotros.

ANUVAKA III

SUKTA I

(Compuesto por el mismo rishi y dirigido al mismo dios)

1. Indra, tú que eres la fuerza de la victoria y que humillas a nuestros enemigos, trae para nuestra protección las riquezas más abundantes.

2. A fin de que nos protejan contra nuestros enemigos, ya los encontremos en un combate cuerpo a cuerpo, o a caballo; protégenos constantemente.

3. Defendidos por ti, Indra, poseemos un arma temible y podemos triunfar enteramente de nuestros enemigos.

4. Teniéndote por aliado, Indra, y ayudados por los héroes que lanzan sus dardos, podremos vencer a nuestros enemigos formados en batalla contra nosotros.

5. Indra es poderoso y supremo: la grandeza pertenece siempre al que tiene el rayo, sus fuertes ejércitos sean siempre tan vastos como el cielo.

6. Todas las veces que los hombres recurren a Indra en las batallas, o para adquirir prosperidad, obtienen lo que piden así como los sabios que desean obtener la inteligencia.

7. El vientre de Indra, que bebe, abundantemente el jugo del soma, se hincha como el océano, y siempre está regado como las montañas lo son por los torrentes.

8. Verdaderamente las palabras que Indra dirige al que le adora son sinceras y dignas de respeto; ellas procuran vacas; ellas son como una rama cargada de fruto maduro.

9. Verdaderamente Indra, tus glorias protegen en todo tiempo al que te adora como yo.

10. Verdaderamente es preciso cantar y recitar las alabanzas de Indra, a fin de que pueda beber el jugo del soma.

SUKTA II

(Compuesto por el mismo rishi y dirigido al mismo dios)

1. Ven, Indra, y regálate con nuestras ofrendas y con nuestras libaciones, y, en seguida, pujante por obra de tu fuerza, sé victorioso (de tus enemigos).

2. Estando preparada la libación, presentad la bebida eficaz y fortificante a Indra, que da la alegría y que realiza tantas cosas.

3. Indra, el de la hermosa barba, recibe con placer las alabanzas que te dirigimos y que te animan, ¡oh tú, a quien todos los mortales deben venerar, ven a estos sacrificios!

4. Yo me dirijo a ti, Indra, a ti que esparces las bendiciones, que proteges a tus adoradores; yo te dirijo las alabanzas que han llegado hasta ti y que tú has aprobado.

5. Coloca, Indra, delante de nosotros, preciosas y abundantes riquezas, porque los tesoros que tú posees son inmensos.

6. Opulento Indra, anímanos en estas ceremonias hechas para obtener la riqueza, porque nosotros somos también opulentos y renombrados.

7. Concédenos, Indra , una riqueza más allá de todo cálculo y de toda medida, que sea inagotable, que sea el manantial del ganado, del alimento y de toda la vida.

8. Indra, concédenos un gran renombre y riqueza adquirida por mil medios, danos estos productos alimenticios que se llevan de los campos en los carros.

9. Nosotros invocamos para la preservación de nuestra propiedad a Indra, al señor de la riqueza, al objeto de los versos sagrados, al que viene al lugar del sacrificio; nosotros le dirigimos nuestras alabanzas.

10. El sacrificador, esparciendo abundantes libaciones, glorifica la pujanza de Indra, que reside en una morada eterna.

SUKTA III

(Compuesto por el mismo rishi y dirigido al mismo dios)

1. Los que cantan (el Sâma - Veda) te celebran por sus himnos, ¡oh Sarataka!; los que recitan el Rig te alaban porque tú eres digno de alabanza; los Brahmanas te elevan en el aire como un tallo de bambú[13].

2. Indra el distribuidor de beneficios, conoce el deseo del que le adora; y tú, que has realizado muchos actos piadosos con la planta soma recogida en las pendientes de las montañas, tú Indra, ven con la tropa de los Maruts.

3. Indra, tú que bebes el soma, ensilla tus vigorosos caballos de larga melena, y ven a escuchar nuestras alabanzas.

4. Ven, Vasa, a nuestras ceremonias, responde a nuestros himnos, escucha nuestras alabanzas, oye favorablemente nuestras plegarias; sé propicio, Indra, a nuestro sacrificio, y esparce sobre nosotros un alimento abundante.

5. El himno debe de ser repetido en honor de Indra que rechaza a numerosos enemigos, a fin de que Sakra *(o el poderoso, epíteto de Indra)* pueda hablar con clemencia a nuestros hijos y a nuestros amigos.

6. Nosotros hemos recurrido a Indra, implorando su amistad para que nos conceda la riqueza y un poder sin rival; el poderoso Indra que da la riqueza está en condición de protegernos.

7. Indra, tú eres quien hace por doquier el alimento abundante, perfecto y fácil de procurarse; ¡oh! tú que tienes la tempestad, abre los pastos y procúranos amplias riquezas.

8. El Cielo y la Tierra no pueden sostenerte cuando tú destruyes a tus enemigos; tú puedes mandar a las aguas del cielo; danos grandes rebaños.

9. ¡Oh tú, cuyos oídos oyen todas las cosas! Escucha prontamente mis súplicas, retén mis alabanzas en tu corazón, guarda cerca de ti mi himno, como si fueran las palabras de un amigo.

10. Nosotros te conocemos, tú que esparces con liberalidad los beneficios y que oyes nuestro llamamiento en las batallas; nosotros invocamos tu protección mil veces provechosa.

---

[13] El final de esta estancia es bastante oscuro. El señor Langlois la resume así: «Como se eleva el asta de una bandera». El comentador sánscrito dice que los sacerdotes han elevado a Indra como los faquires elevan un bambú en cuya extremidad se balancea un niño, diversión que es un espectáculo frecuente en la India.

11. Ven prontamente, Indra, hijo de Kusika[14], ven a beber con placer la libación, prolonga la vida que merece alabanzas; concédeme grandes bienes, a mí que soy un rishi.

12. Que nuestras alabanzas sean en todas ocasiones en torno de ti, que mereces ser alabado; puedan ellas aumentar tu poderío, tú que posees una larga vida, y después de haberte sido agradables, puedan ellas ser para nosotros un manantial de delicias.

---

[14] Kusika era uno de los monarcas descendientes del Sol. Deseó un hijo cuyo poder no fuese inferior al de Indra; entonces Indra se dignó tomarle por padre. En esta encarnación adoptó el nombre de Gadhi.

SUKTA IV

(Compuesto por el rishi Jetri, hijo de Madhaacchanara y dirigido a Indra)

1. Que todas nuestras alabanzas glorifiquen a Indra, amplio como el océano, y el más valiente de los guerreros que combaten en sus carros, el señor del alimento, el protector de los hombres virtuosos.

2. Sostenidos por tu amistad, poderoso Indra, no tenemos nada que temer, y nosotros te glorificamos, vencedor invencible.

3. La antigua generosidad de Indra y su protección no faltarán al que presente alimentos y ganados en abundancia a los que recitan los himnos.

4. Indra nació para adquirir las ciudades; siempre joven y siempre sabio, tiene una fuerza sin límite; protege todos los actos piadosos, blande el rayo, recibe numerosas alabanzas.

5. ¡Oh tú, que tienes el rayo! Tú abriste la caverna donde Vala[15] había ocultado los rebaños, y los dioses que había oprimido no sintieron ya temor cuando te hubieron logrado como aliado.

6. Atraído por tus generosidades, vengo a ti, ¡oh héroe! Yo celebro tu liberalidad esparciendo esta libación; los que realizan la ceremonia se aproximan a ti porque conocen tu munificencia.

7. Tú has matado, ¡oh Indra! mediante tus estratagemas, al astuto Sashna[16]; los sabios han conocido tu grandeza; esparce sobre ellos alimentos en abundancia.

8. Los que recitan himnos sagrados alaban con todo su poder a Indra, el dueño del Mundo, cuyos dones se cuentan por millones e incluso más.

---

[15] Vala era el jefe de los Asuras que robaron las vacas de los dioses. Indra las recobró y castigó a los depredadores.

[16] Sashna ha sido señalado por los comentadores como un Asura matado por Indra, pero debe tratarse de una hazaña metafórica. Sashna quiere decir el que deseca, e Indra, al dar la lluvia, libra de él al Mundo.

ANUVAKA IV

SUKTA I

(Compuesto por el rishi Medhaithi, hijo Kanva y dirigido a Añi)

1. Nosotros escogemos a Añi, el mensajero de los dioses, el poseedor de todas las riquezas, el que realiza esta ceremonia.

2. Los que presentan la ofrenda dirigen sus invocaciones a Añi, el maestro de los hombres; es el que aporta las ofrendas y el que quiere a la multitud.

3. Añi, que engendras el frotamiento[17], conduce a los dioses hacia la hierba sagrada que está extendida aquí; eres tú quien la invocas para nosotros y nosotros debemos adorarte.

4. Puesto que tú desempeñas el empleo de mensajero, llama a los dioses que desean ofrendas, siéntate con ellos sobre la hierba sagrada.

5. Brillante Añi, al que nosotros invocamos con libaciones de manteca clarificada, consume a nuestros adversarios que tienen por aliados a los espíritus malignos.

6. Añi, siempre joven y siempre sabio, guardián de la mansión del sacrificador, tú eres quien alumbra la boca del que aporta las ofrendas.

7. Alabad en vuestros sacrificios a Añi, el sabio, el observador de la verdad, el radiante Añi, que ahuyenta las enfermedades.

8. Resplandeciente Añi, sé el protector del que aporta las ofrendas y que te adora, ¡oh mensajero de los dioses!

9. Sé propicio, Pravaka, al que en presencia de las ofrendas para satisfacer a los dioses, se acerca a Añi.

10. Añi, el brillante y el purificador, conduce a los dioses a nuestros sacrificios y a nuestras ofrendas.

11. Celebrado por nuestros himnos más nuevos, concédenos riquezas y alimento, manantial de una raza numerosa.

12. Añi, tú que brillas con un esplendor puro y que está cargado de todas las invocaciones dirigidas a los dioses, recibe nuestras alabanzas.

---

[17] En sus ceremonias, los Arias hacían nacer a Añi, el fuego, mediante la frotación rápida de dos trozos de madera, para cuyo fin se servían de la madera de la *Prenma spinosa*.

SUKTA II

(Compuesto por el mismo rishi y dirigido a diversas divinidades, que son la mayor parte formas de Añi)

1. Añi, tú que eres Susamidheta *(completamente abrasado)*, invocador y purificador, conduce aquí a los dioses cerca de los que presentan la ofrenda y celebra el sacrificio.

2. Sabio Añi, tú que eres Tanapapat *(el que devora la manteca clarificada)* presenta hoy a los dioses para su alimento nuestro sacrificio, cuyo sabor es agradable.

3. Yo invoco a Narasansa *(al que los hombres alaban)* el muy amado, cuya lengua es dulce, el que presenta ofrendas.

4. Añi, que es Ilita *(el adorado),* conduce aquí a los dioses en un carro de movimientos fáciles, porque tú eres aquel a quien los hombres dirigen sus invocaciones.

5. Sacerdotes sabios, esparcid la hierba sagrada unida en paquetes y regada de manteca clarificada parecida a la ambrosía.

6. Que las puertas brillantes que velan sobre el sacrificio sean abiertas, porque seguramente el sacrificio debe tener lugar hoy.

7. Yo invoco a la noche amable y a la aurora, para sentarme sobre la hierba sagrada.

8. Yo llamo a los dos sabios, elocuentes adoradores de los dioses, a fin de que ellos celebren nuestro sacrificio.

9. Que las tres diosas inmortales que dan la felicidad, Ila, Sarasvati y Mahi, se sienten sobre la hierba sagrada.

10. Yo invoco al poderoso Tvashtri, de las formas numerosas: pueda ser exclusivamente para nosotros.

11. Presenta, divino Venaspati, nuestra ofrenda a los dioses, y que la sabiduría verdadera sea la recompensa del que hace esta ofrenda.

12. Realizad el sacrificio ofrecido a Svaha[18] a Indra en la casa del que adora; por eso invoco yo aquí a los dioses.

---

[18] Svaha, puesto que la exclamación está empleada aquí en el sentido de estar echando la ofrenda al fuego, puede ser identificado con Añi. El *Mahabarata* da este nombre a la hija de Vrihaspati, hijo de Angiras. En los Puranas, aquélla es la hija de Daksha y la mujer de Añi.

SUKTA III

(Compuesto por el mismo rishi y dirigido a Añi y a las demás divinidades)

1. Ven, Añi, cuando nosotros te adoramos, ven con todos los dioses a beber el jugo del soma y a ofrecer el sacrificio.

2. Los hijos de Kanva[19] te invocan, sabio Añi, y ellos glorifican tus acciones; ven aquí con los dioses.

3. Sacrificad a Indra, a Naya, a Vrihaspati, a Mitra, a Añi, a Pushan, a Bhaya, a los Adityas y a la reunión de los Maruts.

4. Es para todos vosotros para los que se han vertido estos jugos agradables y dulces, que caen en gotas o que son recogidos en las cucharas[20].

5. Los sabios sacerdotes que desean la protección (de los dioses) habiendo extendido la hierba sagrada te alaban, presentando ofrendas y ofreciendo adornos.

6. Que los corceles, los que tienen lomos brillantes y son enganchados según tus órdenes, aplaquen a los dioses que beberán el jugo del soma.

7. «Añi, haz que estos objetos dignos de veneración y favorables a los actos de piedad participen en las ofrendas, así como sus mujeres; dales, ¡oh tú, cuya lengua es brillante! a beber el jugo del soma.

8. Que los objetos dignos de veneración y de alabanza beban, con tu lengua, el jugo del soma en el momento de la libación.

9. Que el sabio que invoca a los dioses conduzca aquí a la brillante esfera del Sol a todas las divinidades que se despiertan con la aurora.

10. Bebe, Añi, el dulce jugo del soma con todos los dioses, con Indra, Vayu y las glorias de Mitra.

11. Añi, designado por el hombre como el que invoca a los dioses, tú estás presente en los sacrificios; presenta nuestras ofrendas.

12. Une, divino Añi, a tu carro tus yeguas rápidas y poderosas, y así conduce aquí a los dioses.

---

[19] Kanua es el nombre de un antiguo sabio descendiente de una raza real que se había consagrado al servicio de los dioses. Sus descendientes fueron asimismo sacerdotes.

[20] El vocablo sánscrito *chamu* o chamasa designa el vaso que contiene el soma, y a veces la cuchara con que se le sirve. También se emplea esta palabra para expresar el filtro de piel a través del cual se hace pasar la bebida que se quiere clarificar.

SUKTA IV

(Compuesto por el mismo rishi y dirigido a Ritu y a algunas otras divinidades llamadas en cada estancia)

1. Indra, bebe con Ritu el jugo del soma: que sus gotas agradables entren en ti y que ellas residan en ti.

2. Maruts, bebed con Ritu en el vaso del sacrificio, consagrad la ceremonia, porque sois generosos.

3. Neshtri, recomienda, con tu esposa, nuestro sacrificio; bebe con Ritu, porque tú eres poseedor de grandes riquezas.

4. Añi, conduce aquí a los dioses, ordénalos tres veces[21], bebe con Ritu.

5. Bebe, Indra, el jugo del soma en el precioso vaso del Brahmana, después de Ritu, para el cual tu amistad es constante.

6. Mitra y Varuna, vosotros que sois propicios a los actos de piedad, estad, con Ritu, presentes a nuestro sacrificio, que es eficaz y que los enemigos no turban.

7. Los sacerdotes, deseosos de tener riqueza y teniendo las piedras en sus manos[22], alaban al divino (Añi) Dravinodas *(que da la opulencia)* en todos sus sacrificios.

8. Que Dravinodas nos dé riquezas que sean célebres; nosotros lo pedimos para los dioses.

9. Dravinodas desea beber con los Ritus en la copa de Neshtri; apresuraos, sacerdotes, a trasladaros a la sala de las ofrendas y presentad las vuestras.

10. Nosotros te adoramos, Dravinodas, por la cuarta vez con Ritus; esparce sobre nosotros tus beneficios.

11. Asvins, que realizáis actos piadosos y que brilláis con el resplandor de los fuegos de los sacrificios, vosotros que, con Ritu, aceptáis nuestros sacrificios, bebed el dulce licor.

12. Tú que das recompensas, Añi, identificado con el fuego del hogar, y que, con Ritu, tomas parte en el sacrificio, adora a los dioses para que quien les rinda culto sea recompensado.

---

[21] Alusión a las tres ceremonias celebradas en el día, por la mañana, al mediodía y por la tarde, o a los tres fuegos encendidos durante el sacrificio.

[22] Estas piedras sirven para aplastar la planta que da el soma.

SUKTA V

(Compuesto por el mismo rishi y dirigido a Indra)

1. Indra, tú que escuchas con agrado los votos que se te dirigen, cuyos brillantes corceles te conducen aquí para beber el jugo del soma: que los sacerdotes radiantes como el Sol celebren tu presencia.

2. Que los corceles de Indra te traigan aquí en un carro de movimientos fáciles cuando estos granos (de cebada mondada) templados en la manteca clarificada, sean esparcidos (sobre el altar).

3. Nosotros invocamos a Indra en las ceremonias de la mañana; nosotros le invocamos en el sacrificio que las acompaña; nosotros invitamos a Indra a beber el jugo del soma.

4. Ven, Indra, a asistir a nuestras ofrendas con tus caballos de larga melena; nosotros te invocamos después de haber vertido la libación.

5. Acepta nuestras alabanzas, ven a nuestros sacrificios; bebe como un ciervo sediento.

6. Los jugos del soma son vertidos sobre la hierba sagrada; bébelos, Indra, para reafirmar tu vigor.

7. Que nuestro himno, conmoviendo tu corazón, te sea agradable; bebe la libación que nosotros vertemos.

8. Indra, el destructor de los enemigos, se entrega ciertamente a todas las ceremonias en que la libación es esparcida, a fin de beber el jugo del soma. 9. ¡Oh Satakrata!, satisface nuestros deseos dándonos ganado y caballos; nosotros te alabamos, entregándonos a una profunda meditación.

SUKTA VI

(Compuesto por el mismo rishi, dirigido a Indra y a Varuna)

1. Yo busco la protección de los maestros soberanos Indra y Varuna; quieran los dos sernos favorables.

2. Vosotros estáis siempre prontos, protectores de los mortales, a conceder la protección que reclama un ministro tal como yo.

3. Concedednos, ¡oh Indra y Varuna!, la riqueza que nosotros deseamos: nosotros anhelamos teneros siempre cerca de nosotros.

4. Las libaciones esparcidas en nuestros ritos piadosos, las alabanzas de nuestros sacerdotes cuyo espíritu es puro, están prontas; podamos ser comprendidos entre los que dan el alimento.

5. Indra es más generoso que aquellos cuyas generosidades se cuentan por millares; Varuna debe de ser alabado entre los que merecen elogios.

6. Gracias a su protección, nosotros poseemos riquezas, nosotros las amontonamos, y aún quedan en abundancia.

7. Yo os invoco a los dos, Indra y Varuna; hacednos vencedores de nuestros enemigos.

8. Indra y Varuna, esparcid prontamente la felicidad sobre nosotros, porque nuestros espíritus os son devotos.

9. Que las fervientes alabanzas que yo os dirijo, ¡oh Indra y Varuna!, lleguen hasta vosotros: aceptando estas alabanzas, vosotros las hacéis preciosas.

ANUVAKA V

SUKTA I

(Compuesto por el mismo rishi y dirigido a las mismas divinidades)

1. Brahmanaspati[23], haz al que ofrece las libaciones ilustre entre los dioses, como Kakshivat, el hijo de Usi[24].

2. Que el que es opulento, que cura las enfermedades, que adquiere las riquezas, que aumenta el alimento, que concede prontamente recompensas, nos sea siempre favorable.

3. Protégenos, ¡oh Brahmanaspati!, y que la calumnia del hombre perverso no nos toque.

4. El hombre liberal a quien protegen Indra, Brahmanaspati y Soma, no perece jamás.

5. ¡Oh Brahmanaspati, y vosotros Soma, Indra y Dakshina![25], protejed a este hombre alejando de él el pecado.

6. Yo solicito la inteligencia, demandándola a Sadasaspati, el admirable, el amigo de Indra, el deseable, el generoso.

7. Sin su apoyo, el mismo sacrificio del justo no se realiza; él penetra en la asociación de nuestros pensamientos.

8. El recompensa al que le presenta las ofrendas, él conduce el sacrificio a su conclusión: y por él es por quien nuestra invocación alcanza a los dioses.

9. Yo he visto a Vara-sana, el más resuelto y el más brillante de los seres, radiante como los cielos.

---

[23] Los comentadores sánscritos no nos enseñan nada nuevo (o por lo menos no está muy claro) en lo relativo a este dios. Se cree que es menester ver en él a la divinidad que presidía las oraciones y especialmente la recitación de los Vedas. Pero no se sabe exactamente si es un personaje distinto o una nueva forma dada a alguno de los dioses de los Arias, sobre todo a Añi.

[24] Se trata de una leyenda que se encuentra en algunos de los *Puranas* y en el *Mahabarata*. Kakshivat era el hijo del sabio Dirghatamas y de Usij, esclava de la esposa del rey Kalinga. Este príncipe obligó a su esposa, que no tenía ningún hijo, a tener relaciones carnales con Dirghatamas; pero ella hizo que le reemplazara su esclava.

[25] Dakshina, personificada aquí como una diosa, es, vulgarmente hablando, la remuneración o regalo que se hace a los brahmanes al final de alguna ceremonia religiosa.

SUKTA II

(Compuesto por el mismo rishi y dedicado a Añi y a los Maruts)

1. Nosotros te invocamos con fervor para que tú asistas a este rito perfecto; ven, Añi, con los Maruts, para beber el jugo del Soma.

2. No hay dios ni mortal que tenga poder sobre un rito que te es consagrado, ¡oh tú!, que eres poderoso; ven, Añi, con los Maruts.

3. Ellos son todos divinos y exentos de malicia; ellos saben cómo causar el descenso de las grandes aguas; ven, Añi, con los Maruts.

4. Ellos son bravos y ellos hacen caer la lluvia, y no hay nadie que los sobrepase en vigor; ven, Añi, con los Maruts.

5. Ellos son brillantes y dotados de formas asombrosas; ellos poseen grandes riquezas, y devoran a sus enemigos; ven, Añi, con los Maruts.

6. Ellos son dioses que residen en el cielo, radiantes encima del Sol; ven, Añi, con los Maruts.

7. Ellos dispersan las nubes y agitan el mar haciendo levantar las olas; ven, Añi, con los Maruts.

8. Ellos recorren el firmamento con los rayos del Sol, y su fuerza agita el océano; ven, Añi, con los Maruts.

9. Yo vierto los dulces jugos del soma para que tú los bebas como en otro tiempo; ven, Añi, con los Maruts.

SEGUNDO ADHYAYA
ANUVAKA V (CONTINUACIÓN)

SUKTA III

(Compuesto por el mismo rishi, dirigido a los mortales deificados llamados Ribhus)[26]

1. Este himno, que da las riquezas, ha sido dirigido por la boca de los sabios a las clases de las divinidades que han tomado nacimiento.

2. Los que han sido creados mentalmente para Indra, los caballos que están enganchados según nuestras órdenes, han tomado parte en los sacrificios realizados con actos piadosos.

3. Ellos han construido para los Nasaryas un carro que se mueve con facilidad y en todo lugar, y una vaca que da leche.

4. Los Ribhus pronunciando plegarias de una eficacia cierta, dotados de la justicia y saliendo bien en todos los actos piadosos han hecho jóvenes a sus (viejos) parientes.

5. Ribhus, los jugos fortificantes (del soma) os son ofrecidos, así como a Indra, a quien acompañan los Maruts y la brillante tropa de los Adityas.

6. Los Ribhus han dividido en cuatro la copa nueva, la obra del divino Tvashtri[27].

7. Quisieran ellos, conmovidos por nuestras alabanzas, dar al que ofrece la libación muchas cosas preciosas y realizar tres veces los siete sacrificios.

8. Ofreciendo los sacrificios, ellos estuvieron en posesión (de una existencia mortal); ellos han obtenido, por sus actos piadosos, una parte del sacrificio con los dioses.

---

[26] Varias obras sánscritas suministran explicaciones sobre los Ribhus, los tres hijos de Sudhanvan, descendiente (como hijo) de Angiras. Se llamaban aquéllos Ribhu, Vibha y Vaja. Colectivamente se les llama Ribhus, por ser éste el nombre del mayor de los tres. Por haberse consagrado con celo a la práctica de las buenas obras obtuvieron la divinización, estuvieron en posesión de un poder sobrenatural y llegaron a ser dignos de ser adorados. Se supone que residían en la esfera solar y algunos pasajes bastante vagos tienden a identificarles con los rayos del Sol.

[27] En la mitología sánscrita, Tvashtri es el artesano o el carpintero de los dioses. Desde luego, su papel es bastante oscuro. En cuanto a la copa de que aquí sé trata, era la que estaba construida con madera y que servía para los sacrificios, en sánscrito chamasa. Un comentarista dice que cuando Añi venía a un sacrificio celebrado por los Ribhus, se trocaba en uno más de éstos.

SUKTA IV

(Compuesto por el mismo rishi y dirigido a Indra y a Añi)

1. Yo invoco aquí a Indra y a Añi, a los cuales deseamos presentar nuestras alabanzas; que ellos acepten la libación, ellos que beben grandes cantidades del jugo del soma.

2. Alabad, ¡oh mortales! a Indra y a Añi, en los sacrificios; decoradlos con los adornos y celebradlos con vuestros himnos.

3. Nosotros invocamos a Indra y a Añi para bien de nuestro amigo (el que ha instituido esta ceremonia); nosotros los invitamos, a los que beben el jugo del soma, a beber esta libación.

4. Nosotros los invitamos, a los que son temibles a sus enemigos, a venir a la ceremonia en que la libación está preparada; Indra y Añi, venid a estos lugares.

5. Que Indra y Añi, que son poderosos y que protegen esta asamblea, pongan a los Rakshasas en estado de no hacer daño, y que los que devoran (a los hombres) no tengan posteridad.

6. Que este sacrificio os haga vigilantes, Indra y Añi, para protegernos; dadnos la ciencia que hace conocer el efecto de los actos cometidos y concedednos la felicidad.

SUKTA V

(Compuesto por el mismo rishi y dirigido a diversas divinidades)

1. Despertad a los Asvins asociados para el sacrificio de la mañana; que los dos vengan aquí a beber el jugo del soma.

2. Nosotros invocamos a los dos Asvins que son los dos divinos, y que guiando con habilidad perfecta un carro divino alcanzan al cielo.

3. Asvins, agitad el sacrificio con vuestra fusta que está templada con la espuma (de vuestros cabellos) y que retumba con estrépito.

4. La morada del que ofrece la ofrenda no está lejos de vosotros, Asvins: venid en vuestro carro.

5. Yo invoco a Savitri[28], el de la mano de oro, a fin de que me proteja; él determinará el sitio de los que le adoran.

6. Glorificad a Savitri, que no es el amigo del agua, implorad su protección nosotros deseamos celebrar su culto.

7. Nosotros invocamos a Savitri, que ilumina a los hombres y que concede la opulencia.

8. Sentaos, amigos; es justo que nosotros alabemos a Savitri, porque es el que da las riquezas.

9. Añi, conduce aquí a las esposas queridas de los dioses y a Tvashitri, a fin de beber el jugo del soma.

10. Joven Añi, conduce aquí para protegernos a las mujeres (de los dioses) Hotras, Bharati, Varatri y Dhishana.

11. Que las diosas cuyas alas no son roídas y que protegen a la raza humana nos concedan su protección y una completa felicidad.

12. Yo os convido aquí, Indra, Varuna y Añi, para nuestra felicidad y para beber el jugo del soma.

13. Que el vasto cielo y que la Tierra se dignen mezclar este sacrificio (con sus propios rocíos) y llenarnos de alimento.

14. Los sabios, en el lugar en que reina Gandharva[29] recogerán con sus propias plegarias la leche del Cielo y de la Tierra.

---

[28] Savitri es uno de los nombres del Sol. El epíteto del que tiene la mano de oro *(suvarna - hasta)* se explica bien por la liberalidad con que Savitri da el oro a cuantos lo invocan, pues, según una leyenda védica, se dice que en un sacrificio ofrecido por los dioses Surya no se colocó en el lugar que debió haber ocupado y hasta tocó una ofrenda. Como castigo por la falta que cometía su mano se vio cortada inmediatamente y los sacerdotes la reemplazaron por una de oro.

[29] Gandarva es, según los autores sánscritos, un epíteto dado al Sol y a veces también uno de los nombres de Añi.

15. Tierra, extiéndete a lo lejos, libre de espinas y sé nuestra morada; danos una gran felicidad.

16. Que los dioses nos preserven (de esta porción) de la tierra en que Vishnú se ha lanzado, animado por las invocaciones de siete géneros diferentes.

17. Vishnú atravesó este Mundo; tres veces colocó su pie y el Mundo entero fue reunido en el polvo[30].

18. Vishnú, protector invencible, el que vela sobre los deberes sagrados, dio tres pasos y terminó así su carrera.

19. Ved los actos de Vishnú por medio de los cuales el adorador ha realizado votos piadosos; es digno amigo de Indra.

20. El sabio contempla siempre esta postura suprema de Vishnú, como el ojo abraza el cielo.

21. El sabio, siempre vigilante y presuroso, alumbra el fuego del sacrificio y glorifica con sus cantos lo que es la postura suprema de Vishnú.

---

[30] Puede verse aquí una alusión a cierta leyenda que más tarde se desarrolló en la India y que representa a Vishnú encarnándose bajo la figura de un enano y recorriendo con sólo tres pasos toda la extensión de la Tierra. Algunos comentadores sánscritos que identifican a Vishnú con el Sol ven en estos tres pasos el emblema de la marcha del Sol, al levantarse, cuando está en la cima de su curso y al ponerse.

SUKTA VI

(Compuesto por Medhatitchi, hijo de Kanva,
y dirigido a diversas divinidades)

1. Los jugos abundantes (del soma) que acompañan a nuestros sacerdotes están todos preparados: ven, Vayu, y bébelos cuando te los presenten.

2. Nosotros invitamos a los dioses que residen en el cielo, Indra y Vayu, a beber el jugo del soma.

3. Los sabios invocan la protección de Indra y de Vayu, que son rápidos como el pensamiento y que tienen un millar de ojos[31] y que aceptan los actos piadosos.

4. Nosotros invocamos a Mitra y a Varuna, que están presentes en el sacrificio, y que están dotados de una fuerza pura, a fin de que ellos beban el jugo del soma.

5. Yo invoco a Mitra y a Varuna, que dicen la verdad y que animan los actos piadosos; ellos son los señores de la verdadera luz.

6. Pueda Varuna ser nuestro protector especial; pueda Mitra defendernos de todas las maneras; puedan ellos hacernos opulentos.

7. Nosotros invocamos a Indra, que le acompañen los Maruts a beber el jugo del soma; pueda quedar satisfecho, así como sus compañeros.

8. Divinos Maruts, de los que Indra es el jefe y Pushan *(el Sol)* el bienhechor, escuchad todos nuestras invocaciones.

9. Vosotros que dispensáis vuestros dones con liberalidad, uníos con el poderoso Indra para destruir a Vritra, y que los malvados no prevalezcan contra nosotros.

10. Nosotros invocamos a todos los divinos Maruts que son temibles y que tienen por madre a la de numerosos colores; nosotros los invitamos a beber el jugo del soma.

11. Cuando, ¡oh jefes de los hombres!, aceptáis una ofrenda propicia, entonces el grito de los Maruts se extiende y repercute como el de los conquistadores.

12. Que los Maruts nacidos del reflejo brillante nos protejan en todos los lugares y nos hagan dichosos.

---

[31] Sólo como consecuencia de la construcción gramatical es por lo que el texto da aquí un millar de ojos a Vayu. Esta circunstancia se relata únicamente con motivo de Indra y hace alusión, bien a la inmensa extensión del Cielo, ya a las constelaciones de que está sembrado.

13. Resplandeciente Pushan, de los rápidos movimientos, trae del cielo el jugo del soma, combinado con la hierba sagrada, como el hombre trae un animal que se había perdido.

14. El brillante Pushan ha encontrado el jugo real del soma, aunque fue ocultado en un lugar secreto, extendido entre la hierba sagrada.

15. Verdaderamente él me ha traído sucesivamente las seis estaciones reunidas a las gotas del jugo del soma, como un cultivador labora con muchos trabajos la tierra para obtener la cebada.

16. Las aguas que son nuestras madres y que desean tomar parte en el sacrificio, vienen a nosotros, siguiendo sus vías y nos distribuyen su leche.

17. Que estas aguas que están contiguas al Sol y que aquéllas a las cuales el Sol está asociado, sean propicias a nuestros ritos.

18. Yo invoco a las aguas divinas, donde beben nuestros rebaños; haced ofrendas a las aguas corrientes.

19. La ambrosía está en las aguas, las hierbas medicinales están en las aguas; estad, pues, prontos a alabarlas, ¡oh sacerdotes divinos!

20. El soma me ha declarado esto: «Todos los medicamentos, así también como Añi el bienhechor de la humanidad, están en las aguas»; las aguas contienen todas hierbas que curan.

21. Aguas, llevad a la perfección todos los remedios que ahuyenten las enfermedades, a fin de que mi cuerpo experimente vuestros felices efectos y que pueda ver el Sol largo tiempo.

22. Aguas, llevaos todo lo que se ha podido encontrar en mí de pecado, todo lo malo que haya hecho, sea que haya pronunciado imprecaciones contra los hombres santos, ya que haya adelantado mentiras.

23. Yo he entrado este día en las aguas; nosotros nos hemos mezclado con su esencia; Añi, que resides en las aguas, acércate a mí y lléname de vigor.

24. Añi, concédeme la fuerza, la posteridad y una larga vida, a fin de que los dioses puedan conocer el sacrificio del que me emplea, y que Indra lo conozca con los rishis.

ANUVAKA VI

SUKTA I

(Este himno es atribuido a Sunahaspas[32], hijo de Ajigartia,
y está dirigido a diversas divinidades)

1. ¿Cuál es la divinidad de la que invocamos el nombre propicio? ¿Quién nos dará a la grande Aditi (la Tierra) para que yo pueda volver a ver a mi padre y a mi madre?

2. Invoquemos el nombre propicio de Añi, la primera de las divinidades entre los inmortales, a fin de que él nos dé a la gran Aditi, a fin de que yo vuelva a ver a mi padre y a mi madre.

3. Savitri, cuya protección es constante, nosotros solicitamos de ti la porción que nos corresponda; tú eres el señor de la abundancia.

4. Esta riqueza que ha estado retenida en tus manos es digna de elogios como exenta de envidia y de reproche.

5. Nosotros nos aplicamos a alcanzar la cima de la abundancia, gracias a tu protección; tú eres el poseedor de las riquezas que dan la felicidad.

6. Estas aves que vuelan a través de los aires, no han obtenido, Varuna, tu fuerza y tu audacia, y ellas no son capaces de sostener tu cólera; estas aguas que corren sin descanso, y el viento, no te sobrepujan en rapidez.

7. El real Varuna, dotado de un vigor puro, residiendo en el firmamento sin base, sostiene un haz de luz cuyos rayos se dirigen hacia abajo; puedan concentrarse en nosotros como los manantiales de la existencia.

8. El real Varuna ha alargado verdaderamente la ruta que sigue el Sol, recorriendo cada día el espacio sin límites; pueda ahuyentar todo lo que afligiría a nuestro corazón.

---

[32] La historia de Sunahaspas se encuentra en el Ramayana; es hijo del rishi Richika y su padre lo vendió por el precio de cien vacas a Ambarisha, rey de Ayodhya, con objeto de que sirviera de víctima para un sacrificio humano. Conducido al lugar donde debía morir, encontró a Visvamitra cerca del lago de Pushkara y le imploró para que le socorriera. De este modo aprendió una oración y cuando la relata en el momento del peligro Indra acude a despertarle. En las Leyes de Manu (X, 105) es mencionada esta leyenda, y se dice que el padre no fue censurado por haber entregado de ese modo a su hijo, ya que lo hizo para preservarse, igual que su familia, de perecer de hambre. Este relato se halla asimismo, pero con algunas variantes, en diversos autores sanscritos antiguos.

9. ¡Oh Rey tú que posees numerosos remedios contra nuestros males!: tu favor, extenso y profundo, sea con nosotros; ten alejado de nosotros a Niritti *(la divinidad del pecado o de la muerte)* el de la mirada irritada: líbranos de todos los pecados que nosotros pudiéramos haber cometido.

10. Estas constelaciones visibles por la noche y que por el día se van a otra parte, son los actos santos de Varuna, y, según su orden, la Luna se mueve con brillo durante la noche.

11. Alabándote por mis fervientes plegarias, yo te imploro para que tú concedas esta vida que el que ha instituido el sacrificio reclama para sus ofrendas; piensa en nosotros, Varuna, y no arrebates nuestra existencia, ¡oh tú, que eres objeto de mis alabanzas multiplicadas!

12. Ellos me repiten noche y día tu alabanza; esta ciencia habla a mi corazón; pueda el que el Sunahaspas cautivo ha invocado, pueda el real Varuna, ponernos en libertad.

13. Sunahaspas, cogido y atado al árbol de los tres pies, ha invocado al hijo de Aditi; pueda el real Varuna, sabio irresistible, librarle, pueda romper sus ligaduras.

14. Varuna, nos otros buscamos apartar tu cólera por nuestras prosternaciones, por nuestros sacrificios, por nuestras ofrendas; tú, que ahuyentas la desgracia, que eres sabio e ilustre, estate presente entre nosotros y endulza los males que nosotros hemos cometido.

15. Varuna, rompe las ligaduras que nos oprimen arriba, abajo y en medio; así es, hijo de Aditi, como estando exentos de falta en el culto que nosotros te dedicamos, seremos nosotros librados del pecado.

SUKTA II

(Compuesto por Sunahaspas y dirigido a Varuna)

1. Lo mismo que todos los hombres cometen errores, nosotros desfiguramos cada día tu culto por nuestras imperfecciones, ¡oh divino Varuna!

2. No nos entregues a la muerte por consecuencia de tu indignación funesta, por efecto de tu disgusto que nosotros provocamos.

3. Nosotros aplacamos tu espíritu, Varuna, por nuestras alabanzas, lo mismo que el conductor de un carro alivia, dirigiéndole la palabra, al caballo fatigado.

4. Mis meditaciones vuelven al deseo de la vida, como las aves revolotean en torno de su nido.

5. ¿Cuándo será el día en que para nuestra felicidad, conduciremos aquí a Varuna, cuya fuerza es eminente, y que es la guía de los hombres?

6. Tomad parte, Mitra y Varuna, en la ofrenda común; sed propicios al que da y al que celebra este rito piadoso.

7. Es él quien conoce la ruta de las aves que vuelan en los aires; es él quien, residiendo en el océano, conoce también la ruta de los navíos.

8. Es él quien admitiendo las ceremonias hechas en su honor, conoce los doce meses y sus producciones, y la marcha del mes que acaba el año.

9. Es él quien conoce el camino del viento gracioso y excelente, y conoce los lugares en que residen los dioses.

10. Varuna, que admite las ceremonias santas y que realiza las buenas acciones, está sentado entre la raza divina, a fin de ejercer la dominación suprema.

11. Es por él por quien el sabio contempla todas las maravillas que han sido o que se realizarán.

12. Pueda este muy sabio hijo de Aditi mantenernos durante todos nuestros días en el camino recto y prolongar nuestras vidas.

13. Varuna, revestido de una armadura de oro y su cuerpo bien alimentado, los rayos se reflejan en ella y resplandecen en torno suyo.

14. Él es un ser divino al que los enemigos no osan ofender; los ofensores de los mortales, los malvados, no osan desagradarle.

15. Es él quien ha distribuido a los hombres y especialmente, a nosotros, un alimento ilimitado.

16. Mis pensamientos se vuelven hacia el que todos los ojos contemplan, como las vacas vuelven a los pastos.

17. Proclamemos juntamente que mi ofrenda ha sido preparada, y que la aceptáis con satisfacción.

18. Yo he visto a aquél cuyo aspecto es gracioso para todos; yo he visto su carro sobre la tierra, él ha aceptado mis alabanzas.

19. Escucha mis invocaciones, ¡oh Var una!; haz dichoso este día; yo te he dirigido mi voz esperando tu protección.

20. Tú que posees la sabiduría, que brillas en el Cielo, en la Tierra y en el Mundo entero, escucha mis plegarias y responde a ellas mediante promesas de prosperidad.

21. Rompe las cadenas que nos atan, por arriba, por abajo y en medio, a fin de que podamos vivir.

SUKTA III

(Atribuido a Sunahaspas y dirigido a Añi)

1. Señor admirable, dueño de manjares ofrecidos en sacrificio, toma tus vestiduras de luz y ofrece nuestro sacrificio.

2. Vuelto propicio gracias a palabras brillantes, ¡oh Añi!, siempre joven, sé nuestro sacerdote rodeado de esplendor.

3. ¡Oh Añi!, tú eres verdaderamente lo que un tierno padre es a un hijo, lo que un pariente es a un pariente, un amigo a un amigo.

4. Que Varuna, Mitra y Aryaman se sienten sobre nuestra hierba sagrada, como lo hicieron en el sacrificio de Mana.

5. ¡Oh sacrificador!, que te satisfagan nuestro sacrificio y nuestra amistad, y escucha las alabanzas que nosotros te ofrecemos.

6. Todas las ofrendas abundantes y reiteradas que nosotros presentamos a toda otra divinidad, te serán seguramente ofrecidas.

7. Que el señor de los hombres, el sacerdote sacrificador, el gracioso, el elegido nos sea propicio. Podamos, nosotros que poseemos los fuegos sagrados, ser amados por ti.

8. Lo mismo que los sacerdotes brillantes presentan los platos destinados a los sacrificios, nos otros continuaremos dirigiendo a Añi nuestras súplicas.

9. Inmortal Añi, que las alabanzas de los mortales sean en lo sucesivo manantiales de felicidad para ti y para nosotros.

10. Añi, hijo de la fuerza[33] acepta este sacrificio y nuestras alabanzas, y concédenos un alimento abundante.

---

[33] Alusión a la fuerza con que es menester frotar uno contra otro los trozos de madera seca que se inflaman y de donde brota Añi, el fuego. A veces se da también a Indra este epíteto.

SUKTA IV

(Atribuido al mismo rishi y dirigido a Añi, a excepción de la última estancia)

1. Yo te invoco, señor soberano de los sacrificios, y yo te dirijo alabanzas, porque tú dispersas a nuestros enemigos como un caballo ahuyenta las moscas con los movimientos de su cola.

2. Que el hijo de la fuerza que se mueve por doquier con rapidez nos sea propicio, y que él esparza sobre nosotros sus bendiciones.

3. Añi, tú que vas a todos los lugares, protégenos constantemente, ya de lejos, ya de cerca, contra los hombres que quisieran hacernos daño.

4. Añi, anuncia a los dioses nuestra ofrenda y nuestros himnos los más nuevos.

5. Procúranos el alimento que está en el Cielo y en los aires, y concédenos la riqueza que está en la Tierra.

6. ¡Oh Chitrahbanu! tú eres el distribuidor de las riquezas como las ondas de un río se reparten por las islas que se encuentran en su lecho; tú esparces siempre recompensas sobre el que te hace las ofrendas.

7. Los mortales que tú proteges, Añi, en los combates y que tú sostienes, obtendrán siempre alimento.

8. Nadie será vencedor del que te adora; él triunfará de sus enemigos, y su valor es resplandeciente.

9. Que al que todos los hombres adoran nos transporte con sus caballos en medio del combate; pueda, vuelto propicio por los sacerdotes, concedernos sus beneficios.

10. Jarobodha, entra en la ofrenda para hacer completo el sacrificio que es ventajoso a todos los mortales; el que te adora te ofrece alabanzas que te son agradables, ¡oh temible Añi!

11. Que Añi, vasto, sin limites, resplandeciente y teniendo un penacho de humo, esté satisfecho de nuestras ceremonias, y que nos conceda alimentos.

12. Que Añi, el de los brillantes rayos, el señor de los hombres y el mensajero de los dioses, escuche nuestros himnos como un príncipe oye a los bardos.

13. Respecto a las grandes divinidades, respecto a las menores, respecto a las nuevas, respecto a las antiguas, nosotros adoramos a todos los dioses tan bien como podemos: que nunca sea dado omitir las alabanzas de las antiguas divinidades.

SUKTA V

*(Compuesto por el rishi Sunahaspas
y dirigido a Indra y a diversos objetos)*

1. Indra, cuando la piedra de larga base se eleva para exprimir el jugo del soma, ven y toma la parte de la bebida preparada en el mortero.

2. Indra, en la ceremonia en que los dos lebrillos pueden contener el jugo, tan anchos como las caderas de una mujer, ven a tomar tu parte en la bebida preparada en el mortero.

3. Indra, en las ceremonias en que el ama de la casa entra y sale diversas veces (de la cámara en que se realiza el sacrificio), acepta el jugo que se saca del mortero y toma parte de él.

4. Cuando se ata el bastón con una cuerda[34] parecida a las riendas de un caballo, Indra, admite el jugo que se saca del mortero, y toma parte de él.

5. ¡Oh mortero! si tú estás presente en cada casa, haz oír (en esta ceremonia) un sonido alegre como el tambor de un ejército victorioso.

6. Señor de la selva, como el viento sopla suavemente ante ti, así, ¡oh mortero! prepara el jugo del soma para la bebida de Indra.

7. Los instrumentos del sacrificio dan el alimento y hacen un sonido ruidoso; juegan como los caballos de Indra, que pisan con los pies el grano.

8. ¡Oh vosotros, dioses, señores de la selva, de graciosa forma! Preparad con libaciones agradables nuestro dulce jugo del soma para Indra.

9. Traed los restos del jugo del soma, vertedlo sobre los tallos de la hierba Kusa, y colocad el resto sobre la piel de vaca.

---

[34] Se introduce en una pequeña abertura hecha en un trozo de madera un palo coito al que dos personas dan vueltas con rapidez sirviéndose para ello de una cuerda, y de ese modo se obtiene también el fuego necesario para el sacrificio.

SUKTA VI

(Compuesto por el rishi Sunahaspas y dirigido a Indra)

1. Verídico bebedor del jugo del soma, ¡oh Indra!, cuya riqueza es infinita, concédenos, aunque seamos indignos de ello, millares de caballos y de vacas excelentes.

2. Tu benevolencia, bello y piadoso señor del alimento es continua: Indra cuya riqueza es infinita, concédenos millares de caballos y de vacas excelentes.

3. Sume en el sueño a los dos mensajeros hembras de Yama, que se miran una a otra; que duerman sin jamás despertarse: Indra cuya riqueza es infinita, concédenos millares de caballos y de vacas excelentes.

4. Que los que son nuestros enemigos duerman, y ¡oh héroes!, que los que son nuestros amigos se despierten: Indra, cuya riqueza es infinita, concédenos millares de caballos y vacas excelentes.

5. Indra, destruye a este asno (nuestro adversario) que te alaba con una voz odiosa: Indra, cuya riqueza es infinita, concédenos millares de caballos y de vacas excelentes.

6. Que el viento, ahuyentando lejos de nosotros la tempestad, la haga caer sobre la selva: Indra, cuya riqueza es infinita, concédenos millares de caballos y de vacas excelentes.

7. Destruye a todos los que nos atacan, haz perecer a todos los que nos hacen daño: Indra, cuya riqueza es infinita, concédenos millares de caballos y de vacas excelentes.

SUKTA VII

(Atribuido a Sunahaspas, dirigido en gran parte a Indra)

1. Nosotros que deseamos alimentos, satisfagamos a nuestro Indra que es poderoso, colmémosle de ofrendas y de gotas del jugo del soma, como un pozo está lleno de agua.

2. Que el que recibe cien libaciones puras y mil libaciones destiladas, venga a nuestra ceremonia como el agua se dirige a las comarcas bajas.

3. Todas estas libaciones, acumuladas para satisfacer al poderoso Indra, están contenidas en su vientre como el agua está contenida en el océano.

4. Esta libación está preparada para ti, tú te acercas a ella como una paloma se acerca a su compañera ocupada en incubar, y tú aceptas nuestra plegaria.

5. ¡Oh heroico Indra!, señor de la abundancia y que aceptas la alabanza, que una prosperidad verdadera sea la recompensa del que te celebra.

6. Levántate, Satakrata, para defendernos en este combate: nosotros hablaremos juntamente de los demás objetos.

7. En toda ocasión, en todo apresuramiento, nosotros invocamos al poderoso Indra para que él nos proteja.

8. Si oye nuestras plegarias, que venga hacia nosotros con sus dones abundantes, y que nos conceda alimentos en gran cantidad.

9. Yo invoco al que, saliendo de su antigua morada, visita a sus numerosos adoradores; yo invoco a Indra, a quien mi padre invocaba en otro tiempo.

10. Nosotros te imploramos como nuestro amigo, a ti que eres el objeto de invocaciones unánimes; ¡oh protector de las habitaciones!, sé favorable a los que te adoran.

11. ¡Oh tú! que bebes el jugo del soma y que tienes el rayo, tú que eres nuestro amigo, concédenos siempre lo que nosotros deseemos.

12. ¡Oh Indra!, complácete en nosotros y haz que nosotros tengamos vacas robustas dando leche en abundancia, y con las cuales seremos felices.

13. ¡Oh Dhrishnu!, que un dios tal como tú, escuchando nuestras solicitaciones, conceda prontamente grandes bienes a los que te alaban, como da vueltas el eje de las ruedas (de un carro).

14. Satakrata, concede a los que te alaban todas las riquezas que ellos desean, como el eje (da la vuelta) con los movimientos (del carro).

15. Indra ha arrebatado siempre sus riquezas (a sus enemigos) con sus corceles relinchantes, temblorosos y saltadores; es generoso y liberal en sus actos, él nos ha dado un don que nos vale como un carro de oro.

16. Venid a estos lugares, Asvins, con viandas traídas sobre numerosos corceles. Dasras, que nuestra morada sea llena de ganado y de oro.

17. Dasras, tu carro es imperecedero; él atraviesa el océano del aire, ¡oh Asvins!

18. Tú tienes una rueda sobre la cima de la montaña sólida, mientras que la otra da vueltas en el cielo.

19. Ushas, que ama la alabanza[35], ¿cuál es el hombre que es en este día el objeto de tu predilección? ¿Quién es al que tú vienes de visitar, ¡oh! brillante diosa?

20. Ushas brillante, de numerosos y maravillosos tintes, nosotros no conocemos tus límites; nosotros ignoramos si están cercanos o lejanos.

21. Hija del cielo, acércate: nuestras ofrendas te invitan, y perpetúa nuestra riqueza.

---

[35] Ushas o Uchas, la hija del Cielo, la Aurora. Rosen, en su versión latina del *Rig-Veda,* ha traducido Aurora en lugar de Ushas; pero Wilson estima, con razón, a nuestro parecer, que vale más conservar la expresión del texto, porque la divinidad india no tiene, a no ser desde el punto de vista del tiempo, nada de común con la mitología clásica.

ANUVAKA VII

SUKTA I

(Compuesto por Hiranyastapa, hijo de Angiras, y dirigido a Añi)

1. Añi, tú fuiste el primer rishi hijo de Angira tú fuiste el afortunado amigo de las divinidades. En tu corazón santo han nacido los sabios Maruts que disciernen todas las cosas y cuyas armas son brillantes.

2. Añi, el primero y el jefe de los Angiras, tú embelleces el culto de los dioses; tú eres sabio, tú tomas formas numerosas para la felicidad del Universo, tú eres inteligente, tú eres el retoño de dos madres y tú reposas de diversas maneras para el provecho del hombre.

3. Añi, elevado por encima del viento, manifiéstate al que te adora, a fin de testimoniar que tú apruebas su culto. Tu poder hace temblar el cielo y la Tierra; tú has sostenido el fardo en la ceremonia para el cual el sacerdote fue designado, ¡oh Vasa!, tú has adorado a los (dioses) venerables.

4. Añi, tú has anunciado el cielo a Manu; tú has pedido que los Puranas te rindieran homenaje. Cuando tú has sido puesto en libertad por el disgusto con tus parientes, ellos te llevan primero al Oeste, y en seguida al Este (del altar).

5. Añi, tú aumentas la prosperidad de tus adoradores, tú satisfaces sus deseos; se te debe de invocar cuando la cuchara está levantada; ¡oh tú! que das la existencia, tú has concedido la luz desde luego al que comprende perfectamente la invocación, y que hace la ofrenda, y en seguida a todos los hombres.

6. Añi, cuya sabiduría es excelente, tú diriges al hombre que sigue malas vías hacia actos que son propios para conducirle al bien; eres tú quien en el combate de los héroes en que el guerrero recoge con gusto un botín esparcido a lo lejos, haces que el débil quede vencedor del fuerte.

7. Tú sostienes, Añi, por un alimento diario, al mortal que te adora; tú concedes la felicidad y los medios de vivir al sabio que desea los dos nacimientos.

8. Añi, tú a quien nosotros alabamos, haz ilustre al que realiza la ceremonia; pudiéramos mejorar nuestras acciones piadosas por nuevos retoños (que tú habrás dado). Cielo y Tierra, velad sobre nosotros con los demás dioses.

9. Irreprochable Añi, dios vigilante entre los dioses, tú que resides cerca de tus parientes y que nos concedes la prosperidad, despiértanos.

Sé favorable al que te presenta la ofrenda, porque, generoso Añi, tú eres quien concedes todas las riquezas.

10. Añi, tú estás bien dispuesto hacia nosotros: tú eres nuestro protector y el que nos da la vida; nosotros somos tus parientes, Añi, por encima de todo ataque; cientos y millares de tesoros te pertenecen, tú defensor de los actos piadosos.

11. Los dioses han hecho de ti en otro tiempo, ¡oh Añi!, el general de Nahusha[36], cuando tomaste la forma humana; crearon a Ila para la instrucción de Manu, cuando el hijo de mi padre hubo nacido[37].

12. Añi, tú que eres digno de alabanza, protégenos, a nosotros a quienes tus liberalidades han hecho opulentos; protege también a nuestros hijos; tú eres el defensor del ganado para el hijo de mi hijo que es siempre asiduo en alabarte.

13. Añi, de los cuatro ojos, tú brillas como el protector del que te adora, tú te acercas para velar que la ceremonia no sea interrumpida, tú recibes con placer la plegaria del que te presenta la ofrenda.

14. Añi, tú deseas que el que te adora pueda adquirir esta riqueza, se te llama el protector favorable a tu adorador que tiene siempre necesidad de tu socorro. ¡Oh tú, que eres eminentemente sabio, instruye a tu discípulo y define los puntos del horizonte![38].

15. Añi, tú proteges por todas partes, como una armadura perfecta, al hombre que hace presentes a los sacerdotes. El hombre que guarda en su morada alimentos escogidos y que los comparte con sus huéspedes, realiza el sacrificio de la vida y es semejanza del cielo.

16. Añi, perdónanos nuestras negligencias y los errores que hemos cometido apartándonos de la buena vía; tú debes de ser invocado como el protector y el sostén de los que te ofrecen libaciones convenientes; tú eres el que llevas a cabo el objeto de las ceremonias; tú te haces visible a los mortales.

---

[36] Nahusha era el hijo de Ayus, hijo de Pururavas, que subió al Cielo suponiéndose igual a Indra, pero de donde en seguida fue precipitado como castigo por su insolencia.

[37] En numerosos pasajes de los *Vedas* se atribuye a lla, hija de Manu Vaivasvata, la institución del ceremonial de los sacrificios. Burnouv observa que lla significa la palabra, la facultad del discurso, a quien los dioses escogieron para ser la institutriz del hombre. (Introducción al *Bhagavata- Purana,* t. III, página LXXXIV.)

[38] Alusión a una leyenda según la cual los dioses querían ofrecer un sacrificio, pero se hallaban un poco apurados y sin poder determinar los puntos cardinales. Añi les sacó del apuro indicándoles hacia qué lado se hallaba el Sur.

17. ¡Oh puro Añi!, que vas (para recibir las ofrendas): trasládate a la sala de los sacrificios, como hicieron en otro tiempo Manu, los Angiras, Yayati, y otros aún; conduce aquí a los personajes divinos, hazles sentarse sobre la hierba sagrada, y ofréceles un sacrificio agradable.

18. Añi, adquiere fuerzas para la plegaria que nosotros te dirigimos con lo mejor de nuestra mente y según nuestros conocimientos; condúcenos a la riqueza y danos una inteligencia recta que nos asegure un alimento abundante.

SUKTA II

(Compuesto por el mismo rishi y dirigido a Indra)

1. Yo proclamo las hazañas que ha realizado Indra el tonante; él hendió las nubes, él esparció (las aguas sobre la Tierra), él abrió un camino para los torrentes de la montaña.

2. Él hendió la nube que buscaba un refugio en la montaña; Thvashtri aguzó sus rayos que hieren a lo lejos; las aguas surgentes corren hacia el océano como las vacas corren cerca de sus becerros.

3. Impetuoso como un toro, él bebe el jugo del soma; él bebe la libación del triple sacrificio, Maghavan toma su dardo, rayo, y hiere al primogénito de las nubes.

4. Partiendo al primogénito de las nubes, tú has, ¡oh Indra! destruido las ilusiones de los impostores, y engendrando el Sol, el crepúsculo, el firmamento, tú no has dejado enemigo que se pueda oponer a ti.

5. Indra hirió con su rayo destructor al sombrío y mutilado Vritra; lo mismo que el tronco de los árboles es mutilado por el hacha, así Ahi queda tendido sobre la tierra.

6. El arrogante Vritra desafió a Indra, el poderoso héroe, el destructor de sus enemigos; él no ha escapado a la suerte de los enemigos de Indra. El enemigo Se Indra ha aplastado las orillas de los ríos (aumentando las aguas).

7. No teniendo ni pies ni manos, desafió a Indra, que le hirió con el rayo sobre sus espaldas parecidas a montañas; se quedó como un hombre privado de virilidad; Vritra, mutilado y privado de gran número de sus miembros, se durmió.

8. Las aguas que hacen las delicias de los espíritus (de los hombres) corren sobre el que está acostado sobre esta tierra, como un río rompe sus quebradizas orillas. Ahi ha estado extendido bajo los pies de las aguas, que Vritra había detenido mediante su poderío.

9. La madre de Vritra se inclinaba sobre su hijo cuando Indra hirió su espalda con sus rayos; así la madre estaba encima y el hijo debajo, y Dana reposó sobre su hijo como una vaca con su becerro.

10. Las aguas llevan el cuerpo sin nombre de Vritra, arrastrado en medio de los torrentes, que no se detienen jamás, que jamás descansan. El enemigo de Indra ha dormido durante un período largo de tinieblas.

11. Las aguas, las mujeres del destructor, guardadas por Ahi, estaban cautivas, como las vacas que ocultaba Panin; pero matando a Vritra, Indra abrió la caverna que las retenía.

12. Cuando el resplandeciente Vritra devolvió el golpe (que le había sido dirigido) por tu trueno, tú te tornaste furioso, Indra, y te agitaste, como un caballo agita su cola (para ahuyentar las moscas). Tú has recobrado las vacas, tú has ganado, ¡oh héroe!, el jugo del soma; tú has dejado correr los siete ríos.

13. Ni el relámpago, ni el trueno (lanzado por Indra), ni la lluvia que él vertió, ni el rayo, hirieron a Indra cuando él y Ahi se midieron, y Maghavat triunfó también de otros asaltantes.

14. Cuando el miedo penetró en tu corazón[39], Indra, cuando tú estabas en el momento de matar a Ahi, tú atravesaste noventa corrientes como un gavilán rápido.

15. Entonces Indra, que tiene el rayo, llegó a ser el soberano de todo lo que se mueve, y de todo lo que está inmóvil, de los ganados, con o sin cuernos. Indra, que es el soberano de los hombres, abraza todas las cosas como el círculo de una rueda abraza los radios.

---

[39]Según algunos comentaristas, el temor que sentía Indra obedecía a la incertidumbre en que se hallaba si llegaba a matar a Vritra. En los *Puranas,* Indra está representado como temeroso de la potencia de su enemigo y ocultándose en un lago. Se dice igualmente que Indra, después de haber matado a Vritra, se imaginó que había cometido un gran pecado y que huyó muy lejos.

TERCER ADHYAYA
ANUVAKA VII (Continuación)

SUKTA III

(Compuesto por Hiranyastapa, como los precedentes, y dirigido a Indra)

1. Vamos hacia Indra, porque está exento de malicia y él regocija nuestros espíritus; él nos concederá un conocimiento perfecto de esta riqueza que consiste en ganados.

2. Parecido a un gavilán que huye hacia el nido que ama, yo me refugio cerca de este Indra, a quien sus adoradores deben de invocar, glorificando mediante himnos excelentes al que es invencible y da la riqueza.

3. El jefe del ejército entero ha atado su carcaj sobre su espalda; el señor guía el ganado a la morada que le place. Poderoso Indra, esparciendo sobre nosotros una riqueza abundante, no te conduzcas ante nosotros como un comerciante ávido.

4. En verdad, Indra, tú has herido con tu rayo de diamante al opulento bárbaro, atacándole solo, aunque tuvieses cerca de ti auxiliadores (los Maruts). Apercibiendo los efectos destructores y temibles de tu arco, los Sanakas que descuidan el sacrificio han perecido.

5. Los que descuidan los sacrificios han combatido contra los sacrificadores, y han huido, volviendo el rostro. Indra, terrible y temible señor de los corceles, ellos han desaparecido cuando tú has ahuyentado del cielo, de la Tierra y del firmamento a los que despreciaban la religión.

6. Los partidarios de Vritra han encontrado en el ejército del irreprochable Indra hombres de una vida santa infundidos de valor. Dispersos ante él, ciertos de su inferioridad, como eunucos que lucharan contra hombres, han huido precipitadamente.

7. Tú los has destruido, Indra, ora llorasen ora riesen en las fronteras más alejadas de tu Imperio; tú has consumido al ladrón, después de haberle arrancado del cielo y tú has recibido las alabanzas de tus adoradores que te glorifican y te ofrecen libaciones.

8. Adornados con oro y alhajas, ellos se esparcían sobre la superficie de la Tierra; pero por poderosos que fuesen no han triunfado de Indra, que los ha dispersado con el Sol saliente.

9. Indra, tú gozas del Cielo y de la Tierra, llenándolos de tu grandeza; tú has ahuyentado al ladrón con las plegarias que son recitadas en favor de los que no las comprenden.

10. Cuando las aguas no descendieron sobre las extremidades de la Tierra, entonces Indra cogió su dardo, y con su brillo hizo salir a las aguas fuera de las tinieblas.

11. Las aguas corrieron para procurar alimentos a Indra; pero Vritra volvía a tomar sus fuerzas en medio de los ríos navegables, entonces Indra, con su dardo fatal y potente, mató a Vritra, cuyos pensamientos estaban siempre vueltos hacia él.

12. Indra devolvió la libertad a las aguas que había encerrado Vritra, dormido en las cavernas de la Tierra; él mató al que tiene cuernos y deseca la tierra: ¡oh Maghavan!, con tanta rapidez como fuerza tú mataste con tu rayo al enemigo que te desafiaba al combate.

13. La flecha de Indra cayó sobre su adversario; con su dardo agudo él destruyó sus ciudades, hirió a Vritra con su rayo, y, matándole, quedó henchido de alegría.

14. Indra, tú has protegido a Kutsa[40] en recompensa de las alabanzas que él te dirigía; tú has defendido al excelente Dasatyu, empeñado en el combate; el polvo levanta do por los pies de tus corceles ha subido hasta el Cielo; el hijo de Svitra se levantó, gracias a tu apoyo, para luchar contra héroes.

15. Tú has protegido a Maghavan, el excelente hijo de Svitra, cuando él combatía por la defensa de sus dominios; tú les has animado cuando él estaba sumergido en el agua: inflige penas rigurosas a los que tienen sentimientos hostiles contra nosotros, y que desde hace largo tiempo son nuestros enemigos.

---

[40] Kutsa es señalado en los *Vedas* como un Rishi fundador de una gotra o escuela religiosa; asimismo se le menciona como el amigo particular de Indra y hasta como su hijo, y existen varios himnos consagrados a él. En cuanto a Dasadyn, de éste no se hace mención en los *Puranas*.

SUKTA IV

(Compuesto por el mismo rishi y dirigido a los Asvins)

1. Sabios Asvins, estad presentes con nosotros tres veces por día; vuestro carro es tan vasto como vuestra munificencia; vuestra unión es como la del día brillante y de la noche que vierte el rocío; dejaos retener por los sacerdotes sabios.

2. Las ruedas sólidas de vuestro carro que lleva la abundancia son en número de tres, como todos (los dioses) lo han reconocido hasta que ellos acompañaban a Vena, la bien amada de Soma[41]; las columnas colocadas encima de él como sostenes son en número de tres; y vosotros venís tres veces por la noche y tres veces por el día.

3. Tres veces en un día entero vosotros reparáis las faltas de vuestros adoradores, tres veces por día vosotros regáis de dulzura la ofrenda y tres veces, por la mañana y por la tarde, vosotros concedéis, ¡oh Asvins!, alimentos que dan la fuerza.

4. Visitad tres veces ¡oh Asvins!, nuestra morada, y al hombre que está en buenas disposiciones ante vosotros; venid tres veces cerca del que merece vuestra protección, e instruidnos en una triple ciencia; concedednos tres veces recompensas satisfactorias; esparcid tres veces sobre nosotros alimentos, como Indra vierte la lluvia.

5. Asvins, concedednos tres veces riquezas, acercaos tres veces a la ceremonia divina; preservad tres veces nuestras inteligencias; concedednos tres veces prosperidad y alimentos. La hija del Sol se ha subido sobre vuestro carro de tres ruedas.

6. Concedednos tres veces, ¡oh Asvins!, los medicamentos del cielo, los de la Tierra y los del firmamento; dad a mi hijo la prosperidad de Sanyu; vosotros que amais las hierbas saludables, preservad el bienestar de los tres humores (del cuerpo).

7. Asvins, a quien es preciso adorar tres veces cada día, reposad sobre el triple lecho de hierba sagrada extendida sobre la tierra (que forma el altar); Nassatuas, llevados sobre carros, venid hacia estos tres altares elevados por nosotros; venid como el aire vital que anima los cuerpos.

8. Asvins, venid tres veces con las aguas que son las madres de los siete ríos; los tres ríos están presentes; la triple ofrenda está preparada; vosotros, elevándoos por encima de los tres mundos, defendéis al Sol en el cielo, que ha establecido tanto la noche como el día..

---

[41] Tampoco se hace mención de esta leyenda en los Puranas.

9. ¿Dónde, Nasatyas, están las tres ruedas de vuestro carro triangular? ¿Dónde están los tres asientos y los tres nudos que retienen la tienda que los recubre? ¿Cuándo engancharéis a vuestro carro el asno robusto a fin de que podáis venir al sacrificio?

10. Venir, Nasatyas, al sacrificio, la ofrenda está hecha; bebed el jugo con las bocas que gustan el dulce sabor. Ante la aurora que Savitri envía para vosotros, traed aquí vuestro carro maravilloso, brillante de manteca clarificada.

11. Venid, Nasatyas, con las tres veces once divinidades[42]; venid, Asvins, a beber la ofrenda; prolongad nuestras vidas, borrad las faltas, domad a nuestros enemigos.

12. Llevados en vuestro carro que atraviesa los tres mundos, traednos, Asvins, la riqueza acompañada por retoños machos; yo os invoco a los dos para que me protejáis; fortificadnos en el combate.

---

[42] En los Puranas se encuentra la lista de los treinta y tres personajes divinos a que se alude aquí. Dicha lista comprende los ocho Vasis, once Rudras, doce Adityas, Prajapati y Vashatkara.

SUKTA V

(Compuesto por el mismo rishi y dirigido a Savitri)

1. Yo invoco primeramente la protección de Añi; yo invoco la protección de Mitra y de Varuna; yo invoco a la noche, que trae el reposo del mundo; yo invoco al divino Savitri para que me proteja.

2. El divino Savitri, dando vueltas a través del oscurecido firmamento despierta a los mortales y a los inmortales, viaja en su carro de oro y contempla los diversos mundos.

3. El divino Savitri viaja, siguiendo una ruta que sube y que desciende; digno de adoración, viaja con dos caballos blancos y llega hasta aquí borrando todos los pecados.

4. El adorable Savitri de los numerosos rayos, teniendo el poder de ahuyentar las tinieblas de encima del Mundo, está montado sobre su carro, decorado con numerosos adornos de oro y guarnecido de yugos áureos.

5. Sus corceles de blancos pies, enganchados a su carro con un yugo de oro, han dado la luz a los hombres. Todos los mortales y todas las regiones están constantemente en presencia del divino Savitri.

6. Las esferas son en número de tres: dos están en la vecindad de Savitri, una conduce a los hombres a la morada de Yama[43]. Los astros inmortales dependen de Savitri, como un carro está sostenido por su eje; quien conozca la grandeza de Savitri, que la proclame.

7. Suparna (el rayo solar) de los movimientos rápidos y que da la vida, ha alumbrado 1 o s tres mundos. ¿Dónde está ahora Surya? ¿Quién sabe en qué esfera se han extendido sus rayos?

8. El ha alumbrado los ocho puntos del horizonte, las tres regiones de los seres vivos, los siete ríos; pueda Savitri, de los ojos de oro, venir aquí, concediendo al que presenta la ofrenda riquezas descables.

9. Savitri, de los ojos de oro y que lo ve todo, viaja entre las dos regiones del Cielo y de la Tierra, él ahuyenta las enfermedades y él se acerca al Sol.

10. Pueda Savitri, de manos de oro, que da la vida y que es nuestro guía; pueda él estar presente en el sacrificio; el dios, si se le adora por la noche, está cerca de nosotros; él ahuyenta a los Rakshasas y a los Yatadhanas.

---

[43] Yama, el soberano de los muertos.

11. Tus caminos, ¡oh Savitri!, están preparados desde hace largo tiempo, están exentos de polvo y están bien colocados en el firmamento; ven cerca de nosotros por esas rutas fáciles de seguir; protégenos hoy y dígnate hablarnos.

ANUVAKA VIII

SUKTA I

(Compuesto por el rishi Kanva, hijo de Ghora, y dirigido a Añi)

1. Nosotros imploramos con himnos sagrados al poderoso Añi, a quien otros rishis también alaban, y a quien ellos invocan para la felicidad de la multitud que adora a los dioses.

2. Los hombres han recurrido a Añi, que aumenta el vigor; nosotros te a d o ramos presentándote ofrendas. ¡Oh tú!, que das con liberalidad el alimento, muéstrate hoy bien dispuesto para nosotros y protégenos.

3. Nosotros te escogemos, Añi, mensajero de los dioses, tú que posees toda ciencia. Tus llamas, esparciéndose en torno de tus rayos, tocan al cielo.

4. Los dioses Varuna, Mitra y Aryaman te inflaman, a ti que eres su antiguo mensajero. El hombre que te ha presentado ofrendas obtiene por tu intercesión, ¡oh Añi!, la riqueza universal.

5. ¡Oh Añi!, tú eres el que da la felicidad, tú mensajero de los dioses y el que los invoca; tú eres el protector de los mortales, todas las acciones buenas y duraderas que realizan los dioses están reunidas en ti.

6. Joven y afortunado Añi, cualquiera que sea la ofrenda que te sea presentada, llévala hacia los dioses, ¡oh tú, que estás bien dispuesto hacia nosotros!

7. Los hombres piadosos te adoran, a ti que brillas con tu propio esplendor. Los hombres con siete sacerdotes hacen sus ofrendas a Añi, siempre victorioso.

8. Las divinidades destructoras han matado a Vritra; ellas han hecho del cielo, de la Tierra y del firmamento la vasta residencia de las criaturas vivas; pueda Añi, que posee la riqueza, ser el bienhechor de Kanva.

9. Toma tu sitio, Añi, sobre la hierba sagrada, porque tú eres poderoso; brilla, porque tú eres devoto de los dioses; adorable y excelente Añi, esparce el humo ondulante y gracioso.

10. Portador de las ofrendas, tú eres aquel a quien los dioses retuvieron en favor de Manu, el que retuvo a Kanva, que daba hospitalidad a los hombres piadosos, al que Indra retuvo, y que (ahora) algún otro adorador ha retenido.

11. Los rayos de este Añi, que Kanva hace más brillante que el Sol, arrojan un brillo extraordinario; alabémosle, celebrémosle con nuestros himnos.

12. Añi, tú que das el alimento, completa nuestros tesoros, porque es por ti por quien se obtiene la amistad de los dioses. Tú eres el soberano de los alimentos excelentes, haznos felices, porque tú eres grande.

13. Levántate para protegernos contra el gran Savitri; levántate, tú eres el que da el alimento, por lo cual nosotros te invocamos con perfumes, como los sacerdotes que te presentan ofrendas.

14. Levántate, presérvanos del pecado, dándonos la ciencia; destruye todo espíritu malévolo, elévanos para que podamos pasar a través del Mundo, y lleva a los dioses los tesoros de nuestras ofrendas.

15. Joven y brillante Añi, protégenos contra los espíritus malvados y contra el hombre que no hace presentes; protégenos contra los animales dañinos y contra los que buscan matarnos.

16. Añi de los rayos brillantes, destruye enteramente a nuestros enemigos, quiébralos como la alfarería se rompe de un mazazo; que nuestros enemigos y que el hombre que nos ataca con armas aguzadas no prevalezcan contra nosotros.

17. Añi es solicitado para dar la abundancia que procura el poder; él ha concedido la prosperidad a Kanva, él ha protegido a nuestros amigos tan bien como el sabio que era el huésped de los santos, y por eso todo otro adorador recurre a ti, ¡oh Añi!, para obtener riquezas.

18. Nosotros invocamos de lejos a Añi, Turvasa, Yadu y Ugradeva; que Añi, que detiene al ladrón, conduzca aquí a Navavastva, Brihadratha y Tarviti.

19. Manu te ha retenido, Añi, a fin de dar la luz a las diversas razas de los hombres nacidos para el sacrificio; y saciado de ofrendas, tú has brillado para Kanva, tú a quien los hombres veneran.

20. Las llamas de Añi son luminosas, poderosas. Destruye por completo a los poderosos espíritus del mal y a todos nuestros adversarios.

SUKTA II

(Compuesto por el rishi Kanva y dirigido a los Maruts)

1. Celebrad, hijos de Kanva, la fuerza reunida de los Maruts sin caballos, pero brillantes en su carro.

2. Que llevados por gamos manchados, nacieron radiantes con armas, gritos de guerra y atavíos.

3. Yo oigo el chasquido de los látigos en sus manos, ese ruido inspira en los combates un valor maravilloso.

4. Dirigid la plegaria dada por los dioses a los que son vuestra fuerza, los destructores de los enemigos, los poderosos héroes que poseen una gloria brillante.

5. Alabad el poder irresistible de los Maruts, que nacieron entre los rebaños y cuya fuerza ha sido alimentada por el uso de la leche.

6. ¿Cuál es el jefe que domina entre vosotros, que agitáis el cielo y la Tierra y que hacéis temblar todo en torno de vosotros como la copa de un árbol?

7. El hombre, temiendo vuestra llegada violenta y terrible, ha plantado un baluarte sólido; la montaña de numerosos picos se rompe ante vosotros.

8. Ante vuestra llegada impetuosa, la Tierrra tiembla como un monarca debilitado tiembla ante el espanto que le inspiran los enemigos.

9. El lugar de su nacimiento (el cielo) es estable; pájaros son, sin embargo, capaces de lanzarse fuera de la esfera de sus padres; vuestra fuerza está por doquier dividida entre las dos regiones del Cielo y de la Tierra.

10. Ellos engendran muchos movimientos; ellos esparcen las aguas; ellos impulsan al ganado a entrar (en el agua) hasta las rodillas a fin de beber.

11. Ellos empujan ante sí en su carrera la vasta nube cargada de lluvia.

12. Maruts, que tenéis la fuerza, dad el vigor a los mortales; haced sentir vuestra fuerza a las nubes.

13. Por doquiera pasen los Maruts, ellos llenan el camino de clamor; cada uno oye su ruido.

14. Venid prontamente con vuestros carros ligeros; las ofrendas de los hijos de Kanva están preparadas, aceptadlas.

15. La ofrenda está preparada para vuestra satisfacción; nosotros os adoramos, a fin de poder vivir durante una larga serie de años.

SUKTA III

(Compuesto por el mismo rishi y dirigido a los mismos dioses)

1. Maruts, que amáis la alabanza y para quienes la hierba sagrada está preparada, ¿cuándo nos tomaréis de la mano, como un padre toma a su hijo?

2. ¿Dónde estáis? ¿Cuándo llegáis? Venís, no de la tierra, sino del cielo. Los que os adoran, ¿no gritan en pos de vosotros como las vacas gritan (en pos de los pastos)?

3. ¿Dónde están vuestros nuevos tesoros, ¡oh Maruts!; dónde están vuestras riquezas, dónde están vuestros presentes?

4. A fin de que vosotros lleguéis a ser mortales, ¡oh hijos de Prisny!, que quien os alabe llegue a ser inmortal.

5. Que vuestro adorador no sea jamás indiferente para vosotros, como un adorador no es jamás indiferente para los pastos, y que no pueda seguir la vía de Yama.

6. Que el poderoso e indestructible Niriti no pueda destruirnos, que perezca con nuestros malos deseos.

7. Los brillantes y vigorosos Maruts, a quienes quiere Rudra, hacen caer la lluvia sobre el desierto.

8. La tempestad ruge como una vaca que llama a su becerro y la lluvia ha sido puesta en libertad por los Maruts.

9. Ellos oscurecen la claridad del día mediante una nube que trae la lluvia, y ellos inundan también la tierra.

10. Al rugido de los Maruts toda morada sobre la tierra vibra y los hombres tiemblan.

11. Maruts de manos poderosas, venid aquí, cerca de estos ríos cuyas aguas corren sin obstáculos entre agradables orillas.

12. Que los rayos de vuestras ruedas sean sólidas, que vuestros carros y sus corceles sean veloces y que vuestros dedos sean hábiles (para tener las riendas).

13. Elevad la voz en nuestra presencia, sacerdotes habituados a alabar a Añi, Brahmanaspati y el hermoso Mitra.

14. Recitad el verso que está en vuestras bocas, esparcidle como una nube que vierte la lluvia, cantad el himno mesurado.

15. Glorificad el ejército de los Maruts, brillante, digno de alabanza y de adoración; puedan ser glorificados mediante el culto que nosotros les rendimos.

SUKTA IV

(Compuesto por el mismo rishi y dirigido a los mismos dioses)

1. Maruts, que hacéis temblar todas las cosas, cuando vosotros dirigís vuestro furor temible lanzándole como un rayo luminoso, ¿cuál es el hombre que os atrae para el sacrificio que él celebra por las alabanzas que os dirige? ¿Hacia qué lugar del sacrificio, hacia qué mortal, os dirigís?

2. Vuestras armas son fuertes para ahuyentar a vuestros enemigos, ellas son firmes para resistirlos, vuestra fuerza es la que merece alabanzas, no es el vigor de un mortal pérfido.

3. Maruts, cuando vosotros trastornáis lo que es sólido, cuando alzáis lo que es pesado, vosotros os abrís un camino a través de los árboles de los bosques que cubren la tierra y a través de los desfiladeros de las montañas.

4. Destructores de los enemigos, no existe para vosotros adversario por cima de los cielos ni sobre la tierra; pueda vuestro vigor reunido ejercerse pronto, hijos de Rudra, para humillar a vuestros enemigos.

5. Ellos hacen temblar los bosques, ellos derriban los árboles. Id, divinos Maruts, adonde os lleve vuestra voluntad; id con todos vuestros descendientes, como van las gentes sumidas en la embriaguez.

6. Vosotros habéis enganchado a vuestro carro los gamos moteados; el gamo rojo enganchado entre ellos ayuda a arrastrar el carro; el firmamento espera atento oír vuestra llegada y los hombres están alarmados.

7. Rudras, nosotros recurrimos a vuestra ayuda en favor de nuestros descendientes; venid rápidamente cerca del tímido Kanva, como habéis venido en otro tiempo para protegernos.

8. Si algún enemigo nos ataca, privadle de vigor y de alimento y no le asistáis.

9. Prachetasas dignos de una adoración universal, proteged a Kanva el sacrificador; venid hacia nosotros, Maruts, concediéndonos toda vuestra ayuda.

10. Bienhechores generosos, vosotros gozáis de una fuerza que no disminuye; vosotros poseéis un vigor inalterable; vosotros que hacéis temblar la Tierra, Maruts, dirigid vuestra cólera como una flecha contra los odiosos enemigos de los rishis.

SUKTA V

(Compuesto igualmente por Kanva y dirigido a Brahmanaspati)

1. Levántate, Brahmanaspati, nosotros te invocamos, nosotros que somos devotos de los dioses generosos. Maruts, estad cerca de nosotros. Indra, toma parte en la libación.

2. El hombre te celebra, hijo de la fuerza, para obtener las riquezas abandonadas por el enemigo. Maruts, pueda el que os alaba obtener riquezas.

3. Que Brahmanaspati se acerque a nosotros, que la diosa que dice la verdad se acerque a nosotros; que los dioses ahuyenten todo adversario; que ellos nos conduzcan al sacrificio que es ventajoso para el hombre y que abunda en ofrendas respetuosamente presentadas.

4. El que presenta al sacerdote que oficia presentes dignos de ser aceptados, goza de una riqueza inagotable, es por él por quien adoramos a lla al que acompañan bravos guerreros.

5. Verdaderamente Brahmanaspati proclama la plegaria sagrada donde los dioses Indra, Varuna, Mitra y Aryaman han hecho su mansión.

6. Recitemos esta plegaria feliz y exenta de faltas; si vosotros deseáis oiría, que todo lo que sea dicho llegue hasta vosotros.

7. ¿Quién puede acercarse al hombre que es devoto de los dioses y que extiende la hierba sagrada? El que presenta las ofrendas se ha trasladado con los sacerdotes (a la sala del sacrificio); porque él tiene una morada donde abundan las cosas preciosas.

8. Que Brahmanaspati concentre su fuerza; asociado a las divinidades reales mata al enemigo; en el momento del peligro ocupa su puesto; armado del rayo no encuentra ni vencedor ni superior en cualquier combate que esté.

SUKTA VI

(Compuesto por Kanva y dirigido a diversas divinidades)

1. El hombre a quien el sabio Varuna, a quien Mitra y Aryaman protegen, subyuga pronto a sus enemigos.

2. Al que ellos colman (de riquezas) como si ellas estuvieran (amontonadas) por sus propios brazos, y a quien protegen contra los malvados, no tiene nada que temer y está seguro de prosperar.

3. Los reyes (Varuna, Mitra y Aryaman) destruyen a los enemigos de los (que los adoran) y ellos apartan (los efectos) de sus malas acciones.

4. Adityas que venís al sacrificio; el camino es para vosotros fácil y exento de espinas; aquí no se prepara ofrenda que no sea digna de vosotros.

5. Adityas, que el sacrificio al que venís por un camino recto sea para vosotros un objeto de satisfacción.

6. El mortal (a quien vosotros favorecéis) exento de mal, obtiene preciosas riquezas y descendientes que le son parecidos.

7. ¿Cómo, amigos míos, recitaremos alabanzas (dignas) de la gloria resplandeciente de Mitra, de Varuna y de Aryaman?

8. Yo no os recomiendo al que ataca o ultraja al hombre devoto a los dioses; yo busco haceros propicios presentándoos mis ofrendas.

9. Vuestro adorador no gusta hablar mal de quienquiera que sea; por el contrario, lo teme como un jugador teme a su adversario que tiene los cuatro dados hasta que son arrojados.

SUKTA VII

(Compuesto por el mismo rishi y dirigido a Pushan)

1. Pushan[44], sé nuestro guía en este camino; aparta al malvado que trate de oponérsenos; hijo de la nube, ve delante de nosotros.

2. Si un enemigo pérfido, un ladrón o un hombre que se complace en el mal, nos indica (la ruta que no debemos seguir) ahuyéntale del camino.

3. Ahuyenta lejos de la ruta al que quiere poner obstáculos a nuestro viaje, al ladrón y al embustero.

4. Pisotea el cuerpo de este ladrón de pérfidos designios, sea quien sea, que emplea contra nosotros la astucia o la violencia.

5. Sagaz y hermoso Pushan, nosotros solicitamos de ti esta protección con la cual tú has animado a los patriarcas.

6. Tú, que posees toda prosperidad y que estás provisto de armas de oro, concédenos riquezas para que ellas puedan ser liberalmente distribuidas.

7. Condúcenos fuera del alcance de nuestros adversarios; condúcenos por un camino fácil: sabe, Pushan, protegernos durante este viaje.

8. Condúcenos a los lugares donde hay forrajes abundantes, que no haya calor extremo durante el viaje: sabe, Pushan, protegernos durante este viaje.

9. Sénos favorable, prodíganos la abundancia, danos todo lo que es bueno, fortifícanos, llena nuestros vientres: sabe, Pushan, protegernos durante este viaje.

10. Nosotros no censuramos a Pushan, nosotros le celebramos mediante nuestros himnos, nosotros le imploramos para que nos dé riquezas.

---

[44] Generalmente, Pushan es un sinónimo del Sol. y uno de los doce Adityas. El comentario sánscrito le representa como el dios que preside a la Tierra y que hace subsistir el Mundo. De ahí su nombre, push, morir. Aquí está considerado como el dios que preside especialmente los viajes.

SUKTA VIII

(Compuesto por el mismo rishi y dirigido a diversas divinidades)

1. ¿Cuándo podremos repetir un himno agradable al sabio, al muy generoso y potente Rudra, al que nuestros corazones quieren?

2. ¿Un himno que aconseje a la tierra conceder a nuestros ganados, a nuestro pueblo, a nuestras vacas y a nuestros descendientes los dones de Rudra?

3. Y que satisfaciendo a Mitra, a Varuna, a Rudra y a todos los dioses, nos haga obtener sus favores.

4. Nosotros pedimos la felicidad a Sanyu, a Rudra, que animan los himnos, que protegen los sacrificios, que poseen los remedios fecundos en delicias.

5. Que es tan brillante como Sanyu que, tal que el oro, causa la satisfacción más viva, Sanyu, el mejor de los dioses, el que da habitaciones.

6. Que concede una felicidad seguramente otorgada a nuestros corceles, a nuestros carneros, a nuestras ovejas, a nuestras mujeres y a nuestras vacas.

7. Soma, concédenos una prosperidad más que suficiente para cien hombres, y una gran cantidad de alimentos que dan la fuerza.

8. Que los adversarios de Soma, que nuestros enemigos, no puedan dañarnos: Indra, danos un alimento abundante.

9. Soma, tu que eres inmortal y que resides en una morada excelente, sé favorable a tus súbditos cuando a su cabeza, en la sala de los sacrificios, los veas ocupados en adorarte.

ANUVAKA IX

SUKTA I

(Compuesto por Praskanva, hijo de Kanva y dirigido a Añi)

1. Añi, que eres inmortal y que conoces todas las cosas creadas, concede al que hace la ofrenda riquezas de toda suerte y una excelente morada: conduce hoy a estos lugares a los dioses que se despiertan con la mañana.

2. Porque eres tú, Añi, quien como mensajero de los dioses, portador de las ofrendas, vehículo de los sacrificios y asociado a Ushas y a los Asvins, esparces sobre nosotros un alimento abundante y fortificante.

3. Nosotros escogemos hoy a Añi, el mensajero, el que da la luz y al que quieren muchos hombres, el que tiene un pendón de humo y que protege el culto rendido por el adorador al amanecer.

4. Yo alabo al amanecer a Añi, el mejor y el más joven de los dioses, el huésped del hombre, al que se invoca universalmente: él es el amigo del hombre que presenta ofrendas y él conoce todas las cosas que han sido creadas; yo le suplico que dirija hacia aquí a las demás divinidades.

5. Añi, inmortal sostén del Universo, portador de las ofrendas, tú que mereces ser adorado, yo te alabaré, a ti que estás exento de la muerte y que eres el salvador y el sacrificador.

6. Joven Añi, cuyas llamas están llenas de encanto, tú que eres universalmente invocado y que alabamos para bien de tu adorador, mira favorablemente nuestros deseos y, concediendo a Praskanva una larga vida, rinde honor al hombre divino

7. Todos los pueblos te alumbran, Añi sacrificador; tú conoces todas las cosas: ¡ oh Añi!, a quien invocan las multitudes, conduce prontamente aquí a las sabias divinidades.

8. Objeto de los ritos santos, conduce aquí, cuando el crepúsculo siga a la noche, a Savitri, Ushas, los Asvins y a Bhaga: los hijos de Kanva vierten libaciones y alumbran los fuegos donde deben esparcir sus ofrendas.

9. Añi, tú eres el protector de los sacrificios de los hombres, y el mensajero de los dioses: conduce aquí a los dioses que despiertan con la aurora y que contemplan el Sol, a fin de que ellos beban el jugo del soma.

10. Resplandeciente Añi, visible para todos, tú has brillado después de muchos crepúsculos, tú proteges al habitante de los villorrios, tú eres el asociado del hombre colocado al este del altar.

11. Nosotros te colocamos, Añi, como Manu te colocó a ti, que eres el complemento del sacrificio, el invocador, el sacerdote oficiante, muy sabio, destructor de los enemigos, inmortal, mensajero de los dioses.

12. Cuando tú, que quieres a tus amigos, estás presente en el sacrificio y quedas libre de tu misión cerca de los dioses, entonces tus llamas mugen como las olas tumultuosas del océano.

13. Añi, de los vigilantes oídos, escúchame: que Mitra, Aryaman y demás divinidades matinales acompañadas de todos los dioses que aportan las ofrendas, se sienten sobre la hierba sagrada y asistan al sacrificio.

14. Que los generosos Maruts, que tienen las lenguas de fuego y que animan el sacrificio, oigan nuestras súplicas; que Varuna, que desempeña los ritos, venga con los Asvins y con los Ushas y que beba el jugo del soma.

SUKTA II

(Compuesto por el mismo rishi y dirigido al mismo dios)

1. Añi adora a los Vasas, a los Rudras, a los Adityas y a todo otro ser viviente.

2. Verdaderamente, los dioses dan recompensas al hombre que presenta ofrendas: Señor de los corceles rojos, hecho propicio por nuestras alabanzas, conduce aquí a las treinta y tres divinidades.

3. Añi, que realizas actos solemnes y que conoces a todas las criaturas que han nacido, oye las invocaciones de Praskanva, como has oído las de Priyamadha, de Atri, de Virupa, de los Angiras.

4. Los que realizan grandes ceremonias, los que ofician sacrificios agradables, han invocado la protección de Añi, que brilla con un brillo puro entre las solemnidades.

5. Invocado por nuestras ofrendas, escucha, ¡oh tú, que das recompensas!, escucha estas alabanzas que los hijos de Kanva te dirigen para obtener tu protección.

6. Añi, que concedes un alimento abundante y que eres querido por la multitud, los hijos de los hombres te invocan, ¡oh tú, cuya cabellera es brillante!, para que lleves las ofrendas a los dioses.

7. Los sabios te han colocado, Añi, en sus sacrificios, como el que invoca, como el sacerdote oficiante, como el dispensador de una gran riqueza: tú oyes de lejos y tu gloria está esparcida en todo lugar.

8. Los sabios, esparciendo las libaciones del jugo del soma, te han llamado, vasto y poderoso Añi, para tomar parte en los alimentos en sacrificio cuando ellos elevan la ofrenda de parte del individuo que la presenta.

9. Tú que engendras la fuerza, que das recompensas y que suministras habitaciones, coloca hoy aquí sobre la hierba sagrada las divinidades que se mueven por la mañana y a los demás seres deificados para beber el jugo del soma.

10. Adora, Añi, con invocaciones reunidas, el ser presente deificado: divinidades generosas, aquí tenemos el jugo del soma: bebedle, porque ayer mismo ha sido exprimido.

SUKTA III

(Compuesto por el mismo rishi y dirigido a los Asvins)

1. La bien amada Ushas, desapercibida hasta el presente, ahuyenta las tinieblas lejos del cielo: Asvin, yo os alabo con fervor.

2. A vosotros, que sois divinos, con aspecto agradable, hijos del mar, dispensadores de la riqueza y que concedéis moradas como recompensa de los actos piadosos.

3. Desde que vuestro carro avanza, arrastrado por vuestros corceles, por encima de los cielos gloriosos, nosotros proclamamos vuestras alabanzas.

4. Asvins, el Sol que hace evaporar las aguas, que alimenta, que protege, que contempla los ritos sagrados, alimenta a los dioses con nuestras ofrendas.

5. Nasatyas, aceptad nuestras alabanzas y tomad parte en el jugo excitante del soma, que anima vuestros espíritus.

6. Asvins, concedednos este alimento fortificante que puede satisfacernos, después de haber ahuyentado las tinieblas de la necesidad.

7. Venid como un navío para llevarnos por sobre un océano de alabanzas; enganchad vuestro carro, ¡oh Asvins!

8. Vuestro navío, más vasto que el cielo, se detiene sobre la orilla del mar; las gotas del jugo del soma son exprimidas para rendiros homenaje.

9. Hijos de Kanva, preguntad a los Asvins: ¿Cómo los rayos (del Sol proceden del cielo)? ¿Cómo la aurora sale en la región de las aguas? ¿Dónde deseáis manifestar vuestras personas?

10. No había luz para hacer brillar la aurora; el Sol (salió) como de oro; el fuego brilló con llamas asombrosas.

11. Un camino conveniente fue trazado por el Sol, a fin de que llegara más allá de los límites de la noche; el esplendor del astro del día llegó a ser visible.

12. El que adora reconoce todos los favores que recibe de los Asvins, saciados del jugo del soma.

13. Vosotros que dais la felicidad y que cohabitáis con el que os adora, como con Manu, venid a beber el jugo del soma y aceptad nuestras alabanzas.

14. Pueda Ushas seguir el brillo que os rodea y vosotros podáis estar satisfechos de las ofrendas que os son presentadas durante la noche.

15. Asvins, que podáis ambos beber las libaciones y concedernos la felicidad, gracias a vuestra incondicional protección.

CUARTO ADHYAYA
ANUVAKA IX (CONTINUACIÓN)

SUKTA IV

(Compuesto por el rishi Praskanva y dirigido a los Asvins)

1. Asvins, que animáis el sacrificio, este dulce jugo del soma es exprimido para vosotros: bebed el que ha sido exprimido ayer y conceded riquezas al que os lo ofrece.

2. Venid, Asvins, con vuestro carro triangular de tres columnas: los hijos de Kanva repiten vuestras alabanzas en el momento del sacrificio; dignaos escuchar sus súplicas.

3. Asvins, que animáis el sacrificio, bebed este dulce jugo del soma; acercaos hoy al que presenta la ofrenda, vosotros que sois de un aspecto agradable y que aportáis la riqueza.

4. Asvins, que sabéis todo y que estáis colocados sobre la hierba sagrada apilada tres veces, regad con dulce jugo el sacrificio, los ilustres hijos de Kanva os invocan esparciendo las libaciones.

5. ¡Oh vosotros!, que amáis los actos piadosos, concedednos la protección que en otro tiempo habéis dado a Kanva; bebed del jugo del soma, vosotros que animáis los sacrificios.

6. Asvins, de dulce rostro, vosotros habéis llevado en vuestro carro la opulencia a Sudas[45]; traednos también, sea del firmamento, sea del cielo, que está más allá, las riquezas que los hombres ambicionan.

7. Nasatyas, sea que vosotros residáis muy lejos o muy cerca de nosotros, venid hacia nosotros con los rayos del Sol, en vuestro carro de una construcción perfecta.

8. Que vuestros corceles os traigan para asistir a nuestro sacrificio: ¡oh guías de los hombres!, vosotros que concedéis alimentos al hombre piadoso y liberal que presenta la ofrenda, sentaos sobre la hierba sagrada.

9. Venid. Nasatyas, con vuestro carro que recubre el Sol y en el cual habéis llevado siempre la opulencia al que presenta la ofrenda: venid a beber el dulce jugo del soma.

10. Nosotros invocamos mediante nuestros himnos a los generosos Asvins, a fin de que vengan cerca de nosotros, y que nos protejan. ¿No habéis jamás bebido el jugo del soma en la morada feliz de los hijos de Kanva?

---

[45] Hijo de Pijavana. Los *Puranas* le llaman Sudasa.

SUKTA V

(Compuesto por el mismo rishi y dirigido a Ushas)

1. Ushas, hija del cielo, haz lucir sobre nosotros las riquezas; tú que esparces la luz, haz lucir sobre nosotros un alimento abundante; diosa bienhechora, haz lucir sobre nosotros la abundancia de los rebaños.

2. Poseyendo en abundancia caballos y vacas, distribuyendo riquezas de toda suerte, las diosas de la mañana tienen a su disposición todo lo que es necesario para las habitaciones de los hombres. Ushas, dirígenos dulces palabras, envíanos la opulencia.

3. La divina Ushas tiene los cielos por residencia: pueda brillar hoy, la que excita a los carros, enganchados a su llegada, como los que aspiran a la riqueza envían sus navíos al mar.

4. Ushas, cuando tú llegas, los sabios vuelven sus pensamientos hacia los homenajes que ellos te deben rendir; el muy sabio Kanva proclama la fama de estos hombres.

5. Ushas, que alimentas a todos los seres, ven cada día como una matrona que dirija los trabajos del hogar: a su llegada todo bípedo se agita y ella despierta a las aves.

6. Ella anima a los hombres diligentes y envía clientes a sus patronos; ella que esparce las auroras no conoce el retraso; ¡oh tú! que concedes el alimento, a tu llegada los pájaros no suspenden su vuelo.

7. Ushas tiene a lo lejos enganchado su carro por cima del amanecer; y viene gloriosamente hacia el hombre con más de cien carros.

8. Todos los seres vivientes la adoran a fin de que se muestre visible: ella alumbra el Mundo y aporta el bien; la opulenta hija del Cielo ahuyenta a los malos y dispersa a los que absorben la humedad.

9. Brilla, Ushas, esparce en torno de ti una claridad favorable; aporta cada día mucha felicidad y disipa las tinieblas.

10. Cuando te muestras, ¡oh tu, que aportas las buenas cosas!, el aliento y la vida de todas las criaturas descansan en ti; ven hacia nosotros en tu carro espacioso, ¡oh tú que esparces la luz!, escucha nuestras plegarias, ¡oh tú!, que posees una opulencia maravillosa.

11. Ushas, acepta el alimento que compartido en bien de las especies existe entre la raza humana; conduce a la ceremonia a los hombres piadosos que te alaban presentándote ofrendas.

12. Ushas, conduce del alto del firmamento a todos los dioses para beber el jugo del soma, y esparce sobre nosotros un alimento excelente y fortificante: danos también ganados y caballos.

13. Que Ushas, cuyos rayos brillantes y favorables son visibles todo en torno de las nubes, nos conceda riquezas deseables y fáciles de obtener.

14. Adorable Ushas, a quien los sabios antiguos invocan para obtener la protección y el alimento, ¡oh tú! que brillas con una luz pura, recibe nuestras ofrendas y acepta nuestras alabanzas.

15. Ushas, puesto que tú has abierto hoy las dos puertas del Cielo iluminándolas, concédenos una habitación espaciosa y segura, concédenos, ¡oh diosa!, ganados y alimento.

16. Adorable Ushas, haznos poseedores de abundantes riquezas variadas; danos rebaños numerosos, un renombre que confunda a todos nuestros enemigos y alimentos saludables.

SUKTA VI

(Compuesto por el mismo rishi y dirigido a la misma divinidad)

1. Ushas, ven de la brillante región del firmamento, y que las vacas color de púrpura te lleven a la morada del que ofrece el jugo del soma.

2. Ushas, ven hoy en el amplio y soberbio carro que te lleva, ven, hija del Cielo, cerca del hombre piadoso que te presenta la ofrenda.

3. Ushas, de blanca tez, a tu llegada los animales y los hombres se agitan y las aves vuelan desde las extremidades del Cielo.

4. Ushas, tú dispersas las tinieblas y tú iluminas el Universo con tus rayos; los hijos de Kanva aspirando a la riqueza te alaban con sus himnos.

SUKTA VII

(Compuesto por el mismo rishi y dirigido a Surya, el Sol)

1. Los corceles del Sol divino y que sabe todo, le elevan a lo alto de los cielos, a fin de que él pueda ser percibido de todos (los mundos).

2. A la proximidad del Sol, que todo lo alumbra, las constelaciones se alejan con la noche, como ladrones.

3. Sus rayos brillantes alumbran a los hombres en sucesión, como fuegos ardientes.

4. ¡Oh Surya!, tú excedes en rapidez a todos los demás seres: tú eres visible a todos; tú eres el manantial de la luz; tú brillas a través del firmamento entero.

5. Tú te elevas en presencia de los Maruts; tú te elevas en presencia de los mortales, de manera que puedas ser apercibido en la región entera del Cielo.

6. Con esta luz, con la cual, ¡oh purificador y protector contra el mal!, tú miras este Mundo, cubierto de criaturas.

7. Atraviesas los vastos espacios del éter, midiendo los días y las noches y contemplando todo lo que ha tomado nacimiento.

8. Divino Surya, que esparces la luz, tus siete corceles te llevan en tu carro, ¡oh, tú que tienes la cabellera brillante!

9. El Sol ha enganchado las siete yeguas que arrastran su carro, y viene con ellas.

10. Viendo la luz que surge sobre las tinieblas nos acercamos al divino Sol: él está entre los dioses con la luz excelsa.

11. Brillando con una claridad bienhechora, levantándose hoy y subiendo por encima de los cielos, ahuyenta, ¡oh Sol!, la enfermedad lejos de mi corazón y el tinte amarillo lejos de mi cuerpo[46].

---

[46] Este verso y los dos siguientes forman un *tricha* o terceto, y una leyenda india estima que recitándolos de manera conveniente se obtiene la curación de las enfermedades que puedan sufrirse. Surya, celebrado de ese modo por Praskanva, le curó de una enfermedad cutánea o de una lepra de que se hallaba atacado. Se consideran igualmente estos versos como un antídoto contra el veneno y hasta como un amuleto que puede procurar la dicha y la liberación final. Reynaud, en su obra *Mémoires sur l'Inde,* refiere que cuando los musulmanes invadieron la India por primera vez, encontraron allí el culto del Sol o de Surya, basado en la pretensa curación de Suncha, hijo de Krisna, liberado por este astro de la lepra de que estaba atacado.

12. Transfiramos el color amarillo de mi cuerpo a los papagayos, a las aves de los bosques, o al árbol Haritala[47].

13. Este Aditya se ha levantado con todo su poder, destruyendo a mi adversario, porque yo soy incapaz de resistir a mi enemigo.

---

[47] No se sabe con seguridad si existe un árbol con ese nombre. Haritala es el nombre que se da generalmente al oropimente amarillo, mineral compuesto de arsénico y azufre de color de limón y muy venenoso. Langlois ha traducido el vocablo sánscrito por flor de haridrava, y como nota ha agregado: *nauctea cadamba*.

ANUVAKA X

SUKTA I

(Compuesto por el rishi Surya, hijo de Angiras, y dirigido a Indra)

1. Indra, a quien adora la multitud, a quien celebran los himnos y que es un océano de riquezas, anima a este carnero padre[48], mediante alabanzas; tus obras bienhechoras se extienden a lo lejos para la felicidad de los mortales, como los rayos del Sol; adorad al poderoso y sabio Indra a fin de gozar una gran prosperidad.

2. Los Ribhus que nos protegen y nos asisten se han apresurado a trasladarse cerca de Indra, cuyos movimientos son agradables y llenan el firmamento con sus rayos dotados de gran vigor, él humilla a sus enemigos: él realiza cien actos piadosos, y las voces que suben hasta él le animan.

3. Tú has abierto la nube para los Angiras; tú has mostrado la vía de Atri, encerrado en las prisiones de las cien puertas[49]; tú has concedido a Vainada la riqueza y el alimento; tú blandes el rayo para defender a tu adorador, empeñado en un combate.

4. Tú has abierto el receptáculo de las aguas; tú has retenido en la montaña el tesoro de los malvados; por haber matado a Vitra el destructor, has hecho el Sol visible en los cielos.

5. Tú has humillado a los embusteros, que presentaban ofrendas a sus propias bocas[50]; propicio a los hombres, has destruido las ciudades de Pipra, y has defendido a Rijisvan en los combates en que destruiste a los ladrones.

6. Tú has defendido a Kutsa en los combates funestos con Sushna; tú has destruido a Sambhara, defendiendo a Atithigva, tú has pisoteado al gran Arbuda: desde los tiempos remotos, tú has nacido para destruir a los opresores.

---

[48] Alusión a una leyenda que representa a Indra bajo la forma de un morueco que viniera al sacrificio celebrado por Medhatithi y como si allí hubiera bebido el jugo del soma.

[49] Atri era un antiguo rishi. Los Asuras se apoderaron de él y lo encerraron en una cárcel que tenía cien puertas y en donde se hallaba atormentado por un calor excesivo. Se vio milagrosamente aliviado por una lluvia que tanto Indra como los Asvins hicieron caer.

[50] Según las leyendas védicas, los Asuras (o demonios) despreciaban a los dioses, se negaban a ofrecerles sacrificios y devoraron las ofrendas.

7. En ti, Indra, todo vigor está concentrado; tú te deleitas en beber el jugo del soma; nosotros sabemos que el rayo está depositado en tus manos; quita toda fuerza a nuestro enemigo.

8. Haz la distinción entre los Aryas y los Dasyas; azota a los que no cumplen los ritos religiosos y oblígalos a someterse al que realiza los sacrificios; anima al sacrificador, tú que eres poderoso; yo deseo celebrar todos tus hechos mediante sacrificios que te den satisfacción.

9. Indra humilla a los que descuidan los actos santos y favorece a los que los observan; castiga a los que se apartan de su culto. Vamra[51] alabándole, él, que es a la vez joven y viejo y que se extiende en toda la extensión de los cielos, puede levantar los materiales acumulados para el sacrificio.

10. Si el Asuras[52] quisiera ejercer su vigor contra el tuyo, entonces tu poder aterraría, por su intensidad, el Cielo y la Tierra. Amigo del hombre: que tus caballos te lleven a estos lugares con la rapidez del viento, a fin de que tomes parte en el alimento ofrecido en sacrificio.

11. Cuando Indra está satisfecho del canto de los himnos, sube sobre su carro arrastrado por sus corceles de marcha sinuosa; el dios terrible arranca las aguas de la nube que pasa, y las hace estallar en torrente; él ha inundado las vastas ciudades de Sushna.

12. Tú subes voluntariamente sobre tu carro, Indra, a fin de beber las libaciones tales como las que te complacías en ver esparcidas en el sacrificio de Suryata[53]; recibe el jugo del soma vertido en nuestros sacrificios, y obtendrás en el cielo una gloria imperecedera.

13. Tú has dado, Indra, la joven Vrichaya al viejo Kakshivat, que te alababa y te ofrecía libaciones. ¡Oh Satakrata!, tú fuiste Mena la hija de Vrishunasva; todas las acciones que has realizado deben de ser recitadas en el culto que se te rinde.

---

[51] Nombre de un rishi objeto de diversas leyendas en los relatos védicos. Se le representa como habiendo sido encerrado en uno de los gigantescos hormigueros que existían en las regiones tropicales.

[52] Usanas o Suisa es considerado como el preceptor de los Asuras, y ese nombre es el del planeta Venus.

[53] Según los comentadores sánscritos, Suryata era un príncipe de la raza de Manu y el cuarto hijo de Vaivasvata; dio su hija en matrimonio al rishi Chyavana, y con este motivo hubo un sacrificio solemne al que asistieron Indra y los Asvins. Chyavana se apoderó de la porción de la ofrenda destinada a los Asvins, lo cual fue causa de que India se irritara enormemente, y para calmarle hubo necesidad de preparar una nueva ofrenda. Esta leyenda está referida con bastante extensión en el *Bhagavata* y en el *Padma-Purana*.

14. Indra ha sido invocado a fin de que ayude a los hombres piadosos en sus dificultades. Alabados por los Pajras[54], es tan estable como el pilar que sostiene una puerta. Indra, que da las riquezas, que posee caballos, tropas y carros, está aquí presente.

15. Nosotros adoramos al que esparce la lluvia, al que brilla con un vivo brillo y que posee un gran poder; podamos, ¡oh Indra!, ser ayudados en este combate por numerosos héroes y residir en una morada feliz que tú nos habrás dado.

---

[54] Nombre de una familia descendiente de los Angiras. Gracias a los abundantes sacrificios ofrecidos a los dioses, obtuvo numerosos rebaños.

SUKTA II

(Compuesto por el mismo rishi y dirigido al mismo dios)

1. Adorad a este carnero padre, que hace conocer el cielo y a quien cien adoradores se aplican a la vez a alabar. Yo imploro a Indra para que suba sobre su carro y acuda, como un corcel rápido, hacia el sacrificio ofrecido para mi protección.

2. Cuando Indra, que hace sus delicias del alimento ofrecido en sacrificio, hubo matado a Vritra, que detenía el curso de las aguas, permaneció firme como una montaña entre los torrentes, y poseedor de mil medios de proteger a los que le imploran, aumentó su vigor.

3. Él, que es el vencedor de sus enemigos; él, que ha esparcido en el firmamento la raíz de la felicidad que regocija el jugo del soma, es él a quien, de acuerdo con los sacerdotes sabios, yo invoco; al generoso Indra, que concede un alimento abundante.

4. Las libaciones esparcidas sobre la hierba sagrada llenan a Indra en el cielo como los ríos que corren hacia el océano para llenarle; los Maruts que secan la humedad, que no encuentran obstáculos y cuyas formas son estables, acompañan a Indra como sus auxiliares en la muerte de Vritra.

5. Sus aliados, animados por las libaciones, le precedían, combatiendo al que retenía la lluvia, como los ríos se precipitan impetuosos desde las alturas. Indra, fortificado por el alimento, rompió las defensas de Vala, como Trita rompió lo que cubría los pozos[55].

6. Indra, cuando tú hubiste herido con tu rayo la mejilla del colosal Vritra, que habiendo retenido las aguas reposaba en la región por encima del firmamento, tu renombre se esparció lejos y tu valor llegó a ser célebre.

7. Los himnos que te glorifican, ¡oh India!, llegan a ti como los arroyos se arrojan en un lago. Tvashtri ha aumentado tu vigor, él ha dado a tus rayos un poder irresistible.

8. Indra, que realizas los actos santos y que has matado a Vritra, tú has devuelto la libertad a las aguas, tú has tomado en tus manos los rayos de hierro y tú has hecho al Sol visible en los cielos.

9. Tus adoradores, temiendo a Vritra, recitaron el himno del Brihat soma que da fuerza y que sube al cielo; sus aliados los Maruts, que

---

[55] Toda esta parte se refiere a leyendas védicas poco conocidas. Vala es un asura o demonio. Trita es la libación personificada del soma en la copa del sacrificio y el que expulsa a los Asuras que han acudido para impedir la celebración de la ceremonia religiosa.

combaten para los hombres y que les dan la vida, animaron a Indra a destruirle.

10. El cielo fue desgarrado por el espanto que causó el grito de este Ahi, cuando fuiste inspirado, Indra, bebiendo el jugo del soma; tu rayo rompió la cabeza de Vritra, el que oprimía el Cielo y la Tierra.

11. Aun cuando la Tiera fuera diez veces más vasta y los hombres se multiplicaran cada día, tu valor sería igualmente renombrado: los hechos realizados por tu presencia se esparcirían hasta los cielos.

12. Intrépido Indra, tú que resides más allá de loa límites del vasto firmamento, tú has formado la Tierra para preservarnos; tú has sido el modelo del vigor, tú has rodeado el firmamento y los cielos hasta su extremidad.

13. Tú eres el amo da la vasta tierra; tú eres el señor de la inmensa región que frecuentan los dioses; tú llenas el firmamento y no existe ningún ser tal que tú.

14. Indra, tú de quien el Cielo y la Tierra no alcanzan la grandeza; tú para quien los cielos de los cielos no llegan a tus límites; tú cuyo valor luchando contra el que detenía las lluvias ha quedado sin igual, todas las cosas dependen de ti.

15. Los Maruts te adoraron en este encuentro; todos los dioses tomaron parte en este triunfo en el cual heriste la faz de Vritra con tu rayo angular y fatal[56].

---

[56] Según los comentarios indios, el rayo *(vajra)* de Indra tiene ocho ángulos o, acaso, ocho puntas.

SUKTA III

(Compuesto por el mismo rishi y dirigido al mismo dios)

1. Nosotros ofrecemos siempre justas alabanzas al poderoso Indra, en la morada de su adorador; gracias a estas alabanzas el dios ha adquirido prontamente riquezas como un ladrón lleva rápidamente los bienes de un hombre dormido. Las alabanzas mal expresadas no son estimadas entre los seres generosos.

2. Eres tú, Indra, quien das caballos, ganado, cebada; eres tú el dueño y el protector de la riqueza, el modelo de la liberalidad; tú no contrarías los deseos que se te dirigen; tú eres el amigo de nuestros amigos; tal es el Indra a quien nosotros alabamos.

3. Sabio y brillante Indra, que realizas grandes acciones: las riquezas esparcidas en torno a ti y que todos sabemos que te pertenecen, después de haberlas reunido tráelas para nosotros: tú que eres vencedor de tus enemigos, no contraríes la esperanza de tu adorador, que pone en ti toda su confianza.

4. Hecho propicio por estas ofrendas y por estas libaciones, ahuyenta la pobreza, dándonos ganados y caballos; podamos nosotros subyugar a nuestros adversarios, y libres de nuestros enemigos gracias al socorro de Indra satisfecho de nuestras libaciones, podamos gozar de un alimento abundante.

5. Indra, podamos nosotros poseer riquezas y alimentos; podamos, dotados de esta energía que hace la felicidad de los hombres y el renombre, obtener una gran prosperidad, gracias a tu favor divino, tú manantial del valor, de los rebaños y de los caballos.

6. Los que eran tus aliados (los Maruts) te han procurado satisfacción, protector de los sabios piadosos; las libaciones y las ofrendas (hechas en tu favor cuando mataste a Vritra) te han procurado satisfacción cuando, vencedor de tus enemigos, destruiste los diez mil obstáculos opuestos al que te alababa y te presentaba ofrendas.

7. ¡Oh, tú!, que humillas a tus adversarios, tú vas de combate en combate, y tú destruyes por tu potencia las ciudades, la una después de la otra: con tu compañero, que aterra al enemigo (con la tempestad), tú has matado de lejos, Indra, al pérfido Namuchi.

8. Tú has matado a Karanja y a Parnaya, hiriéndolos con tu espada brillante, tú, sin ayuda, has destruido las cien ciudades de Vangrida, que sitiaba Rijisvan[57].

9. Ilustre Indra, tú has derribado bajo la rueda de tu carro los veinte reyes de los hombres que habían venido contra Susravas y los sesenta mil noventa y nueve compañeros suyos.

10. Indra, tú has preservado a Susravas, así como a Turvayana, dándolos tus socorros; tú has hecho a Kutsa, Arithigva y Ayu sumisos al ya poderoso, aunque todavía joven, Susravas.

11. Protegidos por los dioses, nosotros quedamos, Indra, al fin del sacrificio, tus dichosos amigos; nosotros te alabamos, gozando, gracias a ti, una excelente posteridad y una vida larga y próspera.

---

[57] En parte alguna se encuentran detalles relativos a Karanja, a Parnaya y a Vangrida. Todos ellos son Asuras o demonios.

SUKTA IV

(Compuesto por el mismo rishi y dirigido al mismo dios)

1. No nos impulses, Maghavan, a esta iniquidad, a estos combates injustos, porque el límite de la fuerza no puede ser sobrepujado; tú has dado un grito y tú has hecho rugir las aguas de los ríos: ¿cómo es posible que la Tierra no se llenase de espanto?

2. Ofreced vuestras adoraciones al sabio y poderoso Sukta, glorificad a Indra, alabad al que, por su irresistible poder, purifica el Cielo y la Tierra, envía las lluvias, y que por su munificencia gratifica nuestros deseos.

3. Ofreced vuestras alabanzas al muy ilustre Indra: su renombre es resplandeciente; él es quien da la lluvia, quien rechaza a nuestros enemigos, quien es obedecido de sus corceles y quien esparce sobre nosotros sus liberalidades apresurándose a venir aquí.

4. Tú has agitado la cima del vasto cielo; tú has matado a Sambara; tú has lanzado con resolución el rayo agudo y los rayos brillantes contra los Asuras reunidos.

5. Desde que tú has vertido la lluvia sobre la frente del viento y sobre la cabeza del Sol, ¿quién te impedirá hacer hoy lo que quieras, tú, cuyo espíritu es firme y resuelto?

6. Tú has protegido a Narya, Turvasa, Yadu y Turviti de la raza de Vaya; tú has protegido sus carros y sus caballos en medio de los combates; tú has trastornado las noventa y nueve ciudades de Sambaya.

7. El personaje eminente que quiere a los hombres piadosos trabaja por su prosperidad: cuando celebra las alabanzas de Indra presentándole ofrendas y recitando himnos, el generoso Indra hace caer para él la lluvia del cielo.

8. Su potencia es sin igual; su sabiduría es sin igual; puedan los que beben el jugo del soma llegar a ser sus iguales por sus actos de piedad, porque los que te presentan ofrendas, ¡oh Indra! aumentan tu fuerza considerable y tu vigor viril.

9. El copioso jugo del soma, exprimido por las piedras y contenido en las cucharas, está preparado para ti; él es la bebida de Indra; aplaca tu apetito y fija en seguida el pensamiento sobre la riqueza que debe sernos concedida.

10. La obscuridad detuvo la corriente de las aguas; la nube estaba en el vientre de Vritra; pero Indra precipitó todas las aguas que el tirano había ocultado hasta las profundidades de la Tierra.

11. Concédenos, Indra, un renombre siempre creciente, concédenos una fuerza considerable y que subyugue a nuestros enemigos; mantennos en la

abundancia; quiere a los que son sabios y concédenos esta opulencia de donde proceden una excelente prosperidad y alimentos.

SUKTA V

(Compuesto por el mismo rishi y dirigido al mismo dios)

1. La extensión de Indra era más vasta que la del Cielo; la Tierra no era comparable a él bajo el aspecto del volumen formidable y poderoso; él ha herido siempre a los enemigos de los que le adoran; él aguza sus rayos como un toro sus cuernos.

2. Indra, que reside en el firmamento, cogió las vastas aguas y las retuvo como el océano recibe los ríos; él se precipita con la impetuosidad de un toro para beber el jugo del soma; él desea que nuestras alabanzas reconozcan sus hazañas guerreras.

3. Indra, tú no has herido a la nube para tu propio placer; tú reinas sobre los que poseen grandes riquezas; nosotros sabemos que tú sobrepujas en vigor a todos los demás dioses, ¡oh indomable Indra, que estás sobre todos los dioses a causa de tus hazañas!

4. Él es verdaderamente glorificado por los sabios que le adoran en el bosque; él proclama su vigor entre los hombre; él atiende los deseos de los que le imploran; él anima a los que desean adorarle cuando el hombre rico que goza de su protección y que presenta sus ofrendas recita sus alabanzas.

5. Indra, el guerrero, se empeña con una bravura irresistible en un gran número de combates para la felicidad de los hombres: cuando lanza su rayo fatal, todos tienen fe en el brillante Indra.

6. Ambicioso de renombre, destruyendo las moradas bien construidas de los Asuras y devolviendo la libertad a los astros del cielo, hizo correr las aguas para el bienestar de los que le adoran.

7. ¡Oh tú!, que bebes el jugo del soma, pueda tu resolución llevarte a aceptar nuestros deseos: que tus corceles estén presentes a nuestro sacrificio, que los astutos enemigos no puedan impulsarles contra ti.

8. Tú tienes en tus manos una riqueza inagotable; tú tienes una fuerza irresistible; tus miembros están rodeados de gloriosos hechos, como los pozos (son rodeados por los que acuden a ellos para sacar agua).

SUKTA VI

(Compuesto por el mismo rishi y dirigido al mismo dios)

1. El impetuoso Indra se ha levantado con el ardor de un caballo fogoso para tomar parte en las copiosas libaciones del sacrificio; él ha detenido su carro espléndido y bien enganchado, y él, que se distingue por heroicas acciones, toma parte en la bebida.

2. Sus adoradores, llevando ofrendas, se presentan en torno de él, como los mercaderes ávidos de ganancia se amontonan en los navíos que deben llevarlos sobre el océano; subid personalmente cantando las alabanzas del poderoso Indra, que protege el sacrificio solemne; subid como las mujeres trepan por una montaña[58].

4. El es poderoso y rápido en sus acciones; su bravura destructora brilla a lo lejos en los combates como la cima de una montaña; revestido de su armadura de hierro, él triunfó del astuto Sushna.

4. Una fuerza divina acompaña a Indra, como el Sol sigue a la aurora; él hiere duramente a sus enemigos, a los cuales el dolor arranca grandes gritos.

5. Indra, cuando tú distribuyes en los diversos cuarteles del cielo las aguas que contienen la vida y que habían estado ocultas, animado por el jugo del soma, corriste al combate, y mataste a Vritra y luego hiciste caer un océano de agua.

6. Poderoso Indra, haz caer del Cielo sobre los reinos de la Tierra la lluvia que sostiene al Mundo; animado por el jugo del soma tú has ahuyentado las aguas de las montañas y tú has aplastado a Vritra bajo una roca sólida.

---

[58] Los comentadores sánenlos agregan: «para coger flores».

SUKTA VII

(Compuesto por el mismo rishi y dirigido al mismo dios)

1. Yo ofrezco alabanzas especiales al excelente, al generoso, al potente Indra; su impetuosidad irresistible es como la del agua que se arroja sobre un precipicio, y sus vastos tesoros están abiertos a los que le adoran.

2. El Mundo entero, Indra, se aplicaba a rendirte homenaje; las ofrendas del sacrificador corrían como el agua cayendo en una sima; el rayo terrible de Indra lanzado contra el enemigo no durmió en la montaña.

3. Hermosa Ushas, presenta nuestra ofrenda al temible Indra, cuyo esplendor glorioso y vivificante le impulsa de acá y de allá a la investigación de los platos ofrecidos al sacrificio, como el conductor de un carro guía sus caballos en direcciones diversas.

4. Opulento Indra, objeto de muchas alabanzas, nosotros nos acercamos a ti contando con tu favor; ninguno otro sino tú recibe nuestros elogios: recibe nuestras súplicas y plázcate tener para nosotros el amor que la Tierra tiene para sus criaturas.

5. Grande es tu valor, ¡oh Indra!: nosotros somos tuyos; satisface los deseos del que te invoca; los vastos Cielos han reconocido tu poder, y tu vigor ha hecho encorvarse a la Tierra.

6. Tú has herido con tu dardo al nublado vasto y macizo, tú le has roto en trozos y tú has hecho correr la lluvia que estaba en él encerrada; verdaderamente, tú sólo posees todo poderío.

ANUVAKA XI

SUKTA I

(Compuesto por el rishi Nodhas, hijo de Gotama, y dirigido a Añi)

1. El inmortal y potente Añi se lanza con rapidez cuando invoca a los dioses, y él es el mensajero del que los adora; siguiendo las rutas bien elegidas, él ha hecho el firmamento, y adora a las divinidades presentando las ofrendas cuando hace los sacrificios.

2. Añi, que no puede decaer combinando su alimento (con su llama) y devorándole rápidamente, sube a la madera seca; la llama del elemento destructor bota como un corcel ágil y brama como una nube que gruñe en lo alto del cielo.

3. El inmortal y resplandeciente Añi, que lleva las ofrendas y que es honrado por los Rudras y los Vasas, que invoca a los dioses, que preside las ofrendas y que es el distribuidor de las riquezas, acepta las ofrendas que son sucesivamente presentadas.

4. Excitado por el viento y bramando con fuerza, Añi penetra fácilmente en los bosques; cuando tú te precipitas como un toro entre los árboles del bosque, tu camino está ennegrecido.

5. Añi, el de las armas de llama, excitado por el viento, ataca con todo su vigor la humedad contenida en los árboles y se agita triunfante en el bosque como un toro; todas las criaturas le temen.

6. Los hijos de Bhrigu[59] queriendo perpetuar entre los hombres los nacimientos divinos, te han mimado como un tesoro precioso: Añi, tú sacrificas para los hombres, tú invocas a los dioses, tú eres el huésped bienvenido a los sacrificios y tú debes ser estimado como un amigo afectuoso.

7. Yo adoro a este Añi, al que los siete sacerdotes que hacen las invocaciones invitan como el que invoca a los dioses; él es muy digno de adoración y él da todas las riquezas: yo solicito de él la opulencia.

8. Hijo de la fuerza, Añi el del brillo favorable, concede a los que te adoran una felicidad no interrumpida; preserva de la mancha del pecado al que te alaba; protégele como una armadura de hierro.

9. Añi, tú que brillas con diversos esplendores, protege al que te alaba; da la prosperidad a los ricos que te hacen ofrendas; preserva del

---

[59] El sabio Bhrigu tuvo numerosos descendientes que desempeñan un gran papel en la historia fabulosa de la India.

pecado a tus adoradores: quiera Añi, que es rico en acciones equitativas, venir rápidamente hacia nosotros por la mañana.

SUKTA II

(Compuesto por el rishi Nodhas y dirigido a Añi)

1. Cualesquiera sean los fuegos que existen, no son sino tus ramificaciones, Añi; pero todas, sí, se regocijan en ti, ser inmortal; ¡oh Vaisvanara! tú eres el ombligo de los hombres y tú los soportas, como una columna profundamente hundida (sostiene el techo de una casa).

2. Añi, ser del Cielo y ombligo de la Tierra, llegó a ser el dueño de la Tierra y del Cielo; todos los dioses te han engendrado, Vaisvanara[60], bajo la forma de la luz.

3. Los tesoros fueron depositados en Vaisvanara, como los rayos permanentes (de la luz) en el Sol; tú eres el soberano de todos los tesoros que existen en las montañas, en las plantas, en las aguas o entre los hombres.

4. El Cielo y la Tierra se extendieron como para su hijo. El sacrificador experimentado recita numerosas y antiguas alabanzas dirigidas al vigoroso Vaisvanara, de gracioso movimiento y que es guía de todas las cosas.

5. Vaisvanara, tú conoces todo lo que ha recibido nacimiento, y tu grandeza sobrepuja a la del Cielo; tú eres el monarca de los hombres nacidos de Manu, tú has reconquistado para los dioses, en los combates, las riquezas (que habían arrebatado los Asuras).

6. Yo celebro la grandeza del que hace caer la lluvia y a quien los hombres glorifican como el vencedor de Vritra; Vaisvanara mató al que robaba las aguas; él las hizo caer sobre la Tierra y despedazó la nube[61].

7. Vaisvanara es, por su grandeza, la huma n i d a d entera; él debe de ser adorado como el que esparce una luz abundante en pago a las ofrendas que se le hacen con platos nutritivos. Añi, que dice la verdad, alaba con grandes elogios a Puranitha, el hijo de Satavani.

---

[60] Esta palabra viene de *visma*, todo, y *nara*, hombre. Designa un fuego común a toda la raza humana y aquí se aplica al fuego, es decir, al calor natural, que es el elemento principal de la digestión.

[61] Vaisvanara está identificado aquí con Indra, lo cual no es contrario a la teogonía de los *Vedas*, que reduce todas ¡as divinidades a tres, el Fuego, el Aire y el Sol y que hasta los concreta algunas veces en una sola, el Sol.

SUKTA III

(Compuesto por el mismo rishi y dirigido a Añi)

1. Matarisvan ha conducido a Bhriga, como un amigo, al renombrado Nhani, que alumbra los sacrificios, que protege con cuidado a sus adoradores: el rápido mensajero de los dioses, el retoño de dos padres, debe de ser para él un tesoro precioso.

2. Los dioses y los hombres son los adoradores de este soberano; el señor de los hombres, el distribuidor (de las recompensas deseadas) fue colocado por los sacerdotes sobre el altar antes de que el Sol estuviera en el firmamento.

3. Quiera nuestra ceremonia, la más nueva, venir ante este Añi cuya lengua es dulce y que debe ser engendrado en el corazón: él es a quien los hombres, descendientes de Manu, invocan en el momento del combate, presentándole ofrendas.

4. Añi, el purificador, que da moradas, el excelente Añi que invoca a los dioses, ha sido colocado (sobre el altar) entre los hombres; séale dado herir a nuestros enemigos, proteger muestras habitaciones y guardar los tesoros que se guardan en esta casa.

5. Nosotros, que somos de la raza de Gotama, nosotros te alabamos, Añi, y te dirigimos himnos como al señor de las riquezas; nosotros te frotamos, ¡oh tú que llevas las ofrendas! como (un caballero frota) un caballo; quiera el que ha adquirido la riqueza mediante los himnos sagrados, venir aquí rápidamente por la mañana.

SUKTA IV

(Compuesto por el mismo rishi y dirigido a Indra)

1. Yo adoro a este poderoso, rápido y gran Indra; yo le ofrezco los homenajes que él recibe con placer, y las ofrendas, que le son tan agradables como los alimentos lo son para un hombre hambriento.

2. Yo ofrezco a Indra las ofrendas tan agradables como el alimento a un hombre hambriento; yo elevo hasta él exclamaciones que pueden ser eficaces para poner en huida a mis enemigos; otros también adoran a Indra, de corazón, de espíritu y de inteligencia.

3. Yo ofrezco con mi boca una exclamación retumbante, pronunciando elogios poderosos y puros, a fin de glorificar al que es el tipo de todas las cosas, al que da objetos preciosos, al grande y al sabio.

4. Yo preparo alabanzas para él, como un carpintero construye un carro, a fin de que el que lo guía obtenga así el alimento; yo presento alabanzas al que es digno de ellas y hago excelentes ofrendas al sabio Indra.

5. A fin de hacer a Indra propicio, yo celebro sus alabanzas y yo glorifico al heroico y generoso Indra, que da el alimento y que destruye las ciudades (de los Asuras).

6. Fue para Indra para quien Tvashtri aguzó el rayo temible; con esa terrible arma el poderoso soberano destrozó los miembros de Vritra.

7. Bebiendo con rapidez las libaciones y devorando los alimentos presentados en los tres sacrificios diarios consagrados al creador del Mundo, el que penetra el Universo hurtó los tesoros de los Asuras: el vencedor de sus enemigos, el que lanza el trueno traspasó la nube.

8. Es a este Indra a quien las mujeres esposas de los dioses dirigen sus alabanzas; cuando la destrucción de Ahi, él recorrió el Cielo y la Tierra; ellos no te sobrepujan en extensión.

9. Su grandeza excede verdaderamente la del Cielo, y de la Tierra; y tú, Indra, de quien ninguna de tus hazañas asombra porque eres hábil en el combate, luchaste con un enemigo digno de ti.

10. Indra, por su vigor, cortó en piezas a Vritra, hiriéndole con su trueno, y devolvió la libertad a las aguas, parecidas a vacas recobradas de manos de los ladrones; Indra, atendiendo los deseos de los que le presentan una ofrenda, les concede alimento.

11. Gracias a su poder, los ríos se juntan, puesto que él les ha abierto una ruta con su rayo; él ha establecido su supremacía y él recompensa al que le hace una ofrenda, él ha preparado un lugar de reposo para Turviti.

12. Indra, señor ágil y poderoso en todas las cosas, lanza tu rayo contra Vritra, separa sus miembros, como los carniceros separan los de una vaca, a fin de que puedan escaparse las lluvias y que las aguas corran sobre la Tierra.

13. Proclamad con himnos nuevos las antiguas hazañas de este rápido Indra, que cuando manejaba sus armas en el combate encontró y destruyó a sus enemigos.

14. Las montañas permanecen inmóviles, tan grande es el temor que él inspira; el Cielo y la Tierra tiemblan por consecuencia del espanto que causa su aspecto: que Nodhas, celebrando el poder preservador del muy amado Indra, sea prontamente fortificado.

15. Nosotros hemos celebrado al que es vencedor de sus enemigos y poseedor de vastas riquezas: a él le gusta recibir las alabanzas de los que le invocan. Indra ha defendido al piadoso sacrificador Etura, cuando éste combatía contra Surga, el hijo de Svasha.

16. Indra, que enganchas los caballos, los descendientes de Gotama te han invocado para obtener tu presencia entre ellos; concede toda suerte de abundancia. Quiera al que ha adquirido la riqueza por actos piadosos venir prontamente aquí por la mañana.

QUINTO ADHYAYA
ANUVAKA XI (CONTINUACIÓN)

SUKTA V

(Compuesto por Nodhas y dirigido a Indra)

1. Nosotros invocamos al poderoso Indra, digno de alabanzas; nosotros meditamos, como Angiras, los cantos que hemos de recitar en su honor: sus adoradores deben dirigirle plegarias eficaces, a fin de conducirle a la ceremonia.

2. Sacerdotes, ofreced al vasto y poderoso Indra homenajes profundos y un canto hecho para ser recitado lentamente; porque gracias a él, nuestros antepasados los Angiras, adorándole y reconociendo la huella de sus pasos, han recobrado los ganados robados.

3. Cuando Indra y los Angiras comenzaron a pie su caza, Surama aseguró el alimento para sus pequeños; entonces Brihaspati mató al malhechor y recobró las vacas y los dioses proclamaron intensamente su alegría.

4. Poderoso Indra, que debe glorificar el himno recitado en alta voz por los siete sacerdotes, bien se hayan comprometido a ello durante nueve meses o durante diez[62], tú has aterrorizado con tu voz la nube y la has roto.

5. Destructor de tus enemigos, alabado por los Angiras, tú has ahuyentado las tinieblas empleando la aurora y los rayos del Sol; tú has rehecho las elevaciones de la Tierra; tú has fortificado los fundamentos de la región celeste.

6. Las hazañas de este bondadoso Indra son admirables, su triunfo es glorioso; él ha llenado los cuatro ríos de agua dulce esparcida sobre la superficie de la Tierra.

7. Aquel de quien no hay medio de apoderarse por la violencia, pero que se rinde fácilmente propicio a los que le invocan con himnos sagrados, ha compartido las esferas eternas y unidas (del Cielo y de la Tierra); el gran Indra, protector del Cielo y de la Tierra, mantiene el Sol en lo alto del firmamento.

---

[62] Este pasaje es algo oscuro en el texto sánscrito y nosotros hemos adoptado el texto del señor Wilson. Indica dos clases de sacerdotes, unos que hacían sacrificios durante-nueve meses y los otros durante diez. Otra explicación que ha sido preferida por el señor Langlois (véase su traducción del *Rig-Veda,* t. I. pág. 12 y nota, pág. 274) distingue estos sacerdotes en dos clases, una de las cuales canta estrofas de nueve sílabas y la otra estrofas de diez.

8. El día y la noche, de complexión diversa, renaciendo en diferentes veces, pero siempre jóvenes, después de un período antiguo, han atravesado alternativamente en sus revoluciones el Cielo y la Tierra, la noche del cuerpo sombrío, la aurora de miembros luminosos.

9. El hijo de la fuerza, asiduo a las buenas obras, aplicado a los cultos piadosos, guarda su antigua amistad (para su adorador) Indra.

10. Desde largo tiempo los dedos ágiles e infatigables practican millares de actos de devoción con respecto a Indra, y, como las esposas de los dioses, las hermanas protectoras adoran al que está sin tacha.

11. Bello Indra, a quien se debe de alabar mediante himnos santos: los hombres piadosos dedicados a las ceremonias santas, los que desean riquezas y los que son sabios, se vuelven hacia ti con veneración. Poderoso Indra, sus espíritus se adhieren a ti como las esposas afectuosas a un marido que las ama.

12. Bello Indra, las riquezas que desde hace largo tiempo están en tus manos no han sufrido ninguna disminución. Indra, tú que eres ilustre, resuelto y aplicado a las buenas obras, enriquécenos mediante tus acciones, tú que eres infatigable.

13. Poderoso Indra, Nodhas, hijo de Gotama, ha compuesto para ti un nuevo himno, y te lo dirige, ¡oh tú!, que eres para siempre, que enganchas tus corceles a tu carro, y que eres el guía de todos. Quiera el que ha adquirido la riqueza a favor de actos piadosos venir presto aquí por la mañana.

SUKTA VI

(Compuesto por el mismo rishi y dirigido al mismo dios)

1. Indra, tú eres el ser poderoso que manifestándote a la hora de las alarmas, sostienes mediante tu energía el Cielo y la Tierra: todas las criaturas, las montañas y todos los objetos grandes y sólidos temblaron ante ti como tiemblan los rayos del Sol.

2. Indra, cuando tú enganchas tus caballos, el que te alaba coloca el rayo en tus manos; tú atacas a los enemigos y tú destruyes numerosas ciudades.

3. Indra, el mejor de los seres, tú que atacas y humillas a tus enemigos, tú que eres el jefe de los Ribhus, y el amigo de los hombres; tú ayudaste al joven e ilustre Kutsa, y tú mataste a Sushna después de un terrible combate.

4. Tú le animaste a adquirir un renombre parecido al que adquiriste cuando mataste a Vritra, ¡oh tú! que envías la lluvia y que tienes el rayo, y cuando, héroe generoso, que triunfas de tus enemigos, pusiste en huida a los Dasyas.

5. Indra, tú que no quieres hacer mal a ningún mortal resuelto, abre todos los cuarteles del horizonte a los caballos de los que te alaban; ¡oh tú!, que tienes el trueno, aplasta a tus enemigo como con una maza.

6. Los hombres te invocan en medio de los combates que procuran la riqueza. Que tu socorro, ¡oh poderoso Indra!, no falte jamás a nuestros guerreros.

7. Indra, que tienes el rayo; combatiendo a favor de Purukutsa tú trastornaste las siete ciudades; te apoderaste para Sudas de la riqueza de Anhas, como si hubiera sido un mechón de hierba sagrada, y tú la diste al que te saciaba con sus ofrendas.

8. Danos, ¡divino Indra!, un alimento abundante, espárcele sobre la tierra como el agua que tú haces correr por todos lados y que sostiene la existencia.

9. Las alabanzas te son dirigidas, ¡oh Indra!, por los hijos de Gotama; y ellas te llegan cuando tus corceles te traen aquí; danos alimentos de diversos géneros. Quiera el que ha adquirido la riqueza mediante actos piadosos venir rápido aquí por la mañana.

SUKTA VII

(Compuesto por el mismo rishi y dirigido a los Maruts)

1. Ofrece, Nodhas, alabanzas fervientes a la reunión de los Maruts, que envían la lluvia, que hacen madurar el fruto y que merecen nuestra adoración. Recogido y con las manos extendidas, yo pronuncio las plegarias que concibe mi espíritu, que son eficaces en los ritos sagrados, y que corren (tan prontamente) como las aguas.

2. Nacieron hermosos y vigorosos los hijos de Rudra, vencedores de sus enemigos, exentos de pecado, purificándolo todo, radiantes como soles, poderosos como espíritus malévolos, haciendo caer la lluvia y teniendo un aspecto espantoso.

3. Jóvenes Rudras, vosotros que destruís a los que no adoran a los dioses, y que sois inquebrantables como las montañas; vosotros estáis dispuestos a atender los votos de los que os adoran, y, mediante vuestra fuerza, agitáis todas las sustancias, ya del Cielo, ya de la Tierra.

4. Ellos han decorado sus personas con adornos diversos, ellos han colocado brillantes guirnaldas sobre sus pechos, las lanzas están sobre sus espaldas, ellos nacen del cielo radiantes y dignos de elogio.

5. Enriqueciendo a los que los adoran, agitando las nubes, destruyendo a sus enemigos, ellos, por su poder, han creado los vientos y los relámpagos; los Maruts oprimen sus pechos celestes y riegan la Tierra con una onda fecunda.

6. Los generosos Maruts vierten las aguas alimentad oras, como los sacerdotes esparcen, en los sacrificios, la manteca claficada; ellos conducen la nube rápida y cargada de lluvia, como los esclavos conducen un caballo.

7. Vosotros que poseéis la ciencia y el esplendor, que sois estables como las montañas y rápidos en vuestros movimientos, vosotros quebráis las selvas como los elefantes.

8. Los sabios Maruts rugen como los leones, ellos, que lo saben todo, son graciosos como el gamo moteado; ellos destruyen a sus enemigos y hacen las delicias de los que les adoran; dotados en su cólera de una fuerza mortal, vienen con sus antílopes y sus armas para proteger a los sacrificadores contra toda interrupción.

9. Maruts, que sois héroes y que sois benevolentes para los hombres, vosotros cuya fuerza es irresistible, vosotros hacéis resonar el Cielo y la Tierra cuando llegáis; vuestra gloria brilla como el rayo resplandeciente, ¡oh vosotros! que estáis sentados en los carros guarnecidos de sillas.

10. Los Maruts, que saben de todas las cosas y que poseen la riqueza, que subyugan a sus enemigos y que son los guías de los hombres, tienen el dardo en sus manos.

11. Ellos hienden con sus ruedas de oro las nubes, como un rebaño de elefantes quiebra los árboles que se hallan en su camino; ellos visitan las salas donde se ofrecen sacrificios, y trastornando lo que es estable, llevan armas brillantes.

12. Nosotros invocamos y celebramos la reunión de los Maruts purificadores, esparciendo el agua y vencedores de sus enemigos; sacerdotes, para obtener la prosperidad, recurrid a los poderosos Maruts, que levantan el polvo y que recibiendo las libaciones vertidas de los vasos sagrados, esparcirán sobre vosotros beneficios.

13. Maruts, el hombre a quien vosotros protegéis sobresale prontamente en fuerza sobre los demás hombres; él adquiere alimento y riquezas, él realiza las ceremonias requeridas y él prospera.

14. Maruts, conceded a vuestro adorador un hijo eminente en buenas obras, invencible en los combates, ilustre, vencedor de sus enemigos y digno de alabanzas; podamos durante cien inviernos mimar a un tal hijo y a un tal nieto.

15. Concedednos, Maruts, riquezas duraderas y una prosperidad que aflija a nuestros enemigos; dadnos tesoros que crezcan sin cesar. Puedan los que han adquirido la riqueza mediante actos piadosos venir prontamente aquí por la mañana.

ANUVAKA XII

SUKTA I

(Compuesto por el rishi Garasura, hijo de Sakti, y dirigido a Añi)

1. Las divinidades firmes y sabias siguieron, Añi, las huellas de tus pasos cuando tú te ocultabas en la profundidad de las aguas como un ladrón; todas las divinidades dignas de nuestras adoraciones se sientan cerca de ti, que demandas ofrendas y que las llevas a los dioses.

2. Los dioses siguieron el rastro del fugitivo; ellos le buscaron por doquiera; las aguas se hincharon para ocultar al que era engrandecido por las alabanzas de que había sido objeto y que se manifestaba en el seno de las aguas, manantial de los platos ofrecidos en sacrificio.

3. Añi es agradable como el alimento y vasto como la Tierra; él produce los vegetales, como una montaña; él es delicioso como el agua; él es como un caballo empujado a la carga en una batalla y como las aguas rápidas, ¿quién puede detenerle?

4. Él es el padre de las aguas, afectuoso como un hermano para sus hermanos; él consume el bosque como un rey destruye a sus enemigos, cuando, excitado por el viento, atraviesa los bosques y arranca los cabellos de la tierra.

5. Él respira entre las aguas como un cisne despertando a la aurora; él llama a los hombres a la existencia; él es creador como el soma: nacido del seno de las aguas donde estaba acostado como un animal que ha replegado sus miembros, él se agranda y su luz se esparce muy lejos.

SUKTA II

(Compuesto por el mismo rushi y dirigido al mismo dios)

1. Añi, que es como un tesoro maravilloso, como el Sol que lo ve todo, como el hálito vital, como un hijo respetuoso, como un corcel que lleva a su jinete, como una vaca que da leche, Añi, que es puro y radiante, consume los bosques.

2. Él protege las habitaciones, él destruye a sus enemigos, él alaba a los dioses, y, lo mismo que un caballo intrépido corre al combate, él se traslada con transporte a la sala de los sacrificios: quiera concedernos alimentos.

3. Añi, cuyo esplendor es incomparable, es cual un sacrificador: él decora la sala de los sacrificios como una mujer adorna una casa; cuando brilla con un resplandor maravilloso, él es como el Sol o como un carro de oro entre los hombres.

4. Él asusta a sus adversarios como un ejército enviado (contra un enemigo) o como la flecha de brillante punta que lanza un arquero. Añi, como Yama, es todo lo que ha recibido nacimiento y todo lo que lo recibirá; él es el amante de las vírgenes, el marido de las mujeres.

5. Acerquémonos a este Añi, resplandeciente, aportando sus ofrendas, como las vacas se apresuran a trasladarse a sus establos. El ha impulsado su llama en toda dirección , como las corrientes de agua: sus rayos se mezclan con el esplendor que se muestra en los cielos.

SUKTA III

(Compuesto por el mismo rishi y dirigido al mismo dios)

1. Añi, nacido en el bosque y el amigo de los hombres, protege al que te adora, como un rey favorece a un hombre eminente; que el que invoca a los dioses y que lleva ofrendas, nos sea propicio.

2. Teniendo en su mano todos los tesoros de los sacrificios, y ocultándose en las aguas, él llena de alarma a los dioses, y los dioses reconocen a Añi cuando recitan las plegarias concebidas en el corazón.

3. Como el Sol que no ha tenido nacimiento, él sostiene a la Tierra y al firmamento; Añi ama los sitios agradables a los animales.

4. El que conocía a Añi oculto en las profundidades, el que se acerca a él como al defensor de la verdad, el que repite sus alabanzas, todos están seguros de que él les dará la abundancia.

5. Los sabios adoran a Añi como al que ha dado a las plantas sus virtudes, y que, manantial de la ciencia y de la existencia, reside en las aguas.

SUKTA IV

(Compuesto por el mismo rishi y dirigido al mismo dios)

1. Añi, que lleva las ofrendas, sube al cielo y reviste a todas las cosas, incluso a la noche, de luz: radiante entre las divinidades, él comprenderá, él, las virtudes de todas las sustancias.

2. Divino Añi, cuando tú naces de la madera seca, entonces todos los adoradores te dirigen himnos que llegan hasta ti, que eres inmortal.

3. Se dirigen alabanzas al dios que ha venido a la ceremonia; se presentan ofrendas al que ha venido al sacrificio: en él está toda existencia. Añi, tú que conoces los pensamientos de tus adoradores, concede riquezas al que te presenta ofrendas, o que desea ofrecértelas.

4. Tú has residido con los descendientes de Manu como el que invoca a los dioses; tú eres, en efecto, el dueño de cuanto tienen; ellos han deseado que tú pusieses en su cuerpo la simiente de la vida, y reunidos a la posteridad que han logrado, contemplan sin turbación todas las cosas.

5. Apresurándose a cumplir las órdenes de Añi, como hijos sumisos a la voluntad de su padre, celebran su culto. Añi pone ante ellos tesoros que son llevados del sacrificio, y él, que se complace en la sala de los sacrificios, ha guarnecido el cielo de constelaciones.

SUKTA V

(Compuesto por el mismo rishi y dirigido al mismo dios)

1. Añi, que brilla como el Sol, ilumina todas las cosas y llena de antorchas el Cielo y la Tierra; él es radiante como la llama celeste. Tan pronto como te manifiestas, abrazas al Mundo entero, resplandeciendo en actos de piedad; tú eres a la vez el padre y el hijo de los dioses.

2. El sabio, el humilde y el prudente Añi da el sabor a los alimentos, como las vacas dan la dulzura a la leche; invitado a la ceremonia, él se sienta en la cámara de los sacrificios, esparciendo la felicidad entre los mortales como un hombre bienhechor.

3. Él esparce la felicidad en una casa como un hijo recién nacido; él trastorna a sus adversarios como un corcel fogoso; cualesquiera que sean los seres divinos que nosotros podamos invocar en esta ceremonia, tú tomas, ¡oh Añi!, todas sus naturalezas celestes.

4. Que los espíritus malignos no interrumpan jamás la ceremonia en que tú has dado la esperanza de recompensar a tus adoradores: si ellos quieren turbar tu culto, expúlsalos lejos de allí.

5. Que Añi, poseedor de una luz inmensa, considere los deseos de su adorador; sus rayos, llevando espontáneamente la ofrenda, abren las puertas de la sala de los sacrificios y se esparcen en todo el Cielo visible.

SUKTA VI

(Compuesto por el mismo rishi y dirigido al mismo dios)

1. Nosotros solicitamos un alimento abundante. Añi, el que se acerca por la meditación y que brilla o con una luz pura, asiste a todos los ritos piadosos; él conoce los actos dirigidos a las divinidades y (los que regulan) el nacimiento de la raza humana.

2. Se presentan ofrendas en la montaña o en las casas a este Añi que está en el interior de las aguas, en el interior de los bosques, en el interior de todas las cosas, sea que ellas se muevan, sea que estén inmóviles; él es inmortal, y realiza actos piadosos, como príncipe benevolente en medio de sus súbditos.

3. Añi, el señor de la noche, concede riquezas al que le adora con himnos sagrados; Añi, que sabe todas las cosas y que conoce el origen de los dioses y de los hombres, protege a todos los seres que residen sobre la Tierra.

4. Añi, al que hacen crecer muchos crepúsculos de variadas tintas, y que investido de la verdad se crece por efecto de todas las cosas, movibles o estables, Añi nos es propicio; él está sentado cerca del sitio en que se celebran los ritos piadosos; él es el que invoca a los dioses, y él hace que todos los actos piadosos obtengan una recompensa.

5. Añi, protege nuestros rebaños y haz que todos los hombres nos paguen tributo; ofreciéndote numerosos sacrificios, los hombres obtienen de ti riquezas, como las que los hijos obtienen de su anciano padre.

6. Pueda Añi, que tiene éxito en sus empresas, que realiza lo que desea, y que es como un guerrero, él que es un dardo, quiera Añi, temible en los combates, ser nuestro amigo.

SUKTA VII

(Compuesto por el mismo rishi y dirigido al mismo dios)

1. Los dedos unidos juntamente aman al afectuoso Añi, como las mujeres aman a sus maridos; ellos le agradan con sus ofrendas, y le honran con sus gestos, como los rayos del Sol son asiduos en servir a la aurora que, disipando por grados las tinieblas, termina por brillar con resplandor.

2. Nuestros antepasados, los Añisaras, aplicándose a alabar a Añi, asustaron mediante los cantos de sus himnos al robusto y audaz Pani, el voraz demonio; ellos trazaron para nosotros un camino hacia el vasto Cielo; ellos obtuvieron al que muestra el día *(el Sol)* y las vacas (que habían sido robadas).

3. Ellos colocaron a Añi en la sala de los sacrificios; ellos hicieron de su culto el manantial de la opulencia; fervientes adoradores preservan sus fuegos y le honran con sus ritos; libres de todo otro deseo, asiduos en adorarle y sosteniendo, mediante sus ofrendas, a los dioses y a los hombres, ellos acuden a su presencia.

4. Cuando el hálito vivificante excita a Añi, él brilla y se muestra en cada morada, y el que instituye la ceremonia le excita a realizar las funciones de mensajero, como un rey envía un embajador al monarca que ha llegado a ser amigo.

5. Cuando el que te adora presenta sus ofrendas a su glorioso protector, el demonio, ávido, te reconoce, ¡oh Añi!, y se aleja; pero tú lanzas contra él una flecha ardiendo, que parte de tu arco temible.

6. Cuando el que te adora te alumbra en su morada y te presenta una ofrenda, entonces, Añi, aumentas su riqueza; pueda aquel a quien conservas en su carro de combate volver cargado de botín.

7. Todos los alimentos ofrecidos en sacrificio se concentran en Añi como los siete grandes ríos se arrojan al océano; ¡oh tú!, que sabes todo, haz conocer nuestros deseos a los dioses.

8. Que la facilidad con que Añi se asimila el alimento sea la parte del ilustre y piadoso protector de los sacerdotes como el manantial del vigor viril; pueda Añi nacer como su hijo, robusto, irreprochable, inteligente y joven, y llevarle a actos de adoración.

9. El Sol que atraviesa solo el camino del Cielo con la rapidez del pensamiento, es el dueño de todos los tesoros: los dos Maruts y Varuna, de manos generosas, son los guardianes de la preciosa ambrosía de nuestros rebaños.

10. No rompas, Añi, la amistad que te une a nuestros antepasados, porque tú conoces el pasado tan bien como el presente; lo mismo que la luz recorre el Cielo, la enfermedad se apodera de mi cuerpo; piensa en mí antes que este manantial de destrucción le arrebate.

SUKTA VIII

(Compuesto por el mismo rishi y dirigido al mismo dios)

1. Añi, teniendo en sus manos una infinidad de cosas buenas para los hombres, se apropia las plegarias dirigidas al creador eterno. Añi es el señor de las riquezas, y se apresura a conceder los dones más preciosos a los que le alaban.

2. Todos los inmortales y los Maruts, buscando al que nos era querido como un hijo, no le descubrieron; e instruidos de sus acciones, ellos se detuvieron en el último sitio donde Añi se había ocultado.

3. Añi, los Maruts que son puros te adoran, a ti que eres igualmente puro; vertiendo durante tres años manteca clarificada, obtuvieron así nombres dignos de ser repetidos fuera de los sacrificios, y encontrándose regenerados obtuvieron cuerpos celestes.

4. Los dioses dignos de adoración, buscando a Añi entre la Tierra y el Cielo inmenso, recitaron himnos consagrados a Rudra; los Maruts, con Indra, que comparte la mitad de la ofrenda, sabiendo donde Añi se había ocultado, le encontraron en su excelente retiro.

5. Los dioses habiéndote descubierto, se sentaron y con sus mujeres te rindieron de rodillas sus homenajes. Tus amigos los dioses, ciertos de ser protegidos, volviendo a ver a su amigo, abandonaron el resto de sus cuerpos en sacrificio.

6. Hombres piadosos en estado de ofrecer sacrificios han conocido los ritos místicos contenidos en ti, y que son en número de tres veces siete[63], y ellos te han adorado; ten para ellos un afecto igual, protege sus rebaños y todo lo que les pertenece.

7. Añi, tú que sabes todas las cosas, procura a los hombres, para hacerlos subsistir, alimentos que disipen la pena; tú serás así el portador de las ofrendas y el mensajero de los dioses, conociendo las rutas entre el Cielo y la Tierra por las cuales ellos viajan.

8. Los siete ríos puros que bajan del Cielo son dirigidos por ti, ¡oh Añi!; es para ti para quien los sacerdotes, instruidos en los sacrificios, conocieron las puertas de la caverna donde el tesoro estaba oculto; es para ti para quien Sarama descubrió la leche abundante de las vacas que forma aún el alimento del hombre, descendiente de Manu.

---

[63] Esta expresión resulta misteriosa. Los arias atribuían al fuego siete rayos, a los que dan el nombre de siete lenguas y les dirigían siete ofrendas o libaciones. El hogar del sacrificio está formado por veintiún leños.

9. Tú has sido alimentado de ofrendas, Añi, desde que los Adityas, buscando una ruta hacia la inmortalidad, han instituido todos los ritos sagrados que les impedían caer, y Aditi (la Tierra) desplegaba su fuerza para sostener al Mundo, con sus poderosos hijos.

10. Los que presentan las ofrendas han vinculado en Añi los honores sublimes (de esta ceremonia) y las dos porciones de manteca clarificada que son los dos ojos (del sacrificio); entonces los inmortales vienen del Cielo, y las llamas brillantes, Añi, se extienden en todas las direcciones, como ríos que se precipitan; los dioses los ven y se regocijan de ello.

SUKTA IX

(Compuesto por el mismo rishi y dirigido al mismo dios)

1. Añi, como la riqueza patrimonial, es el que da el alimento, él es el director según las instrucciones de un hombre versado en las Escrituras; él reposa en la cámara de los sacrificios como un huésped recibido con placer; y, como sacerdote que oficia, él conduce la prosperidad a la casa del que le adora.

2. Él, que es como el divino Sol y que conoce la verdad de las cosas, preserva mediante sus acciones a sus adoradores de todo mal encuentro; como la Naturaleza, él es inmutable, y, como el alma, él es el manantial de la felicidad: por eso, debe siempre de ser querido.

3. Él que, igual que el Sol divino, es el sostén del Universo, reside sobre la Tierra como un príncipe al que rodean fieles amigos; en su presencia los hombres se sientan como hijos en la morada de un padre; él se parece en pureza a una esposa irreprochable y querida.

4. Añi, los hombres te conservan constantemente encendido en sus moradas, en los lugares seguros, y te ofrecen en sacrificio alimentos abundantes; ¡oh tú!, en quien está toda existencia, aporta riquezas para nuestra ventaja.

5. Puedan tus opulentos adoradores, Añi, obtener un alimento abundante; puedan a los sabios (que te alaban) y que te presentan (ofrendas) obtener una larga vida; podamos nosotros arrebatar en los combates el botín a nuestros enemigos y adquirir la gloria presentando a los dioses lo que nosotros hayamos conquistado.

6. Las vacas aman a Añi, que ha venido a la sala de los sacrificios, y, compartiendo su esplendor, ellas aportan para bebida sus mamas llenas de leche. Los ríos, solicitando su buena voluntad, han fluido gracias a la vecindad de las montañas.

7. Los dioses que tienen derecho a nuestras adoraciones, solicitan tu buena voluntad, te han confiado, resplandeciente Añi, el alimento ofrecido en sacrificio, y ellos han hecho la noche y la mañana de diferentes colores, negro y púrpura.

8. Podamos nosotros llegar a ser opulentos, nosotros a quien tú has instruido en ofrecer sacrificios; ¡oh tú!, que llenas el Cielo, la Tierra y el Firmamento con tu esplendor, tú proteges al mundo entero.

9. Podamos nosotros, Añi, ser defendidos por ti; que mis caballos destruyan los caballos de mis enemigos, que mis hijos, destruyan a sus hijos, y que mis hijos, llegados a ser sabios, y heredando riquezas de sus señores, vivan cien inviernos.

10. Que mis alabanzas, sabio Añi, sean agradables a tu corazón y a tu espíritu: podamos nosotros tener la fuerza de soportar el peso de tus riquezas bienhechoras, ofreciendo a los dioses su parte en los manjares que componen el sacrificio.

ANUVAKA XIII

SUKTA I

(Compuesto por el rishi Gotama, hijo de Rahugana, y dirigido a Añi)

1. Apresurémonos a acudir al sacrificio, y repitamos nuestras plegarias a Añi, que nos oye de lejos.

2. Añi, que existe desde hace largo tiempo, ha reservado riquezas para el sacrificador cuando los hombres malévolos se han reunido juntamente.

3. Que los hombres alaben a Añi tan pronto como es engendrado. Añi, que ha matado a Vritra y que ha ganado el botín en numerosas batallas.

4. El sacrificador en la casa de la cual tú eres el mensajero de los dioses y de la que tú llevas las ofrendas para el alimento, ofrece un sacrificio que tú haces aceptable.

5. Es él, Angiras, el hijo de la fuerza, a quien los hombres llaman feliz en los sacrificios y en sus ofrendas.

6. Conduce aquí, brillante Añi, a los dioses, a fin de que ellos reciban nuestras alabanzas v que nuestras ofrendas les sirvan de alimento.

7. A cualquier sitio donde tú vayas, Añi, encargado de una misión de los dioses, el relincho de los caballos de tu carro rápido no se oye.

8. El que estaba en otro tiempo sujeto a un superior ha sido el objeto de tu protección, ¡oh Añi!; él se halla ahora en tu presencia, como presentando ofrendas; está lleno de confianza y posee alimentos.

9. Verdaderamente, divino Añi, tú deseas conceder tesoros y un vigor brillante al que presenta a los dioses (ofrendas).

SUKTA II

(Compuesto por el mismo rishi y dirigido al mismo dios)

1. ¡Oh tú!, que haces propicios a los dioses y que aceptas nuestras ofrendas en tu boca, escucha mis fervientes plegarias.

2. Muy sabio Añi, jefe de los Angiras, ¡podamos dirigirte una plegaria que acojas favorablemente y que te cause placer!

3. ¿Quién es, Añi, tu pariente entre todos los hombres? ¿Quién es digno de ofrecerte un sacrificio? ¿Quién eres tú, en verdad, y dónde resides?

4. Adora para nosotros a Mitra y Varuna; adora para nosotros a todos los dioses; celebra un gran sacrificio; muéstrate presente en tu propia morada.

SUKTA III

(Compuesto por el mismo rishi y dirigido al mismo dios)

1. ¿Cómo acercarnos a ti, oh Añi?, ¿Qué efecto pueden tener cien elogios? ¿Quién, mediante sacrificios, ha obtenido tu poder?

2. Ven a estos lugares, Añi, siéntate, tú que invocas a los dioses; precédenos, porque tú eres irresistible; pueda el Cielo sin límites y a la Tierra defenderte, a fin de que puedas adorar a los dioses a toda su satisfacción.

3. Consume enteramente a todos los Rakshasas y defiende nuestros sacrificios contra toda interrupción. Tráeme aquí (Indra) al guardián del jugo del soma, con sus corceles, a fin de que nosotros podamos testimoniar nuestra hospitalidad al que nos da lo que es bueno.

4. Yo te invoco a ti, que mediante tus llamas llevas las ofrendas; yo te dirijo un himno, que, procura posteridad a tu adorador; siéntate con los dioses y tú, que eres digno de alabanza, cumple el oficio de Hotri o de Gotri, y despiértanos, tú que eres el depositario y el creador de las riquezas.

5. Lo mismo que en el sacrificio del santo Manu, tú, sabio entre los sabios, tú adoras a los dioses presentándoles ofrendas, así Añi, tú que invocas de buena fe a los dioses, presenta hoy tus ofrendas en la copa que da la alegría.

SUKTA IV

(Compuesto por el mismo rishi y dirigido al mismo dios)

1. ¿Qué ofrendas podemos ofrecer a Añi y qué alabanzas dirigir a Añi que no sean agradables a los dioses? Añi es inmortal y fiel a la verdad, él invoca a los dioses; él realiza los sacrificios, y, presente entre los hombres, él lleva ofrendas a las divinidades.

2. Conducid aquí, cantando sus alabanzas, al que es muy asiduo a los sacrificios, que observa la verdad y que invoca a los dioses: cuando Añi se dirige a los dioses de parte de un hombre, conoce a las deidades que merecen ser adoradas, y las adora con veneración.

3. Él es el que realiza los ritos, él destruye y reanima todas las cosas, y, como un amigo, él distribuye amplias riquezas: todos los hombres que respetan a los dioses y se acercan a Añi repiten ante todas las cosas su nombre en las ceremonias santas.

4. Quiera Añi, que es el principal director de los sacrificios y el que destruye a sus enemigos, aceptar nuestras alabanzas y nuestras ofrendas; quieran los que poseen grandes riquezas, que están dotados de la fuerza y que han preparado el alimento ofrecido al sacrificio, experimentar el deseo de ofrecer sus adoraciones.

5. Así es como Añi, que celebra los sacrificios y al que todas las cosas le son conocidas, ha sido celebrado en los himnos de los piadosos descendientes de Gotama; él les ha dado a beber el brillante jugo del soma, y, satisfecho de nuestra devoción, él obtuvo el alimento (para sí mismo).

SUKTA V

(Compuesto por el mismo rishi y dirigido al mismo dios)

1. Tú que conoces y que ves todo lo que existe, Añi, Gotama te celebra y te alaba; nosotros te glorificamos mediante nuestros himnos elogiosos.

2. Añi, tú a quien Gotama, deseoso de obtener riquezas, adora y alaba, nosotros te glorificamos mediante nuestros himnos elogiosos.

3. Nosotros te invocamos, a ti, que das un alimento abundante, de la misma manera que te invocó Angira, nosotros te alabamos y te glorificamos mediante nuestros himnos.

4. Nosotros te celebramos, a ti, que eres el destructor de Vritra, y que pones en huida a los Dasvas.

5. Los descendientes de Rahagana han recitado a Añi dulces discursos; nosotros le alabamos mediante nuestros himnos religiosos.

SUKTA VI

(Compuesto igualmente por Gotama y dirigido a Añi, teniendo en cuenta diversos de sus caracteres)

1. Añi, el de la cabellera de oro, agita las nubes cuando cae la lluvia, y moviéndose con la velocidad del viento, brilla con fulgor por las mañanas. Entonces, las auroras no conocen las lluvias; se parecen a mujeres laboriosas, que, provistas de alimentos, se entregan con celo a sus trabajos.

2. Tus rayos, cayendo y acompañados por los Maruts ágiles, golpean (contra la nube); el negro dispensador de la lluvia ha rugido; en seguida cae la lluvia en gotas deliciosas y sonrientes: la lluvia desciende, las nubes truenan.

3. Cuando Añi alimenta al Mundo con la leche de la lluvia y conduce por las vías más directas a gozar de los beneficios del agua, entonces, Mitra, Aryaman, Varuna, y la reunión de los Maruts, que recorren el Mundo, traspasan las membranas que rodean el seno de la nube.

4. Añi, hijo de la fuerza, señor del alimento y de los rebaños, danos un alimento abundante: tú sabes todo lo que existe.

5. El brillante Añi, que es sabio y que da morada, debe ser alabado mediante himnos. ¡Oh tú!, cuya boca brilla con abundantes llamas, sénos propicio y haz que las riquezas, dando alimento, nos sean compartidas.

6. Brillante Añi, ahuyenta por ti mismo o mediante tus servidores a los que intentasen, sea de día, ya de noche, turbar nuestras ceremonias: Añi, de afilado rostro, destruye enteramente a los Rakshasas.

7. Añi, que debe de ser alabado en todas las ceremonias , concédenos tu protección, y que el recitado de estos himnos versificados te vuelva propicio.

8. Concédenos, Añi, riquezas que nos ahuyenten la pobreza y que nuestros enemigos no nos puedan arrebatar.

9. Concédenos, Añi, riquezas que nos den la felicidad y que nos sostengan durante nuestra vida; concédenos también una inteligencia recta.

10. Gotama, deseando riquezas, ofrece a Añi, el de las llamas punzantes, plegarias puras y alabanzas.

11. Que el que nos inquieta, Añi, ya de lejos, ya de cerca, perezca; sénos propicio y danos la prosperidad.

12. Añi, el de los mil ojos que todo lo ven, ahuyenta a los Rakshasas, y alabado por nuestros santos himnos, tú que invocas a los dioses, celebra sus alabanzas.

SUKTA VII

(Compuesto igualmente por el rishi Gotama y dirigido a Indra)

1. Pujante dios, armado del rayo, cuando el sacerdote te hubo celebrado mediante sus alabanzas y hubo sido bebido el jugo del soma, tú ahuyentaste mediante tu vigor, a Ahi de la Tierra y tú te manifestaste en tu soberanía.

2. Este vigorizador jugo del soma, que fue traído (del Cielo) por el gavilán[64] te ha animado tanto por sus alegres libaciones, que, con tu vigor, heriste a Vritra, arrojándole del Cielo, y manifestaste tu soberanía.

3. Apresúrate, ataca, subyuga; tu rayo no puede usar tu vigor; Indra, destruye a los hombres; mata a Vritra y apodérate de las aguas, manifestando tu soberanía.

4. Tú has herido a Vritra, expulsándole del Cielo y de la Tierra; ahora libera la lluvia que retenía el viento y que sostiene la vida; manifiesta tu soberanía.

5. Indra ha herido con su rayo la mandíbula del tembloroso Vritra, él ha devuelto a las aguas su curso, y él ha manifestado su soberanía.

6. Indra le ha herido en la sien con su rayo de cien cuchillas; él se ocupa, con su triunfo, en procurar a sus amigos medios de subsistencia y manifiesta su soberanía.

7. Indra, llevado por las nubes, y señor del rayo, verdaderamente, tu valor es incontestable desde que has matado a este demonio pérfido, manifestando así tu soberanía.

8. Tus rayos fueron esparcidos sobre noventa y nueve ríos; grande es tu potencia; la fuerza está depositada en tus brazos y tú manifiestas así tu soberanía.

9. Mil mortales le adoran juntamente; veinte han celebrado sus alabanzas en sus himnos, cien sabios le glorifican sin cesar: Indra, la ofrenda es elevada hacia ti, y manifiesta tu soberanía.

10. Indra, agota bajo tu vigor la fuerza de Vritra aunque grande es su poder; después de haber matado a Vritra él soltó las aguas, manifestando así su soberanía.

---

[64] En el texto aparece Syena, que es el nombre del gavilán y también el de una medida poética. También puede verse aquí una alusión a la rapidez con que las ofrendas acompañadas de cantos llegan a los dioses.

11. El Cielo y la Tierra temblaban ante el aspecto de tu cólera cuando, seguido por los Maruts, tú mataste a Vritra, y tú manifestaste tu soberanía.

12. Vritra no asustó a Indra mediante sus clamores: el rayo de numerosas cuchillas de hierro cayó sobre él cuando Indra manifestó su soberanía.

13. Indra, cuando tú heriste a Vritra con tu rayo, la fuerza que tú desplegaste se mostró en los cielos, y tú manifestaste tu soberanía.

14. En oyendo tu voz, ¡oh tú!, que tienes el trueno, todas las cosas que se mueven, o que están inmóviles, temblaron; Gvashtri mismo tembló de espanto ante tu cólera, ¡oh Indra!, cuando tú manifestaste tu soberanía.

15. Nosotros no conocemos con certeza a Indra, que abraza todas las cosas, ¿quién es quien le conoce a él, que reside a lo lejos en su fuerza?; los dioses han concentrado en él las riquezas, el culto y el poder, manifestando así su soberanía.

16. Atharvan[65], Manu, nuestro padre, y Dadhyanch[66] se han aplicado en otro tiempo a actos de piedad, pero sus plegarias y sus himnos estaban constantemente reunidos en este Indra, manifestando su soberanía.

---

[65] Es el nombre de un rishi o sabio al que se atribuye un cuarto Veda.

[66] Nombre de un rishi cuyos huesos sirvieron de armas contra Vritra. El señor Langlois observa con razón que estas armas formadas con los huesos del sabio son las oraciones empleadas en los sacrificios para obtener la lluvia o, según el lenguaje mitológico, la victoria sobre Vritra.

SEXTO ADHYAYA
ANUVAKA XIII (CONTINUACIÓN)

SUKTA VIII

(Compuesto por el mismo rishi y dirigido igualmente a Indra)

1. Indra, el vencedor de Vritra, ha aumentado en fuerza y en satisfacción como consecuencia de la adoración de los hombres; nosotros le invocamos en los grandes combates, así como en los pequeños; quiera él defendernos en las batallas.

2. ¡Oh heroico Indra!, tú tienes para ti sólo un ejército; tú eres el que da un botín abundante; tú exaltas al humilde mortal; tú concedes riquezas al que te adora y te presenta ofrendas, porque tu opulencia es grande.

3. Cuando se producen las batallas, la riqueza vuelve al vencedor; engancha tus caballos que humillan el orgullo del enemigo, a fin de que tú puedas destruir al uno y enriquecer al otro; Indra, procúranos la abundancia.

4. Poderoso por efecto de los sacrificios, formidable para sus enemigos, Indra ha aumentado su fuerza; su aspecto es agradable, tiene una hermoso mentón y posee brillantes corceles; él coge el rayo de hierro *en* sus manos que nos dan la prosperidad.

5. Él ha llenado con su gloria la extensión de la Tierra y el firmamento; él ha fijado las constelaciones en el Cielo; nadie parecido a ti, ¡oh Indra!, ha recibido jamás la luz ni la recibirá; tú has sostenido el Universo.

6. Plázcate, Indra, protector que traes al que da ofrendas alimento propio para los mortales, concedernos un alimento parecido: distribuye tus riquezas que son abundantes de manera que yo pueda obtener una porción de ellas.

7. El que realiza los actos piadosos nos da rebaños; cuando él recibe de nosotros libaciones siente gozos frecuentes; danos a dos manos, Indra, tesoros de toda especie, aguza nuestras inteligencias; tráenos riquezas.

8. Goza con nosotros, ¡oh héroe!, de la libación vertida para acrecentar nuestra fuerza y nuestras riquezas; nosotros sabemos que tú posees vastos tesoros, nosotros te dirigimos nuestros deseos: sé nuestro protector.

9. Indra, tus criaturas quieren la ofrenda, en la cual todas pueden tomar parte: señor de todas las cosas, tú sabes cuáles son las riquezas de esos hombres que no hacen ofrendas; tráenos sus riquezas.

SUKTA IX

(Como el himno precedente)

1. Acércate, Maghavan, y escucha nuestras alabanzas; no seas diferente de lo que has sido hasta aquí: desde que nos inspiraste estas palabras sinceras que estamos dirigiéndote en todo momento no cesamos de expresarte nuestro reconocimiento: Indra, engancha prontamente tus caballos.

2. Tus adoradores han comido los alimentos que tú has dado; ellos se han regocijado y sus cuerpos han temblado; los sabios te han glorificado recitando los cantos más felices; Indra, engancha prontamente tus caballos.

3. Nosotros te alabamos, Maghavan, tú que miras con bondad todas las cosas: objeto de nuestras alabanzas, vuélvete a tu carro, lleno de tesoros, cerca de los que desean tu presencia; Indra, engancha prontamente tus caballos.

4. Plázcale a él montar en su carro, que hace llover las bendiciones, y que concede rebaños, y que da el vaso lleno de la mezcla hecha con el jugo del soma y del grano: Indra, engancha prontamente tus caballos.

5. ¡Oh tú!, que realizas muchos actos piadosos: que tus caballos sean enganchados a derecha y a izquierda, y, animado por los alimentos ofrecidos en sacrificio, vuélvete a tu carro cerca de tu esposa querida; Indra, engancha prontamente tus caballos.

6. Yo engancho con piedras preciosas los caballos de larga crin: parte, toma las riendas en tus manos; los jugos enervantes que han sido esparcidos, te han animado. ¡Oh tú!, que tienes el trueno: lleno de alimento, regocíjate con tu esposa.

SUKTA X

(Compuesto por el mismo rishi y dirigido al mismo dios)

1. El hombre a quien tú proteges con cuidado, Indra, y que habita en una casa donde hay caballos, es el primero que va (a la casa donde hay) vacas; esparce sobre él las riquezas abundantes, como los ríos corren en todas direcciones hacia el océano.

2. Los mismo que las aguas brillantes corren hacia el lugar del sacrificio, lo mismo los dioses inclinan su vista hacia nuestras ceremonias: cuando la luz desciende hacia la Tierra, los dioses la traen, deseosos de que les sea presentada por movimientos sucesivos hacia el altar; y llenándolos de libaciones, ellos están tan impacientes como los jóvenes esposos.

3. Tú has asociado, Indra, las palabras de u n a alabanza santa con el grano y la manteca, de la ofrenda, colocados juntamente en las cucharas y que te son presentados al mismo tiempo. Con ello el sacrificador se entrega sin turbación a los cuida dos de su culto, y continúa próspero: un gran poder es concedido al sacrificador que esparce ante ti ofrendas.

4. Los Angiras prepararon primeramente para Indra el alimento del sacrificio, y, estando el fuego encendido, ellos le adoraron rindiéndole un culto muy santo; los instructores de la ceremonia adquirieron todas las riquezas de Pani, comprendiendo en ellas los caballos, las vacas y otros animales.

5. Atharván fue el primero que descubrió ofreciendo sacrificios el camino (seguido por los ganados extraviados); entonces nació el brillante Sol, que se complace en actos de piedad: Atharván recobró los ganados: Kavya (Usanas) se asoció[67] a él. Adoremos al inmortal Indra que nació para domar (a los Asuras).

6. Sea que la hierba sagrada esté cortada para el rito que hace descender las bendiciones, ya que el sacerdote repita los versos sagrados en (el sacrificio) brillante, sea que la piedra (que exprime el jugo del soma) resuene como el sacerdote que repite el himno, en todas estas ocasiones Indra se regocija.

---

[67] El señor Langlois considera el nombre de Kavya como el de un personaje tal vez imaginario y opina que el texto podría traducirse por estas palabras: «Digno de ser cantado por el poeta...» Acerca de este nombre puede consultarse el segundo volumen del *Bhagavata Purana,* en la traducción del señor Burnouv.

SUKTA XI

(Lo mismo que se ha dicho para el himno precedente)

1. El jugo del soma ha sido exprimido para ti, ¡oh Indra! Acércate, tú que humillas a tus enemigos; pueda la libación llenarte de vigor como el Sol llena el firmamento con sus rayos.

2. Que los caballos de Indra, cuya pujanza es irresistible, le lleven para que pueda recibir las alabanzas y los sacrificios de los hombres y de los sabios.

3. ¡Oh tú!, que has matado a Vritra, monta en tu carro, porque tus caballos han sido enganchados por la plegaria; pueda la piedra que machaca el soma atraer mediante su ruido tu espíritu hacia nosotros.

4. Bebe, Indra, esta libación excelente e inmortal; las gotas de esta límpida bebida corren hacia ti en la cámara de los sacrificios.

5. Ofreced prontamente vuestros homenajes a Indra; recitad himnos en su alabanza; que las gotas esparcidas le regocijen; adorad su fuerza superior.

6. Indra, cuando tú has enganchado tus corceles, nadie mejor conductor que tú; nadie te aventaja en vigor; ni hay hombre capaz de alcanzarte, cualquiera que fuese el mérito de sus caballos.

7. El que solo concede la opulencia al hombre que hace ofrendas, es el soberano al que no se resiste; ven, ¡oh Indra!

8. ¿Cuándo yacerá a tus pies, como una serpiente replegada sobre sí misma, el hombre que no te presenta ofrendas? ¿Cuándo escuchará Indra nuestras alabanzas? Ven, ¡oh Indra!

9. Indra concede una fuerza formidable al que le adora, teniendo las libaciones preparadas. Ven, ¡oh Indra!

10. Las vacas blancas beben el dulce jugo del soma así vertido, y ellas están asociadas al generoso Indra; ocupando pacientemente sus establos, esperan la soberanía.

11. Deseando su contacto, esas vacas, coloreadas de diversos tintes, deslíen con su leche el dulce jugo del soma; las vacas lecheras que ama Indra dirigen contra sus enemigos su rayo destructor: residiendo en sus establos, ellas esperan la soberanía.

12. Estas vacas inteligentes respetan su poder y le hacen el homenaje de su leche; así celebran sus numerosas hazañas; residiendo en sus establos ellas esperan la soberanía.

13. Indra, con los huesos de Dadhyanch[68] mató ochenta veces nueve veces a Vritra.

14. Deseando la cabeza del caballo oculto en las montañas, él la encontró en Saryanavat.

15. Los rayos del Sol encontraron en esta ocasión la luz de Tvashtri oculta en la morada de la Luna.

16. Ella engancha hoy al carro de Indra sus corceles vigorosos y brillantes, cuyo ímpetu es irresistible, que tienen flechas en sus bocas, que pisotean los corazones de sus enemigos v que dan la felicidad a sus amigos. El sacrificador que alaba la manera en que ellos cumplen sus deberes, obtiene una larga vida.

17. ¿Quién es capaz de poner en fuga el temor de un enemigo cuando Indra está cerca de él? ¿Quién es el que puede ser herido por sus antagonistas si Indra le protege? ¿Quién es el que sabe si este dios está próximo? ¿Qué necesidad hay de que un hombre importune a Indra para su hijo, su elefante, su propiedad, su persona o su pueblo?

18. ¿Quién alaba el fuego del sacrificio encendido para Indra, o que le adora, presentándole en épocas regulares ofrendas de manteca clarificada? ¿Cuál es el hombre al que los dioses aportan prontamente la riqueza que ha sido pedida? ¿Qué sacrificador ocupado en presentar ofrendas y favorecido por los dioses conoce completamente a Indra?

19. Poderoso Indra, sé comprendido por el mortal que te adora, y sele favorable; no hay nadie más que tú que des la felicidad; Indra, yo recito tus alabanzas.

20. ¡Oh tú!, que concedes moradas, que tus tesoros, que tus beneficios no sean jamás para nosotros una ocasión de perjuicio. Amigo de los mortales, tráenos toda clase de riquezas, a nosotros que conocemos las plegarias.

---

[68] Ya hemos explicado en la nota anterior lo que son los huesos de este sabio.

ANUVAKA XIV

SUKTA I

(Compuesto por el rishi Gotama y dirigido a los Maruts)

1. Los Maruts que se adelantan se adornan como mujeres; ellos se escurren a través del aire, los hijos de Rudra, que hacen buenas obras por medio de las cuales desenvuelven la prosperidad del Cielo y de la Tierra: estos héroes que quiebran las sólidas rocas, hacen sus delicias de los sacrificios.

2. Regados por los dioses con agua santa, los hijos de Rudra han establecido sus moradas por encima del Cielo; glorificando a Indra, que merece ser glorificado, ellos le han dado vigor; los hijos de Prisni han adquirido renombre.

3. Cuando los hijos de la Tierra se decoran con adornos, sus personas arrojan un vivo resplandor; ellos ahuyentan a todo adversario; las aguas siguen el camino que ellos toman.

4. Ellos son dignos de adoración y brillan provistos de armas diversas; incapaces de ser derribados, ellos derriban las montañas; Maruts, rápidos como el pensamiento y a los cuales ha sido confiado el deber de esparcir la lluvia, enganchad a vuestros carros los gamos moteados.

5. Maruts, cuando, impulsando ante vosotros las nubes a fin de dar (a los hombres) el alimento, vosotros habéis enganchado los gamos a vuestros carros, las gotas caen del Sol radiantes y riegan la Tierra.

6. Que vuestros corceles rápidos os traigan aquí; llegad prontamente, con las manos (llenas de buenas cosas); sentaos, Maruts, sobre el extenso campo de hierba sagrada, y regalaos con los dulces alimentos ofrecidos en sacrificio.

7. Confiando en su propia fuerza, ellos han aumentado en poder; ellos han alcanzado el cielo por su grandeza, y se ha hecho para ellos una vasta residencia: puedan venir cerca de nosotros, rápidos como los pájaros, y sentarse sobre la hierba sagrada.

8. Tales como héroes, tales como combatientes, tales como hombres ávidos de alimento, los rápidos Maruts se han empeñado en los combates; todos los seres temen a los Maruts que son los conductores de la lluvia, y cuyo aspecto es terrible como el de los príncipes.

9. Indra tiene el rayo de oro, de láminas numerosas, que el hábil Tvashtri ha hecho para él, a fin de que realice grandes hazañas. Él ha matado a Vritra y él ha hecho caer un océano de agua.

10. Usando de su poder, ellos levantaron el pozo y hendieron la montaña que los detenía[69]; los generosos Maruts, haciendo resonar sus instrumentos, han concedido, cuando el jugo del soma los ha regocijado, dones deseables.

11. Ellos han llevado los pozos tortuosos al sitio donde estaba el Muni, y han esparcido el agua sobre Gotama sediento; los Maruts de los variados rayos han llegado a su socorro, satisfaciendo el deseo del sabio con las aguas que sostienen la vida.

12. Vosotros dais al que os presenta ofrendas y celebra vuestras alabanzas todos los tesoros contenidos en los tres mundos, y que están a vuestra disposición; concedednos también, ¡oh Maruts!, las riquezas de donde proviene la felicidad.

---

[69] Según las leyendas védicas, hallándose el sabio Gotama atormentado por la sed invoca a los Maruts. Éstos quitaron el agua de un estanque que estaba próximo y la vertieron en una artesa o pila que cavaron cerca del santo. Se refiere también que cogieron un pozo y lo transportaron a un lugar retirado, en donde Gotama vivía como un ermitaño. Antes de llegar a él tropezaron con una montaña que había en medio del camino y la hundieron.

SUKTA II

(Lo mismo que en el himno precedente)

1. El hombre que está en la casa de donde descendéis del Cielo, brillantes Maruts, y bebéis las libaciones, tiene excelentes protectores.

2. Maruts, portado res de las ofrendas, escuchad las invocaciones y las alabanzas del que os adora, ofrézcaos o no sacrificios.

3. Quiera aquel por el cual los sacerdotes han invocado a los Maruts pasearse en los pastos llenos de rebaños.

4. La libación es vertida durante el sacrificio para la tropa de los héroes, el himno es recitado, y así se excita su alegría.

5. Quieran los Maruts, victoriosos de todos los hombres, oír las alabanzas de su adorador; pueda el que los alaba obtener un alimento abundante.

6. Gozando de vuestra protección, ¡oh vosotros!, que veis todas las cosas, nosotros os hemos presentado, ¡oh Maruts!, ofrendas durante muchos años.

7. Maruts, dignos de una adoración especial, pueda el hombre del que aceptáis las ofrendas gozar una prosperidad continua.

8. Poseedores del vigor verdadero, conoced los deseos del que os alaba, y que trabaja para serviros, deseoso de obtener vuestro bien.

9. Poseedores de la fuerza verdadera, vosotros habéis empleado vuestro poder, que habéis hecho brillar con todo su lustre destruyendo a los Rakshasas.

10. Disipad las tinieblas que ocultan la luz, ahuyentad a todo enemigo feroz; mostradnos la luz que deseamos.

SUKTA III

(Lo mismo que para el himno precedente)

1. Vosotros que destruisteis a vuestros adversarios, que estáis dotados de una gran fuerza, que dais grandes gritos, vosotros que compartís la ofrenda del día y que conducís las nubes, Maruts, vosotros brilláis en el Cielo como los rayos del Sol.

2. Maruts, huyendo como pájaros a lo largo de un cierto camino del Cielo, vosotros reunís las nubes que pasan en las porciones vecinas del firmamento, y cuando ellas vienen en seguida en colisión con vuestros carros, dejan caer el agua: esparcid sobre el que os adora la lluvia color de miel.

3. Cuando ellos reúnen las nubes, la tierra tiembla como una esposa cuyo marido se ha alejado; caprichosos, provistos de armas brillantes y agitando las rocas sólidas, manifiestan todo su poderío.

4. Los Maruts, siempre jóvenes y ligeros, conducidos por sus gamos (rápidos) son dueños de esta Tierra: ¡oh vosotros!, que sois verdaderos en vuestras promesas e irreprochables, vosotros que hacéis caer la lluvia, sed los protectores de nuestras ceremonias.

5. Nosotros declaramos por nuestro nacimiento, como discípulos de nuestro anciano padre, que el lenguaje (de la alabanza) acompaña a las invocaciones dirigidas a los Maruts cuando el soma es vertido; ellos han estado cerca de Indra, animándole durante la lucha, y ellos han adquirido así nombres que deben ser recitados en los sacrificios.

6. Combinados con los rayos del Sol, ellos han esparcido voluntariamente la lluvia para la felicidad de los hombres; celebrados por los himnos de los sacerdotes, ellos han tomado parte con placer en el alimento ofrecido en sacrificio; moviéndose con rapidez y exentos de temores, han llegado a ser poseedores de una morada agradable y verdaderamente digna de ellos.

SUKTA IV

(Lo mismo que la anterior)

1. Venid, Maruts, con vuestros carros brillantes, ligeros y bien enganchados; vosotros que hacéis buenas obras, descended como pájaros, y traednos un alimento abundante.

2. ¿Hacia qué adorador de los dioses se dirigen con estos corceles jóvenes y rojizos, que arrastran su carro? Brillantes como el oro y armados del rayo, ellos surcan la Tierra con las ruedas de su carro.

3. Maruts, las armas amenazadoras están sobre vuestras personas: se alzan para vosotros sacrificios altos como grandes árboles; ¡oh Maruts!, es para vosotros para quienes opulentos poseedores enriquecen la piedra (que machaca el soma).

4. Dichosos días llegan para vosotros, hijos de Gotama, cuando vosotros estáis sedientos y ellos han dado brillo a las ceremonias para las cuales el agua es indispensable; los hijos de Gotama, presentando ofrendas con himnos sagrados, han elevado el pozo instalado para su morada.

5. Este himno es el mismo que el que Gotama recita en vuestro honor, ¡oh Maruts!, cuando os ve sentados en vuestros carros cuyas ruedas son de oro, provistos de armas de hierro, precipitándoos acá y allá y destruyendo a vuestros más poderosos enemigos.

6. Esta alabanza, Maruts, apropiada a vuestros méritos, glorifica a cada uno de vosotros. Las palabras del sacerdote o s han glorificado en sus versos sagrados desde que colocasteis el alimento vivificador en nuestras manos.

SUKTA V

(Compuesto por el rishi Gotama y dirigido a los Visvadevas)

1. ¡Cuántas agradables ceremonias se dedican a los dioses por todas partes y sin obstáculos, a fin de asegurarnos la victoria sobre nuestros enemigos! Quieran los dioses no apartarse de nosotros, sino, concediéndonos cada día su protección, hallarse constantemente a nuestro lado.

2. Quiera el benevolente favor de los dioses aplicarse a nosotros; ojalá podamos obtener su amistad, y que ellos se dignen concedernos una larga vida.

3. Al recitar un texto antiguo, invocamos a Bhaga, Mitra, Aditi, Daksha, Ashridi, Aryaman, Varuna, Soma y a los Asvins. ¡Quiera el bondadoso Sarasvati concedernos la dicha!

4. Ojalá nos traiga el viento el benigno medicamento; y también la Tierra, nuestra madre, y el Cielo, nuestro padre; y asimismo las piedras que exprimen el jugo del soma y conducen al placer. Escuchad nuestras súplicas, ¡oh Asvins!, a quienes convenientemente honramos.

5. Invocamos al Señor de los vivos, a Indra al que piadosas ceremonias hacen favorable; Pushan siempre ha sido nuestro defensor y ha aumentado nuestros bienes ¡Ojalá continúe velando por nuestro bienestar!

6. Que Indra, que tantas alabanzas recibe, vele por nuestro bienestar; que Pushan, que todo lo sabe, vele por nuestro bienestar; que Tarkshya, cuyas armas son irresistibles, vele por nuestro bienestar.

7. Que los Maruts, cuyos corceles son gamos rápidos, hijos de Prisni, de graciosos movimientos y que, sentados sobre la lengua de Añi y brillantes como el Sol asisten a los sacrificios, puedan acudir con todos los dioses para socorrernos.

8. Oigamos, ¡oh dioses!, con nuestros oídos, todo lo que es bueno; objetos del sacrificio, veamos con nuestros ojos lo bueno; consagrados a vuestra alabanza, ojalá podamos gozar, con miembros ágiles y un vigoroso cuerpo, el término de la vida decretado por los dioses.

9. Cien años han sido estipulados (para la vida del hombre); no intervengáis, ¡oh dioses!, en el curso de nuestra existencia, para infligir enfermedades a nuestros cuerpos de modo que nuestros hijos se conviertan en dueños nuestros.

10. Aditi es el Cielo; Aditi es el firmamento; Aditi es la madre, el padre y el hijo; Aditi es todos los dioses; Aditi es las cinco clases de hombres; Aditi es la generación y el nacimiento.

SUKTA VI

(Compuesto por el mismo rishi y dirigido a diversas divinidades)

1. Dígnense Varuna y el sabio Mitra conducirnos por vías rectas del mismo modo que Aryaman que con los dioses se complacía.

2. Distribuyen riquezas y, siempre vigilantes, cumplen a diario sus funciones.

3. Ojalá los inmortales nos concedan, a nosotros mortales, la dicha, y destruyan a nuestros enemigos.

4. Que el adorable Indra, los Maruts, Pashan y Bhaga nos dirijan en nuestro camino para que nos lleve al logro de bienaventurados dones.

5. Pushan, Vishnú, Maruts, haced que nuestras ceremonias protejan nuestros rebaños; dadnos prosperidad.

6. Los vientos traen dulces recompensas al sacrificante; los ríos arrastran dulces aguas; ojalá las hierbas nos aporten la dulzura.

7. Que la noche y la mañana puedan sernos dulces; y la región de la Tierra plena de dulzura; que el Cielo nos proteja y sea dulce para nosotros.

8. Que Vanapasti pueda mostrársenos dulce; y el Sol henchido de dulzura; y que nuestros rebaños muestren gran mansedumbre para nosotros.

9. Que Mitra nos sea propicio; que Varuna y Aryaman nos sean propicios; que Indra y Brihaspati nos sean propicios; que Vishnu el de las grandes zancadas nos sea propicio.

SUKTA VII

(Compuesto igualmente por Gotama y dirigido a Soma)

1. Soma, nuestra inteligencia te comprende enteramente; tú nos llevas por un camino recto; merced a tu dirección, Indra, nuestros padres consiguieron la opulencia.

2. Soma, tú eres aquel que practica las buenas obras; estás dotado de potente energía y todo lo conoces; provocas lluvia bienhechora por efecto de tu grandeza; guía de los hombres, las ofrendas de los sacrificios te han sustentado.

3. Tus actos, ¡oh Soma!, son como los del real Varuna; tu gloria es grande y profunda; cual el bien amado Mitra, todo lo purificas, y como Aryaman, tú aumentas todas las cosas.

4. Dotado de codas las glorias que despliegas en el Cielo, sobre la Tierra, en las montañas, en las plantas, en las aguas, te hallas bien dispuesto para con nosotros, ilustre Soma; acepta nuestras ofrendas.

5. Soma, tú eres el protector, el soberano de los hombres piadosos y hasta el vencedor de Vritra; tú eres el santo sacrificio.

6. Soma, tú que te complaces recibiendo alabanzas y que eres el dueño de las plantas, eres para nosotros la vida; si tú quieres, no moriremos.

7. Concede, Soma, a quien te adora, sea joven o viejo, riquezas para que pueda gozarlas y vivir.

8. Defiéndenos, real Soma, contra todos los que tratan de perjudicarnos; el amigo de un ser como tú no puede nunca perecer.

9. Soma, sé nuestro protector; concédenos esta ayuda que es manantial de riquezas para todo el que hace ofrendas.

10. Acepta nuestro sacrificio y nuestras alabanzas; acércate, Soma, y protege nuestros ritos.

11. Conocemos los himnos y elevamos la voz para loarte; acércate a nosotros ¡oh tú, que eres bueno!

12. Soma, concédenos riquezas, aleja las enfermedades, procúranos el sustento, sé para nosotros un amigo excelente.

13. Soma, reside gozoso en nuestros corazones, como el ganado en abundante pasto.

14. El sabio experimentado alaba al mortal que te alaba, divino Soma, sólo por afecto hacia ti.

15. Protégenos, Soma, contra la calumnia, presérvanos del pecado; complácete con nuestro servicios y sé nuestro amigo.

16. Soma, que el vigor acuda a ti de todas partes; sé diligente para suministrarnos el sustento.

17. Grande y afortunado Soma, sé para nosotros un amigo con todas las plantas que se entrelazan en torno tuyo; bien provisto de sustento, prosperaremos.

18. Que el zumo lechoso se deslice en tu derredor; que las ofrendas y el vigor se concentren en el destructor de enemigos; concédenos en el Cielo, Soma, el alimento excelente que nos otorgue la inmortalidad.

19. Ven a nuestras moradas, Soma, tú que concedes la riqueza y que, acompañado de héroes valientes, triunfas sobre las dificultades.

20. A quien le hace ofrendas, Soma da una vaca de abundante leche, un caballo rápido y un hijo experto en negocios, aplicado en el divino culto, eminente entre los hombres y que honra a su padre.

21. Nos regocijamos contemplándote, Soma, a ti que eres invencible en los combates, que triunfas sobre tus enemigos, que provocas la lluvia, que conservas la fuerza; a ti que, nacido entre sacrificios, ocupas mansión brillante y tienes fama y eres vencedor.

22. Soma, tú has engendrado todas las plantas, el agua y las vacas; tú has extendido el firmamento y has disipado las tinieblas.

23. Divino y poderoso Soma, concédenos una parte de tus tesoros; que ningún adversario te inquiete; tu valor te hace triunfar sobre todos tus enemigos; en los combates contra nuestros enemigos, defiéndenos.

SUKTA VIII

(Compuesto por Gotama, dirigido a Ushas, y, finalmente, a los Asvins)

1. Estas divinidades de la mañana han esparcido la luz por el Mundo; han mostrado la luz en la región oriental del firmamento, alumbrando todas las cosas cual guerreros que pulen sus armas.

2. Sus rayos color de púrpura se abren paso sin obstáculo; han uncido a su carro vacas dóciles y rojizas; las divinidades de la aurora han llamado a las criaturas al sentimiento de la existencia y han acompañado al glorioso Sol.

3. Las diligentes conductoras de la aurora iluminan con su esplendor las partes (del Cielo) más alejadas, como guerreros de brillantes armas que caminan a la cabeza de sus ejércitos; procuran toda clase de sustento a quien practica obras piadosas, al hombre generoso y al adorador que presenta ofrendas.

4. Ushas abate las tinieblas acumuladas cual barbero que siega el vello; descubre el seno como vaca que presenta sus ubres a quien quiere ordeñarla; lo mismo que los rebaños acuden al prado, ella se apresta a acudir a Oriente y prodigando la luz por el Mundo entero; disipa las tinieblas.

5. Su brillante luz se muestra primero por Oriente; disipa las densas tinieblas; la hija del Cielo espera el glorioso Sol.

6. Hemos traspasado los límites de las tinieblas; Ushas recuerda la existencia a los vivos; sonríe como un adulador que pretende favores; amable en todo su esplendor, esparció la luz para felicidad nuestra.

7. La brillante hija del Cielo, la que estimula agradables voces, recibe las alabanzas de los descendientes de Gotama; Ushas, concédenos u n alimento que lleve consigo una posteridad numerosa, danos caballos y vacas.

8. Ojalá pueda yo obtener, Ushas, esa vasta riqueza que procura la celebridad, la posteridad, tropas de esclavos y que se caracteriza por la posesión de numerosos caballos.

9. La divina Ushas, después de haber alumbrado al Mundo entero, se extiende hacia Occidente distribuyendo sus rayos, y despertando a las criaturas para que reanuden sus tareas, oye los discursos de todos los seres dotados del pensamiento.

10. La divina y antigua Ushas, cuyos nacimientos se reproducen constantemente, y que brilla con colores que no cambian, ataca la vida de un mortal como la mujer de un cazador corta y despedaza las aves.

11. Se ha mostrado, iluminando los límites del Cielo y ahuyentando la noche, que ante ella se retira espontáneamente y desaparece; lleva consigo las huellas de la raza humana; brilla como la desposada del Sol.

12. La adorable y opulenta Ushas ha difundido sus rayos como (un pastor conduce) el ganado (a los pastos); se extiende como el agua que corre y se oculta en armonía con los rayos solares.

13. Ushas, tú que posees el sustento, concédenos una opulencia que nos permita el sostenimiento de nuestros hijos y nietos.

14. Brillante Ushas, tú que posees vacas y caballos y que dices la verdad, ilumina hoy esta ceremonia que debe darnos la riqueza.

15. Ushas, tú que posees el alimento, unce hoy tus caballos color de púrpura y tráenos todo lo bueno.

16. Asvins, que destruís vuestros enemigos, volved hacia nuestra morada, con intención favorable, el carro que contiene ganado y oro.

17. Asvins que habéis enviado al hombre desde el Cielo una luz adorable, otorgadnos la fuerza.

18. Que los corceles desde la aurora dispuestos nos traigan aquí, para beber el zumo del soma, a los divinos Asvins que procuran la dicha y que, sentados en carro de oro, destruyen a sus enemigos.

SUKTA IX

(Compuesto por Gotama y dirigido a Añi y a Soma)

1. Añi y Soma que otorgáis lo que se os pide, escuchad favorablemente mi invocación, aceptad benevolentes mi himno y conceded la dicha a quien presenta la ofrenda.

2. Añi y Soma, otorgad a quien esta plegaria os dirige, ganado en abundancia, buenos caballos y duradera fuerza.

3. Añi y Soma, ojalá pueda quien os presenta ofrendas de manteca clarificada, gozar duradera fuerza y contar una numerosa posteridad.

4. Añi y Soma, conocemos el valor que os ha permitido recuperar las vacas que eran el sustento de Pani; habéis matado al vástago de Brisaya, y habéis conquistado una de las luces (el Sol) para bien de la multitud.

5. Añi y Soma, obrando los dos conjuntamente, habéis sostenido las constelaciones en el Cielo; habéis libertado los ríos mancillados por calumniosa acusación.

6. Añi y Soma, el viento trajo del Cielo a uno de vosotros; un gavilán arrebató al otro por la fuerza en la cúspide de la montaña; enaltecidos por la alabanza, habéis engrandecido el Mundo para celebrar los sacrificios.

7. Añi y Soma, tomad parte en la ofrenda que se os presenta; sednos propicios, protectores vigilantes; conceded al sacrificante la salud y la exención de todo lo malo.

8. Añi y Soma, proteged el sacrificio y preservad de todo mal a aquel que os adora presentándoos manteca clarificada y ofrendas; otorgad al hombre entregado a la piedad una felicidad suprema.

9. Añi y Soma, dotados de igual riqueza e invocados conjuntamente, repartid nuestras alabanzas, pues (siempre) habéis sido los jefes de los dioses.

10. Añi y Soma, conceded amplias recompensas a quien a los dos presente manteca clarificada.

11. Añi y Soma, acoged nuestras ofrendas y venid juntos a nosotros.

12. Añi y Soma, proteged nuestros caballos, y que nuestras vacas, que dan la leche útil para las ofrendas, sean bien alimentadas; dadnos fuerza para llevar a efecto los ritos religiosos, y haced que nuestro sacrificio nos produzca riquezas.

ANUVAKA XV

SUKTA I

(Compuesto por el rishi Kutsa y dirigido a Añi)

1. En nuestro espíritu creamos un himno en honor de quien es digno de alabanza y que todo lo sabe, como un operario construye un carro; nuestra inteligencia es feliz cuando adoramos a Añi; que su afecto nos preserve de todo mal.

2. Aquel por quien tú sacrificas escapa a todo ataque y goza la opulencia, fuente de vigor; prospera, y la pobreza no se cerca nunca a él; que tu afecto, ¡oh Añi!, nos preserve de todo mal.

3. Ojalá seamos capaces de iluminarte para que los dioses, merced a tu mediación puedan tomar parte en la ofrenda presentada; tráenos a los Adityas porque los amamos; que tu amistad, ¡oh Añi!, nos preserve de todo mal.

4. Traemos combustible, presentamos ofrendas; completa la ceremonia para prolongar nuestras existencias; que tu afecto, ¡oh Añi!, nos preserve de todo mal.

5. Sus llamas, que preservan a los mortales, se extienden en torno nuestro; sus rayos, como bípedos y cuadrúpedos, brillan con diversas claridades e iluminan (el Mundo durante la noche); eres superior a la aurora: que tu afecto, ¡oh Añi!, nos preserve de todo mal.

6. Eres el sacerdote que sacrifica y que invoca; eres aquél que presenta las ofrendas; diriges las ceremonias y las llevas a efecto; versado en todas las funciones sacerdotales, cumples los ritos con absoluta perfección; que tu afecto, ¡oh Añi!, nos preserve de todo mal.

7. Tu porte es bello y gentil desde todo punto de vista y de cerca como de lejos; aunque alejado brillas cual si cerca estuvieres, hienden las tinieblas de la noche tus miradas; que tu afecto, ¡oh Añi!, nos preserve de todo mal.

8. Que el carro de aquel que ofrece la libación, ¡oh dios!, sea siempre el primero; que nuestras acusaciones confundan a los malvados; comprende y ejecuta mis palabras; que tu afecto, ¡oh Añi!, nos preserve de todo mal.

9. Que el peso de tus armas terribles caiga sobre los malos y sobre los impíos que de cerca o de lejos son nuestros enemigos, y otorga un camino fácil al sacrificante que te alaba; que tu afecto, ¡oh Añi!, nos preserve de todo mal.

10. Cuando has uncido a tu carro los corceles rojos y brillantes, rápidos como el viento, tu rugido es como un tañido de campanas; envuelves en nube de humo los árboles y el bosque; que tu afecto, ¡oh Añi!, nos preserve de todo mal.

11. Hasta las aves se sobrecogen cuando tú ruges; cuando tus llamas, devorando la hierba, se extienden en todas direcciones, para ti y para tus carros es fácil el acceso al bosque; que tu afecto, ¡oh Añi!, nos preserve de todo mal.

12. Que aquel que te adora pueda gozar la protección de Mitra y de Varuna; admirable es la furia de los Maruts; su morada es la región bajo los Cielos y desde ella nos alientan; ojalá estén plenos de indulgencia para con nosotros; que tu afecto, ¡oh Añi!, nos preserve de todo mal.

13. Refulgente Añi, eres particular amigo de los dioses; tú, que eres todo gentileza en el sacrificio, concede la riqueza; ojalá podamos hallarnos presentes en la amplia sala en que el sacrificio se ofrece; que tu afecto, ¡oh Añi!, nos preserve de todo mal.

14. Te complace recibir alabanzas (de los sacerdotes) cuando, iluminado en tu morada, te ofrecen libaciones; pleno de satisfacciones, concedes riquezas y recompensas a aquel que te adora; que tu afecto, ¡oh Añi!, nos preserve de todo mal.

15. Bienaventurado aquel que te adora, cuando tú le preservas del pecado y le concedes energía bienhechora, ¡oh indivisible Añi, posesor de la riqueza!; que tu afecto, ¡oh Añi!, nos preserve de todo mal.

16. Divino Añi, tú que sabes lo que es la dicha, prolonga nuestra existencia, y que Mitra, Varuna y Aditi nos protejan.

SÉPTIMO ADHYAYA
ANUVAKA XV (Continuación)

SUKTA II

(Compuesto por Kutsa y dirigido a Añi)

1. Dos mujeres, de distinta complexión, caminan hacia su término con paso rápido, y cada una de ellas, una tras otra, amamanta un hijo[70]; en una, Hari es quien recibe las ofrendas; en la otra se muestra el refulgente Añi.

2. Los diez jóvenes y vigilantes (ministros) engendraron al joven Añi[71]; que es inherente a todas las cosas, cuyos rasgos son tajantes, cuyo renombre es universal y que brilla entre los hombres, que le conducen a cada mansión.

3. Contemplan tres lugares en que ha nacido: uno en el océano, otro en el cielo, otro en el firmamento, y dividiendo las estaciones del año, para bien y provecho de las criaturas terrestres, formó, en una continuidad de resoluciones regulares, el Oriente.

4. ¿Quién de vosotros descubre a Añi cuando se oculta (en medio de las aguas)? Acababa de nacer y, por la virtud de las ofrendas, engendra sus propias madres; germen de abundantes aguas, sale del océano, es sabio y poderoso, recibe ofrendas.

5. Surgiendo entre las aguas, el refulgente Añi se engrandece, se eleva sobre las llamas agitadas y extiende su gloria; el Cielo y la Tierra se alarman cuando el radiante Añi acaba de nacer y acercándose al lugar, le rinden homenaje.

6. Sus dos fieles compañeros (el día y la noche) velan por él como dos abnegados guardianes y del mismo modo que dos vacas siguen a sus amados ternerillos; ha sido el señor de la fuerza entre los más poderosos; a él dedican los sacerdotes sus ofrendas a la derecha del altar.

---

[70] Así explica el señor Langlois este oscuro período: Dos madres de distinto color designan la noche y la aurora. Cuando la noche va a desaparecer, se enciende el fuego del sacrificio que parece nacer de la misma noche. Pronto aparece la aurora, seguida del Sol. y diríase que acaba de engendrarlo.

[71] Estos diez ministros son los diez dedos que trabajan para encender el fuego frotando la madera.

7. Extiende sus brazos cual un Sol y el formidable Añi, que embellece con su resplandor al Cielo y la Tierra, se afana en el cumplimiento de sus deberes; de cada cosa extrae los saludables vapores y cubre la Tierra con nuevos mantos.

8. Asociado a las aguas en el firmamento, adquiere forma excelente y brillante; el sabio apoyo de todas las cosas, barre el surco de las lluvias, y, en sus juegos, extiende a lo lejos y por doquier la luz que ha reconcentrado.

9. Tu amplio y radiante esplendor llena el firmamento; Añi, protégenos pues te hemos iluminado.

10. A su impulso, se precipitan las aguas en torrente a través del Cielo e inundan la Tierra con sus puras olas; acumula en el estómago todas las sustancias que pueden contribuir a la nutrición y, con tal fin, radica en los gérmenes de los vegetales.

11. Añi, tú que eres el pacificador y que creces con el combustible que te suministramos, brilla para que nos procures alimento a nosotros que poseemos la riqueza; que Mitra, Varuna y Aditi nos conserven nuestros bienes.

SUKTA III

(Compuesto por el mismo rishi y dirigido a Añi)

1. Engendrado por la fuerza, Añi se apodera verdaderamente de las ofrendas de los sabios desde que nace; las aguas y la voz captan su amistad para él, los dioses lo mantienen a su lado como aquel q*ue* da riqueza a los sacrificios.

2. Como el himno elogioso de Aya le hiciera propicio, creó la raza de los Manu y colmó Cielos y Firmamento con su esplendor que todo lo penetra; los dioses lo mantienen a su lado como aquel que da riqueza a los sacrificios.

3. Al acercarse a él, que todos los hombres adoran a Añi, el jefe (de los dioses), el que efectúa los sacrificios, cuyas ofrendas satisfacen y cuyas alabanzas hacen propicio; el brote del sustento, el que sostiene (a todos los hombres) y prodiga dones continuamente; los dioses lo mantienen a su lado como aquel que da riqueza a los sacrificios.

4. Que Añi, que reside en el Firmamento, nos concede abundantes beneficios, nos da el svarga (el paraíso), protege a los mortales y es padre del Cielo y la Tierra, inicie a mis hijos en el buen camino; los dioses lo mantienen a su lado como aquel que da riqueza a los sacrificios.

5. La noche y el día, al borrar mutuamente su recíproca complexión, dan cuando se combinan, sustento al niño que brilla radiante entre Cielo y Tierra; los dioses lo mantienen a su lado como aquel que da riqueza a los sacrificios.

6. Aquel que es manantial de opulencia y concede riquezas, el director de los sacrificios, atiende los deseos de los hombres que a él acuden: los dioses lo mantienen a su lado como aquel que da riqueza a los sacrificios.

7. Los dioses mantienen a su lado a Añi como aquel que da la opulencia, es ahora, y fue antes, morada de las riquezas, receptáculo de todo lo que ha sido y de todo lo que será; preserva a todo lo que existe y a todo lo que recibe la existencia.

8. Que Dravinodha nos otorgue riquezas muebles; que Dravinodha nos otorgue riquezas inmuebles; que Dravinodha nos dé sustento abundante y la posteridad; que Dravinodha nos conceda larga vida.

9. Añi, tú que eres el purificador y que creces con el combustible que te suministramos, brilla para que nos procures el sustento, a nosotros posesores de la riqueza; que Mitra, Varuna y Aditi nos conserven lo que poseemos.

SUKTA IV

(Compuesto por el mismo rishi y dirigido a Añi)

1. Añi, que nuestro pecado pueda ser borrado por el arrepentimiento; concédenos riquezas; que nuestro pecado pueda ser borrado por el arrepentimiento.

2. Te adoramos porque nos otorgas, campos fértiles, buenos caminos y riquezas; que nuestro pecado pueda ser borrado por el arrepentimiento.

3. Del mismo modo que, entre tus adoradores, Kutsa es el más eminente de tus panegiristas; así los elogios que te dirigimos son, entre todos, los más verdaderos, que nuestro pecado pueda ser borrado por el arrepentimiento.

4. Puesto que aquellos que te adoran tienen la dicha de alcanzar la posterioridad, ojalá podamos nosotros, al repetir tus alabanzas, obtener descendencia; que nuestro pecado pueda ser borrado por el arrepentimiento.

5. Puesto que las llamas victoriosas de Añi penetran por doquier, que nuestro pecado pueda ser borrado por el arrepentimiento.

6. Tú cuya capacidad todo lo abarca sé nuestro defensor; que nuestro pecado pueda ser borrado por el arrepentimiento.

7. Tú cuya capacidad todo lo abarca aleja a nuestros adversarios como si se hallaran en un navío arrojado hacia el lado opuesto del océano; que nuestro pecado pueda ser borrado por el arrepentimiento.

8. Condúcenos en un navío y para nuestra dicha a través de los mares; que nuestro pecado pueda ser borrado por el arrepentimiento.

SUKTA V

(Compuesto por el mismo rishi, dirigido a Vaisvanara o a Añi)

1. Que podamos seguir gozando del favor de Vaisvanara, pues es realmente el soberano augusto de todos los seres; apenas engendrado en el bosque, contempla el Universo y acompaña al Sol levante.

2. Añi, que está presente en el Cielo y en la Tierra, ha penetrado en todas las plantas; quiera Añi Vaisvanara, que está presente y es fuerte, librarnos día y noche de nuestros enemigos.

3. Que la adoración de que te hacemos objeto ¡oh Vaisvanara!, se vea seguida de efectivos frutos; que preciados tesoros sean entre nosotros repartidos, y que Mitra, Varuna y Aditi se dignen conservárnoslos.

SUKTA VI

(Compuesto por el rishi Kasyapa, hijo de Marichi, y dirigido a Añi en su carácter de Jatavedas)

1. Efectuamos ofrendas corporales a Jatavedas; que se digne arrebatar las riquezas a nuestros enemigos, hacernos triunfar sobre todas las dificultades; quiera Añi transportarnos más allá de toda maldad, como si en una embarcación vadeáramos un río.

SUKTA VII

(Compuesto por los Varshagiras, o los cinco hijos del rey Vrishagir,
y dirigido a Indra)

1. Que aquel que accede a nuestros anhelos, que vivió con todas las energías, que es dueño supremo del vasto Cielo y de la Tierra, que provoca la lluvia y que debe ser invocado en los combates; que Indra, asociado con los Maruts, sea nuestro protector.

2. Que aquel cuya órbita semejante a la del Sol no puede alcanzarse; que en cada combate destruye a sus enemigos, y que con sus manos ágiles (los vientos) es el más generoso de los bienhechores: que Indra, asociado con los Maruts, sea nuestro protector.

3. Que aquel cuyos poderosos rayos, irrumpiendo como los del Sol, destruyen las nubes; que triunfantes por su viril energía, vence a sus adversarios; que Indra, asociado con los Maruts, sea nuestro protector.

4. Es el más ágil entre *los* ágiles, el más generoso entre los generosos, amigo entre los amigos y digno de respeto entre los más venerables; que Indra, asociado con los Maruts, sea nuestro protector.

5. Poderoso con los Rudras como con sus hijos, victorioso sobre sus enemigos en los combates, hace que desciendan las aguas que nos sustentan; que Indra, asociado con los Maruts, sea nuestro protector.

6. Que el que domina la cólera de los enemigos, que inventó la guerra y es invocado por la multitud, comparta en este día la luz del Sol con nuestro pueblo; que Indra, asociado con los Maruts, sea nuestro protector.

7. Sus aliados, las Maruts, le animan en el combate; los hombres le miran como defensor de sus propiedades; solo él preside todos los actos del culto religioso; que Indra, asociado con los Maruts, sea nuestro protector.

8. Les conduce a la victoria invocada por sus adoradores para lograr su apoyo y riqueza; les concede la luz (conquistas) en medio de las tinieblas (del combate); que Indra, asociado con los Maruts, sea nuestro protector.

9. Con su mano izquierda detiene a los malvados, con su derecha recibe las ofrendas de los sacrificios; él concede riquezas cuando quien las celebra le es propicio; que Indra, asociado con los Maruts, sea nuestro protector.

10. Es nuestro bienhechor en armonía con sus compañeros; todos los hombres lo reconocen en seguida por sus carros; su viril energía le da la victoria sobre fogosos adversarios; que Indra, asociado con los Maruts, sea nuestro protector.

11. Acude al combate invocado por la multitud, asegura el triunfo de quienes depositan en él su confianza, así como el de sus hijos y nietos; que Indra, asociado con los Maruts, sea nuestro protector.

12. Posee el rayo, destruye al ladrón; poderoso y temible, conocedor de muchas cosas, objeto de innúmeros elogios, inspira, semejante al jugo del soma, vigor a las cinco clases de seres; que Indra, asociado con los Maruts, sea nuestro protector.

13. Su rayo provoca el clamor de sus enemigos; él prodiga las aguas saludables y brillantes como el astro del cielo; estimula a su paso los actos muníficos, las buenas acciones y los tesoros; que Indra, asociado con los Maruts, sea nuestro protector.

14. Que tal señor, cuyas divinas cualidades están por encima de las de los dioses, y cuya fuerza está por encima de toda medida, acoja con bondad nuestro homenaje y nos preserve de todo mal; que Indra, asociado con los Maruts, sea nuestro protector.

15. Ni los dioses, ni los hombres, ni las aguas alcanzaron el límite de la fuerza de este dios bienhechor, porque su poder sobrepuja a Cielo y Tierra y consume a sus enemigos; que Indra, asociado con los Maruts, sea nuestro protector.

16. Los corceles rojos y negros, de largas extremidades, celestes y bien guarnecidos, están enganchados al carro que lleva, para enriquecer a Rijrasva, a quien distribuye sus beneficios y que es reconocido entre los humanos ejércitos.

17. Indra dispensador de bienes, los Varshagiras, Rijrasva y sus compañeras Ambarisha, Sahadeva, Bhayamana y Suradhas, le dirigen esta alabanza propiciatoria.

18. Indra invocado por la multitud y a quien acompañan los rápidos Maruts, cuando los Dasyas y los Symias atacaron, los mató haciendo caer sobre ellos el rayo; y seguidamente repartió los campos con sus amigos de blanca tez; libertó al Sol y devolvió a las aguas su libertad.

19. Quiera a Indra ser diariamente nuestro vengador; que podamos gozar sin trabas de un abundante sustento; que Mitra, Varuna y Aditi nos garanticen su posesión.

SUKTA VIII

(Compuesto por Kutsa, hijo de Angiras, y dirigido a Indra)

1. Ofrendad adoraciones y sacrificios a aquel que ama las alabanzas, a aquel que, con Rijrasva, aniquiló las esposas encintas de Krichna[72]; pues deseamos tu protección, te invocamos para que seas nuestro amigo, tú dispensador de beneficios y que, en unión de los Maruts, posees el rayo en tu mano diestra.

2. Invocamos a Indra, a quien los Maruts acompañan, para que sea nuestro amigo; él es quien, en un acceso de enojo, quitó la vida al mutilado Vritra así como a Sambara y al inicuo Pipru, y destruyó asimismo a Sushna, que no se puede absorber.

3. Invocamos a Indra, a quien los Maruts acompañan, para que sea nuestro amigo; su gran poder llena Cielos y Tierra; Varuna y Surya le sirven asiduamente, y los ríos obedecen sus mandatos.

4. ¿Quién es el señor que manda sobre todos los caballos y rebaños, que es independiente, que, propicio a nuestras alabanzas, es constante en todos sus actos y que mata a su obstinado adversario? Invocamos a Indra, a quien los Maruts acompañan, para que sea nuestro amigo.

5. Es señor de todas las criaturas que se mueven y respiran; para los brahmanes, recuperó las vacas robadas y dio muerte a los Dasyas humillados. Invocamos a Indra, a quien los Maruts acompañan, para que sea nuestro amigo.

6. Debe ser invocado por valientes y tímidos; por vencidos y vencedores; todos los seres lo colocan ante ellos (en sus ritos); invocamos a Indra, a quien los Maruts acompañan, para que sea nuestro amigo.

7. El radiante Indra avanza (a lo largo del firmamento) con la manifestación de los Rudras; merced a los Rudras, la palabra se esparce con velocidad nueva, y el lenguaje glorifica al ilustre Indra; invocamos a Indra, a quien los Maruts acompañan, para que sea nuestro amigo.

8. Acompañado por los vientos, a cualquier sitio donde vayas, ¡oh tú que dispensas la verdadera riqueza!, acude a nuestro sacrificio, ya desees residir en espléndido palacio o en modesta morada; anhelamos el goce de tu presencia y por ello te dedicaremos nuestras ofrendas.

---

[72] Krichna es el nombre de un Asura, palabra que quiere decir negro; todo esto es una alegoría; los negros nubarrones de la tormenta son henchidos por el rayo.

9. Te deseamos, Indra, a ti que posees excelente fuerza y ante quien vertemos libaciones; te deseamos, a ti a quien se obtiene por medio de la oración, y te presentamos nuestras ofrendas; ¡oh tú que posees caballos!, siéntate placentero sobre la hierba y, en unión de los Maruts, acude a nuestro sacrificio.

10. Regocíjate, Indra, con los corceles que guías, abre la boca, dilata tu pecho (para beber el jugo del soma); que tus caballos aquí te conduzcan, a ti, al del bello mentón, y, pleno de benevolencia para con nosotros, acepta nuestras ofrendas.

11. Protegido por ese destructor de enemigos a quien se dirigen las alabanzas unidas a las otorgadas a los Maruts, podremos conseguir el apoyo de Indra; ¡que Mitra, Varuna y Aditi nos le conserven!

SUKTA IX

(Compuesto por el mismo rishi y dirigido al mismo dios)

1. Te dirijo este excelente himno, a ti que eres poderoso, porque tu inteligencia se ha complacido con mi alabanza; los dioses han colmado con sus alabanzas a Indra, posesor de todas las prosperidades y de todos los tesoros.

2. Los siete ríos despliegan su gloria; el Cielo, la Tierra y el firmamento despliegan su forma visible; el Sol y la Tierra, Indra, efectúan sus revoluciones para que podamos ver y podamos tener fe en lo que vemos.

3. Maghavan, envía tu carro para traernos riquezas, ese carro victorioso que nos agrada ver en los combates, ¡oh Indra!, tú que eres objeto de nuestras vivas alabanzas en tiempo de guerra; ¡oh Maghavan!, otorga la dicha a quienes te son fieles.

4. Que podamos, al considerarte como un aliado, aniquilar a nuestros enemigos en cualquier encuentro; defiende nuestras posesiones, haz que sin esfuerzo podamos lograr riquezas; debilita a nuestros enemigos, ¡oh Maghavan!, y destruye de ellos el vigor.

5. Numerosos son los hombres que invocan tu protección; sube a tu carro para traernos riquezas porque es tu espíritu, Indra, ponderado y resuelto a triunfar.

6. Tus armas se apoderan de los rebaños, tu sabiduría no tiene límites; eres perfecto y concedes cien apoyos en toda ceremonia; el autor de la guerra es irresistible; ¡oh Indra!, eres prototipo de la fuerza y por eso los hombres deseosos de riqueza te invocan de diversos modos.

7. El sustento que debes dar a los hombres, ¡oh Maghavan!, puede ser más que suficiente para cien y aun para más de mil hombres; grandes alabanzas te han glorificado, a ti que no tienes límites y que destruyes a sus enemigos.

8. Fuerte cual cable formado por tres cabos entrelazados, eres el prototipo del vigor; protector de los hombres, eres capaz de sostener más que las tres esferas, las tres luces y todo el Universo; Indra, no has tenido rival desde que naciste.

9. Te invocamos, Indra, a ti que eres el primero de los dioses; has sido vencedor en los combates; que Indra se digne guiar en el combate nuestro carro impetuoso, temible y pronto a aniquilar todos los obstáculos.

10. Triunfas y no conservas el botín; en los combates, ya serios, ya insignificantes, te estimulamos para que nos defiendas, temible Maghavan: inspíranos un invencible valor.

11. Que Indra sea nuestro cotidiano vengador; que podamos disfrutar sustento abundante y no conocer ningún revés, y que Mitra, Varuna y Aditi se dignen conservárnoslo.

SUKTA X

(Para el mismo dios que en el precedente himno)

1. Indra, los sabios poseyeron en otro tiempo el poder supremo, como si tú no estuvieses presente entre ellos; una luz brilla sobre la Tierra, otra en el Cielo, y ambas están unidas como un estandarte.

2. Sostiene y ha extendido la Tierra; golpeó (las nubes) y obtuvo el agua; ha dado muerte a Ahi, ha atravesado a Rauhina y ha aniquilado, por su valor, a Vritra el mutilado.

3. Armado de su rayo y con fe en su fuerza fuese a destruir las ciudades de los Dasyas. ¡Oh! tú que mandas en el rayo, atiende las plegarias (de quienes te adoran); lanza tu dardo, para protegerlos, contra los Dasyas y aumenta el vigor y el poder de los Aryas.

4. Maghavan, posesor de un nombre que debe glorificarse, protege a aquel que lo celebra durante el transcurso de los siglos recorridos por la raza humana; aquel que dispone del rayo y que dispersa (a sus enemigos) en el combate contra los Dashyas, ha obtenido un nombre célebre (para sus gloriosas hazañas).

5. Ved el vasto e irresistible poder de India; tened confianza en su valor; ha recuperado el ganado, los caballos, las plantas, las aguas y los bosques.

6. Ofrecemos las libaciones de soma a aquel que lleva a efecto numerosas hazañas, al mejor de los dioses, al dispensador de beneficios, al poseedor de la fuerza verdadera, al héroe que, conocedor del valor de la riqueza la arrebata a quien no ofrece sacrificio alguno, del mismo modo que un salteador despoja al caminante y que la da al hombre que realiza sacrificios.

7. Cumpliste, Indra, un acto glorioso cuando despertaste con tu rayo a Ahi soñoliento; y entonces las esposas de los dioses, los Maruts y todos los dioses imitaron tu arrebato.

8. Indra, puesto que arrebataste la vida a Sushna, Pipru, Kuyava y Vritra; puesto que destrwste las ciudades de Sambara[73], que Mitra, Varuna y Aditi se dignen concedernos (lo que deseamos).

---

[73] Los diversos nombres contenidos en esta estrofa se aplican a los Asuras y designan las diversas formas que las nubes presentan.

SUKTA XI

(Compuesto por el mismo rishi y también dirigido a Indra)

1. El altar ha sido elevado, Indra, para que de sitial te sirva; ocupa presto tu lugar como el caballo que relinchando se dirige veloz a la cuadra; suelta las riendas y liberta a tus corceles sobre los que, durante la época del sacrificio, cabalgas noche y día.

2. Estas personas se han acercado a Indra para (solicitar) su protección; que se digne dirigirlas prontamente por el buen camino; que los dioses contengan la cólera del destructor y conduzcan a nuestra solemnidad al remediador de males.

3. Como el Asura conoce la riqueza de los demás, él mismo la arrebata; presente en las aguas, quita la espuma; las dos mujeres de Kuyava se bañan en ella; ojalá se ahoguen en los abismos del río Sifa.

4. La residencia del vagabundo Kuyava se hallaba oculta en el fondo del agua; el héroe debe su grandeza a las aguas antaño retiradas y su fama ha recorrido el Mundo entero; los ríos Anjasi, Kalisi y Vira-Patni le ofrecen sus agradables ondas y con ellas le sostienen.

5. Desde que conocemos la huella del camino que conduce a la morada de los Dasyas, del mismo modo que la vaca conoce el camino que la lleva al establo, ¡oh Maghavan!, protégenos contra su violencia; no nos arrojes leti, como el pródigo dilapida sus riquezas.

6. Indra, estimula en nosotros la veneración hacia el Sol, las aguas y por aquellos que, exentos de pecado, son dignos de ser alabados por los seres vivientes; vela por nuestros hijos mientras permanecen en las entrañas de la madre, pues en tu gran poder depositamos toda nuestra confianza.

7. Indra, eres objeto de mis meditaciones; hemos depositado nuestra confianza en tu poder: ¡oh tú distribuidor de beneficios!, llévanos hasta la riqueza; no nos confíes a una miserable morada, tú a quien la multitud invoca; Indra, da de comer al hambriento.

8. No nos hagas ningún daño, Indra, y no nos abandones; no nos prives de los goces de nuestro agrado; no perjudiques a los hijos que están por nacer, ¡oh poderoso Sakra!; no hagas daño a aquellos capaces de arrastrarse sobre sus rodillas.

9. Acude a presencia nuestra; te han llamado a ti, que amas el jugo del soma; está preparado; bebe y entrégate al placer; tú cuyos miembros son gigantescos, dilata tu estómago; y cuando te invoquemos, escúchanos como un padre oye las palabras de su hijo.

SUKTA XII

(Dirigido a los Visvadevas y compuesto por Trita o Kutsa)

1. La Luna con graciosos movimientos recorre rápidamente la región media del firmamento; brillantes y dorados rayos, mis ojos no ven tu estado. Cielo y Tierra, sed testigos de mi aflicción[74].

2. Aquellos que buscan riqueza la encuentran; una mujer goza la presencia del marido, y su unión engendra descendientes. Cielo y Tierra, sed testigos de mi aflicción.

3. ¡Oh dioses! Que aquellos de nuestros antepasados que residan allá en el Cielo no sean nunca de él expulsados; ojalá no seamos nunca privados de hijos, motivo de alegría para los padres, y que tengan derecho a libar el jugo del soma. Cielo y Tierra, sed testigos de mi aflicción.

4. Implora al primero de los dioses, objeto del sacrificio, para que se convierta en mensajero mío y que instruya (de mi situación a las demás divinidades). ¿Dónde está, Añi, tu antigua benevolencia? ¿Quién es el nuevo ser que la posee? Cielo y Tierra, sed testigos de mi aflicción.

5. Dioses que estáis presentes en los tres mundos y que residís en la luz del Sol, ¿dónde está actualmente vuestra fidelidad, dónde la antigua invocación (por mí dirigida)? Cielo y Tierra, sed testigos de mi aflicción.

6. ¡Oh dioses! ¿Dónde está vuestra observación de la verdad? ¿Dónde la benevolencia de Varuna? ¿Dónde el camino del poderoso Aryaman para que podamos triunfar de nuestros enemigos? Cielo y Tierra, sed testigos de mi aflicción.

7. Yo soy, ¡oh dioses!, aquel que antaño cantaba vuestras alabanzas, cuando se vertía la libación: sin embargo, la tristeza se ampara hoy de mí, del mismo modo que el lobo se ceba sobre el gamo aterrado. Cielo y Tierra, sed testigos de mi aflicción.

8. Dolores punzantes me martirizan por los cuatro costados como las mujeres de un solo esposo en su celosa rivalidad; la inquietud me

---

[74] Según los comentaristas sánscritos de los *Vedas,* el rishi Trita llegó al borde de un pozo en cierta ocasión que viajaba con otros dos sabios, sus compañeros le arrojaron a él para apoderarse de lo que llevaba encima; en esta crítica situación, cuando no podía ver los rayos lunares, Trita dirigió a los dioses este cántico para que le libertasen. Bajo esta narración se oculta una alegoría; Trita, hijo de las aguas, Soma personificado, aspira a ser libertado, es decir, a ser sacado del pozo que le aprisiona y ser devuelto al hogar.

consume, Satakrata, aunque sea adorador tuyo, como una rata roe las hilos del tejedor. Cielo y Tierra, sed testigos de mi aflicción.

9. Mi ombligo se extiende hasta aquellos que son los siete rayos del Sol; Trita, hijo de las aguas, sabe que así es, y los alaba para obtener su liberación. Cielo y Tierra, sed testigos de mi aflicción.

10. Que las cinco (divinidades) que distribuyen beneficios y que residen en el centro de los amplios cielos lleven pronto mis plegarias a los dioses y vuelvan con toda rapidez. Cielo y Tierra, sed testigos de mi aflicción.

11. Los rayos del Sol que residen en el centro de los cielos, expulsan al lobo que cruza por las abundantes aguas[75]. Cielo y Tierra, sed testigos de mi aflicción.

12. Un vigor nuevo y digno de alabanzas se ha posado en vosotros, ¡oh dioses!; por él los ríos arrastran agua y el Sol extiende su constante luz. Cielo y Tierra, sed testigos de mi aflicción.

13. Añi, tu parentesco con los dioses es digno de alabanzas; tú que eres eminente en sabiduría, siéntate en nuestra solemnidad y adora (a los dioses) como en el sacrificio de Manú. Cielo y Tierra, sed testigos de mi aflicción.

14. Que el prudente y liberal Añi, sabio entre los dioses, sentado en nuestra solemnidad como en el sacrificio de Manú, invoque las divinidades y las dedique ofrendas. Cielo y Tierra, sed testigos de mi aflicción.

15. Varuna realiza la ceremonia que da la salvación; deseamos poseerlo para que guíe nuestros pasos; a él se dirigen nuestras alabanzas, que salen del fondo de nuestros corazones; que aquel que es digno de elogio se convierta en nuestro verdadero (sostén). Cielo y Tierra, sed testigos de mi aflicción.

16. El Sol creado para ser con tanta gloria celeste viajero, es digno, ¡oh dioses!, de todos vuestros miramientos; pero vosotros, hombres, ignoráis lo que él es. Cielo y Tierra, sed testigos de mi aflicción.

17. Trita, arrojado al pozo, implora el socorro de los dioses; Brihaspati, que libra del pecado a muchos hombres, oyó sus súplicas. Cielo y Tierra, sed testigos de mi aflicción.

18. En cierta ocasión, cuando yo avanzaba por mi camino, viome un lobo, y se arrojó sobre mí del mismo modo que un carpintero se yergue, fatigado y dolorido, después de haber estado inclinado sobre su labor. Cielo y Tierra, sed testigos de mi aflicción.

---

[75] Los comentaristas sánscritos dicen que este lobo es una expresión figurada que designa a la Luna; las abundantes aguas son las ondas celestes.

19. Ojalá podamos, cuando cantamos este himno, poseer a Indra, y fortificados por numerosa descendencia, triunfar sobre nuestros enemigos en el combate; que Mitra, Varuna y Aditi nos secunden para hacer que obtengamos lo que pedimos.

ANUVAKA XVI

SUKTA I

(Compuesto por el rishi Kutsa y dirigido a todos los dioses)

1. Para nuestra preservación invocamos a Indra, Mitra, Varuna, Añi, el poder de los Maruts y a Aditi; que las divinidades tan generosas que otorgan la morada, nos aparten de todo pecado, como el conductor hábil aparta el carro en un desfiladero.

2. Hijos de Aditi, acudid al combate con todos vuestros ejércitos; sed el motivo de nuestro triunfo en las batallas; que las divinidades tan generosas que otorgan la morada, nos aparten de todo pecado, como el conductor hábil aparta el carro en un desfiladero.

3. Que los Pitras dignos de alabanzas nos protejan; ojalá podamos lograr la protección de las dos deidades, Cielo y Tierra, que estimulan los sacrificios y de las que los demás dioses no son sino sus brotes; que las divinidades tan generosas que otorgan la morada, nos aparten de todo pecado, como el conductor hábil aparta el carro en un desfiladero.

4. Al rogar que asista a esta ceremonia aquel que es objeto de las alabanzas de los hombres, y que procura el sustento, dirigimos también alabanzas y súplicas a aquel que es destructor de héroes y pacificador; que las divinidades tan generosas que otorgan la morada, nos aparten de todo pecado, como el conductor hábil aparta el carro en un desfiladero.

5. Brihaspati, otórganos constante felicidad: invocamos de tu parte a esa facultad que te ha dado Manu de aliviar sufrimientos y apartar el peligro; que las divinidades tan generosas que otorgan la morada, nos aparten de todo pecado, como el conductor hábil aparta el carro en un desfiladero.

6. Kutsa, el rishi, precipitado en un pozo, pidió socorro a Indra que destruye a los enemigos y estimula los buenos corazones; que las divinidades tan generosas que otorgan la morada, nos aparten del pecado, como el conductor hábil aparta el carro en un desfiladero.

7. Que la diosa Aditi nos proteja y asimismo los dioses, y que nuestro radiante defensor (el Sol) vigile y nos conceda su apoyo; que las divinidades tan generosas que otorgan la morada, nos aparten del pecado, como el conductor hábil aparta el carro en un desfiladero.

SUKTA II

(Compuesto por Kutsa y dirigido a todos los dioses)

1. Que nuestros sacrificios satisfagan a los dioses; Adityas, sednos propicios: que vuestras buenas intenciones puedan llegar a nosotros para que podamos ser con los pobres fuente abundante del bienestar.

2. Que los dioses que desean celebrar los himnos de los Agirasas puedan acudir en nuestra protección; que Indra con sus tesoros, los Maruts con el soplo que da la vida, y Aditi con los Adityas, se dignen concedernos la felicidad que les pedimos.

3. Que Indra, Varuna Añi, Aryamana y Savitri nos otorguen el sustento que solicitamos; que Mitra, Varuna y Aditi nos conserven su posesión.

SUKTA III

(Compuesto igualmente por Kutsa, dirigido a Indra y a Añi)

1. Indra y Añi que unidos estáis sentados en vuestro carro maravilloso que alumbra a todos los seres, acercaos y bebed el jugo que prodiga el soma.

2. Ojalá este soma satisfaga vuestros deseos, Indra y Añi, y que os sirva de bebida toda la extensión del Universo y toda su profundidad.

3. Juntos habéis dado celebridad a vuestros nombres desde que, vencedores de Vritra, os habéis ligado para dar muerte a este enemigo; distribuís beneficios sentados juntos en el altar; recibid nuestra parte en las libaciones. 4. Cuando ambos fuegos encendidos, los dos sacerdotes están a su lado, vierten la manteca clarificada que desborda de las cucharas en alto y extienden la sagrada hierba al pie del altar; ¡oh Añi e Indra!, acudid ante nosotros para satisfacernos y dejaos atraer por los estimulantes jugos del soma prodigados en torno nuestro.

5. Cualesquiera que sean las heroicas hazañas que habéis llevado a cabo, cualesquiera las formas que habéis creado, cualesquiera los beneficios que habéis distribuido, cualesquiera las antiguas y felices amistades que habéis contraído, acudid y bebed el jugo del soma que aquí se os prodiga.

6. Acudid y sed testigos de la fe sincera con la que os prometo la libación; bebed este jugo, pues el jugo del soma está preparado por los sacerdotes.

7. Adorables Indra y Añi, si alguna vez experimentáis placer en las libaciones, hacedlas en vuestra morada, en las de un brahmán o en la de un príncipe y, mientras distribuís beneficios acudid aquí desde cualquier lugar en que os halléis y bebed la libación vertida.

8. Si os halláis entre hombres exentos de malicia o que viven para cumplir los deberes de la existencia, y que reciben los frutos de las buenas obras, mientras distribuís beneficios acudir aquí desde cualquier lugar en que os halléis y bebed la libación vertida.

9. Ya os halléis en la región más baja del Universo, ¡oh Indra y Añi!, ya en la media o en la más elevada, vosotros, distribuidores de beneficios, acudir aquí desde cualquier lugar en que os halléis y bebed la libación vertida.

10. Acudid, ¡oh Indra y Añi!, desde cualquier lugar del Universo en que os halléis y bebed la libación vertida.

11. Indra y Añi, ya estéis en el Cielo o en la Tierra, en los montes, en la hierba o en las aguas, ¡oh vosotros, distribuidores de beneficios!, acudid aquí desde cualquier lugar en que os halléis y bebed la libación vertida.

12. Pues os halláis, Indra y Añi, en el centro del firmamento cuando el Sol sale, la alegría del aspecto de vuestros esplendores puede transportaros. ¡Oh, vosotros, distribuidores de beneficios!, acudid aquí desde cualquier lugar en libación vertida.

13. Bebed abundantemente de esta libación, Indra y Añi, y concedednos que os halléis y bebed la riquezas de todas clases, y que a Mitra, Varuna y Aditi les complazca conservárnoslas.

SUKTA IV

(Compuesto por el mismo rishi y dirigido a los mismos dioses)

1. Indra y Añi, deseo obtener riquezas, y en mi espíritu, sois para mí como padres o amigos; ninguno podría haberme concedido la clara inteligencia que os debo; provisto de tales dones he compuesto este himno que os dedico para daros a conocer mis anhelos.

2. Indra y Añi, sé que vuestra generosidad es mayor que la de un desposado indigno o la del hermano de la desposada; por eso, al ofreceros una libación, os dedico un nuevo himno.

3. ¡Ojalá no se vea nunca interrumpida la larga línea de nuestra posteridad!; al implorar de los descendientes que poseen el vigor de sus antepasados, aquellos que os adoran, Indra y Añi, os piden la dicha. Escuchad nuestros deseos vosotros que destruís a los enemigos.

4. La oración sagrada que vuestra presencia implora os ofrece a los dos, Indra y Añi, la libación del jugo del soma. ¡Oh vosotros que poseéis caballos, bellas armas y graciosas manos, acudid prontamente y mezclad con las aguas la libación!

5. He sabido, Indra y Añi, que cuando asististeis al reparto del tesoro entre vuestros adoradores, desplegasteis enorme vigor para destruir a Vritra. Asistid a ese sacrificio, ya que veis todas las cosas y estáis sentados sobre la hierba sagrada.

6. Si sois llamados en el momento del combate, dejáis atrás a los hombres todos: sois más amplios que el Cielo, los ríos y los montes; vais más allá de todo lo que existe.

7. Posesores del rayo, aportadnos tesoros y dádnoslos; por medio de vuestras proezas, protegednos, Indra y Añi. ¡Que los rayos solares que condujeron a nuestros padres hasta la región celeste, brillen también para nosotros!

8. Indra y Añi, dueños del rayo, vosotros que tenéis el poder de destruir ciudades, otorgadnos riquezas; defendednos en el combate, poderosos Mitra, Varuna y Aditi.

SUKTA V

(Compuesto por el rishi Kutsa y dirigido a Ribhus)

1. Repito ante vosotros, Ribhus, la ceremonia antaño celebrada por mí: el himno melodioso se recita para alabaros. En esta ceremonia, el jugo del soma basta para todos los dioses[76].

2. Ribhus, cuando os hallabais entre nuestros antepasados, cuando aún no habían alcanzado por completo la sabiduría, pero ya anhelabais gozar con las libaciones del soma, os internasteis en el bosque para consagraros a austera penitencia; entonces, hijos de Sudhavan, merced a la plenitud de los actos piadosos que realizasteis, pudisteis llegar a la sala de vuestro adorado Savitri.

3. Entonces Savitri os concedió la inmortalidad, cuando acudisteis hacia Aquel que no puede estar oculto; y cuando expresasteis el deseo de tomar parte en las libaciones, quisisteis que hubiera cuatro cucharas para los manjares del sacrificio, en vez de la que el Asura había formado.

4. Asociados a los sacerdotes y prontos cumplidores de los ritos sagrados, adquirieron la inmortalidad, y los hijos de Sudhavan, los Ribhus, brillantes como el Sol, se asociaron a las ceremonias (apropiadas a las distintas estaciones) del año.

5. Objeto de las alabanzas de los asistentes, los Ribhus repartieron, con afilada arma, el mantel del sacrificio, como el arado reparte una tierra antes ya medida; solicitaron las mejores libaciones, pues deseaban participar entre los dioses de los manjares ofrecidos en sacrificio.

6. Presentamos la manteca clarificada a los que dirigen el sacrificio y que viven en el firmamento; alabamos a esos Ribhus quienes, después de igualar en rapidez al protector (del Universo, el Sol), ascendieron a las regiones celestes.

7. Ribhu, el perfecto, es nuestro defensor; Ribhu, distribuidor de alimentos y riquezas, es nuestro asilo; ojalá pueda, ¡oh dioses!, otorgarnos sus dones, merced a vuestra protección; ojalá podamos, en

---

[76] Los Ribhus, como hace observar el señor Langlois, fueron elevados a la dignidad de dioses: «han tenido en los sacrificios su parte de ofrendas y de invocaciones». Han sido equiparados a los rayos del Sol. ¿No serían los ritos utilizados para lograr que la claridad de Añi pasara al Sol? Estos rayos del sacrificio, ¿no irían a iluminar el disco solar?

ocasión favorable, derrotar los ejércitos de los que no ofrecen libaciones.

8. Ribhus, habéis cubierto con cuero el cuerpo de la vaca y habéis reunido la madre y su ternerillo[77]; hijo de Surhavan, director del sacrificio, con vuestras buenas acciones habéis devuelto la juventud a vuestros ancianos padres.

9. Indra, asociado a los Ribhus, concédenos el sustento y dígnate otorgarnos admirables riquezas. Que Mitra, Varuna y Aditi nos las conserven.

---

[77] Según una antigua leyenda, con motivo de la muerte de una vaca propiedad de un rishi, el sabio se afligió al ver al ternerillo privado de su madre y se dirigió a los Ribhus. Éstos hicieron otra vaca y la cubrieron con la piel de la que acababa de morirse.

SUKTA VI

(Compuesto por el mismo rishi y dirigido a los mismos dioses)

1. Los Ribhus, que eran muy hábiles en sus trabajos, han construido un carro maravilloso para los Asvins; han formado vigorosos corceles que conducen a Indra; han devuelto la juventud a sus padres; han devuelto al ternerillo su madre.

2. Preparad abundantemente, para nuestro sacrificio, magnífico alimento; preparad, para nuestras ceremonias y para fortificarnos, alimentos que permitan tener numerosa posteridad, y así vivamos rodeados de vigorosos descendientes; concedednos riquezas que nos den la felicidad.

3. Ribhus, conductores del sacrificio, concedednos, como a nuestros caballos, amplios medios de subsistencia; que todos reconozcan diariamente nuestra opulencia victoriosa; ojalá podamos triunfar en los combates sobre todos nuestros enemigos.

4. Invoco la protección del poderoso Indra; invito a los Ribhus, a los Vajas y a los Maruts a beber el jugo del soma; invoco también a Mitra, Varuna y a los Asvins; ojalá nos otorguen la opulencia, los ritos sagrados y la victoria.

5. Que Ribhu nos conceda la opulencia que asegura los éxitos en la guerra; que Vaja, victorioso en los combates, nos proteja; y que Mitra, Varuna y Aditi escuchen nuestras plegarias.

SUKTA VII

(Compuesto por Kutsa y dirigido a diversas divinidades)

1. Alabo Cielo y Tierra en los primeros cánticos acerca de los cuales medito; alabo al radiante Añi cuando los Asvins llegan: ¡oh vosotros que os hacéis oír en los combates con vuestra concha marina para obtener vuestra parte del botín!, ¡oh Asvins!, ¡venid a nuestro lado!

2. Con el fin de gozar de vuestra generosidad, Asvins, fervientes adoradores rodean vuestro carro; así escuchan los discípulos, para instruirse, las palabras de sus maestros.

3. El vigor que encierra el néctar celeste os hace capaces, ¡oh jefes de los sacrificios!, de reinar sobre los seres que habitan tres mundos: mostrad sin rodeos el poder que os ha permitido dar leche a una vaca estéril; ¡oh, Asvins!, venid a nuestro lado.

4. El viento que gira está dotado del vigor de su hijo que mide los dos mundos y es el más rápido de los rápidos objetos; embellece, mediante su poder, todas las cosas, y por él Kakshivat adquirió gran habilidad en los tres géneros de sacrificio; ¡oh Asvins!, venid a nuestro lado.

5. Habéis extraído del agua a Rebha que había sido arrojada, atada, al fondo de un pozo; habéis devuelto a Vaudana, víctima de un trato semejante, el medio de volver a ver el cielo; habéis protegido a Kanva cuando deseaba contemplar la luz; ¡oh Asvins!, venid a nuestro lado.

6. Habéis salvado a Autaka cuando fue precipitado a un profundo estanque y amenazado con ser aniquilado; habéis protegido a Bhujyu, a Karkhandu y a Vayya; ¡oh Asvins!, venid a nuestro lado.

7. Habéis enriquecido a Suchanti y le habéis otorgado suntuosa morada; habéis mitigado en favor de Atri el fuego de un calor abrasador; habéis salvado a Prisnigu y a Purukutsa; ¡oh, Asvins, venid a nuestro lado!

8. ¡Oh! distribuidor de mercedes, habéis devuelto sus movimientos al paralítico Paravrij; habéis devuelto la vista al ciego Rijrasva y también los movimientos al paralítico Srona; habéis librado a la codorniz que el lobo[78] había apresado; ¡oh, Asvins, venid a nuestro lado!

---

[78] Según los comentaristas sánscritos, el lobo, ya lo hemos dicho, es la Luna; la codorniz es el crepúsculo que aquel astro quiere devorar, pero al que los Asvins liberaron.

9. Habéis hecho brotar un suave torrente que ha salvado a Visishtha; siempre jóvenes, habéis protegido a Kutsa, Srutarya y Ñarya; ¡oh, Asvins, venid a nuestro lado!

10. A la opulenta Vispala, privada de todo movimiento, la habéis hecho acudir al combate y allí se enriqueció con cuantioso botín; habéis protegido al anciano Vasa, hijo de Asva; ¡oh, Asvins, venid a nuestro lado!

11. ¡Oh! dioses buenos y generosos, habéis dispuesto que las nubes viertan sus aguas bienhechoras en favor del mercader Dirghasravas, hijo de Urjis[79], y habéis protegido al piadoso Kakshivat; ¡oh, Asvins, venid a nuestro lado!

12. Habéis llenado de agua el seco lecho del río; habéis conducido a la victoria a un carro privado de caballos y habéis logrado, para Trisoka, el rescate del ganado que le había sido sustraído; ¡oh, Asvins, venid a nuestro lado!

13. En el lejano horizonte, habéis librado al Sol de las tinieblas que lo eclipsaban; habéis protegido a Mandhatri en el ejercicio de sus funciones soberanas y habéis conservado al sabio Bharadwaja[80]; ¡oh, Asvins, venid a nuestro lado!

14. Habéis protegido al poderoso y hospitalario Divodasa, cuando, con propósito de dar muerte a Sambara, se ocultó en el seno de las aguas, poseído del terror que le inspiraban los Asuras; habéis ayudado a Trasadasyu durante los combates; ¡oh, Asvins, venid a nuestro lado!

15. Habéis seguido a Vamira, objeto de alabanzas por parte de todos los que le rodeaban cuando bebía el rocío de la Tierra; habéis protegido a Kali cuando tomó mujer, y a Prithi cuando perdió su caballo; acercaos a nosotros, ¡oh Asvins!

16. Pues dirigís los sacrificios, habéis asistido a Sayu, Atri y, en tiempos lejanos, a Manu; os habéis apresurado a mostrarles la vía para alejarlos del mal; con vuestras flechas habéis traspasado a los enemigos de Syumarasmi.

17. Merced a vuestro socorro, Patharvan brilló lleno de fuerza en los combates, semejante a un hogar ardiente; habéis defendido a Sarvata en medio de la lucha, acercaos a nosotros, ¡oh Asvins!

---

[79] Dirghasravas, en época de sequía y de hambre, se hizo mercader para conseguir medios de subsistencia; los Asvins le otorgaron lluvia abundante.

[80] Según una antigua leyenda, Bharadvaja fue alimentado por una alondra.

18. Satisfechos de las alabanzas que se os dedican, habéis precedido a los dioses que se dirigían a la caverna para rescatar los rebaños qué habían sido robados, habéis sostenido al heroico Manu al cual disteis los alimentos; acercaos a nosotros, ¡oh Asvins!

19. Habéis dado esposa a Vimada; habéis reconquistado las vacas rojas, habéis otorgado a Sudas los tesoros más preciados; acercaos a nosotros, ¡oh Asvins!

20. Concedéis la dicha a aquel que os presenta ofrendas, habéis protegido a Bhujyu y Adhrigu; habéis concedido nutritivos y deliciosos alimentos a Riltastubh; acercaos a nosotros, ¡oh Asvins!

21. Habéis protegido a Krisanu en los combates; habéis mantenido la rápida carrera del caballo del joven Puruktsa, y a la abeja dais la dulce miel; acercaos a nosotros, ¡oh Asvins!

22. Habéis protegido a vuestro adorador, que combatía para conquistar el ganado, le ayudáis a adquirir moradas y tesoros; preserváis sus cabras y sus caballos; acercaos a nosotros, ¡oh Asvins!

23. Vosotros, honrados por numerosas ceremonias, habéis protegido a Kutsa, hijo de Arjuna *(uno de los nombres de Indra),* así como a Turviti, Dhabhiti y Purishanti; acercaos a nosotros, ¡oh Asvins!

24. Asvins, santificad nuestras palabras por medio de obras; vosotros que distribuís beneficios y que subyugáis a los enemigos, fortificad nuestra inteligencia (para que se aplique al estudio de las cosas sagradas); os invocamos en la última velada para que nos protejáis; aumentad nuestra provisión de alimentos.

25. Asvins, otorgadnos día y noche beneficios que nunca disminuyan, que Mitra, Varuna y Aditi se dignen escuchar nuestras preces.

OCTAVO ADHYAYA
ANUVAKA XVI (Continuación)

SUKTA VIII

(Compuesto por Kutsa y dirigido a Ushas (la aurora)

1. Ha llegado la más excelsa de todas las luminarias; el ser admirable que manifiesta todas las cosas ha nacido; lo mismo que la noche es vástago del Sol.

2. Ha llegado la aurora de blanco esplendor, madre del Sol; la noche sombría se ha replegado sobre ella misma: aliadas al mismo Sol, inmortales, se sucedían mutuamente; su color se esfuma y cruza el Cielo.

3. No tiene límite el camino que estas hermanas recorren; lo hacen alternativamente guiadas por el radiante Sol; combinan sus designios, aun cuando de forma distinta, la noche y la aurora: de ellas nacen todas las cosas, sin molestarse y sin quedarse jamás inmóviles.

4. Brillante guía de los que la verdad dicen, la aurora de matices numerosos es reconocida por nosotros; ha abierto nuestras puertas; ha iluminado el Mundo, y ha manifestado nuestras riquezas. Ushas ha devuelto todas las regiones que la noche había absorbido.

5. La opulenta aurora despierta y anima a trabajar al hombre sumido en el sueño; llama a uno a los placeres, al otro a la devoción, al otro a la caza de riquezas. A los que casi no ven, les ha devuelto la facultad de ver con claridad. Por Ushas todas las regiones vuelven a la luz.

6. La aurora despierta al hombre para que consiga riquezas, para que se procure alimentos, para que se consagre a los sacrificios; alumbra a todos los hombres para que se integren a los diferentes medios de sostener su vida. Por Ushas todas las regiones vuelven a la luz.

7. La hija del Cielo, joven, envuelta en blanco manto, dueña de todos los tesoros terrestres, surge y disipa las tinieblas Ushas brilla hoy sobre nosotros en esta sala destinada a los sacrificios.

8. Caminas sobre las huellas de mañanas pretéritas y la primera de esas mañanas sin fin que deben venir; Ushas que dispersa las tinieblas, reanima los seres vivientes y despierta los que como muertos yacían.

9. Ushas, puesto que tú has encendido el fuego sagrado, puesto que has alumbrado al Mundo con la luz del Sol, y puesto que has despertado a los hombres para que celebren sacrificios, has prestado a los dioses servicios excelentes.

10. ¿Desde qué época ha lucido la aurora? ¿Durante cuántos períodos seguirá luciendo? Animada del deseo de acordarnos la luz, Ushas continúa llenando las funciones de todas las auroras que le precedieron, y, conservando todo su esplendor, será imitada por las que detrás de ella vengan.

11. Los mortales que antaño asistieron al nacimiento del esplendor de Ushas han pasado; pero ahora se muestra visible a nosotros, y se acercan aquellos que lo verán en lo porvenir.

12. Los seres hostiles (a los actos de piedad) ahora se retiran, porque es ella la protectora de los sagrados ritos; concede la dicha, despierta gozosas voces, y procura alimentos a los dioses; Ushas ilumina hoy la sala de los sacrificios.

13. La divina Ushas brillaba sin interrupción en los tiempos pretéritos; manantial de riqueza, todavía se eleva sobre este Mundo; continuará dándonos en lo sucesivo su luz, porque exenta de vejez y de muerte, continúa gozando su esplendor.

14. La divina Ushas ilumina con sus rayos las diversas regiones del Cielo, ha alejado la sombría figura que había adquirido, y despertando (a los que duermen) acude en su carro tirado por corceles de color de púrpura.

15. Trae con ellas los beneficios que conservan la vida y devuelven el sentimiento de la existencia a aquellos que ya no lo tienen; también esparce por el Mundo su admirable resplandor. Es semejante a las auroras que siempre la sucederán.

16. Levántate: renace la vida, se alejó la obscuridad, se acerca la luz. Ushas ha abierto el camino al viaje del Sol; acerquémonos a los que distribuyen el sustento.

17. Aquel que ofrece alabanzas y que las recita, celebra a la brillante Ushas, cuando repite las bien inspiradas palabras (de los *Vedas*). ¡Oh, tú que posees abundancias, ilumina hoy al que te alaba y concédenos el sustento!

18. Que aquel que ha ofrecido la libación, pueda obtener al terminar sus preces, enunciadas con la rapidez del viento, el favor de las hijas de Ushas, que dan caballos, rebaños y descendientes, y que derraman la luz sobre los mortales que les presentan ofrendas.

19. Madre de los dioses, rival de Aditi, tú que iluminas el sacrificio, poderosa Ushas, brilla, extiende tu esplendor sobre nosotros y aprueba nuestras preces. ¡Oh, tú, querida de todos, haznos eminentes entre los pueblos!

20. Todos los tesoros que distribuyen las hijas de Ushas son beneficios para el sacrificador y para aquel que recita alabanzas. Que Mitra, Varuna y Aditi sean favorables a nuestras preces.

SUKTA IX

(Compuesto por el rishi Kutsa y dirigido a Rudra)

1. Ofrecemos estas alabanzas al poderoso Rudra, el de cabellos trenzados, el destructor de héroes; le invocamos para que conserve plena salud a los bípedos y a los cuadrúpedos, y para que todos los seres, en esta aldea estén bien alimentados y exentos de enfermedad.

2. Sé generoso con nosotros, Rudra; otórganos la dicha, ya que te hacemos ofrendas, ¡oh, destructor de héroes!, te adoramos: que gracias a tu apoyo, Rudra, podamos obtener exención de enfermedades y esta salvaguarda contra los peligros que nuestro antepasado Manu nos dispensó.

3. Rudra, tú que distribuyes beneficios, concédenos que al adorar a los dioses podamos obtener tu favor: ¡oh tú vencedor de héroes!, acude hacia nuestros descendientes con la idea de hacerlos dichosos, mientras que nosotros, teniendo en seguridad a nuestros hijos, te presentamos ofrendas.

4. Para defendernos, invocamos al ilustre Rudra, que celebra sacrificios, que es sabio y sinuoso en sus vías; quiera alejar de nosotros su cólera; con fervor solicitamos su protección.

5. Invocamos respetuosamente a aquel que está en el Cielo, que posee alimentos excelentes, que es radiante y tiene trenzados cabellos, que es brillante; aquel que tiene en su mano preciados medicamentos y que llega a conocérsele dedicándose al estudio de las cosas sagradas; que nos conceda la salud, una armadura defensiva y una morada en la que estemos seguros.

6. Esta alabanza, la más dulce de todas y motivo de prosperidad para aquel que la recita, es dirigida a Rudra, padre de los Maruts; ¡oh, inmortal Rudra!, concédenos alimento suficiente a los mortales, y otórganos la dicha, y asimismo a nuestros hijos y a nuestros nietos.

7. No hagas mal, ¡oh Rudra!, a aquellos de entre nosotros, jóvenes o viejos, que han dado el día y que lo han recibido; presérvanos de toda aflicción.

8. No nos hagas mal, ¡oh Rudra!, en nuestros hijos o nietos, ni en nuestro rebaño, ni en nuestros caballos; poseído de cólera, no destruyas a nuestros valerosos guerreros, porque, al presentarte la manteca clarificada, nosotros te invocamos continuamente.

9. Te ofrezco las alabanzas que te corresponden, como un pastorcillo (devuelve los corderos a sus dueños); padre de los Maruts, concededme la dicha, tu bondad es manantial de felicidad que puede ser el lote de un mortal; por eso solicitamos especialmente tu protección.

10. Vencedor de héroes, que tu arma que mata vacas u hombres, esté lejos de nosotros, que la felicidad que tú concedes sea nuestro patrimonio; favorécenos; habla, brillante héroe, en favor nuestro, y concédenos la prosperidad, tú cuyo poder se extiende sobre los dos (reinados del Cielo y de la Tierra).

11. Como deseamos su protección, le hemos expresado nuestro respeto; que Rudra, con los Maruts, oiga nuestras invocaciones; que Mitra, Varuna y Aditi escuchen nuestras preces.

SUKTA X

(Compuesto por Kutsa y dirigido a Surya)

1. Se ha alzado el admirable ejército de rayos; el ojo de Mitra, de Varuna y de Añi, el Sol, el alma de todo lo que se mueve o de lo que es inmóvil ha llenado (con su gloria) el Cielo, la Tierra y el firmamento.

2. El Sol sigue a la divina y brillante Ushas como un hombre sigue a una mujer (joven y elegante); en esta estación, los hombres piadosos realizan las (ceremonias establecidas desde) siglos, adorando al Sol bienhechor, con la esperanza de obtener amplia recompensa.

3. Los rápidos corceles del Sol, nobles, bien formados y vigorosos, merecen ser celebrados por nuestros cánticos; son objeto de respeto nuestro; han subido a la cima del Cielo y rápidamente han dado la vuelta en torno al Sol y a la Tierra.

4. Tal es la divinidad, tal es la majestad del Sol, que, cuando ha efectuado la mitad de su carrera, retira en sí mismo la luz que había prodigado sobre el camino todavía no recorrido por completo; cuando desengancha los corceles que de su carro tiraban, la noche inunda todo de oscuridad.

5. El Sol, a la vista de Mitra y de Varuna, despliega su forma espléndida en medio de los cielos, y sus rayos extienden, por un lado, su poder infinito y brillante, y por el otro, alejándose, traen las tinieblas de la noche.

6. Libradnos hoy, ¡oh dioses!, desde la salida del Sol, del pecado detestable, y puedan Mitra, Varuna, Aditi favorecer nuestras plegarias.

ANUVAKA XVII

SUKTA I

(Compuesto por el rishi Kakshivat y dirigido a los Asvins)

1. Del mismo modo que el que adora, extiende, para los Nasatyas, la sagrada hierva, asimismo proclamo sus alabanzas, como el viento empuja las nubes delante de él; han dado esposa al joven Vimada y lo han transportado en su carro, adelantándose al ejército enemigo.

2. Nasatyas, llevados por corceles vigorosos y rápidos y apremiados por el estímulo de los dioses, el asno que os pertenece de tal modo excitado, derribó a un millar de enemigos en el combate, en la guerra a Yama grata.

3. ¡Oh Asvins!, Tugra envió en verdad su hijo Bhujyu a la mar[81] como un moribundo se separa de sus riquezas, pero lo recogisteis en las embarcaciones que os pertenecían, que flotaban sobre el océano y se hallaban encima de las aguas.

4. Durante tres días y tres noches, ¡oh Nasatyas!, habéis transportado a Bhujyu en tres carros rápidos de cien ruedas[82] y tirados por seis corceles.

5. Habéis, ¡oh Asvins!, llevado a efecto esta hazaña sobre el océano en donde no hay nada; habéis devuelto a casa de sus padres a Bhujyu navegando en una nave de cien remos.

6. El caballo blanco que habéis dado a Pedu, caballos que eran indestructibles, fue siempre para él un motivo de éxito; debe siempre celebrarse ese preciado don de vuestra generosidad; el caballo de Pedu, que dispersa los enemigos, debe ser siempre invocado.

7. ¡Oh vos que dirigís el sacrificio!, habéis dado a Kakshivat, de la raza de Pajra, variados conocimientos; habéis llenado cien jarras de

---

[81] Tugra era un rey que, perseguido en una isla por sus enemigos, quiso poner a salvo a su hijo Bhujyu; le hizo embarcar en una nave que pereció en alejados parajes con todos sus tripulantes. La protección de los Asvins preservó al joven príncipe; se salvó por la ruta del aire con sus compañeros, y, al cabo de tres días y tres noches, fue devuelto a su padre. Procede creer que estas leyendas son alegorías. El señor Langlois supone que Bhujyu es el Sol, quizás el Sol durante la noche.

[82] No se sabe muy bien por qué el poeta atribuye aquí seis corceles y cien ruedas al carro de los Asvins. El número cien es probablemente una cifra indeterminada, que representaba un gran número. Por eso Indra es representado como un dios que llegó a realizar cien hazañas y poseyó el rayo de cien cortantes.

vino, obteniéndolas del casco de vuestro vigoroso corcel, como si fuera de un tonel.

8. Con agua fría habéis regado las ardientes llamas que envolvían a Atri[83], y le habéis dado un vigor conservado por abundantes alimentos; le habéis sacado, ¡oh Asvins!, de la sombría caverna en la que había sido precipitado, y le habéis devuelto a toda clase de bienestar.

9. Nasatyas, habéis levantado un pozo y, al volcarlo, habéis convertido su base en boca, con tal suerte que el agua saliera para saciar la sed de Gotama.

10. Nasatyas, habéis despojado completamente al viejo Chyavana de su piel como si hubiera sido una cota de malla; habéis renovado, ¡oh Dasras!, la vida del sabio que no tenía parientes y habéis hecho de él el esposo de un gran número de vírgenes[84].

11. Nasatyas, habéis realizado una hazaña gloriosa, digna de nuestras adoraciones y de nuestras alabanzas, cuando sacasteis a Vandana del pozo, visible a los viajeros, en el cual estaba oculto como un tesoro escondido[85].

12. A vos que dirigís el sacrificio, para adquirir riquezas, proclamo como inimitable este acto que habéis realizado; del mismo modo que el trueno anuncia la lluvia, Dadhyanch, hijo de Athavan, que de Vos recibió la cabeza de un caballo, os enseñó la ciencia mística[86].

13. El inteligente Vadhrimati os invocó, Nasatyas, a vosotros que satisfacéis los deseos de numerosos mortales y los protegéis; su plegaria fue escuchada como las instrucciones de un profesor, y vosotros, Asvins, disteis a la mujer de un marido impotente a Hiranyhasta como hijo.

14. Nasatyas, librasteis la codorniz de la boca del perro que de ella había hecho presa, y bienhechores de un gran número de mortales,

---

[83] Langlois, dice: «Me parece que la leyenda de Atri representa la estación de lluvias que sucede a la de los calores».

[84] Tchyavana es un rishi; se casó con la hija de rey Varyata. Langlois no lo considera como a un personaje histórico; ve en él al Sol poniente, al viejo Sol que se rejuvenece para casarse con el año siguiente o con la jornada de mañana.

[85] El rishi Vandana fue sacado por los Asvins del fondo de un pozo en el que le habían precipitado los Asuras cuando de él se apoderaron en una selva desierta.

[86] La leyenda india cuenta que Dadyantch había aprendido los misterios más profundos de la teología, y también que perdería la cabeza si los revelaba. Faltó a su promesa en favor de los Asvins y sufrió la pena que había merecido. Después, Indra en sus combates contra los Rakshasas tuvo necesidad de los huesos de esta cabeza; Dadyantch consintió morir para suministrárselos. Estas extrañas leyendas son alegorías, al igual de los demás relatos contenidos en los *Vedas*.

habéis concedido al sabio que os alaba el conocimiento de (la verdadera sabiduría).

15. El pie de (Vispala, la mujer de) Khela, fue cortado como el ala de un ave en un combate nocturno; le habéis procurado inmediatamente una pierna de hierro, para que pudiese caminar.

16. Cuando Rijrasva daba a una loba cien corderinos descuartizados, su padre le dejó ciego; vosotros, Dasras, médicos de los dioses, le devolvisteis la vista.

17. La hija del Sol, montó en vuestro carro[87] como un corredor se dirige hacia la meta; cuando ganasteis (el precio de la carrera) con vuestro rápido corcel, todos los dioses miraban, el corazón henchido de ansiedad, y vos, Nasatyas, fuisteis cubierto de gloria.

18. Asvins, cuando fuisteis a la morada de Divodasa que os había invitado, vuestro carro cargado de tesoros y de alimentos, y el toro y la tortuga, fueron enganchados juntos.

19. Nasatyas, que dais fuerza y riqueza, así como la prosperidad y el alimento que conserva el vigor, os acercasteis a la familia de Jahnu.

20. Nasatyas, que no podéis envejecer, habéis transportado durante la noche, en vuestro carro que arrolla a los enemigos, a Jahusha cercado de adversarios por todas partes, y le habéis llevado a montañas inaccesibles.

21. Asvins, habéis conservado a Vasa, para que en un solo día pudiese obtener mil preciados presentes; ¡oh vos que distribuís beneficios y que, asociados con Indra, habéis destruido a los encarnizados enemigos de Prithusravas!

22. Habéis elevado el agua desde el fondo del pozo para que pudiese calmar la sed de Sara, hijo de Richitka; por vuestro poder, Nasatyas, habéis dado abundante leche a la vaca estéril, para así auxiliar a Sayu, vencido por la fatiga.

23. Nasatyas, por vuestros actos habéis devuelto a Visvaka, hijo de Krishna, su hijo Vishnapu; solicitaba vuestra protección, os adoraba y era amante de la justicia; su hijo regocijó su vista como lo logra la presencia de un animal que se hubiere extraviado.

---

[87] Los comentaristas sánscritos cuentan que la hija del Sol, por todos llamada Surya, era destinada para ser la esposa de Soma. También los otros dioses la quisieron por esposa. Entonces se decidió que sería el premio de una carrera cuya meta fuese el Sol; vencieron los Asvins y al hacerlo, quisieron que Surya montase en su carruaje.

24. Asvins, habéis levantado a Rebha como se levanta el soma en una cuchara; durante diez noches y nueve días, había permanecido en el fondo de un pozo, atado con sólidas cuerdas, herido y martirizado por el agua.

25. Tal es la forma, ¡oh Asvins!, en que yo he proclamado vuestras hazañas; haced que me convierta en dueño (de estos lugares), que tenga rebaños abundantes y numerosos descendientes, que conserve mi vista y goce larga vida; que pueda penetrar en la vejez como el dueño en su propia casa.

SUKTA II

(Compuesto por el mismo rishi y dirigido a las mismas divinidades)

1. Asvins, vuestro antiguo adorador os rinde culto y, para satisfaceros, distribuye el agradable jugo del soma; la ofrenda se vierte sobre la hierba sagrada y el himno está dispuesto a repetirse; acercaos, Nasatyas, concedednos alimentos y vigor.

2. Asvins, directores de los sacrificios, venid a nuestra morada con ese carro que, rápido como el pensamiento y tirado por buenos caballos, surge ante los hombres, y con él os acercáis a los virtuosos.

3. ¡Oh directores de las ceremonias!, habéis libertado al sabio Atri, que era objeto de veneración por las cinco razas humanas, de la cárcel en que estaba encerrado con sus hijos; habéis destruido a sus enemigos y habéis frustrado, ¡oh vosotros que prodigáis beneficios!, las emboscadas de los pérfidos Dasyas.

4. Vosotros que dirigís los sacrificios y prodigáis los beneficios, habéis, gracias a vuestra ciencia curativa, salvado a Rebha, arrojado al agua por sus enemigos; vuestras proezas no se borran nunca de nuestro recuerdo.

5. Habéis retirado, ¡oh Dasras!, al sabio Vandana que había sido arrojado a un pozo; era como un rico y espléndido ornato de cuya vista estaban privados todos los ojos, cual un hombre dormido en el seno de la Tierra, como el Sol que en la oscuridad desaparece.

6. ¡Oh vosotros que dirigís el sacrificio!, vuestras proezas merecen ser celebradas; Kakshivat, de la raza de Pajra, canta vuestra gloria; sois quienes llenaron para el hombre, vuestro protegido, cien vasos con suave licor procedente del casco de vuestro rápido corcel.

7. Vosotros que dirigís los sacrificios habéis devuelto Vishnapu a su padre Visvaka, hijo de Krisnha, que lo había perdido; habéis concedido, ¡oh Asvins!, un marido a Ghosha que envejecía y que permanecía confinada en casa de su padre[88].

8. Habéis concedido a Syava, ¡oh Asvins!, una esposa amable; habéis devuelto la vista a Kanva, imposibilitado para hallar su camino; ¡oh vosotros que prodigáis los beneficios!, la acción que hicisteis al devolver el oído al hijo de Nrishada debe ser glorificada.

---

[88] Ghosha era la hija del rishi Kakshnavi; atacada por la lepra, permanecía en casa de su padre, pero se casó después de haber sido curada por los Asvins.

9. Asvins, que adoptáis múltiples formas; habéis dado a Pedu un caballo rápido, portador de mil tesoros, potente, irresistible, destructor de enemigos, objeto de nuestras alabanzas y que nos coloca por encima de todos los peligros.

10. Generosos Asvins, vuestras proezas deben ser celebradas, y la plegaria que resuena debe haceros a nosotros propicios, cuando moráis en el seno de la Tierra; cuando los descendientes de Pajra os inviten, ¡oh Asvins!, acudid con el sustento y otorgad la fuerza al sabio que os adora.

11. Asvins, glorificadas las alabanzas de vuestros adoradores, que alimentan a los hombres, habéis dado el sustento al sabio Bharadwaja y habéis protegido a Vispala.

12. ¿A dónde vais, hijos del Cielo, cuando caminando hacia la morada de Kavya, para recibir su adoración, habéis arrojado de las tinieblas a Rebha, al décimo día, como un barco enterrado lleno de oro?

13. Por efecto de vuestro poder, habéis devuelto, ¡oh Asvins!, la juventud al viejo Chyavana; la hija del Sol, Nasatyas, embelleció vuestros carros.

14. Habéis sido antaño objeto de las alabanzas de Tugra, vosotros que disipáis la aflicción; y os adoró cuando en rápidas naves y sobre tímidos caballos, le devolvisteis a Bhujyu arrancado del agitado océano.

15. El hijo de Tugra, por vosotros devuelto a su padre, ¡oh Asvins!, os glorificó, cuando cruzó el océano y le transportasteis a lugar seguro en vuestro carro, bien tirado y rápido como el pensamiento.

16. La codorniz os glorificó, ¡oh Asvins!, cuando la salvasteis de la boca del lobo; en vuestro carro triunfante habéis transportado a Jahusha hasta la cima de la montaña, y con una flecha envenenada traspasasteis al hijo de Visvaneh.

17. Habéis devuelto la vista a Rijrasva quien, presentando cien corderinos a una loba, había sido condenado a la ceguera por su irritado padre, y habéis devuelto al ciego la luz que permite ver todas las cosas.

18. Deseando que el goce que resulta de la perfección del sentido fuese devuelto al ciego, la loba os invocó diciendo: ¡Asvins, vosotros que prodigáis beneficios, que dirigís los sacrificios!, Rijrasva, tan pródigo como un joven enamorado, me ha dado ciento un corderillos descuartizados.

19. Asvins, vuestra poderosa protección es manantial de dicha; ¡oh, vosotros dignos de elogios!, por eso el inteligente Ghosha se dirigió a vosotros: ¡oh, vosotros que prodigáis beneficios, concedednos vuestro apoyo!

20. Dasras, habéis llenado de leche la vaca de Sayu que era estéril y débil; por efecto de vuestro poder, condujisteis cerca de Vimada a la hija de Purumitra, para que fuera su esposa.

21. Asvins, al hacer sembrar de cebada los campos que habían sido labrados por el arado, al hacer que la lluvia se desprendiera de las nubes para asistir a Manu, y destruyendo con el rayo a Dasyas, habéis concedido al Arya una luz refulgente.

22. Habéis sustituido, ¡oh Asvins!, con la cabeza de un caballo la cabeza de Dadhyanch, hijo de Atharvan, y fiel a sus promesas os reveló la ciencia mística que Tvashtri le había enseñado.

23. ¡Oh sabios Asvins!, yo solicito siempre vuestro favor; proteged todos mis deberes religiosos, y conceded a Nasatyas abundantes riquezas y posteridad.

24. Generosos Asvins, directores de los sacrificios, habéis dado a Vadhrimati su hijo Hiranyahasta; habéis devuelto la vida a Syava tres veces mutilado.

25. Nuestros antepasados celebraron vuestras proezas, ¡oh Asvins!, y nosotros os ofrendamos nuestra adoración, ¡oh, vosotros que prodigáis beneficios!, acompañados por nuestros servidores, repetimos vuestras alabanzas.

SUKTA III

(Compuesto por el mismo rishi y dirigido a las mismas divinidades)

1. Que vuestro carro elegante y rico, rápido como un gavilán, pueda venir a presencia nuestra, ¡oh Asvins! Se apoya en tres columnas, ligero como el viento.

2. Venid hacia nosotros con vuestro carro triangular de tres columnas y tres ruedas; llenad de leche nuestras vacas; dad vigor a nuestros caballos, ¡oh Asvins!, y acrecentad nuestra prosperidad.

3. Cuando baiéis en vuestro carro rápido y bien construido, escucharéis este himno recitado por una persona que os venera; ¿acaso los sabios antiguos, ¡oh Asvins!, no dicen que os apresuréis a apartar la pobreza de aquel que os adora?

4. Que los rápidos y fogosos corceles, ágiles como gavilanes, enganchados a vuestro carro, puedan traeros hasta aquí, ¡oh Asvins!, prontos como el agua que cae o como los buitres que cruzan el aire, os conducen al sacrificio.

5. Jefes de los sacrificios, la hija de Surya subió con delicia a vuestro carro; que vuestros corceles vigorosos, ligeros, brillantes, os traigan cerca de nosotros.

6. ¡Oh Dasras!, por vuestras hazañas habéis levantado a Vandana; ¡oh vos que distribuís beneficios!, habéis llevado al hijo de Tugra más allá del mar, y habéis devuelto la juventud a Chyavana.

7. Habéis socorrido a Atri, preso, calmando el calor devorante que le abrumaba, y le habéis alimentado con agradables alimentos; deseoso de ser objeto de justas alabanzas, habéis devuelto la vista a Kanva, al que las tinieblas habían cegado.

8. Habéis llenado de leche la vaca del viejo Sayu, cuando imploraba vuestro apoyo; habéis librado la codorniz del peligro (que la amenazaba); habéis dado una pierna a Vispala.

9. Habéis dado a Pedu, ¡oh Asvins!, el corcel blanco que de Indra habíais recibido, y aplastado a sus enemigos: relincha fuertemente en las batallas, desafía a los enemigos, es intrépido y vigoroso y ha conquistado mil tesoros.

10. Invocamos fervorosamente vuestro apoyo, ¡oh Asvins!, directores de los sacrificios; satisfechos de nuestras alabanzas, venid hacia nosotros con vuestro carro opulento, para traernos la felicidad.

11. Venid a nosotros, generoso Nasatyas, con la velocidad del buitre; os invoco, ¡oh Asvins!, y os ofrezco una ofrenda, al salir la aurora siempre constante.

SUKTA IV

(Compuesto por el mismo rishi y dirigido a las mismas divinidades)

1. Al desear el sustento, ¡oh Asvins!, os invoco para conservar mi vida; vuestro maravilloso carro, rápido como el pensamiento, arrastrado por ágiles caballos, es digno de veneración; está decorado con n u m e rosos estandartes; trae la lluvia, contiene la riqueza, distribuye abundantemente el placer y procura la opulencia.

2. Cuando se puso en movimiento, nuestros espíritus elevaron los acentos de una plegaria; nuestros himnos llegan a los Asvins. Preparo la ofrenda, los asistentes se acercan; Urjani (la hija del Sol) va en vuestro carro, ¡oh Asvins!

3. Cuando los hombres piadosos e innumeros vencedores en los combates, luchan juntos para conseguir tesoro (que son el premio de la victoria), vuestro carro, ¡oh Asvins!, se muestra en su carrera, y repartís excelentes tesoros a aquel que os adora.

4. Habéis devuelto a Bhujya a sus antepasados, cuando arrastrado por sus corceles había perecido, y fuisteis a su morada alejada, vosotros que distribuís beneficios; grande fue el socorro que disteis a Divodasa.

5. Asvins, vuestros admirables caballos condujeron a la meta (que los dioses habían determinado) el carro que preparasteis, y la joven que era el premio (del combate) llegó hasta vosotros, llena de afecto, v os reconoció por esposos y dijo: «Sois mis dueños».

6. Habéis preservado a Rebha de la violencia que la rodeaba, habéis disuelto con el calor agobiante la nieve que abrumaba a Atri, habéis engendrado leche en la vaca de Sayu, y, gracias a vosotros, Vandana obtuvo una prolongada vida.

7. Hábiles Dasras, habéis restaurado a Vandana, cuando se hallaba debilitado por la vejez, como un artesano repara el carro usado; conmovido por sus alabanzas, habéis hecho salir del seno de su madre al sabio Vamadeva; que vuestras gloriosas hazañas se manifiesten para aquel que, en este lugar, os ofrezca pleitesía.

8. Os acercasteis a aquel que afligido por el abandono de su propio padre, os alababa desde lejos, y por eso todos los hombres han deseado que vuestros socorros prontos y admirables estuviesen a su disposición.

9. Esta abeja que busca la miel murmuró también alabanzas en vuestro honor; el hijo de Usij os invoca, y os invita a tomar el embriagador juego del soma; os habéis conciliado con el espíritu de Dadhyanch, de tal suerte que, provisto de la cabeza de un caballo, os enseñó (la ciencia mística).

10. Asvins, disteis a Pedu el (caballo) blanco objeto de la codicia de muchos hombres, aquel que derriba a los combatientes, que brilla, al que los enemigos no pueden domar en los combates; el bueno para toda tarea, y, como Indra, el vencedor de los hombres.

SUKTA V

(Compuesto por el mismo rishi y dirigido a las mismas divinidades)

1. Asvins, ¿qué alabanzas os predisponen en nuestro favor? ¿Cuáles pueden satisfaceros? ¿Cómo un hombre ignorante puede deciros alabanzas dignas de vosotros?

2. Un hombre ignorante debe informarse acerca del medio de adorar a los dioses cuya sabiduría es inmensa, porque tan sólo los Asvins poseen todo conocimiento; los Asvins prodigan prestamente sus favores en beneficio del hombre que los adora.

3. Os invocamos, porque conocéis todas las cosas; dignaos hoy hacernos ver las alabanzas que más agradables os sean; deseo vuestra presencia y os rindo pleitesía al presentaros mis ofrendas.

4. No invito a los dioses desprovistos de poder, pero vosotros, Dasras, bebed esta admirable ofrenda que da vigor, y hacednos fuertes.

5. Poderoso es el himno que fue repetido por el hijo de Ghosha y por Bhriga, y que los Angirasas repiten también cuando os adoran. Que el sabio Kakshivat, deseoso de sustento, pueda obtenerlo abundantemente.

6. Escuchad el cántico del ciego que tropieza[89], porque os glorifica, ¡oh Asvins!, vosotros que protegéis las obras buenas, me habéis devuelto la vista.

7. Habéis concedido grandes riquezas y las habéis hecho desaparecer; ¡oh vosotros que concedéis las moradas!, sed nuestros protectores; defendednos de los pérfidos ladrones.

8. No nos entreguéis, ¡oh Asvins!, a nuestros enemigos; que nuestras vacas, que con su leche nos alimentan, no se alejen jamás de nuestras moradas ni se separen de sus ternerillos.

9. Aquellos que os adoran obtienen riquezas para sostener a sus amigos; llevadnos a la opulencia concediéndonos el sustento.

10. He obtenido, sin caballos, el carro de los Asvins que otorga el sustento, y espero que me hará ganar grandes riquezas.

11. He aquí aquel que te ha logrado, ¡oh carro portador de riquezas!; aumenta mi prosperidad; que este carro delicioso lleve a los Asvins el soma, brebaje de los hombres.

---

[89] Este ciego, del que se habla frecuentemente en los *Vedas,* no parece aquejado de ceguera real; en ella puede verse una alusión a la luz que retira la noche y que restituye el sacrificio de la mañana.

12. Ahora yo desdeño el sueño, y al hombre rico que no reparte sus beneficios con los demás, que uno y otro (el sueño de la mañana y el rico egoísta) perezcan prontamente.

ANUVAKA XVIII

SUKTA I

(Compuesto por el rishi Kakshivat, dirigido a Indra o a los Visvadevas)

1. ¿Cuándo Indra, protector de los hombres, el que concede la riqueza, escuchará las alabanzas que se recitan con motivo de los Angirasas consagrados a los dioses? Cuando ve a los ministros del dueño de la casa, y cuando él debe ser el objeto al cual se dirigirá la adoración de los sacrificadores, es cuando se integra a la alegría.

2. Es el sostén del Cielo; él que brilla y es conductor del rebaño que había sido robado, distribuye las aguas para procurar el sustento; el poderoso Indra se manifiesta después de su propia hija (la aurora); ha hecho de la hembra de un caballo la madre de la vaca[90].

3. Que iluminando la aurora color de púrpura pueda escuchar las súplicas que le son dirigidas y distribuir diariamente riquezas sobre la raza de los Angirasas; ha aguzado su dardo fatal.; ha sostenido el Cielo para el bien de los hombres y de los animales.

4. Animado por el jugo del soma, has vuelto a apoderarte del célebre rebaño oculto en la caverna y lo has devuelto a los Angirasas, para que sirviera de sacrificio: cuando Indra, el de la triple cresta, se mezcla en el combate, abre las puertas de los tiránicos descendientes de Manu.

5. Cuando vuestros padres (el Cielo y la Tierra) protectores del Mundo, aportaron la ofrenda que alimenta y fortifica, ¡oh tú que eres rápido en tus acciones!, acepta la leche pura y preciosa que te es ofrecida.

6. Ahora Indra se ha manifestado; que el que triunfa de sus enemigos nos conceda la dicha, él que brilla esplendorosamente como el Sol desde que sale; que el excelente soma, distribuido en el instante del sacrificio, nos colme de dicha.

7. Cuando el hacha, de brillante hoja, está dispuesta a acometer su obra, el sacerdote que dirige el sacrificio debe tener la víctima cerca de él atada. Indra, cuando brillas en los días consagrados a los sagrados ritos, el éxito acompaña al hombre que va en su carro (en busca del

---

[90] He aquí la explicación que el señor Langlois facilita acerca de esta enigmática imagen. La vaca, en el estilo de los *Vedas,* es frecuentemente la nube. La nube es engendrada por un vapor acuoso que se eleva y que avanza con la rapidez del caballo. Indra convierte este vapor en su esposa y le hace madre para felicidad de la Tierra.

combustible), como también al conductor del ganado y al pastorcillo activo.

8. Envía aquí a tus caballos para que beban la embriagadora libación; destruye, ¡oh guerrero!, al adversario que nos roba nuestros tesoros; toma tu parte de la bebida que extraemos de las plantas que machacamos con piedras; para aumentar tu fuerza, bebe el jugo delicioso y fortificante del soma, ¡oh tú que eres más rápido que el viento!

9. Lanzaste tu flecha contra el Asuara de rápidos movimientos; este arma que destruye a nuestros enemigos, te había sido dada por Ribhus desde lo alto del Cielo; tú a quien la multitud adora, atacaste a Sushna atravesándolo con armas fatales e innúmeras.

10. Cuando el Sol salió después de su lucha con las tinieblas, rompiste, ¡oh tú que posees el trueno!, la nube que se había interpuesto como obstáculo y rajaste los numerosos lienzos con que Sushna la había envuelto.

11. Entonces la Tierra y el Cielo vastos, poderosos e inquebrantables, te animaron Indra; te entregaste a gloriosos actos y precipitaste en las aguas a Vitra, el destructor, atacándolo con tu poderoso rayo.

12. Indra, amigo del hombre, monta sobre los caballos de tu predilección, que son rápidos como el viento, que se enganchan fácilmente y que llevan bien su fardo; has aguzado el rayo que destruye a los enemigos y que atravesó a Vitra; Usanas, hijo de Kavi, te ha dado este arma.

13. Detén, Sura, tus caballos amarillos, porque es Etasa, ¡oh Indra!, la que arrastra la rueda; después de haber llevado a los que no ofrecen sacrificios a la orilla opuesta de los noventa ríos, les obligas a cumplir su obligación.

14. Indra, portador del rayo, presérvanos de esa pobreza tan difícil de destruir, así como de la desgracia en la guerra; concédenos riquezas; danos carros y caballos; haz que nuestra gloria se extienda, así como la fama de nuestra lealtad.

15. Indra, afamado por la abundancia de tus bienes, que tu favor no nos abandone nunca; que los alimentos puedan ser siempre nuestro sostén; opulento Maghavan, haznos propietarios de rebaños y que siempre entregados a tu adoración, podamos ser felices con nuestras familias.

RIG-VEDA

SEGUNDO ASHTAKA

PRIMER ADHYAYA
ANUVAKA XVIII (Continuación)

SUKTA II

(Compuesto por el rishi Kakshivat y dirigido a los Visvadevas)

1. Sacerdotes respetuosos y humildes, presentad los platos que habéis preparado a Rudra que distribuye sus recompensas. Alabo a aquel que, con sus heroicos compañeros, como las flechas de una aljaba, ha expulsado (a los Asuras) del Cielo y (alabo) a los Maruts (que residen) entre el Cielo y la Tierra.

2. Animados por nuestras variadas alabanzas, apresuraos. Mañana y Noche a acudir a nuestra primera invocación, como una esposa acude tan pronto como el marido la llama, y que la aurora se digne asistir a nuestra ceremonia matinal, ella que embellece el brillo del Sol saliente y que, cual el mismo Sol, reviste su amplia cintura con rayos de oro.

3. Que la divinidad que da la vuelta al Mundo (Añi), y que adquiere formas diversas, nos otorgue la felicidad; que el viento que distribuye la lluvia, nos conceda la felicidad; ¡oh Indra y Gavata[91], aguza nuestra inteligencia y que todos los dioses nos sean propicios!

4. Cada vez que yo, hijo de Usij, adoro con mis ofrendas a los dos Asvins, que comen y beben (las ofrendas y las libaciones), en el momento en que la aurora comunica su blancura al Mundo, entonces, sacerdotes glorificad a Añi, el nieto de las aguas[92], y convertid (las divinidades del día y de la noche) en madres (valga la expresión) del hombre que repite sus alabanzas.

5. Yo, hijo de Usij, os dirijo, ¡oh Asvins!, alabanzas respetuosas del mismo modo que Gosha os alabó por haberle quitado su piel blanca, yo glorifico, ¡oh dioses!, a ese generoso Pushan, vuestro asociado, y proclamo la magnificencia de Añi.

---

[91] Wilson hace observar que Parvata es un nombre que se da a Indra, como regulador de los *Parvas*, secciones o períodos del día y del año. Además se ve: Sukta VI, invocación 6, etc. Según Langlois, *Parvata* es palabra derivada del verbo *parva*, que significa *llenar*, o de *parvan*, nudo, como quien diría lleno de nudos. Esta última explicación recuerda la forma de la nube cuyas diversas partes aparecen como anudadas juntas, y Parvata sería la nube personificada e invocada con Indra.

[92] Este epíteto se encontrará frecuentemente como aplicado a Añi; procede de que los árboles son el producto de la humedad o del agua y de que el fuego (Añi) se obtenía entre los Arias por frotamiento de dos trozos de madera.

6. Mitra y Varuna, escuchad mis invocaciones; oíd aquellas que se expresan en la sala de los sacrificios; que Sandhu el glorioso distribuidor de riquezas, nos oiga y fertilice regando nuestros vastos campos.

7. Os alabo, Mitra y Varuna, por los dones de numerosos rebaños que habéis hecho al descendiente de Pujra; que abundantes alimentos sean el resultado de estas alabanzas. Que los dioses, al concedernos el sustento, acudan rápidamente y sin obstáculos, cada uno en su carro favorito y famoso.

8. Alabo los tesoros de esta opulenta (asamblea de los dioses); que podamos tener nuestra parte, nosotros que tenemos excelente posteridad; que la asamblea que confiere a los hijos de Pajra abundante sustento, me conceda sus beneficios; ella me ha hecho poseedor de caballos y de carros.

9. El hombre que os daña, ¡oh Mitra y Varuna!, y que os perjudica de cualquier modo que sea, aquel que no os presenta ofrendas, contrae por sí mismo un mal que penetrará en su corazón; pero aquel que practica vuestro culto y que os dirige sus alabanzas, obtiene lo que solicita.

10. Tirado por caballos diestros, dotados de una victoriosa fuerza, renombrado entre los hombres, generoso en sus dones, se mueve como un héroe; siempre exento de terror en los combates, y aún contra los adversarios más poderosos.

11. Vosotros que concedéis la dicha, escuchad las súplicas del que os adora, y venid para que, atravesando los cielos, seáis propicios por la magnitud de ofrendas que os presentan los sacrificadores: no reconocemos más protección que la vuestra.

12. Los dioses han hablado así: «Otorgamos el vigor a aquel que nos adora y que nos invoca para que participemos en la libación diez veces repetida». Que los dioses en los que el esplendor y la riqueza orillan, nos concedan alimentos abundantes en el momento de los solemnes sacrificios

13. Nos regocijamos porque, para satisfacción de los diez (órganos del sentido), los sacerdotes se dirigen hacia el altar portadores de sagradas ofrendas. ¿Qué puede Ishtasva? ¿qué puede Ishtasva? ¿que pueden los que actualmente son dueños de la Tierra?

14. Que todos los dioses nos favorezcan dándonos pendientes de oro y collares y alhajas; que la reunión de las divinidades dignas de respeto, pueda sernos propicia por las alabanzas que salen (de la boca de la adoración); que nuestras ofrendas les sean agradables y que satisfagan a los dioses.

15. Los cuatro hijos de Masasura, los tres hijos de Avavasa, el monarca victorioso[93] me inquietan. Que vuestro espacioso carro, de refulgentes rayos, ¡oh Mitra y Varuna!, brille (delante de ellos) como el Sol (les hace perecer de espanto).

---

[93] No se posee ningún dato acerca de los dos príncipes nombrados en esta estrofa, y tampoco se trata de ellos en las obras sánscritas. Este período, así como el resto de este cántico, es oscuro y lleno de nebulosidades.

SUKTA III

(Compuesto por el rishi Kakshivat y dirigido a Ushas)

1. El carro espacioso de la graciosa Ushas ha sido enganchado; en él han montado los dioses inmortales; la bella Ushas se ha levantado saliendo de las tinieblas y llevando la salud a las humanas habitaciones.

2. Es la primera que despierta en este Mundo, y triunfa de la pasajera obscuridad; poderosa y distribuyendo desde lo alto su luz, ve todas las cosas, siempre joven, siempre renaciente, es la primera en acudir.

3. Divina Ushas, tú que proteges a los mortales, cualquiera que sea la parte que hoy aportas a los hombres; haz que el radiante Savitri *(el Sol)* esté dispuesto a confirmar tus dones y a eximirnos de pecado, para que podamos acudir a la sala de sacrificios.

4. Ahanas *(sinónimo de Ushas),* cargada de una luz que baja, va diariamente de casa en casa; viene, distribuyendo perpetuamente la luz y animada del deseo de distribuir beneficios, acepta la selecta porción de los tesoros de los sacrificios.

5. Ushas, dotada de la verdad, tú que eres hermana de Bhaya y de Varuna, sé la primera de las divinidades que celebren nuestros himnos, y que se aleje aquel que cometa la iniquidad, porque con el apoyo de tu socorro nuestro carro le alcanzará.

6. Que se pronuncien las palabras que expresen verdad; que se cumplan obras de sabiduría; que se eleven fuegos brillantes y que la radiante Ushas manifieste los preciosos tesoros que la obscuridad vela.

7. El día doble *(la noche y el día)* camina sin separarse, una parte hacia adelante y otra hacia atrás; una de las dos que se suceden alternativamente, es causa de que todos los objetos permanezcan ocultos, pero la aurora los ilumina con su radiante carro.

8. La misma hoy, la misma mañana, la aurora irreprochable, se adelanta treinta *yojanas* en la carrera alejada de Varuna[94], y realiza en sucesivos períodos el empleo que le ha sido asignado.

---

[94] Varuna es identificado aquí con el Sol que, según los antiguos comentaristas de los *Vedas,* corre diariamente alrededor del monte Merú, centro de la Tierra, haciendo un circuito de 5.059 *yojanas.* Según los Puranas, el Sol recorre cada veinticuatro horas noventa y cuatro millones y medio de *yojanas.* Todos estos extremos, acerca de los cuales los autores sánscritos no están de acuerdo, no deben detenernos. Bentley, *Hindu astronomy,* p. 185, citado por Wilson, *Rig-Veda,* t. II, p. 8. Debe de advertirse que la yojana es una medida muy vaga.

9. La aurora que obtiene de ella misma su brillo, empezando la declinación de la primera (porción) del día, sale de las tinieblas distribuyendo su blanco esplendor; precede a la luz del Sol, no se disminuye su brillo, pero diariamente aumenta belleza a su esplendor.

10. Desea, tú que te manifiestas con los rasgos de una virgen, te diriges hacia el Sol resplandeciente y magnífico, y como una joven esposa (ante su marido) descubres sonriente tu seno a presencia suya.

11. Radiante como una joven esposa ataviada por su madre, te muestras satisfecha a las miradas. Afortunada aurora, disipa las tinieblas que envuelven la Tierra, porque otras auroras que no fuesen tú no sabrían alejar esas tinieblas.

12. Poseyendo vacas y caballos, existiendo en todos los tiempos, rivalizando con los rayos del Sol (para disipar las tinieblas) las auroras afortunadas pasan y vuelven distribuyendo beneficios sobre los mortales.

13. ¡Oh tú que cooperas con los rayos del verdadero (Sol)!, confirma en nosotros todos tus actos para implorar el favor celeste; ¡oh tú a quien invocamos hoy con fervor!, dispersa, ¡oh Ushas!, la obscuridad para que la opulencia pueda ser nuestro patrimonio.

SUKTA IV

(Compuesto por el mismo rishi y dirigido a la misma divinidad)

1. Cuando el fuego sagrado está encendido, Ushas extiende abundante luz, y cual el Sol naciente dispersa la obscuridad; que el divino Savitri nos otorgue, para nuestro uso, amplios tesoros y numerosos rebaños.

2. La aurora no impide los divinos ritos, aun cuando aumente la edad de los mortales; brilla semejante a las auroras que han pasado, a aquellas que perdurarán; es la primera de las que deben sobrevivir.

3. La hija del Cielo se muestra en oriente, graciosa y vestida de luz; recorre con firmeza el camino del Sol, como si conociese (la voluntad de este astro), y no perjudica a las distintas partes (del horizonte).

4. Se muestra cerca de nosotros radiante, como la sacerdotisa de aquel que ilumina el Mundo (el Sol); como Nodhas[95], ha mostrado numerosos objetos agradables; cual una matrona, despierta a los niños dormidos; y de todas las mujeres matinales ella es la más infatigable y reitera sus apariciones.

5. Nacida en la región oriental del vasto firmamento, despliega una bandera de rayos de luz. Colocada en los brazos de sus dos padres *(el Cielo y la Tierra)* colmándoles con su (esplendor) goza de una fama muy extendida.

6. Ushas, que se extiende en la lejanía, no descuida comunicar la dicha de la vista a los seres que le son semejantes y a los que tienen otra naturaleza; visible en irreprochables formas y brillando esplendorosa, ilumina los objetos más pequeños del mismo modo que los más grandes.

7. Va hacia el occidente, como una mujer que no tiene hermanos se dirige hacia parientes varones, y, cual persona que acude a la justicia para recobrar su propiedad, sube al Cielo para reclamar su fulgor. Cual mujer que desea agradar a su marido, Ushas se viste con sus más bellos atavíos y, sonriendo, despliega sus encantos.

8. La hermana *(la Noche)* ha preparado un lugar natal para su hermana mayor *(el Día)* y se muestra después de haberle dado el conocimiento. Ushas dispersa la obscuridad por medio de los rayos e ilumina al Mundo del mismo modo que una sucesión de relámpagos.

---

[95] Todo lo que se sabe respecto a Nodhas es que era un rishi.

9. Entre todas las hermanas que han pasado ante nosotros, cada cual sucede diariamente a aquella que la ha precedido. Que nuevas auroras, portadoras como las antiguas de afortunados días, brillen sobre nosotros y nos otorguen riquezas.

10. Despierta, ¡oh Ushas de abundantes tesoros!, despierta a los que de sus ofrendas santas hacen sus delicias; que los vendedores indolentes, que no se despiertan sino con repugnancia, que a causa de ello, continúen durmiendo. Levántate, opulenta Ushas, tú que das riquezas a los generosos adoradores de los dioses; tú que dices la verdad y que destruyes lentamente la existencia de las criaturas vivas, levántate y otorga riquezas a aquel que te alaba.

11. La joven Ushas viene de oriente, engancha a su carros sus bueyes color púrpura; ella, que muestra el día al firmamento, dispersará seguramente las tinieblas; el fuego sagrado está encendido en todas las moradas.

12. Cuando tú te muestras, Ushas, las diversas aves abandonan su nido, y los hombres que han ganado su pan salen de sus casas para verte. ¡Oh divina Ushas!, tú concedes amplias riquezas al hombre generoso que se muestra en la sala de los sacrificios.

13. Auroras dignas de alabanzas, que mi cántico os glorifique: sednos propicios, aumentad nuestra prosperidad; que podamos alcanzar, gracias a vuestro favor, riquezas multiplicadas cien mil veces.

SUKTA V

(Compuesto por Kakshivat, como testimonio de agradecimiento ante la liberalidad de Raja Svanaya)[96]

1. Llegado muy de mañana, Svanaya presenta preciosos tesoros que él sabe dignos de ser aceptados; después de haberlos acogido, Kakshivat los lleva a su padre, y éste, que tiene excelentes hijos mantenedores de su raza, pasa su vida gozando de la abundancia.

2. Que el monarca pueda poseer muchas vacas, oro y caballos: que Indra conceda abundante sustento a aquel que te ofrece preciosos presentes, cuando vuelves de mañana a tu morada, como un cazador detiene a los animales errantes mediante los cepos que les prepara.

3. Deseando volver a verte[97], te he obtenido hoy a ti que has cumplido de mañana una acción meritoria; ¡ oh tú que vienes al sacrificio en un carro lleno de tesoros!, refréscate con el jugo del soma embriagador, y aumenta la prosperidad del jefe de una floreciente raza.

4. Las vacas que dan la dicha al conceder abundante leche, destilan ésta para la celebración del sacrificio del soma y para aquel que ha emprendido este sacrificio; ríos alimenticios de mantequilla se deslizan hacia él de todas partes; obtiene el favor de sus dueños y es el bienhechor de los mortales.

5. Aquel que consigue atraerse a los dioses, les ha hecho ofrendas y está sentado tranquilamente en la cima del Cielo; a él llevan las aguas corrientes sus esencias; a él da la tierra fértil abundancia continua.

---

[96] Según una leyenda citada por los autores sánscritos, Kakshivat, después de terminar sus estudios, se despidió de su preceptor, y al volver a su patria le sorprendió la noche y se quedó dormido al borde del camino. El Raja Svanaya, hijo de Bhavayvaya, pasó por el lugar muy de mañana acompañado por su séquito. El brahmán se despertó, el Rajá se acercó a él muy cordialmente y, asombrado ante su buen aspecto, decidió, en el caso de que fuese de buena cuna, darle sus hijas en matrimonio. Lo condujo, pues, a su palacio, y como los informes fuesen satisfactorios, lo casó con sus diez hijas, y al mismo tiempo le dio diez *nishkas* de oro, cien caballos, cien toros, mil sesenta vacas y once carros arrastrados por cuatro caballos. Kakshivat volvió con estos tesoros al lado de su padre, Dirghatamas, y le fueron rendidos honores recitando el himno por medio del cual se celebra la liberalidad de Svanaya.

[97] Esta estrofa y la siguiente se atribuyen a Dirghatamas, padre de Kakshivat.

6. Estas recompensas maravillosas están en realidad destinadas a los que presentan piadosos donativos; el Sol brilla en el Cielo para aquellos que ofrecen piadosos presentes; los que realizan piadosos dones obtienen la inmortalidad y prolongan su mundana existencia.

7. Que aquellos que puedan atraerse a los dioses no cometan nunca pecados denigrantes; que los que alaban a los dioses y observan los sagrados votos, no experimenten jamás infortunios, y que la aflicción no abrume nunca a aquellos que saben atraerse a los dioses.

SUKTA VI

(Compuesto por el rishi Kakshivat y dirigido al rey Rhavayavya)

1. Repito con buena voluntad extrema las alabanzas de Bhavya, que reside a las orillas del Sindhu; este príncipe de poder sin igual y ávido de fama, me ha dado medio de celebrar un millón de sacrificios.

2. Este príncipe generoso me impulsaba a aceptar sus dones, y yo, Kakshivat, sin vacilar, he aceptado de él cien *nishakas* (monedas de oro), cien vigorosos corceles y cien toros; de este modo ha extendido en el Cielo su fama imperecedera.

3. Diez carros tirados por caballos bayos portadores de mis mujeres se hallaban cerca de mí; Svanaya me los ha dado; mil sesenta vacas seguían; después de un corto intervalo, Kakshivat entregó todo a su padre.

4. Cuarenta caballos enganchados a sus carros caminan en cabeza del cortejo que acompañan mil servidores. Los hijos de Pajra, los padres de Kakshivat estimulan a los fogosos corceles, adornados con guarniciones de oro.

5. Ya he aceptado como don para vos, ¡oh padres míos!, ocho y tres carros enganchados y animales de un valor incalculable; que los hijos de Pajra, como padres afectuosos, experimenten el deseo de adquirir fama por sus abundantes ofrendas.

6. Que aquella que estrechamente me abraza cuando he obedecido sus deseos y que siempre está dispuesta a complacerme, me procure placeres extremos.

7. Acércate[98], ¡oh esposo mío!; no me mires como a una niña; cubierta estoy de vello como una oveja del país de Gandhava.

---

[98] La estrofa seis ha sido, según la opinión de los comentaristas sánscritos citados por Wilson, dirigida por Bhavya a su mujer, y la estrofa séptima es la contestación de la esposa; pero estas dos estrofas no tienen relación alguna con las que les preceden; el metro es diferente, y hay que ver en ellas un fragmento de alguna antigua canción extrañamente interpolada en el *Rig - Veda*. Langlois, p. 311, da una traducción muy distinta de la del sabio inglés, y atribuye las dos estrofas a Lomasa, la esposa de Kakshivat, cuando se dirige a su suegro. En cuanto al país de Gandhava, se cree que es el Candahar moderno, célebre por sus rebaños.

ANUVAKA XIX

SUKTA I

(Compuesto por el rishi Paruchchepa y dirigido a Añi)

1. Venero a Añi que invoca a los dioses y que está lleno de munificencia; concede las moradas y es hijo de la fuerza; conoce todo lo que existe y es el divino regenerador de los sacrificios; su piedad respetuosa y elevada hace que desee para los dioses la llama que da la manteca clarificada, cuando se vierte como ofrenda sobre el hogar[99].

2. Nosotros que instituimos la ceremonia, te invocamos, Añi, a ti que mereces ser adorado y que eres amigo de los Angirasas; te adoramos por medio de preces que recitan sacerdotes, ¡oh tú que, parecido al que cruza los cielos *(el Sol),* invoca a los dioses en favor de los hombres! ¡Oh tú cuya cabellera es brillante y que distribuyes beneficios!, una multitud numerosa se acerca para obtener tus favores que procuran la dicha.

3. Verdaderamente, este Añi que brilla con radiante vigor, es el destructor de sus enemigos, semejante al hacha que abate los árboles; las cosas más sólidas y más estables se derriten como el agua a su contacto; burla a sus enemigos y no deja de trabajar para destruirlos, como un arquero que no abandona el campo de batalla.

4. Le han presentado ricos donativos, del mismo modo que dan riquezas a un sabio, y él, magnífico en la recompensa, nos protege y nos salva; Añi, se apodera de las numerosas ofrendas que le hacen, las consume tan rápidamente como consume los bosques; hace que madure el grano por medio de su poder; destruye por sí mismo todo lo que le es hostil.

5. Colocamos cerca del altar los platos del sacrificio destinados a aquel que brilla de noche más que de día; hacemos ofrendas a aquel que apenas vive durante el día; acepta los platos del sacrificio con el fervor que un hijo acoge la morada que su padre le otorga; estos fuegos imperecederos sirven para distinguir al hombre piadoso del impío, pero conceden su protección al uno como al otro, y aceptando las ofrendas del hombre piadoso se ven exentos de toda decadencia.

---

[99] Este sukta y los doce siguientes están escritos en un metro particular (el Atyasti, o estrofas de cuatro versos, que consta de sesenta y ocho sílabas), y lleno de palabras que riman entre sí mediante versos que se repiten. Es imposible dar, a favor de una traducción, una idea de estos ornamentos del texto original. Además, los trece suktas compuestos por Paruchchepa son difíciles de comprender claramente, y los diferentes intérpretes no se vanaglorian de haber sabido captar siempre su sentido, ni de haber expresado el pensamiento del autor.

6. Añi hace oír su voz, como el rugido de los vientos, en las ceremonias de las solemnidades sagradas; merece ser adorado por las victorias que sobre los ejércitos enemigos ha obtenido; recibe las ofrendas, realiza el sacrificio, devora los platos que le son presentados; por ello los hombres, que buscan su bien, siguen el camino de Añi, quien, pleno de satisfacción, contenta a aquellos que le adoran.

7. Los descendientes de Bhrigu celebran a Añi en cada una de sus formas; le glorifican y le rinden honores cuando cantan sus alabanzas; frotan la madera que debe encender la llama consumidora de la ofrenda. El radiante Añi, guardián de todos los tesoros, posee poder para distribuirlos. Que quien recibe los sacrificios tome parte en las ofrendas presentadas hasta la saciedad; que quien recibe los sacrificios participe de los manjares que le ofrecemos.

8. Te invocamos, protector del pueblo entero, el mismo para todos, el defensor de nuestras moradas; te conjuramos para que aceptes nuestras ofrendas, a ti que haces llegar a los cielos nuestra plegaria infalible; te invocamos, a ti que eres el huésped de los hombres y a quien todos los mortales se dirigen para recibir su sustento del mismo modo que un hijo se dirige a su padre; te invocamos, a ti a quien los sacerdotes presentan ofrendas entre todos los dioses.

9. Oh Añi, tú que por tu vigor destruyes a tus enemigos y posees gran esplendor, has nacido con el propósito de hacer sacrificios a los dioses, del mismo modo que las riquezas han sido engendradas para ofrecer los medios necesarios para esos mismos sacrificios; nada tan brillante como la alegría que tú procuras y nada tan comparable al nombre que adquiere aquel que te adora; Añi inmortal, los sacrificadores te acompañan como los que forman el séquito de un príncipe, porque preservas de todo infortunio a los que te son fieles.

10. ¡Oh sacerdotes!, que vuestras alabanzas sean gratas a Añi, merecedor de honores, que posee la fuerza necesaria para domar a los más fuertes y que con la aurora despierta. Aquel que presenta la ofrenda se acerca asiduamente a cada uno de los altares, y el sacerdote, entregado a las piadosas alabanzas, glorifica a Añi como al primero de los dioses que asisten al sacrificio, como un heraldo recita las alabanzas de los hombres ilustres.

11. Añi, hazte visible y muéstrate cerca de nosotros; toma parte, con benévola intención, en los platos del sacrificio que los dioses se reparten, y concédenos con tu bondad, abundantes riquezas. Poderoso Añi, haznos ilustres para que podamos contemplar esta tierra y de ella gozar; ¡oh tú que posees la opulencia, que destruyes a tus enemigos y que eres fuerte como un temible gigante!, concede a los que te alaban riquezas y una gloriosa posteridad.

SUKTA II

(Compuesto por el misino rishi y dirigido al mismo dios)

1. Este Añi que invoca a los dioses y que ofrece asiduamente sacrificios, es engendrado por el hombre para cumplir el deber impuesto a los que desean obtener el fruto de los piadosos ritos; concede toda clase de dichas a quien su amistad desea, y es un gran tesoro para todo aquel que busca el sustento; presenta sin obstáculo las ofrendas y se sienta, rodeado por los sacerdotes, en el sitio más sagrado de la Tierra sobre la huella del pie de Yla.

2. Rendimos honores a ese director del sacrificio; le ofrecemos manteca clarificada y le veneramos; acepta nuestras ofrendas y, en su bondad, no abandona nuestras ceremonias hasta su terminación; es el dios que el viento trajo de lejanos lugares para el servicio de Manu; ¡ojalá pueda asistir a nuestro sacrificio!

3. Añi, a quien nuestros himnos deben siempre celebrar, que da el sustento y que distribuye beneficios, acude tan pronto como le invocamos; se acerca al altar al tiempo que se oye un gran ruido; el rápido y divino Añi, excitado por las alabanzas, se manifiesta él mismo, por sus llamas, cien veces; Añi, que reside en los lugares elevados, acude rápidamente a las piadosas ceremonias.

4. Añi, que cumple los actos santos y que es el sacerdote de la familia, piensa, en cada mansión, en el imperecedero sacrificio; aquel que concede las convenientes recompensas, acepta todas las ofrendas que son presentadas en las piadosas ceremonias para el provecho de quien le adora; es algo así como un huésped abundantemente alimentado con manteca; aquel que presenta las ofrendas se convierte así en distribuidor de las recompensas concedidas a los hombres que rinden un piadoso culto.

5. Todos los hombres ofrecen, en piadosas ceremonias, alimentos a las ardientes llamas de Añi; aquel que le adora le hace presentes proporcionados a los medios de que dispone; nos preserva del pecado y de la desgracia, nos protege contra la maldad de nuestros enemigos.

6. El universal, el poderoso e imperioso Añi tiene riquezas en su mano derecha, pero, cual el Sol, abre su mano en favor de los que le adoran, aun cuando no se despoja nunca del deseo que le anima hacia los manjares del sacrificio. Verdaderamente, llevas, Añi, la ofrenda a cada uno de los dioses que lo desean; Añi concede sus beneficios a todo hombre piadoso que le adora y le abre las puertas del Cielo.

7. Añi ofrece en los sacrificios una amistad que socorre a la debilidad humana; cual príncipe victorioso, este adorado protector desciende a por las ofrendas que los hombres han colocado en el altar, nos defiende contra la malignidad de Varuna, contra la malignidad del poderoso dios.

8. Los hombres piadosos alaban a Añi que invoca a los dioses y que posee la opulencia, que es adorado y pensador; recurren a él como a un soberano; como a aquel que lleva las ofrendas; es la vida de todos los seres vivientes, conoce todas las cosas; es sabio y adorable; los santos sacerdotes, que desean la abundancia, murmuran sus alabanzas con el fin de obtener su protección, y le celebran en sus himnos.

SUKTA III

(Compuesto por el mismo rishi y dirigido a Indra)

1. Indra, tú que frecuentas los sacrificios, otorga prontamente la realización de los deseos del hombre cerca del cual acudes en tu carro con el fin de recibir la ofrenda; cuando es piadoso y de inteligencia madura, estás lleno de bondad hacia él ¡oh tú que no tienes tacha! Acepta su ofrenda tú que siempre eres propicio a extender tu favor sobre aquellos que te rinden culto piadoso, y acepta nuestros homenajes.

2. Escucha nuestras invocaciones, ¡oh Indra!, tú que, en diversos combates, unido a los Maruts, fuiste animado por sus estímulos; tú que, en unión de los Maruts, eres capaz de destruir a los enemigos; tú eres aquel que, por héroes secundado, otorga la victoria; tú das el sustento cuando los hombres piadosos te alaban; tú eres aquel que los maestros de la plegaria celebran cuando acudes al sacrificio con la rapidez de un caballo ágil que se arroja sobre los pastos.

3. Tú que triunfas sobre tus enemigos, deshaces la nube que detiene la lluvia; persigues y alcanzas las nubes fugitivas, y no las abandonas sino después de haber extraído el agua que contenían; te alabo, ¡oh Indra!, por tus gloriosas hazañas; también alabo al Cielo, y a Rudra que se glorifica él mismo, y también a Mitra, porque todos aquellos son bienhechores de los mortales.

4. ¡Oh sacerdotes!, deseamos que Indra se halle presente durante vuestro sacrificio: él es el amigo nuestro que asiste a todas las ceremonias, que subyuga a sus enemigos, y, aliado a sus adoradores, el que espera pacientemente los platos del sacrificio; ¡oh Indra!, vela nuestras ceremonias sagradas y protégenos; porque cualquiera que sea el combate que hayas entablado, ningún enemigo tuyo podrá prevalecer contra ti, pues triunfas sobre todos tus adversarios.

5. Humilla al adversario que ofenda a quien te adore, temible Indra, y presta a tus amigos tu apoyo cual radiante camino hacia la gloria; guíanos, ¡oh héroe!, del mismo modo que has guiado a nuestros antepasados, pues eres objeto de honores universales; Indra, tú que sostienes el Mundo, borras los pecados de todos los hombres; te hallas presente en nuestro sacrificio y eres aquel que aporta las buenas cosas.

6. Deseo estar en estado de unir mis alabanzas a la libación del soma que sostiene la existencia y que, cual la divinidad que invocamos, asiste a todas las ceremonias sagradas, aportándonos abundante sustento; que esta libación reprima la insolencia de aquel que nos insulta, que el ladrón caiga de bruces v perezca como hilo de agua que desciende por la pendiente de la roca.

7. Te celebramos y te alabamos, Indra, al tiempo que damos a conocer tu gloria; ¡oh tú que das tesoros!, te solicitamos la riqueza que produce la fuerza, que es agradable, duradera y que sostiene una posterioridad numerosa. Que podamos poseer siempre alimentos abundantes, merced a las alabanzas que te dispensamos, ¡oh tú a quien es difícil adorar suficientemente! Que podamos hacernos propicio al adorable Indra por nuestras sinceras y fervientes invocaciones y por la ofrenda de los platos del sacrificio.

8. Indra es poderoso, nos concede su apoyo para vencer a nuestros enemigos; destruye a todo aquel que quiere perjudicarnos: el ejército impetuoso de enemigos encarnizados que habían enviado contra nosotros para destruirnos, ha sido destruido; a causa de ello y por esa razón ya no nos alcanzará ni nos hará daño alguno.

9. Acude hacia nosotros Indra, y apórtanos abundantes riquezas, siguiendo un camino exento de todo mal y que no se halle infestado por los Rakshasas; protégenos cualquiera que fuere la distancia en que nos halles; procúranos los objetos de nuestro deseo y dígnate colmar todos nuestros anhelos.

10. Indra, concédenos la opulencia que coloca al hombre fuera de los ataques de la desdicha; las acciones de gracia que te rendimos aumentan tu poder ya tan considerable; inmortal Indra, protector y salvador nuestro, ocupa tu carro y ven hacia aquí; tú que devoras a nuestros enemigos, rechaza a todo aquel que nos ataca.

11. Indra, tan digno de alabanzas, presérvanos del dolor, porque tú eres siempre aquel que castiga a los malos unidos contra nosotros; castigas a aquellos que quieren reducirnos: exterminas a los feroces Rakshasas y proteges a tus piadosos adoradores como yo. Refugio de todos los hombres, el creador de todas las cosas te ha engendrado con este fin.

SUKTA IV

(Compuesto por el mismo rishi y dirigido al mismo dios)

1. Ven a nosotros, Indra, aun cuando te halles lejos de este lugar; ven como el piadoso instituidor de los sacrificios o como el soberano de las constelaciones cuando se rinden al lugar de su reposo. Te aportamos nuestras ofrendas, y reúne a los sacerdotes; te invocamos para que aceptes los zumos, como los hijos incitan a sus padres para que participen del sustento que le han preparado; te invocamos, a ti que eres digno de veneración para que aceptes los platos del sacrificio.

2. Bebe, Indra, el jugo del soma que ha sido exprimido con piedras y extendido sobre la sagrada hierba; bebe como un buey sediento o un hombre sediento beben en un pozo. Bebe para satisfacción tuya, bebe para fortificarte y para desarrollar tu grandeza; que tus caballos te conduzcan del mismo modo que el Sol es conducido por los suyos, cuando, diariamente, le hacen recorrer el Cielo.

3. Indra halló el tesoro del soma que había sido llevado del Cielo y escondido como el nido de un ave en las rocas, había sido colocado en medio de montañas rodeadas de bosques; deseoso de participar de esta bebida el dios que posee el rayo, la descubrió como el jefe de los Angirasas descubrió el lugar en que habían sido escondidas las vacas: abrió las compuertas del agua, el manantial del sustento, que estaban cerradas en las nubes, y las derramó sobre la Tierra.

4. Indra, apoderándose con sus dos manos del temible rayo lo agitó para arrojarlo sobre sus enemigos, como el agua (de una imprecación) lo agitó para destruir a Ahi. Indra, tú que estás dotado de extraordinaria fuerza y de un inmenso poder, destroza a nuestros enemigos como el leñador abate los árboles de un bosque; despedázalos como si para ello utilizaras un hacha.

5. Sin esfuerzo, has creado los ríos que deben desembocar en el mar, semejante a los carros que te llevan al sacrificio; los has creado como aquellos que desean ir al combate construyen sus carros; los manantiales que aquí brotan han reunido todas sus ondas con un propósito común, como las vacas procuraron todas las cosas a Manu, que procura todas las cosas a los hombres.

6. Los hombres que ambicionan riquezas han recitado tus alabanzas, como un hombre resuelto y provisor prepara su carro cuando quiere emprender un viaje; para asegurar su dicha te han alabado; te han glorificado, sabio Indra, impetuoso en los combates; te han alabado como los hombres alaban a un conquistador. Te alabamos para obtener fuerza, opulencia y abundancia de todo lo que es necesario; de modo semejante los hombres alaban al caballo excelente para los combates.

7. Indra, tú que danzas (de placer en medio del combate), has destruido noventa pueblos para Puru que da las ofrendas, para el rico Divodasa; los has destruido con tus rayos, para servir a aquel que te dedicaba ofrendas. Para proteger a Atithigva, el temible Indra arrojó a Sambara desde la cima de la montaña, concediendo a este príncipe inmensos tesoros conquistados por su bravura[100].

8. Indra protege en el combate a todos los que le adoran y defiende en toda circunstancia al arya que le es fiel; castiga a todos los que descuidan los ritos religiosos; arranca la negra piel del agresor[101]; consume al hombre perverso que es devorado, así como una llama ardiente consume por completo a aquel que se place en la crueldad.

9. Dotado de nuevo vigor dirigió contra sus enemigos la rueda (del carro) del Sol[102] y les privó de la existencia; señor y soberano, los destruyó. Sabio Indra, tú que viniste de lejos para socorrer a Usanas, ven prontamente hasta nosotros, trayéndonos todo lo que es bueno; ven a nosotros lodos los días.

10. Tú que distribuyes beneficios y que destruyes las ciudades, escucha nuestros cánticos y recompénsanos prodigándonos tus dones; Indra glorificado por los descendentes de Divodasa, aumenta en poderío, como el Sol con la sucesión de los días.

---

[100] Ya se ha tratado de las diversas hazañas de Indra; añadamos que Sambura es un Asura *(Demonio),* del cual se trata también en los Puránas, y que guerreó contra Krishna, pero pereció, del mismo modo que sus seiscientos hijos, bajo los golpes de Pradyumna, nieto de Krishna. (Véase el *Harivansa,* publicado por Langlois, t. III, pág. 169.)

[101] Según la leyenda, un Asura llamado Krishna (el negro) fue, seguido de diez mil de sus compañeros, al país que riega el Ansumati, y allí cometió espantables devastaciones; Indra, con los Maruts, fue enviado por Brihaspati contra el agresor, que fue vencido y desollado.

[102] Según una leyenda que no parece remontar a la más lejana antigüedad de las doctrinas indias, los Asuras obtuvieron de Brahma la promesa de que el rayo de Indra no podría exterminarlos; entonces le desafiaron, pero el dios lanzó contra ellos una rueda del carro del Sol y este proyectil les fue fatal.

SUKTA V

(Compuesto por el mismo rishi y dirigido también a Indra)

1. El Cielo que rechaza a los malvados se ha inclinado ante Indra; la Tierra inmensa ha ofrecido a India sus homenajes; el adorador de Indra le ha dirigido sus alabanzas con el fin de obtener el sustento; todos los dioses han cedido ante Indra; que todos los sacrificios sean aplicados a Indra, que todas las ofrendas le sean presentadas.

2. Deseando participar de tus larguezas, tus adoradores se apresuran a celebrar ceremonias para rendirte honores y llamar tus favores hacia ellos. Meditamos acerca de ti, sostenedor de nuestra fuerza, como un barco que lleva pasajeros de una a otra orilla; los mortales que conocen a Indra le alaban por medio de himnos y de sacrificios.

3. Los casados, para satisfacerte, te presentan juntos sus ofrendas y celebran tu culto para poder obtener numerosos rebaños; tú sabes que desean rebaños, que desean el Cielo; ¡oh tú, Indra, que manejas el rayo y que distribuyes beneficios!, atiende nuestras plegarias.

4. Los antiguos han conocido el valor que desplegaste, Indra, para destruir las ciudades seculares de los Asuras; las destruiste y humillaste a sus defensores. ¡Oh dueño de la fuerza!, has castigado al mortal que no ofrece sacrificios, has reconquistado la vasta extensión de la Tierra y de las aguas.

5. Tus adoradores han derramado las libaciones para aumentar tu vigor, con el fin de que en tu embriaguez, ¡oh tú distribuidor de beneficios!, puedas defender a aquellos que aspiran a ser por ti favorecidos, para que protejas a aquellos que desean tu amistad porque lanzaste un grito para animarlos en el combate; obtienen de ti beneficios multiplicados; obtienen de ti el sustento que piden con ansiedad.

6. Indra, dígnate asistir a nuestra matinal ceremonia; acepta la ofrenda que te presentamos con los ritos prescritos y con la esperanza de obtener el Cielo; sabes destruir a los malvados, ¡oh tú que posees el rayo y que distribuyes beneficios!, escucha las alabanzas que te dirijo yo, tu adorador ferviente, pero todavía novicio.

7. Indra, dotado de las cualidades más excelentes, tú que eres exaltado por nuestras alabanzas y que estás dispuesto a favorecernos, haz que perezca el hombre que nos es hostil; que sobre él caiga tu rayo, ¡oh héroe!, destruye a aquel que contra nosotros peca y atiéndenos prontamente; que todas las tentativas de los que mal nos quieren sean siempre aniquiladas.

SUKTA VI

(Compuesto por el mismo rishi y dirigido también a Indra)

1. Nosotros que desde hace tiempo poseemos la opulencia gracias a tu bondad, ¡oh Maghavan!, y que gozamos, ¡oh Indra!, de tu protección, te pedimos nos otorgues el triunfo sobre aquellos que contra nosotros se unieron y que nos hagas vencer de nuestros enemigos. El sacrificio está dispuesto, habla favorablemente a aquel que te presenta la ofrenda. Ojalá podamos, en esta ceremonia, darte ofrendas que te sean gratas, a ti, vencedor de la guerra y a quien adoramos.

2. En los combates que aseguran la posesión del Cielo, Indra sigue las huellas del valeroso guerrero y destruye al adversario de quien se levanta con el alba y celebra piadosas ceremonias; es preciso adorarle inclinando la cabeza, del mismo modo que se expresa el respeto que se siente por un sabio inclinándose profundamente ante él. ¡Oh Indra, que tus tesoros se acumulen sobre nosotros y que tus favores nos procuren opulencia sin límites!

3. Indra, tú te hallas en todo lugar en donde los sacerdotes han colocado sobre el altar los manjares del sacrificio destinados para ti. Recibe nuestros homenajes, con objeto de que los hombres puedan contemplar el firmamento que ilumina los rayos del Sol. Indra, que busca la lluvia, busca también el ganado, a fin de procurar el bien de sus adoradores y conoce la estación en que debe caer la lluvia.

4. Tus hazañas, Indra, merecen ser ahora tan glorificadas como antiguamente, cuando abriste las nubes para provecho de los Angirasas, devolviéndoles sus rebaños: combate por nosotros, triunfa por nosotros, como combatiste por ellos; humilla, en favor del que presenta libaciones, al que no te hace ofrendas y que está animado contra nosotros.

5. El héroe *(Indra)* juzga equitativamente a los hombres según sus actos, y los hombres piadosos que le ofrecen sacrificios se hallan en estado de triunfar de sus enemigos, gracias a los socorros que les otorga. Deseosos de obtener alimento, ríndele fervientes homenajes: los alimentos de los sacrificios que se le ofrecen procuran a cuantos le adoran una numerosa posteridad; los hombres le adoran, a fin de hallarse en condiciones de triunfar contra sus enemigos. Los sacrificadores piadosos gozan de una residencia en el Cielo de Indra, porque los piadosos sacrificadores están como en presencia de los dioses.

6. Indra y Parvata, los primeros en el combate, destruyen a cuantos se han unido contra nosotros; el rayo de Indra alcanza y castiga a todos sus adversarios, cualquiera que sea la distancia a donde hayan huido o el lugar en donde se encuentren escondidos. ¡Oh héroe, tú destrozas a tus enemigos y tu rayo los hace pedazos!

SUKTA VII

(Compuesto asimismo por el rishi Paruchchepa y dirigido a Indra)

1. Purifico a la vez el Cielo y la Tierra por mis sacrificios; quemo las vastas regiones de la Tierra que se ven privadas de Indra y que son el refugio de los malvados; han sido exterminados los enemigos, donde quiera que se han reunido, y duermen en una fosa profunda.

2. Tú, que destruyes a tus enemigos, aplasta la cabeza de esos malvados, aplástalos bajo tu pie ancho y poderoso.

3. Destruye, ¡oh Maghavan!, la potencia de quienes nos son hostiles; precipítalos en el abismo vasto y horrible.

4. Por tu valor, has destruido ciento cincuenta enemigos formidables; ha sido una hazaña digna de ti, aunque tú la consideras como de poca importancia.

5. ¡Oh, Indra!, destruye a los Pisachis de color leonado que lanzan rugidos espantosos; aniquila a todos los Rakshasas.

6. Escucha nuestras súplicas, ¡oh, Indra!, el Cielo, como la Tierra, está irritado a causa del espanto que le produce el hambre; ¡oh, tú cuya potencia y energía son extraordinarias!, tú das, Indra, golpes terribles a las nubes, y, sin hacer daño alguno al hombre, avanzas contra tus enemigos, ¡oh, héroe invencible! a quien acompañan tres o siete compañeros[103].

7. El que te adora ofreciendo libaciones obtiene un asilo seguro, porque ofreciendo libaciones destruye a sus enemigos trastornados, destruye a los enemigos de los dioses; poseedor de abundantes alimentos y triunfador sobre sus adversarios, espera obtener riquezas sin límites, porque a quien le ofrece libaciones Indra concede todo cuanto desea y le da tesoros acumulados.

---

[103] Aquí puede suponerse una alusión a los siete platos que se ofrecen a los Maruts en cada una de las tres ceremonias de cada día.

ANUVAKA XX

SUKTA I

(Compuesto por el rishi Parachchepa y dirigido a Vayu)

1. Que tus rápidos corceles, Vayu, te conduzcan aquí en seguida con objeto de que puedas ser el primero de los dioses que tomen parte en la libación del soma; que nuestros elogios sinceros y fervientes te sean agradables; ven a tomar parte en la libación que se te ofrece; ven, Vayu, para que nos concedas lo que reclama el culto que te rendimos.

2. Que te animen, ¡oh Vayu!, las gotas embriagadoras de la libación; el zumo del soma, preparado convenientemente, administrado con oportunidad y vuelto eficaz por nuestras oraciones, correrá en el momento necesario; con este anhelo, tus ágiles y dóciles corceles, los Niyuts, te traerán a la sala del sacrificio, para que aceptes las ofrendas que sirven para expresar los deseos de los sacerdotes piadosos.

3. Vayu engancha a su carro sus dos caballos castaños; Vayu unce a sus corceles color de púrpura; Vayu engancha a sus dos corceles que llevan su carga sin sentir nunca fatiga. Despierta, Vayu, al sacrificador inteligente, como un enamorado despierta a su amada; llama al Cielo y la Tierra; ilumina la aurora a fin de recibir los manjares del sacrificio.

4. Por ti es por quien las rutilantes auroras se levantan a lo lejos, extienden su inefable envoltura, formada de rayos variados y gloriosos; por ti es por quien la vaca que da la ambrosía, cede su leche, en la cual están contenidos todos los tesoros; tú engendras a los Maruts *(los vientos)* del firmamento con objeto de expandir la lluvia y a fin de llenar los ríos.

5. Por ti es por quien los zumos del soma, puros y brillantes, circulan con rapidez hacia el fuego del sacrificio y aspiran una nube que expande las aguas. El adorador tímido e inquieto te ensalza, a ti, que eres bienhechor, y te suplica que expulses a los ladrones; tú nos defiendes contra todos nuestros enemigos, recompensándonos así nuestra justicia; tú nos preservas del temor hacia los malos espíritus, recompensando de ese modo nuestra justicia.

6. Vayu, tú, a quien nadie precede, tienes derecho a beber el primero en nuestras libaciones; tienes derecho a todas las libaciones y a todas las ofrendas que presenten los hombres: para ti dan leche y manteca sus vacas.

SUKTA II

(Compuesto por el mismo rishi y dirigido a Vayu y a Indra)

1. Acércate, ¡oh Vayu!, con tus mil corceles, a la hierba que hemos extendido; ven a tomar parte en el yantar que hemos preparado para el dueño de los caballos, acércate, con centenares de caballos, al sacrificio que te ofrecemos; los dioses se apartan tu paso, porque tú tienes derecho a ser el primero en beber la libación; los dos zumos expandidos y destinados a servirte están preparados.

2. Para ti es para quien los zumos del soma, purificados por las piedras que machaca la planta, y vestidos con un esplendor digno de envidia, corren hacia su receptáculo; este soma, revestido de un esplendor brillante, se te ofrece por ser el que te corresponde entre los hombres y entre los dioses; después que lo recibas, engancha tus caballos y parte, conservando hacia nosotros tus buenas disposiciones; parte satisfecho y dispuesto a sernos favorable.

3. Ven a nuestro sacrificio con centenares y millares de corceles; ven a tomar tu parte en los platos del sacrificio; ven, Vayu, a tomar parte en las ofrendas: he aquí la porción que te pertenece, radiante desde la salida del Sol; están preparados los zumos que traen los sacerdotes; los zumos puros están preparados, ¡oh Vayu!

4. Que el carro arrastrado por los Niyuts os traiga a los dos, Indra y Vayu, al sacrificio, a fin de que nos protejáis y participéis de las carnes consagradas; a fin de que toméis parte en las ofrendas; bebed el dulce brebaje, porque a vosotros dos os corresponde beber los primeros, Indra y Vayu, venid con la opulencia que da la alegría; Vayu e Indra, venid con la opulencia.

5. Las piadosas ceremonias que se os han ofrendado han aumentado la eficacia de nuestros sacrificios; por vosotros es por quienes los sacerdotes filtran este jugo que corre con rapidez, imitando a los palafreneros que cuidan un rápido corcel; bebed esas libaciones y venid aquí, bien dispuestos hacia nosotros y preparados para protegernos; bebed los zumos que han sido exprimidos sobre las piedras, porque vosotros dos dais el alimento.

6. Los zumos del soma, vertidos en nuestras ceremonias y traídos por sacerdotes, están preparados para vosotros dos; estos jugos puros están preparados ya, ¡oh Indra y Vayu!, estos jugos poderosos han pasado, para vosotros dos, a través del filtro oblicuo; los zumos del soma que se os han destinado atraviesan el vellón lanoso; los jugos del soma son inagotables.

7. Pasa, Vayu, cerca de tus numerosos adoradores adormecidos, y con Indra, a la casa en donde resuena la piedra; Indra y Vayu, id a esa morada; id al lugar en donde se manifiesta la palabra de la verdad; id al lugar por

donde corre la manteca; acudid ambos al sacrificio, con vuestros caballos bien nutridos; Indra y Vayu, corred al sacrificio.

8. Aceptad las libaciones del dulce jugo esparcido en el sacrificio, mientras que los sacerdotes triunfantes permanecen en torno de la planta nacida en la roca; ojalá puedan siempre ganar para nosotros la victoria; por vosotros dos es por quienes las vacas destilan su leche; está preparada la ofrenda de la cebada; jamás las vacas adelgazarán por ti, Vayu; los animales no serán nunca robados por los ladrones.

9. Tus caballos, divino Vayu, son jóvenes y llenos de fuerza; sus miembros son vigorosos, te llevan a través del espacio, entre el Cielo y la Tierra; engruesan y adquieren la fortaleza de los bueyes; no están perdidos en el firmamento, sino que persiguen su carrera sin que puedan detenerles palabras de reproche; es difícil retenerles por la fuerza.

SUKTA III

(Compuesto por el mismo rishi y dirigido a Mitra v a Varuna)

1. Ofreced fervientes y numerosos homenajes, presentad ofrendas respetuosas a estas dos divinidades que existen desde hace mucho tiempo, que conceden la dicha a cuantos las adoran y cuyas delicias las constituyen las libaciones más dulces. Son soberanos en cuyo honor se reparte la manteca como ofrenda y a quienes glorifica el sacrificio; no hay modo de oponerse a su potencia; su poder divino es irresistible.

2. La divina Aurora se nos ha aparecido cuando se dirigía a la ceremonia; sus rayos han iluminado el camino del Sol; los rayos de Bhaya han abierto los ojos de los hombres; la brillante morada de Mitra, de Aryaman y de Varuna ha sido iluminada por sus rayos; aceptad, ¡oh dioses!, la ofrenda abundante y digna que os presentamos, pues es merecedora de ello.

3. El que habéis adorado ha preparado para el altar un espacio exento de todo defecto y que despide fuegos de sacrificio; venid aquí juntos todos los días, vosotros que sois vigilantes; recibid cada día en nuestros sacrificios un nuevo vigor, ¡oh hijos de Aditi!, señores de la munificencia; Mitra es el que anima a los mortales, como asimismo Varuna e igualmente Aryaman.

4. Ojalá esta libación del soma pueda ser agradable a Mitra y a Varuna, a fin de que la beba con delicia; es un brebaje divino y del que conviene participen los dioses; ojalá que todos los dioses puedan aceptarlo hoy con satisfacción; ¡oh poderosas divinidades!, haced lo que os pedimos, aceptad nuestros votos, vosotras que sois siempre fieles.

5. Quienquiera que sea el que adore a Mitra o a Varuna, preservadle enteramente de todo mal; proteged al mortal que os presenta las ofrendas; ojalá que Aryaman pueda velar por el que es sincero en su devoción y adora a Mitra y Varuna al dirigirles sus oraciones y al honrarles por sus alabanzas.

6. Proclamo mi veneración por el Sol poderoso, por el Cielo y por la Tierra; por Mitra, por el bondadoso Varuna, por el que da la dicha y esparce la felicidad. Alabad a Indra, Añi, al brillante Arvaman y a Bhaya, a fin de que, gozando una larga vida, tengamos una numerosa posteridad; que podamos ser felices gracias a las virtudes protectoras del soma.

7. Que adorando a Indra y obteniendo el favor de los Maruts, podamos contar con la protección de los dioses; que gozan do de una abundancia debida a su generosidad, podamos hallarnos en posesión de la dicha que Añi, Mitra y Varuna están dispuestos a concedernos.

SEGUNDO ADHYAYA
ANUVAKA XX (Continuación)

SUKTA IV

(Compuesto por el rishi Parachchepa, dirigido a Mitra y a Varuna)

1. Venid a nuestro sacrificio, Mitra y Varuna; exprimimos con piedras el zumo del soma; este jugo, mezclado con leche; inspira la alegría; venid a nuestro lado, divinidades reales, que residís en el Cielo y que nos protegéis; este jugo ha sido mezclado con leche para ofrecéroslo, Mitra y Varuna; es puro y está mezclado con leche.

2. Venid, porque el zumo del soma que cae del filtro está mezclado con cuajo; ya lo preparemos para vosotros al nacer la aurora, o bien lo reunamos con los rayos del Sol, lo vertemos para Mitra y para Varuna, con objeto de que, asistiendo al sacrificio, beban la dulce libación.

3. Se macera para vosotros con piedras esta planta llena de jugo y semejante a una vaca abundante en leche; se exprime con piedras el zumo del soma; venid hacia nosotros, como nuestros protectores; sed con nosotros para beber el jugo del soma, este jugo que ha sido esparcido para vosotros dos, Mitra y Varuna, y que ha sido vertido para que lo bebáis.

SUKTA V

(Compuesto por el mismo rishi y dirigido a Pushan)

1. La grandeza de la fuerza del gran Pushan es objeto de unánimes alabanzas; nadie contradice los elogios que se le dirigen, ni nadie está descontento de él. Deseando ser dichoso, adoro a aquel cuya protección está siempre cerca; a aquel que es fuente de la fidelidad y que, cuando se le adora con fervor, se une a los pensamientos del hombre que le rinde homenaje: aunque sea un dios, se une al sacrificio.

2. Yo te celebro, ¡oh Pushan!, rindiéndote homenaje, a fin de que acudas al sacrificio como un corcel corre al combate y a fin de que nos hagas atravesar la batalla, tal como un hombre lleva una carga; yo te invoco y solicito tu amistad, tú que eres el divino dispensador de la felicidad y que truecas en eficaces nuestras oraciones; haz que éstas rishi y dirigido a Pushan) nos aseguren el éxito en los combates.

3. Gracias a tu amistad, ¡oh Pushan!, los que se consagran a alabarte y te adoran con fervor gozan de la abundancia; rindiéndote un culto perseverante, obtienen la riqueza; solicitamos de tu generosidad tesoros inmensos. ¡Oh tú que estás exento de cólera y que tienes derecho a grandes alabanzas!, sé siempre accesible para nosotros, sé nuestro jefe en todo encuentro.

4. ¡Oh tú que estás exento de cólera y que eres liberal en tus dones!, está cerca de nosotros, Asjava, y acepta nuestra ofrenda; está cerca de los que solicitan alimento; hemos recurrido a ti, destructor de tus enemigos, y te dirigimos himnos piadosos. ¡oh Pushan que aceptas las ofrendas!; no ceso jamás de pensar en ti, no olvido nunca el precio de tu amistad.

SUKTA VI

(Compuesto por el mismo rishi y dirigido a diversas divinidades bajo la denominación colectiva de Visvadevas)

1. Que nuestros ruegos sean atendidos; coloco con respecto a Añi ante mí; hemos recurrido a su potencia celeste; hemos recurrido a Indra y a Vayu; hemos dirigido un nuevo himno al ombligo radioso (de la Tierra); ojalá que nuestras piadosas ceremonias puedan llegar hasta los dioses; que puedan llegar a su presencia.

2. Mitra y Varuna, concedednos con abundancia este agua inagotable que obtenéis de vuestra energía; ojalá que así podamos ver en nuestras salas de sacrificio vuestras formas doradas, conducidas a ellas por nuestros sacrificios, seguidas por nuestros pensamientos fijos en vosotros y aplicados constantemente en ofrecer las libaciones del soma.

3. Asvins, los hombres que desean glorificaros con sus himnos dejan escuchar sus ruegos, y, presentándoos ofrendas que os hagan propicios, obtienen un alimento abundante y una opulencia universal de los tesoros de toda especie que poseéis. Los radios de las ruedas de vuestro carro de oro dejan caer la miel de que va cargado.

4. Conocemos vuestro proyecto, queréis ir al Cielo; los conductores de vuestros carros enganchan a vuestros corceles; estos caballos os llevarán sin accidente en este viaje celeste. ¡Oh vosotros, que humilláis (a los enemigos) y que sois los principales distribuidores de la lluvia!, os hemos colocado en un carro que se dirige al Cielo por una vía fácil.

5. Concedednos, noche y día, toda clase de bienes, en virtud de nuestros actos piadosos: que nuestras santas ceremonias nos procuren las riquezas y que vuestros dones no nos falten nunca.

6. Indra, ¡oh tú que repartes las bienandanzas! Para que te sirvan de bebida es por lo que estos zumos han sido exprimidos por piedras y por lo que brotan de plantas de las montañas; estas libaciones son otorgadas para ti; ojalá que puedan satisfacerte como una ofrenda presentada con la esperanza de recibir grandes y maravillosas riquezas; ¡oh tú, que después de las alabanzas vienes a nosotros y a quien glorifican nuestros himnos!, ponte con placer a nuestro lado.

7. Añi, escucha atentamente las alabanzas que te hacemos y repítelas cerca de los dioses que son dignos de ser adorados; los dioses han dado

a los Angirasas la vaca que Aryaman acaba de ordeñar para ti[104]; ha sido él quien, de acuerdo con los dioses, ha hecho todas las cosas, pues conoce esta vaca como yo.

8. Maruts, ojalá que vuestra gloriosa energía no pueda dirigirse nunca contra nosotros, que nuestras riquezas no puedan disminuir jamás, y que nuestras ciudades no caigan tampoco en decadencia; que podamos convertirnos en poseedores de todo lo que es admirable e inmortal, de todo lo que es útil a los mortales y que os ha pertenecido por los siglos de los siglos; concedednos todo lo que es difícil de procurarse y todo lo que es precioso.

9. Los sabios antiguos, Dadhyanch, Angiras, Priyamedha, Kanva, Atri, Manu, han conocido mi nacimiento, han sabido quiénes eran mis antepasados porque han gozado de una larga vida entre los dioses, y en éstos está nuestra existencia; adoro a los dioses cuya potencia es suprema y les presento mis alabanzas; adoro y celebro a Añi y a Indra.

10. Que el que invoca a los dioses ofrezca el sacrificio, y puedan ellos, aspirando a las ofrendas, tomar parte en la libación que les sea agradable; el propio Brihaspati, deseando la libación, celebra la ceremonia de la adoración esparciendo libaciones. abundantes y perfectas libaciones. Oímos a lo lejos el ruido de las piedras que el que ha realizado los actos piadosos ha empleado para detener las aguas de las nubes, y al ejecutar los actos piadosos ha puesto numerosas moradas al abrigo del peligro.

11. Dioses que en número de once estáis en el Cielo, que en número de once estáis en la Tierra, y que en número de once habitáis con gloria en medio de los aires, ojalá nuestro sacrificio os sea agradable.

---

[104] Según la leyenda, trocados los Angiras en dioses propicios solicitaron el don de una vaca; los dioses les dieron la vaca de la abundancia; pero ellos no la ordeñaron y se dirigieron a Aryaman; éste sacó de la vaca la leche, que convertida en manteca suministró la materia empleada en los sacrificios.

ANUVAKA XXI

SUKTA I

(Compuesto por el rishi Dirghatamas, hijo de Uchattya, y dirigido a Añi)

1. Preparad un lugar confortable al radioso Añi, que está sentado en el altar, y a quien le gusta este sitio; cubrid con ropaje de hierba sagrada este lugar brillante y que con su luz expulsa las tinieblas.

2. Añi, engendrado dos veces, devora los tres platos del sacrificio y cuando expira el año renueva lo que ha sido comido; el que reparte bienandanza se fortifica, bajo una de sus formas, comiendo con la lengua de otra v bajo otra forma, el que domina todas las cosas consume los árboles de la floresta.

3. Reunidas sus dos madres, ennegrecidas (por la combustión), están en movimiento y dan nacimiento a un niño cuya lengua de fuego brilla del lado de oriente y disipa las tinieblas; crece rápidamente y se desarrolla; siempre es digno de amor y aumenta la prosperidad de su padre *(el que ha instituido la ceremonia)*.

4. Las llamas de Añi se mueven con rapidez; son caprichosas y no tienen reposo; excitadas por viento, extiéndese a lo lejos, encendiéndose para la lucha del hombre piadoso que respeta a los santos sacerdotes.

5. Las llamas se extienden en todas direcciones, disipan la obscuridad y proyectan una gran luz en el camino de las tinieblas, cuando Añi ilumina la Tierra entera y se lanza tronando y rugiendo.

6. Añi se inclina entre las zarzas como si las embelleciera con su fulgor, y se precipitara rugiendo como un toro entre una manada de vacas; aumentando su intensidad, redobla la energía, y es tan difícil de detener como lo sería domar a un animal furioso que blandiera sus cuernos.

7. Tan pronto escondido como tan pronto desplegado, Añi se apodera de las materias combustibles, como si comprendiera el propósito del que le adora; las llamas, surgen y corren al sacrificio, derramando luz sobre las formas de sus padres *(el Cielo y la Tierra)*.

8. Las chispas de las llamas se curvan como dedos que abrazaran a Añi y se elevan para recibir a su dueño; éste acude al ruido y les da una energía más intensa y una vida que nada podrá destruir.

9. El rápido Añi, lamiendo el hábito verde de la madre de todas las cosas, avanza en medio de los gritos de los seres animados; concede medios de existencia a toda criatura con pies; consume lo que es combustible, y una huella ennegrecida señala el camino que ha seguido.

10. Brilla, Añi, en nuestras moradas opulentas, distribuye entre nosotros tus bienandanzas; tú, que eres generoso y que das la vida, brilla con energía y como si tuvieras una cota de mallas rechaza a nuestros enemigos en los combates.

11. Que esta ofrenda, ¡oh, Añi!, colocada cuidadosamente sobre una pila de combustible, te sea agradable; que la pura claridad de tu ser brille con esplendor y concédenos la opulencia.

12. Añi, concede a nuestro excelente patrón una barca siempre provista de remos y de pies[105] y que lleve a los mortales al puerto que hay más allá del océano y de la vida.

13. Añi, que nuestras fervientes alabanzas te sean agradables; que el Cielo, la Tierra y los ríos corran sin descanso dándonos los productos de los campos y de los rebaños; que los corceles color de púrpura (de la aurora) nos traigan durante infinitos días un alimento abundante.

---

[105] Según los antiguos comentadores, la barca es -el sacrificio; los remos son los sacerdotes o los objetos ofrecidos en sacrificio, y los pies son las oraciones dirigidas a los dioses.

SUKTA II

(Compuesto por el mismo rishi y dirigido al mismo dios)

1. Verdaderamente, este visible esplendor del divino Añi ha sido observado por todos; ojalá pueda así contribuir al bien de nuestros cuerpos, pues con ese fin ha sido engendrado por el vigor corporal, a fin de que mi espíritu pueda comprender y percibir este esplendor; los asistentes presentan ofrendas acompañadas de oraciones.

2. En primer lugar, Añi reposa sobre la Tierra como la facultad digestiva: acepta los alimentos, él que es eterno; en segundo lugar, habita entre las siete madres de la fertilidad; y en tercero, lo engendran las regiones asociadas, hallando su placer en los diez dominios del espacio, a fin de hallar al que prodiga la lluvia.

3. Por la fuerza de sus oraciones, los sacerdotes poderosos atraen a Añi fuera de su morada primitiva, a fin de que se desarrolle su forma potente, y el viento le despierta cuando reposa escondido en el altar.

4. Añi es el producto de la excelencia de los productos ofrecidos en sacrificio; cuando aparece, las ramas se elevan entre las llamas; el que instituye la ceremonia y el sacerdote se reúnen para producirlo; es engendrado puro, radiante y joven.

5. El brillante Añi ha entrado, pues, en las regiones maternales del espacio; ha crecido puro y exento de todo mal; se ha elevado sobre las zarzas colocadas ante él y corre rápidamente entre las ramas inferiores y secas.

6. Algunos piadosos adoradores ofrecen sus homenajes al que invoca a los dioses; tratan de hacerse propicios a los habitantes de los cielos, como los hombres buscan el favor de un príncipe poderoso; Añi, tan digno de alabanzas, sostenedor de todas las cosas, sabe por qué actos piadosos y qué obras es menester llevar juntos a los dioses y al hombre que los adora, con el fin de obtener mutuas bienandanzas.

7. El adorable Añi, empujado por el viento, se esparce en direcciones diversas, como hace sin su grandeza el charlatán que sin freno expresa elogios desprovistos de discernimiento; el Mundo se consagra a adorarle a él, que consume todas las cosas, cuya vida es sombría, cuyo nacimiento es puro y que sigue caminos diferentes.

8. Como un carro tirarlo por cuerdas, Añi, puesto en movimiento por sus propios miembros *(las llamas)* va hacia el Cielo; los caminos que recorre están ennegrecidos por el humo; los animales y los curiosos huyen ante su esplendor, como los enemigos huyen ante el héroe.

9. A ti es, Añi, a quien anima Varuna, observador celoso de sus deberes, y Mitra y Aryaman, divinidades generosas; tú eres rey comprendiéndolas a todas en sus funciones diferentes y encerrándolas como la circunferencia encierra los radios de una rueda.

10. Joven Añi, para ti es la dicha del que te alaba y te presenta ofrendas; que tú devuelvas estas preciosas ofrendas, agradables a los ojos de los dioses; hijo de la fuerza, te glorificamos a ti, que eres digno de elogios, a ti a quien se presentan ricas ofrendas; te glorificamos en nuestros himnos como los hombres celebran a un príncipe poderoso.

11. Así como tú nos das riquezas, también nos concedes un hijo dotado de buenas disposiciones, enérgico y dócil, lleno de ciencia y de mérito y que cumpla la sagrada ceremonia.

12. Ojalá pueda escucharnos el que está con la luz, el que posee caballos rápidos e invoca a los dioses, el que rebosa alegría y es llevado en un carro de oro; ojalá que el irresistible y compasivo Añi pueda conducirnos, por los medios más eficaces, a la meta a que aspiramos.

13. Añi, que posees los títulos más eminentes para la soberanía suprema, ha sido celebrado en nuestros himnos y le han glorificado nuestras piadosas ceremonias. Que todos los que están aquí presentes se unan a nosotros, enriquecidos por los favores de Añi; celebremos sus alabanzas con un ruido igual al del trueno cuando el Sol rompe la nube que contiene la lluvia.

SUKTA III

(Compuesto por el rishi Dirghatamas, dirigido a los Apris o a Añi, en sus personificaciones)

1. Añi, tú que eres Samiddha, trae hoy a los dioses cerca del sacrificador, cuya cuchara está levantada; extiende el mérito de los sacrificios antiguos al que presenta la ofrenda y reparte las libaciones del soma.

2. Tanunapat, hallaos presente en este sacrificio de un olor suave y nutrido de manteca: es la ofrenda de un piadoso adorador que te glorifica.

3. Narasansa, admirable, puro y purificador, dios adorable entre los dioses, ha descendido del Cielo y mezcla tres veces el sacrificio con el dulce jugo del soma.

4. Añi, tú que eres Ylita, trae aquí a Indra, el admirable y querido: en presencia tuya, cuya lengua es brillante, yo recito mis alabanzas.

5. Los sacerdotes que llevan cucharas extienden la hierba sagrada en este santo sacrificio, con objeto de preparar a Indra una estancia conveniente y frecuentada por los dioses.

6. Que las puertas brillantes[106] que aumentan el sacrificio, que purifican las ceremonias y que estimulan los deseos de muchos hombres, se abran, con objeto de que entren los dioses.

7. Noche y día, vosotros, que tenéis tanta belleza y a quienes nuestras alabanzas celebran sin cesar y que estáis reunidos siempre, hijos del tiempo y padres del sacrificio, sentaos a vuestro gusto sobre la hierba sagrada.

8. Que los dos seres de lengua agradable y que reciben las alabanzas, que los seres divinos y sabios que interceden cerca de los dioses, oficien hoy en nuestro sacrificio porque éste procura recompensa y alcanza el Cielo.

9. Que el puro Hotra, colocado entre los dioses; que Bharati, entre los Maruts; que el adorable Yla, Sarasvati y Mahi se sienten sobre la hierba sagrada.

---

[106] Se trata de las puertas de la sala o recinto destinado a los sacrificios, las cuales reciben una especie de consagración, que, según los hindúes, las elevan a la categoría de divinidades.

10. Que Tvashtri, favorablemente dispuesto hacia nosotros, nos envíe, para nutrirnos y hacernos prósperos, un agua abundante y admirable que caiga con rapidez del centro de las nubes y que produzca grandes bienes.

11. Vanaspati, tú que asistes aquí voluntariamente, lleva nuestras ofrendas a los dioses; el divino e inteligente Añi acepta las ofrendas presentadas a los dioses.

12. Sacerdotes, presentad a Indra vuestra ofrenda cuando toma la forma de Gayatra; presentadla a Svahi, presentadla también a Pushan y a los Maruts, así como a los dioses reunidos y a Vaya.

13. Acércate, Indra, toma parte en las ofrendas hechas a Svahi *(uno de los Apris);* acércate y escucha las invocaciones de los que te llaman al sacrificio.

SUKTA IV

(Compuesto por el rishi Dirghatama y dirigido a Añi)

1. Ofrezco devotamente a Añi, el hijo de la fuerza, un nuevo y fortificante sacrificio; adoro a Añi, el nieto de las aguas, que es el sacerdote bien amado y sacrificador, y que está sentado en el altar con muchas cosas preciosas.

2. Desde su nacimiento, Añi se manifestó a Matarisvan en la atmósfera más elevada, y su esplendor, iluminado por esfuerzo vigoroso, refulgió sobre el Cielo y la Tierra.

3. No puede disminuir su esplendor; los rayos de aquel cuyo aspecto es agradable están visibles en todas partes y brillan siempre; los rayos de Añi penetran en todos los lugares, brillan con el más vivo resplandor y no cesan nunca de cumplir sus funciones.

4. Conducid a su residencia a este Añi que posee todas las riquezas, y a quien los descendientes de Bhrigu han colocado en el ombligo de la Tierra; igual que Varuna, Añi reina como señor y soberano único de todos los tesoros.

5. Igual que el rugido de los vientos, tal como un ejército victorioso y semejante al rayo en el Cielo, Añi no puede ser detenido en su carrera, pues devora a nuestros enemigos y los destruye con sus dientes agudos: así como un guerrero destroza a sus adversarios, Añi arrasa los bosques.

6. Ojalá que Añi desee siempre nuestras alabanzas; que el que da la riqueza pueda satisfacer nuestros más caros anhelos; que el que inspira nuestras devociones pueda llevar nuestras ceremonias a perfecta conclusión. Glorifico a Añi con sus miembros centelleantes y le envío mis votos.

7. El que enciende el fuego del sacrificio se hace propicio a Añi, cuya forma es refulgente: igual que un amigo, Añi sostiene nuestra ceremonia: el fuego bien provisto de alimentos brilla con resplandor en nuestras piadosas ceremonias e ilumina nuestros ritos sagrados.

8. Añi, no nos olvides nunca: vela por nosotros con un celo caritativo y dadnos una sincera satisfacción; protégenos, tú que eres objeto de todos los deseos; extiende también sobre nuestros hijos tu vigilancia, que no duerme nunca y que no conoce ningún obstáculo.

SUKTA V

(Compuesto por el mismo rishi y dirigido al mismo dios)

1. El sacerdote instruido por la experiencia y poseedor de una devoción ferviente se adelanta para celebrar el culto de Añi; después de haber dado la vuelta al altar coge las primeras cucharas que deben servir para presentar la ofrenda.

2. Las gotas de lluvia que envuelven los rayos solares se renuevan en la morada del Sol divino, el lugar de su nacimiento; cuando Añi reside en el seno de las aguas, entonces el mundo bebe la lluvia bienhechora con que Añi (como si fuera el relámpago) se asocia.

3. Los dos sacerdotes, iguales en dignidad e igualmente asiduos trabajan naturalmente hacia un fin común; en sus funciones respectivas, combinan las formas de Añi; aquel a quien debe ser presentada la ofrenda reúne las gotas (de manteca clarificada), como Bhaga acepta los homenajes de todos los hombres, o como un conductor coge las riendas de los caballos que guía (el carro).

4. Es a él a quien los dos sacerdotes, dotados de un poder igual, que residen en un mismo lugar y ocupados en la misma ceremonia, adoran noche y día; él es quien ha sido engendrado para bien de los mortales, aceptando numerosas ofrendas que no podría rechazar.

5. Los diez dedos entrelazados hacen propicio a este divino Añi cuya protección invocamos nosotros los mortales; Añi lanza sus rayos semejantes a las flechas ligeras que dispara un arco y acepta las nuevas alabanzas pronunciadas por los que permanecen en derredor del altar.

6. Añi, tú reinas sobre los habitantes del Cielo y los de la Tierra; tu dominación es como la de un pastor sobre su rebaño: el Cielo y la Tierra, radiosos, vastos, adorables, bienhechores y expandiendo un sonido agradable, toman parte en la ofrenda.

7. Añi, tú que confieres la dicha, que aceptas nuestras ofrendas, que has nacido para el sacrificio y que realizas las buenas obras, dígnate aceptar nuestras alabanzas y escuchar nuestras oraciones; estás en presencia del Mundo entero, eres visible a todos los hombres, deleitas sus miradas y eres su refugio, como si distribuyeras alimentos con una generosa munificencia.

SUKTA VI

(Compuesto por el mismo rishi y dirigido al mismo dios)

1. Pedid a Añi lo que deseéis porque está en cien lugares, conoce todas las cosas, sabe lo que conviene hacer, y a él es a quien sus adoradores deben recurrir; él es quien tiene poder para reprimir los deseos contrarios a la razón; él es quien tiene poder para distribuir la dicha; él es quien da la fuerza y el alimento y quien protege a los poderosos.

2. Los hombres hacen sus peticiones a Añi; pero estas solicitudes no son indiscretas; el sabio responde a las demandas que se le hacen según las determinaciones que ha tomado en su espíritu; Añi no quiere que se anuncie por adelantado lo que responderá, ni tolera que se le replique: el que se halla desprovisto de arrogancias goza de su protección.

3. Hacia él se dirigen las cucharas empleadas en el sacrificio, y a él se dirigen nuestras alabanzas; sólo él escucha todas nuestras oraciones; él es el instrumento del sacrificio y protege constantemente a todos los mortales; dulce como un niño y en posesión de cuanto es necesario al sacrificio, acepta la ofrenda.

4. Cuando el sacerdote se ocupa de mostrar a Añi, el dios se manifiesta de súbito y en cuanto está engendrado se asocia a los objetos que le rodean; se ocupa de satisfacer los anhelos de sus adoradores, entregados tranquilamente a la libación de los ritos sagrados: cuando asiste al sacrificio llegan hasta él las ofrendas con que le rinden homenaje.

5. Añi reside en los bosques y ha sido colocado en medio del combustible como sobre una piel que le envolviera; el sabio y verídico Añi, que aprecia los sacrificios, ha revelado a los mortales el conocimiento de los deberes religiosos.

SUKTA VII

(Compuesto por el mismo rishi y dirigido al mismo dios)

1. Glorificad a Añi el de las tres cabezas[107] y de los siete rayos; no está sujeto a ninguna disminución; sentado en los lugares de sus padres *(el Cielo y la Tierra),* satisface todos nuestros deseos; el esplendor universal del divino Añi ya se agite, ya permanezca inmóvil, se esparce a lo lejos.

2. El que distribuye sus bienandanzas con abundancia ha penetrado en ambos mundos; adorable y exento de vicisitudes, está siempre presente, nos concede su protección y coloca su pie sobre la cima de la Tierra, mientras sus llamas radiantes lamen el firmamento.

3. He aquí dos vacas de leche que juntas se aproximan a su vástago común[108] y que le dan un alimento abundante, señalándole los caminos en los que no se tropieza con nada de lo que es menester evitar, y que poseen una inteligencia más allá de la necesaria para su desarrollo.

4. Sabios experimentados conducen al invencible Añi, testimoniándole de diversas maneras la afección que sus corazones conservan hacia él: deseando que se les muestre propicio, adoran al generoso Añi, y éste se manifiesta a ellos como el Sol.

5. Añi quiere mostrarse en las cien regiones del espacio, pues es el vencedor, el adorable, la fuente de la vida para los grandes y los pequeños; el opulento poseedor de los manjares del sacrificio, que es visible a todos y el padre de esta piadosa progenitura.

---

[107] Las tres cabezas de Añi son las tres especies de fuego que reconocen los autores sánscritos. Puede decirse también que Añi brilla en los tres mundos, o que lo enciende en tres momentos del día. En cuanto a los siete rayos de la llama, es asimismo una de esas alegorías que abundan en estos himnos. Los comentadores ven también ahí las siete especies de ritmo de que se componen los cantos sagrados.

[108] El señor Langlois observa, con razón, que conviene entender por estas dos vacas que nutren a Añi las dos especies de ofrendas: una, líquida, y la otra, sólida, las bebidas y los manjares.

SUKTA VIII

(Compuesto por el mismo rishi y dirigido al mismo dios)

1. Tus rayos brillantes que absorben la humedad han sostenido la existencia de los mortales, ¡oh Añi!, y nos han procurado alimento; tus fervientes adoradores, rodeados de sus hijos y nietos, pueden repetir así los signos del sacrificio.

2. Joven Añi, a quien son debidas las ofrendas, aprecia las alabanzas que te dirijo con respeto y fervor; hay hombres que te ultrajan y otros que obtienen tu favor; yo sólo te adoro y te glorifico.

3. Tus rayos bienhechores, ¡oh Añi!, cayeron sobre el ciego[109], hijo de Mamatu, le librarán de esta enfermedad; el que conoce todas las cosas, protege a los hombres piadosos y deja a sus enemigos incapacitados para dañarle.

4. Cuando un hombre perverso, infectado por la doble malignidad (del pensamiento y de la palabra), quiere oponerse a nuestros sacrificios y nos ultraja, que sus deseos vuelvan sobre él y que las consecuencias de su palabra culpable anonaden su persona.

5. Hijo de la Fuerza, cuando un hombre hábil en el arte de engañar ataca a otro hombre con una oración doblemente malhechora, entonces, ¡oh Añi!, protege al que te adora contra toda tentativa dirigida contra él; no nos abandones al infortunio.

---

[109] Casi todos estos rishis o viejos sabios aparecen como si fueran ciegos. ¿Debemos suponer una ceguera real o creer que no se trata sino de la oscuridad de la noche, disipada por Añi?

SUKTA IX

(Compuesto por el mismo rishi y dirigido al mismo dios)

1. El viento, al penetrar en las materias combustibles, ha excitado a Añi, que invoca a los dioses, que tiene numerosas formas y que es el ministro de todas las deidades; éstas lo han colocado entre los mortales que le adoran, encargándole de cumplir el sacrificio como si fuera el Sol admirable y dotado de múltiples rayos.

2. Que mis enemigos no triunfen contra mí, cuando yo presente ofrendas que merecen ser aceptadas, porque Añi desea los homenajes que se le rinden, y todos los dioses están satisfechos de mis actos de piedad, y cuando recito sus alabanzas y celebro el sacrificio.

3. Los que adoran a Añi se apoderan de él en su morada eterna y le retienen mediante sus alabanzas; se le lleva con prontitud al lugar del sacrificio, lo mismo que rápidos corceles, enganchados a un carro lo conducen de prisa a su destino.

4. Añi destruye los numerosos árboles que alcanzan sus llamas y brilla en la floresta con un vivo resplandor; el viento le favorece y hace volar las llamas como las flechas que dispara un arquero.

5. El hombre sin inteligencia y privado de la vista no disminuye en nada su gloria; ningún enemigo, ningún adversario puede causarle daño, ni siquiera cuando acaba de nacer, porque sus constantes amigos le defienden.

SUKTA X

(Compuesto por el mismo rishi y dirigido al mismo dios)

1. Añi, poseedor de una gran opulencia, tú que satisfaces los anhelos de tus adoradores, ven al lugar en donde se opera el sacrificio; el señor de los señores acude al lugar en donde reina la abundancia (el altar); cuando se acerca, los sacerdotes preparan para él las libaciones.

2. Aquel a quien los hombres, así como el Cielo y la Tierra, deben su existencia, reside cerca de nosotros rodeado de toda su gloria: él es quien engendra todas las criaturas.

3. Aquel que es sabio y que, como el ligero viento, acude rápidamente a donde quiere, ha iluminado el lugar delicioso *(el altar),* y presentándose bajo un gran número de formas diversas, no obstante ser siempre el mismo, y aparece radiante como el Sol.

4. El que ha nacido dos veces e ilumina las tres regiones brillantes, el que brilla por encima de todas las esferas espléndidas y el que invoca a los dioses, está presente en el lugar en donde se hallan reunidas las aguas.

5. El que ha nacido dos veces presenta las ofrendas rebosante de deseo para los manjares del sacrificio, se le ha confiado la guarda de todas las cosas preciosas; el hombre que le presenta ofrendas es padre de una raza excelente.

SUKTA XI

(Compuesto por el mismo rishi y dirigido al mismo dios)

1. Presentándote numerosas ofrendas, te adoro, Añi, y llego ante ti como un servidor se muestra ante un dueño poderoso.

2. Te pido prives de tu favor a dos personajes impíos: al hombre rico que no te reconoce por su dueño, y es avaro en los dones que hace durante las ceremonias sagradas, y al hombre que raramente alaba a los dioses.

3. Juicioso Añi, el mortal que obtiene tus buenas gracias se convierte en una luna en el Cielo, la más eminente de las grandes deidades; ojalá podamos adorarte siempre con fervor.

SUKTA XII

(Compuesto por el mismo rishi y dirigido a Mitra y a Varuna)

1. El Cielo y la Tierra se han espantado por la fuerza y el ruido que piadosos adoradores, deseosos de adquirir ganado, han engendrado mediante sus actos sagrados entre las aguas del firmamento en el momento del sacrificio; es un amigo que vela por la conservación de los seres vivientes; es el bienhechor de los hombres y tiene derecho a nuestras adoraciones.

2. Puesto que los sacerdotes han preparado para vosotros, Mitra y Varuna, una libación del zumo abundante del soma, dignaos acudir al rito que celebra el que os adora y escuchad las oraciones del jefe de familia, ¡oh vosotros que repartís las bienandanzas!

3. Con objeto de obtener un gran vigor, los hombres glorifican vuestro nacimiento, el cual debe ser objeto de todos los elogios, puesto que concedéis a quien os adora todo lo que desea, a fin de recompensarle por el sacrificio que celebra, y aceptáis ceremonias acompañadas de ofrendas y de actos de adoración.

4. Poderosas divinidades, este lugar os es agradable; proclamad, ¡oh vosotras que aceptáis el sacrificio!, que ha terminado regularmente la gran ceremonia; efectuáis la unión de los ritos piadosos con el Cielo siendo aquéllos quienes lo soportan, como una vaca lleva una carga colocada sobre su lomo.

5. Conducís a los ganados a sus pastoreos favoritos, y protegidas contra todo peligro, gracias a vuestra potencia, las vacas que dan leche retornan a su establo, dirigiendo sus mugidos hacia el Sol en lo alto de los cielos.

6. Lleváis los ganados a excelentes pastoreos, de donde las vacas abundantes en leche retornan a sus establos, dando mugidos hacia el Sol por la mañana y por la noche, igual que quien al descubrir a un ladrón elevara con fuerza su voz.

7. La cabellera de Añi *(las llamas)* embellece el sacrificio que se os ofrece, Mitra y Varuna; dignaos enviarnos la lluvia y aceptad nuestras ofrendas, porque ejercéis un imperio soberano sobre las alabanzas de los hombres piadosos.

8. Venid hacia nuestro piadoso adorador, el cual, glorificándoos y procurándoos todo lo que os es conveniente, os presenta ofrendas; aceptad su sacrificio, estad bien dispuestos respecto de nosotros y admitid nuestras alabanzas.

9. Vosotros, que aceptáis los sacrificios, sois los primeros a quienes los adoradores tratan de hacerse propicios, presentándoos ofrendas y regalándoos los productos de la vaca. Celebran vuestras alabanzas unos himnos inspirados por pensamientos consagrados a meditar en vosotros; concedednos vuestros favores y dadnos riquezas.

10. Vosotros distribuís el alimento acompañado por la opulencia; y a nosotros, que celebramos el sacrificio, nos concedéis grandes tesoros defendidos por vuestra protección; los días con las noches no han alcanzado vuestra divinidad, ni vuestro esplendor ha sido logrado por los ríos ni los Asuras.

SUKTA XIII

(Compuesto por el mismo rishi y dirigido a los mismos dioses)

1. Enérgicos Mitra y Varuna, lleváis trajes de luz y debemos miraros exentos de defectos; destruís toda falsedad y os asociáis al sacrificio.

2. Entre los que os sirven, el hombre que observa la verdad, que es prudente, que es objeto del elogio de los sabios, pesa cuidadosamente los medios que debe emplear para vencer a sus enemigos y para llevar la peste a los impíos que blasfeman contra los dioses, por poderosos que sean.

3. Sabe el juicioso, Mitra y Varuna, que gracias a vosotros la aurora privada de pies[110] precede a los seres dotados de pies; sabe que vuestro hijo *(el Sol)* sostiene la carga de este Mundo, reparte la verdad de la luz y disipa la falsedad de la oscuridad.

4. Vemos al amante de las auroras virginales *(el Sol)* siempre en movimiento, sin detenerse jamás un solo instante, rodeado de un esplendor que le es inseparable, y que, al expandirse a lo lejos, es la estancia predilecta de Mitra y de Varuna.

5. Sin corceles y sin vehículo, es llevado, empero, con rapidez y con estruendo; viaja elevándose cada vez más, uniendo el misterio incomprensible (de los ritos sagrados) con el esplendor que reside en Mitra y Varuna y que glorifica a los hombres.

6. Ojalá que la vaca propicia a los piadosos hijos de Mamata pueda poseer leche en abundancia; que el que sabe las ceremonias que es preciso celebrar pida para su alimento el resto de la ofrenda, y que adorándoos a los dos complete la ceremonia prescrita.

7. Divinos Mitra y Varuna, ojalá que podáis aceptar la ofrenda que os traigo con respeto y dirigiéndoos mis oraciones; ojalá que la ceremonia sagrada pueda colocarnos en situación de triunfar en los combates y que la lluvia celeste pueda ofrecernos los medios de satisfacer nuestras necesidades.

---

[110] ¿Por qué no tiene pies la aurora? Para percibir bien esta idea es menester comprender la alegoría perpetua de la poesía sánscrita. Viva y ligera, la aurora es detenida por el Sol y desaparece entre sus rayos, perdiendo sus pies.

SUKTA XIV

(Compuesto por el mismo rishi y dirigido a las mismas divinidades)

1. Poderosos Mitra y Varuna, vosotros que distribuís la manteca, os adoramos y presentamos nuestras ofrendas entregándonos a la alegría y rindiéndoos piadosos homenajes; ojalá que nuestros sacerdotes os vuelvan propicios al ofreceros nuestras adoraciones.

2. Adorándoos, Mitra y Varuna. cumplo un deber y contribuyo a vuestra gloria: cuando el sacerdote os presenta ofrendas y celebra un sacrificio, el hombre piadoso que desea adoraros obtiene la felicidad.

3. Que la vaca abundante de leche, suministre, ¡oh Mitra y Varuna!, una alimentación copiosa al hombre piadoso que os presenta ofrendas, lo mismo que *(el rey)* Ratahavya, glorificándoos, obtiene vuestro favor.

4. Que las vacas divinas y las aguas os suministren los manjares del sacrificio, para contribuir a la prosperidad del pueblo que favorecéis; ojalá que Añi, antiguo protector de nuestro patrón, pueda presentar la ofrenda; comed, ¡oh dioses!, esta manteca y este cuajo y bebed la leche de las vacas.

SUKTA XV

(Compuesto por el. mismo rishi y dirigido a Vishnú)

1. Celebro con celo las hazañas de Vishnú, que ha hecho los tres mundos, que ha sostenido el ensamblaje sublime de las esferas celestes dándolas vuelta tres veces, y que es objeto de las alabanzas de los sabios.

2. Vishnú es glorificado, porque es tan temible como un animal feroz y hambriento que recorre las montañas, y en tres pasos recorre el Universo entero[111].

3. Ojalá que un vigor irresistible sea la herencia de Vishnú, cuyo asilo es la oración y a quien celebran los himnos de una multitud de hombres: él es quien reparte las bienandanzas y sólo él ha creado, mediante tres pasos, este vasto y temible grupo de los tres mundos.

4. Sus tres pasos imperecederos, llenos de ambrosía, encantan a los humanos, a quienes da el alimento sagrado; verdaderamente él es quien sostiene los tres elementos, el Cielo y la Tierra.

5. Ojalá que yo pueda alcanzar su camino favorito, en donde se complacen los hombres que buscan los dioses, el camino de este Vishnú de inmensos pasos, y cuya estación sublime es la fuente de una felicidad que corre sin interrupción: es el amigo divino de los hombres piadosos.

6. Invocamos a Vishnú para que los dos podáis venir a estas regiones en donde se extienden los rayos de luz de puntas numerosas, esparciéndose a lo lejos; ahí es donde reside, en medio de un esplendor deslumbrante, el que procura beneficios y al que celebra los himnos de la multitud.

---

[111] Los tres pasos de Vishnú, celebrados en las leyendas de la India, son las estaciones del Sol: cuando se levanta, cuando está en lo más alto del Cielo y cuando se pone.

SUKTA XVI

(Compuesto por el mismo rishi y dirigido a Vishnú y a Indra)

1. Ofreced estos alimentos vigorosos al héroe poderoso *(Indra),* que gusta del elogio, y a Vishnú; estas dos divinidades invencibles están colocadas en la cima radiante de las nubes como sobre corcel bien domado.

2. Indra y Vishnú, el hombre piadoso que os adora glorifica vuestra radiante venida; satisfacéis los deseos y concedéis al mortal que os adora una recompensa inmediata, repartiendo este fuego que distribuye abundantes beneficios.

3. Estas ofrendas aumentan la energía poderosa de Indra y le ponen en condiciones de trocar en fecundos a los padres de todas las cosas *(el Cielo y la Tierra);* por eso en la región superior del firmamento, el hijo tiene un nombre superior y uno inferior, y también tiene un tercer nombre, el de padre.

4. Celebramos la potencia de este dueño de todas las cosas, de este salvador que atravesó mediante tres pasos las tres regiones a fin de mantener la existencia de los seres diversos.

5. El hombre que glorifica a Vishnú recorre dos de los pasos dados por ese dios; pero no puede seguirlo en el tercero, y ni aun los pájaros de vuelo rápido están en condiciones de alcanzar el término de aquél.

6. Por sus revoluciones circulares, Vishnú produce noventa y cuatro revoluciones periódicas, como una rueda inmensa que se mueve en diversas direcciones: siempre joven, pero sin ser un niño, acude cuando lo invocamos.

SUKTA XVII

(Compuesto por el mismo rishi y dirigido a Vishnú)

1. Vishnú, eres para nosotros un amigo que nos da la dicha; ¡oh tú, que aceptas las ofrendas!, extiende tu protección sobre nosotros: el sabio no podría repetir tus elogios y el que presenta las ofrendas debe celebrar tu culto.

2. El que presenta las ofrendas a Vishnú, el creador, nacido de sí mismo y a la vez joven y viejo, el que celebra la gran potencia de este dios poderoso, posee realmente la abundancia y alcanza un lugar que todos deben anhelar.

3. Cantantes, celebrad a Vishnú, que, como sabéis, es el germen del sacrificio; instruidos de su grandeza, celebrad su nombre; ojalá podamos, ¡oh Vishnú!, gozar de tu favor.

4. El real Varuna se asocia al sacrificio del piadoso adorador que asiste a la reunión de los sacerdotes, a la que se unen los Asvins. Vishnú, con su amigo (Indra), posee la potencia que confiere el Cielo y reposa sobre las nubes.

5. El divino Vishnú, el que realiza las buenas obras, las más perfectas, ha venido hacia el piadoso creador de la ceremonia, a fin de asistir a su celebración, conoce los deseos de su adorador, y, al asistir a los tres períodos de la ceremonia, extiende sus favores sobre el arya y admite al autor de la ceremonia a participar en el sacrificio.

ANUVAKA XXII

SUKTA I

(Compuesto por el rishi Dirghatamas y dirigido a los Asvin)

1. Añi se despierta sobre la Tierra; nace el Sol, y la aurora, cuyo brillo reparte una alegría universal, ha disipado las tinieblas; enganchad vuestro carro, ¡oh Asvins!, a fin de acudir al sacrificio y para que el divino Savitri pueda animar a todos los seres excitándoles a cumplir todos sus deberse respectivos.

2. Asvins, cuando enganchéis vuestro carro que distribuye la abundancia, refrescad nuestras fuerzas dándonos miel que caiga gota a gota; conceded a nuestra nación un alimento abundante, y haced que podamos adquirir riquezas en la lucha de los héroes.

3. Ojalá que el carro de tres ruedas de los Asvins, arrastrado por rápidos corceles, cargado de miel, lleno de tesoros y repartiendo felicidad, pueda venir a nuestra presencia y traer la prosperidad a nuestro pueblo y a nuestro ganado.

4. Asvins, dadnos vigor, animadnos gracias a vuestros discursos llenos de miel; prolongad nuestra existencia, borrad nuestros pecados, destruid a nuestros enemigos y sed siempre nuestros asociados.

5. Asvins, sostenéis el germen en todas las criaturas que se mueven; estáis en el interior de todos los seres; ¡oh, vosotros que repartís los beneficios!, velad por nosotros en el agua, en el fuego y en los árboles de los bosques.

6. Sois dos médicos muy instruidos en las virtudes de todos los medicamentos; rodáis en un carro arrastrado por caballos bien domados; ¡oh dioses poderosos!, proteged siempre al que os adora y que, con un corazón abnegado, os presenta ofrendas.

TERCER ADHYAYA
ANUVAKA XXII (Continuación)

SUKTA II

(Compuesto por el rishi Dirghatamas y dirigido a los Asvins)

1. Dastras, vosotros, que repartís beneficios, que dais casas, que expulsáis el pecado; vosotros, que conocéis muchas cosas, que ganáis en poder como consecuencia de las alabanzas que se os dan, y que otorgáis los deseos, he aquí a Uchatthyia, que os ofrece ricos sacrificios; concedednos todo lo que os pedimos, vosotros que protegéis a vuestros adoradores de la manera más eficaz.

2. Divinidades generosas, ojalá podamos haceros ofrendas que os agraden plenamente; entonces, ¡oh objeto de nuestra adoración!, acudiréis por vuestro gusto cerca del altar, y llenas de buenas intenciones respecto a nosotros, concederéis todos nuestros anhelos y nos daréis vacas que den leche abundante.

3. Asvins, vuestro carro arrastrado por caballos poderosos atravesó los mares y fue colocado en medio del agua, a fin de salvar al hijo de Tugra[112]; ojalá pueda obtener así vuestra protección bienhechora; concedédmela con la prontitud con que un héroe victorioso se apresura a volver a su morada.

4. Ojalá que las alabanzas que se os dirigen, ¡oh Asvins!, puedan salvar al hijo de Uchatthya; que los días y las noches que se suceden no se agoten; que el fuego encendido diez veces no me consuma y que no ocurra que aquel que se os somete se vea agarrotado y obligado a morder la tierra.

5. Que las aguas maternales no me traguen tras haberme derribado los esclavos débil y anciano como soy; así como Traitana se ha herido en la cabeza, el esclavo ha herido la suya y ha golpeado su pecho y sus hombros.

6. Dirghatamas, el hijo de Mumata, ha envejecido después que ha transcurrido la décima yuga; es el Brahma de los que tratan de obtener la recompensa a sus actos de piedad; es el conductor de su carro.

---

[112] Ya se ha aludido a esta leyenda: un rey, hijo de Tugra, cayó en poder de sus enemigos, que le cargaron de ligaduras y le echaron al mar Aquél imploró el socorro de los Asvins, que le salvaron en su carro.

SUKTA III

(Compuesto por el mismo rishi y dirigido al Cielo y a la Tierra)

1. Yo glorifico en ritos sagrados al Cielo y a la Tierra, estos poderosos sostenes del sacrificio: en las ceremonias santas sólo se les debe contemplar con respeto; queriendo como hijos a quienes le adoran, son objeto de la devoción de los hombres piadosos, derraman sus favores sobre nosotros y nos prodigan sus dones bienhechores.

2. Mediante mis invocaciones vuelvo propicio el espíritu del padre benévolo y obtengo la afección viva y espontánea de la madre (de todos los seres); gracias a su protección los padres han asegurado la inmortalidad de su raza.

3. Vuestros hijos, que cumplen buenas obras, os reconocen como sus padres, gracias a ellas tienen experiencia de vuestras bondades; conservad una estabilidad ininterrumpida en las funciones de vuestra raza; que ésta se halle o no dotada de la facultad de moverse, sólo de vosotros puede esperar los medios de existir.

4. Y hermanas unidas e inteligentes *(los rayos de la luz)*, concebidas en el mismo seno, siempre unidas y juntas y residiendo en la misma morada, se extienden sobre todas las cosas; conociendo sus funciones y difundiendo un vivo esplendor, se dilatan en todas las direcciones, a través de los firmamentos radiosos.

5. Solicitamos hoy del divino Sol la opulencia que constituye la meta del anhelo de los hombres e imploramos su favor. ¡Oh Cielo y Tierra, llenos de benevolencia!, concedednos una riqueza formada de casas y numerosos rebaños.

SUKTA IV

(Compuesto por el mismo rishi y dirigido a los mismos dioses)

1. El Cielo y la Tierra, como objetos divinos, reparten la dicha sobre todos los seres; alientan la verdad; son capaces de sostener el agua de las lluvias; es afortunado su nacimiento y enérgica su acción; y en el intervalo que les separa es cuando el puro Sol se adelanta para cumplir sus deberes.

2. Vastos y extendiéndose a lo lejos, el padre y la madre (de todas las cosas) preservan los mundos. El Cielo y la Tierra están repletos de resoluciones para bien de los seres dotados de cuerpo, habiendo dado el padre formas visibles a todas las cosas.

3. El hijo puro y valeroso de semejantes padres, el que obtiene las recompensas, santifica los mundos por su inteligencia tan bien como por la vaca lechera *(la Tierra)* y el toro vigoroso *(el Cielo),* y recoge diariamente la leche transparente (del Cielo).

4. El más divino entre los dioses, el más piadoso entre los piadosos, es el que ha dado nacimiento al Cielo y a la Tierra, que constituyen la alegría de tantas cosas; ha medido el uno y la otra, y, pensando en las santas ceremonias, los ha sostenido mediante pilares inquebrantables.

5. Cielo y Tierra que glorificamos, concedednos un alimento abundante y un gran vigor; haced que seamos los autores de una numerosa posteridad y dadnos una fuerza potente.

SUKTA V

(Compuesto por Dirghatamas y dirigido a Ribhus)

1. ¿Es más joven o más viejo que nosotros el que ha venido entre nosotros? ¿Ha venido a traernos un mensaje de los dioses? ¿Qué es lo que tenemos que decirle? ¡Oh Añi, hermano nuestro!, no distinguimos la cuchara que es de una raza superior; mantenemos la dignidad de los utensilios de madera (que sirven para el sacrificio).

2. De una única cuchara, haced cuatro; tal es la orden que dan los dioses; he venido con este fin, hijo de Sudhanvan; si realizáis esta obra, tendréis derecho a recibir sacrificios, igual que los dioses. 3. Responded a Añi, el mensajero de los dioses, diciéndole: «Ya que haya habido necesidad de hacer un carro, o de hacer un caballo, o de hacer una vaca, de devolver la juventud a dos padres ancianos, lo hemos hecho, y estamos, ¡oh Añi!, hermano nuestro, dispuestos a hacer todavía lo que tú nos indiques».

4. Preguntasteis, ¡oh Ribhus!: «¿Quién es el que ha venido hacia nosotros como mensajero?» Cuando Tvashtri observó que la única cuchara se había cuadruplicado, se perdió inmediatamente entre las mujeres.

5. Cuando Tvashtri dijo: «Todos los que han profanado la cuchara hecha para ofrecer su bebida a los dioses», entonces hicieron uso de otros nombres, y entonces también fue repartida la libación y la virgen (madre) se les rindió propicia.

6. Indra ha aparejado sus caballos; los Asvins han enganchado su carro; Brihaspati ha aceptado la vaca que tiene todas las formas; id, pues, hacia los dioses, Ribhj, Vibhva y Vaya, vosotros que realizáis buenas obras, y gozad en los sacrificios de la parte que os corresponde.

7. Hijo de Sadhanvan, que habéis cambiado una vaca desollada en un animal vivo; gracias a vuestras hazañas maravillosas, habéis rejuvenecido a nuestros ancianos padres; de un caballo habéis hecho otro; enganchad ahora vuestro carro e idos entre los dioses.

8. Los dioses lo han dicho: «Hijo de Sudhanvan, bebed de esta bebida *(el jugo del soma),* bebed este líquido que ha sido filtrado a través de la hierba *munja,* y si ni el uno ni el otro os agradan, saciaos de la que se bebe en el tercer sacrificio del día».

9. «Las aguas son lo que hay de más excelente», dijo uno de ellos: «Añi es lo que hay de más excelente», dijo otro; y el tercero declaró que la Tierra era lo que había de más excelente; y así fue como, diciendo la verdad, los Ribus dividieron la cuchara.

10. Se echa el agua roja *(la sangre)* en el suelo; es cortada la carne dividida en fragmentos por instrumento cortante; un tercero separa el excremento de las otras partes. ¿De qué manera pueden asistir a su hijo los padres del sacrificio?

11. Ribhus, conductores de las lluvias, habéis hecho crecer la hierba en las montañas; habéis hecho correr el agua por los valles; puesto que habéis descansado algún tiempo en la morada del Sol, a la que no puede llegar el hombre, no interrumpáis hoy el cumplimiento de vuestras funciones.

12. Cuando os deslizáis envolviendo de nubes las regiones, ¿en dónde están los padres del Mundo? Maldito sea el que detiene vuestro brazo; reprended severamente al que os habla de una manera irrespetuosa.

13. Ribhus, mientras reposáis en la órbita solar, decís: «¿Quién es el que nos despierta, ¡oh Sol inaccesible!, y nos recuerda el empleo de distribuir la lluvia?» Y replica el Sol: «El que os despierta. es el viento; y por haberse terminado el año, alumbráis de nuevo hoy al Mundo».

14. Hijo de la fuerza, los Maruts, deseando llegar, se adelantan desde lo alto de los cielos; Añi viene de la Tierra para recibiros; el viento atraviesa el firmamento, y Varuna llega con las ondas que se agitan.

SUKTA VI

(Compuesto por el rishi Dirghatamas para celebrar el Asvameda o sacrificio de un caballo)

1. Que ni Mitra, ni Varuna, ni Aryaman, ni Añi, ni Indra, ni Ribhukshin, ni los Maruts, nos censuren cuando en este sacrificio proclamamos las virtudes del caballo rápido salido de los dioses[113].

2. Cuando los sacerdotes traen las ofrendas ya preparadas hasta el caballo, al que se ha lavado y decorado con ricos arneses, la cabra de diversos colores que va delante balando se convierte en una ofrenda agradable a Indra y a Pushan.

3. Esta cabra es la porción que corresponde a Pushan, y conviene a todos los dioses; se la trae primero con el rápido corcel, de modo que Tvashtri pueda prepararla con el caballo como una ofrenda preliminar buena para los manjares del sacrificio.

4. Cuando en la época de las ceremonias, el sacerdote conduce tres veces en derredor del fuego del sacrificio al caballo, ofrenda consagrada a los dioses; entonces la cabra, la porción de Pushan, acude la primera, anunciando el sacrificio a los dioses.

5. El que invoca a los dioses, el que oficia en la ceremonia, el que presenta la ofrenda, el que enciende el fuego, el que macera la planta soma, el que dirige la ceremonia y el sabio que preside todos los actos están presentes; llenad los ríos gracias a este sacrificio bien ordenado y dirigido.

6. Los unos cortan los postes del sacrificio o o traen estos postes; otros fijan en ellos los anillos a que está atado el caballo o disponen los vasos en los que se prepara el alimento del caballo: que los esfuerzos de todos respondan a nuestra espera.

7. Que se cumplan mis deseos tal y como los he formulado, cuando he pedido que el corcel de pelo alisado viniera para satisfacer la espera de los dioses; lo hemos puesto en lugar seguro para que sirva de alimento a los dioses; que los santos sabios se regocijen.

8. Que los lazos que retienen la cabeza y las patas del rápido corcel, que las cinchas y las demás partes del arnés, que la hierba que ha sido puesta en su boca y que todas las cosas, estén con él entre los dioses.

---

[113] El sacrificio del caballo era una de las mayores ceremonias del culto de los aryas. Se creía que el caballo sacrificado se convertía en un corcel celeste. Se le identificaba con el Sol llamado Asvu (caballo), a causa de su rapidez.

9. Que la carne que las moscas podrán comer, que la grasa que permanezca unida al hacha o que siga pegada a los dedos o las uñas del sacrificador, que todo eso sea contigo, ¡oh caballo!, entre los dioses.

10. Si alguna parte de la hierba no digerida cae de su vientre, si queda alguna parte de carne bruta, que los sacrificadores limpien la ofrenda de todo defecto y que la preparen de manera que esté completamente pura.

11. Si alguna porción de tu cuerpo cae al suelo durante el momento en que está asándose al fuego, haz que no se la abandone en el suelo o sobre la hierba sagrada, sino que se la dé toda ella a los dioses que la deseen.

12. Que se vuelvan en nuestro favor los esfuerzos de los que vigilan la cocción del cuerpo del caballo, y que digan: «Despide un buen olor, dadnos un poco», que considere como una limosna una porción de la carne del caballo.

13. El palo hundido en el caldero en que hierve la carne, el vaso que distribuye la salsa, los cubiertos de los manjares, los cuchillos y las agujas, todo, en fin, constituye la dicha (para el caballo).

14. Que el lugar atravesado por el caballo y que aquel en que ha caído sobre la hierba; que las cuerdas que han trabado al caballo; que el agua que ha bebido y que la hierba que ha comido, que todo eso sea contigo entre los dioses.

15. Que Añi, al notar el humo, no te excite, ¡oh caballo!, a hacer ruido; que el caldero hirviente y cuyo contenido despide a lo lejos un olor suave no sea derramado; los dioses aceptan un caballo que ha sido escogido (para el sacrificio), que ha sido conducido cerca del fuego y que ha sido ofrecido devotamente y que ha sido consagrado por la exclamación ¡*Vashat!*

16. La manta que extiende para que sirva de cubierta al caballo, los arneses de oro con que le adornan y las cuerdas que rodean su cabeza y sus pies, todo eso ha sido presentado a los dioses como una ofrenda agradable.

17. Si alguno te ha golpeado con el látigo o el pie, para que fueras de prisa, mientras te encabritabas y resistías con fuerza, yo esparzo esas vejaciones con los ruegos santos, como se reparte con una cuchara la ofrenda (de manteca clarificada).

18. El hacha penetra en las treinta costillas del rápido corcel; los (sacrificadores) queridos de los dioses cortan el caballo con habilidad, de modo que los miembros no lleguen a agujerearse.

19. Existe un radiante sacrificador del caballo, el Tiempo; hay dos que lo retienen con fuerza; aquellos de tus miembros que corto en el momento oportuno, los ofrezco preparados en albóndigas de carne sobre el fuego.

20. Que tu cuerpo precioso no se aflija, pues vas verdaderamente hacia los dioses; que el hacha no languidezca en tu cuerpo; que el sacrificador ávido y torpe, equivocándose al cortar los miembros, no los mutile inútilmente con el cuchillo.

21. Verdaderamente, en este momento tú no mueres ni recibes daño, puesto que te diriges hacia los dioses caminando por una senda feliz. Los caballos de Indra, los corceles de los Maruts, serán enganchados a sus carros, y un corcel será colocado al timón en que está enganchado el asno de los Asvins, para llevarte al Cielo.

22. Ojalá que este caballo pueda traernos una opulencia que nos sostenga, que pueda procurarnos una abundancia de vacas y de caballos y asegurarnos una posteridad numerosa; ojalá que el fogoso corcel pueda procurarnos que nos hallemos exentos de toda malicia, y que este caballo ofrecido para el sacrificio nos procure el; vigor del cuerpo.

SUKTA VII

(Compuesto por el mismo rishi y refiriéndose igualmente
al sacrificio del caballo)

1. Tu elevado nacimiento, ¡oh caballo!, es digno de ser glorificado: ya te lances desde el firmamento o fuera del agua, has relinchado de una manera excelente, porque tienes alas de halcón y los miembros de un gamo.

2. Trita enganchó el caballo que era un don de Yama; Indra le montó el primero y Gandharba cogió sus riendas. ¡Oh Vasus!, habéis fabricado el caballo tomando su materia del Sol.

3. ¡Oh caballo!, eres Yama; Indra le montó el Trita, en virtud de un acto misterioso. Estás asociado con Soma. Los sabios han dicho que en el Cielo existen tres lazos que te retienen.

4. Han dicho que en el Cielo existen para ti tres lazos, tres en la Tierra y tres en el firmamento. Tú me declaras, ¡oh caballo!, tú que eres un Varuna, cuál ha sido tu nacimiento calificado de excelente.

5. He visto, ¡oh caballo!, tus regiones que purifican; he visto las huellas de tus pies, ¡oh tú!, que tomas parte en el sacrificio, y he aquí las riendas afortunadas que protegen los sagrados ritos que celebramos.

6. Reconozco en mi espíritu cuál es tu figura, que adivino a lo lejos; sale de la Tierra para elevarse hacia el Cielo. Veo la cabeza que se eleva y sube rápidamente por caminos libres de todo obstáculo, sin que la manche el polvo.

7. Te veo cuando vienes con apresuramiento para recibir tu alimento en tu santo lugar de la Tierra: cuando el que te cuida te lleva cerca del alimento que hace tus delicias, estás hambriento y lo devoras con avidez.

8. El carro te sigue, ¡oh caballo!; los hombres te acompañan; las tropas de semidioses que te siguen han buscado tu amistad; los propios dioses han admirado tu vigor.

9. Es de oro su crin; sus pies son de hierro; es tan rápido como el pensamiento y excede a Indra en velocidad. Los dioses han venido para tomar su parte, cuando ha sido presentado como la ofrenda del sacrificio; Indra ha sido el primero en montar este caballo.

10. Los fogosos corceles del Sol tienen las ancas anchas y estrecho el pecho; estos caballos celestes galopan con la rapidez de los cisnes.

11. Tu cuerpo, ¡oh caballo!, ha sido hecho para el movimiento; tu espíritu es tan rápido en sus intenciones como el viento; las crines de tu cuello se dividen en varias direcciones y brillan con fulgor en las florestas.

12. El caballo rápido se aproxima al lugar en que debe ser inmolado, su espíritu se halla sumido en meditaciones cuyo objeto son los dioses; la cabra unida a él delante de él camina, y detrás de él vienen los sacerdotes y los cantores.

13. El caballo acude a la asamblea cuyo mérito es perfecto; se presenta en ella delante de su padre y de su madre *(el Cielo y la Tierra)*. Ve, ¡oh caballo!, hacia los dioses, regocíjate: el sacrificio producirá grandes ventajas al que le ofrece.

SUKTA VIII

(Compuesto por el rishi Dirghatamas y dirigido, en su mayor parte, a los Visvudevas)

1. He visto al Señor de los hombres con siete hijos; esta divinidad bienhechora, el objeto de nuestras invocaciones, tiene un segundo hermano que penetra en todos los lugares y un tercer hermano al que nutren las ofrendas de manteca[114].

2. Enganchan los siete caballos al carro de una rueda, y un caballo llamado Siete los arrastra, la rueda tiene tres cubos[115].

3. Los siete seres que presiden en este carro de siete ruedas son los siete caballos que lo arrastran; en el carro montan juntas siete hermanas, y ahí es en donde quedan depositadas las siete formas del discurso.

4. ¿Quién ha visto al ser primitivo en el instante de su nacimiento? ¿Cuál es el objeto dotado de substancia y que sostiene lo que no tiene substancia? El alimento y la sangre vienen de la Tierra, ¿pero dónde está el alma? ¿Quién puede ir hasta el sabio para preguntárselo?

5. Yo, puesto que mi inteligencia no está madura, puesto que mi espíritu no podría discernir la verdad, me informo de las cosas que están ocultas incluso para los dioses; ¿cuáles son los siete hijos que los sabios han extendido[116], a fin de envolver el Sol, en el cual residen todas las cosas?

6. En mi ignorancia, me informo cerca de los sabios que conocen (la verdad); con el fin de adquirir un conocimiento sólido, les pregunto: «¿Cuál es ese ser único que ha sostenido esas seis esferas?»

7. Que quién esté instruido de esta verdad la revele con prontitud; que diga la condición misteriosa del Sol espléndido y cuyo movimiento es continuo. Los rayos han repartido su leche en torno de su cabeza levantada, envolviendo su figura con un vivo fulgor; han bebido el agua a lo largo de los senderos por donde han venido.

---

[114] Se trata aquí de Añi o del fuego celeste. Sus dos hermanos son el fuego solar y el fuego del sacrificio. Por lo demás, todo este himno es una alegoría perpetua que sería demasiado largo querer exponer en todos sus detalles, pero que se comprende. con facilidad cuando se tiene una idea clara del sistema religioso de los aryas.

[115] Según los comentadores sánscritos, la rueda es el año o el disco solar. Los tres cubos son tres estaciones.

[116] Estos siete hijos son las siete clases de metros de que se componen los himnos.

8. La madre *(la Tierra)* rinde homenaje al padre *(al Sol)* mediante ritos sagrados, a fin de obtener el agua; pero éste ha adelantado sus necesidades en su espíritu; deseosa de tener progenie, la Tierra es fecundada por los rayos que la penetran, y todos los seres, en espera de la abundancia, cambian palabras de felicitación.

9. El padre *(el Cielo)* se une para sostener el peso de la que cumple los deseos *(la Tierra);* el embrión *(el agua)* reposa en el seno de las nubes; entonces el ternero empieza a nadar y ve a la vaca que adquiría todas las formas en los tres estados en que apareció.

10. El ser único *(el Sol),* que tiene tres madres y tres padres, se dirige a lo alto; nadie le ha adelantado nunca ignora la fatiga; los dioses, en la cima del Cielo, se reúnen en consejo y se ocupan de él en un lenguaje que comprende todas las cosas, pero que no llega hasta nosotros.

11. La rueda de los doce radios del ser verídico *(el Sol)* da vueltas en derredor de los cielos y no puede perecer; setecientos veinte niños colocados por parejas forman allí su morada.

12. Se ha dado a su padre el nombre de Purishin, porque tiene cinco pies y doce formas, cuando se halla en el hemisferio más lejos del Cielo; se le han llamado también Arpita cuando está en la porción escondida del Cielo, brillando sobre su carro de siete ruedas, cada una de éstas teniendo seis radios.

13. Todos los seres residen en esta rueda de cinco radios; nunca se ha calentado el eje extraordinariamente cargado; el cubo, incrustado con fuerza, no se usa nunca.

14. La rueda, guarnecida de una llanta imperecedera, da vueltas sin cesar; diez seres unidos sobre la superficie superior llevan el Mundo; la órbita del Sol avanza rodeada de agua; todos los seres están depositados en él.

15. De los que han nacido juntos, seis son mellizos y deben su nacimiento a los dioses, el séptimo ha nacido solo; son deseables sus propiedades; colocados separadamente en sus estancias respectivas, tienen igualmente formas diversas y cumplen sus revoluciones prevaleciendo sobre lo que es estacionario.

16. Se ha calificado de machos a las que son mujeres virtuosas; el que tiene ojos ve; el ciego no discierne nada; el hijo que es juicioso comprende estas cosas, y si tiene inteligencia es el padre de su padre.

17. La vaca, echando a su ternero con sus patas delanteras y levantándolo con las traseras, se ha erguido; ¿adónde ha ido? ¿hacia quién se ha vuelto en mitad del camino? ¿En dónde lleva a su hijo? No lo lleva entre la manada.

18. El que conoce la protección de este Mundo y sabe cómo está asociado el superior al inferior y el inferior al superior, es un sabio; pero, en este Mundo, ¿quién puede exponer estas cosas? ¿De dónde ha sido engendrado el espíritu divino en su supremacía?

19. Lo que los sabios han llamado descenso lo han denominado también subida, y lo que han llamado subida lo han llamado también descenso; estas órbitas que habéis hecho, Soma e Indra, llevan el Mundo como bueyes uncidos a un carro.

20. Dos pájaros asociados juntos y unidos por la amistad buscan un refugio en el mismo árbol; uno de ellos come el higo dulce; y el otro, absteniéndose de alimento, se limita a mirar.

21. En el lugar por donde los rayos se deslizan suavemente, e instruidos de su deber, destilan la porción imperecedera de la ambrosía. Ahí es donde el señor y protector celoso de todos los seres me ha colocado, aunque me halle aún desprovisto de sabiduría.

22. En el árbol en donde los rayos, deslizándose suavemente y nutriéndose con dulces productos, entran para obtener de allí la luz que distribuyen sobre las cosas, han llamado al fruto dulce; pero el que no conoce la protección del Universo no participa de ello.

23. Los que saben cuál es la estación de Añi en la Tierra, la estación de Vayu que ha sido creada en el firmamento y la estación del Sol que ha sido colocada en el Cielo, obtienen la inmortalidad.

24. Él construye la oración con el metro Gayatri; con la oración construye el soma, y con el metro Trishtubh forma el terceto; con el terceto construye el himno de verso formando dos o cuatro dísticos y con las sílabas forma los siete metros.

25. Con las estancias, en el metro Jagati fija la lluvia en el Cielo, y con el Rathantara ha seguido al Sol en su curso. Han sido determinadas las tres divisiones del metro Gayatri; y por eso excede a todos los demás en fuerza y en majestad.

26. Invoco a la vaca que es fácil de ordeñar y que da su leche al que debe recogerla; ojalá que Savitri pueda aceptar nuestra excelente libación, a fin de que aumente su calor, pues con este fin lo invoco con fervor.

27. La vaca viene mugiendo, abundante en ricos productos y deseando s u ternero; ojalá que pueda dar su leche a los Asvins y que pueda prosperar para ventaja nuestra.

28. La vaca llama a su ternero que está en pie ante ella, y guiñando sus ojos (apenas abiertos), la vaca le lame la frente; da un mugido, signo de

inquietud viendo la humedad en los rincones de su boca, y le nutre con su leche[117].

29. El ternero muge también y la vaca lanza sonidos inarticulados cuando va con él hacia el establo; influida por su instinto, obra como ser humano y manifiesta radiantemente su naturaleza.

30. La vida dotada de respiración, empujada a cumplir sus funciones, reposa con firmeza en medio de las estancias que le corresponden; la vida del cuerpo mortal se hace inmortal, sostenida por las ofrendas funerarias.

31. He visto al protector del universo *(el Sol)*, ignorando la fatiga, viajar subiendo y descendiendo por diversos caminos: rodeado de un esplendor que concentra y reparte a lo lejos, se mueve en medio de las regiones.

32. El que ha hecho (este estado de cosas) no lo comprende; está oculto para el que lo ha visto; envuelto todavía en el seno de su madre, está sujeto a numerosos nacimientos y está en poder del mal.

33. El Cielo es mi padre; él me ha engendrado; el ombligo (de la Tierra) es pariente mío; la Tierra espaciosa es mi madre; el seno que contiene todos los seres se halla entre las dos cucharas elevadas (donde está el jugo del soma *[el Cielo y la Tierra])*; en él es en quien el padre ha depositado el germen de la fecundidad de la hija.

34. Te pregunto dónde está la extremidad más lejana de la Tierra; te presunto dónde está el ombligo del Mundo; te pregunto cuál es el poder fecundo del corcel que esparce la lluvia, y te pregunto cuál es el cielo supremo de la palabra santa.

35. Este altar es la extremidad más lejana de la Tierra; este sacrificio es el ombligo del Mundo; este zumo de soma es el poder fecundante del corcel que esparce la lluvia; y este Brahma es el cielo supremo de la palabra santa.

36. Los siete (rayos solares) que sostienen durante la mitad de un año al embrión *(la lluvia)*, elemento que fecunda al Mundo, residen en las diversas funciones de Vishnú. Por su inteligencia, penetran en todo lo que está en torno suyo.

37. Yo no sé si sé todas estas cosas; porque estoy turbado y encadenado mi pensamiento; cuando lleguen a mí las primeras percepciones de estas verdades obtendré una porción de la inteligencia de la palabra sagrada.

38. El inmortal, padre del mortal, afectado por el deseo del placer, va a la esfera superior o a la interior; viéndoles asociados, los hombres, yendo a todas partes juntos, han comprendido al uno, pero no han comprendido al otro.

---

[117] Todo esto es una alegoría: la vaca es la nube que deja caer la lluvia; el ternero es la Tierra, y su cabeza son las montañas.

39. ¿Han tomado asiento todos los dioses en ese Cielo supremo, texto imperecedero del Veda? ¿Qué hará del Veda el que no conoce estas cosas? Pero quienes no les conocen son perfectos.

40. Vaca, ten abundante leche gracias a los abundantes forrajes, a fin de que nosotros seamos ricos también; come hierba en libertad y bebe agua pura.

41. Se ha escuchado el ruido de las nubes fabricando las aguas y teniendo uno, dos, cuatro, ocho o nueve pies, extendiéndose hasta el infinito en el cielo más elevado.

42. Es de él *(del trueno)* de quien las nubes reciben y vierten una lluvia abundante ayudando así a subsistir a los habitantes de las cuatro partes (del Mundo); la humedad se extiende hasta el grano y puede existir el Universo.

43. He visto cerca de mí el humo de un fuego de estiércol de vaca y he descubierto la causa de donde provenía (la llama); los sacerdotes han adornado al buey Soma porque esos son sus primeros deberes.

44. Los tres seres de hermosas trenzas miran la Tierra en sus diferentes estaciones; uno de ellos, cuando ha acabado el año, limpia el suelo; otro protege al Universo mediante sus actos; el nombre de uno es visible, pero su forma no lo es.

45. Cuatro son los grados regulares del discurso; los brahmanes que son sabios los conocen; tres, dispuestos en secreto, no indican sentido; los hombres se expresan según el cuarto arado.

46. Los hombres han llamado (al Sol) Indra, Mitra, Varuna y Añi; es el *garutmat* celeste de alas fuertes (especie de *buitre*); los sabios sacerdotes dan diversos nombres al ser único: le llaman Añi, Yama, Matarisvan.

47. Los rápidos portadores (de la lluvia *[los rayos solares]),* revistiendo las aguas con una nube sombría, suben al cielo; descienden de nuevo de la morada de la lluvia y riegan la tierra inmediatamente.

48. La rueda es única, los rayos son doce y hay tres cubos; ¿pero quién conoce estas cosas? En esta rueda hay trescientos sesenta radios que están como inmóviles en su movilidad.

49. Sarasvati, tu seno es la fuente de los placeres, contiene la opulencia y da la dicha; abre para nosotros tu seno en esta estación, a fin de nutrirnos.

50. Los dioses agregan sacrificio sobre sacrificio porque tales son sus primeros deberes; estos seres poderosos residen en el Cielo, estancia de las divinidades que es menester rendir propicias mediante las ceremonias sagradas.

51. El agua sube y desciende mientras que transcurren los días; las nubes regocijan la Tierra y los fuegos regocijan al Cielo.

52. Yo invoco la protección del (Sol) celeste, majestuoso, rápido y de alas poderosas; es el germen de las aguas, da vida a las hierbas, anima los lagos y llena de lluvia los estanques.

ANUVAKA XXIII

SUKTA I

(Este himno está destinado a reproducir un diálogo entre Indra,
Agastya y los Maruts)

1. INDRA: ¿Bajo qué felices auspicios los Maruts, iguales en edad, en dignidad y no teniendo sino una misma morada, han regado la Tierra? ¿Cuál era su intención? ¿De dónde han venido? Esparcen la lluvia y respetan la fuerza de las lluvias que engendran en el Mundo y que producen la riqueza.

2. ¿Cuáles son las ofrendas que aportan los jóvenes Maruts? ¿Qué es lo que les atrae al sacrificio que celebran? ¿A qué poderosos elogios debemos recurrir para rendírnoslos propicios, ya que ellos van errantes en medio de las nubes?

3. Los MARUTS: Indra, Señor de todo lo que está bien, ¿adónde vas tú solo, tú que tienes derecho a los respetos de todos? ¿Qué significa esta ausencia de cortejo? Cuando formamos en tu séquito, reclamas lo que es justo. Dueño de los rápidos caballos, dinos en suaves palabras lo que tienes que decirnos.

4. INDRA: Las ceremonias sagradas son para mí; me agradan las santas alabanzas; me corresponden las libaciones; mi rayo vigoroso lanzado contra mis enemigos logra su fin; es a mí a quien invocan piadosos adoradores y me dirigen himnos; estos caballos nos llevan cerca de los que me adoran.

5. Los MARUTS: También por este motivo es por el que, adornando nuestras personas, nos aprestamos con nuestros rápidos corceles a seguirte a estas ceremonias con todo el esplendor que nos corresponde; verdaderamente, Indra, tú te apropias nuestra parte en los manjares del sacrificio.

6. INDRA: ¿Cuándo se os ha concedido, ¡oh Maruts!, una parte en estos manjares ofrecidos en sacrificio y que me han sido dados a mí solo como recompensa por la destrucción de Ahi? Soy temible y poderoso y he derribado a todos mis enemigos hiriéndoles con dardos que producen la muerte.

7. Los MARUTS: ¡Oh tú que repartes las bienandanzas!, tú has hecho grandes cosas, pero han sido la consecuencia de nuestras fuerzas iguales y reunidas; también nosotros, poderosísimo Indra, hemos realizado hazañas gloriosas, y gracias a nuestros éxitos somos lo que debíamos ser.

8. INDRA: ¡Oh Maruts!, gracias a mi valor he podido matar a Vritra, pues soy poderoso en mi cólera; armado de mi rayo, creé todas estas aguas claras y puras que corren suavemente para el bien del hombre.

9. Los MARUTS: Verdaderamente, Maghavan, todas las cosas que tú haces son de una extremada utilidad: no hay divinidad tan sabia como tú: ningún ser, ya nacido o que deba nacer en lo por venir, excederá las hazañas gloriosas que tú has realizado, ¡oh poderoso Indra!

10. INDRA: Ojalá que mi valor por sí solo sea irresistible, que pueda yo cumplir con prontitud todo lo que mi espíritu se propone. Verdaderamente, Maruts, soy temible y estoy lleno de sagacidad, y, cualesquiera que sean los objetos hacia los cuales dirijo mis pensamientos, soy el dueño de ellos y sobre ellos ejerzo mi dominación.

11. Vuestras alabanzas en esta ocasión me encantan, ¡oh Maruts!; los elogios que los hombres me dirigen deben ser escuchados por todos los seres. Así, pues, es a Indra, repartidor de bienandanzas y objeto de piadosos sacrificios, a mí, que estoy dotado de numerosas formas, a quien vosotros, que sois amigos míos, ofrecéis sacrificios destinados a nutrir mi persona.

12. Maruts, verdaderamente glorificándome y gozando de una inmensa fama y obteniendo, gracias a mi favor, alimentos en abundancia, me procuráis como desquite una brillante celebridad, ¡oh vosotros que sois del color del oro y que estáis en posesión de un merecido saber!

13. AGASTYA: ¿Cuál es el mortal, ¡oh Maruts!, que os adora en este Mundo?' Apresuraos, amigos míos, y acudid en presencia de vuestros amigos; divinidades admirables, procuradle los medios de adquirir riquezas y no permanezcáis en la ignorancia de mi mérito.

14. La inteligencia de un sabio admirable y experimentado ha sido empleada por nosotros; el sabio se halla en estado de otorgaros las alabanzas que merecéis con tan justo título. ¡Oh vosotros, Maruts!, venid en presencia del piadoso adorador que os glorifica y que os adora por medio de estas ceremonias sagradas.

15. ¡Oh Maruts!, esta alabanza es para vosotros, este himno es para vosotros, pues es la obra de un autor venerable en estado de pronunciar alabanzas que encanten a aquellos a quienes van dirigidas. Ojalá que estos elogios puedan llegar hasta vosotros y seros útiles y que nosotros podamos obtener con ello alimentos, fuerza y una larga vida.

CUARTO ADHYAYA
ANUVAKA XXIII (Continuación)

SUKTA II

(Compuesto por el rishi Agastya y dirigido a los Maruts)

1. Proclamamos con entusiasmo, ¡oh Maruts!, vuestra antigua grandeza para induciros a que os mostréis prontamente a nosotros, y a que a nosotros os acerquéis, ¡oh distribuidores de beneficios! Poderosos Maruts, de resonante voz, desplegáis vuestra energía cuando os rendís al lugar del sacrificio con el mismo ardor con que acudiríais al combate.

2. Al acoger la dulce libación del mismo modo que acogerían al hijo bienamado, juegan alegremente en el lugar del sacrificio, rechazando a todo aquel que pretendiera turbar la santa ceremonia; los Rudras van hacia aquel que presenta ofrendas y recita preces; piden su protección, y, por poderosos que sean, jamás le causan perjuicios.

3. A aquel que presenta ofrendas, los Maruts, benévolos e inmortales, satisfechos de sus homenajes, han otorgado abundantes riquezas; aquellos que conceden la dicha se unen a quienes les adoran, y prodigan al país torrentes de agua bienhechora.

4. Vuestros corceles cruzan el espacio en rápida carrera; avanzan sin necesidad de guía; todos los mundos, todas las moradas, se admiran porque vuestra llegada está llena de maravillas; el terror que inspiráis es igual al que se advierte cuando brillan las lanzas en medio del combate.

5. Cuando vuestros brillantes corceles hacen resonar el eco en las montañas, y cuando, amigos del hombre, cruzan los ecos de los firmamentos, todos los soberanos de la selva se alarman al acercaros, y las zarzas se agitan a uno y otro lado cual mujer sacudida por los movimientos de un carro.

6. Temibles Maruts, exentos de maldad, plenos de amistosos pensamientos para con nosotros, ejecutad vuestras sanas intenciones cuando el relámpago que lanzáis tiende las nubes como la flecha disparada por segura mano va a herir al corzo.

7. Vosotros que con liberalidad dais y que poseéis inagotables tesoros, que siempre sois glorificados en los sacrificios, vosotros rendís honores al adorable Indra, con el propósito de beber el jugo del soma, porque conocéis las hazañas de tan glorioso héroe.

8. Maruts, con ceded una dicha completa al hombre a quien protegéis del pecado que denigra; poderosos, temidos y glorificados

como lo sois, defended a ese hombre contra la calumnia y procurad el sustento a sus descendientes.

9. Maruts, todas las cosas buenas están en vuestros carros; una temible fuerza reside en vuestros hombros; hay refrescos preparados en los lugares del camino en que hacéis un alto; el eje de las ruedas de vuestro carro le presta gran solidez.

10. Maruts, multitud de cosas útiles son, en vuestros brazos, propicias al hombre; ornamentos de oro, brillantes y espléndidos, decoran vuestro pecho; blancas guirnaldas cuelgan de vuestros hombros; acerado es el filo de vuestras armas; los Maruts tienen divinos armamentos como las aves poseen plumas de variados colores.

11. Maruts, dotados de gran poder, vosotros que penetráis por doquier y que os mostráis a lo lejos como los dioses se revelan mediante las constelaciones, cuyo lenguaje está henchido de dulzura y que, asociados a Indra, tomáis parte en su gloria, venid y protegednos.

12. Maruts, tal es vuestra grandeza, que vuestra munificencia dura tanto como la función que Aditi desempeña; Indra no tiene liberalidad superior a la que mostráis en favor del hombre piadoso que os adora.

13. Vuestra alianza con nosotros, ¡oh Maruts!, es de larga duración; aceptad, ¡oh inmortales!, las fervientes alabanzas que os dirigimos, y, después de recibir nuestro homenaje, complaceos, ¡oh jefes del sacrificio!, con nuestros piadosos actos, manifestad hacia nosotros la favorable disposición que os anima con respecto a los mortales.

14. Maruts de rápidos movimientos, celebramos la ceremonia que se efectúa con motivo de vuestra imponente llegada y que da a los hombres la victoria en el combate. Que, merced a nuestros sacrificios, podamos gozar de vuestra presencia, objeto de nuestros anhelos.

15. Estos elogios os están destinados, ¡oh Maruts! este himno es para vosotros: es obra de autor venerable que, con sus alabanzas, puede causar viva satisfacción; que estas alabanzas lleguen hasta vosotros, que nos sean provechosas y que, como compensación, obtengamos alimentos, fuerza y larga existencia.

SUKTA III

(Compuesto por el rishi Agastya dirigido primero a Indra y después a los Maruts)

1. Que los miles de beneficios de que dispones, ¡oh Indra!, caigan sobre nosotros; que alimentos de mil especies distintas lleguen abundantemente a nuestras manos, ¡oh señor de los caballos!; que tesoros de mil especies vengan a colmar nuestra alegría; que nos convirtamos en poseedores de miles de caballos.

2. Que los Maruts lleguen hasta nosotros y nos colmen de beneficios; que ellos, poseedores de la ciencia, nos traigan brillantes y preciados tesoros, pues sus gloriosos caballos, los Niyutas, cosechan la misma riqueza en los ribazos más apartados del mar.

3. El relámpago dorado que distribuye el agua está precisamente en él *(Indra),* depositado como un collar de nubes que se mueven en el firmamento, semejante a la esposa de un hombre eminente cubierta de ricas alhajas, y que, en las asambleas se distingue como el himno del sacrificio.

4. Los Maruts radiantes y siempre movientes se han unido a su compañero *(el relámpago)* como los jóvenes se reúnen con las mujeres; estas temibles divinidades no inundan el Cielo y la Tierra, pero trabajan, en su interés por ellos, para procurarles la felicidad.

5. Rudasi, la compañera de quienes dispersan las nubes, les invita a unirse a ella; las trenzas de sus cabellos están en desorden, y su espíritu se entrega por completo a sus dueños. Radiante, ha subido al carro de los infatigables Maruts, como Surya subió al de los Asvins, y llega a nosotros con la rapidez del Sol.

6. Los jóvenes Maruts han colocado a la joven Relámpago en sus radiantes carros; a ellos se une y despliega su fuerza para derramar la lluvia en el momento de celebrarse los sacrificios; cuando vuestro adorador, ¡oh Maruts!, recita los sagrados himnos al tiempo que os presenta sus ofrendas y liba el jugo del soma.

7. Celebro la grandeza de los Maruts porque es real y digna de elogios; porque su magnánima compañera, soberbia y paciente, es sostén de numerosa progenitura.

8. Mitra, Varuna y Aryaman, alejad del sacrificio todo aquello que pudiera ser nocivo, y destruid a quienes no sean dignos de tomar parte en él. Hacéis que caiga la lluvia que la Tierra inunda, cuando la estación pródiga en agua es motivo de la prosperidad del mundo.

9. Ninguno de nosotros, ¡oh Maruts!, ha llegado ni con mucho al límite de vuestra fuerza; aumentando vuestra energía y vuestro vigor, derrotáis a vuestros enemigos del mismo modo que el océano aniquila todos los obstáculos.

10. Nosotros, objeto del afecto de Indra, debemos glorificarle hoy, glorificarle mañana, glorificarle constantemente, rindiéndole los honores que se le rinden de tiempo inmemorial, y así conseguiremos que Ribhukshin nos favorezca entre todos los hombres.

11. Estos elogios os son destinados, ¡oh Maruts!; también lo es este himno; es obra de autor venerable y en estado de pronunciar alabanzas que os sean gratas; que estos elogios lleguen hasta vosotros y que nos sean provechosos dándonos sustento, fuerza y larga vida.

SUKTA IV

(Compuesto por el mismo rishi y dirigido a los mismos dioses)

1. Maruts, que asistís a todos los sacrificios con idéntico interés; que desempañáis todas vuestras funciones para ser útiles a los dioses: os invito, por medio de himnos sagrados, a llegar hasta aquí con el fin de obtener vuestra poderosa protección que se extiende sobre el Cielo y la Tierra.

2. Como solo a ellos deben su poder y su vigor siempre en movimiento, han sido engendrados para procurarnos abundante alimento y las dichas del Cielo; son tan numerosas como las ondulaciones del agua; tienen derecho a nuestras alabanzas, derramando el agua del mismo modo que las vacas proporcionan la leche.

3. Son como las plantas del soma cuyas ramas, bien alimentadas, dan el líquido derramado en las libaciones; residen, cual abnegados adheridos, en el corazón de los hombres; sobre los hombros llevan una lanza y sus manos esgrimen una espada.

4. Descienden rápidamente del Cielo sosteniéndose mutuamente; inmortales Maruts, animadnos (para alabaros) mediante vuestras propias palabras. Libres de fatiga, presentes en numerosos sacrificios los Maruts, de ojos brillantes, han conmovido las montañas más sólidas.

5. Maruts, armados con el relámpago, ¿quién, entre vosotros colocado, os pone en movimiento del mismo modo que la lengua hace mover las mandíbulas? Así como la lluvia es necesaria a la producción de alimento, así los que aspiran a poseer medios de existencia os excitan en formas distintas; de este mismo modo es sometido un caballo a cotidianos ejercicios.

6. Maruts, ¿dónde está el límite de la vasta región de la cual venís? ¿Dónde el comienzo de la región hacia la que os dirigís? Deshacéis los espesos vapores como si se tratara de ligera hierba, y atacáis con el rayo las nubes cargadas de lluvia.

7. Maruts, vuestra generosidad es igual a vuestra opulencia; sois quienes dispensáis las liberalidades de Indra; sois brillantes y favorables al cultivador; sois como hombres ricos y bienhechores siempre dispuestos a dar, y sois semejantes a la fuerza inigualable de los Asuras[118].

---

[118] Los Asuras, o espíritus malos, quitan a uno lo que dan al otro; los Maruts, o vientos, despojan a las nubes para enriquecer la tierra.

8. El curso de los ríos es detenido por el rayo cuando hace resonar la voz de las nubes, pero los relámpagos sonríen al firmamento cuando los Maruts distribuyen el agua sobre la Tierra.

9. Prisni condujo al combate (con las nubes) la tropa brillante de los ágiles Maruts, y los mortales vislumbraron inmediatamente el alimento deseado.

10. Estas alabanzas os son destinadas, ¡oh Maruts!, también lo es este himno; es obra de autor venerable y en estado de pronunciar alabanzas que os sean gratas; que estos elogios lleguen hasta vosotros y que nos sean provechosos para que obtengamos sustento, fuerza y larga vida.

SUKTA V

(Compuesto por el rishi Agastya y dirigido a Indra)

1.¡Oh Indra!, eres poderoso y tienes las facultades de aquellos que proteges. ¡Oh creador de los Maruts ! ¡Oh tú que estás favorablemente dispuesto para con nosotros!, concédenos las gracias que son para ti más estimables.

2. Dueños de todos los hombres e impulsores de las nubes que suministran agua a la Tierra, los Maruts se unen a ti, ¡oh Indra!; se regocijan porque has adquirido la opulencia que el Cielo procura.

3. Tus armas, ¡oh Indra!, se hallan en tu mano y están dispuestas a sernos útiles; los Maruts hacen que descienda la lluvia desde ha mucho acumulada; Añi brilla para la ceremonia; las ofrendan, le rodean como el agua rodea la isla.

4. Indra, otórganos prontamente la riqueza que posees, ya que siempre somos gratos a quien concede magníficos presentes; le dedicamos nuestros elogios y las alabanzas que te predisponen en nuestro favor; los sacerdotes te alimentan con los platos del sacrificio, del mismo modo que el seno de una mujer está lleno de leche.

5. Tus riquezas, ¡oh Indra!, nos colman de alegría; animan a todos aquellos que tienen interés en ofrecerte sacrificios; que los Maruts nos sean propicios: estos seres divinos, plenos de ansiedad han sido los primeros en acudir a la ceremonia.

6. Vete, Indra, hacia los conductores de nubes, hacia los destiladores de la lluvia; entrégate a tus esfuerzos en la aérea morada; los corceles, de anchos pies, esperan firmes como un combatiente pleno de energía en el campo de batalla.

7. El ruido de los formidables y oscuros Maruts, de rápidos movimientos, resuena en todas partes; el ruido de quienes aplastan con sus terribles golpes a los enemigos conjurados contra ellos; triunfan sobre todos sus adversarios.

8. Asociados a los Maruts, taladra, ¡oh Indra!, los depósitos de las aguas, eso será para ti un título de honor y para todos los mortales un gran beneficio; eres glorificado por las divinidades que son objeto de justos elogios; ojalá que podamos obtener de ti alimentos, fuerza y una larga vida.

SUKTA VI

(Compuesto por el mismo rishi y dirigido al mismo dios, pero bajo la forma de un diálogo entre ellos)

1. INDRA: Lo que hoy o una cosa incierta. ¿Quién mañana debe traernos es puede comprender este misterio? Verdaderamente, el espíritu de todo ser está muy poco iluminado y lo que ha sido objeto de un profundo estudio acaba por ser borrado de la memoria.

2. AGASTYA: Indra, ¿por qué tienes el propósito de destruirnos? Los Maruts son hermanos tuyos; comparte con ellos en paz la ofrenda; no nos destruyas con tu cólera.

3. INDRA: ¡Oh Agastya, oh hermano mío!, ¿por qué tú, que eres amigo mío, me tratas sin consideración? Verdaderamente sabemos lo que hay en tu espíritu; tú no tienes el proyecto de hacernos presentes.

4. AGASTYA: Que los sacerdotes decoren el altar; que enciendan el fuego del lado del oriente y consuman los dos el sacrificio que inspira una eterna sabiduría.

5. ¡Oh Vasupati!, tú eres el señor de las riquezas; ¡Oh Mitrapati!, tú eres otro apoyo sólido, porque somos tus amigos; declara a Indra, de acuerdo con los Maruts, que apruebas nuestros actos y tomas parte en la ofrenda presentada en el momento conveniente.

SUKTA VII

(Compuesto por el rishi Agastya y dirigido a los Maruts)

1. Me aproximo a vosotros, ¡oh Maruts!, con homenajes respetuosos; os dirijo un himno implorando vuestro favor contra enemigos encarnizados; que nuestras alabanzas os apacigüen; dominad vuestra cólera y soltad vuestros caballos.

2. Estos elogios, acompañados de ofrendas, son para vosotros ¡oh Maruts!; os los presentamos desde el fondo de nuestros corazones; aceptadlos favorablemente y dignaos acudir para recibir nuestros homenajes, pues sois los que hacéis que crezcan los manjares ofrecidos en sacrificio.

3. Ojalá que los Maruts, a quienes celebran nuestros cantos, puedan concedernos la dicha y que pueda Maghavan, a quien glorificamos, sernos propicio; Maruts, que todos los días que hemos de vivir sean para nosotros llenos de satisfacción.

4. ¡Oh Maruts!, temblando ante el temible Indra huyo lejos de él; las ofrendas que fueron preparadas para vosotros han sido dejadas aparte; emro, tened paciencia.

5. Los rayos de las auroras que se suceden sin cesar y que tu vigor favorece, ¡oh Indra poderoso!, llaman al Mundo a la existencia en el momento en que brilla; ¡oh tú que repartes los beneficios!, tú que eres el anciano de los días, tú que eres la fuerza y al que acompañan los temibles Maruts, concédenos un alimento abundante.

6. Indra, mima a los vigorosos conductores de las lluvias; no conserves animosidad hacia los Maruts; de acuerdo con estos dioses inteligentes, destruye a nuestros enemigos y asístenos, a fin de que obtengamos alimentos, fuerza y una larga vida.

SUKTA VIII

(Compuesto por el mismo rishi y dirigido a los mismos dioses)

1. Maruts cuyo esplendor es imperecedero y que sois nuestros poderosos bienhechores, venid a protegernos.

2. Que vuestros dardos, ¡oh generosos Maruts!, no sean dirigidos contra nosotros; que la piedra que lancéis vaya lejos de nosotros.

3. Maruts plenos de liberalidad, proteged a mi pueblo, aunque yo sea personalmente tan insignificante como la hierba; criadnos a fin de que podamos vivir.

SUKTA IX

(Compuesto por el rishi Agastya y dirigido a Iidra)

1. Los sacerdotes cantan el himno que se eleva hasta el Cielo; tú lo sabes porque semejantes alabanzas son la causa del auto de tu poder y nos procuran el Cielo; las vacas rinden sin obstáculos sus homenajes[119] al divino Indra que está sentado en la hierba sagrada.

2. El que ofrece el sacrificio, el que reparte las libaciones, se halla asistido por los sacerdotes que presentan las ofrendas que él mismo ha suministrado; adora a Indra y se apresura a acudir a la ceremonia sagrada como un corzo alterado corre hacia una fuente; el mortal que adora a los dioses, ¡oh poderoso Indra!, te presenta una doble ofrenda y glorifica a las divinidades que están ávidas de elogio.

3. El que invoca a los dioses recorre las estaciones indicadas en derredor del altar y acepta la ofrenda que es el germen del año y de la Tierra: lo mismo que un corzo bala cuando trae las ofrendas a Indra, que un toro muge como un mensajero que proclama su mensaje entre el Cielo y la Tierra.

4. Ofrecemos a Indra nuestros homenajes más fervientes; los adoradores de los dioses le presentan sacrificios substanciales; ojalá que él pueda aceptar nuestras adoraciones, él cuyo fulgor es espléndido y permanece en pie en su carro, tan ligero en su movimiento como los Asvins.

5. Glorificad a este Indra que es un héroe poderoso y que posee abundantes riquezas; combate valientemente contra sus adversarios y es quien tiene el rayo y quien dispersa las tinieblas que envuelven todas las cosas.

6. El Cielo y la Tierra son insuficientes para formar la cintura de este Indra que gobierna a los jefes del sacrificio; así como la atmósfera envuelve la Tierra, él envuelve los tres mundos, y, amo de la lluvia sostiene el Cielo, así como el firmamento y la Tierra.

7. Estos pueblos que adoran juntos a Indra se esfuerzan celosamente por merecer tus favores, ¡oh héroe poderoso, que da la fuerza a los combatientes y que guía a los hombres por el camino recto!; para satisfacerle, éstos le suministran los manjares del sacrificio.

---

[119] Estas vacas son las lluvias. Conviene no perder de vista el lenguaje figurado y las alegorías que abundan en estos himnos.

8. Las ofrendas que se te presentan son verdaderamente la causa de la dicha, porque las aguas divinas repartidas en el firmamento para bien de los mortales te procuran una viva satisfacción. Toda alabanza, ¡oh Indra!, te es agradable y tú compensas con discernimiento a los que te elogian.

9. Ojalá que podamos ser tus abnegados amigos, ¡oh señor!, y que podamos obtener el objeto de nuestros votos como aquellos que, alabando a los príncipes, obtienen sus favores. Ojalá que Indra pueda rendirse propicio por nuestros elogios y que gracias a nuestros himnos acuda al lugar del sacrificio.

10. Que Indra, que sostiene el rayo, sea amigo nuestro porque le alabamos sin emulación, lo mismo que los habitantes de una ciudad se esfuerzan por conciliar las buenas gracias de su jefe y lo mismo que nuestros representantes rinden propicio a Indra ofreciéndole sacrificios.

11. Un hombre se rinde propicio a Indra aumentando su valor mediante sacrificios; otro, desprovisto de sinceridad, le adora agudizando el espíritu hacia pensamientos mundanos. Indra es para el primero lo que un lago sagrado es para un peregrino fatigado; para el segundo, Indra es como una larga carretera que retrasa el término de un penoso viaje.

12. Indra, asociado con los Maruts para combatir las nubes, no nos abandones; hemos reservado para ti una porción de las ofrendas ¡oh dios poderoso!; se ha preparado para ti, que procuras la lluvia y que aceptas las ofrendas, este sacrificio, mientras dirigíanse los himnos a los Maruts.

13. Te dirigimos, Indra, este himno. Que te enseñe, ¡oh Señor de los caballos!, la ruta hacia nuestro sacrificio; acude a éste para nuestro bien y ojalá que podamos obtener así alimentos, fuerza y una larga vida.

SUKTA X

(Compuesto por el mismo rishi y dirigido al mismo dios)

1. Indra, tú eres rey; los que son dioses son tus vasallos; protégenos, que somos mortales, ¡oh tú que dispersas a los enemigos!; tú eres el sostén de los buenos, tú posees la riqueza, tú nos apartas del pecado, tú eres sincero, tú esparces tu fulgor sobre todas las cosas y tú das la fuerza.

2. Tú has humillado a los pueblos que imploraban tu perdón después que hubiste destruido tus siete ciudades nuevas; tú, que eres irreprochable, has dispersado las aguas corrientes, tú has destruido a Vritra a fin de salvar al joven Parakutsa.

3. Ve a las ciudades habitadas por los Rakshasas y de allí al Cielo, tú que recibes numerosos sacrificios; tendrás por cortejo a los que te rinden homenaje. Defiende como un león a Añi el indomado de rápidos movimientos, a fin de que pueda permanecer en su morada cumpliendo sus funciones.

4. Que tus enemigos, ¡oh Indra!, humillados por la potencia de tus rayos, no se muevan del lugar que les corresponde; cuando te pones en movimiento blandiendo tu arma, haces que caigan las aguas; detén tus caballos, y mediante tu poder aumenta la abundancia de los alimentos.

5. Indra, con tus caballos dóciles y tan ligeros como el viento, trae al sabio Kutsa[120] a esta ceremonia a la que deseas conducirle; que el Sol haga pasar cerca la rueda de tu carro y que el que está armado de trueno avance contra sus antagonistas.

6. Indra, señor de los caballos, fortificado por nuestras alabanzas, has aniquilado a los que no te hacen ofrendas y trastornan a tus adoradores; pero los que te miran como su protector y están asociados para presentar los manjares del sacrificio obtienen de ti una notoria prosperidad.

7. Te elogia el sabio, ¡oh Indra!, por el don que ofreces de un alimento deseable, porque has hecho de la tierra el lecho del Asura; Maghavan ha rendido mediante sus dones a las tres regiones

---

[120] Ya nos hemos ocupado varias veces de este personaje. El señor Langlois observa que este Kutsa era el amigo de Indra, que le llevó en su carro en su guerra contra Suchna. De las dos ruedas del Sol, Indra cogió una de ellas para sí y dio la otra a Kutsa. Puede verse en esta leyenda una alusión al rayo de Indra.

admirables, y protegiendo al príncipe Duryoni ha combatido y destruido al asura Kuyavacha.

8. Los sabios han celebrado tus inmortales hazañas; cumpliéndolas has debido sufrir mucho cuando has puesto fin a la guerra; verdaderamente, has destruido las ciudades enemigas e impías; has destrozado el rayo del impío Asura.

9. Indra, produces el terror entre tus enemigos; has hecho desbordar sobre la Tierra las aguas temblantes; ¡oh héroe!, cuando has llenado el océano has protegido a Turvasa y Yadu.

10. Sé siempre ¡oh Indra!, nuestro vigilante defensor; protege nuestro pueblo; concede la fuerza a todos nuestros fieles amigos; haz que obtengamos víveres, fuerza y una larga vida.

SUKTA XI

(Compuesto por el rishi Agastya y dirigido a Indra)

1. Señor de los caballos, estás lleno de animación cuando el jugo sagrado del soma ha sido vertido sobre ti como en un vaso apropiado; para ti, que repartes bienandanzas, ha sido preparado este brebaje embriagador y fortificante que procura todos los placeres, que es tan agradable como un alimento fuerte y que es una fuente de delicias.

2. Ojalá que nuestras libaciones del soma puedan llegar hasta ti, porque son embriagadoras, son preciosas y del mayor precio; goza de ellas, ¡oh inmortal Indra!, tú que triunfas frente a tus enemigos.

3. Eres un héroe y un bienhechor; acelera el movimiento del vehículo que lleva al hombre al Cielo; destruye, ¡oh poderoso Indra!, a los impíos Dasyus, como el fuego destruye un vaso de madera.

4. ¡Oh sabio Indra!, por un efecto de tu vigor, has llevado, una rueda del carro del Sol. Coge tu dardo para la muerte de Sushana y acude al lado de Kutsa con tus caballos tan rápidos como el viento.

5. Tu embriaguez es profunda; sin embargo, tus acciones para procurarnos nuestro bien son para nosotros las más preciosas ventajas. ¡Oh tú, que distribuyes generosamente caballos!, que tu embriaguez y tu benevolencia sean los medios para destruir a tus enemigos *y* repartir riquezas.

6. Indra, has dado la dicha a los que antiguamente han celebrado tus alabanzas, has sido para ellos lo que el agua es para un hombre alterado; repito constantemente tus alabanzas con objeto de obtener así alimento, fuerza y un alarga vida.

SUKTA XII

(Compuesto por el mismo rishi y dirigido al mismo dios)

1. Soma, embriaga a Indra, cuando le ofrecemos el sacrificio a fin de obtener la riqueza; penetra en él porque, cuando tú has sido absorbido, destruyes a los enemigos, y no soportas que en tu vecindad quede ningún adversario.

2. Haz que penetren nuestras alabanzas en quien es el único sostén de los hombres, en aquel a quien se presenta la ofrenda y que hace florecer cada deseo como la cebada.

3. En sus manos están todos los tesoros que pueden desear las cinco clases de hombres; destruye, Indra, al que nos oprime; mátale como si tú mismo fueras el rayo celeste.

4. Mata a todos cuantos no hacen ofrendas, sea cual sea su poder; mata a todos aquellos que no porten su satisfacción en ti; concédenos sus riquezas, pues los hombres piadosos que te adoran son dignos de ellas.

5. Soma, tú proteges a aquel cuyas oraciones doblemente piadosas ofrecen la combinación de la ofrenda y de la súplica; protege especialmente a Indra en la guerra; protege al vigoroso Indra en los combates.

6. Indra, has dado la dicha a los que antiguamente han celebrado tus alabanzas; has sido para ellos lo que el agua es para un hombre sediento; repito constantemente tus alabanzas a fin de obtener así alimentos, fuerza y una larga vida.

SUKTA XIII

(Compuesto por el mismo rishi y dirigido al mismo dios)

1. Ojalá que Indra, que quiere a los hombres y que es el dueño y bienhechor de los mortales, pueda venir hacia nosotros, él, que es objeto de numerosas adoraciones. Indra a quien elogiamos y está ávido de ofrendas, engancha tus vigorosos corceles y desciende hacia mí para protegerme.

2. Indra, monta en tus corceles que son jóvenes y vigorosos, dóciles y enganchados a un carro que reparte la abundancia; desciende con ellos cerca de nosotros. Te invocamos, Indra, expandiendo las libaciones.

3. Monta en tu carro que reparte la abundancia, porque para ti ha sido vertido el soma delicioso; para ti han sido preparadas, generoso Indra, las dulces libaciones. Engancha tus corceles y ven para dicha de los mortales; en tu rápido carro ven a mi presencia.

4. He aquí el sacrificio ofrecido a los dioses; he aquí la ofrenda y la víctima; he aquí las oraciones; he aquí, Indra, el zumo del soma; está extendida la hierba sagrada; ven rápidamente, ¡oh Indra!, siéntate, bebe las libaciones y desengancha tus corceles.

5. Indra a quien glorificamos, ven a nuestra presencia a fin de aceptar las oraciones del sabio venerable que te presenta la ofrenda; haz que gracias a tu protección, gocemos una duradera prosperidad; haznos obtener alimentos, fuerza y una larga vida.

SUKTA XIV

(Compuesto por el mismo rishi y dirigido al mismo dios)

1. Indra, el elogio que te anima a extender la protección sobre tus adoradores ha sido escuchado por todos los hombres; no dejes sin eficacia el deseo que tenemos de llegar a la grandeza; ojalá pueda obtener, gracia a ti, todas las cosas a que un mortal puede aspirar.

2. Que el real Indra no trueque en vanos los esfuerzos que dos hermanos *(la noche y el día)* dirigen hacia su objeto; ojalá que estas ofrendas fortificantes puedan hacérnoslo propicio, a fin de que nos conceda un favor especial y un alimento abundante.

3. Indra, héroe victorioso en los combates y acompañado de los jefes de tus ejércitos *(los Maruts)*, escuchará las súplicas que le dirige su adorador, y cuando esté dispuesto a aceptar sus elogios él mismo conducirá su carro cerca del que le presenta la ofrenda.

4. En verdad, Indra, ávido de los manjares del sacrificio, devora lo que le presentan sus adoradores y triunfa de los adversarios de aquel a quien ama. En la ruidosa asamblea de los hombres, Indra, fiel a su precepto y elogiando la piedad de sus adoradores, acepta los alimentos que le presentan.

5. Ojalá que nosotros, gracias a tu socorro, Indra opulento, podamos vencer a nuestros formidables y poderosos enemigos; sé favorable a nuestra prosperidad a fin de que podamos obtener alimentos, fuerza y una larga vida.

SUKTA XV

(Compuesto por Agastya bajo la forma de un diálogo entre diversos interlocutores)

1. LOPAMUDRA: Te he servido con celo noche y día durante los muchos años que me han conducido a la vejez; pero la edad ha destruido ya la belleza de mis miembros; ¿qué debe hacerse ahora? Que los maridos se aproximen a sus mujeres[121].

2. Los antiguos sabios que han predicado la verdad y que conversaban con los dioses han engendrado una posteridad numerosa, y no han violado por eso su voto de continencia; que los maridos se aproximen a sus mujeres.

3. AGASTYA: La penitencia no ha sido practicada en vano; puesto que los dioses nos protegen, podemos proteger todos nuestros deseos; podemos triunfar en este Mundo en numerosos encuentros si realizamos valerosos esfuerzos.

4. Mientras me hallaba entregado a la oración y al cuidado de reprimir mis pasiones, el deseo, producido por una causa o por otra, se ha apoderado de mí. Que Lopamudra se acerque a su marido; la mujer voluble seduce al hombre firme y resuelto.

5. EL DISCÍPULO: Suplico al jugo del soma que ha sido bebido en mi corazón, que espíe plenamente el pecado que hemos cometido; el hombre está sujeto a muchos deseos.

6. AGASTYA: Un sabio venerable, que trabaja con los útiles necesarios y desea la posteridad y la fuerza, ha practicado las dos clases de obligaciones y ha recibido de los dioses verdaderas bendiciones.

---

[121] Este himno, según lo observa el señor Langlois, es una invitación que Agastya hace a su esposa Lopamudra para el sacrificio. En el fondo, es un diálogo alegórico entre la oración y la libación. El vocablo *Vrichan,* que puede traducirse por marido, significa también *brebaje sagrado.* Lopamudra comienza por quejarse de sus trabajos porque en la época del sacrificio las mujeres indias estaban encargadas de preparar las libaciones y de ir a buscar a las montañas la planta que daba el soma. Para comprender los *Vedas* es menester tener alguna idea de los usos de los antiguos pueblos que recitaban estos cantos sagrados. Sin ello, y desentendiéndose del sentido alegórico que hay que ir a buscar constantemente, en sí y tal cual se leen traducidos, son de una monotonía, de un alabar para obtener, y de una pesadez e insignificancia totales.

ANUVAKA XXIV

SUKTA I

(Compuesto por el rishi Agastya y dirigido a los Asvins)

1. Asvins de los caballos que atraviesan las tres regiones (del Universo); cuando vuestro carro se dirige al lugar deseado, los radios dorados de vuestras ruedas conceden todo lo que se anhela; bebiendo el zumo del soma tomáis parte en la ceremonia de la mañana.

2. Dirigid hacia abajo el curso de vuestro rápido carro, amigo del hombre y digno de veneración, cuan de vuestra hermana *(la aurora)* se prepara para acercarse a vosotros, y que instituidor de la ceremonia os adore, puesto que bebéis el zumo del soma para obtener alimentos y fuerza.

3. Habéis devuelto la leche a la vaca; habéis llevado a sus ubres, secas hasta entonces, líquido bienhechor; el hombre piadoso que presenta la ofrenda os adora, pues vuestras formas son la verdad; está tan vigilante en medio de la ceremonia como en medio de la maleza un ladrón escondido.

4. Habéis hecho que el calor sea tan agradable a Atri como la manteca más dulce; a fin de socorrerla habéis dado al agua frescura igual a la del agua; ha sido, pues, por vosotros, Asvins, jefes de la ceremonia, por quienes se ha hecho la ofrenda colocada en el fuego; por vosotros es por quienes los zumos del soma corren como carro que se precipita a lo largo de una pendiente (escarpada).

5. Dasras, ojalá que pueda conduciros aquí, en el carro de mis oraciones, a fin de que me concedáis vuestro apoyo como al hijo inválido de Tugra; el Cielo y la Tierra se reúnen para adoraros; ojalá que el anciano que os invita, adorables Asvins, pueda gozar una larga vida exenta de pecado.

6. Divinidades generosas, cuando enganchais vuestros caballos llenáis la Tierra de alimentos; ojalá que vuestro adorador pueda ser tan rápido como los vientos para rendiros propicios y agradaros, a fin de que mediante vuestra protección obtengan un alimento abundante.

7. Nosotros, que somos vuestros sinceros adoradores, os alabamos de diversas maneras. Ya ha sido colocado el vaso que debe recibir el jugo del soma, irreprochables Asvins que repartís las bienandanzas; bebed libremente de este jugo en presencia de los dioses.

8. ¡Oh Asvins!, Agastya, eminente entre los jefes de los hombres, os despierta diariamente con sus numerosas invenciones, como un instrumento sonoro, a fin de obtener una abundante provisión de lluvia.

9. Cuando, por la virtud de vuestro carro, acudís al sacrificio y cuando, como el sacerdote que oficia después de haber cumplido sus funciones, habláis mientras vais alejándoos tranquilamente, dais al hombre piadoso que os adora una recompensa que consiste a veces en una cantidad de buenos caballos; ojalá que vuestros favores puedan enriquecernos, ¡oh Nasatyas!

10. Invocamos hoy, ¡oh Asvins!, vuestro carro digno de elogio y le dirigimos nuestros himnos; sus ruedas están exentas de todo daño y atraviesan el Cielo; lo celebramos a fin de obtener alimentos, fuerza y una larga vida

SUKTA II

(Compuesto por el mismo rishi y dirigido a los mismos dioses)

1. Asvins bienamados: lleváis al Cielo los materiales que forman los alimentos y las riquezas, y en recompensa, deseosos de obtener sacrificios, hacéis caer la lluvia; los sacrificios que os ofrecemos son un acto de adoración ya que dáis la opulencia y protegéis a los hombres.

2. Asvins, ojalá puedan traeros aquí vuestros caballos sin tacha que beben la lluvia, nacidos del Cielo, ligeros como el viento, rápidos como el pensamiento, vigorosos y radiantes.

3. Asvins, excelentes y firmes, ojalá que vuestro carro, vasto como la Tierra, ancho, rápido como la lluvia, pronto como el pensamiento y adorable, pueda venir aquí para bien nuestro.

4. Nacidos aquí y allá *(en la región media y en la superior),* sois glorificados juntos por no tener ningún defecto en vuestras formas y por reunir las cualidades necesarias; uno de vosotros es el hijo victorioso (del firmamento), el piadoso instigador del sacrificio sagrado; el otro es el hijo afortunado del Sol, cada uno de vosotros sostiene el Mundo[122].

5. Asvins, ojalá que el carro color de oro de uno de vosotros que cuando le place atraviesa las regiones del espacio, pueda venir a nuestras moradas; ojalá que los hombres puedan alentar a los caballos del otro mediante alimentos, con fricciones y con gritos.

6. Uno de vosotros que dispersa las nubes y que, igual que Indra, aniquila a sus enemigos está ávido de ofrendas y se aproxima distribuyendo un alimento abundante. Piadosos adoradores, sostened con los platos del sacrificio las facultades del otro, a fin de obtener las gracias que correrán bajo nosotros como ríos desbordados.

7. Asvins creadores, el himno perpetuo y triple que se os ha dirigido ha sido pronunciado con objeto de asegurarse los favores duraderos de vuestra parte; glorificados de esta manera, proteged al que implora vuestra generosidad, y, ya sea que permanezca inmóvil o que se agite, escuchar sus súplicas.

8. Ojalá que las alabanzas dirigidas a vuestras formas brillantes puedan procurar la prosperidad a cuantos las repiten en la sala de sacrificio cubierta de una triple capa de hierba sagrada para honrar el sacrificio. Que la nube que vierte la lluvia se detenga en el hombre y humedeciendo el Sol produzca un alimento abundante.

---

[122] Estos dos hijos son el Sol y la Luna. El Sol ilumina al Mundo, y la Luna ejerce su influencia sobre el elemento húmedo.

9. El sabio que, cual Pushan, presenta sus ofrendas os elogia, ¡oh Asvins!, como alabará a Añi y Ushas en el momento en que os invoque; os alabo con fervor con objeto de poder obtener así alimentos, fuerza y una larga vida.

SUKTA III

(La misma observación que anteriormente)

1. Sabios sacerdotes, ha llegado la noticia; el carro de los Asvins, el carro que reparte toda clase de bienes, ha llegado hasta aquí; estad preparados para celebrar sus alabanzas; rendíos propicios a las divinidades que testimonian su favor al que realiza buenas obras; está justificada toda alabanza a los Asvins ricos y benévolos para los mortales nietos del Cielo y observadores de los *ritos* sagrados.

2. Dasras, puesto que sois verdaderamente soberanos y adorables, más ligeros que los vientos y eminentes en buenas obras, que con habilidad consumada dirigís el carro que os lleva, traed aquí ese carro lleno de ambrosía y venid con él, Asvins, cerca del que os presenta la ofrenda.

3. ¡Oh Asvins!, ¿qué hacéis aquí? ¿Por qué os detenéis en lugares en donde el hombre que no hace ofrendas es respetado? Humilladle; castigad de muerte al que se duerme en la indolencia; conceded la luz al hombre piadoso que se esfuerza por enunciar vuestras alabanzas.

4. Aniquilad, ¡oh Asvins!, a los perros que ladran contra nosotros; destruid a cuantos nos hacen la guerra, pues bien sabéis qué medios tienen para perjudicarnos; haced que cada palabra del que os elogia le produzca recompensas preciosas. ¡Oh Nasatvas!, aceptad, uno y otro, nuestros homenajes.

5. Habéis construido para el hijo de Tugra una barca agradable, sólida y alada que navega sobre las aguas del océano; le habéis protegido y descendiendo rápidamente del Cielo habéis construido para él un camino a través de las grandes aguas.

6. Cuatro navíos lanzados en medio del receptáculo de las aguas[123] y enviados por los Asvins han traído con toda seguridad al puerto al hijo de Tugra, a quien sus enemigos habían precipitado en las aguas y le habían sumergido en tinieblas inextricables.

---

[123] Este pasaje, lo mismo que muchos otros, es bastante oscuro, y los indianistas más ilustres no saben muchas veces qué sentido darle. La interpretación del señor Roth difiere de la del señor Wilson. Esas alusiones a tradiciones antiguas y casi borradas no podrán ser aclaradas hoy de una manera satisfactoria.

7. ¿Cuál era el árbol que había sido colocado en medio del océano y al que se agarró el hijo de Tugra, como un animal en su caída se sostiene en las hojas de un árbol? ¡Oh Asvins!, le habéis traído con seguridad y eso ha sido para vosotros un motivo de gran honor.

8. Ojalá que las alabanzas recitadas por vuestros piadosos adoradores puedan seros agradables, ¡oh Nasatyas!; jefes de los ritos sagrados, que las libaciones de nuestra asamblea os hagan hoy propicios, a fin de que podamos obtener alimentos, fuerza y una larga vida.

SUKTA IV

(La misma observación que anteriormente)

1. Vosotros que repartís las bienandanzas, enganchad el carro que tiene tres bancos, tres ruedas y que es tan rápido como el pensamiento; está decorado con tres clases de metales[124] y en él es en el que venís a la morada del hombre piadoso que os adora; así viajáis como un pájaro con sus alas.

2. Vuestro carro de fáciles movimientos desciende a la Tierra, y favorables a los ritos sagrados os detenéis para tomar parte en los manjares del sacrificio; ojalá que este himno, que contribuye a vuestro bienestar, os sea agradable, ya que os unís con la aurora, la hija del Cielo.

3. Montad en vuestro carro que rueda y se aproxima al rito sagrado que celebra el que presenta la ofrenda; en este carro es en el que tenéis el propósito de venir al sacrificio e ir a la morada del que os adora a fin de concederle vástagos y felicidad.

4. Que el lobo y que su hembra no me dañen, pues estoy bajo vuestra protección; no me abandonéis ni me entreguéis a un enemigo. Está preparada vuestra parte en la ofrenda; esta oración se dirige a vosotros, ¡oh Dasras!, y estos tesoros de jugo de soma son para vosotros.

5. Gotama, Purumilha y Atri os presentan ofrendas y cada uno de ellos invoca vuestra protección. Dasras, venid directamente a mi morada como un viajero que se dirige por el camino más corto y más director hacia la meta que se propone.

6. Asvins, gracias a vuestra ayuda franqueamos este límite de las tinieblas; nuestro himno ha sido dirigido a vosotros; venid aquí por los caminos que atraviesan los dioses, a fin de que obtengamos alimentos, fuerza y una larga vida.

---

[124] Esos tres metales son el oro, la plata y el cobre, según los comentadores sánscritos. También podemos ver en ello una alusión a las tres estaciones del Sol.

QUINTO ADHYAYA
ANUVAKA XXIV (Continuación)

SUKTA V

(Compuesto por el rishi Agastya y dirigido igualmente a los Asvins)

1. Hoy os invocamos a los dos, ¡oh Asvins!; os invocamos todos los días; cuando brilla la aurora, el hombre piadoso que respeta el himno os invoca, cualquiera que sea el lugar en que os halléis, ¡oh Nasatyas, nieto del Cielo!; os invoca en favor del hombre generoso que presenta la ofrenda.

2. Vosotros que repartís los beneficios y os reunís en nuestras libaciones, hacednos felices y destruid al hombre despreocupado que no hace ofrendas; escuchad las alabanzas que os dirijo con palabras puras, porque estáis ávidos de elogios y queréis que se os celebre.

3. Divinos Asvins en quienes no hay mentira y que os lanzáis como flechas para adquirir la gloria y llevaros a Surya, a vosotros van dirigidas las oraciones recitadas en las ceremonias piadosas para el cumplimiento del sacrificio no interrumpido y que borra los pecados, sacrificio celebrado como en los tiempos antiguos.

4. Vosotros que recibís la ofrenda, ojalá que vuestra liberalidad pueda desplegarse en bien nuestro; aceptad el himno compuesto por un autor venerable a fin de que los hombres puedan honrar al instituidor de la ceremonia, como os honra a vosotros, ¡oh divinidades generosas!

5. Asvins, poseedores de la riqueza, con ofrendas respetuosas os ha sido dirigido este himno que borra los pecados; Nasatyas, mostraos favorables a Agastya; acudid a su morada para traerle la dicha y la posteridad.

6. Gracias a vuestra ayuda, ¡oh Asvins!, encontraremos el límite de las tinieblas; nuestro himno está dirigido a vosotros; venid aquí por los caminos que atraviesan los dioses, a fin de que podamos obtener alimentos, fuerza y una larga vida.

SUKTA VI

(Compuesto por el mismo rishi y dirigido al Cielo y a la Tierra)

1. ¿Cuál es el más antiguo de vosotros dos, Cielo y Tierra? ¿Cómo habéis sido engendrados? Decidlo, sabios que conocéis este misterio. En verdad sostenéis el Universo; los días y las noches giran sucesivamente como si estuvieran sobre ruedas.

2. Sin pies y sin movimiento sostienen numerosas razas provistas de piel; así es como un niño reposa en los brazos de sus padres; protegednos, Cielo y Tierra, contra todo peligro.

3. Solicito de Aditi una opulencia que no disminuya, que esté al abrigo de todo daño, que procure un goce completo, como el del Cielo, y que me dé un alimento abundante; conceded, Cielo y Tierra, una riqueza semejante al que os alaba; protegednos contra todo peligro.

4. Ojalá que podamos estar siempre al servicio del Cielo y de la Tierra, que están por encima de todo ataque, que dan alimento a todos los seres, que tienen por hijos a los dioses y a los hombres, y que los dos están dotados de la doble condición de los días y de las noches divinas; protegednos, Cielo y Tierra, contra todo peligro.

5. Siempre vais juntos, invariablemente jóvenes; un mismo fin os espera, ¡oh vosotros hermanas unidas, colocadas en los brazos del Mundo como en los de un padre afectuoso! Protegednos, Cielo y Tierra, contra todo peligro.

6. Llamo al sacrificio, para la preservación de los dioses y de los hombres, a los dos grandes y poderosos padres (de la lluvia y de los granos), sostenes de todas las cosas; dotados de una gran belleza, alientan las ondas de la ambrosía; protegednos, Cielo y Tierra, contra todo peligro.

7. Glorifico con respeto, en este sacrificio, a los dos seres que son vastos, infinitos, afortunados, dotados de numerosas formas que sostienen a todos los seres con su generosidad; defendednos, Cielo y Tierra, contra todo peligro.

8. Ojalá que este sacrificio pueda ser el medio de expiar las ofensas que hemos cometido contra los dioses, contra un amigo, en cualquier época que fuese, contra un yerno; protegednos, Cielo y Tierra, contra todo peligro.

9. Que aceptando nuestras alabanzas y llenos de favores para los hombres, nos sean propicios; ojalá que puedan unirse para protegernos y velar por nosotros; os adoramos, poderosas divinidades, ofreciéndoos los manjares del sacrificio y deseándoos una gran opulencia, a fin de hacer dones con liberalidad.

10. Dotado de inteligencia, repito las oraciones dirigidas al Cielo y a la Tierra, a fin de que sean escuchadas en mi derredor; ojalá que el padre *(el Cielo)* y la madre *(la Tierra)* puedan preservarnos de toda iniquidad reprensible y extender siempre sobre nosotros su protección.

11. Ojalá que este himno pueda seros agradable, ¡oh Cielo y Tierra, oh padre y madre!; os lo dirijo al uno y a la otra en esta ocasión; estad siempre cerca de los que os alaban a fin de protegerlos, y concedednos alimentos, fuerza y una larga vida.

SUKTA VII

(Compuesto por el rishi Agastya y dirigido a los Visvadevas)

1. Ojalá que el divino Savitri, el bienhechor de todos los hombres, pueda venir a nuestra solemnidad con todas las divinidades de la Tierra, y vosotros, que, siempre jóvenes, asistís de buena gana a nuestros sacrificios, colmadnos de alegría como lo hacéis con el Universo entero.

2. Ojalá que todos los dioses triunfantes, Mitra, Aryaman y Varuna, puedan hallarse igualmente satisfechos y venir a nuestra ceremonia; ojalá que todos puedan sernos propicios; ojalá que puedan no dejarnos privados de alimento, después de la derrota de nuestros enemigos.

3. ¡Oh dioses!, con mis cantos alabo a Añi, vuestro huésped bienamado, que está dispuesto a tomar parte en la ofrenda y que se halla muy satisfecho de vosotros; ojalá que Varuna pueda así hartarnos de alimento; él que está en posesión de la gloria, es el que subyuga al enemigo y anima a los hombres.

4. Me aproximo a vosotros, ¡oh dioses!, con respeto, noche y día, en la esperanza de triunfar del pecado; acudo con tanto gusto como una vaca dócil se acerca al que quiere ordeñarla; mezclo para vosotros en el día conveniente los manjares del sacrificio, formados con preparaciones diversas de una leche sacada de las mismas ubres.

5. Ojalá que Ahirbudhnya[125] pueda darnos la felicidad; que Sindhu pueda venir aquí alimentándonos como una vaca nutre a su ternero; con ello tendremos propicio a Añi, el nieto de las aguas, a quien llevan las nubes rápidas como el pensamiento.

6. Ojalá que Tvashtri pueda venir a este sacrificio, satisfecho de los que le elogian durante las santas ceremonias en donde está presente, y que el poderosísimo Indra, protector de los hombres y protector de Vritra, venga a la solemnidad que celebramos.

---

[125] Este nombre es el de una divinidad que preside el firmamento y se halla en otros libros sánscritos, como el *Vishnú Purana*. Ahirbradhna, que sin duda es el mismo personaje, está señalado como uno de los Rudras. El diccionario de Hemachardra señala Ahirbradhna como uno de los nombres de Siva. El señor Langlois opina que Ahirbudhnya es el nombre de la nube o del propio Indra, que tiene esta nube por base de su estancia.

7. Nuestros espíritus enganchados juntos como caballos, se dirigen hacia Indra, siempre joven, como las vacas hacia sus terneros; las alabanzas que les dirigen los hombres llevan frutos deliciosos, como las mujeres dan hijos a sus esposos.

8. Ojalá que los Maruts, unidos en sus intenciones, puedan venir del Cielo o de la Tierra a nuestro sacrificio; son fuertes como un ejército numeroso; tienen caballos de diversos colores y destruyen a sus enemigos; que acudan a nuestro lado como divinidades amigas.

9. Verdaderamente es bien conocida su grandeza porque cumplen con celo su empleo; vierten la lluvia sobre todo terreno árido, así como la luz, en un día hermoso, ilumina todos los lugares.

10. Volved propicios a los Asvins y Pushan, a fin de que me protejan; volved propicias a estas divinidades que son independientes en su potencia; invocad a Vishnú, exento de odio; a Vayu y Ribhukshin *(uno de los nombres de Indra);* ojalá que pueda decidir a los dioses a que vengan aquí a contribuir a mi felicidad.

11. Objeto digno de admiración, que este esplendor que se manifiesta entre los dioses y que reparte la abundancia anime nuestra existencia y dé estabilidad a nuestras moradas, a fin de que podamos obtener así alimentos, fuerza y una larga vida.

SUKTA VIII

(Compuesto por el rishi Agastya y dirigido a Pitu[126],
el dios que preside la alimentación)

1. Glorifico a Pitu, el poder fortificante puso a dios grande y fuerte cuyo Trita en condiciones de matar a Vritra, mutilado (por Indra).

2. Amable y dulce Pitu, nosotros te adoramos; sé nuestro protector.

3. Ven hacia nosotros, Pitu; préstanos un apoyo favorable; eres para nosotros una fuente de placer, un amigo respetado y no tienes sino cualidades agradables.

4. Tus perfumes, ¡oh Pitu!, se extienden por las diversas regiones como los vientos se expanden en el Cielo.

5. Pitu, los hombres que gozan de su esplendidez son los que te distribuyen a los demás.

6. Los pensamientos de los dioses poderosos están fijos en
ti, ¡oh Pitu!; gracias a tu concurso complaciente e inteligente, Indra mató a Ahi.

7. Pitu, cuando (la lluvia) se produce sobrevienen nubes abundantes en agua; acude entonces a nuestro lado, amable Pitu, con recursos suficientes para nuestra alimentación.

8. Puesto que gozamos de la abundancia de las aguas y de las plantas, puedes engruesar, ¡oh cuerpo!

9. Puesto que gozamos, ¡oh soma!, de tu mezcla con leche hervida o cebada hervida, puedes engruesar, ¡oh cuerpo!

10. Pastel vegetal de carne asada, sé sustancial, sano y fortificante; puedes egruesar, ¡oh cuerpo!

11. Por nuestras alabanzas, Pitu, obtenemos de ti (los manjares del sacrificio), como las vacas ceden la manteca destinada a las ofrendas; regocijas a los dioses y a nosotros también nos regocijas.

---

[126] Según los comentadores sánscritos, este himno debe ser recitado por una persona en el momento de comer; entonces su alimento resulta sano y agradable; recitando este himno y agregándole ofrendas y oraciones, se está seguro de no carecer de alimento, y si se ha tomado bebida es preciso repetirlo en silencio, pues será un excelente antídoto.

SUKTA IX

(Compuesto por Agastya y dirigido a Añi, considerado bajo diversas de sus formas)

1. Brillas hoy encendido por los sacerdotes, ¡oh vencedor divino de millares de enemigos!; lleva a los dioses nuestras ofrendas, ¡oh tú que eres su sabio mensajero!

2. El adorable Tanunapat *(uno de los nombres de Añi)* acude a la ceremonia y se mezcla a la ofrenda llevando al sacrificador una abundancia infinita de alimentos.

3. Añi tú que eres digno de ser glorificado, tú a quien invocamos, trae aquí a los dioses adorables, porque tú eres el que hace dones a millares de hombres.

4. Por el poder de sus oraciones han extendido la hierba sagrada que sirve de asiento a una multitud de héroes y que se dirige hacia el Oriente; allí es, Adityas, en donde os manifestáis.

5. Han vertido el agua en las puertas (de la sala en donde se celebra el sacrificio); son numerosas, perfectas y despiden un fulgor variado y brillante.

6. Que el Día y la Noche, estos seres radiantes, iluminados por un fulgar incomparable, tomen asiento aquí *(sobre la hierba sagrada).*

7. Que estos dos jefes, maestros del bien decir, que estos sabios divinos que invocan a los dioses, cumplan nuestro sacrificio.

8. Bharati, Yla, Sarasvati[127], os invoco a todas a fin de que podáis conducirnos a la prosperidad.

9. Tvashtri *(el fuego vital),* que es hábil en el arte de crear la forma de los seres, ha hecho a todos los animales distintos unos de otros; concédenos, ¡oh Tvashtri!, que las criaturas que nos son útiles se multipliquen.

10. Vanaspati[128], facilita espontáneamente la victoria de los dioses a fin de que Añi pueda gustar la ofrenda.

11. Añi, que precede a los dioses, se caracteriza por el ritmo llamado gayatri y brilla cuando se presentan las ofrendas.

---

[127] Según los comentadores sánscritos, estas tres diosas son formas diferentes a la esencia de Aditya. Bharati pertenece al Cielo; Ila, a la Tierra, y Sarasvati, al aire.

[128] Este vocablo significa el dueño de la hoguera. Era uno de los nombres de Añi.

SUKTA X

(Compuesto por el rishi Agastya y dirigido a Añi)

1. Añi, que posees todas las clases de conocimiento, condúcenos a la riqueza por buenas vías; aleja de nosotros el pecado que nos perdería, a fin de que podamos ofrecerte las más vastas adoraciones.

2. Adorable Añi, gracias a los actos seguidos de adoración, condúcenos más allá de todas las malas vías; ojalá que nuestra ciudad pueda ser espaciosa y extensa nuestra tierra; que tú seas el que reparte la dicha entre nuestros hijos y nuestra posteridad.

3. Añi, aparta de nosotros la enfermedad; aleja a los hombres que son nuestros enemigos: adorable divinidad, visita, para dicha nuestra, la Tierra con todas las divinidades.

4. Prueba tu afección para nosotros, ¡oh Añi!, mediante continuas largue zas; brilla siempre en tu estancia favorita; que ningún peligro alcance hoy al que te adora, ¡oh el más joven de los dioses!; que ningún peligro amenace en ninguna otra estación.

5. No nos abandones, Añi, a la cólera de un enemigo impío y feroz; no nos entregues al que tiene garras y muerde ni al que está desprovisto de dientes, ¡oh poderoso Añi!, no nos dejes caer en el infortunio.

6. Añi, nacido para el sacrificio, el hombre que te elogia, a ti que eres perfecto, se hace semejante a ti; él mismo se libra de todos los que están dispuestos a dañarle o a ultrajarle; tú eres, ¡oh Añi!, el adversario decidido de los que hacen el mal.

7. Adorable Añi, eres sagaz y disciernes fácilmente a tus adoradores de aquellos que no te honran; acércate en el momento conveniente al que te adora y realiza sus deseos lo mismo que el que instituye la ceremonia va guiado por el deseo de los sacerdotes.

8. Te dirigimos nuestras piadosas oraciones, ¡oh Añi!, hijo de la oración y vencedor de los enemigos; ojalá que por estas súplicas sagradas podamos obtener una riqueza infinita y, como consecuencia, alimentos, fuerza y una larga vida.

SUKTA XI

(Compuesto por el rishi Agastya y dirigido a Brihaspati[129])

1. Sacerdotes, aumentad mediante vuestros himnos el poder de Brihaspati, que no abandona a sus adoradores; él es quien reparte beneficios, quien tiene la voz suave y es adorable; los dioses y los hombres ministros del que instituye el sacrificio y llenos de emulación en sus cantos sagrados, proclaman su alabanza.

2. Los himnos de la temporada lluviosa se dirigen al que es verdaderamente el creador de la lluvia y la ha concedido gracias a las oraciones de los hombres piadosos; Brihaspati es el que manifiesta todas las cosas; es el viento que, extendiendo beneficios, ha sido producido para la difusión del agua.

3. Brihaspati está dispuesto a aceptar la alabanza que se le ofrece, el homenaje que se le presenta y el himno recitado cuando el Sol se halla en el momento de lanzar sus rayos; a causa de los actos de aquel a quien no se oponen los Rakshasas, existe el Sol y es tan fuerte como un temible animal carnívoro.

4. La gloria de este Brihaspati se esparce en la extensión del Cielo y de la Tierra, como el Sol; al recibir los homenajes de los hombres y dándoles la inteligencia, les concede la recompensa del sacrificio; así como las armas de los cazadores hieren a las liebres, las armas de Brihaspati caen diariamente sobre los que hacen el mal.

5. Divino Brihaspati, no concedas la riqueza deseada a esos hombres estúpidos que, pecadores y viles, existen y no te consideran sino como a un buey anciano, a ti que eres generoso y favoreces al que te ofrece libaciones.

6. Sé un camino agradable para el que marcha por el bien y que al hacer las ofrendas se asemeja al amigo. abnegado de un soberano que reprime a los malvados; puedan los hombres exentos de pecado que nos instruyen, aunque envueltos en la ignorancia, quedar libres de los lazos que les aprisionan.

7. Hacia ti es hacia quien se dirigen las alabanzas, como los hombres se reúnen en derredor de un maestro y como los ríos rodando entre sus orillas se dirigen al océano: ¡oh sabio Brihaspati!, ávido de lluvia e inmóvil en la región intermedia, contemplas a la vez el agua y el lago.

8. Así es como ha sido glorificado el poderoso y bienhechor Brihaspati; ojalá que él, que recibe nuestros elogios, pueda darnos

---

[129] Otro de los nombres de Añi.

posteridad y rebaños, a fin de que poseamos alimentos, fuerza y una larga vida.

SUKTA XII

(Compuesto por el rishi Agastya y dirigido al Agua, a la Hierba y al Sol, considerados como divinidades)

1. Algunas criaturas que tienen poco veneno, algunas criaturas que tienen mucho veneno, algún reptil acuático venenoso, criaturas de las dos especies, una y otra funestas para la vida, criaturas venenosas inadvertidas me han rozado con su veneno[130].

2. El antídoto que procede de la persona mordida destruye a las criaturas venenosas inadvertidas; al partir las destruye; privado de sustancia, las destruye (por su olor); machacado, las pulveriza.

3. Tallos de hierba sara, de kusara, de dharba, de sairya, de munja, de verana[131], guarida de criaturas venenosas desconocidas me han frotado con su veneno.

4. Las vacas se han acostado en sus establos; los animales salvajes se han retirado a sus cubiles; los sentidos de los hombres habíanse entregado al reposo, cuando las criaturas venenosas desconocidas me han frotado con veneno.

5. Se las puede advertir en la oscuridad, como a los ladrones en la sombra del crepúsculo; aunque estén escondidas, lo ven todo; ¡oh hombres!, estad, pues, vigilantes.

6. Serpientes, el Cielo es vuestro padre; la Tierra, vuestra madre; el Soma, vuestro hermano; Aditi, vuestra hermana; vosotras a quienes no puede verse, pero que lo veis todo, permaneced en vuestras moradas; gozad en ellas del placer que os corresponde.

7. Los que se mueven con sus hombros, los que se mueven con sus cuerpos, los que pican con su aguijón acerado, los que están dotados de un veneno virulento, ¿qué hacen aquí? Alejaos de nosotros y que nuestros ojos no os columbren.

8. El Sol, que lo ve todo, se levanta por Oriente; es el destructor de las personas inadvertidas; expulsa lejos a todas las criaturas venenosas y a los espíritus impuros.

---

[130] Los comentadores sánscritos dicen que Agastya recitó este himno en un momento en que creía hallarse envenenado, y que es un poderoso antídoto contra toda clase de venenos. Repitiéndolo en silencio puede desafiarse la mordedura de la serpiente, de los escorpiones, etc. Dejemos la prueba para los hindúes.

[131] Estas plantas son el *sauharum sara,* la poa cynosuraides, la *barleria cristata,* etcétera.

9. El Sol se ha levantado en lo alto de los Cielos, destruyendo todos los venenos; Aditya, que lo ve todo y que destruye las criaturas imperceptibles, se levanta para el bien de los seres vivientes.

10. Deposito el veneno en el orbe solar como una botella de cuero en la casa de un mercader de licores fuertes; verdaderamente no muere nunca este Sol adorable: gracias a su favor, no moriremos por los efectos del veneno; aunque se halle muy lejos de nosotros, alcanzará al veneno, porque los corceles que le arrastran son rápidos; la ciencia de los antídotos te ha convertido, ¡oh veneno!, en ambrosía.

11. Este pajarito insignificante[132] se ha tragado tu veneno; no se muere, ni nosotros morimos; aunque él se halle muy lejos de nosotros, alcanzará al veneno, porque son rápidos los corceles que le llevan; la ciencia de los antídotos te ha convertido, ¡oh veneno!, en ambrosía.

12. Ojalá que las veintisiete chispas de Añi puedan consumir la influencia del veneno; en verdad éstas no perecen ni nosotros morimos; aunque el Sol se halle muy lejos de nosotros, alcanzará al veneno, porque los corceles que le llevan son rápidos; la ciencia de los antídotos te ha convertido, ¡oh veneno!, en ambrosía.

13. Recito los nombres de noventa y nueve ríos que destruyen el veneno; aunque el Sol esté muy lejos de nosotros, alcanzará al veneno, porque los corceles que le llevan son rápidos; la ciencia de los antídotos te ha convertido, ¡oh veneno!, en ambrosía.

14. Ojalá que los treinta y siete pavos reales y los siete ríos hermanos puedan llevarse al veneno lejos de ti, ¡oh cuerpo!, como las muchachas llevan el agua en los cántaros.

15. Ojalá que la insignificante mangosta[133] pueda llevarse tu veneno; si no, aplastaré la vil criatura con una piedra; que el veneno abandone mi cuerpo y vaya a regiones lejanas.

16. Apresurándose para acudir a las órdenes de Agastya, así habló la mangosta: «El veneno del escorpión es inofensivo; escorpión, es inofensivo tu veneno».

---

[132] En el texto no se nombra a este pájaro; pero, según los comentadores sánscritos, es el kapinjala o francolín, especie de perdiz de cuello y vientre negro y patas rojas. Es un género intermedio entre la perdiz y el faisán, más pintado que aquélla y menos que éste.

[133] El señor Langlois opina que la palabra *kushumbhako* que ofrece el texto designa a Indra, cuyos rayos separan las nubes para extraer de ellas el agua. Un comentador sánscrito cree que significa un Asura, jefe presumido de las tinieblas. También se ha supuesto que era el nombre dado al sacerdote que hace un conjuro cuyo efecto debe de ser saludable.

QUINTO ADHYAYA
ANUVAKA XXV

SUKTA I

(Por el rislú Gritsamada[134] y dirigido a Añi)

1. Añi, soberano de los hombres, has nacido para los días del sacrificio, has salido puro y radiante de las aguas, de las piedras, de los árboles y de las plantas.

2. Añi, haces las veces de Hotri, del Potri, del Ritvy y del Neshtri; eres el Añidhra del hombre piadoso; te corresponde la función del Prasastri; eres el Adhvaryu y el Brahman[135].

3. Añi, eres Indra, el que reparte sus liberalidades sobre el hombre de bien; eres el adorable Vishnú a quien celebran los cantos de una numerosa multitud; eres Brahma, el poseedor de las riquezas; estás asociado con la sabiduría y eres el autor de diversas condiciones.

4. Tú eres, ¡oh Añi!, el Varuna real, el observador de los votos sagrados; eres el adorable Mitra, el destructor de los enemigos; eres Aryaman, el protector de los hombres virtuosos, cuya liberalidad constituye el goce de todos los hombres; eres una porción del Sol; distribuye, ¡oh divino Añi!, las cosas útiles en nuestro sacrificio.

---

[134] Gritsamada es un personaje importante en las leyendas de la India. Miembro de la familia de los Angiras, fue raptado por los Asuras cuando cumplía un sacrificio; pero Indra le devolvió la libertad. Compuso un gran número de himnos contenidos en el *Rig-Veda*. Por otra parte, los autores sánscritos están muy lejos de hallarse de acuerdo en lo que le concierne, si bien estos detalles son de poco interés. Por eso enviamos al lector al *Rig-Veda* del señor Wilson, tomo II, p. 207.

[135] Los nombres indicados en esta estrofa son los de ocho de los dieciséis sacerdotes empleados en las ceremonias de una solemnidad excepcional. Se los divide en cuatro clases, formada cada una por cuatro sacerdotes. Según los comentadores sánscritos, el que instituye el sacrificio debe darle cien vacas, repartidas de la manera siguiente: doce a cada sacerdote de la primera clase, seis a cada sacerdote de la segunda clase, cuatro a cada sacerdote de la tercera clase y tres a cada sacerdote de la cuarta clase. Desde luego hay algunas variantes en los nombres y en las funciones que los autores atribuyen a estos diversos sacerdotes. (Para más amplios detalles, que aquí serían superfluos, véase la nota del señor Wilson, *Rig-Veda,* tomo II, p. 209.)

5. Añi, eres Tvashtri y das una gran opulencia al que te adora; estas alabanzas son para ti; concédenos el apoyo de tu poder bienhechor; danos numerosos y excelentes caballos, tú que estás dispuesto a alentarnos, tú que abundas en riquezas y eres la fuerza de los hombres.

6. Añi, eres Rudra que expulsa a los enemigos de la extensión del Cielo; eres la fuerza de los Maruts; ejerces una dominación suprema en los manjares del sacrificio; ¡oh tú que has tomado como una morada que es agradable la sala del sacrificio!, te conducen tus corceles tan rápidos como el viento; como Pushan, quieres a los que te rinden homenaje.

7. Añi, tú eres Dravinodas[136] para quien te honra; eres el divino Savitri, poseedor de preciosos tesoros; protector de los hombres; eres Bhaga y dominas sobre la riqueza; amas al que te adora en su morada.

8. Los pueblos te adoran, ¡oh Añi!, porque extiendes tu protección sobre sus moradas; te invocan como a un soberano bienhechor, jefe de un ejército numeroso, eres dominador de todas las ofrendas y distribuyes las cosas buenas por decenas, por centenas y por millares.

9. Los hombres piadosos te adoran, ¡oh Añi!, como si fueras su padre; te quieren como a un hermano, porque proteges su cuerpo con tus actos bienhechores; eres como un hijo para el que te invoca, y nos defiendes como un amigo fiel y firme.

10. Añi, estás siempre resplandeciente y digno de ser glorificado; dominas sobre todas las riquezas y sobre todos los alimentos de fama; brillas con fulgor y consumes la ofrenda por el que la presenta; eres el que cumple el sacrificio y el que distribuye la recompensa del mismo.

11. ¡Oh divino Añi!, eres Aditi para el que da la ofrenda; eres Hotra y Bharati, y aprovechas las alabanzas que se te dirigen; eres el Yla de cien inviernos para el que te ofrece sus dones; ¡oh dueño de la riqueza, eres el destructor de Vritra!

12. Añi, a quien queremos, tú eres quien da excelentes alimentos; tus colores diversos abundan en belleza; eres el alimento, tú nos transportas más allá del pecado; eres el poderoso y estás esparcido por todas partes.

13. Los Adityas, ¡oh Añi!, han hecho de ti su boca; las divinidades puras han hecho de ti su lengua, ¡oh Kavi!, los dioses que dan la riqueza han recurrido a ti en la época de los sacrificios y por mediación tuya han comido la ofrenda que se les ha presentado.

---

[136] El que da las riquezas, uno de los nombres de Añi.

14. Todos los dioses inmortales te emplean, como su boca, para comer la ofrenda que les presentan; por mediación tuya, los mortales prueban el sabor de todas las viandas; tú has nacido puro, porque eres el embrión de las plantas.

15. ¡Oh Añi!. estás asociado con los dioses por efecto de tu vigor; ¡oh divino Añi!, tú les sobrepujas en fuerza, porque los alimentos ofrecidos en sacrificio y que son preparados aquí se diseminan en seguida, en virtud de tu poder, en las dos regiones del Cielo y de la Tierra.

16. Los hombres piadosos son los que presentan como dádivas a los que recitan tus alabanzas una vaca excelente y un admirable caballo; Añi, condúcenos con ellos a la mejor de las moradas (al Cielo), a fin de que nosotros y nuestros dignos descendientes podamos dirigirte la oración solemne cuando se celebre el sacrificio.

SUKTA II

(Compuesto por el mismo rishi y dirigido al mismo dios)

1. Celebrad en vuestros sacrificios a Añi, que conoce todo lo que ha recibido nacimiento; adoradle presentándole ofrendas y sinceras alabanzas, porque está resplandeciente y bien criado y lleva las ofrendas y otorga el vigor.

2. La mañana y la noche están siempre tan deseosas de adorarte, Añi, como las vacas lo están de recibir sus becerros; adorado por la multitud, estás presente en todas las ceremonias sagradas y brillas por la noche con resplandor.

3. Los dioses han colocado en la raíz del Mundo *(es decir, en el altar),* a este Añi que tiene una apariencia agradable y que recorre el Cielo y la Tierra; debe ser considerado como un carro que lleva a los hombres a la meta de sus deseos; brilla con un puro esplendor y es digno de homenajes, como si fuera el amigo de los mortales.

4. Los dioses han colocado en su morada solitaria al que esparce la humedad sobre la Tierra y al que, resplandeciente como el oro, atraviesa el firmamento y lo anima con sus llamas, repartiéndose entre los dos padres de todas las cosas *(el Cielo y la Tierra)* como agua refrescante.

5. Ojalá que el que presenta las ofrendas a los dioses pueda asistir a todos los sacrificios; los hombres le invocan presentándole ofrendas y elogiándole cuando sacude sus trenzas radiantes entre las plantas e ilumina con sus centelleos el Cielo y la Tierra, como si el Cielo estuviera alumbrado por las estrellas.

6. Añi, tú eres quien, para bien nuestro, posees riquezas; alumbrado por nosotros, brillas como el que nos distribuye generosamente los tesoros; haces que el Cielo y la Tierra nos sean propicios, divino Añi, Y que los dioses tomen parte en las ofrendas del que ha instituido la ceremonia.

7. Concédenos, Añi, infinitas propiedades; concédenos millares de cabezas de ganado y de esclavos; ábrenos con tu gloria las puertas de la abundancia: que el Cielo y la Tierra, hechos propicios por la oración sagrada, nos sean favorables y que las auroras puedan alumbrarte como el Sol.

8 Alumbrado cuando aparece la hermosa aurora, Añi brilla igual que el Sol, con un radiante fulgor; celebrado en los himnos del que te adora, Añi, el rey de los hombres, como un huésped agradable acude al lado del que ha instituido el sacrificio.

9. Nuestras alabanzas se dirigen a ti, ¡oh Añi!, que eres el primero entre los gloriosos inmortales, ojalá que puedas ser para nosotros un bienhechor generoso concediendo al que te adora toda clase de bienes, como una vaca dócil concede su leche.

10. Ojalá que podamos demostrar nuestra fuerza entre los hombres, ¡oh Añi!, gracias a los alimentos y al corcel que nos has dado; ojalá que nuestra riqueza pueda brillar como el Sol por encima de las cinco clases de seres.

11. Vigoroso Añi, escucha nuestros ruegos porque es a ti a quien conviene elogiar, a aquel a quien los sacerdotes instruidos dirigen sus himnos; los que presentan la ofrenda se aproximan a ti, que resplandeces de esplendor en tu morada y te invocan confiados en obtener una posteridad numerosa.

12. Añi, tú que conoces todo lo que ha nacido, ojalá que todos nosotros, sacerdotes o adoradores, podamos ser tuyos, a fin de gozar de una entera felicidad; concédenos la opucia en casas, en rebaños y en esclavos; danos mucho oro y una posteridad numerosa.

13. Los hombres piadosos son los que presentan esta ofrenda a los que recitan tus alabanzas, una vaca excelente y un caballo hermoso; condúceles, así como a nosotros, ¡oh Añi!, a la mejor de las moradas *(al Cielo),* a fin de que nosotros y nuestros dignos representantes podamos, en el momento de los sacrificios, dirigirte la oración solemne.

SUKTA III

(Compuesto por el mismo rishi y dirigido a los Apris)

1. Añi, radioso y colocado en el altar de la Tierra, se halla en presencia de todos los seres; él es quien ha invocado a los dioses; es inteligente y divino purificador; que el venerable Añi esté al servicio de los dioses.

2. Ojalá que el brillante Narasansa, iluminando los lugares en donde se deposita la ofrenda y manifestando por su grandeza las tres regiones, pueda satisfacer a los dioses diseminando la ofrenda en el momento del sacrificio.

3. Añi, tú que eres el venerable hijo de Yla, ofrece hoy el sacrificio a los dioses, en presencia del sacerdote que oficia, y, con un espíritu favorablemente dispuesto hacia nosotros, trae aquí al grupo de los Maruts y al inmortal Indra, al que debéis ofrecer vuestros homenajes, sentarishi y dirigido a los Apris) dos vuestros sacerdotes sobre la hierba sagrada.

4. Que los Vasas, que los Visvadevas y que los adorables Adityas se sienten sobre esta hierba floreciente y fortificante esparcida sobre este altar regado de manteca, para hacernos poseer la opulencia.

5. Que se abran las puertas divinas, espaciosas y de un acceso fácil ante las cuales es preciso prosternarse; que se las celebre por estar al abrigo de toda injuria y por conferir la santidad a una clase ilustre de adoradores que poseen descendientes virtuosos.

6. El día y la noche, respetados continuamente, entrelazan de concierto, como dos hábiles tejedores, el hilo extendido, a fin de completar la trama del sacrificio.

7. Que los dos seres divinos que invocan a los dioses y que dignos de todo respeto, dotados de una sabiduría acabada y de formas irreprochables adoren sinceramente, recitando los textos sagrados y presentando sus homenajes en el momento conveniente; que presenten las ofrendas en los tres lugares colocados en el ombligo de la Tierra.

8. Que las tres diosas: Sarasvati, que perfecciona nuestra inteligencia; la divina Yla y la soberana Bharati, vengan a nuestra morada y protejan este sacrificio irreprochable, ofrecido para procurarnos la dicha.

9. Que nazca para nosotros un hijo de color moreno, robusto, activo y adorador sincero de los dioses; que Tvashtri prolongue la serie de nuestros descendientes y que el alimento de los dioses venga también hacia nosotros.

10. Que Añi, al aprobar nuestras ceremonias, se aproxime a nosotros y se consagre a preparar la víctima; que el divino sacrificador pueda llevar a los dioses la ofrenda consumida en las llamas y que sepa ha sido consumida tres veces.

11. Esparzo la manteca porque en ella ha tomado nacimiento; ha llegado por la manteca, que le presta su fulgor; Añi, que repartes las bienandanzas, trae a los dioses cerca de la ofrenda que les presentamos; recocíjales y llévales la ofrenda que ha sido respetuosamente santificada.

SUKTA IV

(Compuesto por el rishi Somahuti y dirigido a Añi)

1. Invoco en vuestro favor al radioso Añi, exento de pecado, el huésped de los mortales, el que acepta los manjares del sacrificio y que, conociendo todo lo que ha recibido nacimiento, es para nosotros un amigo, y el sostén de todos los seres, desde los hombres hasta los dioses.

2. Los Bhrigus, al adorar a Añi, le dan a conocer dos veces: primero, en la estancia de las aguas; segundo, entre los hijos de los hombres; ojalá que este Añi, soberano de los Cielos y montado en su rápido corcel, pueda triunfar constantemente contra todos nuestros enemigos.

3. Los dioses, que desean residir en el Cielo, han dejado entre la raza humana a Añi, el cual, presente en la sala del sacrificio, es generoso con el que le presenta las ofrendas y brilla por la noche cuando se anhela su presencia.

4. Amar a Añi es tan agradable como amarse a sí mismo. Su aspecto es hermoso cuando extendiéndose a lo lejos y consumiendo cuanto toca, blande su llama entre las zarzas, y se agita como un caballo enganchado a un carro mueve su cola.

5. Mis amigos celebran espléndidamente su grandeza; ha manifestado a los sacerdotes su forma real; en el momento de las ofrendas, se le reconoce por su variado esplendor y aunque envejezca se rejuvenece constantemente.

6. Añi brilla en los bosques como si se saciara de alimentos; se precipita como el agua a lo largo de una pendiente rápida y rueda con estrépito como un carro de guerra; destructor, pero delicioso, se le contempla como al Cielo sonriente y sembrado de constelaciones.

7. Añi está en muchos sitios; recorre toda la Tierra como un animal sin dueño corre a su libre albedrío; Añi, que brilla con esplendor, consume las hierbas secas, y, ennegreciendo así los árboles, absorbe toda la humedad de éstos.

8. Verdaderamente, hemos recitado tus alabanzas al tercer sacrificio cotidiano; danos, ¡oh Añi!, alimentos abundantes y perfectos, descendientes y una opulencia que nos procure los medios de mantener numerosos esclavos.

9. Haz, ¡oh Añi!, que los Gritsamadas repitan tus alabanzas y que gracias a ti, se conviertan en poseedores de secretos preciosos; haz que tengan servidores perfectos y que puedan triunfar frente a sus enemigos; prodiga a tus piadosos adoradores y al que te glorifica un alimento abundante.

SUKTA V

(La misma observación que para el himno precedente)

1. Ha nacido, para la preservación de nuestros protectores, un hombre que invoca a los dioses, que nos instruye y nos protege; ojalá que, al poseer los manjares del sacrificio, podamos adquirir igualmente riquezas considerables y seguras.

2. Los siete rayos se manifiestan en él por ser el director del sacrificio; oficia en el octavo lugar, a fin de cumplir todos los ritos divinos.

3. Cualquiera que sea la ofrenda que presente el sacerdote, sea cual fuere la plegaria que recite, Añi las conoce todas; comprende todos los actos sacerdotales, como la circunferencia de una rueda comprende sus radios.

4. Verdaderamente, el puro regulador del sacrificio ha nacido con el acto santo; el sabio adorador cumple sucesivamente todos los ritos prescritos por Añi, así como las ramas brotan sucesivamente del mismo tronco.

5. Los dedos, que son hermanos, son como vacas pertenecientes al *Nashtri (uno de los dieciséis sacerdotes que realizan la ceremonia)*, y se combinan de diversas maneras con este objeto, a través de los tres (fuegos sagrados).

6. Cuando la hermana *(es decir, el vaso)*, que contiene la manteca clarificada está colocada cerca de la madre *(el altar)*, el Adhvaryu se regocija de su proximidad como la cebada se regocija con la caída de la lluvia.

7. Ojalá que el sacerdote, al oficiar, pueda desempeñar su papel y elevarse en su propia ceremonia; ojalá que nosotros podamos repetir dignamente su alabanza y ofrecerle un sacrificio.

8. Haz, ¡oh Añi!, que este sabio adorador ofrezca a todas las divinidades alabanzas dignas de ser aceptadas; haz que el sacrificio que ofrecemos repercuta igualmente en ti.

SUKTA VI

(La misma observación que para el himno precedente)

1. Añi, acepta mi ofrenda, acepta el combustible que te traigo; escucha con placer las alabanzas que te dirijo.

2. Añi, ojalá que podamos hacerte propicio por esta ofrenda; nieto de la fuerza, tú que amas un rápido sacrificio, ojalá podamos hechizarte con nuestros himnos.

3. ¡Oh tú que concedes las riquezas, ojalá que nosotros que te adoramos podamos hacerte propicio; tú deseas los manjares del sacrificio y mereces que nuestros elogios se dirijan a ti!

4. Señor de la riqueza, tú que la prodigas y que posees tesoros, tú que eres sabio, escucha nuestras oraciones y dispersa nuestros enemigos.

5. Porque eres el que concede la lluvia que viene del Cielo, tú eres el que nos das una fuerza inmortal y quien nos da una abundancia infinita de alimentos.

6. ¡Oh tú que eres el más joven de los dioses y su mensajero!, tú que mereces la adoración más viva, ven hacia el que te ofrece sus homenajes y desea tu protección.

7. Sabio Añi, tú penetras en los secretos del hombre; tú conoces el nacimiento del que adora y del que es adorado; tú eres un mensajero favorable a los hombres y sobre todo a tus amigos.

8. Añi, tú, cuya sabiduría es perfecta, colma nuestros deseos; adora a los dioses, ¡oh tú que eres inteligente!, y siéntate sobre esta hierba sagrada.

SUKTA VII

(La misma observación que precedentemente)

1. Añi, el más joven de los dioses, tú que desciendes de Bharata y que repartes moradas, concédenos una opulencia perfecta, espléndida y digna de envidia.

2. Que ningún enemigo, ya sea un dios o un hombre, nos venza; protégenos contra todo adversario.

3. Ojalá que, gracias a tu apoyo podamos derrotar a todos nuestros enemigos, como un torrente de agua rápida (derriba todos los obstáculos).

4. Añi, purificador santo y adorable, tú brillas con un esplendor extraordinario cuando se te presentan, para adorarte, ofrendas de manteca.

5. Añi, que desciendes de Bharata, nos correspondes por entero cuando te sacrificamos vacas hermosas, vacas estériles o toros.

6. ¡Oh tú, Añi!, que te alimentas de materias combustibles y a quien se ofrece la manteca, tú eres el hijo de la fuerza, el admirable, el perfecto, nuestro intercesor cerca de los dioses.

SUKTA VIII

(La misma observación)

1. Apresuraos a alabar, como un hombre deseoso de alimento, el carro del glorioso y generoso Añi.

2. Sagaz, invencible y moviéndose con ligereza, Añi destruye al enemigo de quien se le rinde propicio y le presenta ofrendas.

3. Rodeado de esplendor, Añi brilla como el Sol en toda su fuerza; sus llamas imperecederas esparcen la luz sobre todos los objetos.

4. Añi, dotado de numerosos colores, se halla glorificado por la mañana y por la noche, en nuestras moradas, y nunca abandonamos su culto.

5. Nuestras alabanzas han aumentado el brillante esplendor de Añi que devora todas las cosas y posee una gloria infinita.

6. Ojalá que exentos de todo mal podamos permanecer en seguridad, bajo la protección de Añi, de Indra, de Soma y de los dioses; ojalá que, llenos de confianza en los combates, podamos triunfar contra todos nuestros enemigos.

SEXTO ADHYAYA
ANUVAKA XXV (Continuación)

SUKTA IX

(Compuesto por el mismo rishi y dirigido al mismo dios)

1. Ojalá que Añi, que invoca a los dioses y que está dotado de inteligencia y de esplendor, pueda sentarse entre los sacerdotes que le invocan; es poderoso, sabe preservar de toda interrupción los ritos sagrados y reparte su afección sobre millares de hombres.

2. Añi, tú que repartes las bienandanzas, sé nuestro mensajero cerca de los dioses, presérvanos del mal; tráenos la opulencia; sé protector de nuestros hijos, de nuestros nietos y de nuestras personas; escucha nuestros ruegos tú que estás siempre vigilante y radioso.

3. Te adoramos, Añi, en el lugar más elevado de tu nacimiento; te dirigimos himnos en tu estación inferior; adoro el lugar de donde has salido; los sacerdotes te han presentado ofrendas cuando has sido encendido.

4. Añi, tú que eres el jefe de los sacrificadores, adora a los dioses llevándoles nuestras ofrendas y recomiéndales con celo los manjares del sacrificio que deben dársele; verdaderamente eres el señor soberano de las riquezas; eres el apreciador de nuestra piadosa oración.

5. Brillante Añi, tus dos moradas *(el Cielo y la Tierra)* no perecerán jamás y tú naces cada día; concede al que te alaba un alimento abundante; trócale en poseedor de riquezas que puedan sostener una posteridad virtuosa.

6. Socórrenos, ¡oh tú a quien acompaña una multitud de servidores!; protégenos, ¡oh tú que adoras especialmente a los dioses!; presérvanos de todo infortunio; esparce sobre nosotros toda la dicha y la opulencia.

SUKTA X

(La misma observación que para el himno precedente)

1. El adorable Añi, el primero (de los dioses) y el que les nutre cuando el hombre le ilumina sobre el altar, el que está vestido de esplendor, es inmortal y poderoso; está lleno de discernimiento, procura el alimento y es digno de adoraciones.

2. Ojalá que Añi, que es inmortal, cuya sabiduría no tiene límites y cuyo esplendor es maravilloso, pueda escuchar mis súplicas, que acompaño con mis alabanzas; que unos caballos castaños, rojos o púrpura arrastren su carro, pues ha sido llevado en diversas direcciones.

3. Han engendrado a Añi, cuando dormía profundamente en su cama torneada; este Añi, que se halla en estado de embrión en muchas de las formas vegetales y que, manifestado por la ofrenda, aparece con fulgor durante la noche, sin que lo envuelva la oscuridad.

4. Presento ofrendas de manteca a Añi, que se extiende por todas las regiones, que adquiere una forma que comprende todas las cosas y que, alimentado con los platos del sacrificio, brilla con potencia.

5. Presento ofrendas a Añi, que está presente en todos los sacrificios; ojalá que pueda aceptarlas, pues las ofrecemos sin vacilaciones al que es el refugio del hombre, que está dotado de cualquier forma que se pueda desear y que brilla con un esplendor que no es posible resistir.

6. Abrumando con tu fulgor a tus enemigos, ojalá que puedas reconocer la porción que le corresponde y que nosotros, teniéndote por mensajero, podamos recitar alabanzas como Manu. Deseoso de riquezas, te presento ofrendas con la cuchara del sacrificio, y recitando tus alabanzas adoro a este Añi, que no olvida nunca recompensar al que le ofrece el dulce fruto del sacrificio.

SUKTA XI

(Compuesto por el mismo rishi y dirigido a Indra)

1. Indra, escucha mis súplicas y no las rechaces; ojalá que podamos aparecerte dignos de que nos hagas regalo de tus tesoros; estas ofrendas, hechas con el fin de obtener la opulencia y corriendo abundantemente como los ríos, te traen un crecimiento de vigor.

2. ¡Oh heroico Indra!, has dado la libertad a las aguas abundantes que antiguamente había detenido Ahi y las has distribuido; fortificado por los himnos de los hombres, has derribado y echado a lo lejos al esclavo que en su insensata arrogancia se creía inmortal.

3. ¡Oh heroico Indra!, a ti es a quien se dirigen estas brillantes alabanzas bajo forma de himnos que constituyen tus delicias y que recitan tus adoradores; así esperamos que acudas a nuestro sacrificio.

4. Mediante nuestras alabanzas, aumentamos tu fuerza brillante y colocamos el rayo en tus manos; ¡oh Indra radioso!, al aumentar en fuerza y valor por el Sol, abruma, para bien nuestro, a la nación servil (enemiga de nuestros sacrificios).

5. ¡Oh heroico Indra!, gracias a tu valor has matado al insolente Ahi que se escondía en una caverna, y que de esa forma permanecía sustraído a nuestras miradas cubierto por las aguas en medio de las cuales residía y deteniendo las lluvias en el Cielo.

6. Glorificamos, ¡oh Indra!, las hazañas que has realizado hace tiempo; glorificamos tus acciones brillantes más recientes; elogiamos el rayo que brilla en tus manos y celebramos los caballos que son los signos de Indra como del Sol.

7. Tus rápidos caballos, ¡oh Indra!, han producido un sonido vigoroso que anuncia la lluvia; la Tierra espera con impaciencia su caída cuando haya pasado la nube.

8. La nube, que no desconoce su empleo, está suspendida en los aires; se ha extendido y las aguas maternales la hacen resonar; los vientos, al aumentar el ruido del horizonte lejano, han promulgado lo que había dicho Indra.

9. El poderoso Indra ha destrozado al culpable Vritra que reposaba en las nubes; el Cielo y la Tierra se estremecieron alarmados ante el arma temible de que se hallaba provisto el dios.

10. El rayo de Indra, el amigo del hombre, rugió con estrépito cuando el dios quiso descubrir al amigo de la raza humana. Bebiendo el jugo del soma, Indra descubrió los planes del impío Danava.

11. Bebe el soma, ¡oh heroico Indra!; ojalá que los jugos embriagadores de esta bebida puedan hacer tus delicias; ojalá que hinchando tus caderas puedas aumentar tu coraje y que de esta manera la libación repartida satisfaga a Indra.

12. Ojalá que nosotros, que somos tus piadosos adoradores, podamos residir en ti; ojalá que aproximándonos a ti con devoción podamos gozar la recompensa de nuestros homenajes; deseando tu protección meditamos sobre los medios de glorificarte; ojalá que podamos ser juzgados siempre como dignos del don de tus tesoros.

13. Ojalá que, gracias a tu favor, ¡oh Indra!, podamos ser comprendidos entre los que aumentan tu vigor mediante sus alabanzas y obtienen tu protección; ¡oh divino Indra!, concédenos la opulencia que deseamos, porque es la fuente de una gran potencia y de una posteridad numerosa.

14. Tú concedes morada, nos das amigos y nos transmites, ¡oh Indra!, la fuerza de los Maruts, los cuales, llenos de alegría y favorables a los hombres, beben copiosamente la primera ofrenda del zumo del soma.

15. Que aquellos en quienes tú pones tus delicias se acerquen a la libación. Bebe con confianza, ¡oh Indra!, el soma que sacia; tú que nos libras del mal y estás asociado a los poderosos y adorables Maruts, aumenta nuestra prosperidad y la del Cielo.

16. Tú proteges a los que te adoran dirigiéndote himnos piadosos, ¡oh tú que das la dicha!, tú les haces crecer rápidamente; y para ellos y para sus familias concedes alimento abundante a los que en honor tuyo extienden la hierba sagrada.

17. ¡Oh heroico Indra!, tú que te complaces en las santas ceremonias que duran tres días[137], bebe el jugo del soma, y sacudiendo tu barba para que se caigan las gotas que hubieran quedado en ellas, ven, conducido por tus queridos caballos, a beber la libación esparcida.

18. ¡Oh heroico Indra!, guarda la fuerza con que has aplastado a Vritra, a ese ser semejante a la araña e hijo de Danu; abre la luz al arya; el Dasyu ha sido colocado aparte y a tu izquierda.

19. Honremos a esos hombres que, gracias a tu protección, sobrepujan a todos sus rivales, como los aryas sobrepasan a los Dasyus; por nosotros es por quien tú has realizado una obra semejante; has

---

[137] El señor Langlois copia el vocablo *tricadrom* que ofrece el texto y observa que se trata de tres sacrificios, y los días en que ocurren se llaman *tricadruca*. Los comentadores dan a estos sacrificios los nombres de *djyotih*, *gohyayut*, pero no suministran otros detalles.

matado a Visvarupa, el hijo de Tvashtri, como consecuencia de tu apego hacia Trita.

20. Fortificado por la libación de Trita que te ofrecía el soma, has aniquilado a Arbuda; Indra, ayudado por los Angirasas, ha hecho girar sus radios como el Sol hace girar sus ruedas y ha matado a Bala.

21. Las dádivas generosas que concedes, Indra, procuran al que te elogia todo lo que desea; concédenos a nosotros que te celebramos el objeto de todos nuestros anhelos; no rechaces nuestros ruegos, tú a quien se dirigen nuestras adoraciones, a fin de que, poseyendo dignos descendientes, podamos glorificarte mediante nuestros sacrificios.

ANUVAKA XXVI

SUKTA I

(Compuesto por el mismo rishi y dirigido al mismo dios)

1. Aquel que en seguida que nace es el primero de los dioses; aquel que ha hecho honor a los dioses por sus hazañas; aquel cuya potencia es un objeto de terror para el Cielo y la Tierra; aquel que hace reconocer la grandeza de su fuerza, sabed, ¡oh mortales!, que es Indra[138].

2. El que ha detenido y fijado la Tierra en su carrera; el que ha apaciguado las montañas agitadas[139]; el que ha extendido el firmamento espacioso; el que ha consolidado el Cielo, sabed, ¡oh mortales!, que es Indra.

3. El que habiendo destruido a Ahi ha puesto en libertad los siete ríos; el que ha recobrado las vacas detenidas por Bala, que ha engendrado el fuego en las nubes y es invencible en los combates, sabed, ¡oh mortales!, que es Indra.

4. El que ha hecho todas estas regiones perecederas; el que ha relegado a las cavernas las tribus bajas y serviles; el que, como triunfador, se apodera de los tesoros más preciosos del enemigo, semejante al cazador que hiere a su víctima, sabed, ¡oh mortales!, que es Indra.

5. El que es terrible y al que se invoca diciendo «¿Dónde estás?», aunque no pueda decirse con verdad que se halla en algún lugar determinado; el que al infligir justos castigos se apodera de los tesoros de sus enemigos, tened fe en él y sabed, ¡oh mortales!, que es Indra.

6. El que estimula al pobre como al rico y al sacerdote que recita sus alabanzas; aquel cuyo rostro es gracioso y protege al hombre; el que, por medio de las piedras que ha preparado, extrae el jugo del soma, sabed, ¡oh mortales!, que es Indra.

---

[138] Mencionamos aquí una leyenda referida con algunas variantes, pero cuyo fondo es el siguiente: Gritsamada, por su piedad, había adquirido una talla tan colosal como la de Indra, y era a la vez visible en los tres mundos. Dos asuras llamados Dhuni y Chumuri, tomándole por Indra, iban a atacarle cuando les detuvo recitando este himno y declarando de ese modo que no era Indra. Se dice también que Indra tomó la figura de Gritsamada para escapar a la cólera de sus enemigos, y que recitando estos versos el sabio demostró que no era el dios que se le suponía.

[139] Las leyendas indúes refieren que las montañas tenían antiguamente alas y que se trasladaban por sí mismas a través de los aires. El rayo de Indra las condenó a la inmovilidad cortándoles esas alas.

7. Aquel bajo cuya dominación están los caballos, los rebaños, las aldeas y todos los carros; el que da nacimiento al Sol y a la aurora; el que conduce las aguas, sabed, ¡oh mortales!, que es Indra.

8. Aquel a quien invocan dos ejércitos en el momento de hacerse frente; aquel a quien se dirigen todos los adversarios eminentes o humildes; aquel a quien también invocan dos conductores instalados en un mismo carro, sabed, ¡oh mortales!, que es Indra.

9. Aquel sin el cual no pueden triunfar los hombres, aquel cuyo apoyo invocan cuando están comprometidos en los combates, aquel que es el prototipo del Universo y que derriba al enemigo que no retrocede, sabed, ¡oh mortales!, que es Indra.

10. El que ha destruido con el rayo a muchos hombres que cometían muchos pecados y no le rendían homenajes; el que no concede prórrogas al hombre presuntuoso, el que es vencedor de los Dasius, sabed, ¡oh mortales!, que es Indra.

11. El que descubrió a Sambara, que residió durante cuarenta años en las montañas; el que mató a Ahi, que crecía en vigor, así como al hijo dormido de Danu, sabed, ¡oh mortales!, que es Indra.

12. El que tiene siete rayos, es poderoso, hizo correr los siete ríos y, armado del rayo, destruyó a Rauhina cuando escalaba el Cielo, sabed, ¡oh mortales!, que es Indra.

13. Aquel ante quien se inclinan el Cielo y la Tierra; aquel cuya potencia llena de terror las montañas; el que bebe el jugo del soma, tiene armas de diamante y blande el rayo, sabed, ¡oh mortales!, que es Indra.

14. El que protege al adorador que ofrece la libación o prepara la mezcla de cuajo y de manteca. repitiendo sus alabanzas y solicitando su apoyo; aquel cuyo vigor se aumenta por la oración santa, por la ofrenda de zumo de soma y por la presentación de los platos del sacrificio, sabed, ¡oh mortales!, que es Indra.

15. Indra, a quien es difícil acercarse, eres un verdadero bienhechor que concedes una nutrición abundante al que te ofrece libaciones y prepara la mezcla de cuajo y de manteca; ojalá nosotros, gozando de tu favor y obteniendo una posteridad numerosa, podamos repetir cada día tus alabanzas en nuestros sacrificios.

SUKTA II

(Compuesto por el mismo rishi y dirigido al mismo dios)

1. La temporada de las lluvias da nacimiento a la planta soma, que en cuanto nace entra en las aguas en donde crece; he ahí por qué está indicada para ser macerada por contener la esencia del agua, y el zumo del soma es especialmente digno de alabanza *(como en la libación que conviene a Indra).*

2. Habiéndose reunido las corrientes de agua llegan para llevar a todos los lugares las ondas que dan su sustancia, es decir, el asilo de las aguas y de las cuales tiene necesidad *(el océano);* está designado el mismo camino para todas las corrientes que descienden, como si fueras tú, Indra, el que les hubiera asignado su curso: mereces, Indra, alabanzas muy particulares.

3. Un sacerdote anuncia la ofrenda que presenta (el que ha instituido el rito); otro sacerdote realiza el acto que reparte los miembros (de la víctima); un tercer sacerdote corrige los errores que el uno o el otro hubieran podido cometer; por ser el que ha regulado estas diversas funciones, tú mereces, Indra, alabanzas muy particulares.

4. Distribuyendo alimento a sus hijos, los padres de familia residen en su morada como si ofrecieran a un huésped una amplia y bienhechora opulencia; construyendo obras útiles, un hombre come con sus dientes los alimentos que le ha dado su protector; por ser quien ha ordenado que se cumplan estas diversas cosas, mereces, Indra, alabanzas muy particulares.

5. Tú has hecho que la Tierra sea visible para el Cielo y has abierto un camino a los ríos matando a Ahi; por eso los dioses te han divinizado con sus alabanzas, como los hombres fortifican a un caballo abrevándole; ¡oh Indra, eres digno de elogio!

6. Tú eres el que concede la nutrición y el crecimiento; tú sacas de su envoltura el grano seco y alimenticio; eres el que da riquezas al adorador ferviente y eres el único soberano del Universo; a ti es a quien hay que adorar.

7. Tú eres el que ha hecho esparcir por el cultivo sobre los campos las plantas alimenticias; tú eres quien ha engendrado los diversos astros que alumbran el Cielo, y en tu gran extensión comprendes cuerpos inmensos; a ti es a quien hay que adorar.

8. Tú eres célebre por la multiplicidad de tus hazañas y hoy has adquirido una fisonomía exenta de toda nube como si estuvieras preparado a matar a Sahavasu, hijo de Arimara[140] destruyéndole con tu rayo cortante, a fin de defender los platos del sacrificio y destruir los Dasyus; a ti es a quien hay que adorar.

9. Tú, para cuyo placer hay puestos mil corceles; tú que suministras nutrición a (todos los seres) y que proteges al que ha instituido el sacrificio; tú, que, para salvar a Dabhiti, has reducido a los Dasyus, a la servidumbre y a quien todos deben acercarse (con respeto), a ti es a quien hay que adorar.

10. Eres aquel cuya virilidad ha dado nacimiento a todos los ríos; aquel a quien los hombres piadosos han presentado ofrendas; aquel a quien han presentado la opulencia; ¡ oh tú que realizas grandes cosas!; eres el que ha regulado los siete objetos susceptibles de expansión, eres el protector de las cinco razas que elevan sus miradas hacia ti: a ti es a quien hay que adorar.

11. Tu heroísmo debe ser glorificado, pues, por tu solo esfuerzo, has adquirido la opulencia y has asegurado así el alimento que debe ofrecerse en toda ceremonia solemne; todas las acciones que has realizado, ¡oh Indra!, te señalan como aquel a quien hay que alabar.

12. Has procurado a Turviti y a Vayya los medios de atravesar fácilmente las aguas que corren con rapidez; con tu celebridad has retirado de] abatimiento de su aflicción a Paravri, ciego y cojo; a ti es a quien hay que adorar.

13. Poseedor de riquezas, despliega tus recursos a fin de esparcir sobre nosotros la opulencia, porque los tesoros de que dispones son inmensos; ¡oh Indra!, ojalá que puedas hallarte dispuesto a concedernos una riqueza constante y de las más considerables, a fin de que, teniendo en nuestro derredor descendientes dignos, podamos glorificarte e n todos nuestros sacrificios.

---

[140] No se conoce nada relativo a estos dos asuras, y sus nombres son significativos: *Saha* = con; *vasa* = opulencia; *ari*=hombre; *mura* = que mata.

SUKTA III

(Compuesto por el mismo rishi y dirigido al mismo dios)

1. Sacerdotes, traed para Indra la libación del soba, repartid con cucharas este brebaje embriagador; el héroe está siempre deseoso de esta bebida; ofreced la libación al que reparte las bienandanzas, porque verdaderamente la desea.

2. Sacerdotes, ofreced la libación al que mató a Vritra, lo mismo que derriba a un árbol con el rayo; ofrecedla al que la desea; Indra es digno de esta bebida.

3. Sacerdotes, ofreced esta libación que, igual que el viento del firmamento es la causa de la lluvia; ofrecedla al que mató a Dribhika[141], que destruyó a Bala y que destruyó a las vacas; cubrid a Indra de zumo de soma como un anciano se cubre de ropa.

4. Sacerdotes, haced propicio mediante la ofrenda del soma, a Indra que mató a Urana desplegando noventa y nueve brazos y precipitó lejos a Arbuda.

5. Sacerdotes, ofreced la libación del soma a este Indra que ha matado a Svasna y a Sushna el inabsorbible, a Vritra el mutilado, que ha destruido a Pipru, Namuchi y Rudhikra.

6. Sacerdotes, presentad la libación del soma al que, armado del rayo agudo como el diamante, ha demolido las cien antiguas ciudades de Sambara y ha derribado a los cien mil descendientes de Varchin.

7. Sacerdotes, ofreced la libación del soma al que, matando a centenares y millares de Asuras, esparce la tierra con ellos y destruyó a los sitiadores de Kutsa, de Ayu y de Atithigva.

8. Sacerdotes que dirigís la ceremonia, ojalá que, llevando rápidamente la ofrenda a Indra, podáis obtener la recompensa que deseáis; al celebrar el sacrificio, ofreced al ilustre Indra la libación de soma purificada.

9. Sacerdotes, ofrecedle la libación deseada; levantadla en la cuchara después de haberla purificado con el agua; Indra desea recibirla de vuestras manos; presentadle el jugo embriagador del soma.

10. Llenad con vuestras libaciones al generoso Indra como la ubre de una vaca se llena de leche; así comprenderá plenamente el adorable Indra la liberalidad del que desea presentarle una dádiva y le dirá: «Reconozco la virtud secreta de este brebaje».

---

[141] Nombre de un asura, igual que los nombres que aparecen en la quinta estrofa.

11. Sacerdotes, llenad con vuestras libaciones a Indra, que es el señor de las riquezas del Cielo, del aire y de la Tierra; llenadle como un granero se llena de cebada y que vuestros actos piadosos puedan repercutir en vuestro bien.

12. Poseedor de riquezas, emplea tu actividad en repartir entre nosotros la opulencia, porque tus tesoros son inmensos; Indra, ojalá puedas hallarte dispuesto a concedernos cada día una opulencia extrema a fin de que, rodeados de una posteridad perfecta, podamos glorificarte en nuestros sacrificios.

SUKTA IV

(Compuesto por el mismo rishi y dirigido al mismo dios)

1. En verdad, proclamo las grandes y auténticas acciones del poderoso y verídico Indra, del que bebe los jugos esparcidos del soma cuando las fiestas duran tres días y que, en su arrebato, mató a Ahi.

2. Él es quien ha fijado el Cielo en un espacio que no tiene sostén; él es el que ha llenado de luz el firmamento y la Tierra; él es el que ha sostenido la Tierra y la ha hecho fértil; Indra ha hecho todas estas cosas en el arrebato en que le sumía el soma embriagador.

3. Él es el que ha medido las regiones del Oriente como se mide una habitación; él es quien ha cavado con el rayo el lecho de los ríos y los ha hecho correr entre largos senderos; Indra ha hecho todas estas cosas en el arrebato en que le sumía el soma embriagador.

4. Al encontrarse con los Asuras que raptaban a Dabhiti, les ha quemado todas sus armas y ha enriquecido al príncipe con sus despojos, dándole sus rebaños, sus caballos y sus carros; Indra ha hecho todas estas cosas en el arrebato en que le sumía el soma embriagador.

5. Indra calmó este gran río a fin de que se lo pudiera atravesar; transportó más allá en sitio seguro a los sabios que no habían podido franquearlo y que habiéndolo hecho entraron en posesión de la opulencia que buscaban; Indra ha hecho todas estas cosas en el arrebato en que le sumía el soma embriagador.

6. Por un efecto de su gran potencia, Indra ha vuelto el Sindhu hacia el Norte y con su rayo ha hecho trizas el carro de la aurora, dispersando con sus rápidas fuerzas al enemigo retrasado; Indra ha hecho todas estas cosas en el arrebato en que le sumía el soma embriagador.

7. Enterado de que las muchachas habían desaparecido, se levantó el rishi Parivrig[142]; el cojo las alcanzó y el ciego las vio; Indra ha hecho todas estas cosas en el arrebato en que le sumía el soma embriagador.

8. Alabado por los Angirasas, Indra ha destruido a Bala; abrió las sólidas puertas de la montaña que se habían cerrado y rompió sus defensas artificiales; Indra ha hecho todas estas cosas en el arrebato en que le sumía el soma embriagador.

---

[142] Cuenta una leyenda que unas muchachas se habían burlado de este rishi, el cual era ciego y cojo, y él invocó a Indra y recobró el uso de sus ojos y de sus piernas. Los comentadores sánscritos ven en este relato una alusión al Sol cuando se presenta de nuevo en la extremidad del horizonte; es ciego y cojo durante la noche y ve y anda durante el día.

9. Tú has destruido a los Dasyus, Chumuri y Dhuni, sumiéndolos en un profundo sueño; has protegido a Dabhiti, mientras que su servidor se hacía dueño en este conflicto del oro de los Asuras; Indra ha hecho todas estas cosas en el arrebato en que le sumía el soma embriagador.

10. Estos dones opulentos que vienen de ti, ¡oh Indra!, procuran seguramente al que te alaba las ventajas que desea; concédenos tus bienandanzas a quienes te adoramos; no desdeñes nuestras oraciones, tú que eres el objeto de nuestras alabanzas, a fin de que, rodeado de descendientes dignos, podamos glorificarte en nuestros sacrificios.

SUKTA V

(Compuesto por el mismo rishi y dirigido al mismo dios)

1. Traigo para vosotros al mejor de los dioses de las libaciones que deben ser esparcidas sobre el fuego encendido y le dirijo oraciones convenientes; invocamos la protección de Indra, siempre joven imperecedero y abrevado con el jugo del soma.

2. Sin este poderoso Indra el Mundo no sería nada; en él están reunidas todas las potencias; recibe en su estómago el jugo del soma y su cuerpo revela fuerte vigor; lleva el rayo en su mano y la sabiduría en su cabeza.

3. Tu potencia, Indra, no podrá ser sobrepujada por la del Cielo y la Tierra; tu carro no podrá ser detenido por los mares ni por las montañas; nadie puede escapar a tu rayo, cuando, arrastrado por tus rápidos caballos, atraviesas vastas comarcas.

4. Todos los hombres ofrecen sus homenajes al adorable, poderoso y generoso Indra, que es digno de toda alabanza; ¡oh tú, mortal liberal y dotado de una gran sabiduría!, adórale presentándole ofrendas; bebe el jugo del soma, ¡oh Indra!, de acuerdo con el Sol, el gran distribuidor de las bienandanzas.

5. El jugo del soma embriagador y delicioso anima a los que lo beben y corre hacia el que reparte los beneficios y hacia el que suministra el alimento; los dos sacerdotes que reparten la ofrenda y las piedras que exprimen el jugo ofrecen el soma al más perfecto de los dioses.

6. Tu rayo, Indra, hace llover los beneficios y tu carro reparte la abundancia; tus dos caballos otorgan todos los deseos; tú reinas sobre el brebaje embriagador que procura toda clase de delicias; sáciate, Indra, de este soma que da la dicha.

7. Victorioso en el combate, gracias a tu favor, me acerco a ti y te ensalzo en mis oraciones en las ceremonias sagradas; ¡oh tú que animas la alabanza!, eres para mí como una barca en la que puedo atravesar la desgracia; ojalá que Indra pueda escuchar atentamente nuestras palabras; repartimos nuestras libaciones ofreciéndolas a Indra, en quien están reunidos los tesoros como el agua en un pozo.

8. Condúcenos de antemano lejos del mal, como una vaca que pace en una pradera lleva su ternero lejos de todo peligro; Satakrata, ojalá que podamos envolverte, aunque sólo fuera una vez, en alabanzas que te serían agradables; ojalá que podamos serte queridos como los jóvenes esposos lo son de sus mujeres.

9. Las dádivas generosas que proceden de ti aseguran, ¡oh Indra!, al que te ruega el cumplimiento de todos sus votos; concédenos tus presentes, pues somos tus adoradores; no rechaces nuestras oraciones, tú que eres el objeto de nuestro culto, y, rodeados de piadosos descendientes, te glorificaremos en nuestros sacrificios.

SUKTA VI

(Compuesto por el mismo rishi y dirigido al mismo dios)

1. ¡Oh vosotros!, adoradores de este Indra cuya energía temible hace mucho tiempo que se ha manifestado, dirigidle un nuevo himno, según el uso de los Angirasas; él es quien, en el arrebato en que le había sumido el jugo del soma, ha roto las nubes, sólido obstáculo colocado ante él.

2. Celebremos a este Indra que manifestando su vigor ha desplegado su potencia desde que hubo bebido por vez primera el zumo del soma; este héroe protegió en los combates a su propia persona y mediante su grandeza sostuvo el Cielo sobre su cabeza.

3. Verdaderamente. Indra, has desplegado todo tu coraje cuando, al hacerte propicio las oraciones de tu adorador, has demostrado en su presencia tu temible energía y cuando los enemigos de los dioses huyeron dispersados ante ti, en pie en tu carro.

4. Indra, a quien su potencia convirtió en el soberano de todos los mundos, reinó sobre todas las cosas, y sosteniendo el Cielo y la Tierra los inundó de esplendor y dispersó las tinieblas malévolas.

5. Indra ha fijado por su fuerza las montañas que estaban errantes[143]; ha dirigido hacia abajo el curso de las aguas; ha sostenido la Tierra, madre de todas las criaturas, y gracias a su habilidad ha impedido a la Tierra que caiga.

6. Él basta para proteger este Mundo fabricado por sus dos brazos en favor de los mortales sobre los cuales reina; Indra, cuya voz es fuerte, habiendo castigado a Krivi[144] con su rayo le entregó a un sueño (eterno) sobre la Tierra.

7. Así como una doncella virtuosa que al envejecer en la casa de sus padres reclama de éstos los medios para subsistir, así yo acudo a ti para reclamar la opulencia; haz que ésta sea brillante, tráemela y dame una porción suficiente para sostener mi cuerpo, igual a aquella con que recompensas a tus adoradores.

8. Te invocamos, Indra, porque concedes los goces y otorgas alimento para remunerar los actos piadosos; protégenos, Indra, en toda circunstancia y de todas maneras; Indra, tú que repartes las bienandanzas, danos la opulencia.

---

[143] Ya ha sido señalado el sentido de este pasaje.

[144] Nombre de un Asura

9. Las dádivas generosas que proceden de ti aseguran, ¡oh Indra!, al que te ruega el cumplimiento de todos sus votos; concédenos tus presentes, pues somos tus adoradores; no rechaces nuestras oraciones, tú que eres el objeto de nuestro culto y rodeados de piadosos descendientes te glorificaremos en nuestro sacrificio.

SUKTA VII

(Compuesto por el mismo rishi y dirigido al mismo dios)

1. Un sacrificio laudable y puro ha sido instituido en el momento de la aurora; tiene cuatro pares de piedras para macerar el soma; tres tonos para la oración, siete medidas y diez vasos; es provechoso para el hombre y procura el Cielo y las oraciones; las ceremonias solemnes le santifican.

2. Este sacrificio es suficiente para Indra, ya sea ofrecido por la primera, por la segunda o por la tercera vez; trae al hombre toda clase de bienes; otros sacerdotes engendran el embrión de un rito diferente; pero este sacrificio victorioso que esparce las bienandanzas se une con otras ceremonias.

3. Engancho rápida y fácilmente a los caballos al carro de Indra, a fin de que efectúe su viaje; están presentes aquí gran número de sabios adoradores: que ningún otro instituidor de ritos sagrados te aparte de nosotros por medio d e oraciones nuevas y bien recitadas.

4. Indra, cuando te invocamos, acude con tus dos caballos, o con cuatro, o con seis, o con diez[145]; ven a beber el zumo del soma; ¡oh tú que eres objeto de nuestros homenajes!, ya está echado el jugo; no desdeñes la libación.

5. Ven a nuestra presencia, Indra, después de haber enganchado a tu carro veinte, treinta o cuarenta caballos o cincuenta corceles bien domados; ven con sesenta o setenta caballos, Indra, a fin de beber el jugo del soma.

6. Ven, Indra, a nuestro lado traído por ochenta, noventa o cien caballos; el soma está ya echado en el vaso, Indra, a fin de colmarte de placer.

7. Ven, Indra, después de haber escuchado mi oración; engancha a tu carro tus dos corceles universales; has sido objeto de múltiples invocaciones por una multitud de adoradores; ahora, ¡oh héroe!, que nuestro sacrificio te exalte.

8. Que la amistad que me une a Indra no se rompa jamás; que su liberalidad nos otorgue siempre todo lo que deseamos; ojalá que podamos estar bajo el apoyo tutelar de sus armas victoriosas y podamos e ser vencedores en todos los combates.

---

[145] Todo esto es alegórico. Estos corceles son el número de sílabas que contiene cada verso de las invocaciones.

9. Las dádivas generosas que proceden de ti aseguran, ¡oh Indra!, al que te ruega el cumplimiento de todos sus votos; concédenos tus presentes, pues somos tus adoradores; no rechaces nuestras oraciones, tú que eres el objeto de nuestro culto; y, rodeados de piadosos descendientes, te glorificaremos, en nuestros sacrificios.

SUKTA VIII

(La misma observación que para el himno precedente)

1. Indra ha tomado parte en estos alimentos agradables ofrecidos en sacrificio y en las libaciones expandidas por sus fervientes adoradores; fortificado por este líquido bienhechor, ha concedido una morada conveniente en donde residen los que dirigen el sacrificio.

2. En el transporte causado por el soma, Indra, armado del rayo, rompió la nube que contenía la lluvia; entonces las aguas de los ríos se dirigieron hacia el mar, como los pájaros se dirigen hacia sus nidos.

3. El adorable Indra, el destructor de Ahi, ha hecho correr hacia el océano la corriente de las aguas; ha engendrado el Sol, ha recobrado los rebaños y ha efectuado la manifestación de los días mediante la luz.

4. Indra da al que presenta la libación un sinfín de presentes que no tienen igual; ha matado a Vritra; entre sus adoradores, él fue el árbitro cuando surgió el conflicto por la posesión del Sol.

5. El divino Indra, que había sido alabado por Etasa, humilló al Sol en favor del mortal que le ofreció la libación; porque el generoso Etasa le presentó tesoros misteriosos e inestimables, como un padre da a su hijo la parte que le corresponde.

6. El radiante Indra sometió a Kutsa, conductor de su carro, y a los Asuras, Sushna, Asuska y Kuyava, y en favor de Divodasa demolió las noventa y nueve ciudades de Sambara.

7. Deseosos de alimento y contribuyendo a aumentar tu valor, te dirigimos espontáneamente nuestras alabanzas, ¡oh Indra!: ojalá que podamos contar con la seguridad de tu amistad; lanza tu rayo contra el impío Piyu.

8. Los Gritsamadas han preparado alabanzas para ti, ¡oh Indra!, como los que desean viajar construyen un sendero; ojalá que los que te rinden un culto, adorable Indra, puedan obtener alimento, fuerza, moradas y la dicha.

9. Las dádivas generosas que proceden de ti aseguran, ¡oh Indra!, al que te ruega el cumplimiento de todos sus votos; concédenos tus presentes, pues somos tus adoradores; no rechaces nuestras oraciones, tú que eres el objeto de nuestro culto, y, rodeados de piadosos descendientes, te glorificaremos en nuestros sacrificios.

SUKTA IX

(La misma observación)

1. Te traemos, ¡oh Indra!, alimento como un hombre que quisiera poseer alimentos prepara su carro para llevarlos; míranos con benevolencia cuando te glorificamos; queremos ensalzarte en nuestras alabanzas y solicitamos, para llevarnos a la dicha, un guía como tú.

2. Defiéndenos, Indra, otorgándonos tu protección, porque tú eres el que defiende contra sus enemigos a los hombres que confían en ti; eres el sostén y el amigo del que ofrece la libación y velas por el que te adora.

3. Ojalá que el joven y adorable Indra pueda ser siempre nuestro amigo y bienhechor; que nos proteja puesto que le adoramos; Indra puede colmar los votos del que le dirige oraciones y elogios, que prepara la ofrenda y le celebra con sus cantos.

4. Alabo a Indra, glorifico al que hace mucho tiempo ha dado la prosperidad a sus adoradores y ha dispersado a sus enemigos; ojalá que pueda cumplir los votos que forma quien le adora con respeto.

5. Atendiendo las oraciones de los Angirasas, Indra les concedió sus demandas y los dirigió por el camino que debían seguir para recobrar sus rebaños; expulsando a las auroras mediante la luz del Sol, derribó las antiguas ciudades de Asna.

6. Que el gracioso y glorioso Indra, que es verdaderamente divino, esté al lado de los hombres; que rompa la cabeza del hostil Dasa, puesto que triunfa de sus enemigos.

7. Indra, que ha matado a Vritra, que ha destruido las ciudades, que ha dispersado las bandas serviles de sus negros enemigos, ha engendrado la Tierra y las aguas para Manu; ojalá pueda acceder a todas las oraciones del sacrificador.

8. Indra ha recibido un vigor perpetuo por parte de aquellos adoradores suyos que le presentan ofrendas para obtener la lluvia; he ahí por qué han colocado en sus manos el rayo con que ha matado a los Dasyus y destruido sus ciudades de hierro.

9. Las dádivas generosas que proceden de ti aseguran, ¡oh Indra!, al que te ruega, el cumplimiento de todos sus votos; concédenos tus presentes, pues somos tus adoradores; no rechaces nuestras oraciones, tú que eres el objeto de nuestro culto, y, rodeados de piadosos descendientes, te glorificaremos en nuestros sacrificios.

SUKTA X

(Compuesto por el mismo rishi y. dirigido al mismo dios)

1. Traed el soma deseado al adorable Indra, al señor de todas las cosas, al señor del Cielo, al dueño de la riqueza, al señor perpetuo, al señor del hombre, al señor de la Tierra, al señor de los caballos, al señor del ganado y al señor del agua.

2. Presentad vuestras ofrendas a Indra el vencedor, el destructor, el generoso, el invencible, el creador, el adorable, el que sostiene todas las cosas, el que no puede ser atacado y es siempre victorioso.

3. Proclamo las poderosas hazañas de este Indra que siempre es victorioso, el bienhechor de todos los hombres, el vencedor de los enemigos poderosos; él es quien está satisfecho de nuestras libaciones, quien nos concede nuestros deseos, quien subyuga a nuestros antagonistas y quien es el refugio del pueblo.

4. De una liberalidad que no tiene igual, Indra, el destructor de los impíos, es profundo, poderoso, robusto y de una estatura inmensa; él es quien distribuye la prosperidad y quien realiza los actos piadosos, habiendo dado nacimiento a la luz de la mañana.

5. Los sabios hijos de Usa, celebrando sus alabanzas, han obtenido de él que envía el agua, y por medio de su sacrificio, el conocimiento del camino que habían seguido sus rebaños; buscando la ayuda de Indra y celebrando sus alabanzas, han adquirido preciosos tesoros.

6. Indra, concédenos una opulencia deseable, danos la ciencia necesaria para la celebración de los ritos sagrados; concédenos la prosperidad, el crecimiento de nuestra fortuna, la seguridad de nuestras personas, la dulzura de las palabras y la felicidad de la existencia.

SUKTA XI

(Compuesto por el mismo rishi y dirigido al mismo dios)

1. El adorable y poderoso Indra, compartiendo el soma mezclado con cebada, ha bebido con Vishnú cuanto era preciso; esta bebida ha impulsado al grande y poderoso Indra a realizar hazañas admirables. Ojalá que este divino soma pueda inspirar al divino Indra[146].

2. El radioso Indra, con su valor, ha triunfado de Krivi; ha llenado con su esplendor el Cielo y la Tierra y se ha fortificado con la eficacia de esta bebida, de la cual ha tomado para sí una porción y ha distribuido la otra a los dioses. ¡Ojalá que este divino soma pueda inspirar al divino Indra!

3. ¡Oh tú, que eres poderoso y que realizas obras de piedad!, tú deseas soportar el Universo; dotado de una heroica energía, triunfas de los impíos; tú distingues al que hace el bien del que hace el mal; tú das al que te alaba la opulencia que anhela. ¡Ojalá que este divino soma pueda inspirar al divino Indra!

4. Indra, delicia de todos los hombres, el primer acto que has realizado en la antigüedad ha sido para bien de la especie humana y te ha valido una justa fama en el Cielo, cuando, deteniendo con fuerza el aliento de los enemigos de los dioses, hiciste caer la lluvia. ¡Ojalá que Indra pueda triunfar por su valentía de todos los impíos; que Satakrata pueda obtener la fuerza y que Indra pueda gozar de los manjares ofrecidos en sacrificio!

---

[146] Todos los versos de este himno se hallan esparcidos en el *Sama-Veda*. Uno de los epítetos dados a Indra, y que puede traducirse por adorable, significa búfalo en su sentido literal.

ANUVAKA XXVII

SUKTA I

(Compuesto por el rishi Gritsamada y dirigido a Brahmanaspati)

1. Te invocamos, Brahmanaspati, jefe de los ejércitos celestes, sabio entre los sabios, abundante sin medida en alimentos de toda especie, dueño soberano de la oración; escucha nuestras súplicas, sé nuestro protector y siéntate en la sala de los sacrificios.

2. Brihaspati, destructor de los Asuras, gracias a tu mediación los dioses inteligentes han obtenido la porción que les corresponde en los sacrificios, así como el Sol adorable engendra mediante su esplendor los rayos solares, tú eres el generador de todas las oraciones.

3. Habiendo rechazado los desprecios y dispersado las tinieblas, tú te mantienes en pie, Brihaspati, sobre el carro radioso del sacrificio, que es formidable para los enemigos; eres el destructor de los malos espíritus, rompes las nubes y atraes el Cielo.

4. Tú ayudas a los hombres, Brihaspati, mediante instrucciones virtuosas; tú les preservas de la desgracia; nunca alcanzará el pecado al que te presenta ofrendas; tú castigas al que odia las santas oraciones, y tan extenso es tu poder que castigas la cólera.

5. El hombre que tú proteges y defiendes con bondad está exento, ¡oh Brahmanaspati!, de todo daño que pudieran causarle el disgusto y el pecado o sus enemigos, porque alejas de él todo lo que pudiera dañarle.

6. Tú eres, Brihaspati, nuestro protector y el guía de nuestro camino; tú eres el que disciernes todas las cosas y te adoramos dirigiéndote nuestras alabanzas; que la malicia temeraria del que quiere engañarnos le hunda en la destrucción.

7. Desvía del verdadero camino, ¡oh Brihaspati!, al hombre salvaje y arrogante que avanza para perjudicarnos, pues somos inofensivos; mantennos en la vía recta para que cumplamos la presentación de esta ofrenda a los dioses.

8. Brihaspati, a ti, que apartas la calamidad, te invocamos, porque proteges nuestras personas, pronuncias palabras alentadoras y te hallas bien dispuesto hacia nosotros; destruye a los impíos enemigos de los dioses; que los malos no alcancen te felicidad suprema.

9. Ojalá que por mediación tuya, ¡oh Brahmanaspati!, que eres nuestro bienhechor, podamos obtener riquezas envidiables; destruye a nuestros pérfidos enemigos, estén lejos o cerca de nosotros, y no permitas que nos venzan.

10. Brihaspati, tú que realizas nuestros deseos, que eres puro y estás asociado con nosotros, poseemos, gracias a ti, excelentes alimentos; que el hombre malvado que desee engañarnos no sea nuestro dueño y haz que consagrados a piadosas alabanzas alcancemos la prosperidad.

11. ¡Oh Brahmanaspati!. de munificencia inmensa y que repartes mil beneficios, eres tú quien va al combate, tú el que destruyes a los enemigos y tú el vencedor en las batallas; eres verídico, pagas las deudas, humillas a los arrogantes y a los soberbios.

12. Brihaspati, impide que llegue hasta nosotros el arma mortífera del hombre, que, animado por la injusticia, se esfuerza por dañarnos y que en su orgullo cruel quiere matar a tus adoradores; ojalá que podamos desviar la cólera del que hace el mal.

13. Brihaspati debe ser invocado en los combates; no debemos aproximarnos a él sino con respeto; él es quien se agita en medio de los combatientes y es el distribuidor de la opulencia; Brihaspati ha derribado a todos nuestros adversarios, que son como carros derribados en la refriega.

14. Castiga con tus armas a los más exaltados de los Rakshasas, los cuales han despreciado el valor de que habían sido testigos; despliega tu fuerza, Brihaspati, como antiguamente se manifestara y destruye a los que hablan contra ti.

15. Brihaspati, salido de la verdad, concédenos ese tesoro maravilloso que coloca al hombre piadoso en condiciones de recibir homenajes continuos; concédenos esa riqueza que brilla entre los hombres y que suministra los medios de realizar las santas ceremonias y da la fuerza al que la posee.

16. No nos entregues a los esclavos, a esos enemigos que se complacen en la violencia y que se apoderan de los alimentos ajenos, defiéndenos contra aquellos cuyo corazón les ha llevado a abandonar a los dioses y no conocen tu poder contra los malos espíritus.

17. Tvashtri te engendró como jefe de todos los seres, y por eso recitas un gran número de himnos sagrados; Brahmanaspati, reconoce al deudor del que cumple una sagrada ceremonia; satisface esta deuda y destruye al opresor (del que le adora).

18. Cuando Parvata hubo escondido al rebaño fuiste tú, Brihaspati, descendiente de los Angiras, quien le diste la libertad y asociándote a Indra hiciste descender (sobre la Tierra) la masa de las aguas que habían sido envueltas por las tinieblas.

19. Brahmanaspati, tú que eres el regulador de este Mundo, comprende el propósito de nuestro himno y concédenos la prosperidad; al que los dioses protegen está seguro de prosperar; ojalá que. rodeados de descendientes perfectos, podamos así glorificarte en nuestros sacrificios.

SUKTA II

(Compuesto por el mismo rishi y dirigido a Brahmanaspati y a Brihaspati)

1. Brihaspati, tú que reinas sobre todas las cosas, escucha nuestras súplicas; te adoramos dirigiéndote un himno nuevo y solemne; tu amigo, que es nuestro bienhechor, te celebra; concédenos todo lo que deseamos.

2. Tú eres ese Brahmanaspati que, por su potencia, ha humillado a los que merecían ser rebajados y que en su cólera ha roto las nubes, ha hecho descender las aguas y ha abierto las cavernas en las montañas en donde estaba cerrado un numeroso rebaño.

3. Tal fue la hazaña realizada por el más divino de los dioses; las fuertes barreras fueron destruidas por el que puso a las vacas en libertad y que, por el poder de la palabra sagrada, triunfó frente a Bala, dispersó las tinieblas e hizo brillar la luz.

4. Esa sólida nube, semejante a una roca cargada de agua que Brahmanaspati había dividido por un efecto de su fuerza, ha sido absorbida por los rayos solares, y éstos han esparcido de nuevo la lluvia que riega y fertiliza.

5. Para vosotros, adoradores de Brahmanaspati, es para quienes la munificencia constante de este dios abre durante meses y años las puertas de la lluvia, habiendo regulado estos resultados por la oración que las dos regiones (el Cielo y la Tierra) cumplen mutuamente y sin esfuerzo.

6. Esos sabios que buscando por todos lados han descubierto el precioso tesoro (el rebaño) escondido en la caverna de los Pani[147] se han abierto por la fuerza una entrada por haber atravesado con la mirada las mentirosas ilusiones del Asura.

7. Esos sabios de una eminente veracidad, que han atravesado con la mirada las mentirosas ilusiones del Asura, han continuado hasta aquí su camino y han echado con sus propias manos la roca al fuego destructor que hasta entonces no había allí.

8. Brahmanaspati alcanza infaliblemente el blanco hacia el cual dirige el dardo rápido que lanza su arco; son santas las flechas que dispara, destinadas a los ojos de los hombres y tienen su estancia en la oreja[148].

---

[147] Todo esto sigue siendo una alegoría. Las vacas escondidas en las cavernas son las aguas contenidas en las nubes y que caen sobre la tierra por medio de las oraciones y las ofrendas de los sabios.

[148] Las flechas son las ofrendas que se ven y las oraciones que se escuchan.

9. Brahmanaspati es el que reúne y subyuga todas las cosas; es el sacerdote de la familia de los dioses; tiene fama en los combates; ve todas las cosas y da los alimentos y tesoros deseados, que hacen que el Sol radiante brille sin esfuerzo.

10. En poder del generoso Brihaspati, que hace caer la lluvia, hay riquezas inmensas e inapreciables, que son dadas como regalos por el adorable distribuidor de los alimentos y cuantos vienen a adorarle aquí gozan de la abundancia.

11. El que penetra por todas partes y da la dicha tiene la voluntad de sostener a su noble adorador y concederle su apoyo; no es menos bienhechor para el que se halla en la miseria; Brahmanaspati tiene gran fama entre los dioses y es el dueño supremo de todos los seres.

12. En vosotros está toda la verdad, dueños de la opulencia *(Indra y Brahmanaspati);* las aguas no turban vuestras ceremonias, acudid a nuestra presencia con objeto de recibir nuestras ofrendas como una pareja de corceles para recibir su nutrición.

13. Los caballos extremadamente rápidos de Brahmanaspati escuchan nuestra invocación; el sacerdote de la asamblea, con sus alabanzas, ofrece los manjares del sacrificio; ojalá que Brahmanaspati, que odia al opresor, pueda aceptar el pago de la deuda como le plazca y agradecer las dádivas que le ofrecemos en esta ceremonia.

14. El designio de Brahmanaspati, comprometido en una gran obra, ha sido cumplido a su deseo: él es quien ha recobrado los rebaños robados y los ha devuelto a los habitantes del Cielo; los rebaños han tomado por sí mismos diversas direcciones como los brazos de un río poderoso.

15. ¡Oh Brahmanaspati!, ojalá que podamos poseer diariamente una riqueza bien ordenada que procure un abundante alimento; agrega a nuestros descendientes otros para que tú, que eres el dueño de todas las cosas, puedas aceptar las súplicas que te dirijo al presentarte los manjares del sacrificio.

16. Brahmanaspati, tú que eres el soberano de este Mundo, comprende el alcance de nuestro himno; concédenos la posteridad; aquel a quien protegen los dioses goza de prosperidad constante; ojalá que nosotros, rodeados de una perfecta posteridad, podamos glorificarte en este sacrificio.

SUKTA III

(Compuesto por el mismo rishi y dirigido al mismo dios)

1. Ojalá que el adorador, con encender el fuego, pueda dispersar a los impíos que quisieran turbar la ceremonia sagrada; ojalá que, repitiendo las oraciones y cargado de ofrendas, pueda gozar de una continua prosperidad: el que Brahmanaspati elige por asociado vive para ver al hijo de su hijo.

2. Rodeado de sus descendientes, ojalá pueda triunfar frente a los descendientes perversos de sus enemigos, porque es afamado por la gran riqueza de sus rebaños y lo vasto de su inteligencia; los hijos y los nietos de quien Brahmanaspati elige por asociado gozan de una gran prosperidad.

3. Así como un río mina y arrastra consigo sus orillas, el piadoso adorador de Brahmanaspati derriba con su vigor a sus enemigos, como un toro derriba a un buey: no puede detenerse la llama empujada por el viento, como tampoco puede detenerse al que Brahmanaspati escoge por asociado.

4. Gracias a él las lluvias descienden del Cielo sin obstáculo; el primero entre los hombres piadosos, adquiere la riqueza con la posesión de numerosos rebaños; el que Brahmanaspati escoge por asociado está dotado de un vigor irresistible y destruye a sus enemigos en los combates.

5. Verdaderamente, gracias a él corren todos los ríos, a él le esperan placeres numerosos y no interrumpidos; el que Brahmanaspati escoge por asociado goza de una prosperidad constante y de la felicidad de los dioses.

SUKTA IV

(Compuesto por el mismo rishi y dirigido al mismo dios)

1. Brahmanaspati, ojalá que el que te alaba con fervor pueda triunfar frente a tus enemigos; que el adorador de los dioses pueda vencer concretamente al hombre impío, que el que rinde propicio a Brahmanaspati pueda destruir el antagonista temible en los combates, y que el que ofrece sacrificios pueda apoderarse del alimento del que no los ofrece.

2. Ofreced vuestros homenajes, ¡oh mortales!, a Brahmanaspati; avanzad con resolución contra los que meditan contra vosotros hostiles pensamientos; conservad toda vuestra firmeza al combatir a vuestros enemigos; presentad ofrendas que os procuren la prosperidad; solicitamos igualmente la protección de Brahmanaspati.

3. El que adora con fervor sincero a Brahmanaspati, el padre de los dioses, y le presenta ofrendas, recibe verdaderamente alimentos, así como sus hijos, sus padres, sus descendientes y todo su pueblo con él, obtiene grandes riquezas.

4. Brahmanaspati conduce por un sendero fácil a una justa recompensa al que le adora y le presenta ofrendas de manteca; le guarda contra el pecho, le protege contra sus enemigos y contra la desgracia, y en su potencia admirable le concede numerosos favores.

SUKTA V

*(Compuesto por el rishi Gritsamada o por su hijo Kurma
y dirigido a los Adityas)*

1. Presento continuamente a los divinos Adityas con la cuchara del discurso estos himnos que caen como ofrendas; que Mitra, Aryaman, Bhaga y Varuna influyan en todo lugar y que el poderoso Ansa nos escuche.

2. Que Mitra, Aryaman y Varuna, iguales por sus hazañas, acepten hoy las alabanzas que les dirijo; los radiantes Adityas, purificados por las aguas, no abandonen a ninguno de sus adoradores; no merecen reproche alguno y están por encima de todo ataque.

3. Los Adityas poderosos, profundos, que tienen un gran número de ojos, ven los pensamientos más íntimos de los hombres, de los buenos como de los malos, de los que están cerca como de los que están lejos.

4. Los divinos Adityas sostienen todas las cosas móviles o inmóviles; son los protectores del Universo, son prudentes en sus actos, reúnen la lluvia, son los poseedores de la verdad y pagan nuestras deudas.

5. ¡Oh Adityas!, ojalá que pueda yo ser objeto de vuestra protección, que es la causa de la dicha y preserva del peligro; Aryaman, Mitra y Varuna, ojalá que, guiado por vosotros, pueda escapar a los peligros que son como cepos colocados en mi camino.

6. Aryaman, Mitra y Varuna, el camino que nos indicáis es fácil, agradable y exento de espinas; conducidnos por él, ¡oh Adityas!; habladnos favorablemente y concedednos una dicha difícil de turbar.

7. Que Aditi, la madre de los hijos reales, nos coloque lejos del alcance de la malicia de nuestros enemigos; que Aryaman nos conduzca por un camino fácil y que, rodeados de numerosos descendientes y preservados de todo mal, podamos llegar a la felicidad suprema de Mitra y de Varuna.

8. Aryaman, Mitra y Varuna sostienen los tres mundos y los tres cielos, y en sus sacrificios están comprendidas tres ceremonias; la verdad, ¡oh Adityas!, es la que ha producido vuestra gran potencia, que nada podrá sobrepujar, ¡oh Aryaman, Mitra y Varuna!

9. Los Adityas, decorados con ornamentos de oro, brillantes, purificados por las aguas, no duermen nunca ni cierran jamás sus párpados; están por encima de todo ataque y reciben las alabanzas de una multitud numerosa, y en beneficio del hombre culto sostienen las tres brillantes regiones celestes.

10. Varuna, destructor de los enemigos, eres el soberano de todos los seres, ya sean dioses o mortales; concédenos llegar a los cien años y gozar de una vida igual a la que han disfrutado los antiguos sabios.

11. No conocemos, ¡oh Adityas!, ni la mano derecha ni la mano izquierda, ni discernimos lo que está ante nosotros ni lo que está detrás. ¡Oh vosotros que dais las moradas!, haced que yo, que estoy desprovisto de ciencia y soy tímido de espíritu, pueda obtener, guiado por vosotros, la luz que está exenta de temor.

12. El que presenta ofrendas a los divinos y verídicos Adityas goza de sus favores constantes; rico, afamado, liberal y lleno de honores, va en su carro al sacrificio.

13. Puro y apacible, poseyendo alimentos en abundancia y rodeado de numerosos descendientes, habita entre las aguas que reparten la fertilidad; nadie puede hacer daño al hombre que está oculto bajo la sabia dirección de los Adityas.

14. Aditi, Mitra y Varuna, tened piedad de nosotros, incluso aunque os hubiéramos ofendido; ojalá Indra, que pueda yo obtener esta gran luz que está exenta de peligro y que las tinieblas de la noche no nos envuelvan al prolongarse.

15. El Cielo y la Tierra se encariñan con el protegido de los Adityas, el cual goza de una verdadera prosperidad, y las lluvias del Cielo le procuran abundancia; victorioso en los combates, defiende su morada y ataca la de su enemigo, siéndole propicias las dos partes de la creación (el Cielo y la Tierra).

16. Adorables Adityas, ojalá que pueda yo subir a vuestro carro protegido por las ilusiones que causáis para ahuyentar a los malos; ojalá que pueda evitar las trampas que tendéis a los impíos como un jinete evita los peligros que encuentra en su camino, y que así podamos gozar en paz de una seguridad infinita.

17. Ojalá que no tenga nunca que exponer a Varuna el estado de miseria de un pariente que me sea querido y que antiguamente hubiera sido opulento y generoso; ojalá que no me falten nunca, ¡oh divino Varuna!, tesoros envidiables y que, rodeado de descendientes perfectos, podamos glorificarte en este sacrificio.

SUKTA VI

(Compuesto por el mismo rishi y dirigido a Varuna)

1. El adorador repite las alabanzas del sabio y radiante Aditya; ojalá que éste pueda presidir a todos los seres; imploro al poderoso Varuna que se muestra favorable a aquellos cuyos homenajes agradecen.

2. Ojalá que podamos, Varuna, gozar de una entera prosperidad, meditando profundamente en ti, invocándote con fervor y consagrándonos a tu culto; te glorificamos diariamente como los fuegos que están encendidos en tu honor a la llegada de la aurora luminosa.

3. Varuna, director soberano de los hombres, ojalá que podamos residir en tu felicidad por hallarte dotado de un valor extremo y glorificarte una multitud numerosa; hijos divinos de Aditi, puesto que estáis por encima de los ataques de vuestros enemigos, tened compasión de nosotros y extended sobre nosotros vuestra benevolencia. rishi y dirigido a Varuna)

4. El hijo de Aditi es nuestro sostén; ha creado todas estas aguas; gracias a la potencia de Varuna corren los ríos sin fatigarse nunca y sin detenerse jamás, y descienden con rapidez como los pájaros que vienen a descansar sobre la Tierra.

5. Separa lejos de mí el pecado, ¡oh Varuna!, como si fuera una cuerda destinada a atarme; haz que obtengamos de ti un canal lleno de agua; no cortes mi hilo cuando estoy ocupado en tejer obras de piedad, no golpees los gérmenes de los ritos sagrados antes de la época de su madurez.

6. Separa todo peligro lejos de mí, ¡oh Varuna!; monarca supremo y verídico, concédeme tu favor, echa lejos de mí el pecado como se echa el lazo que ataba a un cordero; que ninguno que se separa de ti pueda gobernar aunque sólo fuera mientras dura un guiño de los ojos.

7. No nos castigues, ¡oh Varuna!, con esas armas destructoras que acaban con el que comete el mal durante tu sacrificio. ¡Oh tú, que eres el vencedor de tus enemigos!, haz que no abandonemos antes de que llegue nuestro tiempo las regiones de la luz, y dispersa a los malvados a fin de que podamos vivir.

8. En otros tiempo te hemos rendido nuestros homenajes, ¡oh Varuna!, de la misma manera que te los rendimos hoy; ojalá que podamos rendírtelos también en lo futuro a ti, que estás presente en todos los lugares: en ti se hallan reunidos todos los actos santos como en una montaña inmensa, y no pueden ser separados.

9. Varuna, paga las deudas contraídas por mis antepasados y las que contraigo ahora; procura asimismo que no me inquieten por las deudas del prójimo: son. numerosas las mañanas en las cuales no ha habido aurora; devuélvenos la vida, Varuna, a fin de que podamos gozar de días hermosos.

10. Protégenos, Varuna, contra todo peligro con que nos amenace un amigo o un pariente sumido en el sueño; protégenos contra el ladrón o el lobo que intentara destruirnos.

11. Ojalá que no tenga nunca que presentar a Varuna la miseria de un pariente opulento y generoso en otros tiempos: ojalá, ¡oh divino Varuna!, que no me vea nunca privado de seguras riquezas y que, rodeados de descendientes perfectos, podamos glorificarte en nuestros sacrificios.

SUKTA VII

(Compuesto por el mismo rishi y dirigido a los Visvadevas)

1. Adityas protectores de los actos piadosos y que merecéis que os busquen todos los hombres, llevaos lejos de mí el pecado, como una mujer que da a luz en secreto (aleja a su hijo); Mitra y Varuna, sé cuánto bien resulta para nosotros de que escuchéis nuestras oraciones, e invoco vuestra protección.

2. ¡Oh dioses!, sois la inteligencia y el vigor: expulsad a nuestros insolentes enemigos, destruidles enteramente y concedednos la felicidad ahora y en el porvenir.

3. ¿Qué podemos hacer por vosotros, ¡oh dioses!, ahora o en el porvenir? ¿Qué podemos hacer, ¡oh Vasus!, mediante actos continuos de piedad? ¡Oh vosotros!, Mitra, Varuna, Aditi, Indra y Maruts, mantened nuestro bienestar.

4. ¡Oh dioses!, sois verdaderamente nuestros padres; conceded la felicidad a quien os suplica como yo: que vuestro carro no sea lento en acudir al sacrificio; nunca nos cansamos de tener padres como vosotros lo sois.

5. Sólo entre vosotros, he cometido muchas ofensas; corregidlas como un padre corrige a un hijo consentido; lejos de mí, ¡oh dioses!, el pecado y los obstáculos, no cojáis a vuestro hijo como un pajarero coge un pájaro.

6. Deidades adorables, estad presentes hoy, a fin de que, temiendo el peligro, pueda estar seguro de recibir de vosotras un apoyo cordial; protegednos, ¡oh dioses!, contra la rapacidad del lobo; defendednos contra el hombre que quisiera labrar nuestra desdicha.

7. Ojalá que no tenga nunca que presentar a Varuna el estado de miseria de un pariente a quien quiera y que en otro tiempo hubiera sido opulento y generoso; ¡oh divino Varuna!, ojalá que pueda no carecer nunca de tesoros envidiables y que, rodeados de descendientes perfectos, podamos glorificarte en este sacrificio.

SUKTA VIII

(Compuesto por el rishi Gritsamada y dirigido a diversos dioses)

1. Las aguas no cesan de correr en libaciones ofrecidas al divino Indra que envía la lluvia, que anima todas las cosas y que ha matado a Ahi; cada día se desborda el torrente de las aguas; ¿en qué período han sido creadas?

2. Su madre (Aditi) le ha declarado quién era el hombre que había ofrecido sacrificio a Vritra; obedeciendo a su voluntad, los ríos abriéndose su camino, corren diariamente hacia su fin *(el océano).*

3. Cuando se hubo cernido por encima del firmamento, Indra lanzó contra Vritra su rayo temible; envuelto en una nube, Vritra se echó sobre Indra; pero el dios que maneja el arma aguda triunfó de su enemigo.

4. ¡Oh Brihaspati! *(es decir, Indra),* clava con un dardo radiante a los hijos de Asura que guardan sus puertas: destruye. ahora nuestro enemigo, como en otro tiempo mataste a Vritra.

5. ¡Oh tú que resides en las alturas!, lanza desde el Cielo el rayo, cortante como el diamante con el que en otro tiempo has matado a tu adversario; danos la abundancia; haz que tengamos muchos hijos y nietos y rebaños.

6. Indra y Soma, destruid al hombre que ha hecho mal y que ha incurrido en vuestro odio; alentad a los hombres piadosos y generosos que instituyen la ceremonia; protegednos contra todo peligro y haced que el temor sea expulsado del Mundo.

7. Que Indra vele por mí y extienda sobre mí su benevolencia; ojalá que nunca podamos decir a otro: «No repartas la libación del soma». Indra es quien cumplirá mis votos, me dará riquezas, escuchará mis ruegos y me recompensará dándome ganado, porque le ofrezco libaciones.

8. Sarasvati, protégenos; asociado a los Maruts y firme en tus designos, destruye a tus enemigos, mientras que Indra mata al jefe de los Sandikas, quien, lleno de confianza, arrogante en su fuerza, habíase atrevido a desafiar al dios.

9. Descubre al que nos tiende emboscadas y se propone matarnos: hiérele, Brihaspati, con tu rayo cortante y castiga con tus armas a nuestros enemigos; lanza, ¡oh soberano!, tus dardos temibles contra el opresor.

10. De acuerdo con nuestros horoicos compañeros, acaba, ¡oh héroe!, las hazañas por las cuales debes señalarte; durante mucho tiempo nuestros enemigos han estado hinchados de orgullo: destrúyeles y colócanos en posesión de sus tesoros.

11. Deseosos de obtener la felicidad, os glorifico, ¡oh Maruts! y os rindo homenaje; celebro vuestra fuerza, a fin de que podamos gozar cada día de una brillante opulencia, acompañada de numerosos descendientes.

SUKTA IX

(Compuesto por el mismo rishi y dirigido a los mismos dioses)

1. Mitra y Varuna, asociados a los Adityas, a los Rudras y a los Vasus, proteged el carro del sacrificio cuando va de un lugar a otro, como los pájaros que revolotean cuando buscan alimento entregándose a la alegría y descanso en los bosques.

2. Divinidades que nos sois propicias, proteged nuestro carro cuando va a buscar alimento entre el pueblo y va arrastrado por caballos rápidos que, golpeando con sus cascos los altos lugares de la Tierra, levantan el polvo bajo su trote.

3. Poderoso Indra, que lo ves todo y que realizas grandes cosas, uniendo tu vigor al de los Maruts, ojalá que, descendiendo del Cielo, puedas cubrir nuestro carro con una protección invencible, a fin de que poseamos amplios tesoros y una riqueza abundante.

4. Ojalá que el divino Tvashtri, defensor del Mundo, pueda apresurar la marcha de nuestro carro, de acuerdo con las mujeres de los dioses, satisfechas de nuestros homenajes. ¡Ojalá que el radioso Bhaga, el Cielo y la Tierra, el sagaz Pushan y los Asvins, los dos maridos de Surya, puedan apresurar la marcha de nuestro carro!

5. Ojalá que el Día y la Noche, seres divinos y favorables, que se contemplan mutuamente y que animan toda la creación, pueden apresurarla también; ¡oh vosotros, Cielo y Tierra!, os alabo con un himno nuevo y os hago una ofrenda de trigo candeal.

6. Deseamos, ¡oh dioses, repetir vuestras alabanzas, porque los elogios que se os dirigen os hacen propicios; ojalá que Ahirbudhnya, Aja-Ekapad *(Indra)*, Pritus *(Añi)*, Ribhukshin *(Indra)* y Savitri, puedan concedernos alimentos y que, rápido, el nieto de las aguas *(Añi)* pueda hallarse satisfecho de nuestras alabanzas y de nuestro culto.

7. ¡Oh dioses adorables!, deseo que mis fervientes alabanzas os satisfagan; los hombres que quieren obtener de vosotros alimento y fuerza han compuesto himnos para celebraros; ojalá que podáis apresuraros a acudir a nuestra piadosa ceremonia con la velocidad de un rápido corcel.

SUKTA X

(Compuesto por el mismo rishi y dirigido a diversas divinidades)

1. Cielo y Tierra, sed nuestros protectores; trato de obtener vuestros favores mediante mis alabanzas, porque uno y otro podéis distribuir un alimento abundante; deseando riquezas, os glorifico y os celebro dirigiéndoos grandes elogios.

2. Que las malas intenciones de nuestros enemigos no nos sean funestas durante el día ni la noche; no nos abandones, ¡oh Indra!, a la malevolencia de los malvados, no nos separes de tu amistad: míranos con ojo favorable, pues es la gracia que imploramos de ti.

3. Tráenos, en tu benevolencia, la vaca bien nutrida y de miembros regularmente formados, que produce leche en abundancia y da la dicha; te glorifico cada día a ti, a quien la multitud adora, que eres rápido en tus pasos y activo en tus acciones.

4. Mediante alabanzas convenientes invoco a Raka[149], a la que conviene adorar; puesto que otorga la dicha, ojalá que pueda escucharnos y comprender por sí misma nuestro designio; ojalá que pueda coser su trabajo con una aguja infalible: ¡ojalá que pueda concedernos descendientes opulentos y perfectos!

5. Raka, acércate hoy a nosotros con esas intenciones benévolas que te impulsan a dar riqueza al que te hace ofrendas, tú que estás llena de bondad y que esparces millares de bienandanzas.

6. Sinivali de anchas caderas, tú que eres la hermana de los dioses, acepta la ofrenda que te presentamos y concédenos progenitura, ¡oh diosa!

7. Presentad la ofrenda a Sinivali, la protectora de los mortales, que tiene hermosos brazos y hermosos dedos y es la madre de muchos hijos.

8 Invoco a la que es Gangu *(la luna nueva),* que es Sinivali, que es Raka y es Sarasvati; invoco a Indra para tener su protección, y a Varuna para que asegure mi bienestar.

---

[149] Nombre dado a la Luna llena. La Luna nueva está designada por la expresión de Caichu, y el día que la precede se llama Sinivati.

ANUVAKA XXVIII

SUKTA I

(Compuesto por el mismo rishi y dirigido a Indra)

1. Padre de los Maruts, ojalá que tu felicidad pueda extenderse hasta nosotros; no nos expulses de la presencia del Sol; haz que nuestros valientes descendientes puedan triunfar frente a sus enemigos; haz, ¡oh Rudra!, que seamos reproducidos en una posteridad numerosa.

2. Nutrido con los vegetales saludables que das (a los hombres), ¡ojalá que pueda vivir cien años exento de pecados y de enfermedades, triunfante de nuestros enemigos.

3. ¡Oh Rudra!, eres el jefe de todos los seres; tú que tienes el rayo sobrepujas en potencia a los más poderosos; transpórtanos sin riesgo más allá del océano del pecado; rechaza todos los asaltos de la iniquidad.

4. Que nuestros homenajes no provoquen tu cólera, ¡oh Rudra!, por sus imperfecciones; que nuestras alabanzas, indignas de ti, no nos atraigan tu descontento; da vigor a nuestros hijos con tus plantas medicinales, porque sé que eres el médico supremo entre los médicos.

5. Ojalá que con mis alabanzas pueda apaciguar a este Rudra a quien se invoca con oraciones y ofrendas; que el que es de color moreno, tiene el vientre suave y la barbilla bien formada, no nos retire su protección ni nos entregue así a la destrucción.

6. Ojalá que el que reparte beneficios y es el señor de los Maruts pueda conceder un alimento fortificante al que le invoca; ¡ojalá que, exento de pecado, Rudra pueda rendirme propicio y llegar a su felicidad como un hombre abrumado por el calor encuentra un alivio en la sombra!

7. ¿Dónde está, Rudra, tu mano que distribuye la alegría y que cura todas las cosas? ¡Oh tú, que esparces los beneficios y expulsas el pecado, ten prestamente compasión de mí!

8. Dirijo alabanzas fervientes e infinitas al que reparte beneficios, que quiere a todos los hombres y es de una complexión blanca; adorad, prosternándoos, al que consume al pecado: glorifiquemos el ilustre nombre de Indra.

9. Dotado de miembros robustos y adquiriendo numerosas formas, brilla por el fulgor de sus ornamentos de oro: el vigor es inseparable de Rudra, el dueño supremo y el señor de este Mundo.

10. Tú que eres digno de respeto: llevas flechas y un arco; llevas un collar adorable y de múltiples formas; preservas todo este vasto Universo y nadie te sobrepuja en potencia.

11. Glorificad al ilustre Rudra que avanza en su carro, siempre joven, destructor y temible como un animal feroz. Rudra, a quien el elogio hace propicio, otorga la dicha al que te alaba y que tus ejércitos destruyan al que es nuestro adversario.

12. Me inclino ante ti, ¡oh Rudra!, cuando te acercas a nuestra ceremonia, como un hijo se inclina hacia su padre que va a bendecirle; te glorifico, porque das riquezas abundantes y eres el protector de los hombres virtuosos; concédeme hierbas que sean un remedio eficaz para los males.

13. Maruts, solicito de vosotros los medicamentos que son puros y los que procuran una viva satisfacción; los que otorgan la dicha y eran preferidos de Manu[150] nuestro padre, los medicamentos de Rudra, que son un alivio en las enfermedades y una defensa contra el peligro.

14. Ojalá que el dardo de Rudra no nos alcance; ojalá que el disgusto de este dios radioso pase lejos de nosotros: ¡oh tú que repartes beneficios!, desvía tu arco temible de los que presentan ofrendas y vierte la dicha sobre nuestros hijos y nuestros nietos.

15. Tú que amas al Mundo y sabes todas las cosas, divino Rudra, escucha nuestras invocaciones; no rodeados de descendientes te irrites contra nosotros perfectos, te glorifiquemos ni nos destruyas; haz que, en este sacrificio.

---

[150] Sin duda es una alusión á los granos de vegetales, que, según el Mahabarata, Manu recibió orden de tomar con él en el barco en que estuvo guardado en la época del diluvio. Tradición notable en la que puede verse un reflejo en la historia de Noé.

SUKTA II

(Compuesto por el mismo rishi y dirigido a los Maruts)

1. Los Maruts que esparcen las aguas y que, semejantes a leones formidables, están dotados de una potencia irresistible, resplandecen como el fuego, y, cargados de agua, dispersan con su aliento las nubes errantes y hacen caer la lluvia que había reunida en ellas.

2. Maruts, del pecho de oro, desde que el vigoroso Rudra os engendró en el seno duro de Prisni[151]: vosotros que destruís a vuestros enemigos, brilláis con el fulgor de vuestros ornamentos como brillan los cielos con el resplandor de las constelaciones, y haciendo caer la lluvia centelleáis como el rayo, hijo de las nubes.

3. Los Maruts riegan de agua vastas regiones, como los hombres abrevan los caballos excitados en los combates; se inclinan rápidamente sobre la extremidad de las nubes que resuenan: Maruts de casco de oro que agitáis los árboles, acudid con vuestro gamo salpicado de manchas, a fin de recibir los manjares del sacrificio.

4. Los generosos Maruts conceden siempre al que les ofrece sacrificios, como a un amigo, todas las aguas que sostienen la existencia del mundo; son ellos quienes tienen por corceles gamos salpicados de manchas, quienes poseen inagotables riquezas y quienes, sentados en sus carros, avanzan entre las nubes como caballos que corren derechos hacia su meta.

5. Maruts, que estáis bien unidos y bien armados de lanzas brillantes, acudid con vacas fecundas y siguiendo caminos sin obstáculo, a tomad narte en las libaciones del embriagador zumo del soma; venid, como los cisnes corren hacia sus nidos.

6. Maruts que estáis bien unidos, acudid hacia los alimentos que se ofrecen en nuestros sacrificios, como venís para escuchar las alabanzas de los hombres; nutrid la vaca *(la nube)*, a fin de que sea como una mula fecunda; haced que las piadosas ceremonias procuren un abundante alimento al que os adora.

---

[151] Prisni puede traducirse por lo que es de diversos colores. Se da este nombre a la Tierra y al aire. El señor Langlois opina que aquí debe referirse a la nube. Otras leyendas posteriores a los *Vedas* refieren que Rudra, transformado en toro, engendró a los Maruts, cuya madre fue Prisni, que había tomado la forma de una vaca. Ese relato no desmerecería en las *Metamorfosis*, de Ovidio.

7. Concedednos ¡oh Maruts!, este hijo que gozará de la abundancia y que repetirá cada día vuestras alabanzas para impulsaros a venir: dad alimentos a los que os alaban, y al que os glorifica en los combates concededle la liberalidad, la inteligencia y una fuerza invencible.

8. Cuando los generosos Maruts de pecho de oro enganchan sus caballos a un carro, en ocasión favorable, reparten un alimento abundante al que les presenta ofrendas, como una vaca da leche a su ternero.

9. Maruts, que dais morada, protegednos contra la malicia del hombre que mantiene contra nosotros una animosidad semejante a la de un lobo; castigadle con males ardientes y desviad lejos de nosotros su arma mortífera.

10. Maruts, conócese vuestra energía cuando, cogiendo el seno del Cielo, de él habéis exprimido la leche *(la lluvia):* habéis destruido al que ultrajaba a vuestro adorador, v habéis venido; ¡oh hijos irresistibles de Rudra!, después de Trita *(la libación personificada),* con objeto de destruir a sus enemigos.

11. Os invocamos, divinos Maruts, a vosotros que frecuentáis sacrificios tales como éste, a fin de que os halléis presentes en la ofrenda de las libaciones deseables: elevando nuestras cucharas, solicitamos de los poderosos Maruts color de oro una opulencia perfecta y repetimos sus alabanzas.

12. Ojalá que ellos, los primeros que celebraron los ritos de diez meses, puedan cumplir este sacrificio de animarnos nuevamente al amanecer la aurora; así como la aurora oculta la noche con sus rayos de púrpura, igualmente aquéllos disipan las tinieblas por su grande y puro esplendor.

13. Los Rudras, provistos de laúdes armoniosos y decorados de ornamentos color de púrpura, complácense en las moradas de las aguas: dispersando las nubes por su rápido vigor, están dotados de formas deliciosas y bellas.

14. Implorando de ellos su apoyo y riquezas considerables, les glorificamos recitando sus alabanzas, como los cinco grandes sacerdotes que Trita retuvo para cumplir el sacrificio y para protegerle con sus armas.

15. Maruts, ojalá que la protección que lleva a vuestro adorador más allá del pecado y preserva de ultraje al que recita vuestras alabanzas, pueda estar siempre con nosotros y que vuestras buenas disposiciones puedan dirigirse hacia nosotros como una vaca se dirige hacia su ternero.

SUKTA III

(Compuesto por el mismo rishi y dirigido a Apamnapat)

1. Deseoso de alimento, recito este himno; ojalá que el rápido y brillante nieto [152] de las aguas pueda concederme un alimento abundante, ya que le adoro; ojalá pueda procurarnos el bienestar, y que nuestras alabanzas le hagan propicio.

2. Dirijámosle la oración que ha sido concebida en nuestros corazones y ojalá comprenda enteramente su finalidad: él, el señor, el nieto de las aguas, ha engendrado a todos los seres mediante la grandeza de su potencia.

3. Se reúnen algunas aguas que provienen de las lluvias; otras, reunidas ya en la Tierra, se unen con aquéllas, y formando ríos, corren juntas a fin de rendirse propicias al fuego del océano[153]; las aguas puras están reunidas en derredor de los nietos puros y brillantes de las aguas.

4. Las aguas jóvenes y modestas se apresuran en derredor del joven y empiezan a lavarle; en cuanto a él, limpio con manteca clarificada, está reluciente reflejando sus rayos entre las aguas a fin de que gocemos de la abundancia.

5. Tres divinidades hembras[154] presentan alimentos a esta divinidad que está al abrigo de toda injuria, y se extienden como si estuvieran formadas en las aguas, bebiendo él la ambrosía del primer alimento que haya sido creado.

6. Está en él el origen del caballo[155] y de él viene el origen del Mundo: ¡oh nieto de las aguas!, protege a tus piadosos adoradores contra la malquerencia de los que quieren oprimirles. Los que no hacen ofrendas y se entregan a la mentira no llegan hasta la divinidad incomprensible que reside en las aguas.

---

[152] Con frecuencia en los *Vedas* se llama a Añi nieto de las aguas. He aquí cómo se explica esta genealogía. El agua del Cielo da nacimiento a la madera, y la madera da la vida al fuego, a Añi.

[153] El texto dice el fuego, *urva*, lo que puede interpretarse como el fuego de los volcanes submarinos.

[154] Ya han sido citadas: son Ila, Sarasvati y Bharati.

[155] Las leyendas sánscritas dicen que el caballo (de Indra) tomó nacimiento en medio de las ondas; pero las aludidas leyendas han permanecido oscuras a este respecto.

7. El nieto de las aguas, que reside en su propia morada, aumenta el néctar de los cielos y come el alimento de los sacrificios; de él procede la vaca fácil de ordeñar; tomando fuerzas en medio de las aguas, brilla con el propósito de distribuir riquezas a sus adoradores.

8. Todos los demás seres no son sino ramas del que, verídico, eterno y vasto, brilla entre las aguas con un fulgor puro y divino; los vegetales, así como sus productos, han nacido de él.

9. El nieto de las aguas ha subido al firmamento por encima de la región de las nubes que se mueven en las vías tortuosas; los ríos anchos y color de oro espárcense en derredor, llevando su gloria en todas las direcciones.

10. El nieto de las aguas tiene el color y la tez del oro; brilla sentado en un trono de oro, y los que dan oro para los ritos solemnes le presentan alimentos.

11. Hermosa es la figura y hermoso el nombre del nieto de las aguas; éste florece, aunque escondido (por las nubes), las aguas jóvenes sostienen en el firmamento al dios cubierto de oro, porque el agua es su alimento.

12. A él, que es nuestro amigo y el primero entre muchos dioses, es a quien ofrecemos sacrificios; nos prosternamos ante él; yo le nutro con combustible; le sostengo con los platos del sacrificio y le glorifico con mis himnos.

13. Lleno de vigor, él se ha engendrado a sí mismo, como un embrión en estas aguas; es su hijo y las nutre; ellas le cubren de ligera humedad, y el nieto de las aguas, cuyo esplendor no puede oscurecerse, ha descendido a la Tierra bajo la forma del fuego.

14. Las aguas abundantes sostienen a su nieto; corren en su derredor con movimientos espontáneos, cuando él reside en su esfera suprema y esparce a diario el esplendor de sus rayos imperecederos.

15. He venido hacia ti, ¡oh Añi!, que procuras buenas moradas; te dirijo himnos en favor de los hombres opulentos que te presentan ofrendas; ojalá que puedas ser para nosotros todo el bien que los dioses reparten, a fin de que, rodeados de descendientes perfectos, podamos glorificarte dignamente en este sacrificio.

SUKTA IV

(Compuesto por el mismo rishi y dirigido a diversos dioses)

1. La libación que debe serte presentada, ¡oh Indra!, comprende los productos de la vaca y el agua consagrada; los directores de la ceremonia los han exprimido con piedras y los han hecho pasar a través de filtros de lana. Indra, tú que eres el primero de los dioses y que gobiernas el Mundo, bebe el soma que te ofrece el hotri y que está santificado con las exclamaciones de Svaha y de Vashat.

2. Maruts, a quienes se adora juntos mediante sacrificios, que estáis en pie y radiantes en el carro arrastrado por muías salpicadas de manchas, y que provistos de vuestras lanzas lleváis ornamentos espléndidos, ¡oh hijos de Bharata!, conductores en el firmamento sentados sobre la hierba sagrada, bebed el soma que os presenta el hotri.

3. Vosotros, a quienes invocamos con fervor, venid juntos cerca de nosotros y sentados sobre la hierba del sacrificio gozad de vuestro reposo; entonces tú, Tvashtri, que eres el jefe de una cohorte brillante, ven con los dioses y con sus mujeres y regocíjate al complacerte con los manjares del sacrificio.

4. Sabio Añi, conduce aquí a los dioses y ofréceles un sacrificio: ¡oh tú que invocas a los dioses que nos son propicios!, siéntate en los tres altares, acepta la libación del soma que te ofrece el Añidhra y descansa satisfecho con tu porción.

5. Esta libación, ¡oh Indra; aumenta tu vigor: es favorable a la energía de tus armas, a las cuales no es posible resistir; ha sido repartida por ti, ¡oh Maghavan!, y te ha sido aportada del Bruhmona; bebe y que quedes satisfecho.

6. Mitra y Varuna, hallaos el uno y el otro satisfechos del sacrificio y escuchad mi invocación cuan el piadoso hotri recita sucesivamente las antiguas alabanzas; los manjares del sacrificio, rodeados por los sacerdotes, esperan la pareja real: bebed ambos la dulce libación del soma ofrecida por el Plasastri.

OCTAVO ADHYAYA
ANUVAKA XXVIII *(CONTINUACIÓN)*

SUKTA V

(Compuesto por el mismo rishi y dirigido a diversos dioses)

1. ¡Oh Dravinodas!, estad satisfechos de los manjares del sacrificio que se os presenta como la ofrenda del hotri; éste desea, ¡oh sacerdotes!, una amplia libación; presentádsela y será vuestro bienhechor; bebed, ¡oh Dravinodas!, bebed con los Ritus el soma, ofrenda del hotri (el sacerdote que ofrece el sacrificio).

2. El que invocaba antiguamente y el que invoca ahora son en verdad dignos de que se les invoque, porque tienen fama por sus bienandanzas; la libación del soma ha sido traída por los sacerdotes; bebed; ¡oh Dravinodas!, bebed con los Ritus el soma, ofrenda del hotri.

3. Ojalá que los que te llevan puedan sentirse satisfechos; dueño de la floresta, sé firme y perseverante en tus resoluciones; no haciendo mal a nadie, ven y sednos favorable. Bebed, ¡oh Dravinodas!, bebed con los Ritus el soma, ofrenda del hotri.

4. Ya que él haya bebido el soma ofrecido por el hotri, ya que haya sido transportado por la ofrenda del hotri, ya que se haya sentido satisfecho por los manjares del sacrificio presentados por el Neshtri, que los Dravinodas beban la copa llena de un líquido delicioso y no filtrado, y la cuarta ofrecida por el sacerdote.

5. Enganchad hoy, ¡oh Asvins!, el carro que os trae, ¡oh directores de la ceremonia!, y colocándoos ante nosotros mezclad las ofrendas con el dulce zumo; vosotros que poséis un alimento abundante, venid y bebed el soma.

6. Añi, hállate satisfecho del combustible; siéntete satisfecho de la ofrenda; hállate satisfecho de la oración sagrada que es buena para el hombre; siéntete satisfecho de las alabanzas santas, asilo de todos los hombres; Añi, tú que deseas aceptar la ofrenda, haz que todos los dioses poderosos tengan la misma intención; ven con ellos y con los Ritus a beber la ofrenda.

SUKTA VI

(Compuesto por el mismo rishi y dirigido a Savitri)

1. En verdad, el divino Savitri que lleva el Mundo ha estado presente continuamente para la generación de los mortales, porque tal es su empleo; en verdad, concede la opulencia a sus piadosos adoradores; ojalá pueda conceder al que le presenta esta ofrenda todo aquello de que tiene necesidad para su bienestar.

2. Habiéndose levantado el divino Savitri de amplias manos, extendió sus brazos para hacer las delicias de todos los hombres; las aguas purificantes corren para el cumplimiento de sus ritos y el aire circula y juega en el firmamento.

3. El Sol, siempre en movimiento, se liberta por sus rápidos rayos; ha detenido verdaderamente al que se hallaba en el momento de partir; reprime los derechos que los guerreros sienten por los combates, porque la noche sigue a la cesación del empleo de Savitri.

4. La noche envuelve al Mundo como a una mujer que teje un vestido; el hombre prudente deja a un lado, en medio de su trabajo, la obra que es capaz de ejecutar; pero todos se levantan y salen de su reposo cuando el divino Sol, que no conoce la fatiga y que ha dividido las estaciones, aparece de nuevo.

5. El esplendor de Añi se expande a través de las diversas moradas y preside toda clase de manjares destinados al sacrificio; la madre (la aurora) ha asignado a su hijo *(Añi)* la mejor porción en los sacrificios.

6. El guerrero ardiente por la victoria a donde ha ido a combatir, vuelve de nuevo, porque todos los seres dotados de noción aman el lugar en donde habitan; abandonando su trabajo medio ejecutado, el labrador regresa a su morada cuando ha sido suspendida la función del divino Savitri.

7. Los animales buscan en los lugares secos el elemento acuoso que tú has reunido en el firmamento; has designado los bosques para los pájaros, y nadie opone obstáculo a las funciones del divino Savitri.

8. Varuna *(el Sol nocturno o escondido)*, siempre en movimiento, concede a todas las criaturas animadas un lugar de reposo fresco, accesible y agradable cuando se cierran los ojos del divino Savitri; todo pájaro y todo animal se retiran a sus nidos cuando Savitri ha dispersado a los demás seres de los diversos lugares.

9. Invito con un profundo respeto a venir para mi bien a este lugar al divino Savitri, cuyas funciones no se ven turbadas por Indra, ni por Varuna, ni por Mitra, ni por Aryaman, ni por Rudra, ni por los enemigos (de los dioses).

10. Ojalá que aquel a quien adoran los hombres y es el protector de las mujeres de los dioses pueda velar por nosotros; le adoramos porque nos es favorable; es el objeto de nuestras meditaciones y su sabiduría es infinita; ojalá que podamos ser amados del divino Savitri, a fin de gozar de la dicha que procuran las grandes riquezas y numerosos rebaños.

11. Ojalá que la opulencia deseable que nos concedes, ¡oh Savitri!, pueda venirnos del Cielo, de las aguas y de la Tierra, y que podamos compartir la dicha que pertenece a la raza de los que te alaban, porque repito con celo tus alabanzas.

SUKTA VII

(Compuesto por el mismo rishi y dirigido a los Asvins)

1. Asvins, descended, como las piedras que caen, con objeto de destruir a nuestros enemigos; apresuraos, como los buitres se dirigen hacia un árbol, a acudir en presencia de vuestros adoradores; estad presentes en el sacrificio como dos brahmanes repiten himnos; venid como dos mensajeros reales a quienes el pueblo acoge con entusiasmo.

2. Poniéndoos en movimiento desde la aurora, como dos héroes en un carro, como un par de cabras, como dos mujeres de formas graciosas o como un marido y su mujer, venid juntos hasta los hombres, vosotros que sabéis de qué manera deben ser celebrados los ritos sagrados, y esparcid la dicha sobre el que os adora.

3. Venid hacia nosotros, antes que los demás dioses, como una pareja de caballos o de bueyes que siguen un camino, como una pareja de Tchakravakhas[156] espera el día; ¡oh vosotros que sois los vencedores de vuestros enemigos y sois como guerreros llevados sobre carros capaces de cumplir todas las cosas!, venid a nuestra presencia.

4. Trasladaos más allá del mar de la vida como dos navíos; transportaos más allá de los lugares difíciles como los ejes y las ruedas de un carro; sed como dos perros que desvían de nosotros todo ataque y protegednos como dos cotas de malla.

5. Irresistibles como dos huracanes y rápidos como dos ríos, estad vigilantes para mantener el bienestar de nuestros cuerpos y conducidnos a la adquisición de una opulencia perfecta.

6. Como dos libros que dicen dulces palabras, como dos senos que suministran el alimento necesario para nuestra existencia, sed para nosotros como dos narices que protegen a nuestras personas y como dos orejas para escuchar sonidos agradables.

7. Asvins, sed como dos manos y dadnos siempre vigor; como el Cielo y la Tierra, esparcid sobre nosotros la lluvia; dad un buen corte a las alabanzas que se os dirigen como se afila un hacha sobre una muela.

8. Los Gritsamadas han compuesto esta oración para celebraros, ¡oh Asvins!: sednos propicios, ¡oh directores de las ceremonias sagradas!, y venid aquí a fin de que, rodeados de descendientes perfectos, podamos dignamente glorificaros en este sacrificio.

---

[156] Tchakravakhas, vida roja, *anas catarca*.

SUKTA VIII

(Compuesto por el mismo rishi y dirigido a Soma y a Pushan)

1. Soma y Pushan[157], ambos sois los generadores de las riquezas, los generadores del Cielo y de la Tierra; desde vuestro nacimiento, sois los guardianes del Mundo entero, y los dioses han hecho de vosotros la fuente de la inmortalidad.

2. Los dioses soñaron en estas dos divinidades en el momento de su nacimiento, porque expulsan las tinieblas desagradables; con Soma y Pushan es con quienes Indra ha engendrado la leche que dan las terneras *(es decir, la lluvia que esparcen las nubes)*.

3. Soma y Pushan, vosotros que repartís las bienandanzas, dirigid hacia nosotros, en carro de las siete ruedas, la medida de las esferas, que hay en todo lugar, guiado por cinco riendas y enganchado por el pensamiento.

4. Uno de ellos *(Pushan)* ha establecido su morada en el Cielo; el otro *(Soma)* ha fijado la suya en la Tierra y en el firmamento: ojalá que los dos puedan concedernos amplias riquezas y numerosos rebaños, fuente de placeres.

5. Uno de vosotros *(Soma)* ha engendrado a todos los seres, y el otro va contemplando el Universo. ¡Oh Soma y Pushan!, proteged nuestras piadosas ceremonias y que, gracias a vosotros, podemos triunfar frente a todos los ejércitos de nuestros enemigos.

6. Que Pushan, que es el bienhechor de todos los hombres, sea propicio en esta piadosa ceremonia; que Soma, el señor de la riqueza, nos conceda la abundancia; que Aditi, que no tiene adversario, nos proteja a fin de que, rodeados de descendientes perfectos, podamos dignamente glorificaros en este sacrificio.

---

[157] Pushan, el Sol que brilla en el Cielo. La expresión del Soma parece designar la Luna en diversos pasajes de este himno.

SUKTA IX

(Compuesto por el rishi Gritsamada y dirigido a diversas divinidades)

1. Vayu, tú que eres el poseedor de mil carros y de los corceles Niyut, ven a beber el zumo del soma[158].

2. Vayu, poseedor de los corceles Niyut, acércate; has aceptado este jugo brillante, porque acudes a la morada del que presenta la ofrenda.

3. Directores de los ritos, Indra y Vayu, dueños de los corceles Niyut, venid y bebed hoy la mezcla de leche y del jugo puro del soma.

4. Mitra y Varuna, se os ofrece esta libación, porque amáis la verdad: escuchad las súplicas que os dirijo.

5. Soberanos que no ejercéis la presión, sentaos en esta sala elegante vasta que soportan mil columnas.

6. Ojalá que estos dos monarcas universales, hijos de Aditi, nutridos de manteca clarificada y señores de la liberalidad, puedan ser favorables a su adorador.

7. Asvins, en quien no hay mentira, y Rudras, id por una senda directa al sacrificio en donde los directores del rito sagrado beben la libación, y que el que lo ofrece reciba su recompensa en vacas y en caballos.

8. Vosotros, que repartís la riqueza, traednos los tesoros, y que los malos, nuestros enemigos, no puedan quitárnoslos.

9. Valerosos Asvins, traednos riquezas de diversas clases y tesoros que engendren otros tesoros.

10. Ojalá que Indra pueda alejar de nosotros todo peligro serio, pues es resuelto y ve todas las cosas.

11. Si Indra vela por nuestra dicha, no vendrá el mal tras de nosotros y tendremos el bien delante.

12. Que Indra, que ve todas las cosas y es el vencedor de sus enemigos, nos envíe la seguridad que pueda rodearnos por todas partes.

13. Venid aquí, dioses universales; escuchad mis oraciones; sentaos sobre la hierba sagrada.

14. Este brebaje sabroso y embriagador lo han preparado para vosotros los Sunahotras; bebedlo hasta saciaros.

15. Maruts, cuyo jefe es Indra, y divinidades cuyo bienhechor es Pushan, escuchad nuestras súplicas.

16. Saravati, la mejor de las madres, la mejor de las fuentes, la mejor de las diosas, estamos desprovistos de toda fama; concédenos la distinción.

---

[158] Esta estancia, así como otras varias de este himno, figura también en el *Yadjur-Veda*. Algunas figuran también en el *Sama-Veda*.

17. En ti, divina Saravati, están reunidas todas las existencias; regocíjate, ¡oh diosa!, entre las Sunahotras; concédenos la posteridad.

18. Saravati, que abundas en alimentos, que abundas en aguas, senos propicia y acepta las ofrendas que te presentan los Gritsamadas y que deberán serte agradables, como preciosas a los ojos de los dioses.

19. Que las dos divinidades *(el Cíelo y la Tierra)* que hacen eficaz el sacrificio acudan cerca del altar; os imploramos a una y otra, para que vengáis, en unión de Añi, que trae las ofrendas.

20. Cielo y Tierra, traed hoy a los dioses a nuestro sacrificio que aspira al Cielo y que da los medios de llegar a la beatitud.

21. Ojalá que los dioses adorables y desprovistos de malicia pueden sentarse hoy cerca de vosotros a fin de beber el jugo del soma.

SUKTA X

(Compuesto por el mismo rishi y dirigido a un pájaro o a Indra bajo la forma de un pájaro)

1. El Kapinjala[159] lanza gritos repetidos y anuncia por adelantado lo que debe ocurrir; da a su voz una dirección conveniente, como un piloto guarda una embarcación; sé, ¡oh pájaro!, un presagio de dicha sin que te alcance ninguna calamidad.

2. Que ningún gavilán ni águila alguna te mate; que ningún arquero te alcance con sus fechas; lanzando gritos repartidos en la región de los Pitris, sé un presagio de dicha; ¡oh tú, que anuncias la felicidad!, háblanos en esta ocasión.

3. Pájaro que eres el presagio de la dicha y que anuncias la felicidad, grita por el lado sur de nuestras moradas; que ningún ladrón, ningún malhechor pueda dañarnos, y que, rodeados de descendientes perfectos, podamos dignamente elogiarte en este sacrificio.

---

[159] El francolín. Los hindúes suponen que este pájaro se nutre del agua de las nubes y que la llama con sus gritos. De esa forma anuncia la lluvia y puede comparársele a Indra, que vive en el aire, igual que este volátil v que por el ruido del trueno presagia la lluvia.

SUKTA XI

(La misma observación)

1. Que los dioses, buscando su alimento según la estación, proclamen sus idas y venidas como los que celebran los ritos sagrados; el kapinjala eleva la voz como el que canta los versos del Soma (Veda) y mediante ritmos diversos encanta a sus auditores.

2. ¡Oh pájaro!, cantas como el Udyatri que canta el soma; murmuras como el Brahmaputra cuando los sacrificios; lo mismo que un caballo que relincha al aproximarse a una yegua, tú nos anuncias en voz alta por tu parte la prosperidad: anúncianos igualmente la dicha que esperamos.

3. Elevando la voz, pájaro, proclama la prosperidad; cuando guardas silencio, conserva pensamientos que nos sean favorables; cuando grites volando, que el sonido de tu voz sea como un laúd[160], a fin de que, rodeados de descendientes perfectos, podamos dignamente elogiarte en este sacrificio.

---

[160] Así es como el señor Wilson traduce el vocablo del texto *corcari*. El señor Langlois supone que acaso pueda tratarse de un instrumento semejante a un tambor.

NOVENO ADHYAYA
ANUVAKA XXIX

SUKTA I

(Compuesto por el rishi Visvamitra[161] y dirigido a Añi)

1. Dame fuerza, ¡oh Añi!, puesto que has hecho de mí el que lleva el soma, a fin de ofrecértelo durante el sacrificio; honrando a los dioses que están presentes, cojo la piedra (para exprimir el jugo) y los invoco; Añi, concédeme tu protección.

2. Hemos cumplido, Añi, un sacrificio feliz; que nuestras alabanzas te glorifiquen cuando te rindo homenaje; desde lo alto del Cielo, los dioses desean las adoraciones de los hombres
piadosos que se apresuran a celebrar al poderoso Añi.

3. Los dioses han descubierto al poderoso Añi escondido entre las aguas de los ríos, con objeto de servir para los actos sagrados; Añi es inteligente, robusto y amable; desde su nacimiento ha concedido la dicha al Cielo y a la Tierra.

4. Los siete grandes ríos[162] aumentaron en potencia al puro y radioso Añi en seguida que nació, lo mismo que las yeguas cuidan al potro que acaba de recibir la vida; los dioses han velado sobre el cuerpo de Añi desde su nacimiento.

---

[161] Visvamitra es un personaje importante en las leyendas de la India. Descendía de Kusa, rey de la dinastía lunar, de la cual él mismo fue un monarca. Fue el antepasado de un gran número de santos y de soberanos, y pertenecía a la casta de los Kshatryas (o guerreros) y por sus austeridades obligó a Brahma a admitirle en la orden de los brahmanes, en la que quería colocarse con objeto de ser igual a Vasishtha, con el que se había querellado. Algunos *Pura-Nas* hablan de esta circunstancia, pero en donde es referido con más detalle y de un modo curioso e interesantísimo, es en el *Ramayana*. (Véase mi traducción en esta misma colección «Tesoro Literario».)

[162] No se ha llegado a un acuerdo acerca de los nombres modernos de los siete grandes ríos a que se refieren las antiguas poesías sáncritas. Sin embargo, créese en general que se trata de siete cursos de agua que forman las embocaduras del Ganges: el Hougly el Mullah, etc. Es, curioso que ya los romanos conocían esta circunstancia, pues se lee en la *Eneida*, IX, 30: Ceu septen surgens sedatis omnibus altus Per tacitum Ganges... (VIRGILIO: *Eneida*. IX, 30-31.)

5. Extendiendo en el firmamento sus miembros radiantes, santificando las ceremonias mediante s u energía inteligente y pura y revestido de esplendor, Añi concede a los que le adoran un alimento abundante y una prosperidad inmensa y constante.

6. Añi se dirige por todos lados hacia las aguas que no devoran ni son devoradas; el vasto retoño del firmamento no está vestido ni está desnudo; los siete ríos eternos y siempre jóvenes, salidos de la misma fuente, han recibido a Añi como a su hijo común.

7. Reunidos en el seno de las aguas, sus rayos se extendieron a lo lejos presentando todas las formas; son aquí de una gran eficacia para esparcir el dulce jugo, lo mismo que las vacas fecundas dan leche en abundancia; el Cielo y la Tierra, dioses poderosos, son los dignos padres del gracioso Añi.

8. Hijo de la fuerza, tú que sostienes todas las cosas, brillas porque posees rayos centelleantes y rápidos; cuando el robusto Añi se ve glorificado pollas alabanzas que se le otorgan, entonces descienden los torrentes de una dulce lluvia.

9. Cuando nació conoció el seno de su madre; dejó caer torrentes de lluvia e hizo escuchar el rayo de su voz; nadie podía descubrirle cuando estaba escondido en las profundidades con sus felices compañeros *(los vientos)* y las aguas abundantes del firmamento.

10. Quiso al germen del padre *(el firmamento)* y del generador del Mundo; él solo consume un gran número de plantas florecientes; las esposas *(del Sol [es decir, el Cielo y la Tierra]),* que son benevolentes para el hombre, son las dos madres de este dios puro que reparte bienandanzas; ¡oh Añi!, protégelas siempre.

11. El gran Añi se extiende sobre el firmamento vasto y sin límites porque las aguas suministran un alimento abundante; él duerme tranquilo en la patria de las aguas a fin de servir a los ríos que son hermanos.

12. El invencible Añi, que ama a aquellos cuya bravura se destaca en los combates, deja verse de todos los seres y brilla por su propio fulgor; es el generador del Mundo, el embrión de las aguas, el jefe de los directores y el poderoso; él es quien ha engendrado las aguas en provecho del que ofrece la libación.

13. El bosque favorable ha engendrado al gracioso embrión de las aguas y de las plantas, aquel cuyas formas son numerosas; los dioses se han acercado a él con respeto y desde su nacimiento han adorado al excelso y poderoso *Añi.*

14. Soles poderosos, semejantes a relámpagos luminosos, se asocian a Añi que brilla por sí mismo y que es poderoso en su residencia como en una profunda caverna; dichos soles toman la ambrosía del océano sin límites.

15. Te adoro haciéndote ofrendas porque he instituido la ceremonia; aspirando a tu favor, imploro tu amistad; concede, así como los dioses, tu protección al que te ensalza; presérvanos con los rayos bien dispuestos.

16. Ojalá que acercándonos a ti, benévolo Añi, cumpliendo todos los actos santos que son la causa de la opulencia, y presentándote con fervor ofrendas abundantes, podamos triunfar contra los ejércitos enemigos carentes de dioses.

17. ¡Oh Añi!, tú que eres el heraldo venerable de los dioses y que durante todos los ritos sagrados resides apaciblemente en medio de los mortales, tal como el conductor de un carro, tú sigues a los dioses cumpliendo sus deseos.

18. El ser inmortal está sentado en la morada de los mortales que realizan sus sacrificios; Añi, que conoce todos los ritos sagrados, brilla con más fulgor y se engrandece cuando se nutre de manteca clarificada.

19. Ven a nosotros con benevolencia, concédenos tu poderoso apoyo, tú que eres grande y que penetras por todas partes, concédenos amplias riquezas al abrigo de todo ataque, puesto que tienes la fama.

20. Me dirijo a ti, ¡oh Añi!, que existes desde luengos tiempos; te presento estas súplicas eternas lo mismo que las antiguas; estos sacrificios solemnes se ofrecen al que esparce bienandanzas y que en cada nacimiento se establece entre los hombres y posee el conocimiento de todo lo que existe.

21. El imperecedero Jatavedas, que a cada nacimiento ha ido estableciéndose entre los hombres, es iluminado por los Visvamitras; ojalá que, gozando de su favor, podamos ser siempre objeto de la condescendencia de esta adorable deidad.

22. Poderoso Añi, tú que realizas las buenas obras, lleva con alegría nuestros sacrificios a los dioses; tú que los invocas, concédenos un alimento abundante; otórganos, ¡oh Añi!, una gran riqueza.

23. Concede, ¡oh Añi!, al que presenta la ofrenda los medios de celebrar muchos ritos piadosos y de convertirlos en perpetuos; ojalá que en nuestra raza puedan nacer hijos y numerosos nietos y que tu buena voluntad se halle siempre entre nosotros.

SUKTA II

(Compuesto por Visvamitra y dirigido a Añi bajo el nombre de Vaisvanara)

1. Ofrecemos a Añi, que es Vaisvanara, que hace aumentar las aguas, alabanzas tan dulces como la leche clarificada; los sacerdotes y el adorador excitan por sus ritos piadosos al que invoca a los dioses a realizar su doble función[163], como un carpintero construye un carro.

2. Añi iluminó por su nacimiento el Cielo y la Tierra, fue el hijo digno de elogio; el imperecedero Añi que lleva las ofrendas y da el alimento es el guía de los hombres, cuando se le rodea de gran esplendor.

3. Los dioses dotados de inteligencia han dado nacimiento a Añi durante variadas ceremonias; con este fin han hecho uso de un vigor conservador. Deseoso de alimento, ensalzo al gran Añi que brilla por el esplendor del Sol y qué es vigoroso como un caballo.

4. Deseando un alimento abundante y sano, solicitamos las dádivas del adorable Vaisvanara, de Añi, el bienhechor de los Bhrigus, el objeto de nuestros deseos; conoce todo el pasado y brilla con un esplendor celeste.

5. Unos hombres que han extendido la hierba sagrada y mantienen en alto sus cucharas colocan ante ellos en esta solemnidad, con el fin de obtener la dicha, a Añi, el cual da el alimento y está resplandeciente, es el bienhechor de todos los dioses, el que aparta el peligro y cumple los actos santos del sacrificador.

6. Añi, dotado de un puro fulgor y que invoca a los dioses: hombres deseosos de adorarte, han extendido la hierba sagrada; ven a la morada que te conviene cerca de los sacrificios y da la opulencia a los que te adoran.

7. Añi ha llenado el Cielo, la Tierra y el vasto firmamento, por ser él quien desde su nacimiento han acogido los hombres que realizan los ritos sagrados; él, el sabio y distribuidor de los alimentos, es conducido como un caballo cerca del sacrificador con el fin de obtener alimento.

8. Respetad al que lleva las ofrendas a los dioses, a aquel cuyo sacrificio es aceptable; adorad al que da a conocer todo lo que existe y es favorable a nuestras moradas; Añi es el conductor del gran sacrificio, pues él es quien lo ve todo y ha sido colocado frente a los dioses.

---

[163] Encended el *garhapatva* o fuego doméstico, y el *ahavaniga* o fuego del sacrificio.

9. Deseando los inmortales que se presentara, han santificado los tres esplendores que esparce el poderoso Añi; uno de ellos lo han colocado en el Mundo de los mortales, a fin de nutrir a todos los seres, y los otros dos han sido (transportados) a la esfera vecina.

10. Deseando los mortales la riqueza, con sus alabanzas han dado brillo al dueño de los hombres, al sabio Añi, lo mismo que aumentan el lustre de un hacha puliéndola; esparciéndose por todas partes, Añi atraviesa igualmente los lugares elevados y los que están bajos, y en estas regiones ha tomado la forma de un niño en el seno de su madre.

11. El que reparte bienandanzas y ha sido engendrado en numerosos sitios, florece y ruge en diversos lugares como un león: Vaisvanara el resplandeciente, el inmortal, da preciosos tesoros al que le presenta ofrendas.

12. Glorificado por sus adoradores, Vaisvanara subía en otros tiempos al Cielo que está por encima del firmamento; hoy da la riqueza a sus adoradores como lo hizo antiguamente, siguiendo siempre vigilante el camino común a los dioses.

13. Para poseer riquezas, imploramos al brillante Añi que se mueve en numerosos lugares y esparce rayos centelleantes; Añi, poderoso, venerable, sabio, adorable y residiendo en el Cielo; el viento le ha traído a la Tierra.

14. Imploramos al poderoso y generoso Añi que da el alimento y que está sentado en el umbral del Cielo; brilla cuando el sacrificio; a él es a quien deben buscar todos los hombres pues lo ve todo: es el emblema del cielo, reside en la luz y debe despertarse con la aurora.

15. Pedimos la opulencia al adorable Añi que invoca a los dioses, que es puro, liberal, digno de elogios, que ve todas las cosas y que, como un carro, tiene numerosos colores, es elegante en su forma y siempre el amigo del hombre.

SUKTA III

(Compuesto por el mismo rishi y dirigido al mismo dios)

1. Adoradores inteligentes, ofreced al poderoso Vaisvanara objetos preciosos para las santas ceremonias, a fin de que éstas puedan ser agradables a los dioses, porque el inmortal Añi adora a los dioses; que nadie viole los deberes eternos.

2. El gracioso mensajero de los dioses va entre el Cielo y la Tierra; sentado en el altar y colocado ante los hombres orna con sus rayos las vastas salas (del sacrificio); abundan en sabiduría y es el órgano de los dioses.

3. El sabio adora en piadosas ceremonias a Añi, que es el signo de los sacrificios; los que recitan las alabanzas de Añi multiplican sus actos de piedad en la ceremonia de donde sale la esperanza de la dicha.

4. El padre de los sacrificios, el que fortifica al sabio, que es el fin del rito y la instrucción del sacerdote, Añi, que está esparcido por el Cielo y la Tierra bajo numerosas formas y es el amigo del hombre posee la sabiduría y el esplendor, siendo glorificado por el que le adora.

5. Los dioses han colocado en este Mundo al delicioso Añi en un carro magnífico; él es el Vaisvanara de color moreno, sentado en las aguas, sabiéndolo todo penetrado por todas partes, ilustre y dotado de una energía poderosa.

6. Cumpliendo en todas sus partes el sacrificio que ofrece a los dioses, de acuerdo con los sacerdotes, el que les adora, Añi, rápido y humilde, el destructor de sus enemigos, pasa entre el Cielo y la Tierra.

7. Añi, elogia a los dioses a fin de que podamos gozar de descendientes perfectos y de una larga vida, ríndelos propicios mediante libaciones; concédenos abundantes cosechas; siempre vigilante, concede alimentos al respetable instituidor de esta ceremonia; tú eres el que desean los dioses, tú eres el objeto de los actos fervientes de los hombres piadosos.

8. Los directores de los ritos santos, prosternándose, alaban al poderoso dueño del pueblo, el huésped de los hombres, el que desean los sacerdotes, el que es la exposición del sacrificio y está dotado de una energía divina.

9. El resplandeciente y adorable Añi, montado en un carro afortunado, ha cogido con su vigor la Tierra entera; glorifiquemos con alabanzas convenientes los actos de este amigo de la especie humana.

10. Celebro tu potencia, Vaisvanara; tú conoces todas las cosas; en cuanto has nacido, Añi, te has ocupado de los dominios del espacio, el Cielo y la Tierra, y has comprendido en ti mismo todos estos objetos.

11. Una gran opulencia deriva de los actos que son agradables a Vaisvanara; el sabio Añi es el único que concede la recompensa por el celo desplegado en su culto; Añi nació adorando a sus dos amigos prolíficos el Cielo y la Tierra.

SUKTA IV

(Compuesto por el mismo rishi y dirigido a los Apris)

1. Añi, iluminado en diversas ocasiones, despiértate en disposiciones favorables; tú que brillas con fulgor, conserva la intención de concedernos riquezas; conduce, divino Añi, los dioses al sacrificio; ¡oh tú que eres el amigo de los dioses!, presta un servicio a tus amigos.

2. Tanunapat, a quien los dioses Mitra, Varuna y Añi adoran tres veces cada día, haz que este sacrificio que engendra la lluvia nos procure agua en abundancia.

3. Ojalá que toda esta alabanza conveniente pueda llegar al que invoca a los dioses; que venga a adorar al que reparte las bienandanzas; y que el adorable Añi, impulsado por nuestras instancias, adore a los dioses.

4. En los sacrificios ha sido preparado para vosotros dos un camino que se eleva; se inflaman las ofrendas y suben por los aires; el que invoca a los rishi y dirigido a los Apris) dioses está sentado en el centro de la sala radiosa; extendamos la hierba sagrada para que sirva de asiento a los dioses.

5. Los dioses que dan la lluvia al Universo están presentes en las siete ofrendas de los sacerdotes cuando se los invoca con sinceridad; ojalá que las numeras divinidades que son engendradas bajo formas sensibles en los sacrificios puedan venir a nuestras ceremonias.

6. ¡Ojalá que el Día y la Noche, objetos de adoración reunidos o separados, puedan manifestarse bajo una forma corporal, de modo que Mitra, Varuna e Indra, acompañados por los Maruts, nos regocijen con su gloria!

7. Adoro a los dos seres divinos que invocan a los dioses; las siete personas que ofrecen los manjares de los sacrificios, en espera del agua, complacen a Añi presentándole ofrendas; los ilustres observadores de los ritos sagrados le han saludado en toda ceremonia como identificándose verdaderamente con el agua.

8. Pueda Bharati *(el Sol)*, asociado con los Bharatis *(los rayos solares)*, *(la Tierra)* con los dioses y los hombres, y Sarasvati *(el Cielo)* con los Sarasvatas *(las regiones inferiores del firmamento)* puedan estas tres divinidades sentarse sobre la hierba sagrada extendida ante ellos.

9. Divino Tvashtri, siéntete satisfecho de nosotros y concédenos un hijo robusto, piadoso, que maneje las piedras que maceran el soma y esté lleno de respeto para los dioses.

10. Vanaspati, trae a los dioses cerca de nosotros; ojalá que Añi, el sacrificado pueda preparar la víctima; que aquel que es la verdad oficie como el sacerdote, porque realmente conoce el nacimiento de los dioses.

11. Añi, iluminado y resplandeciente, ven cerca de nosotros en el mismo carro que Indra y que los dioses que se mueven con agilidad; que Aditi, la madre del hijo perfecto, se siente sobre la hierba sagrada y que los dioses inmortales se consideren satisfechos de la ofrenda que se les presenta con respeto.

SUKTA V

(Compuesto por el mismo rishi y dirigido a Añi)

1. El sagaz Añi, que conoce la aurora, se despierta para seguir los caminos de los sabios; el luminoso Vahni, iluminado por los hombres piadosos, ha hundido las puertas de la oscuridad.

2. El adorable Añi se ha engrandecido mediante los himnos, las oraciones y los elogios de sus adoradores; émulo de las glorias del Sol, el mensajero de los dioses brilla cuando la aurora comienza a lucir.

3. Añi, el embrión de las aguas, el amigo de los hombres piadosos, cumple con fidelidad todos los deseos; ha sido colocado por los dioses entre los hombres descendientes de Manu; digno de deseo y de adoración, ha tomado asiento en un lugar elevado en donde Añi debe recibir las ofrendas de los hombres piadosos.

4. Cuando Añi está iluminado es Mitra, y como Mitra, invoca a los dioses; Varuna es Jatavedas; Mitra es el sacerdote que oficia; Damunas es el agitador (Vayu); Mitra es el asociado de los ríos y las montañas.

5. El gracioso Añi protege el lugar primitivo de la Tierra puesta en movimiento; con su potencia protege el camino del Sol; protege la tropa de las siete cabezas de los Maruts, en la región central, entre el Cielo y la Tierra, y protege las ofrendas embriagadoras de los dioses.

6. El poderoso y divino Añi, que conoce todas las cosas que es posible saber, ha querido que el agua bella y digna de elogio, fuese su piel brillante, su asilo mientras se extiende para entregarse al sueño, y siempre vigilante la preserva.

7. Añi ha fijado su morada en un asilo brillante, digno de elogios que desea recibirle tanto como Añi aspira a penetrar en él; resplandeciente, puro, vasto y purificante, Añi renueva en diversas ocasiones a sus padres *(el Cielo y la Tierra).*

8. Desde su nacimiento Añi ha crecido por las plantas que de la humedad obtienen su crecimiento y su belleza; ojalá que pueda protegernos mientras se halla en el seno de sus padres.

9. Nutrido por el combustible y recibiendo nuestros elogios, el poderoso Añi, colocado en el altar, que es el ombligo de la Tierra, bajo la forma del firmamento, ha brillado con un vivo resplandor; ojalá que el benévolo y admirable Añi, que respira en medio del Cielo y es el mensajero de los dioses, pueda traerles al sacrificio.

10. El podero Añi es la más perfecta de las luces celestes; ha sostenido el Cielo con su resplandor cuando el viento hacia brillar al que llevaba las ofrendas hasta entonces escondidas en una caverna sustraída a las miradas de los Bhrigus.

11. Añi, concede al que te presenta ofrendas numerosos rebaños, como medio de celebrar un gran número de ceremonias piadosas o de convertirlas en piadosas; haz que en nuestra raza nazcan hijos y nietos y que tu bondad sea siempre con nosotros.

SUKTA VI

(Compuesto por el mismo rishi y dirigido a Añi)

1. Fervientes sacerdotes a quienes inspira la oración, traed aquí la cuchara destinada al culto de los dioses y que debe ser colocada al lado sur del altar, y, dirigida hacia el oriente, llena con los manjares del sacrificio, conteniendo la ofrenda y plena de manteca clarificada, se dirige hacia Añi.

2. Desde su nacimiento, Añi llenó el Cielo y la Tierra; ¡Oh tú a quien se ofrece el sacrificio!, excedes en grandeza al Cielo y a la Tierra; ojalá que los fuegos de siete lenguas puedan ser glorificados.

3. El firmamento, la Tierra y los dioses adorables desean tus favores para que el sacrificio sea completo, cada vez que los piadosos descendientes de Manu, al aportar ofrendas, glorifican tu llama radiosa.

4. El grande y adorable Añi está firmemente sentado en su trono espacioso entre el Cielo y la Tierra; las poderosas esposas del Sol, imperecederas y por encima de todo daño *(el Cielo y la Tierra)* son las dos vacas lecheras del inmenso Añi.

5. Grandes, ¡oh Añi!, son las obras de tu potencia; has extendido a lo lejos el Cielo y la Tierra; has sido el mensajero de los dioses, y en cuanto has nacido te has trocado en el jefe de los hombres.

6. Engancha a tu carro los caballos de larga crin, a fin de venir al sacrificio; conduce aquí a todos los dioses, ¡oh divino Jatavedas!, y haz que acojan favorablemente nuestras ofrendas.

7. Añi. cuando resides en los bosques consumiendo las aguas a tu voluntad, entonces tus rayos iluminan los Cielos y brillas con otras tantas auroras refulgentes; los propios dioses alaban el esplendor de quien es su mensajero y es digno de elogios.

8. Las deidades que permanecen en el vasto firmamento, las que están en la esfera luminosa del Cielo, las adorables Urnas, que vienen cuando se las invoca; los caballos, Añi, que convinen a tu carro, condúcelos a todos cerca de nosotros, Añi, en un carro o en varios carros; trae aquí a los treinta y tres dioses con sus esposas a fin de tomar parte en los manjares del sacrificio; encántalos a todos con el zumo del soma.

9. El que invoca a los dioses y que invocan el Cielo y la Tierra en sacrificios repetidos es Añi; cargados de agua esperan las ceremonias santas que serán propicias en presencia del que ha nacido de la verdad.

10. Concede, Añi, al que te presenta ofrendas, numerosos rebaños, medios de celebrar un gran número de ceremonias piadosas y de perpetuarlas; haz que nazcan de nuestra raza hijos y nietos y que tu bondad sea siempre con nosotros.

SAMA-VEDA

INTRODUCCIÓN POR JUAN B. BERGUA

Los detalles en los cuales hemos entrado ya respecto del *Sama-Veda*, al referirnos a los *Vedas* en general, nos permiten decir aquí muy pocas palabras en lo que se refiere a la composición que vamos a someter a nuestros lectores de la primera traducción española que ha sido llevada a cabo hasta ahora.

Sabido es que este compendio de himnos debe su nombre a que el sama o soma, el zumo del asclepias, forma la base de las ofrendas presentadas en las ceremonias que celebran estos cantos.

Con razón pudo escribir el erudito francés Alfredo Maury, gran arqueólogo e historiador:

«El mito del soma desempeña un papel importantísimo en la historia de la religión védica. Este zumo, escanciado sin cesar en honor de los dioses, se eleva a la categoría de una divinidad de primer orden, confundida con Añi y trocándose en Añi libación. Se invoca a Soma como al príncipe inmortal del sacrificio, como al preceptor de los hombres, el maestro de la salvación, el amigo de los dioses y el exterminador de los malos. Así personificado, ocupa un lugar al lado de Añi, comparte sus ofrendas y sus invocaciones; en él se personifica la divinidad suprema, cuya grandeza al principio estaba destinada a honrar y a obtener el apoyo. Soma es el todopoderoso; él es quien ha engendrado la luz; es el sendero del Cielo y de la Tierra; lo ve todo. Soma es un verdadero mediador entre el Cielo y la Tierra; es un dios encarnado porque se le mira como o un ser humano, aunque no sea sino el zumo de una planta; da la vida, la salud y la protección; conduce a la inmortalidad. Esta idea no es en sí misma sino la personificación de otra más sencilla, que considera el zumo del *sarcostemma viminalis* como una bebida saludable, fortificante y embriagadora, en caso necesario, para el que busca el placer».

Señalemos una circunstancia notable que había escapado a la atención del célebre orientalista inglés Colebrooke, pero que más tarde ha sido comprobada por los eruditos alemanes. El *Sama-Veda* está compuesto, casi enteramente, por pasajes tomados de los otros Vedas; pero con frecuencia resulta difícil reconocer esos plagios, porque muchas veces el Sama no reproduce sino la mitad o la cuarta parte de un verso y une este fragmento con otro igualmente corto, introduciendo entre ambos variantes muy numerosas, de tal modo que estas reproducciones escapan fácilmente a los observadores más escrupulosos.

Las variantes del *Sama-Veda* presentan formas gramaticales que se reconocen como más antiguas que las del *Rig-Veda*, pero no podría decirse si el Sama ha sido compuesto antes que el otro Veda y si, en el intervalo, la lengua ha sufrido modificaciones.

SAMA-VEDA

PRIMERA PARTE

PRAPATHAKA PRIMERO

DASATI I

1. *(Primer versículo recitado)*. Por Bharadvaja rishi. Ven, ¡oh Añi!, al banquete del que celebra tu alabanza, a fin de presentar la ofrenda. Heraldo (de los dioses), siéntate sobre la hierba sagrada.

2. ¡Oh Añi!, has sido encargado solemnemente por los dioses para asistir a todos los sacrificios realizados en el Mundo que habitan los hombres.

3. Por Medhatithi. Invocamos, ¡oh Añi!, al mensajero y heraldo de los dioses, al poseedor de toda riqueza, a fin de que pueda dirigir felizmente este sacrificio.

4. Por Bharadvaja. Añi ha sido siempre el destructor de nuestros enemigos. Es el poseedor de la riqueza y le celebran en muchos cánticos que dicen sus alabanzas; es la divinidad brillante y resplandeciente, el objeto que invocan nuestros himnos.

5. Por Usana. ¡Oh Añi!, te alabo a ti, nuestro huésped querido a quien quiero como a un amigo; tú eres como un carro *(por la rapidez)* y digno de ser mirado como la fuente de la sabiduría.

6. Por Purumudha. ¡Oh Añi!, sálvanos dándonos tu socorro poderoso; presérvanos de todo enemigo y de todo hombre que sienta odio contra nosotros.

7. Por Bharadvaja. ¡oh Añi!, tú a quien celebro ahora con entonaciones, que sean justas o falsas, tengo la intención de alabarte. Ven, pues, y engrandécete bebiendo el zumo de esta planta de la Luna.

8. Por Vatsa. ¡Oh Añi!, yo, Vatsa, cautivando tu espíritu, deseo tu presencia celebrando tus alabanzas; ven, pues, hacia mí. incluso desde el más alto de los Cielos.

9. Por Bharadvaja. ¡Oh Añi!, el rishi Atharvan te ha traído a estos lugares desde el principio y desde lo alto del firmamento para ventaja de quienquiera que ofrece un sacrificio.

10. Por Vamadeva. ¡Oh Añi!, destructor de las tinieblas, ven hacia nosotros para preservarnos de una manera eficaz y para concedernos una audiencia, porque tú eres un personaje divino.

DASATI II

1. Por Ahi. ¡Oh divino Añi!, estos hombres te alaban a fin de poder adquirir fuerza; destruye a sus enemigos y cúrales de sus enfermedades.

2. Por Vamadeva. Te imploro mediante mis oraciones, ¡oh tú que eres el mensajero los dioses, el poseedor de toda riqueza, el que presenta las ofrendas, el inmortal, el gran sacrificado!

3. En tu presencia inmediata están colocadas tus hermanas[164], que devoran el sacrificio, conceden la riqueza y van por todos los lugares.

4. Por Madhuchhanda. ¡Oh Añi que disipas las tinieblas!, cada día nos aproximamos a ti con espíritus iluminados haciendo nuestras prosternaciomes!

5. Por Sunahsefa, cuando tiene orden de alabar a Rudra. ¡Oh Añi!, tú que conoces el método para alabar a los dioses, dinos cuál es el género de alabanza que procura el favor de Rudra, el cual conduce a la perfección todo sacrificio realizado en la morada de los hombres.

6. Por Medhatithi. Estás invitado al sacrificio excelente para beber el zumo de la planta de la Luna; ven, pues, Añi, acompañado de los Maruts *(los vientos)*.

7. Por Sunahsefa. Deseo adorarte con ritos religiosos, a ti que eres como un caballo de guerra que brillas por encima de los sacrificios.

8. Como Aurva y Bhrigu te llamaron, así yo llamo al puro Añi que reside en el Océano.

9. Que el hombre que ilumina a Añi cumpla el sacrificio con un espíritu atento. Soy el hombre que ilumina a Añi con ofrendas que disipan las tinieblas.

10. Por Vatsa. Los hombres miran ahora la luz admirable que en otros tiempos estaba unida a las aguas y que hoy brilla en el firmamento.

---

[164] Estas hermanas son las llamas.

DASATI III

1. Aspiro hacia ti, Añi, tú que adquieres una grandeza dominante, en medio de los sacrificios, a fin de que puedas fortificar a nuestros hijos.

2. Por Bharadvaja. Añi, mediante sus terribles radiaciones, reprime a todo enemigo caníbal; Añi nos da una riqueza igual a nuestros deseos.

3. Por Vamadeva. ¡Oh Añi!, tú eres grande y pones en movimiento todo lo que te rodea; concede la dicha al pueblo que desea ofrecer el sacrificio a los dioses. Ven y ocupa tu asiento sobre la hierba sagrada.

4. Por Vasishta. ¡Oh divino Añi!, presérvanos de pecado así como de la muerte y consume mediante tus llamas a quien no celebre tus alabanzas.

5. Por Bharadvaja. ¡Oh divino Añi!, engancha tus caballos, estos excelentes corceles que transportan rápidamente tu carro y que se muestran en todas las direcciones.

6. Por Vasishta; ¡Oh Añi, señor del Mundo y tema de nuestras invocaciones!, cuando hemos puesto las manos sobre ti todo resplandeciente y de un heroísmo supereminente te colocamos (en tu nicho sagrado).

7. Por Virupa. Añi, igual que el jefe de los ejércitos celestes, está predominante como la giba en el cuello de un toro. Es también el señor de la Tierra y nos refresca con el agua del Cielo.

8. Por Sunahsefa. Haz mención de nuestra ofrenda, ¡oh Añi!, entre los dioses y repíteles nuestro himno inmortal en alabanza suya.

9. Por Gopavana. ¡Oh Añi!, tú que mantienes nuestro calor corporal, el rishi Gopavana te ha invocado el primero mediante sus cantos. ¡Oh tú que nos purificas!, escucha nuestras invocaciones.

10. Por Vamadeva. El señor de las provisiones, el sabio Añi, trae las ofrendas a los dioses y confiere ricas recompensas a los sacrificadores.

11. Por Kanva. Los rayos vivificantes traen a la vista de todos el Sol divino: el padre de la luz.

12. Por Medhatithi. Alabanzas a Añi, el sabio, el divino, cuyas acciones están guiadas por la equidad, que concede dádivas a cambio del sacrificio y que destruye las enfermedades.

13. Por Sindhudvipa y Ambarisha. Que las diosas de las aguas se conviertan para nosotros en fuentes de placer, suministrándonos el agua necesaria para las abluciones; que nos suministren el agua para apagar nuestra sed y que hagan descender sobre nosotros la dicha como una lluvia abundante.

14. ¡Oh señor de los hombres santos! ¿Quién es aquel cuya alma engrandecida tú llenas ahora de placer? ¿Aquel cuya voz está consagrada a alabarte durante este sacrificio de la planta de la luna?

DASATI IV

1. Por Bharadvaja. *Te* celebramos en cada sacrificio y en cada cántico, ¡oh poderoso Añi!, el inmortal, el padre de la riqueza y al que queremos como a un amigo.

2. Por Bharga. Sálvanos, ¡oh Añi!, por el primer (libro [es decir, por el *Rig-Veda])*; sálvanos por el segundo (libro [es decir, por el *Yajour-Veda]);* sálvanos, ¡oh señor de las provisiones! por los cantos de los tres (libros); sálvanos, ¡oh poseedor de la riqueza!, por las de los cuatro *(Vedas)*.

3. Por Trimpani. ¡Oh Añi!, fuente de las múltiples irradiaciones; ¡oh divinidad rodeada de un esplendor sin mancha!; así como tú manifiestas tu gloria en el Bharadvaja-Rishi, ¡oh poseedor de las riquezas!, tú que nos purificas y que estás dotado de una juventud continua, expande tus rayos sobre mí.

4. Por Vasistha. ¡Oh Añi que tomas la forma de la oblación sagrada!, que los sabios que te invocan te sean queridos y que acudan cargados de cosas propias para los sacrificios y que dividan entre ellos los vastos rebaños de vacas dados por el ejército a los sacrificios[165].

5. Por Bharadvaja. ¡Oh divino Añi!, eres el que expresa estas alabanzas, el soberano de los hombres, terrible en tus disposiciones y valiente siempre frente a los Rakshasas. ¡Oh señor de las casas!, tú eres el poderoso guardián de los Cielos que ama las residencias de los hombres.

6. Por Praskanva. ¡Oh inmortal Añi!, origen de la riqueza, trae esta mañana tus tesoros variados y que disipan las tinieblas para el beneficio del sacrificador; llévalos a los dioses que se levantan desde el amanecer.

7. Por Trinompani. ¡Oh mina de la riqueza!, posees todas las glorias di versas; concédenos la riqueza así como tu protección. ¡Oh Añi, eres el que nos procuras la opulencia; acuérdate también de ciarnos profundas cisternas de agua para nuestros hijos.

8. Por Bharga. ¡Oh Añi!, tú eres verdaderamente grande en todo lugar; tú eres el conservador, el fiel y el sabio. ¡Oh tú cuyo esplendor y bondad son infinitos!; que los sabios brahmanes residan siempre al lado tuvo.

---

[165] Doscientas vacas deben formar el lote de un solo brahmán, según el Bhashia.

9. Por Bharga. ¡Oh Añi!, nuestro purificador y nuestro creador, concédenos con liberalidad una riqueza que aumente el alimento y haga honrarnos, así como muchos lo desean, y que esa riqueza venga acompañada por la más alta fama.

10. Por Saubhari. El que invita a los dioses y a quien todos los hombres alaban, concede todas las riquezas que cada uno posee. Los manjares principales del dulce líquido *(el zumo de la planta de la Luna)* están reservados para Añi y que estos cantos sean dedicados también a la misma divinidad.

DASATI V

1. Por Vasishtha. Te invito para este culto, Añi, el nieto del alimento, el bien amado; tú que lo sabes todo y que acudes a la sala del sacrificio; tú que conduces los sacrificios a una salida feliz; tú que eres el heraldo designado para el beneficio de todos los inmortales.

2. Por Bharga. Que los hombres te iluminen a *fin* de que brilles con un vivo resplandor para la dicha de sus descendientes y para obtener esas aguas primitivas de donde ha salido el Mundo. Tú, lleno de actividad, llevas la ofrenda y las alabanzas que lo acompañan y brillas entre los dioses.

3. Por Saubhari. Aquel en cuyas manos han colocado los dioses todos los ritos sagrados es eminentemente hábil en el arte de discernir la justeza de la música sagrada; que nuestras voces expandan, pues, a lo lejos las alabanzas de Añi, que se ha producido en circunstancias propicias y que exalta al institutor de los ritos de los sacrificios.

4. Por Manu. Durante los relatos sagrados y durante la ofrenda de las oblaciones te suplico, en versos elogiosos, obtengas para nosotros una protección especial, ¡oh Añi!, el gran sacerdote, tú que levantas el mortero y que estás sentado sobre la hierba sagrada; invoco también a los Maruts, Brahmanaspati y a los otros dioses.

5. Por Parumidha. (¡Oh alma mía!), celebra en cantos elogiosos a Añi cuya cabeza está nimbada de gloria, a fin de que pueda protegerte. ¡Oh Parumidha!, a fin de obtener la riqueza y para procurar dádivas excelentes a vuestra familia, celebrad al famoso Añi que toma ¡a forma humana.

6. ¡Oh Añi!, abre los oídos y escuchad, ¡oh vosotras, divinidades que le acompañáis y recibís los sacrificios! Que Mitra y Aryama, de acuerdo con todos los dioses que van a nuestras ceremonias matinales, se sienten sobre la hierba sagrada durante el sacrificio.

7. Por Saubhari. El divino Añi, traído por Divodasa, se mantiene cerca de la Tierra, madre de los hombres, con su poderosa energía, a la manera de Indra, y se dirige hacia las moradas celestes.

8. Por Medhatithi. ¡Oh poseedor de todo mérito!, ven de la Tierra o de los Cielos elevados y brillantes, obtén gracias a mis cantos crecimiento en las proporciones de tu cuerpo y satisface los deseos de nuestros hijos.

9. Por Visvamitra. ¡Oh Añi!, cuando eres adorado vienes a los bosques sagrados y a las aguas maternales y no estás sujeto a la destrucción cuando desapareces ante nuestra vista, porque estás todavía presente con nosotros y nos concedes tus beneficios.

10. Por Praskanva. ¡Oh Añi!, Kanva Manu, te ha establecido, tú que posees los rayos de la luz, y te ha colocado en un santuario como un objeto digno para siempre de la adoración de los hombres; entonces tú, nacido de las ofrendas y que abrazas todas las cosas que los hombres adoran, has desplegado todo tu esplendor.

DASATI VI

1. Por Vasishtha. El divino Añi, el que confiere la riqueza, aspira a vuestras cucharas bien llenas (de zumo del soma); echadle, pues, sobre el fuego sagrado, después de haberlas llenado, a fin de que el dios pueda daros prosperidad[166].

2. Por Kanva . Que Brahmanaspati venga; que la diosa de voz dulce venga para obtener el sacrificio que produce héroes y que conserva a los hombres, el sacrificio en que es ofrecido el peritoneo, y que los dioses lleven para ellos nuestro sacrificio.

3. Por Kanva. Levántate para protegernos como el Sol divino se levanta para concedernos alimento cuando nosotros le imploramos mediante himnos sublimes y por nuestro? sacerdotes que presentan ofrendas.

4. Por Saubhari. ¡Oh poseedor de las riquezas!, el hombre que, para obtener la opulencia, te saca fiel reducto sagrado de su casa para colocarte en el reducto de los sacrificios que te da ofrendas, ese, ¡oh Añi!, recibe un hijo heroico, un adepto en los cantos sagrados y el sostén de millares de (seres).

5. Por Kanva. Te invocamos, señor soberano de las multitudes cuyos espíritus se consagran al cumplimiento del sacrificio. Te alabamos por nuestros himnos; que Añi brille en todo su esplendor.

6. Por Trayukil. Añi es quien confiere la potencia vital; confiere la dicha; da la riqueza; da descendientes afamados y rebaños de vacas; tiene también el poder de conceder la destrucción de nuestros enemigos.

7. En nuestros sacrificios tú eres el amo de la casa, tú eres el que invoca a los dioses y el que prepara la ofrenda; tú eres el objeto de las alabanzas de todos y tú posees una sabiduría que no se puede escrutar; tú sirves a los dioses y pides riquezas para concedernos favores.

8. Por Visvamitra. Nosotros, los hombres que somos tus amigos, te rogamos, a ti cuyo resplandor es universal, que nos con cedas tu socorro; tú eres el nieto del elemento del agua; posees todo género de riquezas; tú realizas acciones ilustres; tú destruyes a nuestros enemigos y estás exento de pecado.

---

[166] Añi, como señor del aliento, y la diosa de la que en seguida se hace mención es su mujer.

DASATI VII

1. Por Vamadera. Presentad ofrendas al héroe de los dioses y al dueño del hogar del sacrificado; purificadle y colocadle, en tonando himnos de alabanza, en su nicho en el altar de la ofrenda. Servid a este Añi que recibe ofrendas y a quien se adora mediante sacrificios; servid también a los dioses del hogar.

2. Por Upastula. Es verdaderamente admirable la manera de obrar que des pliega aquel que recibe la alabanza y que siempre es joven; no se dirige a su madre para ser alimentado; pero así como lo ha producido el bosque desprovisto de seno, él coge en seguida la ofrenda y llegando a la vez a la virilidad realiza su deber como mensajero de los dioses.

3. Por Vrihadukta. ¡Oh Añi!, haz que tu primero y tu principal resplandor que produce el rayo, que tu segundo resplandor que reside en el Sol, y que tu tercero (nacido de la Tierra) entren en sus lugares convenientes en nuestro recinto sagrado. Continúa siendo el todo resplandeciente y el bienamado de los dioses; manifiéstate también en nuestros sacrificios.

4. Por Kutsa. Te dirigimos este himno de alabanza a ti que eres digno de toda adoración, ¡oh padre de las riquezas!; y te lo dirigimos con tanto apresuramiento como el conductor del carro que excita a sus caballos. ¡Oh Añi!, estás presente en esta asamblea como el dispensador de las buenas cosas, y nuestro corazón se siente impulsado a celebrar tu alabanza. ¡Ojalá no podamos ser nunca culpados de apagarte!

5. Por Bharadvaja. A fin de tener una cabeza, los dioses produjeron a Añi, el infatigable viajero desde la Tierra hasta el Cielo, que reside en todos los mortales, que es llevado a todos los sacrificios, el todo sabio, el todo brillante, el huésped de los dioses, nuestro señor.

6. Por Bharadvaja. ¡Oh Añi!, los divinos Brahmanes obtienen de ti la riqueza mediante sus cantos, como los vientos obtienen el agua contenida en los depósitos de las nubes. ¡Oh tú que recibes la alabanza, acudimos hacia ti dirigiéndote nuestros cánticos con tanto apresuramiento como los caballos de guerra se dirigen hacia el campo de batalla.

7. Por Vamadeva. Aseguraos de la aprobación de vuestro propio Añi, el señor de los sacrificios, el que causa la aflicción; el que invita a los dioses y ofrece fielmente el sacrificio para ambos mundos; el que existía antes que las nubes, pero sin vitalidad, y que brilla despidiendo rayos de oro.

8. Por Vasishtha. El señor radioso brilla cuando se le alaba, y su boca, el receptáculo de las ofrendas de manteca clasificada se ve celebrada por los sacrificadores que presentan las ofrendas. Este Añi es quien manifiesta su esplendor en el lugar donde ti nacen las claridades del alba del día.

9. Por Trisiras. Añi atraviesa ambos mundos por efecto de su gran potencia, y cuando hace caer a la lluvia deja oír sus poderosos rugidos, desde la extremidad más lejana del Cielo hasta la más próxima; grande es su poder,, pero se trueca en más grande todavía en la morada (celeste) de las aguas.

10. Por Vasishtha. ¡Oh sacerdotes!, traed por el trabajo de vuestras manos, por encima del banco sagrado, a Añi que está expandido por todas partes, y que, llevado por las manos de los sacerdotes, aparece de lejos; él es el protector de la familia del sacrificador y viene a sus solemnidades.

DASATI VIII

1. Por Budhagarishti. Añi posee toda la sabiduría; acude con su esplendor hacia los sacrificadores como una vaca lechera por la mañana, y sus resplandores suben hacia los Cielos como las bandadas de pájaros de paso.

2. Por Vatsapriya. Los brahmanes se apoderan del poderoso Añi que subyuga a la Tierra, que es cogido por los dedos de los sacerdotes, y que, aunque en compañía de los locos, permanece exento de locura; él es quien destruye las ciudades de los enemigos y a quien volvemos propicio mediante sacrificios; él, que posee excelente juicio, bigotes verdes y una habitación que le pertenece, y al cual se ofrecen preciosos productos.

3. Por Bharadvaja. ¡Oh Añi!, como el Sol, tú tienes un brillo que es blanco y otro que es rojo; tú te manifiestas en las dos formas del día y de la noche y te extiendes como la bóveda del Cielo. ¡Oh poseedor del alimento!, tú preservas las inteligencias de todos los hombres. ¡Oh Sol alimentador!, concédenos que podamos recibir, en este sacrificio, presentes que causen la prosperidad.

4. Por Visvamitra ¡Oh Añi!, concédenos a nosotros, los sacrificadores, las cosas que son necesarias para cumplir los ritos sagrados; concédenos también vacas que siempre sean útiles. ¡Oh Añi!, ojalá que podamos tener hijos y nietos, ser los padres de una raza numerosa y que tus miradas favorables se dirijan siempre hacia nosotros.

5. Por Vatsapriya. El heraldo de los dioses que ha nacido en todo el vigor de la virilidad y que conoce los Cielos va a los alojamientos de los hombres así como a las regiones de las aguas; nos da riquezas, coge plantas de la Luna y remedios destinados a los sacrificios; destruye las tinieblas; posee la riqueza y es el protector del cuerpo.

6. Por Vasishtra, Añi hace las delicias del sacerdote dotado de excelentes cualidades que canta las alabanzas del dios ilustre, brillante, que da la vida, que está animado de disposiciones muy benévolas respecto del nombre que es digno de toda alabanza y cuyos actos son como los del poderoso Indra.

7. Por Visvamitra. Añi, que produce la riqueza, que está encerrado en el bosque sagrado como el feto que se desarrolla en una mujer encinta, es cada día objeto de las alabanzas de los sacerdotes vigilantes.

8. Por Saga. ¡Oh Añi!, has matado a los Yatudhanas, esos antiguos gigantes, y los Rakshasas no pueden vencerte. Extermina a los locos llenos de malicia que se levantan contra nosotros, pero los que comen la carne no deben ser libertados por ti; están reservados para que los maten los dioses[167].

---

[167] Este pasaje es oscuro. Las palabras «los que comen la carne» pueden aplicarse ya sea a caníbales, ya a los pecadores endurecidos sobre quienes caerá la venganza divina, ya a los piadosos brahmanes que toman parte de las viandas ofrecidas en sacrificio y que no salen de la vida al llamamiento de los dioses.

DASATI IX

1. Por Garga. ¡Oh Añi!, a tu paso no es posible oponer obstáculo alguno; tráenos provisiones que dan la fuerza; condúcenos por la vía de adquirir la riqueza y abundantes abastecimientos de alimento.

2. Por Vamadeva. Si un hombre ilumina a Añi y le presenta regularmente ofrendas, se hace próspero y gozará de la felicidad en una morada celeste.

3. Por Bharadvaja. Estas grandes masas de humo blanco se desenvuelven y suben hacia los Cielos; tú que purificas cuando se te alaba; tú brillas como el Sol en todo su fulgor.

4. Por Bharadvaja. ¡Oh Añi!, tal como un amigo tú das la fama que se extiende, tan vasta como el Mundo, sobre los que te adoran. ¡Oh tú que ves todas las cosas, igual que las das el alimento, provee también a nuestras necesidades!

5. Por Dvaita. Añi es querido de muchos hombres y alabado por los mortales; todos los hombres hacen quemar ofrendas en su fuego inmortal; esta mañana él es nuestro huésped.

6. Por Vasuyava. ¡Oh tú que posees todos los tesoros variados!, aplaude grandemente los himnos de invocación que se dirigen a Añi; que las riquezas, que la abundancia, te acompañen siempre como la reina acompaña al rey.

7. Por Gopavana. Con palabras y con himnos de alabanza proferidos con todo mi poder, te alabo, Añi, el huésped de todos los sacrificios, tú el objeto de la viva afección del que ofrece las viandas de los sacrificios, y que estás presente en el sacrificio celebrado fuera de las puertas.

8. Por Puru. Traes en abundancia alimento para Añi, el dios brillante; que los mortales, mirándole como amigo, le coloquen en el santuario al lado del Este, a fin de celebrar su culto.

9. Por Gopavana. Nos acercamos a Añi que destruye a nuestros enemigos, al antiguo y al encarnado, que despedía tanto fulgor bajo la forma de Srutavana, el hijo de Arksha.

10. Por Vamadeva. Añi, que es el producto del más excelente de todos los ritos, está presente, de una manera especial, en este mismo rito con los demás dioses. Es también el padre de Kasiapa, dotado de toda fidelidad, la madre de la raza humana, el legislador supremo, dotado de la sabiduría universal.

DASATI X

1. Por Vamadeva. Nos refugiamos cerca del rey Soma, Varuna, Añi, Aditya, Vishnú, Surya, Brahma y Vrihaspati.

2. Por Vamadeva. Estos hombres que conquistan la Tierra se elevan desde este Mundo inferior a las altas regiones del Cielo, como los descendientes de Angiras se elevan al Cielo.

3. Por Vamadeva. Te iluminamos, ¡oh Añi!, a fin que puedas concedernos grandes riquezas. Tú que haces llover las bendiciones, aplaude a nuestras viandas excelentes propias para los sacrificios y que son el producto del Cielo y de la Tierra.

4. Gritsamada. Añi se aplica de corazón a lo que hemos expresado, él sabe en dónde se sirven las viandas de los sacrificios. Así como el Cielo rodea la rueda, así Añi inspira todos nuestros cánticos.

5. Por Payu. ¡Oh Añi!, destruye en ese lado, por tu esplendor, el esplendor funesto de nuestros enemigos; rompe la potencia y la fuerza de la raza gigante de Yatudhana.

6. Por Praskanva. ¡Oh Añi!, prepara aquí un excelente sacrificio para los Vasus, los Rudras, los Adityas y para los demás dioses descendientes de Manu, para los que dan la lluvia.

PRAPATHAKA SEGUNDO

DASATI I

1. Por Dirghatama. ¡Oh Añi!, te presento numerosas ofrendas. Te invoco, señor de los sacrificios; soy tuyo, como todo lo que hay en la casa de un hombre poderoso es de él.

2. Por Visvamitra. Satisface al sabio, Añi, el héroe de los dioses, el que tiene la luz destinada a destruir las tinieblas; cantad numerosos cánticos en su alabanza.

3. Por Gautama. ¡Oh Añi!, tú eres el señor del alimento y de las vacas y el vástago de la fuerza. ¡Oh tú, padre de las riquezas!, concédenos provisiones en abundancia.

4. Por Visvamitra. ¡Oh Añi!, ofrece a los dioses la ofrenda en este solemne sacrificio para beneficio de los que desean los favores divinos; tú eres celebrado como presentador de ofrendas, como el que invita a los ritos sagrados, que recibe las alabanzas y que destruye a los demonios mortíferos.

5. Por Trita. Las siete madres imploran la sabiduría de los sacrifica dores por la prosperidad de Añi, que es inquebrantable, y que conoce el lugar donde están las riquezas.

6. Por Trimati. ¡Ojalá que podamos permanecer diariamente bajo la influencia de la bendición de Añi, y ojalá que la sabia Aditi *(la madre de los dioses)* pueda venir a protegernos y que pueda conceder la dicha poniéndonos en posesión de la felicidad y destruir a los matadores de nuestros hijos.

7. Por Visvamanas. Elogiad el sacrificio que se expande por todas partes y que se ofrece al que es padre de la riqueza, al que distingue su humo errante y que posee rayos irresistibles.

8. Por Visvamanas. Los enemigos no pueden triunfar sobre la sabiduría del hombre que da a Añi, sobre la sabiduría del hombre que le presenta ofrendas.

9. Por Rigisvana. ¡Oh Añi!, señor de los hombres santos, aparta lejos de nosotros a este enemigo repugnante, ladrón, abominable, y haznos poseedores del Cielo.

10. Por Visvamanas. ¡Oh heroico Añi!, señor de los hombres, escucha mis nuevos cánticos y que el calor ardiente consuma a los pérfidos Ratkshasas.

DASATI II

1. Por Saubhari. ¡Oh vosotros que venís para expresar alabanzas!, celebrad a Añi, el dispensador bienhechor, el que concede el agua, 'aquel cuya potencia es grande y a quien rodea un brillante esplendor.

2. Por Saubhari. ¡Oh Añi!, tú sostienes a tus amigos produciendo el alimento; se han salvado por tu apoyo y gracias a sus descendientes heroicos.

3. Por Saubhari. ¡Oh alma mía!, alaba al que tal como el Sol ha sido encargado por los dioses de distribuir sus dádivas: alaba al rápido mensajero que presenta las ofrendas a los dioses.

4. Por Saubhari. Añi es el poseedor de la riqueza; a él se dirigen las alabanzas; es el mensajero de los dioses y el que presenta los sacrificios; que no se irrite contra nosotros o contra nuestros huéspedes.

5. Por Saubhari. ¡Oh poseedor de todas las cosas preciosas!, que Añi, destinado para ser el mensajero de los dioses, nos sea propicio y que haga que nuestras ofrendas sean acogidas, que prosperen los ritos espléndidos de nuestros sacrificios así como nuestros cánticos.

6. Por Saubhari. Te alabamos a ti que ofreces el sacrificio, que distribuyes los presentes; inmortal mensajero de los dioses, dígnate volver próspero el sacrificio.

7. Por Saubhari. Trae, ¡oh Añi!, un alimento tal, que en la sala de los sacrificios subyugue a los Rakshasas caníbales y la rabia de los malos.

8. Por Visva manas Añi, el señor de los hombres y el bienhechor, tú que eres propicio a los descendientes de un hombre tal que yo, no dejarás, ciertamente, de desviar a todos los Rakshasas.

[(Aquí se terminan las alabanzas de Añi.)]

DASATI III

1. Por Bharadvaja. Mientras que el sacrificio de la planta de la Luna se realiza, canta, ¡oh alma mía!, de acuerdo con los demás (cantores); celebrad la dicha de Indra que adoran las multitudes; que concede bienandanzas; alabadle con el apresuramiento que pone el cultivador en elogiar el estado feliz de un toro potente.

2. Por Srutakaksha. ¡Oh Indra!, que realizas cien sacrificios, brillante (divinidad) que se complace en los himnos de aquellos que celebran tu alabanza, concédeles una alegría semejante a la tuya.

3. Por Haryata. ¡Oh voz mía!, celebra la divinidad en forma de nube cuyos dos oídos están adornados de pendientes de oro; celebra también a la Tierra que suministra agua para nuestro sacrificio.

4. Por Srutakaksha, ¡Oh hijos de Srutakaksha!, celebrad con toda vuestra alma las alabanzas de los dioses a fin de obtener vacas; celebradles con toda vuestra alma a fin de obtener un lugar en el Cielo de Indra.

5. Por Srutakaksha. Presentemos las viandas sagradas a este Indra que es el matador de Vritra. ¡Ojalá que como un toro pueda hacer caer sobre nosotros la lluvia!

6. Por Devajumya. ¡Oh Sukti!, tú que envías la lluvia, tú triunfas por tu propia fuerza interior, con la ayuda de potencias extrañas y por la paciencia que lo subyuga todo; tú haces que lluevan también sobre nosotros las bendiciones.

7. Por Goshukta y Sukti. Nuestro sacrificio glorifica a Indra que gira en derredor de la Tierra y causa la tormenta en los cielos.

8. Por los mismos. ¡Oh Indra!, así como tú eres el señor de la riqueza, ¡ojalá que pueda yo trocarme en el único monarca y que el que canta en mis solemnidades pueda convertirse en el poseedor de manadas de vacas!

9. Por Medhatithi. ¡Oh vosotros que realizáis el sacrificio de la planta de la Luna!, celebrad con todo vuestro poder las alabanzas del alegre Indra y el sacrificio ofrecido al héroe cuya prosperidad es universal.

10. Por Medhatithi. ¡Oh poseedor de la riqueza!, bebe el zumo de esta planta de la Luna y come para tu satisfacción las viandas de los sacrificios. ¡Oh tú que no conoces el miedo, nosotros comemos para agradarte!

DASATI IV

1. Por Sukaksha. ¡Oh Sol!, tú te presentas a Indra, famoso por sus riquezas, que hace caer la lluvia, que hace prosperar los ritos de los hombres y que destruye a los enemigos.

2. Por Sukaksha. ¡Oh tú que has matado a Vritra!, llevas en tus cielos todo lo que puede ser producido hoy en nuestro sacrificio, porque, ¡oh Indra!, todo este Mundo está sometido a tu autoridad.

3. Por Bharadvaja. Este joven Indra que conduce tanto lejos como cerca de aquí, con mano segura a Turvasa y a Yada, es nuestro amigo.

4. Por Sukaksha. ¡Oh Indra!, tú que eres el conductor de las grandes expediciones, que nuestros enemigos no triunfen sobre nosotros, sino haz que podamos, gracias a tu socorro, obtener la victoria sobre ellos.

5. Por Madhuchhanda. ¡Oh Indra!, concédenos para protegernos una riqueza digna de ser aceptada por nosotros, una riqueza que subsista siempre y que aumente sin cesar, a fin de que, por este medio, podamos vencer completamente a nuestros enemigos.

6. Por Madhuchhanda. En toda gran batalla y en todo conflicto menor invocamos a Indra, que lanza el rayo, a fin de que sea nuestro aliado en nuestros combates con nuestros enemigos.

7. Por Trisoka. Indra, bebe el zumo de la planta de la Luna de Kadru *(la mujer de Kasyapa)* en la asamblea completa *(de los dioses);* celebrad la potencia de Indra.

8. Por Vasishtha. ¡Oh Indra!, tú que das la lluvia y que posees la riqueza; como aspiramos a tu favor, te alabamos con un celo particular. Acepta el sacrificio que te ofrecemos en este momento.

9. Por Trisoka. Felices aquellos que iluminan a Añi y que extienden al mismo tiempo la hierba sagrada y de los cuales Indra, que es siempre joven, sigue siendo su amigo.

10. Por Sasoka. Funde en dos a todos los que nos odian y nos oprimen; mata a los que se oponen a nosotros en la guerra y tráenos contigo, ¡oh poseedor de la riqueza!, el objeto de nuestros deseos.

DASATI V

1. Por Kanva. El ruido del látigo que tienen en sus manos fue oído hasta aquí, igual que el ruido de sus carros pintados de diversos colores.

2. Por Trisoka. ¡Oh Indra!, tú que bebes el zumo de la planta de la Luna, que tus amigos aquí presentes te miren con el afecto con que el poseedor de un rebaño mira a su ganado.

3. Por Vatsa. Todos los sacrificadores se ocupan de calmar a Indra y le rinden homenaje, como los ríos se lo rinden al mar.

4. Por Kusidina. Rogamos a los dioses, que hacen caer la lluvia, que nos concedan su protección todopoderosa, a fin de salvarnos.

5. Por Medhatithi. ¡Oh señor del alimento!, haz para mí que canto en el banquete de la planta de la Luna lo que has hecho por Kakshivan, el hijo de Usija.

6. Por Sukaksha. Que el matador de Vritra traiga la ciencia a mi espíritu y que el poseedor de muchas y excelentes cualidades, que el poderoso Indra me escuche.

7. Por Sukaksha. ¡Oh divino Savita! *(el Sol),* concédenos abundantes riquezas así como numerosos descendientes y aparta lejos de nosotros al que causa el sueño fatal de la muerte.

8. Por Pragatha. Cualquiera que sea el lugar en donde tiene su residencia aquel que envía la lluvia, que es siempre joven y que abarca todo lo que puede ser vencido, allí es en donde él sacerdote que oficia cumple su servicio.

9. Por Vatsa. En la región de las nubes reunidas y en el lugar en donde se concentran las grandes aguas, allí fue producido por la inteligencia el *sa*bio Indra.

10. Por Irimiri. Elevad la voz para alabar a Indra, el rey de los hombres que es digno de toda alabanza, que triunfa sobre los héroes y que distribuye las dádivas.

DASATI VI

1. Por Srukaksha. Indra, cuyos rasgos[168] tienen una gracia divina, ha tenido siempre la costumbre de compartir las viandas fortificantes destinadas a los sacrificios y ofrecidas por mí, así como de beber el zumo de la planta de la Luna con la cebada.

2. Por Medhatithi. ¡Oh poseedor de las inmensas riquezas!, nuestras voces, que pronuncian siempre tus alabanzas, te agradan como las voces de las vacas lecheras encantan a los rebaños de terneros.

3. Por Gautama. Sin duda cuando el Sol se pone, los rayos de luz se inclinan respetuosamente hacia el mundo superior, la región de la Luna.

4. Por Bharadvaja. Por dondequiera que va Indra, el dispensador de abundantes lluvias, lleva consigo la abundancia de las aguas, y, obrando de ese modo, se une a Pusha *(el nutritivo, uno de los nombres del Sol)*.

5. Por Yutadakshna. La madre de los Maruts *(de los vientos)*, que poseen la riqueza y que aman los carros, desea también la fama y se une a sus hijos, a los que ella conduce fuera de su residencia y hace caer la lluvia.

6. Por Sukaksha. Ven, ¡oh señor del jugo que inspira la alegría!, ven a nuestro banquete de la planta de la Luna; trae contigo a tus caballos llamados Hurí. Ven con tus caballos a nuestro banquete de la planta de la Luna.

7. Por Sukaksha. Preparad para este sacrificio ofrendas agradables tales como las que glorifican a Indra. Preparad también, con todo vuestro poder, la ofrenda que expíe los defectos (de este sacrificio).

8. Por Vatsa. He abrazado la sabiduría que deriva de mi padre fiel a la verdad (Kanva), y, como el Sol, he contemplado todas las cosas.

9. Por Sanahsefa. Que nuestras alabanzas, que procuran la riqueza y abundantes provisiones, se dirijan a Indra, siempre animado de una pura alegría, porque por este medio deseamos obtener la fama.

10. Por Vamadeva. Soma y Pusha conocen ambos todas las moradas felices y se han encargado ofrenda del sacrificador y de llevar a los dioses la de su esposa.

---

[168] En el original se lee *cava nariz...*

DASATI VII

1. Por Srutakaksha. Bebed el zumo preparado de la planta de la Luna y celebrad al victorioso Indra que cumple cien sacrificios y que concede las dádivas a los hombres.

2. Por Vasishtha. Celebrad, amigos míos, el jugo que inspira la alegría a Indra; Indra es quien guía los caballos color de oro y es también quien bebe el zumo de la planta de la Luna.

3. Por Medhatithi. Nosotros los descendientes de Kanva, tus amigos, los que cumplimos este sacrificio y nos apresuramos a adorarte, te celebramos, ¡oh Indra!, mediante himnos sagrados.

4. Por Srutakaksha. Que nuestras voces alaben el zumo de la planta de la Luna ofrecido al alegre Indra y que nuestros sacerdotes sacrificadores adoren al dios Soma.

5. Por Trisni. ¡Oh Indra!, este jugo de la planta de la Luna ha sido purificado para ti y colocado sobre la hierba del sacrificio; ven prontamente y bébelo.

6. Por Madhuchhanda. ¡Oh tú que cumples actos meritorios!, te llamamos noche y día como los hombres llaman a las vacas para ordeñarlas.

7. Por Soka. ¡Oh dispensador de la lluvia!, preparo para ti este zumo de la planta de la Luna, a fin de que lo bebas en este sacrificio; repártelo y goza de las delicias (que inspira).

8. Por Kusidina. ¡Oh Indra!, el zumo de la planta de la Luna ha sido exprimido para ti de numerosos vasos y bajo numerosas prensas. Bébelo, porque tú eres el señor de todas las cosas.

9. Por Sunahsefa. ¡Oh amigos míos!, en todas las épocas de la guerra invocamos el socorro de Indra, superior en potencia, y recurrimos a él en todo compromiso.

10. Por Madhuchhanda. ¡Oh amigos míos!, vosotros que ofrecéis la alabanza, sentaos sin tardar y cantad para honrar a Indra.

DASATI VIII

1. Por Visvamitra. ¡Oh señor de la riqueza!, digno de toda alabanza, bebe de este jugo de la Luna, preparado por el poder (inherente a los sacrificadores).

2. Por Madhuchhanda. Se celebra a Indra por su potencia desde los tiempos más remotos; que el que posee el rayo nos conceda, pues, la potencia, porque su vigor es igual a los cielos en cuanto a grandiosidad.

3. Por Kusidina. ¡Oh Indra que has cogido el vaso con tu poderosa mano derecha!, bebe nuestro afamado e hirviente jugo de la planta de la Luna, que verdaderamente es digno de que lo aceptes.

4. Por Priyamedhas. Mi voz celebra tanto como mi conocimiento lo permite, Indra, al señor del banquete de la planta de la Luna, al hijo de la verdad, al señor de los hombres santos.

5. Por Vamadeva. Que el que posee una multitud de excelentes virtudes, que aumentan siempre y que es nuestro amigo, sea con nosotros para protegernos, acelerando este sacrificio.

6. Por Srutakakhia. (¡Oh alma mía!), te aproximas para tu protección a Indra, siempre victorioso, a quien celebra la voz de todos los hombres.

7. Por Medhatithi. Pido la riqueza a Indra, el señor de la asamblea sagrada, el bienamado y el gracioso que permanece cerca (del sacrificador).

8. Por Vamadeva. Cualesquiera que sean tus carreras bajo los cielos elevados y cualesquiera que sean las rutas por las cuales, como un rápido caballo, realizas tus movimientos, que nuestras alabanzas, nacidas de la Tierra, lleguen a tus oídos.

9. Por Sukaksha. ¡Oh Indra!, tú que realizas cien sacrificios, tráenos en abundancia excelente alimentó y bebidas, porque por este medio tú nos concedes la dicha.

10. Por Putakaksha. Aquí ve coloca el zumo de las plantas de la Luna cuando han sido exprimidas; que lo beban los Maruts y que los hijos mellizos de Asvins se unan para gustar el brebaje real.

(Final de los himnos de alabanza dirigidos a diversas divinidades.)

DASATI IX

1. Por Devaja. Nuestras alabanzas, que se dirigen hacia Indra, van a residir en él y reclaman de él una potencia superior.

2. Por Godha. ¡Oh dioses!, no degollamos víctimas, no empleamos la picota del sacrificio; os adoramos repitiendo los versos sagrados.

3. Por Vamadeva. He tenido cuando la noche acababa de abandonarnos. ¡Oh tú que ofreces las alabanzas!, canta con una voz fuerte y justa; ¡oh tú que te paseas en el recinto de lo sagrado, alaba al dios Sarita!

4. Por Praskanva. La amable e incomparable Aurora acaba de salir para tomar su residencia en los Cielos, ¡oh hijos mellizos de Asvins, os alabo con todo mi perder!

5. Por Gotama. El invencible Indra ha matado noventa veces a nueve de sus enemigos con los huesos que obtuvo de la cabeza del rishi Dadhicha[169].

6. Por Madhuchhand. Ven, Indra; haz tus delicias de nuestro alimento así como de nuestras preparaciones del zumo de la planta de la Luna, porque eres el dios poderoso dotado de una fuerza conquistadora.

7. Por Vamadeva. ¡Oh Indra!, tú que matas a nuestros enemigos, ven a nuestro cercado sagrado. ¡Oh dios poderoso!, ven con auxiliares irresistibles.

8. Por Vatsa. Su potencia rodea el Cielo y la Tierra, como la piel rodea el cuerpo y se presenta en todo su esplendor.

9. Por Sanahsefa. Te aproximas al sacrificio con tanto apresuramiento como el pichón macho emplea en buscar a su compañera; que mis oraciones lleguen a tus oídos.

10. Por Ullovatayana. Que venga como nuestro remedio y como el que da la dicha e inspira el vigor de nuestros pechos, y que así alivie nuestras vidas.

---

[169] Dícese que este rishi dio su vida a fin de que los huesos de. su cabeza pudiesen servir para destruir al Asura Kalasunta.

DASATI X

1. Por Kanva. El hombre que Varuna distingue por su ciencia, y al que protegen Mitra y Aryana, no puede ser matado nunca por quienquiera que sea.

2. Por Vatsa. Influidos por el deseo de poseer vacas, caballos y carros, te alabamos como antiguamente, porque eres digno de recibir las alabanzas de todos los que ofrecen sacrificios.

3. Por Vatsa. Estos himnos de alabanza deben ser cantados para ti cuando se prepara la manteca clarificada y cuando se lo mezcla al zumo de la planta de la Luna.

4. Por Sukakasha. En esta ceremonia sagrada te adoramos, ¡Oh tú que subyugas a los ejércitos y que recibes las alabanzas de una multitud de adoradores!; tú estás presente en todo sacrificio de la planta de la Luna.

5. Por Madhuchhanda. Que Sarasvati, que nos purifica y entretiene nuestra fuerza mediante las viandas de los sacrificios y protege los ritos sagrados, conceda su afección a nuestros sacrificios.

6. Por Vamadeva. ¿Quién es el que satisfará a Indra con los ritos llamados *Nahusha?* Me uniré a él para ofrecer al dios el zumo de la planta de la Luna, al mismo tiempo que Indra tendrá a bien colmarnos de riquezas

7. Por Irimi. ¡Oh Indra!, ven al banquete del zumo de la planta de la Luna cuyo olor es suave y que está colocado aquí sobre la hierba sagrada, en medio de la santa asamblea.

8. Por Satyadhriti. ¡Ojalá que yo pueda recibir la ayuda gloriosa e irresistible de Mitra, de Aryama y de Varuna!

9. Por Vatsa. ¡Oh Indra, poseedor de riquezas sin límites!, tú que subyugas al enemigo y eres el señor de los caballos, ¡ojalá que podamos seguir celebrando siempre las alabanzas de un dios tal como tú!

PRAPATHAKA TERCERO

DASATI I

1. Por Pragatha. Que estas plantas de la Luna te llenen de delicias, ¡oh tú que tienes el rayo!; procúranos la riqueza y al mismo tiempo mata de repente a todos los que odian a los brahmanes.

2. Por Visvamitra. ¡Oh Indra!, tú que recibes las alabanzas sálvanos, y, puesto que tomas parte en las libaciones del jugo de la planta de la Luna y todas nuestras provisiones son una dádiva tuya, ven a nuestras solemnidades.

3. Por Vamadema (dirigiéndose a sus hijos y nietos). Vuestro Indra es el agente que opera sin cesar; siempre es bienhechor, es una divinidad caritativa digna del reconocimiento de todos (los seres), siempre victorioso, es el señor supremo.

4. Por Srutakaksha. ¡Oh Indra!, que el zumo de la planta de la Luna corra en el mar, puesto que no hay dioses que te sobrepujen.

5. Por Madhuchhanda. Los cantores (del Soma-Deva) celebran altamente a Indra; los cantores (del Rig-Veda) celebran a Indra con sus versos sagrados y los sacerdotes, (del Yajour-Veda) celebran a Indra por sus cantos.

6. Por Sukaksha. ¡Ojalá que Indra pueda darte, con el alimento, el tesoro de una raza ilustre y dotada de talento; ¡ojalá que el dios rápido pueda concedernos caballos!

7. Por Gritsamada. Indra disipa rápidamente el pavor que se ha apoderado de mí, pues, como es inmutable, observa todas las acciones de los hombres.

8. Por Sanyu. ¡Oh tú que recibes las alabanzas!, nuestras voces te rodean siempre en todo sacrificio de la planta de la Luna, como las vacas lecheras rodean a sus terneros.

9. Por Bharadvaja. ¡Oh Indra!, para obtener tu amistad y satisfacer nuestras necesidades te suplicamos que vengas rápidamente con Pusha (el Sol), a fin de recibir nuestras viandas ofrecidas en sacrificio.

10. Por Vamadeva. ¡Oh Indra!, no hay dios que sea superior a ti; no lo hay que sea más poderoso que tú; no lo hay siquiera, ¡oh tú que has matado a Vritra!, que pueda ser colocado a la misma altura que tú.

DASATI II

1. Por Virupa. Te alabo, ¡oh tú que destruyes los hombres que nos odian y que no dejas de procurarnos alimento y vacas!

2. Por Madhuchhanda. ¡Oh Indra!, que las alabanzas que te he presentado con la intención de agradarte se eleven hacia ti, que haces caer la lluvia v eres el señor de todas las cosas.

3. Por Vatsa. Es el hombre cuya conducta es virtuosa y al que, por no tener malicia, protegen los Maruts, Arvama y Mitra.

4. Por Trijoka. ¡Oh Indra!, en dondequiera que esté depositado el tesoro, va sea en una caja fuerte, o en alguna colina o en algún pozo, tráenoslo.

5. Por Sukaksha. Vengo hacia ti rogándote que me concedas grandes riquezas, tú que eres el destructor célebre de Vritra, más poderoso que cualquier otro miembro de la raza de los héroes.

6. Por Vamadeva. ¡Oh Indra!, venimos hacia ti con una porción de viandas ofrecidas en sacrificio y preparadas para ti. ¡Oh bravo Sakra!, en nuestro sacrificio solemne venimos con una gran abundancia de viandas destinadas a un dios tal como tú.

7. Por Visvamitra. ¡Oh Indra!, acepta esta mañana nuestro sacrificio acompañado de arroz, de cuajo, de pasteles dulces y de alabanzas.

8. ¡Oh India!; con la espuma del agua cortaste la cabeza del Daitya Namuchi cuando mataste el resto en el campo de batalla.

9. Por Vamadeva. ¡Oh Indra!, estas plantas de la Luna dignas de ser sometidas por ti al encenagamiento subterráneo, ¡oh poseedor de riquezas inmensas!, satisfácete con ellas.

10. Por Vamadeva. ¡Oh Indra!, tú que posees una riqueza brillante, estas plantas de la Luna están colocadas para ti sobre la hierba sagrada, regularmente extendida; concede la dicha a los que celebran tus alabanzas.

DASATI III

1. Por Sunahsefa. Te adoramos, Indra, y queremos sumergirte en el jugo de la planta de la Luna como los hombres riegan la ruta que conduce al pozo, tú eres quien realizas cien sacrificios y quien distribuye dádivas abundantes[170].

2. Por Srutakaksha. ¡Oh Indra!, desciende del Cielo en nuestra presencia con toda tu celeridad, tráenos alimento consistente en viandas de mil especies diferentes.

3. Por Trijoka. El que atraviesa las nubes en el momento en que nace, cogiendo una flecha dijo a su madre: ¿Quiénes son los hombres de violencia y quiénes son los héroes que poseen la fama?

4. Por Medhatithi. Te llamamos en nuestra ayuda, Indra, objeto de muchos elogios y dotado de largos brazos, te llamamos para que nos protejas, ¡oh tú que has matado a Vritra![171].

5. Por Saunaka. Que Varuna y el sabio Mitra y Aryama, con los otros dioses, se complazcan con nosotros y que nos lleven por la vía recta.

6. Por Vrismatihi. La diosa Aurora viene de las regiones lejanas de la Luna hacia este Mundo inferior y expande su esplendor en torno de ella.

7. Por Visvamitra. ¡Oh Mitra y Varuna, que realizáis actos meritorios!, regad los pastos y haced caer las aguas refrescantes sobre ambos mundos.

8. Por Niranyasthupa. Los hijos de Prishni, los Maruts, envían desde arriba sus voces y las ondas en el momento de nuestro sacrificio, y, deseosos de nuestras ofrendas, obran así con la mayor prontitud a fin de poder obtener una recepción favorable.

9. Por Medhatithi. Vishnú atravesó el Mundo haciendo solamente tres pasos y con su pie cubrió el Globo terrestre.

---

[170] Alusión al uso todavía en vigor de regar cada mañana con agua, en la cual ha sido desleída boñiga de vaca, el camino que conduce al pozo.

[171] Es decir, el destructor de Vritra. Toda la leyenda del asura Vritra parece una descripción alegórica del rayo que nasa de una nube a otra y de las demás circunstancias que acompañan al trueno.

DASATI IV

1. Por Medhatithi. ¡Oh Indra!, ven hacia mí, que preparo el jugo excelente de la planta de la Luna; ven con el apresuramiento que tú empleas en acudir cerca de aquellos que aplastan la planta; bebe el zumo de la planta de la Luna que te ofrecemos.

2. Por Vamadeva. ¿Por qué celebramos las alabanzas de aquel que es de una sabiduría superior y es el dios poderoso? Lo hacemos a fin de que nuestras alabanzas contribuyan a aumentar su gloria.

3. Por Medhatithi. El poseedor de la riqueza no escuchará sus alabanzas cantadas por un hombre que hable una voz difícil de distinguir; no escuchará un himno mal recitado, pues quiere himnos cantados con fuerza.

4. Por Vamadeva. Nuestros himnos celebran grandemente a Indra; él es el que da el alimento, es el señor de las provisiones, el poseedor de los caballos llamados Hari y le gusta el zumo de la planta de la Luna.

5. Por Srutakasksha. Ven a nuestra presencia para compartir el jugo de la planta de la Luna y las demás viandas. No te irrites contra nosotros, sino trátanos con paciencia y con la consideración con que un hombre obra respecto de una mujer joven.

6. Por Sumitra. ¡Oh poseedor de la riqueza!, ¿cuándo recibes la alabanza que se te ofrece, a ti que amas la gloria, como es recibida el agua por las cañerías por donde corre? Cuando cumplimos nuestro largo sacrificio para obtener la lluvia.

7. Por Medhatithi. Ven y bebe en toda estación el jugo de la planta de la Luna en la copa de oro de los brahmanes, porque tu amistad impide que sea vertida nuestra sangre.

8. Por Medhatithi. ¡Oh indra!, tú que recibes la alabanza, somos nosotros las personas que te celebran. ¡Oh tú que bebes el zumo de la planta de la Luna!, cólmanos de bienes.

9. Por Vamadeva. ¡Oh Indra!, infórmanos de en qué sacrificio concedes la riqueza. ¡Oh señor siempre victorioso y muy temible!, da fuerza a nuestros cuerpos.

10. Por Srutakaksha. ¡Oh Indra!, debes ser adorado porque tú amas al que te hace ofrendas; eres valiente e inquebrantable y tu corazón encuentra sus delicias en la adoración divina.

(Final de la primera mitad de la invocación.)

DASATI V

1. Por Vasishtha. ¡Oh heroico Indra!, te alabamos porque eres el Sol de este Mundo, el señor de todas las cosas animadas e inanimadas; sentimos hacia ti un afecto semejante al que sienten las vacas que acaban de parir, hacia sus terneros a los que llaman.

2. Por Sanyu. ¡Oh Indra!, nosotros que cantamos tus alabanzas te invitamos con objeto de poder obtener riqueza y alimento, así como el resto de los sacerdotes; te invocamos a ti que proteges a los hombres santos, a fin de que destruyas a nuestros enemigos y nos otorgues una provisión de lluvia desprendida de las nubes.

3. Por Vamadeva. Te alabo, Indra, a ti que das la riqueza, porque eres hábil en todas las ciencias, liberal para los que cantan tus alabanzas y porque posees vastas riquezas que concedes de mil maneras.

4. Por Naudhasa. Te dirigimos nuestras alabanzas en la sala de las ofrendas, ¡oh tú señor supremo que destruyes a nuestros enemigos, que subyugas a los ejércitos de nuestros adversarios, que comes el alimento ofrecido en sacrificio y que procuras la riqueza con el apresuramiento con que la vaca lechera llama a su ternero!

5. Por Kaleya. Yo y los sacerdotes que me asisten y que cantan en voz alta durante el banquete de la planta de la Luna, imploramos la protección de Indra que adquiere la riqueza por su propio mérito; le imploramos con la urgencia con que en el campo de batalla el guerrero suele desafiar a su adversario.

6. Por Vasishtha. El artista supremo quiere darnos alimento, así como una sabiduría consumada; elevo, pues, la voz para glorificar a este Indra al que adora una multitud de hombres piadosos; le glorificaré como el carpintero, puliéndola, aumenta el brillo de una madera de gran belleza.

7. Por Medhatithi. ¡Oh Indra!, bebe de este zumo sabroso de la planta de la Luna; sáciate y escúchanos en nuestra asamblea reunida con alegría para ofrecerte un sacrificio; que tu sabiduría ayude a protegernos.

8. Por Bharga. Ven a mí, tú que posees la sabiduría; conoce mi riqueza; haz que las bendiciones lluevan sobre cuantos aman las vacas y sobre los que aman los caballos.

9. Por Vasishtha. No conozco vuestros movimientos; sin embargo, que los amables Maruts beban hoy con todos los dioses en nuestro banquete el zumo de la planta de la Luna.

10. Por Pragatha. No celebrad a ningún otro dios, ¡oh amigos míos!, no os destruyáis vosotros mismos. Alabad siempre a Indra, que da la lluvia; ofrecedle constantemente el sacrificio de la planta de la Luna y celebradle mediante himnos sagrados.

DASATI VI

1. Por Puruhanman. Ningún enemigo podría conseguir matar a aquel que presenta ofrendas y que, mediante sus sacrificios, se convierte en amigo de Indra; Indra es quien favorece siempre a sus adoradores, quien hace perecer a todos sus enemigos, Indra el poderoso, el invencible, el cual debe a su fuerza innata ser constantemente el vencedor.

2. Por Pragatha. Alabamos a Indra el rico, el poseedor de una inmensa opulencia, el que ha reparado la grieta en el *vajra,* siempre presente en los sacrificios, cuando había sido herido por los golpes dados sobre los hombros[172] y que los reunió perfectamente después de que lo hubo roto.

3. Por Pragatha. ¡Oh Indra de los cabellos flotantes!, que tus centenares y miliares de caballos que gustan del alimento propio de los sacrificios sean enganchados al carro de oro v que te conduzcan al banquete de la planta de la Luna.

4. Por Visvamitra. Ven, ¡oh Indra!, con tus caballos de relincho sonoro y cuyo pelo está marcado como plumas de pavo real[173]. Que nadie, si no imita al pajarero, se atreva a tenderte lazos y a impedir tu llegada, y si alguno tiene tal audacia marcha contra él con tu arco y hónranos con tu presencia.

5. Por Gautama. ¡Oh todo poderoso Indra!, tú eres el dios que convierte a un hombre en verdaderamente ilustre. Poseedor de la riqueza no hay nadie, a no ser tú, que pueda darle la dicha. Indra, celebraré tus alabanzas en cualquier lugar.

6. Por Purumidha. ¡Oh Indra!, eres el poseedor de la riqueza *(o de la fama);* eres el superintendente de la purificación del zumo de la planta de la Luna y el señor de la fuerza corporal; tú solo, y sin ayuda, matas a tus enemigos intimidados por *vajra* de formas múltiples, objeto de grandes alabanzas y manejado por una mano guerrera.

---

[172] Este pasaje es bastante oscuro, según lo hacen notar algunos comentadores, que observan que el vocablo *vajru* se emplea ordinariamente en el sentido de rayo. Es una es pecie de porra terminada por una bola guarnecida de puntas; en un sacrificio, el rakshasa se sirve de este instrumento para alejar a los inoportunos. «No he podido descubrir otra cosa—agrega el señor Stcvenson— respecto de la leyenda a que hace alusión el texto».

[173] Esto parece indicar que los caballos de Indra son una imagen del arco iris.

7. Invitamos a Indra a venir a la fiesta de los dioses; a Indra, que está siempre dispuesto a venir a los sacrificios. Invocamos a Indra afamado por su amor hacia el zumo de la planta de la Luna, a fin de que esté cerca de nosotros en el combate; le invocamos para que nos dé la riqueza.

8. Por Medhatithi. ¡Oh poseedor de riquezas incalculables!, acepta los cánticos con que nuestras almas celebran tus alabanzas, y vosotros, los que lleváis las viandas consagradas, sacerdotes sabios y gloriosos, cantad en vuestros himnos las alabanzas de Indra.

9. Por Medhatithi. Verdaderamente nuestros cantos, tan dulces, tan melodiosos y tan llenos de alabanza, subirán hacia ti con la rapidez de los carros siempre triunfantes y cargados de tesoros que vuelan con seguridad y rapidez.

10. Por Medhatithi. Así como el ciervo de color claro, cuando abandona el desierto y está alterado, se acerca a los estanques, igualmente tú eres rey en el momento de nuestro banquete y bebes con nuestros sabios.

DASATI VII

1. Por Bharga. Concédenos la riqueza y toda clase de protección, ¡oh héroe!, porque te adoramos como a aquel que suministra el alimento y posee la opulencia.

2. Por Ritu. ¡Oh Indra!, lleva estas provisiones que poseen todos los ricos Asuras. ¡Oh poseedor de las riquezas!, dámelas para mi alimento, puesto que canto tus alabanzas, y a todos los que están sentados sobre la hierba regularmente dispuesta para tu sacrificio.

3. Por Jamadagni. Cantad a los resplandecientes Mitra, Varuna y Argama *(Indra),* que dan riqueza en recompensa de los sacrificios que se les ofrecen; dirigidles cantos melodiosos de adoración y de alabanza.

4. Por Medhatithi. ¡Oh Indra!, los que preparan el sacrificio, nuestros cantores armoniosos reunidos aquí, unen sus voces a fin de invitarte al banquete ofrecido al mediodía, acompañado de himnos de alabanza; nuestros cantores te celebran, ¡oh dios de las remotas edades!

5. Por Purumedhas. ¡Oh sacerdotes fervientes!, ofreced las viandas de los sacrificios al poderoso Indra, que ha matado a Vritra, y que realiza cien sacrificios; siempre está dispuesto a castigar con su rayo que destruye los ejércitos a nuestro enemigo en forma de nube.

6. Por Medhatithi. ¡Oh sacerdotes fervientes!, celebrad las alabanzas del poderoso Indra, el jefe de aquellos que matan a nuestros enemigos; él es quien ha producido la luz; él es quien mantiene los ritos sagrados; él es quien, de acuerdo con el dios Soma, desempeña verdaderamente el papel de una divinidad y está siempre vigilante por los intereses de sus adoradores.

7. Por Sakti. ¡Oh Indra!, muéstranos la afección que un padre tiene por su hijo y danos la sabiduría; ¡oh tú, objeto de los homenajes de una multitud de adoradores, escúchanos en esta asamblea de los dioses reunidos para el sacrificio y concédenos la iluminación divina, a nosotros que poseemos la vida natural.

8. Por Ibhi. No nos rechaces, ¡oh Indra!; tú eres la única fuente de nuestras delicias y la de milla res de seres animados; tú eres nuestro protector; debemos obtener tus favores; ¡oh Indra!, no nos rechaces.

9. Por Medhatithi. ¡Oh tú que destruyes a nuestros enemigos!, nosotros, que cumplimos el sacrificio de la planta de la Luna, que ocupamos nuestros asientos sobre la hierba del sacrificio con los sacerdotes que lo consagran, cantamos tus alabanzas y te rodeamos como las aguas rodean las orillas de los continentes.

10. Por Sanyu. ¡Oh Indra!, trae contigo todo lo que puede hallarse de poder y de riqueza entre los descendientes de Nahusha y de los demás seres y de todo lo que se encuentra en las cinco divisiones de la Tierra; al mismo tiempo concédenos todas las fuerzas del cuerpo.

DASATI VIII

1. Por Medhatithi. ¡Oh tú que haces llover las bendiciones!, eres verdaderamente nuestro protector así como el visitador del Universo. ¡Oh dios poderoso que haces caer la lluvia, tu voz se extiende por las regiones más lejanas, mientras que tu fama se expande por nuestra vecindad, en este Mundo inferior!

2. Por Rebhas. ¡Oh Indra!, que destruyes a tus enemigos y que te acompañan siempre tus caballos de larga crin, eres todopoderoso en las regiones lejanas del cielo lo mismo que en las regiones inferiores, y el que cumple el sacrificio de la planta de la Luna no cesa de dirigirte sus homenajes y de cantar himnos en tu alabanza.

3. Por Vatsa. En medio del feliz banquete de las viandas sagradas, alabad en voz alta y con sentimientos que correspondan con vuestras palabras; alabad a Indra, al héroe cuya sabiduría es infinita, al dios afamado y todopoderoso.

4. Por Sanyu. ¡Oh Indra!, concédeme, para mi bienestar, una estancia compuesta de tres elementos y de tres destinaciones y de una magnificencia como la que disfrutan las personas.

5. Por Thimedhas. Así como los rayos de la luz proceden del Sol como de su centro, igualmente los tesoros acuáticos de Indra son distribuidos a lo lejos por su poder eficaz y para beneficio de las existencias que subsisten ya o que comienzan; así como nosotros ofrecemos (a los manes de nuestros padres) una porción del alimento sagrado, igualmente nosotros le ofrecemos una a Indra.

6. Por Puruhanman. ¡Oh alma siempre paciente!, el hombre que no da no puede recibir alimento; pero el hombre generoso conduce los caballos bien combinados de su carro como Indra cuando guía a sus corceles color de oro.

7. Por Trimedhas. Tomad por ornamento en el campo de batalla la imagen del adorable Indra. ¡Oh tú que destruyes a nuestros enemigos, que sales siempre victorioso y eres digno de los mayores elogios!, ven a tomar parte en las viandas que te ofrecemos en los tres sacrificios diarios.

8. Por Vasishtha. ¡Oh Indra!, tú produces los metales más preciosos, igual que los de un valor inferior son tuyos y tú eres su dueño soberano, pero no hay nada que pueda agregarse a tu gloria, ¡oh pastor de los hombres!

9. Por Pragatha. ¿Qué regiones atraviesas? ¿En dónde se te puede encontrar, puesto que tu espíritu se halla en un número tan grande de lugares diversos? ¡Oh héroe belicoso!, triunfante en la guerra y destructor de las ciudades de tus enemigos, en cualquier lugar que te encuentres te celebrarán nuestros cantos.

10. Por Kali. Nos acercamos hoy al que posee el rayo; traed para él hoy el zumo de la planta de la Luna y celebremos de nuevo al poseedor de toda fama.

DASATI IX

1. Por Puruhanman. Elogio al jefe de los guerreros, que es el rey de los hombres, que realiza viajes en el carro, al viajero incomparable que subyuga a todos los seres y destruye a nuestros enemigos.

2. Por Garbha. ¡Oh Indra!, desde que te tememos nos has preservado de todo otro temor. ¡Oh poseedor de las riquezas!, te invocamos para nuestra salvación. Mata a todos aquellos que nos odian y que quieren combatir contra nosotros.

3. Por Miri. ¡Oh señor de las moradas!, tú eres la viga que sostiene nuestra casa; tú eres la cota de malla que realiza el sacrificio de la planta de la Luna, el dios que ha sido regado con zumo de la planta de la Luna, el conquistador de las ciudades, el jefe de numerosos ejércitos y el amigo abnegado de los sabios.

4. Por Jamadagni. Tú eres realmente poderoso, ¡oh Sol!; tú eres verdaderamente poderoso, descendiente de Aditi; adoramos el esplendor de tu esencia, tu majestad y tu gloria, porque eres poderoso, ¡oh divino (Sol)!

5. Por Devatithi. ¡Oh Indra!, tu amigo, el que cumple el sacrificio de la planta de la Luna, el poseedor de los corceles, que conduce su carro y que tiene el aspecto más seductor, viene con sus caballos de viaje a tu solemne asamblea, y trae consigo este alimento que tú estás dispuesto siempre a aceptar y con el que se realiza siempre tu servicio.

6. Por Puruhanman. ¡Oh Indra que manejas el rayo!, aunque hubiese un centenar de Cielos y un centenar de Tierras, a más de un millar de Soles, no podrían contenerte, porque tú rodeas el Cielo y la Tierra.

7. Por Devatithi. ¡Oh Indra!, que los mortales te invoquen al Este, al Sur, al Norte y al Oeste, a ti que envías la abundancia a muchos hombres y a sus hijos; ¡oh glorioso amo de los vientos!, sé pródigo con el rey Turvasa.

8. Por Vasishtha. ¿Cuál es el hombre que puede sobreponerse a aquel cuyo tesoro eres tú, ¡oh Indra! Sin duda, ¡oh poseedor de las riquezas!, el que prepara las viandas del sacrificio para obtener el Cielo es mirado como si fuera particularmente tuyo.

9. Por Bharadvaja. ¡Oh Indra y Añi!, la mañana privada de pies avanza, despojando a todas las tribus de los hombres y al propio Sol con su voz argentina[174] y su paso rápido y continuo, franqueando en treinta pasos el espacio de los Cielos[175].

---

[174] Alusión al canto de los pájaros en el amanecer.

[175] Los hindúes dividen en treinta *muhitrtas* la duración de un día y de una noche.

10. Por Medhatithi. Acércate a nosotros, Indra, trayendo contigo el socorro que resulta de los sacrificios a los espíritus de los difuntos. Ven, ¡oh divinidad afortunada!, ven con estos seres bienaventurados a los que presentamos ofrendas de una manera especialísima. Ven, ¡oh abuelo!, con los espíritus de nuestros padres.

DASATI X

1. Por Trimedhas. Imploramos tu protección, tú que no puedes decaer, tú que matas a nuestros enemigos, el inmutable, el rápido, el victorioso, el ilustre conductor de carros, el invulnerable, el que aumenta los abastecimientos de agua.

2. Por Vasishtha. Que el lugar en donde te entregas ordinariamente al placer y a la distracción no se halle lejos de nuestros sacrificadores; por el contrario, desde las regiones lejanas acude hasta nuestra asamblea, que se complace con la divinidad, habita entre nosotros y escucha nuestras oraciones.

3. Por Vasishtha. Ofreced el zumo obtenido de la planta de la Luna a Indra, que gusta del zumo de la planta de la Luna y que maneja el rayo. Preparad para su alimento las viandas de los sacrificios, sometedlas a las purificaciones necesarias y satisfaced su alegría con ofrendas que le contenten.

4. Por Sanyu. Invocamos a Indra, que es siempre el destructor de nuestros enemigos, que vigila a todas las criaturas, que es poderoso en su esplendor *(o en su cólera)*, cuyo poder es irresistible y es el señor de los santos. Hállate presente para sostenernos en todo combate.

5. Por Puruchhesha. ¡Oh hijos de Asvin a los que vuestros actos meritorios os han hecho ricos!, concedednos como fruto de nuestros ritos solemnes, noche y día, todo lo que deseamos, y no rechacéis nunca la dádiva que os ofrecemos.

6. Por Vamadeva. Que el sacerdote que canta los versos sagrados celebre por todas partes las alabanzas de Indra, que hace caer las aguas, que protege las diversas especies de ritos religiosos y celebre sus alabanzas en alta voz.

7. Por Vatsa. ¡Oh Indra!, tú que eres un huésped de nuestro sacrificio, guarda para ti el alimento ofrecido en sacrificio con el agradable zumo de la planta de la Luna; Indra, el poseedor de los caballos de diversos colores, y tú que posees el rayo de oro.

8. Por Bharga. Que Indra escuche nuestras alabanzas y nuestras oraciones hasta que nos conceda nuestros deseos, y que el propietario, siempre en movimiento de la riqueza y poderoso por los méritos, acuda al banquete de la planta de Luna.

9. Por Pragatha. ¡Oh tú que tienes el trueno!, no puede empobrecerte un presente espléndido y una generosidad brillante, ni un regalo del valor de diez mil monedas, ni siquiera, ¡oh poseedor de la riqueza!, un regalo igual cien veces repetido.

10. Por Pragatha. ¡Oh Indra!, tú te hallas más cerca de mí que un padre o que un hermano generoso; tú me proteges como una madre amorosa; así, puesto que has fijado tu estancia cerca de nosotros, rodéanos de toda tu riqueza.

PRAPATHAKA CUARTO

DASATI I

1. Por Vasishtha. Este zumo bien exprimido de la planta de la Luna, mezclado con cuajo, es para Indra. ¡ Oh tú que tienes el trueno!, ven a la morada del sacrificador con tus dos caballos para tomar parte en el banquete que inspira la alegría.

2. Por Vamadeva. Estas plantas de la Luna, acompañadas de himnos sagrados, están preparadas para delicia tuya, ¡oh Indra! Bebe este zumo agradable, escucha nuestros cantos y concede al cantor lo que te pide ¡oh tú que eres objeto de nuestros elogios!

3. Por Soma. Invito a Indra a que venga con nosotros hoy porque él es la vaca que produce el agua de la vida y se manifiesta en la forma del verso sagrado de los Brahmanes. Él es la excelente vaca lechera, el inagotable, el proveedor de las provisiones para el sacrificio: distribuye vastos arroyos de leche y le decoran ricos ornamentos.

4. Por Nodha. Las poderosas e inaccesibles' montañas no te contienen, Indra, cuando te decides a conceder la riqueza a quien, como yo, celebra tu alabanza; nada puede destruir lo que ha sido adquirido gracias a tu bendición.

5. Por Medhatithi. ¿Quién es aquel que reconoce a Indra después que yo? Ven con tus aguas que te acompañan, a beber el zumo de la planta de la Luna que yo he preparado, porque, ¿quién otro que tú prepara el alimento o da la vida? Indra, por su potencia, reduce a polvo las ciudades. ¡Ojalá que pueda sentirse satisfecho con las viandas que le ofrecemos, puesto que es afamado por su hermosa capacidad.

6. Por Taurasravasa. Mientras que Indra, el poseedor de las riquezas, castiga a los que descuidan los ritos sagrados, expulsándoles del recinto de la asamblea sagrada, que conduzca al mismo tiempo a una feliz terminación este sacrificio, objeto de nuestros deseos.

7. Por Tvishta. Que el divino artista nos conserve el don divino del lenguaje y que Brahmanaspati nos dé la lluvia y que Aditi nos preserve, así como a nuestros hijos y nietos, de la violencia maliciosa y de los reproches de nuestros enemigos.

8. Por Vamadeva. ¡Oh poseedor de la riqueza!, tú eres el ser supremo, y, sin embargo, acudes regularmente al lado del sacrificador y el don precioso que envía tu divina majestad llega sin falta a su destino.

9. Por Medhatithi. ¡Oh Indra!, poderoso destructor de nuestros enemigos, poseedor de las riquezas, ¡oh tú que inspiras el temor!, engancha tus caballos color de oro y ven rápidamente a nuestra presencia, a fin de beber el zumo de la planta de la Luna.

10. Por Nrimedha. ¡Oh Indra!, tú que posees el trueno, nuestros sacrificadores, en los momentos activos te celebran hoy; Indra, los que te ofrecen alabanzas están aquí presentes, escucha sus cantos y ven a nuestra morada.

DASATI II

1. Por Vasishtha. La Aurora, hija del Cielo, comienza a aparecer, va avanzando a lo largo de los Cielos, despidiendo a lo lejos su luz, subyugando con su ojo brillante las potencias de la oscuridad y unida a tropas de hombres ilustres hace brillar el día.

2, Por Vasishtha. Estos sacrificios que merecen el Cielo os llaman, ¡oh hijos mellizos de Asvin!, como la vaca llama a su ternero, y puesto que estáis preparados para venir hacia nosotros y concedéis la riqueza como recompensa del mérito, mi alma llama también vuestra protección.

3. Por Asvina. ¡Oh hijos divinos de Asvin!, ¿cuál es el hombre o cuál es su morada, que, atormentado por un hambre destructora, se ha dirigido en vano a vosotros y os ha ofrecido inútilmente un sacrificio con el jugo de la planta de la Luna?

4. Por Kutsa. ¡Oh hijos mellizos de Asvin!, este zumo delicioso de las plantas de la Luna maceradas ha sido preparado para vosotros en un sacrificio que merece el Cielo. Puesto que habéis venido hoy a nuestro sacrificio, bebedlo, ¡oh hijos mellizos de Asvin!, y en seguida conceded dádivas preciosas a nuestro huésped que preside las solemnidades.

5. Por Pragatha. Te invito siempre, ¡oh Indra!, por el ruido de las gotas del zumo de la planta de la Luna, cuando cae, igual que por los sonidos articulados; ¿por qué entonces te entregarías al furor en el momento del sacrificio, como un león irritado? ¿Quién es el que no te dirigiría sus oraciones, a ti que eres el señor supremo?

6. Por Devatithi. ¡Oh sacerdotes que oficiáis!, Indra desea beber el zumo de la planta de la Luna, y con sus poderosos caballos color de oro enganchados a su carro el destructor del enemigo viene a nuestra presencia.

7. Por Vasishtha. ¡Oh Indra opulento!, concédeme a mí, que soy de una clase inferior, una porción considerable, porque tú eres el poseedor de las riquezas y el dios invocado en todas las guerras.

8. Por Vasishtha. ¡Oh Indra!, soy el dueño de tantos tesoros como tú y asisto al que canta las alabanzas (de los dioses). Distribuidor de las riquezas, doy también sin ninguna mala intención.

9. Por Nrimedha. ¡Oh Indra!, tú estás siempre dispuesto a destruir a tus enemigos y aplastas a todos los que te hacen la guerra. ¡Oh tú que destruyes a los impíos!, nuestro padre, tú que exterminas a los enemigos, tú matas a todos los que desean matarte.

10. Por Merha. Gracias a tu gran potencia, tú destruyes a tus enemigos y desde tu morada celeste, como una nube de polvo, envuelves la Tierra y tus abrazos rodean al Mundo entero.

DASATI III

1. Por Vasishtha. Yo, que preparo el sacrificio para los dioses, ofrezco en estos ritos solemnes el producto de las vacas y las restantes viandas a Indra, el cual, desde el comienzo, ha aspirado a nuestras alabanzas. ¡Oh poseedor de los caballos color de oro!, te invocamos mediante estas ofrendas; recibe nuestros cantos sagrados que te los presentamos con dulces viandas.

2. Por Vasishtha. ¡Oh Indra, a quien adoran multitud de fieles!, ven al recinto sagrado construido por los sacerdotes en tu sala. Puesto que tú eres quien nos protege y nos nutre, concédenos la riqueza y satisfácenos con el jugo de la planta de la Luna.

3. Por Gritsamada. El que rompe las nubes y crea las aguas, el que envía o retiene la lluvia y distribuye las dádivas, es Indra. Éste forma las nubes potentes y hace caer torrentes de agua, distribuye todas las bendiciones y es el dios que no perece.

4. ¡Oh Indra, poseedor de riqueza!, te alabamos cuando preparamos el zumo de las plantas de la Luna; te alabamos cuando presentamos la ofrenda del alimento sagrado. Dadnos una posteridad con una riqueza que proceda de ti; y accede a que, mediante tu protección, podamos mantener a nuestros inferiores en la sumisión y triunfar frente a nuestros enemigos.

5. Por Sahago. Los que aspiramos a la posesión de riquezas apretamos tu mano derecha, ¡oh Indra!, señor de la riqueza. Sabemos, ¡oh dios poderoso!, que tú eres el señor del ganado; concédenos esa riqueza que consiste en vacas que produzcan grandes cantidades de leche.

6. Por Vasishtha. Los hombres llaman a Indra, cuando están empeñados en una guerra, a fin de que puedan obtener méritos y asegurar así su éxito. Indra concede a los hombres ilustres que asisten al sacrificio, que tengan sus establos repletos de vacas hermosas.

7. Por Gauriviti. ¡Oh vosotros, rápidos rayos que, como los de los pájaros, subís hasta la estancia de vuestro dueño que gusta de los sacrificios, vosotros que observáis todas las cosas y presentáis todas las demandas, velad las aguas y desplegad las tinieblas!, concedednos una vista clara y libertadnos del cepo en que estamos cogidos.

8. Por Vena. Los que, desde el fondo de su corazón desean la unión con el ser divino, en el Cielo y en el seno de Yama, te contemplan con dicha, a ti que eres glorioso en tu aparato y que marchas con plumaje dorado, como mensajero de Varuna, el poderoso y el magnífico.

9. Por Kula. El glorioso Brahma, el primer nacido, ha expandido desde hace mucho tiempo, a lo lejos, sus rayos brillantes hasta los límites más extraviados del espacio; ahora los distribuye sobre los regentes de todos los puntos diferentes en los Cielos; esos rayos son los que dan la forma a las cosas de este Mundo y residen en todas partes, en el seno de la verdad y de la falsedad[176].

10. Por Suhotra. Que todos los himnos últimamente inventados o aprobados desde hace mucho tiempo y que producen placer, sean cantados en honor del todo poderoso, del heroico, del temible dios grande de cuerpo que destruye a sus enemigos, por ser éste quien posee el trueno y ser el anciano de los días.

---

[176] Esta expresión significa el estado actual de las cosas.

DASATI IV

1. Por Dyutana. El agua que reside en el río Ansumati, negra a causa de sus molinos, que se asemeja al zumo de la planta de la Luna y a la que no es posible acercarse sino por decenas de millares de adoradores, vino a Indra, el que subyugó a sus enemigos por la acumulación de sus méritos cuando de tuvo al ejército morillero mediante la corriente del río porque Indra mira con favor a los que realizan los ritos sagrados.

2. Por Dyutana. ¡oh Indra!, cuando huyendo de la cólera del Asura Vritra, todos los dioses amigos tuyos te abandonaron, tú solo, con los Maruts *(los vientos)*, venciste al ejército del enemigo. Que tu amistad se manifieste sobre nosotros.

3. Por Brihadukta. Alabo al que sostiene el Mundo, al que ha dominado a la multitud entera de su rebaño de ganado ante el combate y que, no obstante su edad, siempre es joven. Ved la sabiduría del dios Indra; incluso en este día él es quien detiene el soplo de la vida.

4. Por Dyutana. ¡Oh Indra!, te has convertido en el que procura la dicha cuando fuiste traído por los siete rishis bienhechores. Entonces saliste del lugar en donde estabas escondido, manifestándote a los Cielos y a la Tierra, y entraste en el campo de batalla para bien de los habitantes de las regiones terrestres y celestes.

5. Por Vamadeva. Te alabo a ti que tienes el trueno, a ti que hablas como el dios de la elocuencia, que llevas la corona y eres el poseedor de inmensas riquezas, el señor de todas las cosas, tú que participas constantemente en nuestros sacrificios, que habitas en el Cielo y que mataste al demonio Vritra en forma de nubes; deseoso de prevenir a mis enemigos, te alabo, porque eres el señor supremo y destruyes a nuestros enemigos.

6. Por Vasishtha. En cuanto a vosotros, sacerdotes, traed ofrendas para el ser poderoso que, por su beneficio intelectual, exalta grandemente al sacrificador, y al mismo tiempo, cantad vuestros mejores cánticos; y en cuanto a ti, que contentas las necesidades de los mortales, ven hacia nuestros compañeros que te esperan en los alrededores.

7. Por Visvamitra. En esta guerra invoco a Indra, que da la dicha, el poseedor de la riqueza, el más grande de los héroes que escucha nuestras oraciones v que se apresura a distribuirnos las provisiones de nuestros enemigos y a ayudarnos en el combate, porque él es quien mata a nuestros enemigos y quien, mediante su victoria, destruye su riqueza.

8. Por Vasishtha. ¡Oh Vasishtha!, envía a Indra las viandas del sacrificio y alábale en la guerra, porque él es quien con su potencia preserva en todas partes los ritos religiosos y escucha nuestras alabanzas que nosotros hacemos subir hacia él por todas partes.

9. Por Gauri. Este círculo[177] fijado en las aguas y que se eleva hasta los Cielos solicita, para los habitantes de este Mundo, el dulce líquido que reside en los rayos de la luz y que Indra distribuye para que se tenga alimento.

---

[177] El emblema brahmamco de Vishnú. Se trata aquí del arco iris.

DASATI V

1. Por Tarkshya. Invoco al que da el alimento, al conductor de los dioses que existe por su propia potencia, al que destruye los carros de nuestros enemigos, que posee el trueno indestructible, el victorioso en el campo de batalla, Indra, que está siempre en movimiento, y le conjuro para que se apresure a venir aquí para nuestra dicha y nuestro reposo.

2. Por Gurja. Invoco, en cualquier duda, a Indra, el liberador, el salvador que merece ser especialmente invocado, el heroico, el poderoso, que es adorado por todas las numerosas tribus de los hombres. Que este Indra, poseedor de la riqueza, comparta nuestras ofrendas.

3. Por Vemada. Adoramos a Indra, el cual, cogiéndolos con su mano derecha, conduce a los excelentes caballos color de oro y es causa de que los caballos de sus enemigos se ericen de pavor y les inspira el temor porque sus ejércitos se apoderan de sus riquezas.

4. Por Vamadeva. Adoramos a Indra, que mata siempre a sus enemigos y que los subyuga como un héroe poderoso. Indra el grande, el sin igual, el supremo, el eminente poseedor del rayo, el destructor del demonio en forma de nube, el que acepta el alimento de los sacrificios y da la riqueza, el opulento, el poseedor de los presos y excelentes abastecimientos.

5. Por Vamadeva. El hombre que nos mata y entrega nuestros bienes a los demás, el que, aunque no sea un miserable asesino, se jacta de su liberalidad, yo lo destruiré, ¡oh Indra!, bien en una batalla, ya por mi fuerza corporal. Eso es lo que estoy resuelto a ejecutar con tu auxilio, ¡oh señor supremo!

6. Por Vamadeva. A Indra es a quien los guerreros invocan cuando combaten contra sus enemigos; a él es a quien invocan los que se elevan en los carros, los que se mantienen en el campo de batalla y los que desean la lluvia, y a él a quien los sabios Brahmanes presentan sus ofrendas.

7. Por Visvamitra. ¡Oh Indra y Parvata!, venid en vuestro espacioso carro a la casa del que os invita a tomar parte en las viandas de los sacrificios y del que, con sus hijos y nietos, toma parte en el alimento sagrado. ¡Oh vosotros!, dioses a quienes alaban nuestros himnos y que estáis satisfechos del alimento que se os ofrece, engrandeceos por las dádivas presentadas en nuestro sacrificio.

8. Por Rinu. El adorador hace subir hacia Indra muchos himnos de alabanza para obtener el agua, e Indra, desde la cima de los Cielos, volviéndose por todos los lados, hace estables el Cielo y la Tierra, como el carpintero hace estables las ruedas de un carro incrustándolas en el eje.

9. Por Vasu. Los sacerdotes aquí presentes y nuestros amigos se hallan verdaderamente en contacto contigo, ¡oh Indra!, por sus servicios abnegados; ¡oh poseedor del agua!, ven a nosotros y hazla caer a torrentes; llega, señor sapientísimo, con la rapidez de un hijo que acude a salvar a su padre, mientras protege los tesoros acumulados en la casa.

10. Por Gautama. ¿Cuál es el primero de los hombres? Es el que fortifica, con el alimento, un ganado que trabaja rudamente; que desprecia al enemigo, que da la lluvia, que causa la satisfacción y que está enganchado al yugo del carro de Indra.

DASATI VI

1. Por Madhuchhanda. Los cantores del Sama-Veda cantan tus alabanzas; los cantores del Rig-Veda celebran al dios de los cantos, y los sacerdotes que celebran el rito del Yadjour-Veda te glorifican, ¡oh Indra!, porque cumples cien sacrificios con el apresuramiento que ellos emplean en glorificar a tus maestros.

2. Por Yata. Que cada voz celebre a Indra, que está expandido por todas partes como el Océano, que es el más excelente conductor de los carros, el señor del alimento y el protector de los santos.

3. Por Gautama. ¡Oh Indra!, bebe este antiguo zumo de la planta de la Luna que da la inmortalidad y que embriaga a Sukra[178]. Que los arroyos de sacrificio corran en ti en el recinto sagrado.

4. Por Atri. ¡Oh Indra!, eres de diversos colores y en mi casa no hay nada que sea digno de serte presentado. ¡Oh tú que truenas y posees la riqueza!, danos riquezas a manos llenas.

5. Por Tiraschi. ¡Oh Indra!, escucha mis súplicas, cuando vengo para invocarte ofreciéndote el sacrificio de la planta de la Luna. Dame riquezas que me contenten, porque eres de una generosa disposición.

6. Por Gautama, ¡Oh Indra!, dios poderoso que subyugas a tus enemigos!, que las plantas maceradas del zumo de la planta de la Luna concedan satisfacción a tus sentidos como el Sol alegra con sus rayos al Mundo sometido a su influencia.

7. Por Medhatithi. ¡Oh Indra poseedor de tesoros brillantes!, ven con tus caballos color de oro; desciende de los Cielos para escuchar nuestros cantos como los del dulce rishi Kanva, y desde este Mundo dirígete en seguida hacia los Cielos del director supremo.

8. Por Tiraschi. ¡Oh tú que eres digno de toda alabanza!, que nuestros cánticos te detengan cerca de nosotros con tanta firmeza como la que tiene el conductor del carro sentado en su pescante, y que su sinfonía suene ante ti como los mugidos de las vacas que han dado a luz recientemente y que llaman a sus temeros.

---

[178] La historia de la borrachera de Sukra se la encuentra frecuentemente en el *Madtsya Purana*. Con objeto de destruir enteramente a Kasha, el hijo de Brihaspati, y de impedirle que resucitara, los Asuras le mataron, quemaron su cuerpo y mezclaron las cenizas con bebidas espirituosas que dieron a beber a bukra Pero todo fue inútil. Sukra devolvió la vida a Kasha en su propio cuerpo y le enseñó el *Manirá* (invocación) que resucita. Luego se hizo abrir el vientre: de él fue sacado Kasha y él mismo fue vuelto a la vida por medio del Mantra. Vejado por tales sucedidos, maldijo a todos los que beben espirituosos.

9. Por Visvamanas. Debemos alabar a este Indra, que eleva grandemente a los que le adoran, dirigiéndole cantos de alabanza y músicas sagradas. ¡Ojalá que él, que bebe el zumo sagrado de la planta de la Luna, pueda beber hasta hallarse satisfecho!

10. Por Sauya. ¡Oh Indra opulento que eres superior como riquezas y que posees la mayor cantidad de viandas sagradas!, señor del alimento que se ofrece a los manes, te ofrecemos este zumo de la planta de la Luna; bébelo hasta que te sientas repleto.

DASATI VII

1. Por Bharadvaia Traed todos los vasallos, porque el sabio Indra que desea nuestras ofrendas bajo forma de bebidas es un dios heroico; atraviesa el espacio con potencia, yendo o viniendo.

2. Por Vamadeva. Tú despreciaste completamente la nube inmóvil *(Vritra)* que reposa en la cima de la montaña y al poderoso sacrificador de las palabras injuriosas de tus enemigos.

3. Por Priyamedha. Nos apresuramos a adorarte, ¡oh Indra!, dotado de una gran fuerza corporal, a fin de obtener tu socorro; aumenta nuestra dicha como el movimiento de un carro, porque tú eres el que realiza muchos actos meritorios, el que subyuga a los ejércitos y el protector de los santos.

4. Por Prayatha. Ocupa el primer puesto entre los ricos el que se hace notar a favor del cumplimiento de los sacrificios, el que Indra, nuestro patriarca y nuestro padre, distingue entre los dioses; es Indra cuyo favor nos procura los medios de cumplir nuestros sacrificios.

5. Por Vamadeva. Cualquiera que sea el lugar por donde los caballos rápidos y brillantes te lleven en tu carro, allí beben el zumo sabroso y preparan las provisiones sagradas.

6. Por Sanya. Te alabo a ti, que eres indestructible y señor de la fuerza, a ti que subyugas a todos los seres, héroe que posees grandes montones de provisiones y posees toda la ciencia.

7. Por Vamadeva. Celebro al que doma a una multitud de caballos y elogio sus corceles rápidos y victoriosos. ¡Ojalá que pueda concedernos todas las cosas que procuran la dicha y nos conservan la vida!

8. Por Jeta. Indra es quien destruye las ciudades de los Asuras; él es quien, siempre joven, y de una potencia incalculable, sostiene todas las obras del hombre, posee el trueno y recibe las alabanzas de las multitudes.

DASATI VIII

1. Por Pramedha. Ofrezco con todo mi corazón el canto de alabanza tres veces sagrado al señor muy resplandeciente, mientras que mi alma emplea todo su saber en cumplir el sacrificio y preparar la ofrenda.

2. Por Kasyapa. La pareja de valerosos caballos de Indra pertenece, según se dice, a la creación de Kasyapa, dios de toda sabiduría que procura la dicha en todos los ritos y en nuestros sacrificios.

3. Por Priyamedha. ¡Oh amigos míos!, ¡oh hijos de Priyamedha!, alabad a Indra y que nuestros nietos se unan también a nosotros para alabarle con todo el fuego que un hombre despliega para atacar a un enemigo formidable.

4. Por Madhuchhanda. Ofrecemos nuestros cantos de gloria a Indra, que destruye los ejércitos enemigos, se los ofrecemos con la afección que este dios poderoso siente hacia nuestras ofrendas de la planta de la Luna.

5. Por Priyamedha. Te invoco, señor de todas las cosas, tú que conservas una fuerza que no disminuye y que posees todas las cosas deseables; te invoco para la protección de nuestros soldados y de nuestros carros.

6. Por Bharadvaja. El que elogia con todo su corazón al héroe indestructible es el hombre que triunfa frente a sus enemigos, y que glorioso por sí mismo y gracias a su ayuda, escapa de todo enemigo formidable y de todo pecado.

7. Por Atri. ¡Oh Indra!, nuestro dueño, tú que realizas actos meritorios, concédenos grandes dádivas procedentes de tus tesoros. Y por encima de todo, ¡oh divinidad generosísima que lo ve todo!, concédenos la riqueza.

8. Por Praskanva. Igual que los pájaros que vuelan con rapidez en cuanto aparece el alba del día, tú visitas todas las tribus de los bípedos y los cuadrúpedos y te mueves a través de todos los períodos del tiempo, dando la vuelta al Cielo entero.

9. Por Trita. ¡Oh vosotros, dioses que estáis estacionados en el firmamento brillante!, esta invocación continuada durante mucho tiempo está dirigida a vosotros con perfecto derecho allí donde hay un adorador y donde el agua de la vida está preparada para vosotros.

10. Somos adorados por himnos y cantos de alabanza por aquel que cumple estos ritos y presenta un sacrificio para los dioses en la brillante asamblea de los sacerdotes .

DASATI IX

1. Por Trisoka. Todos los ejércitos y los héroes van hacia Indra, que subyuga a nuestros enemigos, el indestructible, el que inspira el pavor, el poseedor de una gran fuerza corporal, el rápido y el salvador. Preparad y ofreced el excelente y glorioso sacrificio en el lugar sagrado.

2. Por Sumedha. Te ofrezco un sacrificio a ti, el jefe de los ejércitos brillantes. Tú matas al demonio en forma de nube y expandes el agua para beneficio de los mortales. Los dos mundos brillantes y la Tierra acuden a ti con temor y respeto a causa de tu potencia, ¡oh tú que tienes el rayo!

3. Por Vamadeva. Llegad todos y uníos para alabar a quien, a causa de su potencia, es señor del Cielo y el único a quien honran como a un huésped todos los hombres. Deseando con ansiedad acudir al sacrificio recientemente preparado, él es el primero que viene al lugar en donde deben celebrarse las solemnidades.

4. Por Satya. ¡Oh Indra!, tú que recibes las alabanzas de miríadas de hombres, nos acercamos a ti sin encontrar obstáculos. ¡Oh poseedor de gran riqueza, oh tú que eres digno de alabanza!, no hay nadie que merezca tantas alabanzas como tú. Tú te complaces en escuchar las alabanzas de su amigo.

5. Por Visvamitra. Nuestros cantos numerosos e irreprochables resuenan a diario para glorificar a Indra, el que protege a los mortales, el opulento, el protector del crecimiento, el adorado por miríadas, que es inmortal y digno de recibir las alabanzas de todos.

6. Por Krishta. Nuestros espíritus dirigidos por el cielo se elevan todos al unísono, a fin de elogiar a Indra, cuyo favor desean; cuentan con él, el opulento hijo de Aditi, con objeto de alcanzar su protección, como una mujer cuenta con su marido.

7. Por Angina. Esforzaos por contentar perfectamente a este Indra que ha tomado la forma de un morueco y al que invocan en sus cantos miríadas de hombres; Indra es el Océano de la riqueza, al que ambos mundo dirigen sus súplicas, el todopoderoso y el bienamado. Alabadle, pues posee la riqueza, a fin de que podáis obtener la dicha.

8. Por Satya. Adorad al morueco *(Indra)* que habita el Cielo; muchos hombres se unen para alabarte en centenares de cánticos; traed las viandas de los sacrificios, como los hombres traen grano para sus caballos; dirigid himnos irreprochables a este Indra que viene en su carro para asistir al sacrificio, a fin de darnos su protección.

9. Por Bharahvaja. La Tierra poderosa que recibe el agua para el sostén de todas las cosas, los dos mundos, los destiladores del agua y de una forma excelente quedan disueltos por la operación de Varuna y adquieren la forma de torrentes de agua, no obstante lo cual siguen quedando a salvo de todo daño.

10. Por Medhatithi. ¡Oh Indra!, tú expandes el agua entre los dos mundos, como la mañana reparte la luz. La excelente diosa madre te ha producido para que seas el señor de los ejércitos celestes y el dominador ilustre de los hombres.

11. Por Kutsa. Adorad en vuestros cantos de alabanza al alegre Indra, que empuja con un movimiento rápido las sombrías nubes cargadas de tormentas; como deseamos agua con apresuramiento, invocamos al que envía la lluvia y mantiene el trueno en su mano derecha, al que es el señor de Maruts *(de los vientos);* le invocamos a fin de que podamos gozar de su amistad.

DASATI X

1. Por Narada. Indra acude al lugar en donde están aplastadas las plantas de la Luna, porque su disposición es generosa y sabe cuál es el género de sacrificio que ofrezco cuando celebro a los dioses.

2. Por Gosukti. Cantad con toda vuestra voz las alabanzas a Indra, al que adoran miríadas y celebran miríadas. Venid y sentaos suplicantes ante el dios poderoso.

3. ¡Oh tú que tienes el trueno!, hablamos en tu honor, tú que posees todas las alegrías, tú que envías la lluvia, que subyugas a los ejércitos y que construyes los mundos.

4. Por Parvata. Te adoramos, ¡oh Indra!, porque, acompañado de Vishnú, de Trita, de Apta y los Maruts, bebes a tu satisfacción el zumo de la planta de la Luna.

5. Por Visvamanas. ¡Oh sacerdotes sacrificadores!, escanciad el zumo que, mejor que el alcohol, inspira las delicias, y servidlo con las viandas de los sacrificios, porque está destinado a los héroes y da siempre la prosperidad a los que celebran su alabanza.

6. Por Visvamanas. Escanciad el agradable zumo de la planta de la Luna, para que el dios, impulsado por su benévola disposición, nos envíe riquezas en abundancia.

7. ¡Oh amigos míos!, alabemos a Indra, el héroe que es digno de toda alabanza y que por sí solo subyuga a todos los ejércitos de sus enemigos.

8. Por Nrimedha. Cantad en voz alta las alabanzas del poderoso y sabio Indra, el creador del alimento, el poseedor de la ciencia, que se ha alegrado con nuestras alabanzas.

9. Es el sólo, Indra, el señor invencible, quien da la riqueza en abundancia al hombre que cumple el sacrificio.

10. Por Visva manas. ¡Oh amigos míos!, rogamos a Indra, que sostiene el rayo, a fin de que nos conceda alimento. Alabo al que obra con mucha humanidad respecto de nosotros y subyuga a nuestros enemigos.

PRAPATHAKA QUINTO

DASATI I

1. Por Pragatha. ¡Oh Indra!, en esta asamblea de los dioses alabo tu fuerza incomparable que te ha ayudado a matar al demonio en forma de nube.

2. Por Bharadvaja. Cuando bebiste el espíritu exprimido de esta planta de la Luna mataste al gigante Sambara, y ahora te ofrezco aquel mismo licor. Bébelo, pues, ¡oh Indra!

3. Por Nrimedha. ¡Oh tú que siempre sales victorioso y estás lleno de mérito!, ven hacia nosotros, porque, igual que una montaña, tú presentas tu ancha frente por todos lados y eres el señor de los Cielos.

4. ¡Oh poderosísimo Indra!, deseamos que la alegre sensación que producen las bebidas del zumo de planta de la Luna encante tu espíritu tal y como si se hallara bajo la influencia de este licor, cuando mataste al caníbal Atrina.

5. Por Irimiri. ¡Oh descendiente de Aditi, digno de recibir las ofrendas!, haz que se prolongue nuestra existencia y que gocemos de una larga vida; favorece a nuestros descendientes y aumenta nuestra prosperidad.

6. Por Visvamanas. ¡Oh tú, en cuyas manos se halla el rayo!, asegúranos la derrota de la tropa de los demonios que traen la muerte, de la misma manera que el Sol naciente nos asegura cada día que todas las tribus de los seres animados se dispersarán a lo lejos.

7. Por Irimiri. ¡Oh hijo de Aditi!, tú expulsas a lo lejos la enfermedad y a todo enemigo malvado y dañoso! sepáranos de toda cosa que sea reprensible. Por Vasishtha. ¡Oh 8. Indra!, bebe el zumo de la planta de la Luna y que haga tus delicias, ¡oh poseedor de los caballos color de oro!; soy yo, el director del sacrificio, quien ha ordenado que esta planta fuese machacada con piedras por los brazos de los sacerdotes, todos juntos, como caballos enganchados al mismo yugo.

DASATI II

1. Por Saubhari. ¡Oh lndra!, tú estás unido en familia y asociado en la guerra con el que no tiene enemistad y está exento de pecado, y con un hombre tal es con quien tú formas la más íntima alianza.

2. Por Saubhari. ¡Oh amigos míos!, alabo a este lndra, cuya venida ha sido objeto durante mucho tiempo de vuestros deseos y los nuestros, y le conjuro para que nos proteja.

3. Por Saubhari. Venid a nuestro sacrificio; no permitáis que caiga sobre nosotros calamidad alguna; no os alejéis, ¡oh Maruts que marcháis contra nuestros enemigos!, que brilláis con un resplandor igual y que destruís los poderosos ejércitos de nuestros adversarios.

4. Por Saubhari. Señor de los caballos, señor de las vacas y señor de la Tierra, acude a este sacrificio espléndido. Señor de la planta de la Luna, bebe el jugo de esta planta.

5. Por Prayaga. ¡Oh señor!, unidos a vosotros podemos hablar al que profiere contra nosotros amenazas y podremos librar una batalla a la tribu que roba las vacas.

6. Por Saubhari. Como los rayos de la luz, ¡oh Maruts!, sois todos de una igual claridad, unidos como hermanos por el lazo más íntimo y habitantes de todos los barrios del Mundo. Sostened a los que cumplen el sacrificio.

7. Por Nrimehda. ¡Oh lndra lleno de mérito y observador de todas las cosas!, tráenos fuerza, da nos riqueza, como también héroes que aplasten a nuestros enemigos en la batalla.

8. ¡Oh lndra, digno de toda alabanza!, te rogamos que nos concedas todas las cosas deseables y te preparamos este sacrificio con el celo que despliega el mercader al embarcarse en las aguas.

9. Por Saubhari. ¡Oh Indra!, mientras que nos hallamos en tu presencia, te dirigimos alabanzas, reunidos como pájaros en su nido, para beber el zumo dulce y embriagador que inspira la elocuencia y que está mezclado con el producto de la vaca.

10. ¡Oh tú que tienes el trueno y que jamás has tenido contrincante!, los que deseamos el favor de los dioses, los que somos iguales a quienes traen carros de granos, te invocamos, porque posees un brillante esplendor.

DASATI III

1. Por Gotama. Los deliciosos y brillantes rayos de luz que acompañan al señor que disipa la lluvia beben el zumo suave y dulce ofrecido en este sacrificio y así satisfacen al Universo entero sometido a su dominación.

2. Por Mada. Según la forma consagrada, el brahmán prepara el zumo fortificante contenido en la planta de la Luna y que inspira las delicias. ¡Oh poseedor de una gran fuerza corporal!, tú que tienes el trueno, haz descender los Cielos móviles y dispersa de todo tu Imperio las nubes que llevan la lluvia.

3. Por Gotama. Llamamos a este Indra que se engrandece por el dulce zumo de la planta de la Luna y que, mediante su potencia, mató a Vritra y a todos nuestros enemigos; le suplicamos que venga a protegernos en nuestras guerras y a defendernos en todo combate.

4. ¡Oh Indra!, tú que tienes el rayo, los que aplastan la planta de la Luna celebran tu fuerza sin igual; gracias a ella, unida a la sabiduría, es como pudiste matar al astuto Mrigasur, concediendo así un gran beneficio a todos los Estados.

5. Por Gotama. Ven con prontitud, ¡oh Indra!, subyuga y echa al suelo a nuestros enemigos, puesto que son irresistibles tus armas. Te pertenecen la riqueza y la potencia; mata al demonio en forma de nube y suminístranos agua bendiciendo tus Estados.

6. Por Gotama. Cuando, ¡oh Indra!, los que vienen a adorarte te invocan, cuando te agradan ofreciéndote las viandas de los sacrificios y celebrando las ceremonias empleadas para obtener la victoria sobre nuestros enemigos, entonces tú enganchas tus caballos que van al banquete y cuando has matado a algún enemigo y cogido su riqueza tú nos la repartes.

7. Por Gotama. Los manes queridos de nuestros antepasados, que antiguamente temblaban de hambre, han comido ahora y se hallan satisfechos. Hoy son objeto de nuestras alabanzas, brillan con su luz propia, tienen una gran sabiduría y son celebrados por todas las personas capaces de hacer el elogio de sus acciones. ¡Oh Indra!, engancha a tus caballos de oro.

8. ¡Oh Indra que posees la riqueza!, ven y escucha nuestros cantos; no seas como los que se apresuran a hablar. Tú estás dispuesto a enriquecernos; te ofrecemos la planta de la Luna; tú deseas sacrificios; engancha tus caballos color de oro.

9. La Luna, rodeada de rayos de luz y envuelta por el agua como en un círculo, prosigue en el Cielo su carrera constante. ¡Oh relámpagos con ruedas de oro!, los hombres no os miran siempre ni admiran vuestra rapidez. ¡Oh Cielo y Tierra, escuchad los elogios que os ofrezco!

10. Por Ausasya. ¡Oh jo mellizo de Asvin!, el rishi que celebra vuestras alabanzas decora con sus cánticos vuestro carro querido que produce la lluvia y trae la riqueza; ¡oh vosotros a quienes nuestras libaciones rinden alegres!, escuchad mi invitación.

DASATI IV

1. Por Vatsa. ¡Oh Añi!, te inflamamos mediante nuestras alabanzas hasta que tu bosque sagrado ilumine los cielos. Trae tus provisiones gloriosas e inagotables para nuestros sacerdotes que cantan tus alabanzas.

2. Te invocamos. ¡Oh Añi!, a ti que imitas a los dioses, que te sientas sobre la hierba Kusa cuando ha sido cortada y que posees un puro esplendor; te invito a colocarte en el lugar preparado con la hierba Kusa, a fin de tomar parte en este sacrificio hecho con licores embriagadores.

3. Que la hija resplandeciente del Sol nos despierte para tener la riqueza, como despertó al rey Satyasrava, nacido de una noble raza y que se complacía entre los caballos.

4. Concédenos una inteligencia feliz y segura; concédenos también la sabiduría y el alimento, a fin de que podamos asegurarnos tu amistad; haz tus delicias de nuestros licores espirituosos, como las vacas hacen las suyas de los pastos abundantes.

5. Nos acercamos a ti con respeto, a fin de obtener el alimento con que sostener nuestra fuerza y a fin de que nos concedas la prosperidad. ¡Oh tú que eres poderoso, cuyo espíritu es hermoso, tú que posees caballos color de oro y que tienes en tus dos manos armas de acero!, sénos favorable.

6. El que hace brillar el vaso bien lleno de granos que se ofrecen a los caballos color de oro es el hombre que ocupará el primer puesto delante de su carro que trae la lluvia y procura vacas. ¡Oh Indra!, engancha ahora a tus caballos.

7. Cada día, al atardecer, adoramos con respeto a Añi, que nos da la riqueza con la prontitud con que las vacas y los caballos rápidos regresan por la noche a su morada. ¡Oh Añi!, trae alimento para los que celebran tus alabanzas.

8. Aryama, Mitra y Varuna[179], dioses de la misma raza, no acogen el pecado que produce una muerte miserable y dispersan enteramente a nuestros enemigos.

---

[179] Estos nombres, así como los de Pusha y Bhaga, que aparecen un poco más adelante, son designaciones del Sol.

DASATI V

1. El dulce zumo del soma va a Indra, Mitra, Pusha y Bhaga. Así, pues, Indra, y todos vosotros, dioses que bebéis el zumo obtenido de la planta de la Luna, venid a este dichoso sacrificio.

2. Tú vienes con apresuramiento a recibir nuestras viandas sagradas; tú destruyes a nuestros enemigos malos, y, cuando huimos, tú acudes para salvarnos.

3. ¡Oh poderoso Soma[180], padre de los dioses!, tú que te extiendes por todas partes, como el mar, ven a este lugar sagrado.

4. ¡Oh Soma, nuestro purificador, rápido como un caballo!, ven y concédenos una riqueza dichosa.

5. El divino Soma, gracioso y sabio, ha sido producido en la presencia de los líquidos propios para los sacrificios, a fin de causar la alegría y procurar la fama.

6. Te ofrecemos el zumo extraído de la planta de la Luna, a fin de cumplir el sacrificio famoso de los Brahmanes, porque, ¡oh héroe célebre por tu rapidez!, tú eres el que das toda clase de alimento.

7. ¿No conoces a los heroicos Maruts, visibles en los lugares en que habitan los hijos de Rudra de caballos espléndidos?

8. ¡Oh Añi!, hoy tratamos de agradarte, a ti que eres favorable y que encantas el corazón; te ofrecemos alabanzas y ofrendas en la sala de los sacrificios, lo mismo que los hombres procuran satisfacer a sus caballos ofreciéndoles alimentos.

9. ¡Oh Soma!, los sacerdotes se acercan a ti cantando y te invocan para obtener su alimento con la prontitud con que los caballos rápidos del dios que lo conserva todo emplean para subir a los Cielos.

10. ¡Oh poderoso Soma, nuestro purificador!, ven prontamente a la famosa y dulce libación, porque tú eres el señor de los cantores de los himnos sagrados.

---

[180] La planta de la Luna, personificada, es considerada como la esencia primitiva y como el espíritu que se expande por todas partes.

DASATI VI

1. ¡Oh tú que concedes constantemente dádivas!, concédenos riquezas de toda clase; eso es lo que imploramos de ti, ¡oh poseedor de todo poder!

2. Yo, el sacerdote que preside el sacrificio, alabo y celebro al famoso Indra.

3. Los sacerdotes adoran a Indra dirigiéndole himnos de alabanza; le elogian a fin de que tenga a bien concederles dádivas y matar a sus enemigos.

4. ¡Oh tú a quien alaban miríadas!, el carpintero hizo el carro para tus caballos y el dios artista hizo para ti el rayo centelleante.

5. Cuando se descuida el culto de Indra, este no concede ni estancia dichosa, ni riquezas, y ni siquiera nos permite tomar parte en la distribución de sus tesoros vivamente deseados.

6. Los puros y divinos rayos de la luz que sostienen todas las cosas permanecen siempre sin mancha.

7. Ven, ¡oh Indra!, con toda tu comitiva, como la manada de vacas reunida en el establo.

8. ¡Oh Indra!, los que habitamos en la sala en donde está colocado el dulce zumo, te lo ofrecemos para agradarte y meditamos en tu opulencia.

9. Los sacerdotes, con sus encantamientos propicios, adoran a Arka *(el Sol)* e Indra famoso y siempre joven recibe sus alabanzas.

10. Cantad las alabanzas del sabio Indra, que es famoso para hacer perecer a nuestros enemigos, puesto que ahora estáis ocupados en adorarle.

DASATI VII

1. Añi, que presenta el sacrificio, conoce todas las cosas; es verdaderamente el carro de la sabiduría.

2. ¡Oh Añi!, eres para nosotros el jefe de los dioses, nuestro salvador, el que concede la dicha y el objeto de nuestros más vivos elogios.

3. Añi, semejante al Sol con sus colores diversos, posee las joyas de todos los poderosos de la Tierra.

4. Tú fuiste, desde el comienzo, el objeto de las alabanzas de todos los hombres y sin duda eres todavía el mismo para todos los habitantes de este mundo.

5. La diosa de la mañana, de un nacimiento distinguido, se conduce respecto a la noche, celebradísima, como hacia una hermana.

6. Cualquiera que sea el lugar en donde dispongamos los materiales del sacrificio, Indra y todos los dioses estarán allí presentes.

7. Así como todos los senderos se concentran en un gran camino, igualmente todas las riquezas se reúnen en ti.

8. Nosotros, los poseedores de hijos heroicos, destinados a vivir cien inviernos, obtenemos el alimento colocado aquí por los dioses y nos sentimos llenos de alegría.

9. La diosa del agua y Mitra y Varuna[181] hacen hincharse el grano; del mismo modo, Indra, enviamos en abundancia un sólido alimento.

10. Indra se muestra lleno de gloria en el Mundo entero.

---

[181] Ya se ha dicho anteriormente que éstos eran los nombres del Sol.

DASATI VIII

1. El poderoso Indra, poseedor de una gran fuerza, bebió a vuestra entera satisfacción y durante los cantos en alabanza suya repetidos tres veces en un vaso que contenía el licor mezclado con cebada, bebió con delicia el zumo extraído de la planta de la Luna y preparado por los sacerdotes. Cuando el poderoso héroe se sintió ya alegre y dispuesto a cumplir grandes acciones, mató al temible gigante. Así fue como el fiel y divino Soma y como el fiel y divino Indra se abrazaron mutuamente el uno al otro.

2. Indra, que vela sobre millares de seres humanos, que tiene la inteligencia del sabio y que está lleno de gloria, que cumple muchos actos religiosos, el poderoso héroe que conoce la morada de la mañana, envía las aguas purificadoras, claras, nacidas de la Tierra y que dan la vida.

3. Ven, ¡oh Indra!, hacia nosotros, cualquiera que sea la distancia en que te encuentres; que el preservador de los hombres sanos rodee nuestro sacrificio y que el señor de los santos obre como el rey que reside en numerosos palacios. Nosotros que nos entregamos al sacrificio de la planta de la Luna, llamamos al poderoso héroe para recibir nuestras viandas, como los hijos llaman a un padre para recibir el alimento ofrecido a los manes.

4. Invoco a Indra, el poseedor de la opulencia, el protector siempre fiel de los santos y contra el cual no puede hacerse acusación alguna. Trabaja con el que concede las riquezas con la mayor liberalidad y al que se adora con cánticos de alabanza. Que el que tiene el trueno allane todos nuestros pasos para obtener la riqueza.

5. ¡Oh Añi, a quien coloco ahora en tu santuario sagrado y en el lado del sur!, escucha los versos sagrados que canto en tu gloria. ¡Oh Indra y Vaya!, os invoco a los dos para que me concedáis una fuerza divina; os invoco para que me concedáis nuevas y excelentes dádivas, puesto que sois los principales agentes en el Mundo, puesto que residís en todas partes y llenáis la bóveda del Cielo, porque seguramente todos los sacrificios suben a presencia de los dioses, como hacen los diferentes Maruts.

6. Nuestras inteligencias fortificadas por cánticos santos, se aproximan al poderoso Vishnú y a Marudgana, y con este propósito, yo, Marut, vengo a solicitar un poder sobrenatural, con objeto de hallarme en condiciones de ofrecer un sacrificio, de obtener la dicha y de rendir propicias mis ofrendas, y también con objeto de terminar el sacrificio que tengo el anhelo de cumplir.

7. El purificador Añi, rodeado de su fulgor de una gran blancura y seguido de los sacerdotes que celebran su culto, escapa a todo pecado; semejante al Sol, cuando con sus rayos, todos puros, y rojos, y brillantes, se eleva en su esplendor por detrás de la nube lluviosa, del mismo modo, con los siete sacerdotes cantando himnos, tú rodeas todas las formas creadas.

8. Adoro al dios Savita, padre del Cielo y de la Tierra, que preside el sacrificio de los sabios, que hace prosperar los ritos sagrados, que concede presentes, que se hace amar por la posesión de la inteligencia y cuyos rayos que vienen de arriba, a través de las palabras del sabio, brillan entre el lugar del sacrificio, mientras que el dios de la mano de oro que cumple los actos que dan el mérito se dirige al Cielo de la misericordia.

9. Medito acerca de Añi, que invita a los dioses al sacrificio y que da la riqueza; Añi, el hijo de la fuerza, el poseedor de la riqueza, dotado de un sabiduría igual a la de un Brahmán; es un dios que se revela bajo la forma de un sacrificio propicio, la luz de los demás dioses, la propia misericordia, brillando por todas partes por medio del líquido refulgente que causa la llama y por la ofrenda de la manteca clarificada.

10. Esta fiesta extraordinaria es la tuya, ¡oh Indra!, a quien han hecho célebre en el Cielo las acciones que antiguamente salvaron a los hombres.Con tu potencia divina, eres el destructor de los Asuras y eres el que cumple todo acto piadoso. Concédenos, además de la fuerza, todas las cosas que convienen a los mortales. ¡Oh tú que cumples muchos sacrificios!, concédenos alimento en abundancia.

DASATI IX

(Lo que sigue son los versos recitados en la consagración del líquido)

1. La Tierra sagrada recibe diariamente las viandas del sacrificio que se te ofrece, ¡oh Añi!; y también recibe este alimento excelente, fortificante y adorable.

2 ¡Oh Soma!, conserva para la bebida de Indra, el zumo exprimido de la planta de la Luna por el procedimiento embriagador y sabroso de la destilación.

3. ¡Oh tú que expandes el agua!, consagra el zumo embriagador para los Marudganas, los cuales sostienen todas las cosas con su potencia.

4. Consagra para ti mismo este licor embriagador que satisface a los dioses y que destruye a los que hacen el elogio del pecado.

5. El sacrificador eleva sus súplicas tres veces repetidas; entonces, con la prontitud con que las vacas llaman a sus terneros, Indra acude con las tormentas de ronco ruido.

6. Consagrad a Indra y a los Marudganas el zumo embriagador de la planta de la Luna, y me sentaré cerca del seno de la brillante divinidad *(es decir, cerca de la vasija donde fermenta el licor).*

7. Se sienta cerca de las plantas resplandecientes de la Luna, que han sido purificadas cuidadosamente con agua; tiene toda la agilidad que emplea el gavilán de las montañas en posarse en su pértiga.

8. ¡Oh Indra!, consagra el licor espirituoso preparado por nuestra actividad para la bebida de los dioses y para la bebida de los Marudganas y de Vayu.

9. La planta de la Luna cogida en las montañas y macerada, destila su zumo en el lugar sagrado. ¡Oh Soma!, en la alegría en que te coloca la embriaguez eres el que sostiene todas las cosas.

10. El bienamado, el celeste, el cauto, el sabio director del sacrificio, colocado por los ritos de la consagración en el Cielo y en la Tierra, a través de todos los períodos de su existencia, viene hacia nosotros mediante el sacrificio de la planta de la Luna macerada.

DASATI X

1. Las plantas de la Luna que he destilado para procurarnos alimento y las plantas machacadas por los ricos institutores de estos ritos sagrados han subido hasta el banquete del sacrificio.

2. ¡Oh brahmanes!, que abundantes provisiones de la planta de la Luna nos suministren líquido en abundancia, igual que los búfalos nos aportan abundantes riquezas.

3. ¡Oh tú que envías la lluvia!, consagra las plantas de la Luna que aplastamos: otórganos la fama en el Mundo y extermina a los que nos odian.

4. ¡Oh tú que envías la lluvia y eres santo!, tú estás íntimamente unido al Sol. Te invocamos, ojo brillante del Cielo.

5. La planta de la Luna consagrada es vivificante y querida, pues inspira al poeta; nosotros la preparamos con la rapidez con que el conductor del carro prepara a sus caballos.

6. Preparamos el sacrificio de la brillante planta de la Luna y las viandas fáciles de digerir que procuran vacas, caballos y héroes.

7. Consagrad el sacrificio, y que el licor divino y embriagador que conserva la vida suba hacia Indra y que, por nuestros ritos solemnes, se eleve hacia Indra.

8. El puro Vaisvanara producido por la luz (Añi) es adorado por medio de numerosos y variados ritos y se extiende por todas partes como el Cielo.

9. Las plantas de la Luna son maceradas por medio de nuestros cantos, a fin de suministrar el licor embriagador; el dulce licor va destilándose y cayendo sin cesar.

10. El sabio *(Soma)*, sostenido por las olas del mar, avanza y asiste al preparador del sacrificio, objeto de un vivo amor.

PRAPATHAKA SEXTO

DASATI I

1. Los dioses vienen hacia las plantas de la Luna reunidas para el sacrificio, mezcladas de agua y del producto de la vaca, después que han sido maceradas y preparadas convenientemente.

2. El dios que lo ve todo y que purifica, está ante nosotros en todas nuestras guerras, y (los mismos fuegos divinos) rinden a Brahmán glorioso por medio de los ritos sagrados.

3. Todos los zumos exprimidos han entrado en la copa del sacrificio; las plantas favorables están destiladas, y el zumo de la planta de la Luna está preparado para Indra.

4. Con tanta rapidez como cuando se enganchan los caballos de los carros, nuestros sacerdotes maceran las plantas en el lugar santo, sobre el cuero del toro y sobre la piel de la cabra.

5. Los rayos errantes, radiosos, siempre en movimiento, avanzan matando la noche negra.

6. El zumo embriagador de la planta de la Luna producido por el sacrificio purifica a los que se han manchado por guerras destructivas. ¡Oh Añi, aparta lejos de nosotros a la tribu de los impíos!

7. Acepta nuestras ofrendas y con esta aspersión del líquido de los sacrificios purifica las aguas en el Mundo de los seres humanos, lo mismo que con ella haces brillar el Sol.

8. ¡Oh tú que suministras el alimento al ilustre Indra para ponerle en condiciones de matar a Vritra!, purifica también las aguas poderosas.

9. ¡Oh planta de la Luna!, los que han sido regados con tu jugo brillante y han bebido en sus copas embriagadoras, han matado a la pandilla de los Rakshasas cuyo número era noventa veces nueve.

10. Tráenos una riqueza brillante y permanente, expande sobre nosotros provisiones y en este lugar santo dadnos lo que puede servir de alimento propio para el sacrificio.

DASATI II

1. El que hace caer la lluvia[182] que es color de oro y que ve a lo lejos, que está dotado de una gran potencia, que es nuestro amigo y que es célebre por la fuerza de sus relinchos, le disputa su fulgor al Sol.

2. Deseamos hoy tu presencia, ¡oh Añi!, puesto que tú eres la divinidad ágil que recibe las ofrendas de nuestros sacrificios; eres tú quien nos protege y el objeto de una gran afección.

3. ¡Oh sacerdotes que oficiáis!, mediante la operación de las piedras, haced correr en el vaso sagrado el zumo de la planta de la Luna que aplastáis y purificadlo a fin de que lo beba Indra.

4. Esta planta saludable nos purifica mediante su arroyo de licor, propio para los sacrificios. Esta planta saludable nos purifica.

5. ¡Oh Soma!, purifica nuestras riquezas que se cuentan por millones y mantén nuestro heroísmo. Preserva también nuestras provisiones de alimento.

6. Los antiguos sabios hollaron antiguamente el suelo sobre el cual marchan hoy los hombres y produjeron el Sol con el propósito de crear la luz.

7. Aplastad la planta de la Luna, y que su zumo centelleante resuene en el vaso que lo recibe. Siéntate en el yoni *(el vaso sagrado),* entre los líquidos.

8. ¡Oh Soma que haces llover (las bendiciones)!, tú eres el dios brillante. ¡Oh dios que haces llover (bendiciones)!, estás servido por arroyos líquidos, ¡Oh tú que haces llover (las bendiciones), tú aceptas las ofrendas que te presentamos.

9. Purificad el lugar donde se prepara nuestro alimento con los arroyos (del líquido sagrado). ¡Oh Indra!, al que reconocen los sabios entre los hombres, ven aquí con tu gloria.

10. ¡Oh Soma, que haces llover (las bendiciones)!, purifícanos con tu licor embriagador, purifica con tus aguas saludables a los que aman a los dioses y a los que nos aman.

11. ¡Oh poderoso y embriagador Soma!, tú eres altamente glorificado por estos ritos solemnes y tú riegas (a los sacerdotes que los celebran).

12. Este fuego santo que ve todo y que está siempre en movimiento, depositado en su santuario con los ritos consagratorios, trae en alto con él el poderoso líquido (de la planta de la Luna).

---

[182] El caballo de Indra.

13. ¡Oh planta de la Luna!, eres destilada para nuestro bien a fin de que puedas satisfacer al dios poderoso. Es el jugo tan vivamente deseado por los dioses que nos sostienen cuando es producido con una tal abundancia, que viene como una ola de mar.

14. La planta de la Luna, con un espíritu mortífero, mata a los amigos de la guerra para bien del hombre santo y va al lugar en donde está preparada y que visita Indra.

DASATI III

1. ¡Oh Soma, el purificador que extiéndote sobre las aguas, las riegas con tus destilaciones, detentador de todas las cosas preciosas, dios de la fuente de oro!; siéntate en el voni del sacrificio.

2. ¡Oh sacerdotes!, expandid el agua del sacrificio en derredor de las plantas machacadas de la Luna; éstas suministran la ofrenda más excelente, que, producida para el bien del hombre, ha sido obtenida por medio de las piedras del sacrificio.

3. ¡Oh Soma que elogian las piedras retumbantes del sacrificio!, estás colocado sobre las dos pieles de cabra, como los hombres sentados en un asiento formado por dos cueros de buey y el caballo Hari *(el caballo de Indra);* entra y ocupa tu sitio entre las vasijas del líquido preparado.

4. ¡Oh Soma!, ven a la fiesta de los dioses en donde el zumo centelleante desborda como las aguas del mar, porque al reposar en tu vaso que recibe el espíritu destilado tú embriagas y calmas a la vez.

5. El zumo de la planta de la Luna que celebran nuestros cánticos cae con ruido en los vasos colocados sobre las pieles de cabra; viene en un torrente con la rapidez d un caballo y viene en m torrente embriagador.

6. ¡Oh Soma!, yo y mis amigos te alabamos. ¡Oh planta de la Luna!, yo y mis amigos te alabamos cada día. Los Rakshasas están en los alrededores; sálvanos, deja a los otros y ven a nuestro recinto[183].

7. ¡Oh planta de la Luna!, preparada y con la mano abierta extiendes tu voz a través del Océano del zumo. ¡Oh Soma purificado!, tú repartes la abundancia del tesoro amarillo tan deseado.

8. Los sabios y los amantes del zumo embriagador, los destiladores del líquido embriagador que produce la planta de la Luna purifican los espíritus embriagados en la estancia del hombre por encima del vaso sagrado que recibe este licor.

9. ¡Oh Soma!, tú que nos purificas y que estás encerrado en las vasijas que reposan sobre las pieles de cabra, tú posees la inteligencia. Prepara para nosotros un sacrificio digno del rishi Angiras

10. El zumo embriagador de la planta de la Luna debe ser purificado y tamizado, y, mientras cae en mil canales, los hombres lo consagran sobre las pieles de cabra.

---

[183] El texto original emplea el vocablo *parichi,* que significa la empalizada de palmera colocada fuera del recinto sagrado y que no debe ser franqueada por nada impuro.

11. Tú que recibes las provisiones, Soma embriagador, tú que en el origen diste una forma al Mundo para beneficio de los dioses, purifícanos con el elemento líquido.

12. Las plantas de la Luna, que purifican y embriagan, son amadas de los Marudgana, de Indra y de sus caballos; corren sin interrupción sobrepujando en santidad a todas las cosas.

DASATI IV

1. ¡Oh divinidad purificadora!, siéntate con prontitud entre nuestros huéspedes, extiende el líquido fortificante, ¡oh tú que das el alimento!; los purificadores te conducen con cuerdas al lugar donde está extendida la hierba sagrada, lo mismo que los hombres conducen un caballo.

2. El dios que es un orador *(Soma)* refiere tus acciones ilustres también como el propio Sukra, y él, que cumple grandes acciones, el hermano de los puros, el purificador, el que toma la forma de un jabalí, marcha hacia nosotros a pie cantando himnos.

3. Añi, la divinidad que preside los sacrificios, produjo los tres Vedas, el rito del sacrificio y los encantamientos de los brahmanes, y, así como las vacas se aproximan al dueño del rebaño, así las inteligencias que buscan y que aman el bien se aproximan al dios Soma.

4. El dios que desea apasionadamente el sacrificio, el purificador, el que es de oro y que, de acuerdo con los dioses, prepara el licor y el zumo exprimido, el que canta los himnos del sacrificio e invita a los dioses, viene en su estado de pureza con la prontitud con que el sacerdote que oficia se dirige a la casa en donde se celebra el sacrificio de un animal.

5. Soma está purificado[184], es el padre de la inteligencia, el padre del Cielo, el padre del fuego, el padre del Sol, el padre de Indra y el padre incluso de Vishnú.

6. La planta de la Luna debe ser regada con aguas tan abundantes como las del mar en el lugar donde se hacen los tres sacrificios diarios que procuran la lluvia, la lluvia que sostiene el yoni y que provee a las necesidades de las multitudes; en ese lugar es en donde están las voces amables de los cantores y las dádivas muy deseadas.

7. El gran mar abierto e indestructible del zumo de la planta de la Luna aparece en el comienzo creando y produciendo todas las cosas. Es el dueño del Mundo producido en la cima de las montañas y cayendo cerca de las pieles de cabra sagradas que causan el crecimiento.

8. El zumo purificante de la planta de la Luna es de color verde, exprime sus propios elogios y reside en su retiro impregnado de agua; cuando los hombres lo retiran de él, está preparado para nuestras solemnidades y entonces trae la inteligencia igual que sostiene el vigor corporal.

---

[184] Soma, o la planta de la Luna, está personificado y representado aquí como el espíritu supremo.

9. ¡Oh Indra!, esta planta de la Luna de olor aromático es para ti; abreva al que riega la Tierra y va a ser destilada en el receptáculo sagrado; da millares lo mismo que da centenares de bienes; da también múltiples presentes y está colocada sobre la hierba del sacrificio, que es eterna y suministra el alimento.

10. El líquido dulce e inspirador de la verdad, ¡oh Soma que nos cubres con tu sombra!, que sea purificado; tú que eres producido sobre las montañas y preparado sobre pieles de cabra con que Indra se desaltera, desciende al receptáculo sagrado.

DASATI V

1. ¡Oh Añi!, como el bravo general, el director de los carros de la guerra, que cuando llega distribuye las riquezas que hoy tiene el Cielo, de modo que su ejército pueda entregarse a la alegría, igualmente el dios Soma trae para sus amigos ropas que encantan a quienes las miran.

2. ¡Oh santo Soma!, cuando al crear tus dos arroyos líquidos te aproximas a las pieles de cabra, ¡oh espíritu purificador!, por una producción nueva tú santificas el lugar de las aguas y satisfaces el Sol con las provisiones que tú suministras,

3. Celebrad a los dioses mediante cantos distinguidos. ¡Oh Soma!, ven aquí para adquirir vastas riquezas. Que el dios Soma. cuyo gusto parece dulce a los hombres santos, se asocie al receptáculo sagrado del líquido colocado sobre las pieles de cabra.

4. El padre del Cielo y de la Tierra nos ama y viene como un carro que trajera provisiones; se dirige hacia Indra afilando las armas de guerra y teniendo en sus manos todas las riquezas.

5. La palabra del Antiguo que ha atravesado el Cielo y la Tierra ilumina el espíritu, y cuando, al comienzo de todas las cosas, aquélla produjo al ilustre y venerable señor Soma, le condujo al receptáculo sagrado de las aguas embriagadoras.

6. Cuando las diez hermanas *(los diez dedos)* de nuestro héroe están ocupadas en exprimir el líquido purificado, el zumo acuoso de color verde corre por todas partes igual que la hija del Sol *(el agita)* se extiende por todas partes en el vaso sagrado y lo mismo que los caballos rápidos rodean una ciudad.

7. Así como la emulación se produce entre los reyes y entre los sabios, en la asamblea de los sabios y entre los aldeanos, igualmente es este sacrificio en donde el líquido colocado bajo una tapadera debe ser purificado, y yo, como el Brahmán amigo del bastón de los sacrificios, canto versos para procurar el crecimiento de nuestro ganado.

8. El zumo alimenticio de la planta de la Luna debe ser purificado; las manadas de vacas matan a los Rakshasas, y se oponen al enemigo. Que Soma, reunido a nosotros, contente a Indra con su jugo embriagador y nos procure una gran abundancia de riquezas, apareciendo él mismo glorioso en medio de todos sus adversarios.

9. Santificado seas, ¡oh Soma!, por esta operación purificadora. Pasas bravamente a caballo a través del agua; tu rapidez es igual a la del viento, y, como el rishi Paramedha, salvas a los hombres cuando caen en el pecado.

10. El adorable Soma hizo esta poderosa esencia cuando el abismo del Océano no recubría a todos los dioses; él, el purificador, colocó en Indra toda su potencia y el propio Soma produjo los rayos del Sol.

11. Con la rapidez de un ágil caballo de carro es con la que el sacerdote, con una resolución firme y esfuerzo mental, prepara el sacrificio; las diez hermanas purifican el zumo seductor que había sido producido en la cima de las montañas y preparado sobre las pieles de cabra en nuestras casas.

12. Así como las olas del mar se siguen una a la otra, igualmente los huéspedes que van al banquete de la planta de la Luna se acercan al venerable recinto resplandeciente y penetran en su cercado.

DASATI VI

1. Preparad, batiéndola con piedras, esta vianda que da la victoria, preparadla con la prontitud con que los hombres castigan a un perro de lengua larga.

2. Este Soma procura la riqueza y la prosperidad; purifica y es el señor de todas las cosas; el alma del Mundo en la persona del Sol; ilumina el Cielo y la Tierra.

3. Las plantas de la Luna son santas, embriagadoras y deliciosas; deben ser maceradas; que el licor espirituoso que proviene de ellas entre en los dioses.

4. Las plantas de la Luna, brillantes y maceradas, las riquezas de la Tierra bienhechora y desprovista de toda cualidad dañosa tienen el gusto agradable y preparan la ruta del Cielo; van a ser preparadas.

5. Destila para nosotros la vianda sustancial que desean centenares de hombres y que satisface a millares; es de gran valor y posee un esplendor brillante.

6. Los Brahmanes, desprovistos de malicia, cantan himnos de alabanza en la presencia querida y muy deseada de Indra, con la afección con que las vacas llaman a sus terneros el día de su nacimiento.

7. Así como la vaca emplea todo su poder en la acción agradable de limpiar a su ternero, igualmente el zumo de la planta de la Luna, purificado y mezclado cuidadosamente, llega hasta los sabios a fin de procurar la dicha y la inteligencia.

8. Los sacerdotes purifican sobre las pieles de cabra el Soma deseadísimo y de color verde; éste va por todas partes hacia los dioses con la bebida embriagadora.

9. Este hombre desea el alimento a fin de que pueda preparar un sacrificio, y los sacerdotes celebran la alabanza divina con una voz tan fuerte como la de un perro lejano al que se expulsa de un sacrificio.

DASATI VII

1. En presencia de los nombres amados (de los instrumentos del sacrificio), este zumo poderoso (de la planta de la Luna) está colocado con los ritos conservatorios; está purificado y se eleva superior a todo lo restante. Este zumo poderoso, observador de todas las cosas, monta en el rápido carro del poderoso Sol.

2. Que el zumo bien macerado y resonante de la planta de la Luna, que es objeto de las afecciones de los dioses poderosos, venga a nosotros, que sea para nosotros el señor que nos fortifica, nos colme de placeres, que destruya a nuestros enemigos y que acepte nuestros servicios.

3. El zumo agradable resuena en los arroyos sagrados. Es, como el rayo de Indra, lo que hay de más refulgente entre lo que brilla. En nuestros sacrificios las vacas graciosas dan la leche que suministra la manteca.

4. La planta de la Luna entra en unión con Indra. Entonces el amigo no mata al que ha sido entregado por su amigo, como tampoco un hombre mata a una mujer joven. Ahora la planta de la Luna se destruye ella misma a través del tamiz en el vaso sagrado.

5. El que soporta los Cielos en el momento de transformarse en líquido, el que fortifica a los dioses, .la hierba embriagadora y verde no ha sido preparada en vano por los santos; procura alimento y agua.

6. El destilador de la inteligencia, la brillante planta de la Luna que preserva el día, que llama hacia afuera los rayos de la mañana, vierte el zumo líquido en la vasija y entra en el seno de Indra acompañada por los sabios.

7. Las siete vacas lecheras han dado a este lugar sagrado la leche del zumo mezclado y sin manchas de la planta de la Luna en los tres sacrificios diarios, y Soma hizo los cuatro mundos brillantes y sus dependencias que exaltamos cumpliendo los sacrificios que tienden a desarrollar el entendimiento.

8. ¡Oh Soma!, que el zumo de la planta de la Luna macerado y tamizado que destruye las enfermedades sea guardado para Indra; que los Rakshasas no tomen parte en este zumo encantador. Que las plantas de la Luna alineadas en derredor de las dos pieles estén presentes con nosotros.

9. La planta verde de la Luna, privada de sangre y macerada, destila un zumo dulce, y, al igual que un rey cubierto de ornamentos brillantes, aquélla hace escuchar su voz antes de que brille el relámpago, y el sacrificador acude como un gavilán cerca de las pieles de cabra para extenderse al lado del vaso sagrado que contiene el líquido.

10. Las plantas de la Luna embriagadoras, colocadas sobre la hierba sagrada y emitiendo un sonido conveniente, dan ahora su jugo en presencia de los dioses, como la vaca da su leche a su ternero y el resplandor producido polla planta de la Luna eleva la inteligencia.

11. Añi, que conserva el oro. brilla, lanza sus llamas, rodea el sacrificio, lo enciende y lame con su lengua al poderoso Océano que se hincha; es el primero que prueba el zumo del Soma.

12. ¡Oh señor del alimento!, tú rodeas el sacrificio rico y santo; el señor de cuerpo frío y exento de enfermedad se expande en torno de los sacrificios que vienen de todos lados, y las plantas desprovistas de sus hojas y aportadas desde lejos destilan su esencia en el vaso sagrado.

DASATI VIII

1. Estas plantas de la Luna, verdes, apretadas, conducen al Cielo, y preparadas ahora vienen en presencia de Indra, el distribuidor de la lluvia.

2. ¡Oh vigilante Soma!, prepara para Indra la planta de la Luna; trae el licor centelleante que fortifica.

3. ¡Oh amigos míos!, sentaos y cantad, a fin de obtener el favor del purificador. Ornadle con vuestro sacrificio, como una madre orna a su hijo.

4. ¡Oh amigos míos!, celebrad al purificador por su cualidad embriagadora; nutridle con ricas y deliciosas ofrendas como una madre nutre a su hijo.

5. Como el ternero se entrelaza en derredor de la vida de la vaca, igualmente tú atraes hacia la llama del sacrificio, y todas las cosas deliciosas de que los hombres tienen experiencia son inferiores al Soma de doble color[185].

6. ¡Oh Soma aromático!, purifica mediante tu potencia las plantas de la Luna para el banquete de los dioses con arroyos líquidos; siéntate ante nuestro arroyo sagrado.

7. Soma, el purificador, santifica mediante su zumo las pieles de cabra, y el que realiza los ritos consagratorios eleva su voz mientras están cantándose nuestros himnos.

8. Las alabanzas se dirigen al sacrificador, a Soma, el poseedor de la inteligencia, a fin de que, como recompensa, nos veamos llenos de sabiduría y animados del deseo de ver celebrar su culto.

9. ¡Oh planta macerada por la Luna!, tú que posees manadas de vacas y que estás rodeada de caballos, planta todopoderosa que distribuyes las dádivas, toma, para bien nuestro, tu puro color blanco en presencia del producto de la vaca.

10. Alabad por nosotros, con toda la fuerza de vuestra voz, al que posee las riquezas. Nosotros cubrimos tu llama blanca con el producto de la vaca.

11. El que quita el pecado al hombre que coge la planta del Soma esta purificado sobre las pieles de cabra. Destila prontamente la riqueza para los descendientes heroicos de los que celebran la alabanza.

---

[185] Estos dos colores son el verde y el amarillo; es decir, el color de la planta cuando florece y el que presenta después cuando ya está seca.

12. El Soma purificado está destilado en la vasija de donde se derrama un dulce líquido; alabadle en las siete especies de versos con las palabras de los rishis.

DASATI IX

1. ¡Oh Soma!, purifica para Indra el licor espirituoso de un gran dulzor y preparado ricamente, el licor poderoso que expande la luz.

2. ¡Oh señor del alimento!, aumenta nuestras provisiones y nuestra poderosa fama. ¡Oh Dios!, mezcla la copa del centro del día amada por los dioses.

3. Alabad y repartid por todos lados, como lo haríais para un caballo, el zumo de la planta de la Luna que procura la salvación, que recorre el Mundo, que está expandido en las aguas y purificado mediante la mezcla con otros líquidos.

4. Este Soma, que destila licores espirituosos, que corre en mil canales y que sella los Cielos, es el poseedor de toda clase de riquezas.

5. Alabo a este Soma que trae tesoros, que aporta riquezas, que da el alimento y que forma héroes intrépidos.

6. ¡Oh divino Soma!, tú que concedes los santos nacimientos futuros, tú eres celeste y eres alabado, porque procuras la inmortalidad.

7. Este zumo embriagador, obtenido de la planta de la Luna, está purificado por las aguas y lleno de alegría y se divierte como las olas del mar.

8. Los toros y las vacas que tienen fuerza para derribar incluso una roca se reúnen en torno del establo. ¡Oh Savita!, tú que sostienes todas las cosas, danos como algo nuestro, la posesión de las vacas y de los caballos.

(Fin de los himnos de la consagración.)

SAMA-VEDA

SEGUNDA PARTE

ADHYAYA PRIMERO

1. ¡Oh héroes míos!, cantad ante este zumo de la planta de la Luna que está preparado para ser ofrecido a los dioses. ¡Oh Soma!, los sabios santos se preparan para celebrar tu divinidad amada por los dioses y para ofrecer el dulce producto de la vaca a la divinidad *(a Indra)*. ¡Oh diosa resplandeciente!, destila en pureza la dicha para nuestros caballos y la felicidad para nuestros productos vegetales.

2. El zumo blanco de la planta de la Luna, mezclado con el producto de la vaca, se distingue por su fulgor radioso y su curso como el de un arroyuelo que murmura sin cesar. El poderoso Soma, animado por cánticos estimulantes y colocado en su santuario, procede al combate del sacrificio con el ardor de bravos soldados que entraran en el campo de batalla. ¡Oh Soma cuya sabiduría no tiene límites y que por un camino celeste viene a menudo a concedernos la felicidad; ¡oh tú cuya potencia es grande y eres la fuente de toda prosperidad, haz que tus aguas puras corran en presencia nuestra!

3. ¡Oh divinidad de sabiduría infinita, fuente del alimento!, los arroyos de zumo que son extraídos de tu esencia purificada y que desean unirse a las viandas del sacrificio corren con la rapidez de caballos que acabaran de ser libertados de sus aparejos. Nuestros dedos han manifestado a menudo el deseo de manejar el dulce zumo destilado que corre a través del tamiz de pelo de cabra en el vaso dispuesto para recibirlo. El zumo de la planta de la Luna desciende al Océano, que recibe el líquido con el apresuramiento con que las vacas que tienen terneros retornan a sus establos.

4. ¡Oh Añi!, cuando recibes nuestras alabanzas, ven a nuestro banquete, a fin de transmitir los sacrificios a los dioses. Siéntate, ¡oh heraldo!, sobre la hierba sagrada. ¡Oh hijo de Angiras!, aumentamos tu grandeza mediante nuestras ofrendas de manteca clarificada y que da una llama brillante. ¡Oh tú que eres siempre joven!, brilla en todo su esplendor. ¡Oh divinidad resplandeciente!, brillante Añi, concédenos una riqueza abundante que procure la fama y que dure siempre.

5. ¡Oh Mitra y Varuna!, vosotros que cumplís actos meritorios, refrescad mediante abundantes lluvias los pastos de nuestros ganados y con dulces in fluencias celestes la estancia que nos está destinada *(en un mundo futuro)*. ¡Oh vosotros que realizáis acciones santas, vosotros a quienes elogian las multitudes y a quienes numerosas voces melodiosas celebran mediante himnos sagrados!, gobernad median te la grandeza de vuestra potencia. ¡Oh vosotros que fuisteis alabados por Jamadagni y que concedéis bienandanzas en recompensa de los

sacrificios!, sentaos en el asiento de los sacrificios y bebed el zumo de la planta de la Luna.

6. Ven, ¡oh Indra!, y bebe el zumo de la planta de la Luna que hemos exprimido para ti. Siéntate sobre la alfombra de hierba sagrada que te hemos preparado. Que los caballos de larga crin a los que se engancha con sólo pronunciar una palabra mágica te traigan a nuestra presencia y escucha nuestros cantos sagrados. ¡Oh Indra!, nosotros, los brahmanes, que preparamos y que ofrecemos el zumo exprimido de la planta de la Luna, invocamos en nuestros cánticos a ti que bebes el brebaje.

7. ¡Oh Indra y Añi!, atraídos por nuestros cantos, descended del Cielo y venid al espléndido banquete de la planta de la Luna, y bebed este zumo aromático. ¡Oh Indra y Añi! *(Soma),* quien (con el propósito de recompensar sus obras), se ha unido al que ofrece la alabanza, que se manifiesta en los sacrificios y que estimula los sentidos, Soma viene ahora por vuestra cuenta. Atraídos por nuestras invitaciones, bebed este zumo. Ofreciendo el sacrificio, adoramos a India y a Añi que recompensan a los que celebran sus alabanzas. Que se sacien con el zumo de la planta de la Luna que hemos preparado.

8. El origen de tu zumo (¡oh Soma!) viene de arriba y los grandes recursos que ofreces para rejuvenecer y alimentar al hombre, aunque tenga su estancia en el Cielo, son usados todavía por los habitantes de la Tierra. ¡Oh purificador de los que adquieren riquezas!, riega con tu jugo a nuestro Indra y a Varuna, así como a los Maruts! Deseosos de obtener tu favor, te adoramos, porque todos los materiales necesarios para el sacrificio proceden de ti.

9. ¡Oh Soma!, después de haber permanecido en las aguas y purificado por la destilación, te vas corriendo. ¡Oh detentador de todos los tesoros deseables, divinidad dorada, fuente continua de las aguas!, estás sentado en el vaso sagrado del sacrificio. El divino Soma que inspira la alegría y las delicias, que es el alimento primitivo y el purificador, tiene su asiento en el firmamento. ¡Oh espíritu divino!, tú eres digno de ser invocado y acogido, porque cuando has sido lavado por las manos de nuestros sacerdotes, entonces tú, que observas todas las cosas, te destilas como el que da el alimento.

10. ¡Oh Soma!, siéntate con prontitud sobre el vaso que recibe el zumo, y, purificado por los sacerdotes, destílate en el lugar en donde están dispuestas las viandas sagradas. Los hombres cuyo deber es el de purificarlo te conducen tal como un poderoso caballo, con sus dedos en forma de cuerda, al lugar en donde se verifica el lavado y en donde está extendida la hierba sagrada. El dios Soma, que está cubierto de una espléndida armadura y que ha matado a los Rakshasas, va a ser

purificado. Es el padre y el protector de los dioses; preserva de toda desgracia; posee una fuerza irresistible; sostiene el Cielo y soporta la Tierra. El sabio dotado de una vista penetrante y al cual se había concedido la presencia, Ushana, después de haberse distinguido grandemente entre los hombres por sus cantos poéticos, obtuvo la leche escondida, tesoro contenido en estas hermosas vacas.

11. ¡Oh valiente Indra!, te ofrecemos nuestros homenajes con una afección igual a la que las vacas demuestran para llamar a los jóvenes terneros que acaban de nacer; tú eres el dios que lo conoce todo, el gobernador de todas las cosas animadas y el señor de todas las cosas inanimadas. ¡Oh celeste Indra!, no hay nada, ni en el Cielo ni en la Tierra, que pueda serte comparado, nada de lo que existía en los tiempos pretéritos y nada de lo que existirá en los tiempos por venir. Por eso te invocamos, los que deseamos ardientemente caballos, vacas y provisiones.

12. ¿Con qué ofrenda o con qué rito solemne, realizado con toda la ciencia sagrada, el glorioso y benévolo Indra, que crece siempre, se hallará en condiciones de favorecernos con su presencia? Que Soma, que, entre los que producen la embriaguez, es siempre fiel y es digno de una estimación especialísima entre ¡as viandas de los sacrificios, abra a la fuerza para ti, ¡oh Indra!, los tesoros bien guardados de nuestros enemigos. ¡Oh Indra, protector de nuestros amigos que celebran tu alabanza!, tú estás siempre presente para asistirnos de cien maneras diversas.

13. ¡Oh sacerdotes!, alabamos durante todo el día al ilustre Indra que destruye a nuestros enemigos y que se embriaga con el brebaje de los sacrificios, colocado en los vasos sagrados; le alabamos con una voz tan fuerte como la de las vacas cuando llaman a sus terneros. Indra, te rogamos que nos des con prontitud un alimento de origen celeste, rodeado de majestad como una montaña lo está de nubes, capaz de nutrir a multitudes, digna de ser alabada en cien y en mil maneras diferentes; haznos gozar también de numerosas manadas de vacas[186].

14. ¡Oh vosotros, sacerdotes que cantáis, en alabanza de Indra, los largos versos del Soma durante el banquete de la planta de la Luna y que celebráis a Indra que conoce el lugar de las riquezas, el cual, para concederos su protección, viene con sus rápidos caballos!, os llamo a este sacrificio, como un servidor llama al que sostiene la familia a fin de cumplir lo que él desea. Ni los demonios, ni los dioses, ni los

---

[186] Los brahmanes que celebran estas ceremonias deben llevar todos una especie de sortija de oro aplastada.

hombres pueden triunfar sobre Indra en el aspecto gracioso, ya que, cuando ha recibido con respeto el brebaje fortificante con la vianda del sacrificio, confiere una riqueza abundante al sacrificador que le celebra y que hace resonar su alabanza.

15. ¡Oh Soma!, haz caer en su pureza y en tu destilación, que da la alegría, el zumo de la planta de la Luna para la bebida de Indra. Soma, que mata a los Rakshasas y que contempla todas las cosas, se complace en sentarse en el yoni, que ha sido labrado por dedos adornados de sortijas de oro y en el cual está colocado el vaso que recibe el zumo. ¡Oh tú, el más rico de los poseedores de la opulencia!, concédenos con generosidad lo que pedimos; apresúrate a destruir a nuestros enemigos y danos todas las riquezas que poseen.

16. ¡Oh Soma!, eres agradabilísimo al gusto, siempre estás dispuesto a favorecer nuestras ceremonias, tú eres la causa de la alegría, eres poderoso y siempre brillante, tú das la embriaguez; haz que tu jugo purísimo corra para Indra. Cuando hemos bebido de ti, entonces el que hace llover las bienandanzas las hace caer en abundancia. Cuando hemos bebido de ti, entonces el que ve todas las cosas, el dios que sobrepuja en inteligencia a todos los seres, se apodera con prontitud de las provisiones de nuestros enemigos y nos las trae, semejante a un caballo de guerra que se lanza al combate.

17. Que estos arroyuelos verdes y prontamente preparados con el zumo de la planta de la Luna hallen entrada en la presencia de Indra, que hace llover las bendiciones. Este zumo extraído de la planta de la Luna está purificado por Indra y es necesario que le adoremos para estar protegidos en la guerra. Soma conoce también íntimamente a Indra, siempre victorioso, puesto que es conocido por todas las inteligencias. Cuando ha bebido, Indra coge su arco adorable, fácil de manejar, y el que combatió contra la serpiente celeste echó mano de su rayo que dispersa la lluvia.

18. ¡Oh amigos míos!, perseguid al perro de lengua larga, al perro de un demonio que quisiera aproximarse a las viandas del sacrificio que dan siempre la victoria y que están colocadas al lado del zumo que produce la alegría. El zumo de la planta de la Luna que se destila por sí mismo en arroyuelos purificados, y que con la rapidez de un caballo va a ser preparado. Que nuestros héroes se consagren fervorosamente a todos los ritos necesarios para el sacrificio del indestructible Soma.

19. El alimento consagrado se purifica en presencia de los líquidos adorables que procuran delicias, y el poderosísimo Soma se engrandece entre las aguas del Cielo; este dios poderoso que examina todas las cosas está montado en un carro que no se detiene nunca, el del poderoso Sol. La lengua del sacrificio, el orador, el protector de este

rito solemne, el indestructible Soma, purifica el zumo agradable que causa la alegría El hijo toma ahora su tercer nombre[187], que sus padres no reconocen pero bajo el cual ha llegado a ser ilustre en el Cielo. El jugo brillante resuena en la vasija sagrada y los hombres lo encierran en un vaso color amarillo. Los que exprimen el zumo en esta solemnidad elevan sus voces mientras que tú, Soma, brillas en el sacrificio de la mañana.

20. Añi nos procura la prosperidad y nosotros le celebramos mediante nuestros sacrificios, que vienen después de otros sacrificios, y mediante nuestros himnos que acompañan a otros himnos. Alabamos al que es inmortal, que es el padre de la riqueza y es querido como un amigo. Alabamos al vástago de las ofrendas de los sacrificios porque él nos ama. Presentamos nuestras ofrendas al que lleva a los dioses nuestras oblaciones. Que sea nuestro protector en la guerra, que nos dé la prosperidad y que preserve a nuestros hijos.

21. ¡Oh Añi!, escucha los himnos divinos de alabanza que, con la mayor sinceridad, expreso armoniosamente ante ti. Enaltécete mediante nuestra ofrenda de la planta de la Luna. Cualquiera que sea el lugar en que se halle tu espíritu, tú te apoderas de la excelente ofrenda que da la fuerza y preparas allí un lugar para la producción del zumo sagrado. Sé el preservador de los menos hábiles entre los que preparan el sacrificio, a fin de que no caigan en el pecado de destruir tu esplendor, y acepta su servicio.

22. ¡Oh tú que dominas el trueno!, los que ofrecemos las viandas sagradas y deseamos vernos preservados de todo mal te invocamos, a ti que te manifiestas en este sacrificio como los dioses invocan a un héroe poderoso. ¡Oh tú que, para nuestra preservación, cumples los ritos sagrados, ¡oh Indra!, siempre joven y terrible, tú que coges al enemigo, ¡ojalá que podamos, por mediación tuya, ponernos al abrigo del pecado! Nosotros, que somos tus amigos, te adoramos, señor, preservador, divinidad digna de adoración.

23. ¡Oh tú que eres celebrado en himnos de alabanza!, nosotros también nos acercamos ahora a ti a favor de todas las cosas adorables que deseamos, con la vivacidad con que los viajeros se aplican a beber el agua que se les ofrece. ¡Oh héroe que blandes el rayo!, así como los mares se nutren con los ríos, así nuestras alabanzas te engrandecen cada día. Los que celebran tus alabanzas presentan ofrendas a los dos

---

[187] Este tercer nombre de Somayaji. El primer nombre es el que lleva; el segundo es el de la constelación bajo la cual nació, al que se agrega su nombre sacerdotal, circunstancia en la que no tienen sus padres derecho a mezclarse.

poderosos caballos Hari, los cuales pertenecen a Indra, que viaja con rapidez; estos caballos están uncidos por una palabra mágica al yugo pesado del carro; esos caballos son los que nos traen a Indra, pues conocen las rutas del Cielo.

ADHYAYA SEGUNDO

1. Alabad a Indra, que bebe el zumo ofrecido en los sacrificios, Indra, que sostiene todas las cosas, que cumple las obras meritorias y que concede riquezas a los hombres. Celebrad las alabanzas de Indra, al que las multitudes ofrecen sacrificios, a quien celebran miríadas, que es digno de ser glorificado en vuestros cantos y que es celebrado en edades eternales. Indra es verdaderamente el que concede ricos presentes, el que hace moverse a todas las cosas y el que, con su potencia, pone en nuestra posesión todo lo que es precioso.

2. ¡Oh amigos míos!, cantad a Indra, que bebe el zumo de la planta de la Luna y que posee los caballos Hari. Que nuestros héroes dirijan un himno espléndido al que concede dádivas espléndidas, al que otorga la verdadera riqueza. ¡Oh Indra!, dadnos un alimento igual a nuestros deseos; ¡oh tú que realizas muchos actos meritorios!, dadnos un ganado igual a nuestros deseos; dadnos el oro que anhelamos, porque eres tú quien determina nuestra morada.

3. Nosotros, que somos tus amigos, deseamos tu favor y te alabamos mediante himnos sagrados como los hijos de Kanva tenían costumbre de hacer. ¡Oh tú que tienes el rayo! te alabamos a ti y no a otro, en este nuevo sacrificio que acompañan ritos variados, y te reconocemos también en nuestras alabanzas. Los dioses aman al institutor de los sacrificios y no permiten nunca que caiga en la indigencia.

4. Que nuestros cánticos celebren por todos lados el zumo exprimido para la satisfacción de Indra, y que los cantores de los himnos celebren al venerable Soma. Invitamos a este zumo exprimido a este Indra en quien reside especialmente toda la gloria y a quien los siete sacerdotes colman de placer. Para Indra es para quien los dioses preparan en el sacrificio Trekadraka los ritos que dan la sabiduría; a él es a quien celebran nuestras voces.

5. ¡Oh Indra!, el zumo purificado de la planta de la Luna está colocado para ti sobre la hierba sagrada; ven con prontitud y bébelo. ¡Oh tú que haces descender la luz!, este zumo brillante y adorable hace tus delicias. Tú, que destruyes a nuestros enemigos, te invitamos especialmente a este sacrificio. ¡Oh Shringa, vástago de Vrisha, cuando el licor que te sostiene está repartido en los vasos en él se reposa especialmente el espíritu.

6. ¡Oh Indra!, tú posees una mano poderosa; extiéndela a fin de coger para nosotros riquezas que sean dignas de nuestras alabanzas y dignas de que las aceptemos. Te conocemos como el que cumple muchos ritos religiosos, como el que es generoso en sus dones, el opulento, el adorabilísimo, el dios que está acompañado de una fuerza

que lo protege todo. Ni los dioses ni los hombres pueden intentar oponerse a ti, como tampoco quisieran oponerse a un toro temible.

7. ¡Oh tú que envías la lluvia!, maceramos la planta de la Luna a fin de prepararte un brebaje. Toma parte en esta bebida que satisface el corazón y que da la alegría. No destruyas a los hombres ignorantes que desean que les salves ni los hagas objeto de desprecio. No prefieras tampoco a los que odian a los brahmanes. Que el zumo de la planta de la Luna, preparado en nuestro sacrificio, con el producto de la vaca, sea para ti un objeto de delicias, de manera que puedas procurarnos grandes riquezas. Bébelo como el gamo bebe el agua del lago.

8. ¡Oh Indra!, tú que nos das una morada, bebe de este licor nutritivo que hemos exprimido y satisfácete. Te lo presentamos a ti, que no eres susceptible de ningún temor. El zumo exprimido, lavado por los sacerdotes y purificado por las piedras y por el pelo de cabra, queda limpísimo como un caballo lavado en un río. Mezclando la ofrenda de cebada con el producto de la vaca, preparamos el brebaje delicioso. Indra, te invitamos a la fiesta que acompaña el licor que da la alegría.

9. ¡Oh señor de las riquezas!, este zumo exprimido por la fuerza de nuestros sacerdotes está preparado de manera conveniente. Bébelo, ¡oh tú que recibes la alabanza! Introduce tu cuerpo en las viandas del sacrificio que Soma prepara para ti. ¡Oh tú que bebes el zumo de la planta de la Luna!, que éste produzca en ti sus efectos rejuvenecedores. Que el zumo de la planta de la Luna llene los dos lados. Que este zumo, acompañado de cantos, se expanda en tu cuerpo, y entonces ven a nosotros con tus dos brazos cargados de riquezas.

10. ¡Oh, amigos míos que celebráis las alabanzas de Indra!, llegad con prontitud, sentaos y dirigidle vuestros cánticos. Mientras que se cumple el sacrificio de la planta de la Luna macerada, celebrad la gloria de Indra, que destruye los ejércitos de nuestros enemigos y que posee los más preciosos tesoros. Que esté presente con nosotros, a causa de nuestra unión con él, que nos conceda riquezas y una inteligencia despejada. Que acuda sin falta cerca de nosotros, trayéndonos toda clase de alimentos.

11. ¡Oh amigos míos!, después de las reuniones sucesivas y de múltiples combates, cumplimos el sacrificio e invocamos la protección del poderoso Indra. Le llamo con insistencia, para que acuda a su residencia, a fin de hallarse presente en numerosos sacrificios; a él es a quien mi padre invocaba en otros tiempos. Cuando él escuche hoy nuestra invitación, que venga con millares de auxiliares y con grandes provisiones de alimento.

12. ¡Oh Indra!, en este sacrificio de la planta de la Luna tú purificas al que trae las ofrendas y celebra tu alabanza con el fin de obtener una fuerza que se engrandezca, porque estás dotado de una gran potencia. Es Indra quien eleva el sacrificador al Cielo más elevado, así como en la asamblea de los dioses; lo lleva consigo en medio de todas las dificultades; le suministra alimento en abundancia y es el conquistador de las potencias aéreas. Invoco al poderoso Indra, a fin de que nos dé alimento y de que nos asista en este compromiso. Que se halle muy cerca de nosotros cuando cantamos himnos sagrados, y que, igual que un amigo, nos dé la prosperidad.

13. Por este himno invito a Añi, que da la fuerza, el bienamado, el inteligente, que asiste a los sacrificios, que se manifiesta en ritos propicios, que acude a todas las ceremonias sagradas y que es inmortal. Que enganche al yugo a sus caballos rojos, protectores de todas las cosas, y, cuando se le invoque, que se apresure a traer a los dioses. Es el dios que recibe la alabanza y al que se ofrece el sacrificio; él es quien cumple los actos meritorios; por eso se ofrece a esta divinidad resplandeciente la riqueza de los habitantes del Mundo.

14. Aparece la Aurora que disipa la oscuridad, la hija del Cielo, y conforme va adquiriendo potencia disipa las tinieblas con sus ojos brillantes, y la que trae las bendiciones introduce la luz. El Sol, uniéndose con sus rayos, adelanta y embellece todas las constelaciones que están repartidas en el Cielo. Al mismo tiempo, ayudados por la luz del Sol y de la Luna, nos reunimos con las viandas de nuestros sacrificios.

15. ¡Oh hijos radiantes de Asvin!, estas ofrendas que desean el Cielo os invocan. Invoco también a todos los poseedores del mérito unido a la riqueza. Id a cada individuo entre ellos, ¡oh héroes!, coged los montones de provisiones y enviadlas a los que cantan vuestras alabanzas. Detened vuestro carro en nuestra puerta y bebed el dulce licor de la planta de la Luna.

16. Los brahmanes preparan la leche blanca y resplandeciente que forma el cuerpo primitivo de este sacrificio de la planta de la Luna, leche que procura dádivas de toda clase y que lo observa todo. Este Soma, igual que el Sol, que vigila todas las cosas, corre en las treinta vasijas[188], en el sacrificio del mediodía, y como los siete ríos, tiene su nacimiento en los Cielos; lo mismo que el divino Sol, este Soma está colocado por encima de todos los mundos.

---

[188] Alusión a los treinta Gatikas que forman la división de un día, según los indios.

17. Este zumo de la planta de la Luna brillante y color de oro ha sido producido para el servicio de los dioses, por un nacimiento primitivo, y ahora está destilado en el lugar sagrado. Esta divinidad brillante, acompañada del himno intelectual, y este sabio, unido al institutor del sacrificio, cumplen este rito hasta su consumación para beneficio de los dioses. ¡Oh Soma!, cualquiera que sea el lugar sagrado en que haya sido exprimido y destilado tu zumo primitivo, tú renaces en presencia de los dioses.

18. ¡Oh purificador!, trae a nuestros amigos cerca de nosotros e inspira el temor a nuestros enemigos; concédenos sus riquezas; los dioses llegan cerca del zumo líquido de la planta de la Luna nuevamente producido y destructor de nuestros enemigos. Cantad himnos de alabanza ante él, ¡oh héroes míos!

19. Los arroyuelos de la planta de la Luna agudizan la inteligencia y se dirigen a las aguas que deben recibirlos como los ciervos robustos corren hacia las florestas. El zumo brillante y color de ceniza corre para el sacrificio, procurándonos alimento y manadas de vacas. Que el zumo de la planta de la Luna macerada corra para Indra, Vaya, los Maruts y Vishnú.

20. ¡Oh brillante Soma!, mediante el agua pura te has puesto en condiciones de ser servido como bebida en el banquete de los dioses, así como el mar es bebido (bajo la forma del agua pura). Y ahora, Soma embriagador y siempre vigilante, bajo la forma del zumo de la planta macerada, tú recorres el camino hacia la vasija que recibe el dulce líquido destilado. El Sorna deseadísimo, querido como un hijo, blanco y regado de agua, se muestra favorable a causa de sus variados movimientos y los dedos de los dos Asvins le envían a las aguas que resuenan con la rapidez con que los guerreros conducen sus carros hacia los campos de batalla.

21. Las plantas de la Luna que destilan el dulce zumo, exprimido durante el sacrificio, avanzan a fin de procurar alimento para nuestros sacerdotes oficiantes. Soma entra en el espíritu de todos sus adoradores cuando, igual que un caballo, ha sido regado con agua. Verdaderamente, los dedos del rishi bebida de Indra el zumo de las plantas verdes de la Luna mediante las piedras con que las aplastan.

22. ¡Oh Sorna!, llena con este torrente a los que desean la presencia de los dioses; desciende al lugar en donde, resonando a través del santo lugar, te mueves por todas partes El arroyuelo tan deseado de zumo está ya producido y el soma color de oro está purificado; lava con rapidez a los malos y para los que cantan las alabanzas de Indra destila la fama que obtiene una tropa de héroes. Que ninguno de los que insultan los ritos sagrados pueda escuchar

siquiera el sonido de los líquidos nutritivos y propios para el sacrificio. Que todos los perros que mancharon el sacrificio sean expulsados, como los hijos de Bhrigu expulsaron al perro Makka.

ADHYAYA TERCERO

1. ¡Oh Soma!, tú que ocupas el primer lugar entre los dioses, purifica a nuestros hijos mediante tus variados socorros y recibe todos nuestros cánticos sagrados. ¡Oh tú que ves todas las cosas y eres el primero de los dioses!, luego que hayas recibido nuestros himnos de alabanza, haz que del cielo desciendan torrentes de lluvia. ¡Oh tú que presides todos los ritos religiosos!, todos los mundos existen para gloria tuya, y para ti las vacas corren hacia el vaso que recoge su leche.

2. ¡Oh Soma que haces llover las bendiciones!, destílate, conviértenos en ilustres sobre la Tierra y mata a todos aquellos que nos odian. ¡Oh Soma!, llénanos con tu zumo excelente y nutritivo, y con tu ayuda subyugaremos a todos nuestros enemigos. Emplea para nosotros tus armas agudas y temibles, hechas para matar a nuestros enemigos, y sálvanos de todos cuantos odian.

3. ¡Oh Soma que haces llover las bendiciones!, tú eres glorioso; ¡oh divinidad brillante!, tú produces la lluvia; ¡oh tú que haces llover las bendiciones!, tú sostienes los ritos religiosos. ¡Oh tú que haces llover las bendiciones!, tu potencia produce la lluvia, tu adoración produce la lluvia, tu zumo produce la lluvia, y, ¡oh tú que haces llover las bendiciones!, tu persona produce la lluvia. ¡Oh tú que haces llover las bendiciones!, tú haces un ruido como el de un caballo. ¡Oh Soma!, envíanos vacas, envíanos caballos y ábrenos la puerta de la riqueza.

4. ¡Oh Soma purificante!, tú haces llover las bendiciones; te invocamos, a ti que lo ves todo y que posees una gloria inmensa a causa de tu esplendor innato. Cuando estás regado de agua y purificado por mortales y recibido en el vaso sagrado, llenas con tu aroma la sala entera de la asamblea. ¡Oh Soma que marchas cubierto por tu propia armadura!, ven aquí sin falta y demostrando tu satisfacción otórganos descendientes llenos de valor.

5. Deseamos vivamente tu amistad, tú que te destilas con pureza y que riegas el vaso sagrado que te recibe. Tus olas inundan con su corriente el vaso sagrado y nos rejuvenecen. ¡Oh Soma! ¡Oh purificador, señor del Universo!, tráenos la riqueza y el alimento y dadnos bravos descendientes.

6. Adoramos a Añi, que es el heraldo de los dioses y el que los invita; a Añi, que posee toda la riqueza y que coopera gloriosamente al sacrificio. Los hombres que cantan continuamente himnos te invocan siempre en sus versos sagrados, ¡oh Añi!, dándote un nombre u otro; tú eres el señor de los hombres, el que aporta los sacrificios y al que animan los ejércitos celestes. ¡Oh Añi!, tú que has sido producido por la fricción de dos trozos de madera inflamable, trae a los dioses cerca de

los sacerdotes sentados sobre la hierba santa cortada, porque tú eres el que invita a los dioses para nosotros y eres digno de todas nuestras alabanzas.

7. Os llamamos al banquete de la planta de la Luna, Mitra y Varuna, ya que os manifestáis en nuestra presencia llenos de una santa potencia. Invoco a Mitra y a Varuna, los cuales, por su fiel palabra, hacen prosperar los ritos santos y son los señores de la luz pura. Que Varuna sea nuestro defensor de acuerdo con Mitra y que nos conceda toda clase de protección; que ambos nos den riquezas de todo género.

8. Los cantores alaban a Indra cantando los himnos del *Sama-Veda;* los cantores le alaban cantando los himnos del *Rig* y los sacerdotes del *Yajour* le alaban con sus voces. Indra está siempre acompañado por sus dos caballos, a los que se engancha con una sola palabra de mando. Indra está armado del rayo y está cubierto de ornamentos de oro. ¡Oh invencible Indra!, está presente con nosotros y con tus auxiliares poderosos; asístenos en todo combata y en toda guerra. Para dar la luz para siempre, Indra ha hecho subir el Sol al cielo, a fin de alumbrar con sus rayos el Mundo cubierto de montañas.

9. Dirigimos a Indra y a Añi el alimento del sacrificio que causa el crecimiento; les dirigimos nuestros himnos bien acabados, y les dirigimos, en compañía de nuestras ofrendas, cantos que dan la leche de alabanza. Una multitud de sabios les alaba de esta manera, con objeto de obtener su protección, y los que están comprometidos en la guerra lo hacen con el fin de obtener alimento. Nosotros que celebramos vuestras alabanzas, que llevamos las viandas sagradas y que deseamos la riqueza, os invocamos a los dos, puesto que recibís las ofrendas de de los sacrificios.

10. ¡ Oh tú que haces llover las bendiciones!, acércate, con tu arroyo puro, al vaso que debe recibirte; sé una causa de alegría para Indra, el compañero de los Maruts, y danos, mediante tu poder, toda clase de objetos preciosos. ¡ Oh tú que eres el purificador!, te hacemos entrar en las viandas de nuestros sacrificios, a li que sostienes el cielo y la Tierra, que lo ves todo y cuya potencia es inmensa. Habiendo cogido con vuestros dedos la planta verde de la Luna, haced que corra de ella un arroyuelo santo, y enviad nuestro amigo a la guerra.

11. Así como un toro rojo muge en presencia de las vacas, así tú te acercas al Cielo y a la Tierra, y lo mismo que la voz de Indra es escuchada en la guerra, igualmente tú, que das la sabiduría, vienes al lugar en donde se escucha la voz de la caída del zumo sagrado. ¡Oh delicioso Soma! ,tú que eres bebido con el producto de la vaca cuando te mezclas al dulce zumo, tú haces escuchar tu voz y cuando estás regado como el autor de la pureza haces correr hacia Indra un arroyo no

interrumpido. ¡Oh Soma embriagador!, haz caer en este vaso, para dicha nuestra, la nube que contiene la lluvia y que el que destila la lluvia bajo el golpe de la mano de Indra que rompe las nubes se incline sobre nosotros. ¡Oh Soma!, cuando tú eres repartido, adquieres tu color blanco y deseando el producto de nuestras vacas te expandes sobre nosotros por todos lados.

12. Nosotros, que celebramos tu alabanza, te invocamos a fin de tener el alimento. Nuestros combatientes a pie te llaman. ¡Oh Indra!, el defensor de los santos cuando están rodeados por nuestros enemigos, y los que están en el puesto de la caballería te invocan. ¡Oh venerable Indra!, tú que tienes en tu mano el trueno y que tomas la forma del relámpago eres el poderoso sostén del Universo: a ti es a quien alabamos. Dadnos, ¡oh Indra!, vacas y caballos propios para los carros, con la liberalidad que empleas en dar toda especie de alimento a los que consiguen la victoria.

13. Presentad todas estas excelentes viandas de los sacrificios a Indra, puesto que es conocido como amigo mío; a Indra que está rodeado de todos los objetos preciosos, que da ricas joyas por millares y que es generoso para aquellos que celebran su alabanza. Así c o m o un hombre valiente marcha contra cien enemigos, así Indra va a matar a ¡os enemigos del hombre que cumple el sacrificio, y los presentes del que da el alimento corren como las aguas reunidas en las montañas.

14. ¡Oh tú que tienes el rayo!, los héroes que llenan el vaso sagrado te presentan hoy el licor. ¡Oh Indra, escúchame a mí!, que te ofrezco mis alabanzas, y ven a mi morada. ¡Oh Indra cuyo rostro brilla de belleza, poseedor de dos caballos Hari, tú que recibes la alabanza y que eres muy celebrado!, deseamos tu presencia cuando, después de haber bebido, estás adornado con tu riqueza y cuando en el banquete de la planta de la Luna estás rodeado de provisiones en abundancia tal que ello da lugar a un proverbio.

15. ¡Oh Soma!, tu zumo es agradable a los dioses; hace perecer a los Rakshasas, da una alegría extrema y es digno de servir de alimento a todos los hombres. Destila tu esencia con pureza. Tú has matado a Vritra, nuestro enemigo, y eres adorado cada día en el campo de batalla. Tú eres también el que concede vacas v caballos. Mezclado con el producto de la vaca, que está acompañado de nuestros cánticos, tú te sientas como un gavilán sobre el vaso sagrado y despliegas esplendor.

16. Este adorable Soma, el nutritivo, el que da la riqueza, corre cuando está purificado. Es el señor de todas las criaturas e ilumina a los dos mundos; voces queridas te alaban a porfía, a fin de obtener tu brebaje que rejuvenece, y el zumo de la planta de la Luna, cuando está purificado y brillante, prepara la vía para el objeto de nuestros deseos.

Trae este zumo glorioso y purificado cuyo sonido encanta al oído y por el cual pedimos la riqueza para las cinco tribus de los hombres.

17. Soma, que observa todo y que hace llover las bendiciones entre los poseedores de la riqueza, está en el momento de ser purificado. El que mantiene la sucesión de los días, la aparición de la aurora y los movimientos solares, que se mueve sobre la superficie de las aguas, hace escuchar ahora su voz en el vaso que lo recibe y entra en el pecho de Indra con nuestros himnos de alabanza. Nuestros sabios purifican al venerable, al sabio Soma, el cual, cuando es exprimido pollos sacerdotes, corre por todos lados hacia el vaso que lo recibe, produciendo y destilando al dulce licor sagrado que hace silbar al viento y que procura la amistad de India, señor de tres mundos. El Sema embriagador, cuando está purificado, brilla al alba del día y el que obtiene su crecimiento de sus líquidos arroyos se trueca en el sostén del Mundo. Cuando las manos de los sacerdotes han acabado de ordeñar a las veintiuna vacas, Soma destila la leche que da gusto ver y que es digna de entrar en el pecho de Indra.

18. ¡Oh Indra!, puesto que sin duda tú eres un héroe poderoso e inquebrantable, tus cualidades intelectuales deben ser objeto de la adoración de todos. ¡Oh poseedor de múltiples riquezas!, que la riqueza sea la posesión de aquel que (mediante el sacrificio) sostienen a los dioses, y al punto, ¡oh Indra!, favorécenos con tu sociedad. ¡Oh señor del alimento!, tú que gozas de un reposo perfecto, que pareces un brahmán, muéstrate siempre bueno para nos otros, complaciéndote en beber el zumo que obtenemos de la planta de la Luna, mezclado con el producto que obtenemos de la vaca.

19. Todos nuestros cánticos caen como una ola sobre Indra que llena el firmamento, que es el más hábil de los conductores de carros, el señor de las provisiones y el protector de los santos. ¡Oh Indra, señor de la fuerza!, que cuantos ofrecen el alimento sagrado para obtener tu amistad no se asusten. Te adoramos especialmente a ti, el victorioso y el invencible. Los numerosos y antiguos dones de Indra, y la protección que nos concede, no son objeto de nuestro desprecio, cuando nuestro huésped concede a los que cantan sus alabanzas, la riqueza y vacas que dan el alimento.

ADHYAYA CUARTO

1. Estas gotas del zumo de la planta de la Luna que se mueven oblicuamente[189] para llegar al estado de purificación, y que rápidamente dan nacimiento a todas las cosas deseables, han sido preparadas para uso de los hombres. Estas poderosas plantas de la Luna destruyen muchos pecados; procuran para nuestros hijos preciosos presentes y para nosotros cuerpos de caballería. También producen riquezas y vacas y el alimento como presentes que nos son regalados, y corren para escuchar nuestros himnos de alabanza.

2. El Soma resplandeciente, el purificador, marcha a través del aire, acompañado por los himnos del sabio, durante los sacrificios que cumplen los hombres. ¡Oh Soma famoso por suministrar el alimento a los dioses; apórtanos esa fuerza que está unida a la rapidez del movimiento y danos una forma que nos procure la dignidad. ¡Oh tú que brillas con fulgor!, tráenos, para protegernos, las riquezas de centenas de vacas, de grandes montones de provisiones, de tropas de hermosos caballos y una opulencia que nos haga respetar.

3. A fin de ponernos en condiciones de cumplir convenientemente nuestros ritos sagrados, te invocamos, a ti que habitas en las regiones del Cielo poderoso, que posees todas las riquezas y siempre eres favorable; tú que cortas en pedazos a los poderosos y eres grandemente celebrado; tú que cumples actos enormes, el embriagador, el destructor de centenas de ciudades. ¡ Oh tú que realizas obras que dan el mérito!, que el gavilán te traiga de esos Cielos toda la riqueza resplandeciente e imperecedera. En seguida, poniendo en ello tu espíritu, elévate a una potencia superior, ¡oh tú que concedes los objetos de nuestros deseos y que observas a todos los hombres ! Y que el pájaro traiga sin falta al que envía la lluvia, al guardián del sacrificio que ha sido establecido para el beneficio común de todos los dioses.

4. ¡Oh Soma!, cuando, purificado por los sabios sacerdotes, tú santificas nuestro alimento cayendo gota a gota, tráenos provisiones que den la salud y ven cerca de nuestras vacas. ¡Oh Soma objeto de grandes alabanzas!, tú que eres de color blanco, cuando, durante tu preparación, corres con pureza y vas a mezclarte con el producto de la vaca, prepara la riqueza y el alimento para el pueblo. Brillante al lado de las viandas del sacrificio, ¡oh tú que estás dispuesto para el bien de los mortales y que estás purificado para el alimento de los dioses!, ven al lugar preparado para Indra. El Añi (del hogar) junto al Añi que recibe ofrendas, el sabio,

---

[189] Es decir, que se mueven a través del tamiz de pelo de cabra.

el preservador de la familia, Añi siempre joven que acaba el sacrificio y cuya boca tiene la forma de una cuchara, Añi brilla en su fulgor. ¡Oh divino Añi, el heraldo de los dioses, el institutor del sacrificio!, te adora; revélate su protector especial. Cuantas veces el institutor de un sacrificio se siente en presencia de Añi, a fin de preparar el banquete de los dioses, ¡oh tú, nuestro purificador!, dale la dicha.

5. Invoco a Mitra que posee una potencia sana, y a Varuna, el destructor de nuestros enemigos, porque los dos nos suministran una provisión de agua haciendo caer la lluvia. Trayendo sin falta la recompensa del sacrificio, ¡oh Mitra y Varuna!, vosotros que aumentáis el agua y enviáis la lluvia, vosotros os repartís en el sacrificio completándolo en todas sus partes.

6. Mitra y Varuna son sabios productos para el beneficio de los mortales; tienen una residencia cuyas dimensiones son considerables; así aumentan nuestras fuerzas y protegen nuestros ritos sagrados.

7. Las bandas de los Maruts, avanzando con Indra, que no conoce el temor, aparecen ya a nuestras miradas. Aquéllos y éste están llenos de alegría y brillan con un igual esplendor. Cada año no dejan de fecundar las nubes y nos envían la lluvia, habiendo obtenido el derecho de merecer una parte en el sacrificio. Con los Maruts que rompen y desgarran es con quienes tú entraste, ¡oh Indra!, en los atrincheramientos y te llevaste las vacas que habían sido encerradas en la caverna[190].

8. ¡Oh Indra y Añi!, yo os invoco; sois vosotros quienes, con arreglo a los himnos de los sabios, habéis formado el Universo; no me destruiréis, porque os adoro. Os invocamos a vosotros, temibles Indra y Añi que destruís a nuestros enemigos; tener piedad de nosotros en nuestros obstáculos actuales. ¡Oh vosotros, preservadores de los santos!, por medio de los sacrificadores virtuosos, destruid a nuestros enemigos, destruir a los esclavos que se elevan contra nosotros y aniquilad a todos los que nos odian.

9. Las gotas del zumo de la planta de la Luna van cayendo y destilan con pureza su esencia embriagadora, que inspira las delicias; así dan el zumo vivificante que destila las delicias y que aclara el entendimiento y el zumo cae en el vaso que lo recibe y que está colocado en el santo lugar. El purificador, el brillante, el resplandeciente Soma, la gran realidad gotea rápidamente en el vaso que lo recibe, y la gran realidad va a apoderarse de Mitra y de Varuna. El zumo es exprimido por los

---

[190] Las vacas de los dioses fueron robadas por un Asura (o demonio) llamado Pañi, y recobradas por Indra. Este mito es, evidentemente, el mismo que el del Hércules griego.

hombres y es el objeto del deseo, el rey brillante que lo ve todo, que es producido en los Cielos y va a ser preparado (por nuestras manos).

10. El que trae los materiales para el sacrificio hace cantar los himnos de los tres Vedas, los himnos que sostienen los ritos del sacrificio y que descubren las cualidades del dios que lo penetra todo. Así como las vacas, cuando se las llama, acuden cerca del dueño del ganado, igualmente los espíritus de los que desean la dicha corren hacia Soma. Las vacas lecheras desean las plantas de la Luna; los brahmanes, mediante sus himnos admirables, piden el zumo de la planta de la Luna. El zumo exprimido de la planta de la Luna se destila y se tamiza, y nuestros versos se mezclan con el zumo de la planta de la Luna. ¡Oh Soma que estás regado y purificado en estos vasos!, destila en pureza y para nosotros la dicha y la paz. Entra en Indra con tu potencia que causa la alegría, aumenta la gloria de la palabra santa y produce en nosotros un desarrollo de la inteligencia.

11. ¡Oh Indra!, aunque existieran cien Ciclos no emitirían un fulgor corno el tuyo; cien Tierras, ni siquiera un millar de Soles, ni todas las criaturas en los dos mundos no podrían emitir, ¡oh tú que tienes el rayo!, un esplendor igual al tuyo. ¡Oh tú que haces llover las bendiciones, Indra todopoderoso!, tú nos procuras en gran abundancia todas las facultades descendidas del Cielo. ¡Oh poseedor de las riquezas!, ¡oh tú que tienes el rayo!, sálvanos con tu ayuda poderosa, mientras que defendemos los establos de nuestras vacas.

12. ¡Oh tú que has matado a Vritra!, nos reunimos como las gotas del zumo exprimido de las plantas de la Luna, cuando caen en el lugar sagrado, mientras te celebran los cantores, sentados en derredor y sobre la hierba cortada para el sacrificio ¡Oh tú que determinas nuestras residencias!, los cantores te celebran cuando te mezclas con el zumo de la planta de la Luna. Cada vez que te sientas sediento del zumo de la planta de la Luna, ven a este lugar y escucha, aproximándote, nuestros gritos de súplica, emitidos con la constancia de objetos que resuenan perpetuamente. ¡Oh tú que sostienes todas las cosas!, tú das a los descendientes de Kanva mil porciones de alimento. ¡Oh tú que das la riqueza y que vigilas el Universo!, deseamos ahora que nos procures oro y vacas.

13. El que se ocupa con actividad de cantar himnos de alabanza obtiene alimento, así como una inteligencia desarrollada. Elevo la voz para alabar al glorioso Indra; le alabo con el apresuramiento con que el carpintero incrusta sobre la rueda el aro de metal flexible[191]. El cantor negligente no se ve alabado entre los que dan la riqueza, y las riquezas no descienden

---

[191] Juego de palabras acerca de la expresión *nema,* que significa *plegar y alabanza.*

sobre los impíos que olvidan alabar a los dioses; pero, ¡oh poseedor de las riquezas!, la opulencia me ha sido dada a mí, que, en los días felices, canto los himnos de una manera graciosa.

14. Los sacerdotes cantan los himnos de los tres Vedas con la afección con que las vacas lecheras llaman a sus terneros y con que las gotas del zumo de la planta de la Luna caen con un ruido que resuena. Los poderosos himnos de los brahmanes acompaña a el sacrificio y celebran a Soma, el hijo del Cielo. ¡Oh Soma!, haz rodar sobre nosotros la riqueza de los cuatro mares y trae hacia nosotros por todas partes millares de tesoros.

15. ¡Oh Soma!, el zumo agradable y dulce de la planta de la Luna da la alegría; está purificado y corre suavemente. Que vuestro zumo, que causa la alegría, entre en los dioses. Los dioses de los brahmanes han dicho que Indu (el zumo de la planta de la Luna) es destilado para Indra. Soma, el señor de la palabra, el señor de toda potencia, va a recibir nuestras adoraciones. Soma, el poseedor de mil arroyos que corren juntos el que inspira los cantos sagrados, el señor de los hombres ricos, el amigo de Indra, va a ser destilado hoy.

16. ¡Oh Soma, señor de los encantamientos!, tu esencia santa se expande por todos los lugares. ¡Oh autor del ser, tú envuelves cada miembro de nuestro cuerpo! Los hombres desprovistos de fervor e imperfectamente instruidos en las cosas religiosas no pueden abrazar tu esencia; pero los sacrificadores que son como el pan completamente cocido, lo abrazan. ¡Oh Soma, tú que consumes a nuestros enemigos!, tu esencia está repartida en la región celeste y sus porciones brillantes aparecen separadamente a simple vista; al mostrase con esta rapidez, penetran en los Cielos gracias a su esplendor. El ilustrísimo (Soma), en la persona del Sol de la mañana, brilla con fulgor y, deseoso de las viandas del sacrificio, el que reparte el agua la hace caer en abundancia sobre la tierra. Gracias a su talento, los dioses poseedores de la sabiduría cumplieron el acto de la creación y los patriarcas establecieron la raza del hombre.

17. ¡Oh cantores!, celebrad a Añi, que hace presentes, que asiste al sacrificio, al poderoso Añi, poseedor de un esplendor puro. Añi, el rico, el poseedor de la luz, el que recibe los sacrificios, concede, además de descendientes, provisiones que dan fama. Que el espíritu amable de un dios semejante a él, digno de nuestra sociedad, acuda a nuestra presencia con abastecimientos de alimento y de agua en abundancia.

18. ¡Oh Indra que tienes el rayo!, alabamos este zumo que te pertenece y que produce la alegría, que es la causa de la lluvia, que subyuga a los ejércitos, que forma los mundos y que adoran tus caballos color de oro; gracias a él tú extendiste la luz sobre Manu, el hijo de

Urvasi, y regocijándote en este sacrificio desplegaste tu fulgor. Los cantores celebran, como ya lo han hecho, esta esencia que es tuya; la alaban en sus cánticos que alternan. Domina cada día las aguas que son la causa de la lluvia.

19. ¡Oh Indra!, escucha las invocaciones de Toraschi, que cumple tus servicios solemnes. Satisfácele con los tesoros de una progenitura valiente y con vacas en abundancia, porque tú eres magnánimo. Dale una inteligencia y una sagacidad extrema, conforme al antiguo y verdadero modelo, que vayan creciendo sin cesar; dásela al que produce el canto nuevo que inspira la alegría. Alabamos a este Indra a quien nuestras voces y los himnos sagrados celebran, y, deseosos de adorar su gran potencia, nos prosternamos ante él.

ADHYAYA QUINTO

1. ¡Oh purificante Soma!, los arroyos del zumo bienamado lechosos y descendidos del Cielo, que penetra por todas partes, son producidos por encima del vaso que los recibe; los sacerdotes te purifican, de modo que tus gruesas gotas caen a través del aire a la hora del mediodía, ¡oh tú que eres la porción de los rishis! Los arroyos del purificador inmutable y que conservan la vida, corren en todas las direcciones hacia los dos mundos, mientras que la planta verde es purificada en el lugar conveniente y colocada en el vaso que la recibe por encima del seno que engendra este líquido espirituoso. ¡Oh tú que ves todas las cosas y que creces siempre!, tus poderosos rayos convergen por todos lados hacia la morada universal *(el cuerpo de los dioses)*, mientras que tú, ¡oh Soma que penetras por todas partes!, estás en tu zumo indestructible vertido con pureza, y reinas de una manera suprema sobre todo país.

2. El purificador, lanzándose del Cielo y lleno de maravillas como un relámpago, aparece en una llama brillante llamada Vaisvanara *(el amigo de los hombres)*. ¡Oh brillante purificador!, la esencia de tu zumo que persigue a los Rakshasas y que embriaga corre purificada a través del tamiz de pelo de cabra; te pertenece el zumo brillante que da la dicha, ¡oh tú que nos purificas!; el zumo despliega su esplendor, y tú, que ves todas las cosas, extiendes tu fulgor en torno tuyo.

3. Así como las vacas van con alegría a su establo, igualmente estas plantas de la Luna, brillantes, que se mueven con rapidez y avanzan siempre, están desprovistas de su negra envoltura (en el lugar en donde deben estarlo). Alabamos a estas plantas excelentes desprovistas de su corteza; estas plantas doman a los Rakshasas, son difíciles de obtener, duran mucho y engendran la embriaguez. La voz del poderoso purificador puede escucharse cuando desciende como una ola de lluvia y sus rayos brillan en el cielo. ¡Oh Soma!, reparte para nosotros en abundancia u n alimento puro; agrega también en abundancia vacas, oro, caballos e hijos heroicos. ¡Oh tú que ves todas las cosas!, destila para nosotros tu zumo con pureza y satisface a los dos mundos, como el Sol destila la mañana con sus rayos. ¡Oh Soma!, tú nos envuelves por todos lados con tus rayos de oro, como la Tierra está rodeada de agua por todas partes.

4. ¡Oh Soma!, tú que posees un espíritu exaltado después de haber tomado tu cuerpo, que los dioses quieren, tú vas por todas partes diciendo: «Voy a donde están los dioses». Consagrando lo que no está consagrado y procurando alimento al pueblo, haces caer del Cielo raudales de lluvia. El que se mueve con rapidez en los Cielos más elevados destila diluvios de agua cuando está sentado en el lugar

conveniente. Cuando tienes prisa acudes prontamente en tu estado santo, acompañado de tu potencia, y en posesión de tu fulgor, viendo todas las cosas e iluminando a los dioses. Cuando tiene prisa, ora esté cerca de nosotros, ora alejado, Soma que nos escucha, nos protege. El Soma con gusto delicioso de miel debe ser tamizado a fin de purificarle y de que pueda servir de bebida a Indra.

5. Las hermanas que están siempre juntas *(los dedos),* que desean cumplir la gran obra (de aplastar las plantas) colocan (bajo las piedras) al señor magnánimo, al poderoso Indu *(la planta de la Luna).* ¡Oh divinidad purificada que brillas sin cesar!, cuando eres impulsada por los dioses traes entre nosotros todos los tesoros. ¡Oh purificador!, vierte sobre nosotros una lluvia digna de nuestras alabanzas, a fin de ponernos en condiciones de servir a los dioses y que se reúna en torno nuestro, con objeto de procurarnos alimento.

6. El preservador de los hombres, Añi, siempre vigilante y poseedor de una potencia maravillosa, fue producido a fin de dar una gran prosperidad a los que le adoran, y el dios puro y brillante, criado por los sacerdotes con manteca clarificada, brilla con una llama intensa que ilumina el cielo. ¡Oh Añi!, el rishi Angiras te encontró cuando estabas oculto como en una caverna bajo la sombra de cada árbol en la floresta y saliste cuando fuiste aplastado por su vigor potente. De ahí, ¡oh tú que emites el calor!, has recibido el nombre de Sol de la fuerza. Los sacerdotes te hacen brillar en la asamblea llena de alegría, ¡oh Añi!, tú que iluminas el sacrificio, el primer nacido, tú que fuiste colocado en tu santuario desde los tiempos más remotos y que viajas con tu carro por la misma línea que Indra y que los dioses. Que Añi, el heraldo de los dioses y el que hace prosperar nuestros actos religiosos, se siente sobre la hierba sagrada, a fin de tomar parte en el sacrificio.

7. ¡Oh Mitra y Varuna!, vosotros que hacéis prosperar los ritos de los sacrificios, estas plantas de la Luna han sido aplastadas por nosotros; escuchad, pues, mi invocación en este sacrificio. ¡Oh poseedores de la luz!, vosotros que no sentís odio, inquebrantables, excelentísimos, vosotros que entráis en la sala de la asamblea que está sostenida por mil pilares, venid aquí. Los dos monarcas universales cuyo alimento es la manteca derretida y el zumo de la planta de id Luna, los hijos de Aditi que da la riqueza, protegen a los sacrificadores exentos de falta.

8. Indra, que no dice una palabra contra sus adoradores, mató, con los huesos del rishi Dadhicha, a noventa veces nueve de sus enemigos. Deseoso de la cabeza de caballo del rishi que estaba colocada entre las

montañas, la descubrió en un lago[192]. Cuando ha llegado el tiempo de la puesta del Sol que se mueve siempre, avanza la luz para tomar su estancia en la región de la Luna.

9. Este cántico abundante en alabanzas fue producido por los himnos celebrados en vuestro honor, ¡oh Indra y Añi!, y desciende como las olas de lluvia que caen del Cielo. ¡Oh Indra y Añi!, escuchad ambos la invocación de los cantos y aceptad sus alabanzas. ¡Oh vosotros que sois nuestros amigos!, dadnos la recompensa entera de nuestros servicios religiosos. ¡Oh Indra y Añi, oh héroes!, no nos abandonéis a la desgracia ni permitáis que nuestros enemigos hagan de nosotros el tema de sus cantos.

10. ¡Oh tú que alejas el pecado, tú que das la fuerza y que embriagas!, expande tu zumo puro para los dioses, a fin de que les sirva de bebida y para los Maruts y para Vayu. Soma brilla con fulgor entre los dioses, sentado en el vaso sagrado, como el que hace llover la felicidad que revela los enigmas, que está armado, que sufre el procedimiento de la purificación y que es incapaz de recibir un agravio. ¡Oh tú que estás sometido a la purificación, tú de quien no puede determinarse el acto de exprimirte y que corre con un ruido que resuena!, entra en el vaso sagrado; por medio de esta ceremonia entra en el vaso que engendra el aire.

11. ¡Oh Soma!, aspiro cada día a tu amistad. ¡Oh dios de color gris!, numerosos Rakshasas se echan sobre mí; aplástales a todos. Para obtener tu amistad, ¡oh Soma de color gris!, tú que destilas tu jugo cuando se te exprime día y noche te traemos aquí y nos acercamos a ti que brillas con un esplendor que sobrepuja al del Sol; nos aproximamos a ti como las tribus de las águilas se aproximan al astro del día.

12. Soma el purificador y que ve a lo lejos, el que destruye a todos nuestros mortíferos enemigos, el poseedor de una vasta inteligencia, obtiene la gloria gracias a los ritos de los sacrificios de nuestros sacerdotes. Cuando aquél va a su asiento, entonces Indra, que hace

---

[192] El rishi en cuestión había aprendido el kavachavidya *(la ciencia que da toda protección),* pero fue amenazado, si la revelaba a quienquiera que fuese, con que se le cortaría la cabeza. Cansado de los ruegos que le dirigían los Asvins Kumaras para que les enseñara esta ciencia, acabó por revelarles sus secretos y sufrió el castigo que se le había anunciado; pero los que eran la causa de su desgracia cogieron una cabeza de caballo y la incrustaron sobre sus hombros. Cuando los Rakshasas entraron en lucha con Indra, éste tuvo que rogar al rishi que renunciara a la vida, a fin de que los huesos de su nueva cabeza pudieran suministrarle armas, las únicas que podían hallarse capaces de destruir a sus enemigos.

llover las bendiciones, va a beber el zumo exprimido y en seguida parte para la estancia inmutable de los dioses. ¡Oh Soma!, reparte entre nosotros una gran riqueza, como la que desean millones d e hombres, y que ha sido recogida en todas las regiones del Mundo.

13. ¡Oh Indra!, bebe el zumo de la planta de la Luna; que te dé la alegría, ¡oh poseedor de los caballos Hari!; las piedras aplastan las plantas que dan este zumo por los brazos de los sacerdotes que se agarran á ti como un hombre se agarra a un caballo. ¡Oh Indra, poseedor de los caballos llamados Hari!, que el licor embriagador que es tu bien y por el cual matas a nuestros enemigos te procure placeres extremos, ¡oh poseedor de vastos tesoros!, ¡oh poseedor de riquezas!, yo, Vasishtha, te celebro en mis cantos que tú acoges con bondad. Acepta las viandas que se te ofrecen en sacrificio.

14. Nuestros héroes reunidos en asamblea y brillantes aparecen a fin de darnos la gloria y de procurarnos riquezas imperecederas y que sirven para hacernos obtener la fama a los hombres cuando hayan cumplido el sacrificio; ¡oh Indra!, tú que subyugas a los ejércitos enemigos, tú que destruyes a nuestros adversarios, el temible, el poderoso, el antiguo, el rápido, ven a protegernos. En cuanto los brahmanes ven a Indra. que lo abarca todo y que adquiere la forma de un morueco, caen ante él, a fin de celebrar sus alabanzas. ¡Oh cantores gloriosos que estáis exentos de malicia y que estáis siempre dispuestos a recitar los cánticos sagrados!, celebrad las alabanzas de Indra, haced resonar los himnos en sus oídos. Los cantores se unen para celebrar a Indra, a fin de que pueda venir al banquete de la planta de la Luna cuando el señor del cielo, el que sostiene los ritos sagrados para la prosperidad de sus adoradores, viene en su potencia y con sus auxiliares.

15. Alabo a este Indra que es el rey de los hombres, que viaja en un carro, el cual no varía nunca en su carrera, que es el salvador de todos nuestros ejércitos, la divinidad primitiva y que ha matado a Vritra. ¡Oh Purohanma, en cuya sustancia reside una doble cualidad![193], por tu propia preservación rinde glorioso a tu Indra, puesto que es él quien tiene el rayo, quien es digno de ser aproximado con respeto, porque es poderoso y radiante como el Sol.

16. El sabio Soma, que está aplastado entre las dos planchas y que es famoso por el cumplimiento de los ritos sagrados, viene nuevamente con los sacrificadores; su rapidez excede a la de los pájaros más lamosos. Soma ilumina (el Cielo y la Tierra), el hijo

---

[193] Es decir, la de defender a sus amigos y la de destruir a sus enemigos.

poderoso, la madre poderosa, el vástago puro, el padre y el que hace prosperar el sacrificio. ¡Oh Soma!, tú procuras un alimento excelente y saludable al hombre que vive en un lugar desprovisto de malicia y que canta tus alabanzas; ven, pues, llamado por nuestros cánticos.

17. ¡Oh purificador divino!, eres el más brillante de los seres; produciendo un sonido agradable, ven a traer la inmortalidad a los dioses. Por ti fue por quien el rishi Dadhyang, en el momento de cumplir un sacrificio de diez meses, ensanchó su puerta para los dioses; gracias a ti los brahmanes obtienen lo que desean; que nuestros huéspedes obtengan alimento, así como la posteridad; eres tú quien traes el agua para la satisfacción de los dioses.

18. Soma, el purificador, corre en gotas numerosas a través del tamiz de pelo de cabra y con ello da un sonido en presencia de los cantores. Con sus himnos, los poetas purifican al poderoso Soma que está sentado encima del tejido sagrado de pelo de cabra, y los sabios, en los tres sacrificios particulares, se unen para alabarle por todas partes. El que desea el alimento va a ser recogido en el vaso dispuesto a recibirlo, y, como un caballo que se lanza al combate, el purificador, haciendo oír su voz, se lanza hacia adelante.

19. Soma gotea con pureza; es el creador de la inteligencia, el creador del Cielo, el creador de la Tierra, el creador del fuego, el creador del Sol y el de Indra[194]. Cuando Soma, produciendo un sonido agradable, va hacia su puesto sagrado, es Brahma entre los dioses; fija sus méritos respectivos entre los poetas, es el búfalo entre los animales con cuernos, el gavilán entre la tribu de los buitres y la espada entre los instrumentos cortantes. Soma, el purificador, con un movimiento voluntario, nos inspira cantos e himnos que emocionan el alma, e, igual que los ríos, expande un torrente de sonido. Soma, que es el alma interior que hace llover la felicidad, se sienta entre nosotros con su fuerza sin igual, y es hábil en lo concerniente a las vacas[195].

20. Venid en presencia de vuestro Añi que se eleva por encima de las ofrendas y que es un protector poderosísimo. Que este Añi esté presente con nosotros, como el carpintero lo está con las maderas a las cuales va a dar forma, y que seamos famosos por su sabiduría. Es este Añi quien, entre los dioses, va al lugar en donde están reunidas todas las cosas preciosas; que venga a nosotros y nos traiga provisiones.

21. Bebe, ¡oh Indra!, este zumo de la planta de la Luna, porque es un brebaje excelente, que inspira la alegría y que no da la muerte. Que

---

[194] Soma está identificado con lo que los hindúes llaman ahora Brahma.
[195] Es decir, que sabe procurar un crecimiento a nuestros rebaños.

los arroyuelos del licor brillante se destilen en ti en la sala de los sacrificios. No hay conductores de carros como tú, ¡oh Indra!, porque tú conduces tus dos carros color de oro; no hay nadie que te iguale en potencia, ni hay caballos tales como los tuyos. Servid a Indra con apresuramiento, cantad los himnos sagrados, e inclinaos con respeto. Que el zumo de la planta de la Luna esté dispuesto para ti, que ocupas el primer lugar entre los dioses.

22. ¡Oh Indra, poseedor de los caballos Hari!, ven, acepta nuestro sacrificio y llévatelo. ¡Oh tú, dios resplandeciente y que das la alegría!, bebe de este zumo agradable al alma como la miel, y después, para distraer los sentidos, Indra, llena tu cuerpo del zumo de la planta de la Luna, que está dulce como si hubiera sido destilado de los rayos celestes; que el licor que produce un sonido agradable y que procura la alegría encuentre un lugar en ti. Indra, igual que un amigo, avanzó en la primera fila del combate y mató a Vritra. Igual que un héroe, destruyó a los ejércitos de los Danavas; y, semejante a un protector, subyugó a nuestros enemigos cuando hubo bebido el licor de la planta de la Luna.

ADHYAYA SEXTO

1. Verted en su pureza el zumo de la planta de la Luna que produce vacas, que produce las riquezas, que produce el oro y que está mezclado con las aguas. ¡Oh Soma!, tú eres una divinidad muy heroica; nuestros sacerdotes se han sentado para cumplir tu adoración; ¡oh tú que lo sabes todo, oh Soma!, los hombres te desean en todos los lugares; tú eres el purificador, el que hace llover las aguas, con las cuales te mezclas en numerosas gotas; que haga correr el oro para nosotros, con toda clase de riquezas, y que podamos estar destinados a vivir (mucho tiempo) en la Tierra. ¡Oh imperial Soma que has enganchado tus verdes caballos de trote rápido!, tú acudes cerca de todos los habitantes del Mundo. Que tus caballos destilen el delicioso líquido brillante. ¡Oh Soma!, los sacerdotes que ofician están ocupados en cumplir los ritos.

2. ¡Oh Soma que lo sabes todo!, tus arroyos purificadores, semejantes a los rayos del Sol, corren con abundancia. ¡Oh Soma!, en ti es en quien residen los dulces jugos que nos procuran la sabiduría; tú destilas por todos lados todas las formas preciosas que vienen del firmamento y las haces descender sobre nosotros. Tú te manifiestas, ¡oh purificador!, como el Sol radioso, y te diriges hacia el vaso que te recibe haciendo escuchar tu voz.

3. Las gotas radiosas y purificadas del zumo de la planta de la Luna avanzan en su carrera, y, mezcladas con el producto de la vaca, se unen a las aguas santas. Los zumos, puestos en movimiento, avanzan como torrentes hacia las tierras bajas, y los líquidos purificadores rodean a Indra (y lo traen al sacrificio). ¡Oh Soma purificador!, tú que das la alegría a Indra, tú avanzas en tu camino y exprimido por los sacerdotes eres presentado a los dioses como una ofrenda. Cuando Soma es machacado por las piedras adquiere su forma sagrada y entra en el cuerpo de Indra. ¡Oh Soma!, tú que regocijas a los hombres, tú de quien los hombres se apoderan, circula en tu pureza y haz que se escuchen los cantos de alabanza. ¡Oh tú, poderoso destructor de nuestros enemigos!, tú que eres fuerte en ti mismo y que purificas a los demás, endulza el jugo, preserva a los dioses y castiga a los pecadores.

4. ¡Oh Soma infinitamente sabio!, tú que te purificas al pasar por el tamiz de pelo de cabra, para el banquete de los dioses, tú eres el remunerador que subyuga a todos nuestros enemigos. Él, el purificador, otorga, sin falta, el alimento, en cantidad mil veces mayor que lo que se desea, y lo da acompañado de manadas de vacas a los que celebran sus alabanzas. Eres tú, ¡oh Soma!, quien purificas y haces correr nuestras alabanzas. Que Soma nos dé alimento y toda clase de riquezas. Reparte

para los sacrificadores una opulencia que dé la gloria y que no disminuya, y trae el alimento para los cantores. ¡Oh Soma purificador!, eres tú quien, bajo la forma del maravilloso Añi, glorioso como un rey, te mezclas en nuestros cantos. El propio Soma, aunque es la principal divinidad en el sacrificio cuando se halla entre las aguas, está afligido con el fin de salvar a los otros, y, después de haber sido exprimido en su pureza por las manos de los sacerdotes, ocupa su asiento en el arroyo que le recibe. ¡Oh Soma!, te apareces alegre como cualquiera que demanda un presente; tú llegas a tu estado de pureza y concedes al que celebra tu alabanza una forma que procura la prosperidad.

5. Reparte en gran abundancia y sin cesar, reparte tu zumo en un arroyo nutritivo y concédenos todo lo que es precioso. ¡Oh Soma!, puesto que te pertenece la potencia, así como las provisiones que produces bajo la forma del que da el alimento, siéntate sobre la hierba sagrada que da el amor. ¡Oh Soma!, haz que corra para nosotros tu arroyo que purifica, y concédenos, por los medios más rápidos, la riqueza consistente en vacas y en caballos. ¡Oh tú que subyugas a centenales de enemigos, tú que conquistas y que jamás eres conquistado y que con la misma frecuencia con que te atacan destruyes a tus enemigos!, corre con pureza para nosotros.

6. Los arroyos de los dulces zumos están preparados para preservarnos; siéntate con ellos sobre la hierba sagrada. Cuando seas aplastado, destílate para la bebida de Indra, procediendo por los diversos caminos variados y sentándote en el yoni[196] del sacrificio. ¡Oh Soma agradabilísimo al gusto!, tú que das las riquezas, vierte el licor brillante para los descendientes de Angiras.

7. Tus glorias, ¡oh Añi!, se manifiestan como los relámpagos que salen de una nube lluviosa o como los rayos de la mañana cuando caen sobre los campos de trigo o sobre las florestas. Tú mismo pones el alimento en nuestras bocas. ¡Oh Añi!, cuando, agitado por el viento, caes con rapidez sobre el bosque que brilla, avanzas, rodeando el alimento que se te ha preparado, y así como los conductores del carro van separados uno de otro, hacia el campo de batalla, igualmente van los rayos que tú emites, ¡oh divinidad que no decrece! ¡Oh Añi!, nosotros y los sacerdotes asistentes te adoramos, y a ninguno más que a ti, a fin de poder obtener una parte en las libaciones ofrecidas en este bajo Mundo. ¡Oh tú, poderosa divinidad!, tú que das la inteligencia, que

---

[196] La palabra yoni, que significa ordinariamente matriz, *útero,* está empleada en el *Veda* en el sentido del vaso que recibe el zumo y del cual se extrae el espirituoso.

haces prosperar el sacrificio, tú que contemplas a los dioses, que subyugas a nuestros enemigos y que eres la fuente de la sabiduría.

8. ¡Oh Mitra y Varuna!, vuestra protección se manifiesta sin falta dándonos la abundancia, y vuestras disposiciones en nuestro favor son seguramente dignas de nuestra adoración. ¡Oh Mitra y Varuna!, desprovistos de enemistad, cantamos vuestras alabanzas en vuestra presencia, a fin de obtener el alimento y una morada; ¡ojalá que, por mediación vuestra, podamos obtener la prosperidad! Preservadnos ¡oh Mitra y Varuna!, y extended sobre nosotros toda clase de protección. ¡Oh salvadores ilustres!, salvadnos y concedednos que, por medio de numerosos hijos, podamos subyugar a nuestros enemigos.

9. ¡Oh Indra!, cuando estás cerca de nosotros en tu fuerza poderosa, tu rostro entero se halla agitado por el efecto de la bebida de la planta de la Luna. ¡Oh Indra!, cuando combatías a nuestros enemigos, los ojos de todos, en el Cielo y en la Tierra, estaban fijos con temor sobre ti; pero su pavor se desvaneció cuando lograste la victoria sobre nuestros enemigos. Yo escucho la voz que se expande sobre las ocho regiones de la Tierra y que se extiende incluso hasta la novena *(la región del cenit)* voz que hace prosperar los sacrificios; pero esa voz permanece aún muy por debajo de lo que Indra merece.

10. ¡Oh Indra y Añi!, nuestros cantos os celebran; vosotros que dais la dicha, alabad el zumo obtenido por la presión. ¡Oh héroes!, hay en vuestra posesión cien mil caballos muy deseados y destinados al uso de la institución del sacrificio. Venid, ¡oh Indra y Añi!, venid con ellos a este sacrificio, a fin de beber el zumo de la planta de la Luna.

11. Dejando en la floresta tu asiento primitivo, ¡oh gloriosísimo Soma!, tú vienes hacia el vaso que te recibe, haciendo continuamente un gran ruido. Que las gotas del zumo de la planta de la Luna se incorporen con las aguas, se destilen para Indra, para Varuna, para los Maruts y para Vishnú. ¡Oh Soma!, mientras que tú nos das el alimento para nuestros hijos, haz correr hacia nosotros por todos lados esta opulencia que se cuenta por millares[197].

12. Soma, cuando es exprimido, corre con la rapidez de una mula a través de la llanura elevada de pelo de cabra[198] y forma un arroyo embriagador color de oro. El que se une al producto de la vaca corre para mezclarse a este producto, y el zumo de la planta de la Luna se combina con la leche. Así como las aguas corren hacia el mar, el

---

[197] Es decir, dadnos tesoros inmensos.

[198] Hay en el texto un juego de palabras, puesto que al tamiz que sirve para filtrar el zumo del soma se lo compara con una montaña.

alimento sagrado va hacia el arroyo que lo recibe, y es exprimido el soma embriagador con objeto de producir una viva satisfacción.

13. ¡Oh Soma, oh purificador!, tráenos una riqueza terrestre y celeste tal, que sea digna de alabanza y que merezca la admiración. ¡Oh tú que haces llover las bendiciones, que libertas del mal la vida de los hombres piadosos!, siéntate en tu asiento primitivo y mientras que con tu tez dorada resuenas sobre la hierba del sacrificio, puesto que vosotros, Indra y Soma, sois los poseedores de las manadas de vacas y los señores soberanos, repartid el zumo que se os ofrece en nuestros ritos sagrados.

14. Indra, que ha matado a Vritra, es objeto de los himnos de nuestros héroes, los cuales quieren obtener fuerza y alegría. Lo invocamos para que nos ayude en todas nuestras grandes luchas y para que nos pueda secundar con su auxilio en todo conflicto menos considerable. ¡Oh Indra!, puesto que eres un héroe y que tú mismo tienes un ejército, tráenos sin que te observen los vastos tesoros del enemigo; y, puesto que levantas a los que han caído, concede numerosos dones al institutor del sacrificio. ¡Ojalá que cuando nuestros ejércitos vayan al combate puedan lograr la victoria y regresar cargados de riquezas para el que cumple tu sacrificio!

15. Las vacas (celestes) que brillan en compañía de Indra beben el dulce zumo preparado para el sacrificio y acompañan al que envía la lluvia; sienten un gran deseo y se detienen a fin de gozar de las bienandanzas de su gobierno; como les gusta que él las castigue y como son de diversos colores, mezclan su leche con el zumo de la planta de la Luna. Estas vacas, queridas de Indra, lanzan el rayo destructor, y fijas en su puesto desean vivir bajo el reinado de Indra. En posesión de la inteligencia, mantienen la fuerza de Indra mediante el alimento (que le procuran) y dan a conocer sus numerosos dones purificantes a fin de influir en nuestros enemigos (para que reflexionen antes de atacarnos).

16. La planta de la Luna habita las montañas y cuando se la macera para producir el brebaje que causa la alegría alcanza en las aguas el término de su desarrollo, y está sentada como un gavilán sobre el arroyo que la recibe. Las vacas hacen agradable con su leche el brebaje brillante, purificado por los hombres y objeto de los deseos de los dioses. Y así como prueban a un caballo enviándolo a un combate, igualmente los sacerdotes rinden glorioso este dulce zumo que traen al sacrificio a fin de impedir la muerte.

17. ¡Oh señor del alimento!, haz brillar entre nosotros el licor resplandeciente, poderoso, alimenticio y deseado por los dioses, y ponnos en contacto con el tesoro líquido que flota en medio de los aires. ¡Oh tú que posees una potencia santa y que eres exprimido por las planchas; tú

que, al igual que un rey, eres el sostén de tus súbditos!, ven hacia nosotros y haz caer del Cielo sobre nosotros ondas puras de lluvia que se expandan por todos lados; sé propicio a los ritos sagrados cumplidos por nuestro huésped que desea vacas con apresuramiento.

18. Soma da la vida al sacrificio; es el hijo de las aguas respetadas; introduce en los sacrificios su persona resplandeciente, y, colocado en diversos lugares, se extiende a través de las oblaciones tan deseadas. Cuando Soma entra en la alcoba sagrada de Trita Rhisi, se inclina con respeto en el lugar en donde están las planchas aplastadoras tan duras como piedras, y en seguida le alaban los sacerdotes, por ser su dios bienamado; le alaban en los siete metros sagrados. Por medio de sus arroyos, hace venir a Indra, el distribuidor de la riqueza, a los tres sacrificios cotidianos que realizó con Trita y que están acompañados de himnos de paz porque nuestro inteligente cantor sabe escoger los himnos convenientes.

19. ¡Oh Soma!, cuando eres exprimido y estás dotado de todo tu inmenso dulzor, vierte por los arroyos tu zumo purificado para Indra, para Vishnú y para todos los dioses, a fin de que puedan unirse a nuestros banquetes. Los dedos inocentes *(de los sacerdotes)* exprimen tu persona dorada, ¡oh purificador!, en el santo sacrificio consistente en ritos divinos, igual que la vaca aprieta a su recién nacido al lamerle. ¡Oh tú que cumples actos poderosos!, tú sostienes el Cielo y la Tierra. ¡Oh purificador!, cuando has crecido rechazas tu piel[199].

20. El licor purificador y brillante de la Luna, el torrente líquido en movimiento, que da fuerza a Indra, se halla purificado a fin de llenarle de una alegría deliciosa. Al mismo tiempo, el señor de la fuerza destruye a los Rakshasas y aniquila a todo enemigo, a la vez que procura riqueza a los sacrificadores. Después de haber sido exprimido por las oraciones, el zumo de la planta de la Luna, abriéndose oblicuamente un camino a través del tamiz de pelo, corre por un puro y dulce arroyo, y ahora una divinidad embriagadora y brillante obtiene la amistad de Indra y corre para llenar al dios de alegría. El dios Soma resplandeciente y que hace sean santos nuestros ritos, está purificado; por medio de su zumo, se pone en contacto con los dioses y cubre con su sombra los ritos preservadores durante el sacrificio, mientras que los diez dedos, haciéndole avanzar, le conducen desde la montaña al lugar en donde está colocado el tamiz de pelo de cabra.

---

[199] Hay ahí probablemente una alusión a la serpiente. Soma, o el licor alcohólico, deja la planta de la Luna y se mezcla con las aguas.

21. ¡Oh divino Añi!, te alumbramos, divinidad brillante e indestructible. En cualquier parte de los Cielos en donde tus llamas, dignas de toda alabanza, lancen su fulgor, tú traes el alimento para los que celebran tu alabanza. ¡Oh Añi, soberano de la luz!, se te ofrece el sacrificio acompañado de los himnos sagrados, dios radioso. ¡Oh poseedor de toda alegría!, destructor de los enemigos, señor de los hombres, tú que llevas la ofrenda, te la presentamos; trae alimento para los que celebran tu alabanza. ¡Oh poseedor de toda alegría, señor de los hombres!, tú recibes a la vez en tu boca la cuchara que presenta la ofrenda y su tapadera. ¡Oh señor de la fuerza!, durante el canto de los himnos, escucha nuestros votos y trae el alimento a los que celebran tu alabanza.

22. ¡Oh cantores!, cantad los grandes cánticos de purificación en honor de los sabios, del poderoso e inteligente Indra que procura el alimento y que ama la alabanza. ¡Oh Indra!, tú subyugas a nuestros enemigos, tú iluminas el Sol, tú eres el creador de todas las cosas, la divinidad universal. ¡Oh Indra!, llevas con tu fulgor la iluminación de los Cielos y del Sol. Todos los dioses, gracias a tu amistad, cumplen nuestros deseos.

23. La planta de la Luna ha sido macerada para ti, ¡oh Indra! ¡Oh poseedor de la potencia, destructor de nuestros enemigos!, llénanos de vigor como el Sol llena los Cielos con sus rayos, ¡Oh tú que has matado a Vritra!, monta en tu carro arrastrado por tus caballos de color de oro, a los que se engancha mediante la pronunciación de una fórmula mágica. Que la piedra que machaca, por el sonido que produce, atraiga tu espíritu a nuestra presencia. Que sus caballos color de oro traigan a Indra, cuyo poder es indomable, cerca del sacrificio cumplido por los Rishis y por los hombres, acompañado por himnos de alabanza.

ADHYAYA SÉPTIMO

1. La luz del sacrificio, el licor dulce y querido se destila con pureza; es el que preserva a los dioses, que crea la dicha y es la fuente de una gran riqueza. Este licor es el que inspira la alegría, porque es muy embriagador y encanta a los sentidos; es el que nos trae los tesoros del Cielo y de las regiones intermedias. El poseedor de todas las cosas, el señor del Cielo, el que lo ve todo, que se mueve en cien arroyos, corre en el arroyo que lo recibe con un ruido que resuena, y la divinidad color de oro se sienta en la casa de su amigo; está purificado por los pelos del tamiz que atraviesa y hace llover sobre él las bienandanzas. ¡Oh Soma!, cuando estás purificado tú corres y te mueves en presencia de las aguas; y estás dotado de una gran facilidad de palabra; y cuando eres adorado como el personaje principal te mueves en frente de las regiones de la Tierra. Cubierto de una armadura completa, brillas en el campo de batalla y haces tu retirada llevándote los despojos de nuestros enemigos tan frecuentemente como eres exprimido por los que acompañan el sacrificio de la Luna.

2. Las gotas rápidas y brillantes del zumo de la planta de la Luna están esparcidas por todas partes; piden vacas, caballos y héroes y están prepara das. Convertidas en brillantes por los sacerdotes o purificadas por sus brazos, caen puras a través del tamiz del pelo de cabra. ¡Oh Soma!, haz que viertan con pureza todos los tesoros celestes o terrestres y nativos del aire sobre tu huésped que te ofrece un sacrificio.

3. Reparte prontamente y en su pureza, ¡oh Soma!, el zumo santo dado por los dioses y, ¡oh zumo brillante!, penetra en Indra. ¡Oh tú que haces llover la felicidad, ilustrísimo Soma!, haz venir a nosotros las poderosas aguas y siéntate en tu asiento sagrado porque eres nuestro sostén. Soma que cumples acciones gloriosas, haz correr el zumo dulce y delicioso, el arroyo que produce la riqueza y cubre entonces con su sombra las ondas sagradas. Cuando, ¡oh Soma!, estás envuelto con el producto de la vaca, las aguas purificantes que corren caen en ti, cuya potencia es grande. El colector de los líquidos, el que sostiene todas las cosas, el que soporta el Cielo, Soma, deseoso de unirse a nosotros, combinado con el agua, se purifica en el lugar sagrado. El que hace llover las felicidades, huésped poderoso y color de oro, que se parece a un rey y es digno de adoración, brilla con un lustre igual al del Sol. Los cantos que acompañan a los ritos se han santificado gracias a tu poder, ¡oh Soma!, y te desean por tu obra de alegría. Imploramos la potencia del salvador del Mundo, a fin de que produzca en nosotros la destrucción que destruirá a nuestros enemigos

y deseamos preservarte para tu propia glorificación. Tú eres el que das vacas, ¡oh Soma!, que das caballos, que das héroes y que das el alimento, el agua del sacrificio que no cambia desde los tiempos remotos; vierte para nosotros, Soma, en un dulce torrente y como olas de lluvia, el zumo que estimula los sentidos.

4. ¡Oh Soma purificador destilador poderoso del alimento!, concédenos tus dádivas y subyuga a los Rakshasas y en seguida danos la prosperidad. Concédenos la fuerza, la sabiduría y el mérito; haz perecer a nuestros enemigos homicidas y concédenos en seguida la prosperidad. Los sacerdotes exprimen el zumo purificado de la planta de la Luna para que sirva de bebida a Indra y concédenos seguidamente la prosperidad. *(Esta última frase está repetida después de cada una de las que constituyen este párrafo.)*—Haz, mediante tus planes cuerdamente ordenados y por tu protección, que alcancemos el mundo del Sol.—Haz que, mediante tus planes cuerdamente ordenados y por obra de tu protección, nazcamos con el Sol en todas las edades.—¡Oh Soma, poseedor de una armadura espléndida!, haz llover sobre nosotros en abundancia la riqueza de los dos mundos. ¡Oh Soma, que eres incapaz de sufrir el mal en el campo de batalla y que subyugas a tus enemigos! haz llover sobre nosotros la riqueza.—¡Oh purificador!, en esta ceremonia que procura recompensas múltiples, has sido glorificado por los ritos de los sacrificios; concédenos, pues, tu prosperidad.— ¡Oh Soma!, tráenos una riqueza digna de ser celebrada y que, acompañada de caballos, remueva todas las cosas.

5. El preservador, el que da la alegría, corre por un arroyo de líquido exprimido y alimenticio. El preservador, el que da la riqueza, fluye. La diosa que concede la riqueza sabe salvar bien al hombre que ofrece el sacrificio. Tomamos posesión de millares de tesoros acumulados que pertenecen a Drusrya y a Purushanta.

6. Estas plantas de la Luna, el objeto de nuestros himnos de alabanza, corren en un arroyo de licor delicioso, a fin de procurarnos la fuerza. ¡Oh purificador, tú destilas para el banquete de los dioses arroyos de leche enriquecida; fluye para nosotros como un líquido nutritivo; destila para nosotros el producto alimenticio de la vaca que es alabada en todo lugar y que da satisfacción; destílalo con tanta frecuencia como tú eres celebrado por mí, Jamadagni.

7. Dirigimos este himno de alabanza al productor honrado de la riqueza con la misma atención perseverante que el carpintero emplea en pulir un carro, porque nuestro cantor, convenientemente dirigido, se halla siempre en felices disposiciones en medio de la asamblea sagrada. ¡Oh Añi!, concédenos, por medio de tu amistad, que no podamos ser aplastados jamás. Tráenos la leña que debe servir para encender el

sacrificio, y presentamos la ofrenda cuando nos acordamos de ti semana tras semana. Haz que prosperen grandemente nuestros ritos, a fin de procurarnos una larga vida. ¡Oh Añi!, estamos en condiciones de encenderte y de conducir a buen fin nuestros ritos sagrados; por ti es por quien los dioses comen las ofrendas que les son presentadas; tráenos, pues, a los hijos de Aditi. ¡Oh Añi!, otórganos que, por medio de tu mérito, no podamos nunca ser asesinados.

8. Cada día, al salir el Sol, os alabo reunidos y separados, Mitra, Varuna y Aryama, el destructor de nuestros enemigos. Que este himno de alabanza nos haga obtener vuestra protección contra nuestros enemigos y una fuerza acompañada de tesoros de oro con la cual podamos lograr una parte en el sacrificio. ¡Oh nosotros que somos tuyos, resplandeciente Mitra, y tuyos, Varuna!, ojalá podamos vivir dichosamente y obtener pan y agua, lo mismo que nuestros sacerdotes que cantan los himnos.

9. ¡Oh Indra!, funde en dos a todos los que nos odian, mata en la guerra a todos los que se oponen a nosotros, tráenos una salud digna de nuestros deseos. Cada uno sabe el importe de la riqueza que has dado a muchos hombres y los presentes sucesivos que les has hecho. ¡Oh Indra!, tráenos estas riqueza digna de ser deseada, que está guardada en un tesoro inquebrantable que no puede ser roto.

10. ¡Oh Indra y Añi!, puesto que en cada estación sois los preparadores de nuestros sacrificios y puesto que, cuando estáis purificados, os alistáis en el combate de los sacrificios, mirad nuestras ofrendas. ¡Oh Indra y Añi, destructores de nuestros enemigos!, vosotros que viajáis en carro y sois invencibles, aceptad mis ofrendas. ¡Oh Indra y Añi!, los que ofrecen el sacrificio han preparado para vosotros este dulce zumo que da la alegría; aceptad, pues, nuestras ofrendas.

11. ¡Oh Soma!, tú eres delicioso al gusto; pero, habiéndote sentado en el lugar respetado que produce el espíritu, destila el zumo para Indra y para los Maruts. Los sabios instruidos en las leyes de glorificación te florifican; el que sostiene todas las cosas se une a nuestros sacerdotes para purificarte. ¡Oh tú que presides los ritos sagrados!, que Mitra, Aryama y los Maruts beban el zumo que tú das cuando estás destilado.

12. ¡Oh Soma de la mano hermosa!, cuando estás purificado acudes al arroyo que te recibe. ¡Oh Soma purificado!, tú eres el que destilas el tesoro amarillo, abundante y tan deseado. ¡Oh Soma purificado!, tú, que te has hecho puro al filtrarte a través del tamiz de pelo de cabra, haces un ruido semejante al de un toro que se sumerge en las aguas. ¡Oh Soma purificado!, vas brillante con el producto de la vaca a las moradas bien construidas de los dioses.

13. Los diez dedos purifican a este Soma cuya madre son las aguas y él se adelanta con los dioses. El zumo de la planta de la Luna exprimida

acompaña a Indra al lugar sagrado, a Vayu, y a los rayos solares. ¡Oh Soma aromático y que lleva la fortuna!, destílate en nuestro sacrificio por Bhaya, por Vayu, por Pushan, por Mitra y por Varuna.

14. Tengamos vacas numerosas que produzcan alimento en abundancia y que Indra se complazca con nosotros, a fin de que, poseedores de las riquezas, nosotros nos regocijemos con él. ¡Oh tú que sostienes todas las cosas, cuando podemos acercarnos a un ser tal como tú, al que podemos presentar nuestras demandas, tú repartes los objetos de nuestros deseos con una constancia igual a la que todos los cubos de un carro emplean en reunirse al eje.

15. ¡Oh tú que cumples actos dignos de alabanza!, cada día te invocamos con la regularidad que se emplea en llamar a las vacas lecheras para ordeñarlas. ¡Oh tú que bebes el zumo de la planta de la Luna!, ven a nuestros tres sacrificios cotidianos y bebe el jugo del Soma. Que tu placer, ¡oh tú que posees todas las riquezas!, iguale al del hombre que presenta vacas a los brahmanes. No nos abandones para aparecer en otros lugares.

16. ¡Oh Indra!, igual que la aurora radiante, tú llenas los dos mundos con tu esplendor. La madre divina te produjo, tú que eres el superior de todos los poderes superiores y el señor de los hombres; la madre propicia te trajo. ¡Oh tú dotado de toda sabiduría!, tienes la fuerza de la varita de hierro que guía al elefante. ¡Oh poseedor de las riquezas!, así como una cabra se apodera con su pata delantera de las ramas de un árbol, del mismo modo tú derribas a tus enemigos. Destruyes la potencia del hombre que quisiera matarnos y causarnos daño y coloca bajo nuestros pies al que quisiera hacernos sus esclavos.

17. El zumo sagrado y color de oro de la planta de la Luna cae de todos lados en el lugar sagrado ¡Oh Soma!, tú distribuyes todas las cosas entre los sacerdotes llenos de alegría. Tú estás lleno de afección para nosotros, eres inteligentísimo y nos das el dulce licor que produce el grano. Todos los dioses que se aman el uno al otro han obtenido en ti una bebida abundante.

18. Soma es quien lleva al que ofrece el sacrificio tesoros y riqueza en abundancia y quien le da una residencia conveniente. Preparamos el zumo de la planta de la Luna que beben Indra, los Maruts, Aryama y Bhaga y con el cual tendremos en nuestra presencia a Mitra, a Varuna y a Indra para traernos socorros eficaces.

19. ¡Oh amigos míos!, celebrad al purificador que se ha manifestado para placer de los dioses; satisfacedle mediante vuestras ofrendas y vuestros himnos como una nodriza contenta a su niño; así como los terneros brillan cuando han sido lamidos por sus madres, así también

las plantas de la Luna aparecen brillantes cuando han sido regadas con el agua, y el preservador de los dioses, el que da la alegría, es glorificado por mis himnos. Este zumo de la planta exprimido y que causa nuestras delicias ha sido preparado para el alimento, para la fuerza, para el banquete celeste y para los dioses.

20. Las gotas del zumo de la planta de la Luna, brillantes, embriagadoras y rápidas en su descenso, bienhechoras, inocentes y hábiles en la narración sagrada y que tienden al Cielo, son destiladas para provecho nuestro. Estas gotas del zumo de la planta de la Luna que da la sabiduría, que se mueve a través de las aguas sagradas, que es imperecedero y que es como el Sol, son dignas de nuestra adoración. Moviéndose en un sendero tortuoso bien aplastado por las piedras y reconocido por su posición sobre la piel del toro, Soma, que procura la riqueza, eleva su voz bastante alta para ser escuchada por todas partes cuando nos trae provisiones.

21. ¡Oh Soma!, vierte para nosotros en su pureza, en este arroyo sagrado que es tuyo, las diversas especies de riquezas en presencia de los que celebran tus alabanzas y desciende al arroyo que contiene el líquido, porque es hacia ahí hacia donde Aditya, el origen de todas las cosas, e Indra, el que cumple numerosos sacrificios, dirigen sus pasos. ¡Ojalá que Soma pueda darnos héroes! Haz fluir con pureza para nosotros, en un arroyo claro, tu propia esencia, digna de toda alabanza en el lugar santo en donde se escucha tu ruido, y que el destructor de tus enemigos, dándonos la victoria en el campo de batalla, haga caer para nosotros millares de tesoros como los frutos caen de un árbol violentamente sacudido. Que sus actos poderosos, destructores de sus enemigos y que dan la alegría, se manifiesten entre los que combaten a caballo y entre los que se han alistado en un combate cuerpo a cuerpo; que hagan dormir a nuestros enemigos el sueño de la muerte, que pongan a nuestros enemigos en huida y que persigan a los que descuidan los ritos sagrados.

22. ¡Oh Añi!, acércate a nosotros para rodearnos como nuestro salvador y como el que nos otorga la dicha. ¡Oh Añi todo resplandeciente!, tú que nos asignas un lugar para nuestra estancia y que has repartido el alimento, muéstrate en nuestra presencia y danos alimentos.

23. ¡Ojalá podamos obtener todas las sustancias materiales y que Indra y todos los dioses puedan estar a nuestra disposición! Que Indra, de acuerdo con los Adityas, nos conceda los materiales para el sacrificio, la fuerza del cuerpo y vástagos. Que Indra, de acuerdo con

los Adityas y los Maruts y seguido de sus compañeros, nos suministre substancias medicinales.

24. Cumplid con celo y en nuestra presencia el servicio de India.

ADHYAYA OCTAVO

1. Así como el rishi Urana recita sus composiciones poéticas, ¡ojalá que nuestro sacerdote divino pueda referir igualmente con cuidado el nacimiento de los dioses! El que cumple actos poderosos y posee una luz pura avanza como un jabalí, elevando la voz y dispersando la Tierra con sus pies. La piadosa compañía de los sabios, atraída por el ruido que resulta del regado de las plantas, acude rápidamente a la casa en donde se ofrece el sacrificio, y nosotros celebramos con invocaciones convenientes al dios digno de nuestro huésped, al invencible y puro Soma. Elevándose sobre su célebre corcel, Soma viaja como para divertirse y sin ningún esfuerzo, sin que nadie pueda alcanzarle. El poseedor de una luz penetrante expande el esplendor en abundancia, mostrándose de un color de oro durante el día y luminoso durante la noche.

2. Durante el tiempo en que se maceran las plantas de la Luna, las gotas de su zumo resuenan como un carro o como un caballo que desea alimento y corre a fin de procurar la riqueza a los sacrificadores. Cuando los sacerdotes marchan con la rapidez de un carro (hacia la sala de las ofrendas) sus brazos sostienen a Soma, como los de los trabajadores soportan su carga; así como los reyes son glorificados por himnos de alabanza y por un sacrificio ofrecido por los siete sacerdotes, así Soma lo es también por el producto de la vaca. Cuando las diversas plantas de la Luna son maceradas dejan correr un arroyo y elevan la voz para producir la embriaguez. Los zumos corren con ruido para el glorioso Indra que da su esplendor a la mañana. Los cantores de los himnos sagrados, los hombres que traen el zumo del que hace llover la felicidad, cierran ahora las antiguas puertas, como hacen los siete sacerdotes al presentar las ofrendas cuando rodean el sitio de Soma y hasta sus compañeros se esfuerzan por agradarle. Con objeto de poder contemplar con mis ojos el Sol, coloco a Soma, el ombligo del sacrificio, sobre mi ombligo, y hago correr el zumo del que hace prósperas todas nuestras obras. Indra ve con sus ojos, ¡oh Soma!, la manifestación querida de tu gloriosa persona cuando está colocada en la cavidad del cuerpo humano.

3. Hay en vía de preparación algunas cantidades del zumo de la planta de la Luna, que traen la prosperidad y saben lo que es propia para este sacrificio, las cuales entran por las vías del rito solemne al servicio de los dioses. El poderoso Soma cuyo gusto es dulce, es adorado por las ofrendas y va a bañarse a las aguas sagradas. El que eleva su voz es digno de ser ofrecido a los dioses; el soberano, el que hace llover la felicidad, el fiel, el indestructible, cuando acude a su

estancia, emite un sonido en las aguas sagradas. Cuando el que sabe realizar todos los ritos y reparte para nosotros nuestro poder en su pureza acude al lugar en que se oye el canto sagrado, el que procura el alimento está allí presente deseando nuestros alimentos. El puro Soma avanza contra nuestros enemigos, como un rey contra sus súbditos rebeldes y los que cumplen los ritos sagrados lo envían por delante. El bienamado Soma de color de oro, mezclado con las aguas, está sentado sobre el pelo de cabra; y, produciendo él mismo un sonido, se ve adorado por nuestros cantos. El que está lleno de alegría por el cumplimiento de este rito sagrado va con satisfacción, a fin de servir a Vavu, Indra y los hijos mellizos de Asvín. Torrentes de un dulce zumo fluyen en Mitra, Varuna y Bhaga; los que conocen a Soma se aproximan a ellos con placer. ¡Oh Cielo y Tierra!, con objeto de obtener el dulce zumo nutritivo, poned en nuestra posesión la riqueza, provisiones y numerosos rebaños.

4. ¡Oh Soma!, rendimos homenaje a tu potencia tan deseada, que produce el placer y que reúne la riqueza. Te adoramos a ti que causas la alegría, al eminente, al sabio, al célebre, al preservador y al deseadísimo. ¡Oh poseedor de grandes riquezas, el grande y el sabio!, pedimos para nuestros hijos riquezas e inteligencia, mientras que te adoramos por ser el preservador muy deseado.

5. Los dioses sacerdotales producen a Añi, el jefe de los Cielos que sube de la Tierra, que habita en el Cielo, que ha nacido a causa del sacrificio, que está lleno de la ciencia de las leyendas, el dios brillante que es el huésped de los hombres, la boca de los hombres y nuestro salvador. Cuando has sido producido, ¡oh Añi!, todos los dioses se dirigen hacia ti como un padre hacia su hijo, y, ¡oh Vaisvanara!, amigo de todos los hombres, cuando tú brillas como el preservador de todas las cosas, los brahmanes obtienen la inmortalidad por medio de tus ritos. Nuestros dioses te dan grandes alabanzas, ¡oh ombligo del sacrificio, estancia de la riqueza, poderoso receptor de las ofrendas!; te producen a ti que permaneces en todos los hombres y que eres el carro de las ofrendas y el fundador del sacrificio.

6. ¡Oh vosotros, sacerdotes!, celebrad a Mitra y Varuna en vuestros cantos y con toda la fuerza de vuestra voz; y vosotros dos que poseéis una gran fuerza, venid al sacrificio prolongado durante un tiempo considerable. Vosotros que sois los señores del Universo, la matriz de las aguas, divinidades poderosas entre los dioses, podéis concedernos la inmensa riqueza del Cielo y de la Tierra; adoramos vuestro gran poder que es grande incluso entre las divinidades.

7. Ven, ¡oh Indra!, famoso por tus rayos variados; estos vasitos llenos de zumo de la planta de la Luna esperan tu venida; han sido santificados hoy por los sacerdotes oficiantes. Ven, ¡oh Indra!, y escucha los himnos sagrados de los que ofrecen el zumo extraído de la planta de la Luna y puesto en movimiento por nuestros ritos solemnes y por la adoración de los brahmanes. Indra, poseedor de caballos color de oro, acude con prontitud a escuchar nuestros himnos sagrados; acepta nuestro zumo de la planta de la Luna y las viandas de los sacrificios.

8. Alabad a este Añi que cuando rodea todas las florestas con su llama radiosa las ennegrece al tocarlas con su lengua. El que echa en la divinidad brillante ofrendas para Indra recibirá de éste lluvias agradables y saludables para producir abundantes cosechas de trigo. Indra y Añi, dadnos un alimento fortificante y rápidos caballos, a fin de que podamos suministraros ofrendas.

9. ¡Oh Soma!, tú penetras en el cuerpo de Indra dotado de una gran belleza, y, como tu amigo, llenas sin desbordarla la cavidad resonante. Igual que un macho entre las hembras, así Soma acude por cien senderos desviados [200] al vaso que debe recibirle. Los cantores, entregados a la meditación, amigos de la alegría y de la alabanza, se mueven en la sala de las ofrendas cubierta de bálago y celebran el zumo color de oro que las vacas, con su leche, hacen más propicio para el empleo. ¡Oh brillante Soma!, haz que corran para nosotros torrentes de abundantes cantidades de provisiones y de alimento líquido y que una raza poderosa e intrépida de héroes famosos sea para nosotros el fruto de los tres sacrificios diarios en donde corre este alimento líquido.

10. Sólo aquel que cumple el sacrificio obtiene la amistad de Indra, el cual da siempre la prosperidad al que le adora, que es alabado de todos, que es invencible, que subyuga a sus enemigos gracias a su gran potencia y que es capaz, en un combate, de vencer a su adversario. Alabo a Indra que subyuga a nuestros enemigos, que es terrible e irresistible en la guerra, en la cual despliega su majestad y en la que cuantos ponen sus delicias en el sacrificio le adoran, a la vez que el Cielo y la Tierra se inclinan ante él.

11. ¡Oh amigos míos!, sentaos y dirigid himnos al purificador; adoradle y presentadle vuestras ofrendas a fin de que podáis adornarle como un padre adorna a su hijo con joyas. Llevad a su perfección, en las aguas maternales de este zumo, el producto de vuestra casa, el preservador de los dioses, el que causa la alegría, que da la fuerza a los dos mundos igual que la vaca trae sus terneros. Purificad el zumo

---

[200] Es decir, pasando a través de los pelos del tamiz.

fortificante con objeto de procurar rapidez en los movimientos y alimento a los dioses y puesto que da grandes ventajas preparadlo para Mitra y Varuna.

12. El Soma fortificante fluye oblicuamente a través del tamiz sagrado de pelo de cabra. El zumo fortificante y dotado de la mayor energía fluye, mezclado con las aguas y preparado para el empleo por el producto de la vaca, ¡Oh Soma!, macerado por las piedras y filtrado por los sacerdotes, tú desciendes al cuerpo de Indra.

13. Estas porciones de] zumo de la planta de la Luna que son preparadas lejos de aquí, y las que son preparadas muy cerca de nosotros, así como las que abundan en el lago Saryanavat, todas son para ti, ¡Oh Indra!, y las que son preparadas en el país de Arjika y de Kritva y en las orillas de los ríos (Sarasvati, etc.) y por las cinco tribus de los hombres. Que estos arroyos exprimidos y brillantes del zumo de la planta de la Luna hagan descender para nosotros, desde el Cielo la lluvia y un ejército de héroes.

14. ¡Oh Añi!, yo, Vatsa, deseo hacer descender tu espíritu de los Cielos elevados y brillantes. Deseo atraerle aquí mediante un canto que sea delicioso al alma. Tu ojo está fijo sobre numerosos regiones y eres el señor de esas numerosas regiones; te invocamos así en todos nuestros combates. Deseosos de alimento, en todos nuestros combates llamamos en nuestro auxilio a Añi, el cual posee tesoros acumulados en sus guerras.

15. ¡Oh Indra!, tú que cumples muchos actos meritorios y ves todas las cosas, concédenos la potencia y la riqueza. Invocamos al héroe que hace caer la lluvia. ¡Oh Indra!, eres para nosotros un padre y eres para nosotros una madre. ¡Oh tú que nos asignas nuestra residencia y que cumples muchos actos meritorios!, deseamos la felicidad que reside en ti. ¡Oh poderoso Indra al que invoca una multitud de adoradores y da la fuerza!, te llamamos cuando nos vemos comprometidos en la guerra; concédenos ejércitos heroicos.

16. ¡Oh Indra, glorioso acompañador de los sacrificios!, no poseo en ningún lugar de este Mundo la riqueza que tú puedes dar. ¡Oh poseedor de las riquezas!, trae tesoros en tus dos manos. ¡Oh Indra!, trae este alimento que tú miras como dignísimo de alabanza, a fin de que podamos recibir las dádivas de tu bondad. Por medio de este espíritu inflexible, poderoso, famoso y muy celebrado que tú posees, ¡oh tú que asistes a los sacrificios!, preséntanos provisiones para que las aceptemos.

ADHYAYA NOVENO

1. Los Maruts van en tropel; purifican y adornan al joven Añi recién nacido e inteligente. Y el bardo, pues por la regularidad del sonido que emite Soma aparece como un bardo, viene resonando hacia el vaso sagrado. El poseedor de un espíritu que lo observa todo y que él mismo se manifiesta a los hombres, el que es adorado por millares de seres y rectifica los errores de los sacerdotes, el venerable Soma, objeto de grandes alabanzas y que desea habitar en el tercer mundo *(el celeste)* rodea de gloria al Indra glorioso. El gavilán muy alabado y el poderoso halcón, Soma, que se mueve entre las planchas que le aplastan, sentado en el mortero del sacrificio y entregándose a la alegría, el consumidor del producto de la vaca que se mueve con rapidez y coge sus armas y cuando es adorado el dios venerable honra con su presencia el Cielo que hace caer las aguas igual que la cuarta región *(la de la Luna)*.

2. Estas plantas de la Luna destilan el jugo que Indra ama mucho y aumenta su vigor. Las gotas purificantes del zumo obtenidas en el mortero se dirigen hacia Vayu y hacia los hijos de Asvin. ¡Ojalá que puedan darnos un vigor abundante! ¡Oh puro Soma, envía, a fin de procurarnos la riqueza, el espíritu de Indra, porque me he sentado en el lugar sagrado de los dioses. Los diez dedos te hacen filtrar en tu pureza; los siete sacerdotes te hacen avanzar y los cantores sabios te inspiran una viva satisfacción. Te consagramos mediante la alegría de los dioses y te mezclamos al producto de la vaca cuando hemos preparado bien tu felicidad nuevamente producida. La divinidad brillante y color de oro se vela completamente bajo los ropajes formados con el producto de la vaca. ¡Oh Soma!, vierte sobre nosotros la opulencia de los ricos; destruye a cuantos nos odian y procura para nosotros la amistad de Indra. Obtenemos alimento y vástagos cuando te rendimos homenaje. ¡Oh tú que observas a los hombres, que ves todas las cosas y que eres la bebida de Indra! ¡Oh Soma!, haz caer la lluvia del Cielo, cubre la Tierra de trigo y danos la fuerza en los combates.

3. Soma, el purificador, con sus millares de arroyos que pasan a través del pelo de cabra, cae en el vaso bien limpio de Vayu y de Indra. ¡Oh vosotros que deseáis ser preservados! (de los peligros), celebrad el licor purificante de la planta de la Luna; este licor da la sabiduría y está bien preparado para el banquete de los dioses. Los vasitos de licor de la planta de la Luna, en posesión de un poder extraordinario y celebrados en nuestros himnos sagrados, están consagrados para el banquete de los dioses, a fin de obtener para vosotros el alimento. ¡Oh Soma!, a fin de que podamos obtener provisiones, destila para nosotros alimentos en abundancia *y* un vigor corporal extraordinario que haga brillar nuestros

rostros. Así como los caballos rápidos guiados hacia el campo de batalla por sus jinetes, del mismo modo los arroyos del zumo de la planta de la Luna, moviéndose con rapidez, son preparados por los sacerdotes por encima del filtro de pelo de cabra, a fin de que podamos obtener alimento. Que estas plantas maceradas y brillantes destilen para nosotros millares de tesoros y un vigor corporal triunfante. Las gotas resonantes del zumo de la planta de la Luna corren con la rapidez con que las vacas mugen cuando se dirigen hacia sus terneros y son llevadas por los brazos de los sacerdotes. Para entera satisfacción de Indra es por lo que el zumo purificante preparado para él eleva su voz. ¡Oh Soma!, haz perecer a todos nuestros enemigos. Y vosotros, destructores de los que se niegan a ofrecer el sacrificio, los que lo veis todo, sentaos en el lugar del sacrificio.

4. Con objeto de formar una parte del sacrificio han sido preparados para Indra estos vasitos del zumo delicioso de la planta de la Luna. Nuestros sabios invocan a Indra en sus himnos; le llaman para que venga a beber el soma, como las vacas llaman a sus terneros. El soma que destila alcohol está sentado en su asiento sobre la ola del mar sagrado, y, como el dios de la sabiduría, hace oír su voz. Soma que lo ves todo y cuya sabiduría es infinita, que haces prosperar todas nuestras obras, recibe nuestras adoraciones en el ombligo del Cielo entre el pelo de cabra. Cuando el zumo de la planta de la Luna cae en el vaso sagrado que lo recibe, el dios Soma hace en él su entrada. Cuando el dios Soma entra en el vaso que contiene el dulce zumo produce un sonido que, al pasar en medio del aire, llega a lo alto de los Cielos. Cuando se ve alabado cada día, el dios de las florestas que envía auxiliares a los hombres bebe el zumo de la alabanza que le ofrecen nuestros sabios. ¡Oh Soma purificador!, vierte sobre mí un torrente de tesoros múltiples, brillantes y que den la dicha. ¡Oh tú que cumples actos gloriosos, Soma inteligente y exprimido!, tú nos miras desde el lugar alejado en donde estás en los Cielos y nos envías como un torrente todas las cosas deliciosas.

5. Tú envías tu voz rápida como el ruido de las aguas del mar o como el sonido de una flecha en pleno vuelo. Las voces de los cantores de los tres Vadas, deseosas de tomar parte en el sacrificio, se elevan tan a menudo como tú; deseando un nacimiento mortal, tú subes en el filtro de pelo de cabra que ha sido elevado. Los sacerdotes, haciéndote pasar por el filtro de pelo de cabra, hacen fluir por todos lados el líquido querido, verde, purificante y dulce. ¡Oh Dios que causas una viva alegría; oh conservador de los ritos religiosos!, vierte en el vaso sagrado tu zumo; y en un arroyo que pueda entrar en el cuerpo de Indra, el objeto de nuestra adoración. ¡Oh

dios muy embriagador!, destílate en pureza y embellecido por el brillante producto de la vaca, entra en el cuerpo de Indra.

6. Destilad en esta ceremonia zumo para el banquete de Indra, el cual, a causa de su potencia, mató en un combate, por las manos de Indra, a noventa veces nueve de sus enemigos. Soma mató en un día a Samhara y destruyo a sus Ciudades en favor de Divodasa, el protector de los ritos religiosos; subyugó en seguida a Divasa, Turvasa y Yada ¡Oh Soma, poseedor de los caballos!, envíanos caballería y una opulencia consistente en abundancia de vacas y de oro, y reparte entre nosotros abundantes provisiones de diversos géneros.

7. Habiendo matado Soma a nuestros enemigos feroces y a los que no hacen presentes, se dirige hacia el vaso bien limpio de Indra y fluye lleno de pureza. ¡Oh Soma purificante!, apórtanos una gran riqueza, mata a nuestros enemigos feroces, concédenos fama acompañada de descendientes heroicos. ¡Oh Soma, centenares de enemigos no pueden matarse cuando sientes deseos de traer la riqueza, y, purificado, vienes para darnos presentes!

8. ¡Oh Soma!, desciende con este arroyo con el cual dominas el Sol; desciende y envía agua para uso del hombre. Soma es quien engancha a los caballos del Sol cuando está en el momento de moverse a través de los Cielos por encima de la estancia del hombre. Soma es mi dueño, dice el Sol, y engancha a su carro sus caballos color de oro a fin de ponerse en camino.

9. ¡Oh dioses!, haced que vuestro brillante Añi, a quien sirven los demás dioses, y que es digno de recibir ofrendas, tome su forma de mensajero en este sacrificio exento de defectos; porque él fija su estancia entre los hombres y es quien recibe las ofrendas; su brillo calcina; está alimentado con manteca clarificada y es nuestro purificador. Lanzando un ruido como el de un caballo cuando se halla satisfecho con la hierba que pace, la poderosa divinidad, rompiendo sus lazos, se establece en cualquier lugar conveniente, y entonces, ¡oh Añi!, avanza tu fulgor, siguiendo la dirección del viento, oscureciéndose el camino que sigues ¡Oh Añi!, el brillo inmortal y refulgente de tus llamas nuevamente nacidas y que envían la lluvia se eleva, en ti, Añi, bajo la forma de la llama y del humo, como el mensajero de los dioses; subes al Cielo y entras en la presencia de las divinidades.

10. Rendimos a Indra poderoso, a fin de que mate a nuestro enemigo Vritra. Que el que hace llover la felicidad haga llover sobre nosotros la riqueza. Indra fue creado para dar presentes. Es el ser poderosísimo destinado a residir en el poderoso Soma. Es un dios muy ilustre, el que recibe las alabanzas, y es digno de beber el zumo de la planta de la Luna. Las alabanzas le agudizan como un dardo

acerado, y el héroe temible, poderoso y triunfante, regresa sin heridas y desea otorgar presentes.

11. ¡Oh vosotros, sacerdotes!, traed el zumo de la planta de la Luna machacado con piedras en el vaso sagrado y purificadlo para las necesidades de Indra. ¡Oh Soma!, estos dioses y los Maruts consumen tu alimento dulce y purificante. ¡Oh Soma!, haz correr para Indra, que tiene el rayo, el zumo excelente y delicioso de la planta de la Luna.

12. El que sostiene los Cielos fluye y solicita ser producido de nuevo, mientras adquiere la forma del zumo. El que infunde fuerza a los dioses y recibe del hombre delicias, el dios color de oro, cuando está producido, gasta su fuerza en animarse entre las aguas sagradas, como un caballo juega con su jinete. Así como un guerrero coge sus armas en sus manos, igualmente Soma, deseando dulces ofrendas y montado en su carro, acude a los pastos en donde están las vacas (con objeto de dar la leche necesaria para los sacrificios). El que infunde la fuerza en Indra es puesto por nuestros ritos sagrados en el santo alimento, decorándolo los himnos de nuestros sabios sacerdotes. ¡Oh puro Soma!, adquiere toda tu grandeza, entra en el cuerpo de Indra, en una ola poderosa, y, así como el relámpago desciende de las nubes, a causa de nuestras simientes, fluye en los dos mundos y repártenos abundantes provisiones.

13. Aunque tú seas invocado por los hombres al Este, al Oeste, al Norte y al Sur, empero, ¡oh Indra!, dios poderoso, tú estás presente en el sacrificio del rey Anu, y, sufriendo la influencia de los méritos de tantos sacerdotes nuestros, ¡oh vencedor de nuestros enemigos!, tú estás presente también con el rey Turvasa. Y, aunque te plazca hallarte en el banquete del rey Ruma, o de Ramasa o Syavaka, o de Kripa[201], cuando los hijos de Kanu, que llevan las viandas sagradas, te rueguen vengas aquí, acude cerca de nosotros, ¡oh Indra!

14. Que Indra escuche los himnos de nuestro Rig-Veda y de nuestro Soma-Veda, cantados en su presencia; que el poderoso Indra, alentado por su magnanimidad, venga a beber el zumo de la planta de la Luna. Tú brillas con tu propio fulgor y haces caer la lluvia sobre ambos mundos; sus habitantes se acercan a ti suplicantes, mientras tú estás sentado como un jefe entre los dioses y todos tus pensamientos están concentrados en la bebida del zumo de la planta de la Luna.

---

[201] Estos nombres parecen aplicarse a naciones establecidas en las fronteras del Indostán.

15. ¡Oh divino Soma!, expande tu zumo y tu potencia, al inspirar la alegría; entra en Indra dotado de una larga vida y al mismo tiempo que suba a Vayu con tu zumo mortificante. ¡Oh Soma purificante!, tú te apoderas de la riqueza tan elogiada de nuestros enemigos y cuando los has matado fluyes con pureza.

16. ¡Oh tú que concedes una residencia!, deseamos una porción de tu riqueza, objeto de grandes alabanzas. ¡Oh tú que avanzas con firmeza!, concédenos, a los que ponemos en ti nuestras delicias, que nos hallemos siempre cerca de los montones de provisiones. Soma, que a través del pelo de cabra destila un zumo que da la alegría, fluye por todos lados cuando se lo exprime, y el que se complace en el producto de la vaca, elevado a lo alto, se mueve en un arroyo durante el sacrificio, como un diluvio de la luz.

17. ¡Oh Soma, dios poderoso!, el mar (en donde se reúne el espíritu), el padre de todos, destílate con pureza para alimento de todos los cuerpos de los dioses. ¡Oh Soma, divinidad brillante!, corre para los dioses, y por el Cielo y la Tierra y para la dicha del hombre. Sé el sostén del Cielo, digno de ser empleado como un brebaje y como una divinidad poderosa; expándete con pureza en este sacrificio cumplido con regularidad.

18. ¡Oh Añi!, te alabo, mi huésped bienamado, tan querido como un amigo, tan precioso como un carro. ¡Oh dioses (terrestres), vosotros que, con ritos solemnes, habéis colocado a Añi en sus dos moradas, alabadle, y que él os celebre a su vez, como dos poetas se celebran mutuamente. ¡Oh dios!, tú que eres siempre joven, preserva a los héroes que pertenecen al que ha organizado este sacrificio; escucha nuestros cantos y vela sobre nuestras personas y sobre nuestros hijos.

19. Indra bienamado, vencedor de los enemigos, alto como una montaña, superior a todo otro ser y dueño del Cielo, tú que bebes el zumo de la planta de la Luna y que dominas en el Cielo como en la Tierra, tú glorificas al institutor del sacrificio. Tú eres el destructor de todas las ciudades de los enemigos, el vencedor de los Rakshasas, el protector de los hombres y el dueño del Cielo.

20. Tú has sido el destructor de las ciudades, tú eres siempre joven; tu inteligencia y tu fuerza no tienen límites. Indra, tú mantienes todos los ritos sagrados y tú tienes el rayo. Tú has penetrado en la caverna del ladrón de las vacas *(Bala);* los dioses despavoridos hallaron un refugio a tu lado. Celebrad en vuestros himnos y alabad a Indra, cuyas dádivas son repartidas por millares y hasta en mayor abundancia.

ADHYAYA DÉCIMO

1. El que reúne las aguas se extiende en torno nuestro; el dios protector, que al principio creó las aguas y creó las tribus de los hombres, hace ahora llover la felicidad; el poderoso Soma, sostén de todas las cosas, está en el lugar sagrado; está colocado en el filtro de pelo de cabra. ¡Oh divino Soma, purificador!, regocija a Mitra y a Varuna, a fin de que nos den alimento y riquezas; regocija a los Maruts, regocija a todos los dioses, al Cielo y a la Tierra. El adorable Soma, cuando honra a los dioses con su presencia, cumple una gran obra. Este dios purificador es el que da la potencia a Indra; esta brillante divinidad es la que engendra en el Sol sus rayos luminosos. Este dios inmortal, semejante a un pájaro, corre hacia su morada, en el vaso que recibe el zumo. Este dios resplandeciente sumerge las aguas cuando es alabado por los sabios brahmanes y concede dones preciosos al institutor del sacrificio. Este Soma puro y heroico, semejante a un guerrero que se dirige a un combate, desea obtener para nosotros tesoros de toda clase. Este dios desea un carro para venir al sacrificio; quiere desplegar su liberalidad hacia nosotros y eleva muy alta la voz.

2. El divino Soma se ve adornado por nuestros himnos como un caballo de batalla es decorado por su dueño. No sufre ningún daño bajo los dedos de los sacerdotes y destruye a todos nuestros enemigos; él, como purifica, se abre un camino hacia el Cielo, dejando la Tierra tras sí. Hace prosperar los sacrificios y no es posible darle la muerte; se eleva al Cielo, dejando la Tierra detrás de él. Esta divinidad, brillante y color de oro, cuyo nacimiento se remonta a los más lejanos tiempos, ha sido apretada por los dioses y se destila en el lugar sagrado. El que cumple numerosas ceremonias, que ha sido sometido a un nacimiento mortal y que produce los manjares del sacrificio, está exprimido ahora y fluye con pureza.

3. El heroico Soma, apretado por los dedos de los sacerdotes en el rito solemne, acude en su rápido carro a la morada de Indra. Hace celebrar numerosas ceremonias para el banquete espléndido para el cual se apresuran los dioses. Los mortales le hacen fluir en el vaso que lo recibe y él les suministra un alimento fortificante. Primeramente es consagrado; después, conducido a través de la asamblea por un sendero santo; el sacerdote que lo lleva lo expande en seguida como una ofrenda. El dios poderoso, el señor de los fluidos, avanza despidiendo brillantes rayos de oro. Agita sus cuernos agudos como un toro amo de la manada y reúne para nosotros riquezas mediante su poder. Derrota enteramente a los Rakshasas y dispersa a sus bandas mortíferas. Sus diez dedos traen a

este dios color de oro que, cubierto con una armadura, continúa su viaje produciendo una gran alegría.

4. El dios rápido que hace llover la felicidad atraviesa el filtro de pelo de cabra, a fin de producir vastos abastecimientos de diverso alimento. Los dedos de los sabios aplastan por medio de piedras el zumo color de oro, la bebida de Indra; descendiendo con la celeridad de un gavilán, Indra fija su estancia entre las tribus de los hombres. Este espíritu embriagador es el hijo del Cielo; el dios color de oro que sostiene todas las cosas corre con ruido hacia su asilo bienamado.

5. El dios rápido, que sigue todas las cosas, atraviesa en diversas direcciones el filtro de pelo de cabra. Corre para los dioses y entra en su cuerpo. Este dios inmortal, vencedor de Vritra, brilla en el lugar que le corresponde. Emitiendo un sonido cuando se lo exprime con los diez dedos, fluye con rapidez hacia el vaso que lo recibe; él es quien ha iluminado el Sol, cuyo lugar está en los Cielos; él es el señor que envuelve todas las cosas, el dios que resuena y que no puede sentir mal alguno, el Sol resplandeciente le coloca en el lugar sagrado.

6. El dios sabio, objeto de grandes alabanzas, está colocado en el lugar sagrado, y, después de haber sido purificado, mata a todos los que nos odian. El que produce la fuerza y conquista todas las cosas, está expandido en el lugar sagrado para Soma y para Vayu. El, que es el jefe del Cielo y hace llover la felicidad, Soma, que lo sabe todo, ha sido llevado a los vasos que lo reciben. El dios puro y resplandeciente que gusta del producto de las vacas, que triunfa de sus enemigos y que él mismo es invencible, eleva su voz. El que es el dios poderoso, el Soma color de oro, cae con pureza a través del aire, con objeto de encontrar a Indra. El poderoso Soma, incapaz de recibir cualquier injuria, fluye como si fuera el protector de los dioses y el destructor de los malos.

7. Soma que hace llover la felicidad, fluye en el lugar sagrado; él es destructor de los Rakshasas y el amigo de los dioses. El dios color de oro, que ve todo y que sostiene el Mundo, está destilado en el lugar sagrado; emitiendo un ruido, se dirige hacia el vaso que debe recibir lo. El dios ágil que alumbra el Cielo, el purificador que destruye a los Rakshasas, avanza pasando a través del filtro de pelo de cabra. El que nos purifica en el sacrificio ilumina al Sol con sus rayos. Soma el vencedor de Vritra, hace llover la felicidad y da la riqueza; incapaz de recibir mal alguno, avanza como un caballo de guerra, El Soma, resplandeciente y dotado de una sabiduría infinita avanza hacia el vaso a fin de testimoniar su respeto hacia Indra.

8. El hombre que recita los versos relativos al purificador, y que contiene la esencia presentada por los rishis, come el santo alimento, de una perfecta pureza, cuando por la acción del aire ha obtenido un gusto delicioso. Merced a él, Sarasvati, diosa que lo rodea todo, ha hecho correr la manteca clarificada y el dulce zumo de la planta de la Luna. Que estos versos relativos al purificador nos traigan la prosperidad, que destilen para nosotros manteca y que nos procuren tesoros. El zumo ha sido ofrecido por los rishis y reparten entre nosotros, brahmanes, el agua de la vida. Que estos versos relativos al dios purificador, cuando las diosas están reunidas con los dioses, nos pongan en posesión de este Mundo y del otro y nos conduzcan al límite de nuestros deseos. Que estos versos relativos al dios purificador viertan sobre nosotros este líquido mil veces santo con que los dioses purifican nuestras personas. Por medio de estos versos que procuran la prosperidad, un hombre alcanza el paraíso, gozando y obteniendo el alimento, como recompensa a su mérito, y en seguida va a la estancia de la inmortalidad.

9. Nos aproximamos con un profundo respeto a este Añi que brilla en su residencia, que es siempre joven y que, colocado entre el Cielo y la Tierra, recibe muchas ofrendas preciosas y que se manifiesta por todos lados. Añi, que subyuga mediante su potencia todas nuestras costumbres viciosas, recibe nuestras alabanzas como si estuviera en el origen de la riqueza; que escuche nuestros ruegos, que nos preserve de todo vicio y de todo reproche y que aleje toda mancha de nuestros sacrificios. ¡Oh Añi!, los hijos de Vasishtha te celebran; concedednos en todo tiempo, ¡oh dioses!, vuestra poderosa protección.

10. El poderoso Indra aumenta en potencia a causa de las alabanzas de Vatsa, con la rapidez de una nube cargada de lluvia. Cuando los hijos de Kanva celebran a Indra, el protector de los sacrificios, privan de toda fuerza a los ejércitos de sus enemigos. Cuando los sacerdotes de una categoría inferior llenan con prontitud los vasos, los elevan y llevan el producto del rito solemne, los sabios brahmanes presentan a Indra alabanzas acumuladas.

11. Los arroyos del zumo purificador color de oro que disipa las tinieblas corren rápidamente para regocijar a los dioses. El purificador, rodeado de un esplendor incomparable y que viene en rápidos carros, corre acompañado de los Maruts. ¡Oh tú que das liberalmente el alimento!, rodéanos con tus rayos y concede descendientes ilustres al que celebra tus alabanzas.

12. Sacerdotes, expandid el agua sobre el zumo de la planta de la Luna, la más perfecta de las ofrendas; y que, puesta en movimiento por

los hombres, se encamine a través de las aguas. El que es incapaz de sufrir la menor de las injurias y cuyo olor es exquisito fluye de todos lados a través de los filtros de pelo de cabra. Nosotros, que te mezclamos con la harina y con el producto de la vaca, te dirigimos cantos alegres cuando eres macerado entre piedras y cuando eres mezclado con el agua. El dios radioso que lo ve todo v que satisface a todas las demás divinidades corre con pureza.

13. El Soma brillante, color de oro, distribuidor de la lluvia, y digno de respeto, igual que un rey, se dirige, elevando la voz, hacia el elemento líquido. Después que has sido purificado, tú pasas, ¡oh Soma!, con la rapidez del gavilán, a través del filtro de pelo de cabra. ¡Oh poseedor de toda sabiduría!, tú acudes al lugar sagrado por amor hacia el sacrificio, y lo mismo que un caballo, después que ha sido lavado, se lanza hacia la lucha, tú corres al combate. Soma, ten compasión de nosotros cuando vas al vaso sagrado a mezclarte con las aguas.

14. Así como los rayos de la luz rodean al Sol, vosotros debéis rodear con adoración el vasto tesoro de Indra. Por dondequiera que él se manifiesta, su potencia producirá todos los tesoros, y así como después de su muerte un padre recibe las ofrendas de su hijo, igualmente nosotros recibimos estos tesoros. Alabad a Indra, que da la riqueza y que es generoso para con el hombre exento de pecado; no rechazará nunca la oración del que cumple el sacrificio.

15. ¡Oh Indra!, protégenos contra aquellos a quienes tememos. ¡Oh poseedor de las riquezas!, destruye a los que nos odian y que se alzan contra nosotros. ¡Oh Indra!, señor de la opulencia, tú eres verdaderamente el poseedor de vastos tesoros y de estancias deliciosas. ¡Oh dios de la riqueza, objeto de nuestras alabanzas!, los que aplastamos la planta de la Luna te invocamos.

16. ¡Oh Soma!, tú eres el dios que gusta de distribuir sus riquezas y tu potencia es grande. Fluye con pureza en nuestras solemnes ceremonias. Estás lleno de un espíritu excelente, tú sostienes el sacrificio, eres embriagador, tú eres el vencedor de una multitud de hombres y eres invencible. Macerado por una piedra, tú corres emitiendo un ruido agradable y trayéndonos una potencia que procura la fama y que destruye a nuestros enemigos.

17. Fluye, ¡oh Soma!, para el banquete de los dioses; ocupa tu sitio en el vaso que te recibe. Las gotas de tu jugo que va rápidamente a buscar el agua excitan en Indra una alegre embriaguez. Los dioses te beben para adquirir la inmortalidad, porque eres delicioso. El líquido puro y brillante, cuya potencia es universal, nos aporta la opulencia.

18. Por medio del filtro de pelo de cabra, purificamos al dios deseable, color de oro, el cual, por ser él mismo un dios, regocija a

todos los dioses. Los diez dedos reunidos lavan el mortero querido de Indra. ¡Oh Soma!, tú estás purificado para servir de bebida a Indra, destructor de Vritra, y a fin de que puedas conceder tus dones al hombre que está sentado en la sala de las ofrendas.

19. ¡Oh Soma!, corre con la rapidez de un caballo bien lavado; apresúrate a darnos abundancia de fuerza y de riquezas. Los que machacan la planta de la Luna purifican tu zumo. Los sacerdotes consagran, al expandir el soma, al hijo de las aguas, el recién nacido color de oro, el dios brillante.

20. Los dioses se reúnen en presencia de Soma que se mezcla con las aguas y que destruye a nuestros enemigos. Que nuestras voces celebren a Soma que toma posesión del corazón de Indra, querámosle como una madre quiere a su hijo. ¡Oh Soma!, objeto de nuestros himnos sagrados, haz llover la dicha sobre nuestros rebaños; danos alimentos en abundancia y llena de agua nuestros depósitos.

21. Los que iluminan con premura a Añi y tienen por amigo a Indra, siempre joven, extienden con orden la hierba sagrada, empezando por el lado del Oriente; conocen muchos himnos; su maza (para alejar a los profanos) es pesada; son objeto del apego de Indra, siempre joven y vencedor de todos sus enemigos.

22. Indra, el dios supremo contra el que nadie se atreve a levantar la voz, da la opulencia al hombre que ofrece el sacrificio. También da con prontitud la potencia a todo hombre que, sentado sobre la hierba sagrada, asiste a las santas ceremonias. Indra hace perecer en un instante, como se aplasta a un reptil, al hombre que se niega a suministrar los materiales necesarios para el sacrificio y escucha con una extremada atención nuestros cantos de alabanza.

23. Los cantos del Sama-Veda cantan tus alabanzas; los cantos del Rig-Veda celebran al glorioso Indra; los sacerdotes que recitan el Yajur Veda te glorifican. ¡Oh tú que cumples actos meritorios!, cuando el que instituye el sacrificio sube a la cima de la montaña (a fin de coger las plantas); Indra conoce su intención, y el dios que da la lluvia, acompañado de los Maruts, hace temblar todas las cosas; en seguida engancha a su carro sus caballos de larga crin, e Indra, que bebe zumo de la planta de la Luna, viene a escuchar nuestras voces que cantan sus alabanzas.

ADHYAYA UNDÉCIMO

1. Resplandeciente Añi, trae a los dioses a este sacrificio, purifícalo y preséntales tú mismo la ofrenda. ¡Oh tú cuya sabiduría es infinita y que preservas nuestros cuerpos!, lleva hoy nuestra ofrenda a los dioses. En esta ceremonia, invoco a Añi, que los hombres alaban y quieren y cuya palabra es suave; Añi, conduce a los dioses cerca de nosotros en un carro espléndido, porque eres tú a quien los hombres invocan para que intercedas por ellos cerca de los dioses.

2. Que Mitra, exento de toda falta; que Aryama, Savita y Bahga nos envíen sucesivamente, al salir el Sol, todo lo que deseamos. ¡Oh tú que ocupas moradas perfectas, sé nuestro protector, cuando los dioses, distribuidores de dones de toda clase, vengan a quitarnos todos nuestros pecados! Dueños de todas las cosas, vosotros presidís, con vuestra madre Aditi, las ceremonias imperecederas y poseéis tesoros inmensos.

3. ¡Oh Indra!, tú que tienes el rayo, que nuestros cantos te colmen de alegría; concédenos alimentos y extermina a todos los que odian a los brahmanes. Hunde a tus pies a las tribus de ladrones que no ofrecen sacrificios, porque tú eres poderoso, y no existe ningún otro ser como tú. ¡Oh Indra!, eres el dueño de todos los hombres.

4. Soma, el purificador, siempre vigilante e instructor de los sacerdotes, está sentado en el lugar del sacrificio; los sacerdotes se acogieron a él meditando en lo que realizan y llevando la ofrenda en sus manos puras. El dios que llena los dos mundos y que destruye las tinieblas se dirige al lado de Indra. Nos protege como los amos protegen a sus servidores. ¡Ojalá que pueda enviarnos riquezas! Soma, que hace llover la felicidad y que, creciendo siempre en sí mismo, hace aumentar todas las cosas, nos preserva por su fulgor. Gracias a él nuestros antepasados, que siguieron la pista de las vacas robadas y que conocían todas las cosas, aprendieron a dirigirse hacia la montaña en donde estaban escondidas las vacas.

5. ¡Oh amigos míos!, no alabéis a otro ser que a Indra; ¿por qué querríais atraer sobre vosotros la destrucción? Alabad a Indra, el distribuidor de la lluvia, durante el sacrificio de la planta de la Luna; cantad y repetid sus himnos sagrados. Alabad al que, igual que un toro furioso, es terrible en su cólera, que subyuga a sus enemigos, que castiga y que perdona; digno de toda veneración, protege a los seres animados e inanimados.

6. Nuestras voces melodiosas se elevan como carros vencedores e irresistibles. Así como los cantores, hijos de Kanva, rodean el lugar sagrado y los rayos de la luz envuelven al Sol, igualmente los hijos de Bhrigu rodean a Indra que comprende todas las cosas; y los hombres que

son los hijos de Priyamedha le adoran, dirigiéndole himnos y elevando sus voces.

7. Ríndete lo más rápidamente que te sea posible a la guerra, ¡oh dios!, e incapaz de ser vencido, combate contra nuestros enemigos; tú eres el que vas a destruir a los que nos odian. ¡Oh purificador!, por un efecto de tu potencia tú creaste el Sol en el elemento líquido; tú acudes con prontitud hacia nosotros, aportándonos el desarrollo de la inteligencia y trayéndonos vacas en abundancia.

8. ¡Oh divinidad brillante, embriagador Soma!, corre con pureza, a fin de asegurarnos la inmortalidad y una espléndida morada. Que Indra beba, ¡oh Soma!, tu zumo exprimido y que lo beban también los demás dioses, a fin de obtener la inteligencia y la fuerza.

9. Semejante a los brillantes rayos del Sol, el zumo (del soma) embriagador y nuevamente producido corre por todos lados a través del filtro, y no va a otro lugar sino al cuerpo de Indra. El zumo dulce y purificante es exprimido y el dios rápido corre a través del filtro. Cuando el toro muge, la vaca corre hacia él, lo mismo que nuestros cantos sagrados se unen en torno del vaso purificado que recibe el zumo de la planta divina; pasando a través del filtro de pelo blanco de la cabra, Soma se expande por todos lados para producir el líquido protector que obra como una cota de malla.

10. ¡Oh héroes!, dad nacimiento a Añi por el movimiento de vuestros dedos; Añi, el ilustre señor de las familias; Añi, que ve a lo lejos, cae en vuestras manos cuando frotáis la madera[202]. Los sacerdotes han ocupado su puesto y entretienen a Añi a fin de que nos preserve de todo peligro; eterno y digno de adoración, Añi se halla siempre en el lugar donde reside. Brilla con fulgor, Añi, dios siempre joven, y que los manjares que te ofrecemos sean absorbidos en la sustancia inmortal.

11. Este esplendor, que se mueve por todos lados, viene del Oriente y ocupa su lugar sobre la Tierra que es su madre; en seguida se dirige hacia el Cielo que es su padre. Sus rayos se mueven con el hombre, y este mismo dios poderoso ilumina el firmamento. Las manifestaciones del Sol durante el día y la noche iluminan por su fulgor las treinta moradas de las horas y la voz de nuestros cantores sostiene las manifestaciones del Sol.

---

[202] Recordemos que,, para obtener Afii o el fuego sagrado, los brahmanes frotaban con rapidez dos pedazos de leña seca, y recibían, en el algodón extendido en sus manos, la chispa que brotaba en esta frición.

ADHYAYA DUODÉCIMO

1. Nosotros, que nos aproximamos sin falta al sacrificio, cantamos la liturgia sagrada de Añi, al que celebramos, incluso cuando se halla a distancia; este antiguo Añi que destruye a los hombres que quisieran dañarnos y que protege las propiedades de los que rinden sacrificio. Que el poseedor de toda felicidad preserve las riquezas que poseemos y que nos salve de nuestros pecados. Que todos los seres vivientes celebren a este Añi que es el destructor de Vritra *(el demonio en forma de nube),* y que en cada batalla logra triunfalmente la riqueza de los enemigos.

2. ¡Oh brillante Añi!, engancha tus caballos rápidos y bien domados y que traigan aquí tu espléndido carro. Ven a nuestra presencia y respetando las viandas ofrecidas trae los dioses a la fiesta, al banquete de la planta de la Luna. ¡Oh Añi!, tú que dominas el sacrificio, tú que posees un gran esplendor y que eres indestructible, expande tu fulgor y que resplandezca por todas partes.

3. Que la pandilla de malhechores no oiga el sonido que hace al caer el líquido que nutre al sacrificador. Expulsad a ese perro que no da nada para el sacrificio, como los hijos de Bhrigu expulsaron (al perro) Makka. El compañero de los dioses se distribuye en este lugar sagrado como un hijo se apoya en el brazo de su padre y se dirige rápidamente a su asiento en el vaso sagrado que le reciba y como un amante corre hacia su querida o un marido hacia su esposa. El héroe poderoso, el que suministra la fuerza, se expande por el Cielo y por la Tierra. El dios color de oro, igual que un sacrificador en su propia casa, avanza rápidamente para sentarse en el vaso sagrado, en el lugar santo.

4. ¡Oh Indra!, tú que, por tu nacimiento, te has elevado por encima de todo enemigo; tú al que nadie puede obligar y que no tienes rival, tú escoges siempre en sus guerras a tus adoradores para hacer de ellos tus hermanos. Tú no quieres admitir en tu amistad al rico avaro, ni a esos borrachos que tratan de hacer el mal. Cuando tú dejas escuchar solamente el sonido inarticulado de la aprobación, traes tu opulencia contigo, y nosotros te recibimos con prontitud, como recibiríamos a los manes de un padre.

5. Que los centenares y los millares de caballos de larga crin que pertenecen al perfectísimo Indra sean enganchados al carro de oro y que le conduzcan el banquete de la planta de la Luna. Que los dos caballos con cola de pavo real, cuyo lomo es blanco y que se llaman Hari, te traigan en un carro de oro para beber el puro licor, tan digno de elogio, y para tomar parte en nuestras viandas. ¡Oh tú que recibes la alabanza!, bebe de este jugo líquido bien preparado, exprimido con la prontitud del viento que

bebe primeramente su porción. Este jugo agradable es famoso por su cualidad, que da la alegría.

6. Macerad y regad de agua por todos lados a Soma, rápido como un caballo, el objeto de nuestras alabanzas, el que envía el agua y reparte la claridad, el que cae en gotas como el agua y se mezcla al elemento líquido, el que corre en mil arroyos, que hace llover las bendiciones, que es exprimido como la leche y al que toda la raza de los dioses quiere. La gloriosa divinidad radiante es el producto del agua y se aumenta por el agua; macerad, pues, las plantas sagradas y obtener el poderoso y fiel Soma.

7. Añi, que desea las viandas del sacrificio así como los himnos de alabanza; Añi, que aparece con esplendor, es la divinidad brillante que recibe las ofrendas; disipa las tinieblas y destruye a todos nuestros enemigos que nos envuelven. Es asimismo el guardián radioso del padre *(el Cielo);* reside en el seno inmortal de Ja madre *(la Tierra)* y se sienta en el recinto sagrado reservado para el sacrificio. ¡Oh tú que conoces la naturaleza de todos los seres y que ves todas las cosas!, tráenos alimento y danos descendientes que puedan ser ilustres, incluso en el Cielo.

8. La gloriosa divinidad que está purificada por la presión de los dedos adornados de cadenas de oro trae su zumo en contacto con los dioses y cuando se la aprieta se mueve a través del filtro sagrado, lanzando un sonido como el del hombre que invoca a los dioses, cuando va a la casa recientemente, construida en la que hay un animal reservado para el sacrificio. ¡Oh tú, el dios poderoso, que ves a lo lejos y estás revestido de una armadura guerrera, tú que elevas a los que repiten tus alabanzas y te celebran, tú el purificador que vela sobre todas las cosas, divinidad siempre vigilante!, penetra entre las planchas que maceran para el banquete divino las plantas sagradas. El más ilustre entre los ilustres, el que se extiende sobre toda la Tierra, el bien amado que está elevado sobre el filtro de pelo de cabra, está purificado para nosotros. ¡Oh tú que sostienes y que purificas!, eleva la voz por todas partes y presérvanos siempre, concediéndonos tu socorrida protección.

9. Apresurémonos a alabar a Indra, siempre próspero, que ha sido purificado (de la mancha de la muerte de los Rakshasas) por la salmodia purificante y por los himnos litúrgicos que purifican. Que Soma, que sostiene todas las sustancias purificantes, se trueque en sus delicias. ¡Oh Indra purificado!, ven a nosotros tú mismo purificado por los Maruts que te acompañan y que están igualmente purificados. ¡Oh tú que bebes el zumo de la planta de la Luna!, colócanos en posesión de la riqueza y goza con este zumo embriagador. ¡Oh Indra!, cuando estás purificado, tú nos concedes tesoros; cuando estás purificado, tú das su

recompensa al institutor del sacrificio; cuando estás purificado, tú exterminas a nuestros enemigos y prefieres enviarnos alimentos.

10. Nosotros, que deseamos las viandas del sacrificio y que nos acogemos al Cielo, cantamos los cánticos del resplandeciente Añi, porque dan el mérito. Añi presenta los sacrificios cumplidos en el mundo del hombre; que acepte nuestros cantos y que lleve el sacrificio a la familia de los dioses. ¡Oh Añi!, tú adquieres la grandeza por todos lados; tú eres el objeto de nuestra afección y tú mereces toda alabanza, porque merced a tu socorro se ha completado el sacrificio en todas sus partes.

11. Las voces de los sacerdotes se emplean en alabar al que es adorado en los tres sacrificios cotidianos, que hace llover la felicidad, que da el alimento y que es la divinidad que emite un sonido ruidoso. Extendiéndose sobre las aguas, como Varuna se extiende sobre el mar, concede joyas muy deseables. Corre con pureza, tú que vas acompañado por los bravos y rodeado por los héroes, tú que eres el vencedor y el conquistador, tú que posees la riqueza y que tienes las armas agudas, que eres invencible en la guerra y que arrasas siempre a los enemigos en el combate. ¡Oh tú que realizas viajes inmensos, tú que procuras la seguridad a tus adoradores y que das la dicha en el Cielo y en la Tierra!, corre en tu pureza, tú que gustas encontrarte las aguas al levantarse la aurora, cuando el Sol está en el meridiano y cuando los rayos del Sol desaparecen, tú que nos procuras un alimento fortificante.

12. ¡Oh preservador de la fuerza!, cuando te hallas junto a Soma el santo, tú posees una inmensa celebridad. ¡Oh tú que eres invencible y que tú mismo y solo sostienes a los hombres!, tú matas a los indomables Rakshasas. Te pedimos ahora riquezas; te las pedimos en todo tiempo, como los manes *(de los muertos)* piden la porción que les está reservada. Tus moradas en el Cielo, ¡oh Indra!, son tan extensas como la voz de la fama. Que raudales de dicha vengan de ti y nos rodeen por todas partes.

13. Adoramos al dios que, incluso entre las deidades, es digno de adoración, el que invita a los dioses, el inmortal, el que lleva el sacrificio a un grado de perfección, el que preserva los líquidos[203] y que posee brillantes tesoros, el muy resplandeciente Añi a quien rodea un esplendor admirable. Que ofrezca el licor que hace las delicias de Mitra y de Varuna en la sala brillante de los sacrificios.

14. ¡Oh Añi!, que inagotables montones de provisiones lleguen hasta los hombres que tú proteges en el combate y que envías a la guerra. ¡Oh destructor de los enemigos!, nada de lo que pertenece al hombre que tú defiendes puede serle quitado y su fuerza es famosa por todas partes. Que

---

[203] Acaso sea necesario leer nieto de los líquidos, *napatam, nepotem*.

el señor de todos los hombres nos preserve en las guerras por medio de tropas de caballos y que se convierta en el distribuidor de todas las cosas preciosas por medio de los sacrificios de nuestros sabios brahmanes.

15. Cuando los diez hermanos unidos y purificantes *(los dedos)* estrujan al poderoso Soma, el zumo color de oro fluye como los rayos del Sol; se expande con la rapidez de un caballo ágil en el vaso destinado a recibirle. El zumo de la planta de la Luna, deseado de los dioses, que hace llover la dicha y que recibe grandes alabanzas, es cogido por las aguas sagradas como el hijo lo es por su madre y corre con prontitud hacia la estancia que le está reservada en el vaso que lo recibe y se mezcla con el producto de la vaca. Verdaderamente, Soma ha bebido la leche de la vaca indestructible, y él mismo, dotado de una inteligencia extrema, corre en numerosos arroyos; las vacas envuelven con su leche, como ropas recientemente lavadas, a la divinidad suprema.

16. ¡Oh Indra!, bebe a tu entera satisfacción de este zumo sabroso mezclado con el producto de la vaca. Y cuando lo hayas bebido y te sientas bajo la influencia del licor recompénsanos concediéndonos la prosperidad y que tus miradas favorables nos protejan. ¡Ojalá que nosotros, que suministramos las viandas del sacrificio, podamos ser mantenidos en una situación de espíritu favorable y no ser abandonados como víctimas de nuestros enemigos!; presérvanos con tus socorros maravillosos y consérvanos siempre en paz.

17. Las veintiuna vacas lecheras le dan la leche verdadera en el lugar excelente del sacrificio, y los cuatro líquidos[204] deliciosos son producidos para la purificación de los hombres con la frecuencia con que son llevados a la perfección en el sacrificio. Los dos mundos son elevados por los himnos que elogian el agua purificada y deliciosa de la vida, Soma, con su potencia, rodea las aguas brillantes cuantas veces las preparadoras de las viandas sagradas entran en las moradas del dios radioso. Que los rayos excitantes inmortales, inextinguibles, de la luz tiendan a la preservación de los habitantes de ambos mundos y que Soma envíe con ellos un alimento puro, fortificante y divino; que nuestros himnos de alabanza se eleven en seguida hacia el dios resplandeciente.

18. ¡Oh tú, purificador ilustrísimo!, aproxímate para el banquete de Vayu, de Mitra, de Varuna y del héroe Indra, que es rápido como el pensamiento, que se mantiene en pie en su carro, que es el productor

---

[204] Algunos comentadores e intérpretes creen que estas veintiuna vacas son los doce meses, las cinco estaciones los tres mundos y el Sol.

de la lluvia y que maneja el rayo. ¡Oh divino Soma!, concédenos ropas para cubrirnos; danos vacas lecheras puras, adornos de oro que produzcan la alegría y caballos especiales para los carros. ¡Oh purificador!, haz llover sobre nosotros toda clase de riqueza celeste y terrestre. ¡Ojalá que, por mediación tuya, podamos entrar en posesión de una opulencia digna de los rishis y semejante a la que poseía Jamadañi!

19. ¡Oh propietario sin igual!, tú has rendido simultáneamente la Tierra habitable y has elevado los pilares del Cielo. Por ti fueron instituidos los sacrificios e igualmente fueron compuestos los himnos que inspiran la alegría. Tú eres el creador de todas las cosas que han sido y que deben ser. ¡Oh tú que has elevado el Sol en los Cielos! infunde la fertilidad en nuestras vacas lecheras. Y vosotros, sacerdotes, encended el corazón de Indra, el objeto de nuestras alabanzas, cantando los himnos llenos de la cadencia del gran Sama, como hacen otros con los versos emocionantes del Sama ordinario.

20. Así como el adorable Soma, que causa las delicias embriagadoras, fluye en el vaso, asimismo, ¡oh poseedor de los caballos Hari!, bebe y entrégate a la alegría. El que hace llover las bendiciones, el brillante Soma, el que nutre y otorga millares de presentes, ha sido preparado por el que hace caer la lluvia. ¡Oh Indra!, que esas ondas excitantes lleguen a nosotros, que traigan bendiciones, que destruyan a los enemigos y que den la inmortalidad. Tú eres bravo; tú eres el que distribuye los presentes; enviamos el carro de los mortales *(el sacrificio),* a fin de llevarnos al Cielo. Al mismo tiempo, ¡oh dios que lo subyugas todo!, consume, igual que consumirías un vaso de madera, al miserable que descuida los ritos sagrados.

ADHYAYA DECIMOTERCERO

1. ¡Oh Soma!, vierte sobre nosotros la lluvia en abundancia, expande raudales de agua por todos lados y danos vastas provisiones de alimentos saludables. Corre en arroyos, así como las vacas de nuestros enemigos vienen a nuestras moradas. ¡Oh el más querido de los dioses!, reparte entre nosotros el agua en abundancia. Que Soma nos suministre, con el líquido puro filtrado a través del tejido de pelo de vaca, toda el agua necesaria para nuestras necesidades y que los dioses escuchen su venida. el dios purificador, destruyendo a los Rakshasas y vertiendo torrentes de luz, desciende sobre nosotros en raudales de lluvia.

2. Sacerdotes, traed la bebida que Indra bebe con delicia; este dios conoce todas las cosas y se agita por todos lados; viene a asistir al sacrificio y se adelanta a la cabeza de las divinidades. Acercaos a Indra que bebe el zumo de la planta de la Luna y que triunfa sobre sus enemigos; llevadle vasos repletos de la bebida brillante, y el dios que conoce todas las cosas, que asiste a nuestros sacrificios y que dispersa a nuestros enemigos, nos concederá todo lo que deseamos. Ofrecedle, ¡oh sacerdotes!, la bebida nutritiva, a fin de que no conozcamos jamás la desgracia de vernos subyugados por nuestros enemigos.

3. Dirigid vuestros cantos a Soma color de rosa que subsiste por un efecto de su propia potencia y que toca el Cielo. Purificad el dulce líquido machacado por las piedras y echad en él la dulce leche. ¡Oh Soma, tú que suministras a los dioses el objeto de sus deseos y que dispersas a nuestros enemigos, tú que lo ves todo!, reparte la felicidad entre nuestros rebaños. ¡Oh señor de los espíritus!, has sido vertido para encantar a Indra. Soma brillante y puro concédenos, de acuerdo con Indra , la riqueza acompañada de la fuerza del cuerpo.

4. Dios poderoso tú que llevas contigo preciosos tesoros, tú haces llover la felicidad y eres el refugio del hombre. Que el invencible destructor de Vritra, que el que derribó noventa y nueve ciudades con la fuerza de su brazo, nos conceda la opulencia. Que Indra, nuestro amigo, que da la dicha, haga correr sobre nosotros un torrente de riquezas formadas de caballos, vacas y de cebada.

5. Que el Sol glorioso beba el espíritu potente del licor de la planta de la Luna y que conceda al institutor del sacrificio una vida exenta de adversidad. El astro que preserva al Mundo por un efecto de su potencia y que nutre a todos sus habitantes, el que reparte raudales de luz y extermina a los impíos, se ha manifestado. Sobrepuja a todas los cosas, triunfa frente a todos los enemigos y procura la opulencia. El glorioso y poderoso Sol expande su influencia indestructible, a fin de dar la luz al Mundo.

6. ¡Oh Indra!, protege nuestras santas ceremonias, concédenos riquezas con la misma prontitud con que un padre se las da a su hijo. ¡Oh tú que eres glorificado en este sacrificio!, accede a que veamos diariamente la luz del Sol. ¡Oh héroe intrépido!, que nuestros enemigos feroces e ignorantes no puedan sorprendernos, puesto que cumplimos los ritos piadosos. Protégenos también cuando nos embarcamos, a fin de que atravesemos las aguas con seguridad.

7. Indra, protégenos hoy, mañana y siempre. Tú proteges a los hombres santos y a los que cantan tus alabanzas; vela sobre nosotros por la noche y el día. ¡Oh héroe, destructor de los enemigos y dios de las riquezas, tú que mezclas el zumo que produce el vigor, tú que cumples muchos actos meritorios y que haces llover la felicidad!, que tus dos manos cojan tu rayo.

8. Nosotros, que deseamos tener esposas e hijos; nosotros, que acudimos al lugar del sacrificio llevando dádivas suntuosas, invocamos a Sarasvan, el dios de los mares. Que Sarasvati, la diosa del río, querida con una afección extremada por los siete ríos hermanos, dioses dignos de todo elogio, reciba nuestras alabanzas.

9. Meditamos acerca de la luz adorable del padre divino (de los seres). Que él guíe nuestra inteligencia. Poseemos alimentos excelentes que nos ha suministrado el Sol resplandeciente. Que él haga prosperar nuestros ritos sagrados.

10. ¡Oh Mitra y Varuna, dioses mellizos que no sentís odios y que prosperáis continuamente!, rodead a los sacerdotes que cumplen el sacrificio deseado, a fin de darnos el agua.

11. ¡Oh vosotros que residís en los cielos lluviosos y que hacéis caer la lluvia, vosotros que sois los dueños del alimento, famosos por vuestra liberalidad!, montad en vuestro carro potente. Los habitantes de los tres mundos, por sus ritos sagrados, enlazan a Indra bajo la forma del Sol, del Fuego y del Viento. Las estrellas que brillan en el Cielo no son sino formas de Indra.

12. Estos corceles poderosos, muy variados y queridos, deben ser enganchados a tu carro. ¡Oh Indra! ¡Oh héroe que te manifiestas cada día con los rayos del Sol!, tú das la vida a las criaturas entorpecidas y tú devuelves la forma a las criaturas que la han perdido.

13. Indra, por ti ha sido exprimido y vertido este brebaje; tú eres quien ha formado la brillante planta de la Luna que se mueve con la rapidez de un caballo y tú la has cubierto con tu sombra, a fin de que pueda producir la bebida que fortifica y excita. Este dios poderoso, igual que un carro que lleva ricos tesoros, los trae aquí para dároslo. ¡Oh tú que das la fuerza!, despliega una energía igual a la de los Maruts, a la de los ejércitos celestes o a la de las aguas que se precipitan. Purifica nuestro

espíritu, ¡oh tú que te manifiestas en mil arroyos!; ¡oh vencedor de los ejércitos!, tú mereces bien tener una parte en el sacrificio.

14. ¡Oh Añi!, los dioses te han consagrado y te designan para ofrecerles todos los sacrificios cumplidos en el Mundo de los hombres. Tú presentas a los objetos de nuestras adoraciones las ofrendas que les presentamos por medio de tu lengua quemadora. Tú conduces a los dioses cerca de nosotros y les presentas nuestras ofrendas. ¡Oh Añi!, tú eres el que instituye y que conduce a su perfección todos los ritos que procuran el mérito. Tú conoces íntimamente todas las rutas y todos los senderos de los ritos del sacrificio; sírvenos, pues, de guía.

15. El que lleva a los dioses las ofrendas, el que distribuye los dones, el inmortal Añi, se presenta al comienzo de las ceremonias. Este poderoso guerrero es el tema de nuestras meditaciones durante nuestras campañas, y él es quien nos suministra todo lo que es necesario para los sacrificios. El objeto de nuestra adoración, Añi, establecido por nuestras ceremonias, sostiene el seno en donde está encerrado el Ser y la hija de Daksha *(la tierra consagrada)* le sostiene a su vez.

16. Echad la manteca clarificada y mezclada con agua sobre Añi que sostiene el Cielo y la Tierra; coged esos dones del que reparte la felicidad en medio de sus fiestas. Así como las vacas saben regresar a sus establos, que los terneros siguen a sus madres y que las hermanas marchan unidas a sus hermanos, de igual modo todos los manjares ofrecidos en sacrificio atraviesan el aire y se dirigen hacia Indra y Añi y caen en las mandíbulas del dios que consume todas las cosas.

17. Esta esencia primitiva posee por sí sola una existencia real entre todos los seres. Ella es la que ha producido al Sol radioso. Cuando éste se manifiesta, destruye a todos nuestros enemigos y todas las criaturas reposan en ti con alegría. Él extermina a los malos y expande el pavor entre sus viles enemigos. Él es el purificador de todas las criaturas animadas e inanimadas. Cuando estás satisfecho, ¡oh dios!, todas las criaturas que tú soportas buscan un refugio en ti. Danos, ¡oh Indra!, un heredero más deseable que las cosas más dignas de envidia.

18. Indra poderoso y venerable, bebe a capricho de tus deseos, y de acuerdo con Vishnú, el zumo de la planta de la Luna mezclado pon cebada. Fue verdaderamente el poderoso Soma quien animó a Indra cuando éste cumplió la más gloriosa de sus hazañas: cuando mató a Vritra. ¡Oh Indra!, has nacido en posesión de un gran mérito, y gracias a tu poder llevas el Mundo en ti! tu potencia es inmensa; tú destruyes a tus enemigos; tú eres el dios que lo sabe todo; tú posees una perfecta sabiduría; tú concedes a los que celebran tus alabanzas la opulencia que desean con ardor. ¡ Ojalá que el divino y fiel Soma pueda rodear al fiel Indra! Indra mató a Kravi y devolvió la prosperidad en el Cielo y en la Tierra que es te demonio había

llenado con su potencia. Indra recibe en su cuerpo la mitad del brebaje de la planta de la Luna y envía la otra mitad a los dioses. ¡Ojalá que el divino y fiel Soma pueda rodear al fiel Indra!

ADHYAYA DECIMOCUARTO

1. Celebrad con la mayor atención en cantos de alabanza, celebrad a Indra, el señor del ganado, porque es capaz de apreciar vuestros servicios, es el hijo del sacrificio y protege a los hombres santos. Que los caballos brillantes y color de oro de Indra se presenten sobre la hierba sagrada en donde alabamos a Indra. Las vacas dan su leche, a fin que se la mezcle con el zumo de la planta de la Luna para Indra, que tiene el rayo, cuando por todas partes traen a su presencia el licor.

2. Colocad en un cofre elegante nuestras viandas del sacrificio, así como los líquidos, delante de Indra que recibe las ofrendas, en cada combate en que está empeñado. ¡Oh tú que mataste a Vritra y que manejas admirablemente el arco, tú a quien las alabanzas rinden propicio, realiza nuestros deseos. Tú eres el principal distribuidor de la riqueza, el poseedor de la fama, dotado de una continua fidelidad; pedimos lo que conviene a la majestad del poseedor de abundantes tesoros y a la del hijo de una fuerza potente.

3. Los habitantes celestes hacen fluir en el poderoso firmamento el antiguo licor elogiado en edades remotas, y, con los ojos vueltos hacia Indra, celebran el zumo nuevamente producido. Inmediatamente, estos protectores divinos y que lo ven todo alaban a su padre (Soma) antes de que el brillante Sol haya disipado la oscuridad. Y tú, ¡oh Soma purificador!, tú te conviertes en el ornamento del Cielo y de la Tierra y de todas las criaturas, por medio de tu gran potencia, igual que un toro es el ornamento del ganado entre el cual ha sido colocado.

4. Añi no deja de repetir entre los dioses este nuevo cántico de alabanza que acompaña a nuestras ofrendas y que es recitado cerca del santuario por el lado del Este. ¡Oh Añi, tú que posees un esplendor variado!, eres el distribuidor de la opulencia, e igual que uno ola del mar frente a la embocadura de un río envía allí sus aguas, del mismo modo tú haces llover la dicha sobre el que instituye el sacrificio. Distribúyenos provisiones desde el más alto de los cielos y desde las regiones del aire medianero y concédenos las riquezas de este Mundo inferior.

5. Soy la persona que en verdad se apodera de la inteligencia del que preserva los sacrificios; tengo un origen resplandeciente como el del Sol. Nacido, como en Kanva, en los antiguos días, adoro a Indra con mis cánticos, los cuales le excitan a desplegar su fuerza poderosa. Hay algunos que no realizan ningún esfuerzo por agradarte, así como había rishis que te complacían perfectamente; cuando yo (que no pertenezco a una ni a otra de dichas clases) te alabo completamente, manifiesto toda tu grandeza.

6. ¡Oh Añi!, acepta con todos los fuegos que te acompañan, acepta nuestras ofrendas que dan la fuerza y con todos los fuegos que existen entre los dioses y los hombres recibe favorablemente nuestros himnos de alabanza, Ojalá que este Añi, al que los sacerdotes hacen ofrendas, pueda venir a nuestra presencia con todos los fuegos que le acompañan, rodeado de montones de provisiones para nosotros mismos, nuestros hijos y nuestros nietos! ¡Oh Añi!, con todos los fuegos que te acompañan, eleva bien altos nuestros himnos de alabanza, igual que nuestros sacrificios. Envíanos hombres virtuosos para ofrecer libaciones a los dioses y para concedernos la riqueza.

7. ¡Oh Soma de las primitivas edades, tú que estás sentado sobre capas de hierba Kusa cortada!, los sacrificadores te inspiran la intención de conceder en abundancia alimentos y poder. ¡Oh héroe!, inspíranos el heroísmo. Has sido corlado para servir en el brebaje nutritivo del sacrificio como algún inagotable depósito de agua o como el agua por los dedos de la mano del que la eleva. ¡Oh Soma inmortal!, para los mortales te conviertes en el Sol, en el firmamento que soporta las aguas inmortales y puras que regocijan el corazón y tú acompañas continuamente, en relación con nuestras guerras, a los dioses que honran el sacrificio.

8. Destilad para Indra el licor brillante; que beba la dulce esencia de la planta de la Luna, porque él es quien, con su poder, nos envía la riqueza. Celebro al señor de los caballos, Han, al que da la riqueza; que escuche ahora la alabanza del hijo de Asva que lo celebra. ¡Oh tú, dios de las primeras edades!, nadie ha sido producido jamás que fuera tu igual en heroísmo; nadie puede compararse a ti por la riqueza ni por la prontitud con que nos concedes tu protección y con que recibes graciosamente nuestros cantos de alabanza.

9. Tú deseas (¡Oh huésped mío!), el producto de la vaca, así invoco al productor de los rayos de la mañana que hace resonar las aguas cuando se mezclan juntas, al protector de la vaca, del animal al cual no puede dañársele sin crimen.

10. Que el divino Añi, el que da la riqueza, aspire a la cuchara alargada con su plena ofrenda de líquido. Escanciad y llenad nuevamente, porque en realidad el divino (Añi) os soporta. Los dioses formaron a Añi que da la inteligencia, que invita a los sacrificios y que lleva las ofrendas. Añi da joyas acompañadas de héroes al hombre que ofrece el sacrificio según el modo acostumbrado.

11. Que Añi, que conoce todas las rutas en donde se concentran los ritos sagrados, se manifieste él mismo y que nuestros cantos se abran un camino hacia Añi, que ha sido felizmente conducido a la existencia y que hace prosperar a los hombres de las familias sacerdotales. Puesto

que los mortales tiemblan ante los que cumplen los ritos sagrados, adorad en este sacrificio a Añi, que da millares de presentes y traedle ofrendas con arreglo a vuestras fuerzas. Añi, llamado por Divodasa, con su voz poderosa, no abandona a los dioses para errar por la Tierra madre, sino que, reuniéndolos brillante y glorioso, abandona su casa en los Cielos.

12. Nosotros, las cinco tribus, invocamos a Añi que es glorificado por los dioses poderosos, porque Añi lo ve todo; es el purificador, el protector de las cinco tribus y el primero de los consagrados. ¡Oh Añi que realizas actos santos!, vierte sobre nosotros la gloria acompañada de potencia y danos la riqueza y provisiones.

13. ¡Oh Añi, purificador y brillante!, con tu lengua resplandeciente trae aquí a los dioses y apórtales la ofrenda. ¡Oh tú que estás nutrido con manteca derretida y que posees un esplendor qua sobrepuja todo!, deseamos tu presencia, porque tú observas todas las cosas. Conduce a los dioses al banquete. ¡Oh Añi, cuya sabiduría es infinita!, te iluminamos en este sacrificio, porque te complaces en las ofrendas y eres una divinidad poderosa y radian te.

14. ¡Oh Añi, el objeto de nuestra adoración en todos los ritos sagrados y en quien entra el continuo raudal de los himnos poéticos!, sálvanos mediante tu socorro protector. Sálvanos, ¡oh Añi!, tráenos la riqueza, tú que destruyes la pobreza, que eres digno de ser glorificado y que no puedes ser nunca aprisionado por nuestros enemigos en cualquier guerra que sea ¡Oh Añi!, tráenos. para sostenernos, una riqueza que encante el corazón, que produzca la dicha y que dure tanto como nuestras vidas.

15. Nuestros ritos sagrados impulsan a Añi hacia el sacrificio; como los jinetes impulsan a la guerra al caballo rápido. Por su medio podemos adquirir, por la conquista, toda clase de opulencia. ¡Oh Añi!, envíanos un socorro suficiente, a fin de que podamos obtener hatos de vacas; préstanos también tu ayuda para adquirir la riqueza. ¡Oh Añi!, tráenos del Cielo una gran opulencia que aumente siempre y que esté acompañada de caballos y de vacas; ilumina los Cielos y combate contra nuestros enemigos. ¡Oh Añi!, tú eres la causa de que el Sol inmortal y siempre en movimiento ocupe su puesto en lo alto de los Cielos, con objeto de poder dar la luz a los hijos de los hombres. ¡Oh Añi!, tú iluminas todo, eres el bienamado que se sienta en nuestros sacrificios para presidirlos. Honra (nuestros himnos) con tu mirada y provee de alimento a los cantores.

16. ¡Oh Añi!, tú eres el jefe de los dioses tú sobrepujas a los Cielos, semejante a la eminencia sobre el lomo de un buey; tú eres el señor de la Tierra, el que inspira las delicias a todos los seres animados e

inanimados. ¡Oh Añi, señor del Cielo, eres el señor de la riqueza, digna de ser alabada y de ser concedida. Tú eres quien concede la felicidad; que yo celebre, pues, tus alabanzas. ¡Oh Añi!; tus rayos puros, blancos y brillantes, lanzan a lo lejos llamas brillantes.

ADHYAYA DECIMOQUINTO

1. ¿Quién, entre los hombres, ¡oh Añi!, es digno de ser mirado como tu hermano o, de otro modo, quién puede ofrecerte un sacrificio digno de ser aceptado? ¿Quién conoce tu esencia o quién sabe en dónde está tu morada sagrada? ¡Oh Añi!, tú eres el hermano, el amigo de nosotros los hombres y el objeto de nuestro amor. Tú eres, igual que un amigo, digno de ser alabado por nuestros amigos. Presenta nuestras ofrendas a Mitra y a Varuna, ofrece a los demás dioses este gran sacrificio, y con este fin vete a tu santuario sagrado.

2. El que es digno de toda alabanza y de ser adorado por todos los hombres, el enemigo ce las tinieblas, aquel a quien debemos acercarnos con respeto y que hace llover la felicidad, Añi, brilla en este momento. Hace llover la dicha y, al igual que un caballo, nos trae a los dioses; que los sacrificadores les dirijan elogios; ¡oh tú que haces llover las ofrendas!, te hacemos brillar, ¡oh resplandeciente Añi! que haces caer la lluvia.

3. ¡Oh radioso Añi!, tus poderosos rayos, blancos y brillantes, suben cada vez más altos. ¡Oh Añi muy deseado!, que nuestras cucharas alargadas que contienen la manteca derretida entren en ti y honra nuestras ofrendas aceptándolas. Alabo a Añi que causa la alegría, que invita a los dioses, que recibe las ofrendas, que posee un esplendor variado y tesoros brillantes; que escuche nuestro cantos.

4. Sálvanos, ¡oh Añi!, mediante un canto sagrado; sálvanos también con dos. ¡Oh señor del alimento, sálvanos gracias a tres cánticos! ¡Oh tú que fijas nuestra residencia!; sálvanos con cuatro cánticos. Defiéndenos, Añi, contra las tentaciones de los Rakshasas; protégenos en las batallas, porque te rodeamos a ti que estás siempre muy cerca de nosotros y de nuestros hermanos, para ayudarnos en las ofrendas que hacemos a los dioses y para aumentar nuestra prosperidad.

5. ¡Oh rey brillante!, eres mirado como el señor, como el único que tenga acceso cerca de los dioses, como la divinidad radiosa que espanta a los enemigos para procurar la prosperidad a los que te adoran y son de un nacimiento ilustre. El poseedor de toda ciencia viene, mientras la noche dura todavía, y despliega su blanco esplendor. Cuando subyuga a la noche negra que se retira y trae a la luz virgen, hija de la poderosa luminaria protectora, avanza con sus rayos que envuelven el Cielo, y brilla fijando en lo más alto el esplendor del Sol. El venerable Añi viene para desarrollar nuestra prosperidad. y en seguida, como el destructor (de la oscuridad), va a la morada de su hermana. Añi, que se presenta con sus rayos celestes y de color blanco, las tinieblas nocturnas.

6. ¡Oh Añi, hijo de los combustibles y bisnieto de los alimentos ofrecidos en sacrificio! [205] , ¿con qué himnos te alabaremos suficientemente, a ti, el ilustre destructor de los enemigos? ¡Oh hijo de la fuerza!, ¿qué género de ofrenda te presentaremos cuando te ofrezcamos este himno de adoración? Haz en seguida que todos nuestros himnos de alabanza nos procuren residencias deseables y la riqueza unida a los alimentos.

7. ¡Oh Añi!, ven con los fuegos que te acompañan, porque aspiramos a estar cerca de ti, que invitas a los dioses. Que la ofrenda presentada por los sacerdotes te riegue en tu asiento sobre la hierba sagrada, ¡oh tú que eres objeto de nuestra adoración! ¡Oh hijo de la fuerza!, las cucharas alargadas corren hacia ti durante el sacrificio y dirigimos nuestras oraciones a Añi, el bisnieto del alimento, el poseedor de una cabellera brillante.

8. Que nuestros himnos de alabanza vengan ante el dios que posee un fulgor que consume y que es digno de que se acerquen a él con veneración; que nuestros sacrificios, ofrecidos por tus adoradores, entren en ti, que tienes la posesión de una gran opulencia y que celebran numerosos cánticos. Rogamos a Añi, el hijo de la fuerza, el padre de la riqueza, a fin de que pueda darnos toda clase de bienes preciosos, ya que aparece con un doble carácter: como un dios inmortal entre los hombres y como un sacrificador ferviente entre los sacerdotes.

9. Añi, que conduce todas las tribus de los hombres (por los senderos de la religión), que está dispuesto (a asistir a sus adoradores), y que, igual que un carro (para llevar las ofrendas), es producido siempre de nuevo (con la madera del arani), Añi es incapaz de dejarse matar por quienquiera que sea. El hombre que ofrece el sacrificio obtiene por medio del que trae (las ofrendas), obteniendo una morada que le concede el dios que posee un puro esplendor. Añi, que subyuga a todos los enemigos coligados contra nosotros y que nutre a los dioses inmortales, posee inmensos montones de provisiones.

10. Que Añi, cuando recibe las provisiones, nos sea propicio; que nuestro don le sea propicio; que nuestro sacrificio le sea propicio y que nuestros himnos de alabanza le sean propicios. Haz que nuestro espíritu sea propicio en medio de los ataques de nuestros enemigos, a fin de que tú puedas, por mediación nuestra, vencer en la guerra. Subyuga a las

---

[205] He aquí cómo se explica esta genealogía: las ofrendas procuran la lluvia; la lluvia nutre a los árboles y Añi o el fuego se lo obtiene mediante el roce de la madera.

numerosas y vigorosas bandas de nuestros enemigos, puesto que te adoramos para obtener el objeto de nuestros deseos

11. ¡Oh Añi, hijo de la fuerza, padre de la opulencia, señor de las provisiones juntas con las vacas!, danos el alimento en abundancia. Él, el dios resplandeciente, el que nos asigna una residencia, el dios cuya sabiduría es infinita, el que celebran nuestras voces y que acompañan muchas llamas que inspiran las delicias, se adelanta brillante hacia nosotros como el que trae las provisiones acompañadas de la opulencia. ¡Oh Añi resplandeciente!, abate a los Rakshasas, prueba tu fuerza y que tu boca abrasada los queme a todos.

12. Todos los hombres que desean el alimento adoran a Añi el bienamado y nuestro huésped querido; también yo, a fin de obtener la felicidad, empleo mi voz en alabar a Añi que ha sido colocado en vuestra casa y le dirijo mis himnos. Los hombres que ofrecen sacrificios celebran con sus cánticos al que ofrece a los dioses la manteca clarificada. Alabamos a Añi, padre de la riqueza, que ama la institución de los sacrificios y que, en estas solemnidades, eleva al Cielo las ofrendas preparadas.

13. Alabo en este sacrificio con mi voz que abraza al abrazado Añi. Impulso hacia adelante al que es puro y es también el purificador de los demás y estable como el polo. Adoro con himnos que inspiran el delirio al poseedor de la sabiduría, al que invita a los dioses, que es glorificado por las multitudes y que no tiene malicia, el dios infinitamente sabio que tiene un conocimiento íntimo de toda criatura viviente. ¡Oh Añi!, los dioses y los hombres te han consagrado en edades sucesivas como el heraldo de los dioses, el inmortal, el preservador, como el dios que presenta las ofrendas que debe ser celebrado; te han adorado como al señor de los himnos, siempre vigilante y expandido por todas partes ¡Oh Añi, tú que vuelves gloriosos a los dos mundos durante el cumplimiento de nuestros ritos!, tú avanzas y retrocedes a través de los dos mundos como el mensajero de los dioses; puesto que contribuimos a los ritos sagrados y los himnos sagrados, manifiéstate como el que da la propiedad a las tres regiones habituales *(la Tierra, el aire y el Cielo)*.

14. Nuestras voces, que son hermanas, se elevan para la dicha del que presenta la ofrenda y, al celebrar tus perfecciones, se elevan en tu presencia, mientras que eres llevado por el viento. Las aguas y el aire tocan el asiento del que se sienta sobre la hierba sagrada, atada primero y desliada en seguida. El asiento del dios resplandeciente que hace llover la felicidad debe ser guardado religiosamente mediante nuestra protección amistosa, y cuando aparece Añi debe ser adorado con la misma veneración con que lo es el Sol.

ADHYAYA DECIMOSEXTO

1. ¡Oh Indra!, los hombres mortales te invitan mediante sus himnos a venir a recibir el primer vaso lleno del zumo de la planta de la Luna; los Ribhus reunidos te celebran y los Rudras te dirigen sus cantos, ¡oh divinidad primitiva! Indra aumenta el vigor del que instituye el sacrificio, haciéndole beber el zumo exprimido, de modo que, reafirmado todo su cuerpo, los hombres alaban ahora la potencia de Indra como lo hacían antiguamente.

2. Los sacerdotes, que cantan los himnos y que son hábiles en los cantos sagrados, adoran a Indra y a Añi. También yo los celebro, a fin de obtener provisiones. ¡Oh Indra y Añi!, de un solo golpe derribáis súbitamente las noventa ciudades serviles que protegen a nuestros enemigos. ¡Oh Indra y Añi!, los sacerdotes que se apoderan del zumo de la planta de la Luna, con objeto de hacer ofrendas, colaboran en nuestros ritos solemnes. ¡Oh Indra y Añi!, la fuerza y el alimento que se producen mutuamente la una con el otro están con vosotros, y también en vosotros están acumuladas las provisiones de agua.

3. ¡Oh Indra, marido de Sachi!, ven con los auxiliares *(los Maruts)*, a fin de concedernos el objeto de nuestros deseos, porque, ¡oh poderoso héroe!, te adoramos; ¡oh divinidad famosa que, por los dones que concedes, eres igual a la fortuna! ¡Oh divinidad!, tú eres quien nos satisfaces dándonos caballos y quien nos concede vacas en abundancia; tú eres la divinidad dorada y alegre. Contigo no se carece de presentes; concédenos todo lo que pedimos.

4. Ven realmente para la felicidad de nuestros hijos, y entra en posesión de la riqueza, a fin de asistirnos. ¡Oh Indra, poseedor de la opulencia!, haz llover sobre nosotros, que deseamos vacas, y sobre nosotros, que deseamos caballos (los objetos de nuestros deseos). ¡Oh Indra!, tú concedes a los que instituyen el sacrificio centenares y millares de rebaños de ganado. Nosotros, que cantamos tus alabanzas con toda la fuerza de nuestras voces, a fin de procurarnos tu asistencia, te traemos a nuestra presencia, ¡oh tú que eres el destructor de las ciudades!

5. El que invita a los dioses, el alegre Añi, concede toda la riqueza que los hombres poseen. Como es él quien bebe las primeras gotas del licor de la planta de la Luna, asimismo Añi bebe nuestras alabanzas. ¡Oh señor de todas las cosas!, tú que mereces que nos acerquemos a ti con respeto, los que presentan ofrendas y desean el favor de los dioses te adornan con todas sus alabanzas, igual que los hombres adornarían a un caballo. Haz llover sobre nuestros hijos y sobre nuestros nietos la riqueza de las gentes más opulentas.

6. ¡Oh Varuna!, escucha mi invitación y ten piedad de mí, porque deseo tu ayuda y me dirijo especialmente a ti. ¡Oh tú que haces llover la felicidad!, ¿cuál es la marcha preservadora con que vienes para darnos la alegría? ¿Y cuál aquella con que vienes, trayendo tus dones al que canta tus alabanzas?

7. Nosotros, los adoradores de Indra, le llamamos al banquete de los dioses; le invitamos mientras se prepara el sacrificio y mientras que se termina. Invocamos a Indra, a fin de que nos conceda la riqueza. Indra, por la grandeza de su potencia, desarrolló el Cielo y la Tierra e hizo subir el Sol al lugar que le está asignado. Todos los seres se concentran en Indra, y los vasitos del licor de la planta de la Luna encuentran en él su lugar.

8. ¡Oh Visvakarma[206], creador de todas las cosas, tú que llegas a tu elevación cumpliendo el sacrificio!, cumple en mi persona el servicio de este Añi consagrado. Que todos los demás hombres se entreguen a pasiones insensatas, pero que Indra esté presente con nosotros, puesto que es quien concede las riquezas y quien conduce al Cielo.

9. Soma, el purificador, por su arroyo color de oro y centelleante, y por los ayos que le acompañan, destruye a todos los que nos odian, así como el Sol, con sus rayos, expulsa las tinieblas odiosas. El arroyo del zumo de la planta de la Luna posee un esplendor extremado y el purificador color de oro que, con su boca extendida siete veces y con sus rayos rodea a todos los cuerpos estrellados, se trueca en radiante. El sabio Soma avanza hacia la gloriosa región del Oriente: su carro divino, al que debemos aproximarnos sino con respeto, viene con los rayos solares. Los himnos sagrados recitados por los hombres llegan a Indra y regocijan al conquistador, al mismo tiempo que el rayo viene en su mano. Sed. ¡oh Soma e Indra!, invencibles en el combate y siempre invencibles.

10. Eres tú, ¡oh Soma!, quien, en realidad, encontraste el tesoro escondido en los Panis[207] en medio de las aguas naturales que te soportan y que son empleadas en el sacrificio. Así como la voz del que canta el Soma es escuchada a una gran distancia, igualmente el sonido de las piedras que maceran la planta sagrada, sonido que regocija a los que las manejan, es escuchado a lo lejos. El brillante Soma, con sus rayos brillantes que sostienen los tres mundos, nos envía el alimento; verdaderamente él es quien nos lo envía.

---

[206] Es muy probable que este nombre sea un epíteto de Indra.

[207] Fue Indra quien encontró las vacas; es decir, el tesoro de que se habla aquí; pero había bebido el zumo del Soma, ya que, en caso contrario, no habría podido realizar esa hazaña.

11. Concedednos para nuestra conservación la inteligencia, a fin de que obtengamos vacas, caballos, víveres y héroes.

12. ¡Oh Maruts, héroes que poseéis una eficaz potencia!, conceded al cantor que recita los himnos, que se agita y que está sordo, concededle el objeto de sus deseos.

13. ¡Ojalá que los hijos de la inmortalidad puedan escuchar nuestros cantos y sernos propicios!

14. Hacemos concentrar nuestras vivas alabanzas en vuestro Cielo brillante y en la Tierra y nos aproximamos con el fin de alabar a vuestra pura divinidad. Vosotros dos, con vuestras personas y también con vuestro poder, purificad a la vez el sacrificio y al sacrificador y presentad incluso la ofrenda; vosotros, que sois poderosos, suministráis a nuestro amigo (el cantor) lo que desea. Preserváis y suministráis el alimento y sois el sostén del sacrificio.

15. ¡Oh Indra!, este zumo de la planta de la Luna es para ti y tú te acercas a él como el pichón se acerca a su compañera. A causa del jugo tú tomas en consideración nuestros cantos de alabanza. ¡Oh héroe, señor de la riqueza, tú que eres alabado por nuestras voces y cuya fama es como la hemos celebrado!, tu magnificencia y tu gloria combinan la excelencia con la realidad. ¡Oh tú que cumples muchos actos que confieren el mérito!, mantente por encima de nosotros para preservarnos en este combate; al mismo tiempo buscamos tu apoyo en todos nuestros asuntos.

16. ¡Oh vosotras que dais la leche!, aproximaos al poderoso héroe India, porque, durante el sacrificio, la leche de la vaca y la de la cabra deben ser suministradas en abundancia al dios cuyas dos orejas están decoradas con anillos de oro. Los sacerdotes que presiden el sacrificio han empezado a verter en abundancia el dulce licor en la gran vasija al llegar la ceremonia de despedirse de la ofrenda personificada. Al invocaros con respeto, regad la ofrenda personificada[208] con el círculo sobre su frente y su puerta por debajo, la cual, repartida por todas partes, es imperecedera.

17. ¡Ojalá que, gracias a tu amistad, podamos vivir exentos de pavor y libres de todo sufrimiento ver tus obras poderosas, destructoras de tus enemigos, aparecer como si fueran ofrecidas a Turvasa y a Yada. ¡Oh tú que haces llover la felicidad!, tú cubres con tu sombra toda la división del Mundo en donde se cumple el sacrificio y ninguno de los combatientes que derribe a numerosos guerreros puede dañarte. Las dulces plantas de la Luna, que dan leche y que rivalizan con la abeja, están regadas de agua; ven con prontitud, apresúrate y bebe su zumo.

---

[208] Es la harina de cebada, elaborada de tal modo que tiene la forma de una cabeza humana, y que está adornada y es adorada como indica el texto.

18. Que mis cantos, ¡oh Indra!, te glorifiquen, a ti que posees una gran riqueza, mientras que nuestros sacerdotes puros y sabios, gloriosos como la llama brillante, te celebran en himnos de alabanza. Indra, cuya potencia se ha aumentado mediante los cantos de mil rishis, inflama el mar y la misma divinidad siempre propicia ve su potencia y su fuerza celebradas durante el sacrificio por la gloriosa salmodia de los brahmanes.

19. Tu sacrificio, guardián de los tesoros, se convierte en provecho de todos, del amo como del esclavo, y los objetos ofrecidos en sacrificio y traídos por ti existían ya (en el pensamiento) del dueño de todas las cosas *(Brahma)*, padre de Sarasvati, Los brahmanes ágiles adoran al venerable Indra, al que se ofrecen dulces líquidos y para el cual se vierte manteca derretida; que las materias útiles al sacrificio nos sean dadas en abundancia.

20. ¡Oh planta de la Luna, fuente de toda prosperidad cuando estás macerada!, tráenos una opulencia acompañada de vacas y de caballos; que yo obtenga el dulce zumo de color blanco mezclado con los productos de la vaca. ¡Oh señor de todas las cosas, color de oro, brillantísimo Soma preparado por los hombres!, ven hacia nosotros para gloria nuestra y con una viva amistad. Establece con nosotros tu antigua unión, aleja todos los (demonios) impíos y destructores. Soma, que subyugas todo, destruye a nuestros adversarios y aniquila a los miserables de doble rostro.

21. Los brahmanes adornan sin descanso y apaciguan al poseedor de la potencia; desarrollan su gloria con sus dulces líquidos; purifican con sus dedos adornados de sortijas de oro al que se mueve en las regiones acuosas del Cielo, que desciende en seguida y que, entre las aguas, vela sobre todas las cosas. Cantad al dios inteligente y purificador que hace caer los alimentos como una fuerte lluvia, igual que una serpiente, se despoja de su vieja piel, y, saltando como un caballo, avanza como para hacer llover la felicidad. El que brilla en las aguas y es producido durante el día, el dios color de oro, bañado por una onda pura y cuyo carro está formado por rayos de luz, el poseedor de toda opulencia que se ha domiciliado cerca de nosotros, está en el momento de ser purificado.

ADHYAYA DECIMOSÉPTIMO

1. ¡Oh Añi, hijo de la fuerza!, acepta nuestros sacrificios y nuestras alabanzas y danos alimentos; aunque adoramos a todos los demás dioses, a ti es al que enviamos nuestras ofrendas. ¡Oh señor de todas las cosas, divinidad alegre y famosa!, demuestra tu cariño hacia nosotros a fin de que, como amigos de Añi, te amemos.

2. ¡Oh amigos míos!, adoremos a Indra para la dicha de todo el pueblo. ¡Ojalá que no pueda manifestarse más que a nosotros! ¡Oh tú que distribuyes todos los dones y que envías la lluvia!, abre el tesoro de las nubes y habla para nosotros, puesto que nadie se atreve a replicarte. El que hace llover la felicidad se aproxima a las tribus de los hombres como su dueño, y, como un temible toro se aproxima al rebaño, nadie se atreve a replicarle.

3. ¡Oh tú que eliges tu estancia con nosotros y que eres digno de que se aproximen a ti con veneración!, envíanos riquezas, porque tú eres, Añi, el que las traes a este Mundo. Da también la fama a nuestros hijos, ¡oh Añi!, salva a nuestros hijos y a nuestros nietos prestándoles tu socorro invencible. Aleja de nosotros la cólera de los dioses y la violencia mortífera de los hombres.

4. ¿Cuál es, ¡oh Vishnú!, tu nombre sagrado que tú pronuncias cuando dices: «Yo soy todo glorioso»? No nos ocultes tu fuerza radiosa y ven con nosotros a los campos de batalla. ¡Oh señor todo glorioso y que conoces todas las ciencias!, alabo tu nombre. Te celebro, a ti que resides lejos de este Mundo terrestre. ¡Oh Vishnú!, cuando pronuncio para ti el nombre de Vashat entonces tú aceptas mi ofrenda. Que mis himnos te celebren, y presérvame siempre.

5. ¡Oh Vayu!, deseo el Cielo; he sido glorificado para el cumplimiento de los ritos sagrados, y vengo hacia ti trayéndote el dulce zumo de la planta de la Luna. ¡Oh dios digno de toda veneración!, ven conducido por tu millón de caballos a nuestro banquete. ¡Oh Indra y Vayu!, sois dignos de beber de este zumo, porque las corrientes de líquido corren naturalmente como el agua hacia una fosa. ¡Oh Vayu e Indra, dioses poderosos, dueños de la potencia!, venid a nuestro banquete en vuestro carro arrastrado por un millón de caballos y protegednos.

6. Cuando se retira la noche, Soma viene a producir los alimentos, y los esfuerzos de los que preparan el sacrificio le ponen en movimiento; se adelanta hacia el vaso que debe recibirlo. Traemos su pura esencia, el licor bebido con tanta abundancia por Indra y que beben también los que recitan los cantos sagrados. Los sacerdotes alaban al purificador en

sus himnos antiguos y extienden los dedos a fin de elevar la ofrenda presentada a los dioses.

7. Me preparo a implorar mediante mis cantos de adoración a Indra, dueño soberano de los sacrificios y semejante a un caballo belicoso y de larga cola. ¡ Ojalá que él, que es el señor de la fuerza, cuya bondad es grande y viaja sin cesar, pueda repartir entre nosotros la felicidad! ¡Ojalá que él, que va por todas partes, pueda defendernos siempre contra nuestros enemigos próximos o lejanos!

8. ¡Oh tú que matas a los enemigos!, tú subyugas en las guerras a todos nuestros antagonistas; tú eres el destructor del poder del Daitya y tú has producido el de los dioses; tú destruyes a nuestros enemigos y aniquilas a los que se alzan contra nosotros. ¡Oh Indra!, el Cielo y la Tierra se refugian en tu fuerza como un hijo busca un refugio al lado de su madre; cuando castigas a los enemigos que te rodean. cada uno de tus adversarios está helado de pavor ante el aspecto de tu ira.

9. El sacrificio hace engrandecerse a Indra; de este modo él se manifiesta sobre la Tierra haciendo ver las nubes por debajo de los Cielos. Excitado por la bebida de la planta de la Luna, Indra castiga a la poderosa nube. Ha devuelto a los hijos de Angiras sus vacas, haciéndolas salir de la caverna en donde estaban escondidas, y ha aniquilado a Bala.

10. Celebrad a Indra, que es el vencedor de los ejércitos y está rodeado siempre de cantos que le alaban; traedle aquí para que nos proteja; no puede ser ni vencido, ni matado, siendo irresistible su valor. ¡Oh Indra, tesoro de alabanza!, tú cuya sabiduría es infinita, danos tesoros en abundancia, defiéndenos contra nuestros enemigos.

11. Tu vigor es grande v todopoderoso es tu valor; el Cielo celebra tu heroísmo y la Tierra publica tu gloria; las aguas y las montañas te sirven como a su dueño. El poderoso Vishnú, Mitra y Varuna te alaban; las poderosas bandas de los Maruts te quieren.

12. ¡Oh Brillante Añi!, los hombres expresan el lenguaje de la adoración, a fin de obtener la fuerza. Destruye a nuestros enemigos, danos tesoros en abundancia, concédenos amplias provisiones, ¡oh tú que eres el dueño de la abundancia! No nos rechaces en esta guerra como se rechaza un fardo sino trae a nuestra posesión la riqueza que cubre a nuestros enemigos.

13. Todas las tribus se inclinan ante la cólera de Indra, como todos los ríos se curvan para llegar al mar. Con su arma de cien puntas, causa de la lluvia, Indra ha golpeado en la cabeza a Vritra, que hacía temblar la Tierra. Se ha mostrado gloriosamente su potencia; Indra enrolla y extiende el Cielo y la Tierra como los hombres extienden una alfombra.

14. Que los caballos inteligentes y dóciles, portadores de riquezas, vengan a nosotros. ¡Oh tú cuyo rostro es agradable y que haces caer la lluvia!, aproxímate con tus caballos espléndidos que nos traerán el objeto que adoramos. Recibid las bendiciones sobre vuestras cabezas, porque Indra, que revela la dicha con sus diez dedos, se mantiene en pie en medio de las aguas del sacrificio.

ADHYAYA DECIMOCTAVO

1. Apresuraos a disponer el brebaje digno de toda alabanza, hecho con la planta de la Luna y destinado al valiente héroe (Indra). Que los dos poderosos caballos que toman parte en los manjares del sacrificio nos traigan a Indra que se conduce respecto a nosotros como un amigo y al cual celebran nuestros cantos. Que el que bebe el zumo de la planta de la Luna, que el vencedor de Vritra, venga que, una vez venido, no nos abandone más y que destruya a nuestros enemigos.

2. Que las plantas de la Luna entren en ti, Indra, como los ríos en el mar, porque no hay nada que te sobrepuje. ¡Oh tú que repartes la felicidad, vigilan te Indra!, tú te has manifestado en tu potencia, con objeto de tomar parte en este zumo del Soma que se expanden por todo tu abdomen. ¡Oh vencedor de Vritra!, que el zumo de la planta de la Luna se reparta abundantemente en ti y que los raudales de este licor brillante se repartan en los cuerpos gloriosos de los dioses.

3. ¡Oh Añi, al cual se dirigen cantos de alabanza!, entra en el lugar sagrado para la dicha de todos los sacrificadores y para la prosperidad de los ritos sagrados. ¡Ojalá que este dios poderoso sin límites, siempre alegre y reconocido por su bandera humeante, pueda colmarnos de satisfacción y darnos la abundancia! ¡Ojalá que este Añi, dueño de todas las cosas y poseedor de un vivo fulgor, pueda escucharnos cuando recitamos los cantos sagrados!

4. Mientras que se cumple el sacrificio en honor del ilustre vencedor de sus enemigos, recitad los cantos que causan a este dios poderoso tanto placer como la hierba a una vaca. Indra que estás en todos los lugares, no nos retires tus dones cuando escuchas nuestros cantos; él es quien ha entrado en el establo del temible Pani, y con su potencia ha devuelto las vacas a la luz.

5. Vishnú, cuando dio la vuelta al Mundo, no dio sino tres pasos, cubriendo la Tierra entera con la planta polvorienta de su pie. El infatigable Vishnú hizo el viaje en tres pasos y mantuvo así el cumplimiento de los ritos sagrados. Considerad bien las obras de Vishnú, porque ellas son las que hacen que podáis celebrar las ceremonias santas. Vishnú es el compañero y el amigo íntimo de Indra. Los sabios contemplan los pasos de Vishnú como el esplendor que emana de los Cielos. Los brahmanes, que cantan los himnos de alabanza, glorifican las huellas de los pasos del poderoso Vishnú. Puesto que Vishnú ha hecho este viaje por las siete regiones de la Tierra, que los dioses nos concedan su protección.

6. Que tus sacerdotes no se entreguen lejos de nosotros al cumplimiento de sus deberes deliciosos; y si tú estás lejos de nosotros

ven a nuestra alegre asamblea, mora en nuestra presencia y escucha nuestros cantos de alabanza. Los que cantan los himnos sagrados están entre los vasos llenos del zumo de la planta de la Luna como una mosca en un tarro de miel, y, deseosos de riquezas, ponen su confianza en Indra como un hombre pone el pie en un carro.

7. Él es quien recibe la alabanza; cantad, pues, la antigua palabra de Brahma; recitad los versos antiguos y numerosos, convenientes para el sacrificado; procurad a los cantores una inteligencia superior. Que Indra haga llover sobre nosotros abundantes tesoros; que nos dé tierras y nos rinda gloriosos como el Sol, porque nuestras libaciones blancas y puras del zumo de la planta de la Luna, mezcladas con los productos de la vaca, constituyen la dicha de Indra.

8. ¡Oh Soma, tú estás expandido para servir de bebida a Indra, el vencedor de Vritra; él es quien distribuye los presentes; es el dios que, igual que un héroe, permanece en la asamblea de los hombres. ¡Oh vosotros, mis sabios amigos!, tomad parte con nosotros en el poderoso Soma que brilla con el más vivo fulgor y que contiene el alimento.

9. ¡Oh poseedor de las riquezas!, haz prosperar en estas guerras a los que te dan manjares deliciosos del sacrificio. ¡Oh dueño de los caballos Hari, ojalá que con nuestros hijos podamos escapar a todas nuestras dificultades, gracias a los cantos con los cuales os adoramos! ¡Oh vosotros, sacerdotes, repartid para Indra el dulce zumo de la planta suave y nutritiva, porque es dios heroico, a quien los sacrificios hacen siempre engrandecerse, es el objeto de nuestras alabanzas!

10. ¡Oh Indra!. Nadie se encuentra en estado de alabarte como tú te mereces. Deseando el alimento, invocamos a Indra, señor de las provisiones; Indra se engrandece por efecto de nuestros sacrificios cumplidos por hombres aplicados en sus deberes.

11. Celebrad al que lleva al Cielo el sacrificio, porque los dioses de la Tierra se aproximan a su dueño divino, y tú, Añi, llevas el sacrificio en medio de los dioses. Cantor, alaba a Añi que distribuye la opulencia con una extremada liberalidad que se manifiesta en un esplendor variado y que es el dios primitivo, el que recibe esta ofrenda del zumo de la planta de la Luna, a fin de que el sacrificio pueda ser próspero cuando se hayan cumplido todos los ritos.

12. ¡Oh Soma, cuando, machacado por las piedras, te mueves a través del filtro de pelo de cabra por donde entra tu zumo verde! adquieres en seguida tu permanencia en las aguas, como un hombre se establece en el recinto de una ciudad. Deseando suministrar el alimento, Soma se ha purificado al atravesar el filtro y aparece como un caballo fogoso, purificado por los sacerdotes sabios y por los himnos sagrados.

13. Ofrecemos el brebaje al que tiene el rayo. Traed el zumo destinado a la ofrenda y que el dios venga a honrarnos con su presencia y a escuchar himnos sagrados. Por ser él mismo un ladrón, escucha a los ladrones; y, aunque mata a los viajeros, es adorado con respeto en los grandes caminos. Dígnate aceptar este brebaje, ¡Oh Indra!, y ven con nosotros colmándonos con tus favores.

14. ¡Oh Indra y Añi que ilumináis el Cielo!, os mostráis con gloria en las guerras en las que vuestro poder brilla con fulgor. *(Aquí falta algo en el manuscrito)*

15. Así como un elefante que persigue a un enemigo deja caer de sus sienes un jugo embalsamado, igualmente un líquido puro, productor de múltiples libaciones, destila del cuerpo de Indra. Nadie. ¡oh dios poderoso!, puede resistirte, y cuando has bebido el zumo de la planta de la Luna te agitas por todos lados en tu potencia. El poderoso e invencible Indra, siempre firme, armado para la guerra, poseedor de riquezas, no se aleja jamás de nosotros cuando escucha las oraciones que le dirige el cantor de los himnos, sino que viene a su presencia.

16. Los vasos brillantes y purificados que deben contener el zumo de la planta de la Luna se preparan mientras se recitan todos los himnos santos. El zumo purificante desciende del Cielo y del centro de los aires, y se prepara sobre la Tierra. Van a ser preparados los arroyos de un zumo blanco y brillante destructores de todos los que nos odian.

17. Invoco a Indra y a Añi, que dispersan y destruyen a nuestros enemigos; siempre victoriosos e invencibles, dan el alimento.

18. Empleados en suministrar los manjares del sacrificio, preparamos en tu presencia, ¡oh Añi!, creado por la potencia del hombre, un canto agradable y divino. ¡Oh Añi, cuyo aspecto es el del oro pulido!, nos aproximamos a tu persona radiante como un viajero fatigado busca la sombra. Añi es el destructor de nuestros enemigos; es como un toro rápido y de cuernos agudos. ¡Oh Añi!, eres tú quien destruyes las ciudades[209].

19. Deseamos la presencia del amigo fiel de todos los hombres, del que mantiene las llamas del sacrificio, del dios indestructible y brillante. Es el que defiende el Mundo contra toda especie de males mediante los ritos de los sacrificios y quien ha creado las diversas estaciones. Añi, el objeto de los deseos de todo lo que ha recibido y de todo lo que recibirá la existencia, brilla como el soberano supremo de todos los mundos cuya dicha él ha creado.

---

[209] La leyenda refiere que el Asura Tripu tenía tres ciudades: una de hierro, otra de plata y otra de oro, y que Siva las quemó lanzado sobre ellas flechas inflamadas. Ahora bien, Siva está identificado con Indra, y éste con Añi.

ADHYAYA DECIMONOVENO

1. Añi, que realiza obras maravillosas, se decora con el himno antiguo que va a recitarse; es engrandecido por obra de los sabios brahmanes. Invoco a Añi, investido de un puro fulgor, con objeto de que esté presente en este sacrificio indestructible. ¡Oh Añi, tú que eres digno de todo honor por parte de tus amigos!, siéntate sobre la hierba sagrada.

2. ¡Oh Soma aplastado por las piedras!, tu potencia que destruye a los Rakshasas tiene aquí su puesto. Dispersa a todos los que combaten contra nosotros. Tú eres el vencedor de nuestros enemigos; te alabo para que coloques en mi carro los tesoros de mis antagonistas. Tus solemnidades no pueden ser turbadas por los malévolos Rakshasas. Haz pedazos a cuantos combaten contra ti. El sacerdote reparte en las aguas sagradas el zumo que da la alegría y la potencia.

3. Ven, ¡Indra!, con tus caballos semejantes a plumas de pavo real. Que ninguna trampa te desvíe de nosotros; ven con la celeridad del viajero que atraviesa la tierra de Dhanera *(país desprovisto de agua).* Indra, que ha destruido a Vritra y a Bala, que ha derribado las ciudades y que ha vertido el agua, sube en su carro cuando relinchan sus caballos y toma por asalto las trincheras del enemigo. Tú nutres al que instituye el sacrificio, como un pastor nutre a sus vacas y los arroyuelos del zumo (del soma) corren en ti como los ríos en el mar.

4. Así como el ciervo rojo (cuando se halla sediento) se dirige al lago desembarazado de espuma y de cañas, igualmente tú acudes con prontitud hacia nosotros que hemos obtenido tu amistad y bebes con los hijos de Kanva. ¡Oh Indra, poseedor de riquezas!, que el zumo de la planta de la Luna cause tus delicias, a fin de que puedas dar la opulencia al que ha instituido el sacrificio. Cuando tú bebes a escondidas el zumo del soma echado en la cuchara es cuando te conviertes en poseedor de la potencia primitiva.

5. ¡Oh tú que posees una gran potencia!, tú eres el objeto de las alabanzas de los hombres, como si fueras un dios lleno de gloria. ¡Oh poseedor de la opulencia!, tú eres el que da la dicha; he ahí por qué te dirijo himnos de alabanza; que tus riquezas no tengan término jamás. ¡Oh dios que nos asignas una residencia!, que tus auxiliares *(los Maruts)* no nos abandonen nunca. ¡Oh tú que ayudas a los hombres!, los sabios te reconocen como el distribuidor de tesoros de todas clases.

6. La hija del Cielo, que destruye la oscuridad y es la madre de activos trabajos, la que trae con bondad la luz a todos los seres, la Aurora, brilla y sucede a su hermana la Noche. Rápida como un caballo, la madre de los rayos luminosos, la amiga de los sacrificios, la Aurora, es la amiga de los Asvins. Verdaderamente, tú eres la madre de los rayos luminosos, la amiga de los sacrificios, la Aurora, es la amiga de los Asvins. Verdaderamente, tú eres la madre de los rayos luminosos y ejerces la soberanía sobre la opulencia.

7. La Aurora, que se manifiesta desde hace poco y que destruye la oscuridad, desciende del Cielo. ¡Oh hijos de Asvin!, alabo vuestra potencia; merecéis que se aproximen a vosotros con respeto, puesto que tenéis a la mar por madre y va que, por vuestra inteligencia, ganáis riquezas. Dadnos una riqueza segura. Mientras que vuestro carro rueda por el firmamento admirable, celebramos vuestra gloria.

8. Aurora, tú que tomas parte en los manjares del sacrificio, tráenos tesoros acumulados que nos hagan obtener hijos y nietos. ¡Oh tú que posees vacas y caballos, tú que expandes el esplendor y eres famosa por tus palabras graciosas y felices!, aleja hoy la oscuridad de este lugar donde celebramos las ceremonias que procuran las riquezas. Engancha a tus brillantes caballos y tráenos todo lo que da la dicha.

9. ¡Oh hijos de Asvin, destructores de los enemigos!, dadnos una opulencia que nos suministre los medios de existir; montad en vuestro carro y venir al lado nuestro. ¡Oh dioses que expulsáis las enfermedades y que poseéis un carro de oro!, que vuestros caballos, dispuestos desde la mañana, os traigan aquí a fin de beber el zumo de la planta de la Luna. Para utilidad de los hombres, habéis producido en el Cielo la luz, objeto de grandes alabanzas; que los hijos de Asvin nos traigan un alimento fortificante.

10. Celebro a Añi, este refugio protector en donde se retiran las vacas así como los caballos rápidos y los hombres que ofrecen los sacrificios cotidianos. ¡Oh dios!, trae alimentos para los que celebran tus homenajes. Añi, que te sientes propicio, haz correr sobre nosotros las riquezas que produce la fama.

11. Brillante Aurora, ilumina nuestros espíritus como nos has iluminado antiguamente, a fin de que hoy podamos obtener vastos tesoros. ¡Oh tú cuyo origen es glorioso y cuya asistencia nos sirve para obtener caballos, Satiasrvas, hijo de Vaya!, escúchame. ¡Oh tú que destruyes la oscuridad: hija del Cielo, divinidad poderosa!, danos una residencia segura.

12. ¡Oh hijos de Asvin!, los rishis adornan con sus himnos vuestro carro bienamado que hace llover la felicidad y que da la riqueza. ¡Oh vosotros que estáis versados en todas las ciencias!, escuchad nuestras súplicas. Venid cerca de nosotros, a fin de que tengamos siempre la ventaja sobre todos nuestros enemigos. ¡Oh vosotros que atravesáis el corazón de vuestros adversarios y que montáis en un carro de oro, vosotros que hacéis correr los ríos!, escuchad nuestras súplicas y traednos tesoros.

13. Añi es revelado por el fuego del sacrificio cuan do viene la mañana, y las llamas se elevan avanzando hacia su estancia celeste con ruido semejante al que hacen toros poderosos entre las ramas de los árboles de un bosque. Añi se levanta bien dispuesto respecto a nosotros y con la potencia de un dios temible libera al Mundo de la oscuridad. Cuando rompe las sombrías cadenas de los pueblos del Mundo, el radioso Añi brilla con fulgor. Y en seguida los arroyos del zumo (del soma), fluyendo con rapidez, caen en el vaso que los recibe, bebiéndolos Añi con apresuramiento.

14. Viene la más perfecta de las luces, revelándose en su gloria y expandiéndose a lo lejos. La Aurora brillante, hija del Sol, avanza y la Noche sombría le cede su morada. Estas dos madres inmortales se suceden mutuamente cada día y se destruyen una a otra a su paso por la Tierra. De formas diversas, jamás usurpa la una el terreno de la otra ni se detienen nunca.

15. Añi brilla antes que la Aurora, porque las voces de los brahmanes, que aman a los dioses, se han elevado. ¡Oh hijos de Asvin, vosotros que marcháis contra nuestros enemigos!, venid al sacrificio espléndido y completo en todas sus partes. ¡Oh hijos de Asvin, viajeros infatigables!, no rechacéis el sacrificio, puesto que sois el objeto de nuestras alabanzas. Corred en cuanto asome el día y llevad la dicha al maestro de la ceremonia. Venid al levantarse el día, al mediodía y cuando el sol está ya en su ocaso, porque el banquete no puede celebrarse sin vosotros.

16. Los rayos de la mañana dan la inteligencia y expanden la luz por encima de la región oriental de los aires; avanzan como hombres robustos y cubiertos de armaduras, enganchándose ellos mismos al carro (de la Aurora). Entonces se despiertan todas las criaturas y los rayos de la diosa brillante rinden homenaje al Sol radiante. La Aurora no deja de aportar alimentos al dueño piadoso y liberal del banquete de la planta de la Luna.

17. Está encendido el fuego terrestre y se eleva el Sol radiante. La alegre Aurora envuelve todas las cosas con su esplendor. Que los hijos de Asvin enganchen su carro para venir al banquete, y que el Sol

ponga en movimiento todas las fuerzas contenidas en el Mundo. ¡Oh hijos de Asvin!, cuando enganchais vuestro carro que trae la lluvia, dadnos el vigor, sin dejar por ello de verter sobre nosotros el agua bienhechora. Enviadnos el alimento que hay en el campo de los enemigos: haced que, en la lucha de los héroes, obtengamos riquezas. ¡Oh hijos de Asvin!, que vuestro carro de tres ruedas, rápido, resplandeciente y arrastrado por ligeros corceles, traiga la dicha a nuestra presencia.

18. Que las gotas separadas (¡oh Soma!) traigan en nuestra presencia múltiples alimentos, como las gotas de lluvia que caen del Cielo. La divinidad color de oro que escucha todos los himnos que inspiran la alegría, des tila el vapor que expulsa a los Rakshasas. Él (Soma) produce acciones virtuosas cuando es purificado por los mortales e igual que un rey sin miedo, ciérnese, semejante a un gavilán, sobre las aguas sagradas. Purificado por una residencia en el Cielo, tú te manifiestas sobre la Tierra, ¡oh Soma! Tráenos todo lo que deseamos.

ADHYAYA VIGÉSIMO

1. Los arroyos de zumo que agradan a los dioses nos vierten el poder. Los cantores y los sacerdotes que cumplen los ritos sagrados purifican el zumo rápido, brillante, digno de alabanzas. ¡Oh poseedor de abundantes riquezas!, llena de tus emanaciones el vaso que está suspendido en el aire.

2. Alabo a este Indra que es famoso entre los dioses, que hace desarrollar todas las cosas y que se manifiesta en todas las estaciones. ¡Oh señor de la potencia!, nuestros cantos, que no son de un mérito ordinario, buscan un acceso hacia ti.

3. ¡Oh tú que posees una gran potencia y que cumples actos meritorios, tú que eres digno de un culto divino, tú te manifiestas en tu poder que lo abarca todo. Despliega tu potencia y que tus dos manos cojan el rayo de oro que envuelve la Tierra.

4. El que conoce todas las cosas antiguas cuando viene al lugar en donde se celebra la reunión para el sacrificio brilla lanzándose por los Cielos y manifestándose bajo sus cien formas; revela un esplendor como el del Sol. El que tiene dos nacimientos y cuyas llamas se elevan por tres lugares, iluminando a todos los seres vivientes, el que lleva a los dioses las ofrendas, ocupa su asiento en la estancia de las aguas. El que hace dádivas al dios que tiene un doble nacimiento y que posee vastos tesoros, los cuales distribuye a cambio de manjares del sacrificio, ése obtendrá un hijo virtuoso.

5. ¡Oh Añi!, te alabamos hoy repartiendo a raudales nuestros cantos, porque tú llevas nuestros sacrificios con la rapidez de un caballo; eres para nosotros un bienhechor celoso y eres el objeto de los deseos de todos nuestros corazones. Verdaderamente, Añi, has llevado esta ofrenda propicia que colma los deseos y ha sido hecha convenientemente. ¡Oh Añi, brillante como el Sol!, acude a nuestra presencia rodeado de todo tu fulgor.

6. ¡Oh Añi inmortal!, tú que conoces la estancia de todos los seres, tráenos de las regiones de la mañana, y destinada a nuestros sacrificios, una opulencia que procure una morada perfecta; conduce cerca de nosotros a los dioses que desean venir por la mañana. ¡Oh Añi!, tú eres la meta de nuestras ceremonias, el heraldo de los dioses, el que les lleva la ofrenda y el carro que trae a los dioses al sacrificio. Concédenos el vigor del cuerpo y alimentos en abundancia.

7. Ved la habilidad y la potencia de este dios *(Añi):* muere hoy y resucita mañana. Es poderoso rojo de rostro y dotado de alas espléndidas; es eterno y sin residencia fija; cumple todo lo que proyecta y no emprende nada en vano; lo que adquiere por la conquista lo distribuye generosamente. Unido a los Maruts, el que tiene el rayo, el

vencedor de Indra, hace caer las lluvias. Estos dioses ponen manos a la obra a fin de producir, por su potencia, el agua en el firmamento.

8. El zumo de la planta de la Luna ha sido encerrado; que lo beban los Maruts que brillan con un vivo fulgor propio, así como los hijos de Asvin, Mitra, Aryama y Varuna beben también este zumo nuevo purificado por el filtro. Indra expresa su satisfacción de una manera especial y se digna aceptar, al amanecer, este zumo mezclado con el producto de la vaca.

9. Eres verdaderamente poderoso, ¡oh Surya! Tu eres verdaderamente poderoso, ¡oh Aditya![210], y tu potencia está por encima de todo elogio. ¡Oh divinidad gloriosa, oh dios poderoso!, tú fama es grande. Tú destruyes a los Asuras e instruyes a los dioses cuyo esplendor indestructible se extiende por todas partes.

10. ¡Oh señor de las bebidas embriagadoras!, ven a nuestra presencia con tus dos caballos; ven al banquete (de Soma), ¡oh Indra!, vencedor de Vritra, tú que cumples actos meritorios, ven cerca de nosotros. Tú eres el vencedor de Vritra y tú bebes el zumo de la planta de la Luna.

11. Traed vuestra ofrenda al poderoso Indra a fin de obtener abundantes riquezas; recitad cantos alegres de alabanza, con objeto de obtener una mayor inteligencia. ¡Oh Indra. bienhechor de los hombres!, acoge a los que te presentan ofrendas; brahmanes, preparad los himnos y los cantos del sacrificio y rendid homenaje al poderoso Indra que ocupa un espacio inmenso.

12. Las voces de los cantores se elevan para celebrar a Indra, cuya cólera nadie puede contener y que es el dueño de todas las cosas; le suplicamos que subyugue a nuestros enemigos. Celebradlo; soy el poseedor de de todo lo que Indra posee; puedo decir, ¡oh tú que das la riqueza!, asiste al que canta las alabanzas de los dioses y yo no le abandonaré nunca en la pobreza. (Cuando Indra dice:) «Concedo la riqueza al que me adora cada día, quienquiera que sea», (el brahman replica:) «¡Oh poseedor de las riquezas!, no hay nadie que conceda dones iguales a los tuyos; nadie es tan digno de ser loado como tú y nadie nos quiere, como tú, con afección paternal».

13. Escucha (Indra), el ruido que producen las piedras cuando aplasto los tallos de la planta de la Luna; escucha los cantos del brahman que te adora y que los homenajes que te rinde me conduzcan a la prosperidad. Conociendo el poder del que ha matado a los Asuras, no ceso de loarle y de proclamar su gloria. Al contrario, la publico

---

[210] Aditya y Surya son también nombres del Sol.

constantemente, ¡oh tú que estás en posesión de una justa celebridad! ¡Oh dios que distribuyes las riquezas!, los hombres te invitan a numerosos banquetes en donde es expandido el Soma; son numerosos los himnos de alabanza que se cantan para agradarte; no tardes en venir y no te alejes jamás mucho de nosotros.

14. Alabad la potencia de este Indra que está sentado en la delantera del carro, que hace que permanezcamos firmes en medio de la refriega, que mata a las nubes enemigas y que distribuye las riquezas; que escuche nuestros cantos y que haga que las armas de nuestro enemigos caigan hechas pedazos. Tú creas la lluvia que da la fertilidad; tú golpeas la nube que se extiende sobre todas las cosas y tú conservas todo lo que es preciso. Lanza, ¡oh Indra!, tu arma temible contra los enemigos que quieren matarnos; danos la riqueza concediéndonos sus despojos.

15. Que las alabanzas dirigidas a un dios rico y célebre como tú no queden sin recompensa, y que el dios que odia a cuantos no se consagran a la música sagrada acepte nuestros cantos recitados con armonía. ¡Oh Indra!, no nos abandones a nuestros enemigos feroces, no permitas que seamos vencidos, sino enséñanos a vencer.

16. Ven, Indra, a escuchar los cantos que te dirige Kanva y cuando reines en el firmamento sube al Cielo y únete a la ofrenda sagrada. Las piedras que aplastan los tallos (del Soma) le hacen temblar como un lobo hace temblar a un rebaño. Que el ruido de estas piedras te traiga cerca de nosotros.

17. ¡Oh Soma delicioso y embriagador!, fluye puro para Indra. Tu zumo blanco da la sabiduría y corre con ruido. Los hombres dispuestos a recibir alimentos, como un carro está dispuesto a recibir su carga, preparan el zumo para el banquete de los dioses.

18. Alabo a Añi, liberal en sus dádivas, el hijo de la fuerza que conoce todas las cosas; lleva al Cielo las ofrendas y abraza la libación brillante y pura de manteca derretida. ¡Oh dios inteligentísimo!, presentamos nuestras ofrendas al que es tan digno de ellas, el más antiguo descendiente de los Angiras, al que queremos e invocamos mediante himnos sagrados, que va a todos los lugares como el Sol y pide a los dioses la dicha para los hombres; reparte la felicidad, desplegando con fulgor su potencia; mata a los que nos odian y los mata como si los golpeara con un hacha como arma. No le detiene una fortaleza impenetrable, como no le detendría un débil arroyo; ataca a sus enemigos, no retrocede nunca, igual que un bravo arquero que no cede jamás terreno.

ADHYAYA VIGÉSIMO PRIMERO

1. ¡Oh Añi, poseedor de brillantes tesoros!, tu opulencia es famosa, tu esplendor no tiene rival. ¡Oh sabio a quien pertenecen los rayos luminosos!, tú eres el que concedes a los que instituyeron el sacrificio alimentos dignos de recuerdo. Ven hacia nosotros en todo tu fulgor, sálvanos y conserva los dos mundos. ¡Oh tú que conoces todas las cosas!, complácete en nuestros cantos y siéntete satisfecho de nuestras obras. Los numerosos manjares del sacrificio te son ofrecidos; concédenos, ¡oh inmortal Añi!, un alimento abundante; concédenos la recompensa de nuestras ceremonias. Te celebramos, porque tú posees toda la sabiduría y distribuyes dádivas famosas; eres tú quien da alimentos en abundancia. Los hombres te han colocado en tu asilo a fin de obtener la dicha; otros hombres elevan alternativamente sus voces hacia ti, ¡oh poderoso, verídico y venerable asociado de los dioses!

2. ¡Oh Añi!, merced a tu socorro el sacrificador a quien le concedes el beneficio de tu amistad triunfa de todos los obstáculos. La libación brillante y acuosa está expandida ante ti. Tú eres mayor que la Aurora, porque brillas en medio de las tinieblas de la noche.

3. Las tribus de los vegetales se agarran a Añi cuando está escondido en el seno de las estaciones y las aguas maternales le traen hacia afuera. Igualmente, en toda época, le dan nacimiento los árboles y los matorrales.

4. Añi extiende su ofrenda para Indra; brilla en el firmamento con un blanco esplendor tal como la hembra del búfalo; asimismo da la abundancia (a los dioses).

5. Los himnos santos agradan al que está siempre vigilante; le rodean los cantos sagrados, y el licor de la planta de la Luna le dice: «Cógete a mí, pues he venido aquí para obtener tu amistad».

6. Nos prosternamos ante las divinidades favorables que han ocupado sus sitios aquí antes del sacrificio; nos prosternamos ante los dioses sentados aquí. Me dedico ahora al himno que tiene cien medidas y que va por cien caminos diferentes. Los cantores recitan los cantos escritos en diversos ritmos, y los dioses fijan su estancia.

7. Añi es la luz, y la luz es Añi; Indra es la luz, y la luz es Indra. El Sol es la luz y la luz es el Sol. ¡Oh Añi!, no te canses de darnos el vigor, alimento y una larga vida; sálvanos de nuestros pecados. Danos riquezas; haz que en torno nuestro corran arroyos que nos den la dicha.

8. Indra, cuando yo posea una opulencia igual que la tuya, entonces el que recite nuestros himnos santos poseerá abundancia. ¡Oh dios todopoderoso!, cuando posea grandes manadas de vacas, haré ricos regalos al que recite los cantos sagrados. Mi voz solicita de ti, ¡oh dios poderoso!, dones de vacas y de caballos para el que ha instituido este sacrificio.

9. Aguas, sed para nosotros la distribución de la dicha; venid a nuestros actos y procuradnos provisiones y una afortunada previsión. Que vuestras ondas saludables nos sean suministradas con el cuidado con que las madres amorosas cuidan a sus hijos. ¡Oh vosotras que hacéis agradables nuestras moradas!, nos aproximamos a vosotras con respeto; procuradnos una posteridad ilustre.

10. ¡Oh viento!, que tu soplo delicioso entre en nuestros pechos y extienda grandemente la duración de nuestra vida. Eres para nosotros como un padre, como un hermano, como un amigo íntimo. Trabaja con nosotros para mostrarnos el sacrificio que conserva la vida. ¡Oh viento!, concédenos, para que podamos subsistir, una porción de esos tesoros cuidadosamente dispuestos en tu morada.

11. La temible divinidad extiende sus alas, apoderándose del bosque color de oro envuelto en llamas; en seguida de reviste del esplendor del Sol y se manifiesta en todos los sacrificios. Extendiendo su gloria a través de los Cielos, se nutre con el licor sagrado que hace llover la felicidad; distribuyendo con liberalidad sus dones por millares y por centenares, sostiene el Cielo y protege a los habitantes de la Tierra.

12. ¡Oh Garada!, los hombres cuyo pecho está repleto de sentimientos de piedad te ven cuando agitas graciosamente tus alas en el Cielo; eres radioso como el oro, eres el mensajero de Varuna y el pájaro que produce en el seno de Yama al todopoderoso Añi, tu eres quien nutre a los hombres. Garada que conserva el agua y que se eleva por los Cielos, se coloca ante nosotros, toma su armadura de variados colores y viniendo semejante al Sol, con su glorioso plumaje, da nacimiento a las lluvias. Objeto de nuestros anhelos y de nuestro amor, cubierto de gotas de agua en el Cielo y brillante por la luz del Sol que reúne las aguas, va hacia la nube que recibe los fluidos, y el Sol, brillante con su puro fulgor, hace caer en los tres mundos la lluvia deliciosa.

ADHYAYA VIGÉSIMO SEGUNDO

1. El rápido Soma, terrible como un toro de cuernos afilados, mata a sus enemigos, domina a todas las criaturas y no cierra nunca los ojos; aunque solo, dispersa a cien ejércitos. ¡Oh guerreros!, obtenéis la victoria gracias al apoyo de Indra, del imbatible conquistador que subyuga a los enemigos y cuya mano armada de flechas distribuye la lluvia. Indra tiene en sus manos los dardos y las espadas desnudas, se precipita en la pelea, dispersa a sus antagonistas, bebe el zumo de la planta de la Luna y las flechas que lanza su arco siempre tirante dan la muerte a sus enemigos.

2. ¡Oh Vrihaspati!, rodéanos con tu carro, porque tú destruyes a los Rakshasas; tú dispersas a los ejércitos; tú das la victoria y tú preservas nuestros carros. ¡Oh Indra!, tú que conoces el lugar de las aguas, tú posees un poder inmenso y una bravura invencible; tú subyugas a todos los seres y te mantienes en pie en tu carro de triunfo. ¡Oh amigos, vosotros que sois los compañeros de mi juventud!, celebrad alternativamente en vuestros cantos el heroísmo de Indra: invocadlo, a él que distribuye el agua, que sabe en dónde están las nubes que la contienen y que sale siempre vencedor frente a sus enemigos.

3. Que Indra que atraviesa las nubes, que este héroe terrible en su cólera preserve nuestros ejércitos en los combates. Que Indra, el conductor de los dioses; que Vrihaspati v Soma, que hacen prosperar los sacrificios, marchen de frente; que los Maruts avancen también a la cabeza del ejército de los dioses. Que la poderosa energía de Indra, el dispensador de la lluvia, del radioso Varuna y de los Maruts. descendidos de la madre de los dioses, se manifiesten. Un grito de victoria que hace temblar la tierra se eleva del lado de los dioses poderosos y vencedores.

4. ¡Oh poseedor de las riquezas!, afila tus armas y regocija el espíritu de nuestros soldados. ¡Oh tú que has matado a Vritra!, que los gritos de nuestros rápidos jinetes se eleven por los aires. Permanece con nuestra gente, ¡oh Indra!, cuando está cerca de los estandartes del enemigo y que nuestras flechas ganen la victoria; que la logren nuestros héroes y que los dioses nos defiendan en los combates. ¡Oh Maruts!, envolved este ejército que avanza contra nosotros en una oscuridad que paralice las fuerzas de nuestros enemigos y les impida reconocerse mutuamente.

5. ¡Oh diosa del pecado!, aléjate de nosotros, sigue a los miembros de nuestros enemigos y turba sus pensamientos; consume su corazón de disgusto y que los envuelvan tinieblas sombrías. Héroes, id a la victoria y que Indra os otorgue la felicidad; que vuestro brazo sea firme e invencible;

preparad vuestras flechas destructoras y lanzadlas contra los enemigos; marchad contra ellos con su paso rápido y no dejéis subsistir ni a uno sólo.

6. Que los héroes de vuelo rápido vengan hacia nuestros enemigos, ¡oh Indra! Que su ejército sea víctima de los buitres. Que ninguno se escape, ni siquiera el hombre piadoso; en cuanto al pecador, tampoco debe salvarse; que se reúnan los pajarracos y se nutran con ellos. ¡Oh poseedor de las riquezas!, que el ejército de nuestros enemigos se vea rodeado de adversarios; destruidlos enteramente, Indra y Añi, y que Brahmanaspati y Áditya nos den la prosperidad.

7. ¡Oh vencedor de Vritra!, destruye a los Rakshasas y a todos cuantos combaten contra nosotros; quema a los enemigos que nos rodean; frustra la cólera de los que quieren perjudicarnos; abate a los que quieren dirigir un ejército contra nosotros. En cuanto comience el combate, implorad el socorro de los dos brazos a Indra, que son poderosos e irresistibles, fuertes como el elefante que soporta el Mundo, esos brazos son los que han roto la potencia de los Asuras.

8. Cubro con una cota de malla todas las partes vitales de mi cuerpo. ¡Oh Varuna, dios victorioso!, que los dioses te pongan en posesión de una, gran felicidad. Que nuestros enemigos queden ciegos como una serpiente decapitada, y que Indra dé la muerte a todos los jefes de nuestros enemigo. Que todos los dioses hagan perecer al odioso enemigo que nos tiende emboscadas y que quiere nuestra muerte y que el himno santo sea una cota de malla que me proteja.

9. Indra, terrible como un león que deja en las montañas que recorre las huellas espantosas de sus pasos, ven hacia nosotros, incluso de regiones más lejanas. Afila tus garras temibles, destruye a nuestros enemigos y haz que huyan a cuantos combaten contra nosotros. ¡Oh dioses que recibís el sacrificio!, haced que podamos no oír ni ver sino lo que nos sea favorable; ¡ojalá que nosotros, que nos rendimos propicios a los dioses, podamos llegar, sin disminución en nuestras facultades de cuerpo y de espíritu, a la edad fijada por los dioses. Que Indra, al que son ofrecidos numerosos manjares del sacrificio, nos conceda la prosperidad. Que el Sol nutricio que conoce todas las cosas nos otorgue la prosperidad. Que el rishi Tarkshya, poseedor de un carro del cual no puede ser cortado al aro de la rueda, nos otorgue la prosperidad. ¡Oh divinidad triple y una! Que Vrihaspati nos conceda la prosperidad. ¡Oh divinidad triple y una!, concédenos la prosperidad[211].

---

[211] En el texto sánscrito existe la célebre sílaba *Om* o *Aum* (véase esta palabra en la Religión en la India, tomo segundo de mi *Historia de las religiones)*. El señor Stevenson la traduce del modo que indicamos,

apoyándose en la autoridad de los brahmanes, que la consideran como la
expresión del espíritu único formado de tres dioses: Brahma, Vishnú y Siva.
Desde luego se trata, innegablemente, de una interpolación agregada al *Veda* y
más reciente que éste.

EL CRÍTICO y EDITOR - JUAN BAUTISTA BERGUA

Juan Bautista Bergua nació en España en 1892. Ya desde joven sobresalió por su capacidad para el estudio y su determinación para el trabajo. A los 16 años empezó la universidad y obtuvo el título de abogado en tan sólo dos años. Fascinado por los idiomas, en especial los clásicos, latín y griego, llegó a convertirse en un célebre crítico literario, traductor de una gran colección de obras de la literatura clásica y en un especialista en filosofía y religiones del mundo. A lo largo de su extraordinaria vida tradujo por primera vez al español las más importantes obras de la antigüedad, además de ser autor de numerosos títulos propios.

SU LIBRERÍA, LA EDITORIAL Y LA "GENERACIÓN DEL 27"

Juan B. Bergua fundó la Librería-Editorial Bergua en 1927, luego Ediciones Ibéricas y Clásicos Bergua. Quiso que la lectura de España dejara de ser una afición elitista. Publicó títulos importantes a precios asequibles a todos, entre otros, los diálogos de Platón, las obras de Darwin, Sócrates, Pitágoras, Séneca, Descartes, Voltaire, Erasmo de Rotterdam, Nietzsche, Kant y los poemas épicos de La Ilíada, La Odisea y La Eneida. Se atrevió con colecciones de las grandes obras eróticas, filosóficas, políticas, y la literatura y poesía castellana. Su librería fue un epicentro cultural para los aficionados a literatura, y sus compañeros fueron conocidos autores y poetas como Valle-Inclán, Machado y los de la Generación del 27.

EL PARTIDO COMUNISTA LIBRE ESPAÑOL
Y LAS AMENAZAS DE LA IZQUIERDA

Poco antes de la Guerra Civil Española, en los años 30, Juan B. Bergua publicó varios títulos sobre el comunismo. El éxito, mucho mayor de lo esperado, le llevó a fundar el Partido Comunista Libre Español que llegaría a tener mas de 12.000 afiliados, superando en número al Partido Comunista prosoviético oficial existente. Su carrera política no duró mucho después que estos últimos le amenazaran de muerte viéndose obligado a esconderse en Getafe.

LA CENSURA, QUEMA DE LIBROS
Y SENTENCIA DE MUERTE DE LA DERECHA

Juan B. Bergua ofreció a la sociedad española la oportunidad de conocer otras culturas, la literatura universal y las religiones del mundo, algo peligrosamente progresivo durante esta época en España.

En el 1936 el ejército nacionalista del General Franco llegó hasta Getafe, donde Bergua tenía los almacenes de la editorial. Fue capturado, encarcelado y sentenciado a muerte por los Falangistas, la extrema derecha.

Mientras estuvo en la cárcel temiendo su fusilamiento, fueron quemados miles de sus libros por encontrarlos contradictorios a la Censura, todas las existencias de las colecciones de la Historia de Las Religiones y la Mitología Universal, los libros sagrados de los muertos de los Egipcios y Tibetanos, las traducciones de El Corán, El Avesta de Zoroastrismo, Los Vedas (hinduismo), las enseñanzas de Confucio y El Mito de Jesús de Georg Brandes, entre otros.

Aparte de los libros religiosos y políticos, se perdieron otras colecciones como Los Grandes Hitos Del Pensamiento. Ardieron 40.000 ejemplares de La Crítica de la Razón Pura de Kant, y miles de libros más de la filosofía y la literatura clásica universal. La pérdida de su negocio fue un golpe tremendo, el fin de tantos esfuerzos y el sustento para él y su familia…fue una gran pérdida también para el pueblo español.

PROTEGIDO POR GENERAL MOLA Y EXILIADO A FRANCIA

Cuando General Emilio Mola, jefe del Ejército del Norte nacionalista y gran amigo de Bergua, recibe el telegrama de su detención en Getafe intercede inmediatamente para evitar su fusilamiento. Le fue alternando en cárceles según el peligro en cada momento.

–El General y "El Rojo"–Su amistad venía de cuando Mola había sido Director General de Seguridad antes de la guerra civil. En 1931, tras la proclamación de la Segunda República, Mola se refugió durante casi tres meses en casa de Bergua y para solventar sus dificultades económicas Bergua publicó sus memorias. Mola fue encarcelado, pero en 1934 regresó al ejército nacionalista y en 1936 encabezó el golpe de estado contra la República que dio origen a la Guerra Civil Española. Mola fue nombrado jefe del Ejército del Norte de España, mientras Franco controlaba el Sur.

Tras la muerte de Mola en 1937, su coronel ayudante dio a Bergua un salvoconducto con el que pudo escapar a Francia. Allí siguió traduciendo y escribiendo sus libros y comentarios. En 1959, después de 22 años de exilio, el escritor regresó a España y a sus 65 años comenzó a publicar de nuevo hasta su fallecimiento en 1991. Juan Bautista Bergua llegó a su fin casi centenario.

Escritor, traductor y maestro de la literatura clásica, todas sus traducciones están acompañadas de extensas y exhaustivas anotaciones referentes a la obra original. Gracias a su dedicado esfuerzo y su cuidado en los detalles, nos sumerge con su prosa clara y su perspicaz sentido del humor en las grandes obras de la literatura universal con prólogos y notas fundamentales para su entendimiento y disfrute.

Cultura unde abiit, libertas nunquam redit.
Donde no hay cultura, la libertad no existe.

LA CRÍTICA LITERARIA
www.LaCriticaLiteraria.com

TODO SOBRE LITERATURA CLÁSICA, RELIGIÓN, MITOLOGÍA, POESÍA, FILOSOFÍA...

La Crítica Literaria es la librería y distribuidor oficial de Ediciones Ibéricas, Clásicos Bergua y la Librería-Editorial Bergua fundada en 1927 por Juan Bautista Bergua, crítico literario y célebre autor de una gran colección de obras de la literatura clásica.

Nuestra página web, LaCriticaLiteraria.com, es el portal al mundo de la literatura clásica, la religión, la mitología, la poesía y la filosofía. Ofrecemos al lector libros de calidad de las editoriales más competentes.

LEER LOS LIBROS GRATIS ONLINE
www.LaCriticaLiteraria.com

La Crítica Literaria no sólo está dedicada a la venta de libros nacional e internacional, también permite al lector la oportunidad de leer la colección de Ediciones Ibéricas gratis online, acceso gratuito a más que 100.000 páginas de estas obras literarias.

LaCriticaLiteraria.com ofrece al lector un importante fondo cultural y un mayor conocimiento de la literatura clásica universal con experto análisis y crítica. También permite leer y conocer nuestros libros antes de la adquisición, y tener la facilidad de compra online en forma de libros tradicionales y libros digitales (ebooks).

COLECCIÓN LA CRÍTICA LITERARIA

Nuestra nueva **"Colección La Crítica Literaria"** ofrece lo mejor de los clásicos y análisis de la literatura universal con traducciones, prólogos, resúmenes y anotaciones originales, fundamentales para el entendimiento de las obras más importantes de la antigüedad.

Disfrute de su experiencia con nosotros.

www.LaCriticaLiteraria.com

www.ingramcontent.com/pod-product-compliance
Lightning Source LLC
Chambersburg PA
CBHW051520050726
47503CB00014B/45